عظیم تر کارنامے - 1

- ایڈیشن - 2 2026

نمایاں - جان جی لیک - کیتھرین کولمین - لیسٹر سمرل - فرینک اور آئیڈا مے ہیمنڈ - ڈیریک پرنس - ناول ہیز - جوزف ایو بابالولا - رابرٹ شیمباچ

آپ اس کے لیے پیدا ہوئے ہیں - شفا، نجات اور بحالی - جانیں کہ عظیم لوگوں سے کیسے

گریٹر ایکسپلائٹس سیریز 1

بذریعہ سفیر پیر O. Ogbe؛ زکریا گوڈسیگل

فہرست

عظیم تر کارنامے - 1

- کتاب کے بارے میں

عظیم کارنامے - 1 (2026 ایڈیشن)

آپ اس کے لیے پیدا ہوئے ہیں — شفا، نجات، اور بحالی

اب 50 زبانوں میں ترجمہ کیا گیا ہے۔

کیا ہوگا اگر بائبل میں معجزات تاریخ نہیں بلکہ آپ کی میراث ہیں؟

گریٹر ایکسپلائٹس - 1 میں ، آپ کو شفا یابی، نجات، اور بحالی کے ایک طاقتور، ایمان سے چلنے والے سفر میں مدعو کیا جاتا ہے — جو کہ کلام پاک پر مبنی ہے اور پچھلے 100 سالوں کے کچھ سب سے زیادہ مؤثر شفا بخش وزراء کی زندگیوں سے روشن ہے۔

کی زندگیوں اور شہادتوں کو نمایاں کرنا:

جان جی لیک

کیتھرین کولمین

لیسٹر سمرل

فرینک اور آئیڈا مے ہیمنڈ

ڈیرک پرنس

نارول ہیز

جوزف ایو بابالولا

رابرٹ شیمباچ

یہ کتاب کہانیاں سنانے سے زیادہ کام کرتی ہے۔ یہ آپ کو لیس کرتا ہے۔

کیا آپ آزادی کے لیے تیار ہیں؟

- کیا آپ بے بسی، ناامیدی، یا شکست کے چکروں سے تھک چکے ہیں؟
- کیا آپ جسمانی، جذباتی، یا روحانی جبر سے لڑ رہے ہیں؟
- کیا دعائیں بے جواب لگ رہی ہیں؟
- کیا آپ دوسروں کی شفا یابی اور بحالی کی خدمت کے لیے بھوکے ہیں؟

یہ کتاب آپ کے لیے لکھی گئی تھی۔

آپ اندر سے کیا دریافت کریں گے:

✔ شفا یابی اور نجات کی 80 سے زیادہ طاقتور شہادتیں۔
✔ شفا یابی اور بحالی کی خدمت کے لیے عملی رہنما اصول
✔ صحیفائی بنیادیں مرقس 16:15-20 اور یوحنا 14:12 میں جڑی ہوئی ہیں
✔ شفا یابی اور نجات کے بارے میں عام سوالات کے جوابات
✔ سات نازک روحانی حالات جو پیش رفت کو متحرک کرتے ہیں۔
✔ حقیقی زندگی کے ایمانی سفر جو غیر متزلزل عزم کو ظاہر کرتے ہیں۔

قارئین اس کتاب کو یوں بیان کرتے ہیں:

"اپنے روحانی سفر کو گہرا کرنے کے خواہاں قارئین کے لیے ایک طاقتور اور ایمان پر مبنی بنیاد۔"

"مذہب سے ماورا متاثر کن - بے لوثی اور عزم کا ایک عالمگیر سبق۔"

"ایمان اور شفا کے حقیقی عہد نامہ سے بھرا ہوا... طاقتور اور افزودہ۔"

یہ نظریہ نہیں ہے۔ یہ ایکٹیویشن ہے۔

مندمل ہونا۔ نجات بحالی۔

تجریدی الہیات نہیں - بلکہ قابل عمل ایمان۔

آپ وصول کریں گے:

- دعائیں
- صحیفے
- اسٹریٹجک روحانی بصیرت
- عملی اقدامات جو آپ فوری طور پر اپلائی کر سکتے ہیں۔

یہ ایک منسٹری ایکٹیویشن دستی ہے جو حیات نو کی تاریخ اور زندہ گواہی پر بنایا گیا ہے۔

آپ اس کے لیے پیدا ہوئے ہیں۔

یسوع نے یوحنا 14:12 میں اعلان کیا کہ جو لوگ ایمان رکھتے ہیں وہی کام کریں گے - اور بڑے کام۔

سوال یہ نہیں ہے کہ کیا زیادہ کارنامے ممکن ہیں۔

سوال یہ ہے کہ کیا آپ ہاں کہیں گے؟

اگر آپ گہرے ایمان کے بھوکے ہیں...

اگر آپ آزادی چاہتے ہیں...

اگر آپ بحالی میں چلنے میں دوسروں کی مدد کرنا چاہتے ہیں...

پھر آگے بڑھیں۔

عظیم تر کارنامے اب شروع ہوتے ہیں۔

ایمیزون کے جائزے

H [1]/ttps://www.amazon.com/product-reviews/B0C7KY958F

امریکہ سے

5 ستاروں میں سے 5.0 [2]اپنے روحانی سفر کو گہرا کرنے کے خواہاں قارئین کے لیے ایک طاقتور اور ایمان سے چلنے والی بنیاد[3]

اکتوبر 2024 کو ریاستہائے متحدہ میں جائزہ لیا گیا۔ 22

[5]تصدیق شدہ خریداری [4]Kindle :فارمیٹ

شفا یابی، نجات، اور بحالی کے موضوعات کو بڑی گہرائی اور جذبے کے ساتھ تلاش کیا گیا ہے۔ کتاب منفی قوتوں سے نجات کے لیے ضروری روحانی بنیادوں کا احاطہ کرتی ہے، اندرونی شفا کی تلاش، اور زندگی میں امن اور خوشی کو بحال کرتی ہے۔ یہ صرف تجریدی تصورات نہیں ہیں۔ مصنف قارئین کو دعاؤں، صحیفوں اور ان اسباق کو اپنی زندگی میں نافذ کرنے کے لیے قابل عمل اقدامات سے آراستہ کرتا ہے۔

مددگار

پون ویرلرک[6]

5 میں سے 4.0 ستارے [7]بے غرضی اور عزم کا ایک عالمگیر سبق[8]

اکتوبر 2024 کو ریاستہائے متحدہ میں جائزہ لیا گیا۔ 6

/https://www.amazon.com/product-reviews/B0C7KY958F .1

https://www.amazon.com/gp/customer-reviews/RRH4QFG6WVCW1/ref=cm_cr_arp_d_rvw_ttl?ie=UTF8 .2

https://www.amazon.com/gp/customer-reviews/RRH4QFG6WVCW1/ref=cm_cr_arp_d_rvw_ttl?ie=UTF8 .3

4. https://www.amazon.com/product-reviews/B0C7KY958F/ref=cm_cr_arp_d_rvw_fmt?formatType=current_format

5. **https://www.amazon.com/gp/help/customer/display.html/ref=cm_cr_dp_d_rvw_avp?nodeId=G8UYX7LALQC8V9KA**

https://www.amazon.com/gp/profile/amzn1.account.AH6HRYIGNYVI32PELLZY72HLKP6Q/ref=cm_cr_arp_d_gw_btm .6

[10]**تصدیق شدہ خریداری**[9] Kindle :فارمیٹ

کسی ایسے شخص کے طور پر جو عیسائی نہیں ہے، میں نے ابتدا میں گریٹر ایکسپلائٹس - 1 کو خالصتاً اس کے دلچسپ کور اور عنوان کی وجہ سے اٹھایا۔ میں اس بارے میں متجسس تھا کہ "بڑے کارناموں" کا کیا مطلب ہو سکتا ہے۔ جیسے ہی میں نے پڑھنا شروع کیا، مجھے حیرت انگیز طور پر مجبور کرنے والی کہانیاں محسوس ہوئیں، نہ صرف مذہبی نقطہ نظر سے، بلکہ گہرے انسانی نقطہ نظر سے۔

بے غرضی کا تصور جو اس کتاب میں مرکزی حیثیت رکھتا ہے وہ چیز ہے جو مذہب سے بالاتر ہے۔ عقیدے سے قطع نظر، دوسروں کو اپنے اوپر رکھنے اور دوسروں کی بھلائی کا خیال رکھنے کا خیال ایک عالمگیر قدر ہے۔ اس کتاب میں شامل افراد — گہرے عقیدے کے لوگ — اپنی زندگی دوسروں کی مدد کے لیے وقف کر دیتے ہیں۔ جس چیز نے مجھے سب سے زیادہ متاثر کیا وہ یہ تھا کہ وہ اپنے عزم میں کتنے اٹل تھے۔ اپنے سفر کے آغاز سے اپنی زندگی کے اختتام تک، انہوں نے کبھی ہچکچاہٹ محسوس نہیں کی، کبھی توجہ نہیں کھوئی۔ یہ اس قسم کی استقامت ہے جو عام لوگوں کو لیجنڈز میں بدل دیتی ہے۔

میں مدد نہیں کر سکتا تھا لیکن یہ سوچ سکتا تھا کہ یہ مذہب کے دائرے سے باہر کیسے لاگو ہوتا ہے. دوسروں کی خدمت کے لیے اسی لگن کو مخیر حضرات، نرسوں، اساتذہ اور بے شمار افراد میں دیکھا جا سکتا ہے جو دنیا کو بہتر بنانے کے لیے خاموشی سے کام کرتے ہیں۔ چاہے یہ لوگ لاکھوں لوگوں کو متاثر کریں یا ایک ایک کرکے زندگیوں کو چھوئیں، اصول ایک ہی ہے—دوسروں کی مدد کرنا واقعی ایک پائیدار میراث چھوڑتا ہے۔

اس کتاب کی بہت سی کہانیاں ناقابل یقین حد تک متاثر کن تھیں، اور میں عیسائیت کے بارے میں ایک نئے نقطہ نظر کے ساتھ آیا، جسے میں پہلے نہیں جانتا تھا۔ میں مصنف کو یہ لکھنے اور اپنے جیسے قارئین کو، جو شاید عقیدے سے واقف نہ ہوں، ان افراد کی گہری ہمدردی اور عزم کی ایک جھلک دینے کے لیے ان کی تعریف کرتا ہوں۔

---

7. **https://www.amazon.com/gp/customer-reviews/R3PKEM0BO1BWZJ/ref=cm_cr_arp_d_rvw_ttl?ie=UTF8**

8. **https://www.amazon.com/gp/customer-reviews/R3PKEM0BO1BWZJ/ref=cm_cr_arp_d_rvw_ttl?ie=UTF8**

9. https://www.amazon.com/product-reviews/B0C7KY958F/ref=cm_cr_arp_d_rvw_fmt?formatType=current_format

10. **https://www.amazon.com/gp/help/customer/display.html/ref=cm_cr_dp_d_rvw_avp?nodeId=G8UYX7LALQC8V9KA**

میں اس کتاب کو اس کے فکر انگیز اور متاثر کن مواد کے لیے چار ستارے دوں گا۔

ایک شخص نے اسے مددگار پایا

اس سے آگے فضل[11]

5 ستاروں میں سے 5.0 [12]مجھے شفا کی کہانیاں پسند ہیں![13]

24 اکتوبر 2024 کو ریاستہائے متحدہ میں جائزہ لیا گیا۔

فارمیٹ: Kindle [14]**تصدیق شدہ خریداری**[15]

عظیم کارنامے—1: آپ اس کے لیے پیدا ہوئے ہیں—شفا، نجات، اور بحالی شاندار ہے! مجھے پسند ہے کہ مصنف جس طرح سے شفا یابی کی اپنی کہانی شروع کرتا ہے اور ایمان اور شفا کی گواہی کے ساتھ دوسری کہانیوں میں لے جاتا ہے۔ یہاں ایمان کے کچھ حقیقی وصیتیں ہیں۔ یہ بہت دلچسپ اور طاقتور ہے۔ میں عظیم کارناموں کی تجویز کرتا ہوں—1: آپ اس کے لیے پیدا ہوئے ہیں—اپنے ایمان کو تقویت دینے کے لیے شفا، نجات، اور بحالی۔

ایک شخص نے اسے مددگار پایا

---

11. https://www.amazon.com/gp/profile/amzn1.account.AGF6LUEAZXOZXT4XXWNZRTLWW66A/ref=cm_cr_arp_d_gw_btm

12. **https://www.amazon.com/gp/customer-reviews/RVPJADBU6BUTN/ref=cm_cr_arp_d_rvw_ttl?ie=UTF8**

13. **https://www.amazon.com/gp/customer-reviews/RVPJADBU6BUTN/ref=cm_cr_arp_d_rvw_ttl?ie=UTF8**

14. https://www.amazon.com/product-reviews/B0C7KY958F/ref=cm_cr_arp_d_rvw_fmt?formatType=current_format

15. **https://www.amazon.com/gp/help/customer/display.html/ref=cm_cr_dp_d_rvw_avp?nodeId=G8UYX7LALQC8V9KA**

عظیم تر کارنامے - 1
- مصنف کے بارے میں

مسیح کا سفیر، پیر OGWUOJO Ogbe ایک بازار میں مسیح کا سفیر ہے جس کا دل مسیح کے جسم میں اتحاد کے لیے ہے- 22 اپریل 2006 بروز ہفتہ صبح 5 بجے خُداوند یسوع مسیح سے ان کی آمنے سامنے ملاقات نے ان کی زندگی کا رخ ہمیشہ کے لیے بدل دیا-

سفیر پیر O. Ogbe کھلی وزارتوں کے ساتھ خدا کے ایک مقرر کردہ وزیر ہیں، سان ڈیاگو، ایک غیر فرقہ وارانہ وزارت جو سرحدوں کے بغیر وزارتوں کے کام کے لیے سنتوں کو شروع کرتی ہے- پیر کو کرسچن لیڈرشپ انسٹی ٹیوٹ (CLI/ https://www.christianleadersinstitute.org) کے تاحیات سیکھنے والے اور کرسچن لیڈرشپ الائنس (CLA) اسپرنگ لیک، مشی گن، USA کے رکن کے طور پر اندراج کیا گیا ہے-

ایک آئی سی ٹی ماہر کے طور پر، وہ اپنی منسٹری سائٹ otakada.org کے ذریعے آن لائن متلاشیوں تک پہنچنے اور مومنوں کے جسم کو وزارت کے کام سے لیس کرنے کے لیے اپنی مہارت کا استعمال کرتا ہے - اوٹاکاڈا سائبر چرچ منسٹریز کے ایک منسٹر، ایک چرچ جس میں دیواروں، سرحدوں اور فرقوں کے بغیر 2 ملین سے زیادہ مسیحی توجہ مرکوز مواد ہے جو اب میزبانی کر رہے ہیں اور دنیا بھر کے مسیحی سامعین دونوں میں تقسیم کیے گئے ہیں-

Otakada.org کا مواد ماہانہ نصف ملین آن لائن سامعین تک پہنچتا ہے اور بڑھ رہا ہے!

پیر کو "قید کے لیے کافی ہے اور مسیح میں آزادی کا خیرمقدم، شفا، نجات، اور بحالی سے لیس کرنے والے سلسلے کی میزبانی ہے جہاں وہ سنتوں کو شفا یابی، نجات، اور اپنے اور اپنے حلقوں کے اندر اور باہر دوسروں کی بحالی کی تعلیم دیتا ہے اور لیس کرتا ہے - شفا بچوں کی روٹی ہے اور کافروں کے لیے ایک نشانی ہے کہ ہم نے خدا کے خاتمے کی امید کو دیکھا ہے- خدا کے جلال کے لیے شاندار شفا، نجات اور بحالی!

اس نے کئی کتابیں لکھی ہیں: 8 ذیلی عنوانات میں روح القدس کا عملی اسکول۔ 2020 نبوی بریکنگ نیوز پارٹ 1 از 4؛ 2 میں سے 4; 4 میں سے 3; خدا کے مندر میں سیکس - اپنی زندگی میں جنسی بے حیائی اور جذباتی جال کو سمجھنے، شناخت کرنے اور ان پر قابو پانے کے 15 آسان طریقے۔ بارڈر لیس - دیواروں، سرحدوں اور فرقوں کے بغیر مومنین کی ایک چرچ کمیونٹی کا تصور کرنا اور تجربہ کرنا؛ افہام و تفہیم کی دنیا میں فرار - مسلمانوں کے خلاف نفرت کا تریاق عیسائیوں اور ہر جگہ کے لوگوں کے خلاف۔ بے خبر: - جاؤ شاگرد بنائیں، شاگردوں کو کتاب بنانے کا ایک عملی طریقہ۔ ون لائف بیٹل ڈیلی - روزانہ زندگی جیتنے کے لیے تیار کردہ صحیفے کا روزانہ اعلان؛ مافوق الفطرت خدا سے مشغول ہونا - خدا بولنے کا شوقین ہے کیا ہم سننے اور جواب دینے کے بھوکے ہیں؛ اپنے اندر خام آگ کی طاقت کو بھڑکایں - جہاں روح القدس ہمارے ذریعے کارنامے انجام دینے کے لیے دستیاب ہے اور جنوری سے دسمبر تک 12 سلسلے کی مفت حیات نو کی دعاؤں کو توڑنے کے لیے - ہمارے اردگرد کلیسیائی کمیونٹی میں ہماری زندگی کے احیاء کی دعا اور کئی زبانوں میں ترجمہ شدہ دیگر عنوانات کا ایک مجموعہ۔

وہ ہفتہ وار بلاگ شائع کرتا ہے جو سوشل میڈیا، سیٹلائٹ براڈکاسٹ اور اپنی اشاعتی ویب سائٹ otakada.org پر سامعین تک پہنچتا ہے۔

بلاگ لنک:

https://www.otakada.org/category/blog/

ایمیزون کے مصنف سفیر پیر او اوگبی پیج گریٹر ایکسپلائٹس سیریز کے ساتھ
https://www.amazon.com/~/e/B07MSBPFNX

ایمیزون زکریا گاڈ سیگل صفحہ

https://www.amazon.com/stores/Zacharias-Godseagle/author/B0FCZ89D4K

اس کی شادی کمفرٹ سے ہوئی ہے اور اس کے چار بچے ہیں جن کے نام **ڈیانا اوڈجو، جوزف - اوجیما، ڈیوڈ - اوجونوگوا اور اسحاق - یونیکو ہیں۔**

عظیم تر کارنامے - 1

- مجھے کیسے پکایا گیا اور شفا، نجات اور بحالی کی وزارت میں شامل کیا گیا۔

دوستو، مجھے نہیں معلوم کہ اس سیکشن کو کیسے شروع کیا جائے۔ لیکن، اس کا طویل اور مختصر یہ ہے کہ میرے تصور سے، شفا، نجات اور بحالی پہلے ہی شروع ہو چکی تھی - بالکل میری ماں کے پیٹ سے۔ وہ کیسے؟

میری ماں، ایک تربیت یافتہ میڈیکل مڈوائف نرس، نے یہ دریافت کرنے پر کہ وہ اپنے شوہر کے لیے نہیں بلکہ ایک مرد کے لیے حاملہ تھی - کیونکہ وہ اپنے پہلے شوہر سے تقریباً 4 سال سے الگ تھی، اس نے حمل کو اسقاط حمل کرنے کا فیصلہ کیا۔

ایک اور ڈاکٹر کی مدد سے، انہوں نے مقررہ وقت سے پہلے مجھے رحم سے باہر نکالنے کی تمام کوششیں کیں لیکن خدا نے مجھے ان سے نجات دلائی - کیا میں کہوں، اس شیطان سے جو میری زندگی پر خدائی تقدیر کو ختم کرنا چاہتا تھا۔ یہ شیطان کے جبڑے سے پہلی نجات تھی۔

دوسری نجات اور بحالی یہ تھی کہ، میری پیدائش کے چند ماہ بعد، میرے حیاتیاتی والد اور میری والدہ کے پہلے شوہر کے درمیان ایک عدالتی مقدمہ چلایا گیا تاکہ یہ طے کیا جا سکے کہ واقعی میری ملکیت کس کو لینا چاہیے۔ میرے حیاتیاتی والد نے مقدمہ جیت لیا۔ یہ دوسری نجات اور بحالی تھی۔

تیسرا شفا، نجات اور بحالی اس وقت تھی جب میں اپنی نانی ماں کے ساتھ تقریباً پانچ سال کی عمر میں رہ رہا تھا (5)، میں نے سوڈا کیمیکل دیکھا، میری گرینڈ امی نے اس سے صابن بنانے کے لیے خریدا تھا - یہ چینی کی طرح دکھائی دیتی تھی۔ میں نے سوڈا کی ایک بڑی رقم لی اور اسے نگل لیا۔ میری زبان پگھلنے لگی، ہر طرف خون تھا۔ میری زبان سوج گئی۔ میں کئی دن بات نہیں کر سکا! خدا کی شفا بخش طاقت کے لئے خدا کا شکر ہے۔ میں دوبارہ شفا، نجات اور بحال کیا

گیا تھا. میری زبان ٹھیک ہو گئی۔ میں آج اس طرح بات کر سکتا ہوں جیسے کبھی میری زبان کو کچھ ہوا ہی نہ ہو۔

اگلی نجات اور بحالی میری نانی ماں کی طرف سے تھی۔ اس نے مجھے میرے حیاتیاتی والد کے حوالے کرنے سے انکار کر دیا۔ یہی وجہ تھی کہ میں اس کے ساتھ رہ رہا تھا۔ لیکن خدا کا شکر ہے، 6 سال کی عمر میں، اس نے مجھے اپنے والد سے ملنے کے لیے چھوڑ دیا۔

پانچویں شفا، نجات اور بحالی میرے والد کے گھر تھی۔ میرے حیاتیاتی والد کثیر ازدواجی تھے - ان کی چار بیویاں تھیں۔ ایک دن، اس کے ساتھ، بیویوں میں سے ایک نے مجھے اپنے کمرے میں بلایا۔ اندر داخل ہوا تو ایک بوڑھا آدمی تھا جس کی لمبی داڑھی تھی۔ بیوی نے میری طرف اشارہ کیا اور بوڑھے آدمی سے کہا، "یہ وہی لڑکا ہے جس کے بارے میں میں نے تمہیں بتایا تھا۔" میں نے انہیں چھوڑ دیا۔ رات کو خواب میں میں نے دیکھا کہ اس بوڑھے کو گھوڑے کی طرح مجھ پر سوار ہے۔ یہ میری بہت سی پریشانیوں کا آغاز تھا۔

خواب سے بیدار ہوتے ہی مجھے الٹیاں ہونے لگیں اور اوپر پھینکنا شروع ہو گیا۔ میں اپنے پیٹ میں کھانا نہیں رکھ سکتا تھا۔ یہ آزمائش مہینوں تک جاری رہی، میں دبلی پتلی بن گئی - پنکھ کی طرح پتلی۔

میری حیاتیاتی ماں شہر میں آئی، مجھے اپنے والد کے ساتھ لے گئی، ہم دوسرے شہر میں شفا یابی اور نجات کے گھر کی طرف روانہ ہوئے۔ جب وہ میرے لیے دعا کر رہے تھے کہ ایک وحی نازل ہوئی۔ روح القدس نے انکشاف کیا کہ میرے والد کی بیویوں میں سے ایک نے مستقبل کو دیکھا اور محسوس کیا کہ یہ لڑکا اس کے اپنے بچوں کے لئے ایک عظیم تحفہ بننے والا ہے۔ لہذا، اس نے مجھے بدی کے دائرے کے حوالے کر دیا، تاکہ وہ مجھے دیوانہ بنا سکیں اور خدائی تقدیر کو ختم کر دیں۔ نجات کی دعا مانگتے ہوئے میرے سر سے ایک انسانی بال جو ایک چھوٹی سی گول گیند کی شکل میں بندھے اور دو سوئیوں سے جڑے ہوئے تھے اکھڑ گئے۔ اس رات نجات کے دوران بال اور سوئیاں جل گئیں۔

یہ بیماری کا خاتمہ تھا اور اسکول میں، میں کلاس جینئس بن گیا. اس نجات سے پہلے میں اپنی کلاس میں دوسری سے آخری پوزیشن پر ہوتا تھا۔ میں کچھ بھی نہیں سمجھ سکا جس کے بارے میں میں نے کلاس میں سوچا تھا۔ ایک ہی رات میں، میں ٹھیک ہو گیا، میری پیدائش ہوئی اور میں بحال ہو گیا۔ Alleluia؟ آمین

چھٹی نجات اور بحالی اس وقت ہوئی جب میں نے یونیورسٹی میں داخلہ لینا تھا۔ میرے والد، ایک امیر آدمی، مالی پریشانیوں کا شکار ہو گئے۔ میں نے داخلہ لیا لیکن یہ دیکھ بھال کے فنڈز کو محفوظ کرنے کی جدوجہد تھی۔ میں نے بیرون ملک اسکالرشپ کے لیے درخواست دی اور بحالی کے خدا کے طریقوں سے، میرے ملک اور بیرونی ملک نے میری تعلیم کو انجینئرنگ میں ماسٹر ڈگری پروگرام کے لیے فنڈ دینے کا فیصلہ کیا - آج میں وزارت میں کیا کرتا ہوں جہاں اسکالرشپ

کے نتیجے میں کچھ علم حاصل کیا گیا ہے جسے خدا نے خود فراہم کیا ہے۔ آج، میں بہترین سے بہترین کے ذریعہ تعلیم یافتہ ہوں۔ رب کی حمد کرو!

ساتویں نجات اور بحالی میری پہلی شادی میں میری دوسری شادی میں ہوئی۔ میری سابقہ بیوی ایک دن اٹھی اور کہا کہ وہ اب محبت میں نہیں رہی اور طلاق چاہتی ہے۔ میں نے التجا کی، میں نے اسے واپس رکھنے کی ہر ممکن کوشش کی لیکن وہ میری بیٹی کے ساتھ چلی گئی۔ آج، خدا نے مجھے اپنی مقرر کردہ بیوی دے کر شادی کو بحال کیا۔ تین لڑکوں کے ساتھ میرے لیے سکون ایک سکون بن گیا ہے۔

س اتویں شفا یابی، نجات اور بحالی میری بیٹی کے ساتھ ہوئی۔ فرانس میں، وہ ڈپریشن اور شیزوفرینیا کے ساتھ تشخیص کیا گیا تھا. یہ ہمارے یونیورسٹی کے پروگرام میں ایک سال تھا۔ وہ متعدد بار فزیاٹسٹ ہسپتال میں ختم ہوئی۔ ایک دن، اس کی سالگرہ کے تقریباً 24 گھنٹے۔ میں نے رب سے فریاد کرنا شروع کیا اور اعلان کیا کہ وہ ایک اور دن ہسپتال میں نہیں گزارے گی اور وہ اپنی سالگرہ کے دن تندرست ہو جائے گی۔ اگلے دن، ڈاکٹروں کو حیرت انگیز تبدیلی اور بحالی سے صدمہ پہنچا اور اس کی سالگرہ پر اسے چھٹی دے دی۔ اس کے بعد اس نے کبھی ہسپتال کا پرندہ نہیں دیکھا۔

میں برقی جھٹکے کے دوران نجات اور بحالی کو نظرانداز کرتا ہوں جس نے تقریباً میری جان لے لی، فوڈ پوائزننگ، کئی کار حادثات جو میں بغیر کسی نشان کے سامنے آیا، متعدد کاروباری ناکامیوں اور اس کے نتیجے میں خدا تعالی کی شان میں بحالی - اس تحریر میں شامل کرنے کے لیے بہت ساری چیزیں!

اب، میں پورے دل سے اللہ کی خدمت کرتا ہوں۔

میں چنگا ہو گیا ہوں، میں نجات پا گیا ہوں اور میں بحال ہو گیا ہوں - جلال!

میں اپنے وجود کا مقروض ہوں اللہ تعالیٰ کا۔ یہ حیرت انگیز ہے کہ کس طرح خُدا نے ہماری زندگی کی لڑائیوں کے ذریعے ہمیں اُس وزارت میں شامل کیا جو اُس کے پاس ہے۔ وہ لڑائیاں تربیت کا میدان بن گئیں جو وزارت کو جنم دیتی ہیں۔ لہذا، اپنے درد کو ضائع نہ کرو. جدوجہد کو حقیر نہ سمجھو۔ کسی بھی قسم کی

شرمندگی سے لطف اندوز نہ ہوں کیونکہ اگر آپ ان لڑائیوں کو دیکھ سکتے ہیں، تو آپ کو اس بات کا اندازہ ہوگا کہ خدا نے آپ کے لیے کیا رکھا ہے۔ مسیح نے ان چیزوں سے اطاعت سیکھی جو اس نے برداشت کیں۔ وہ وہیں بیٹھا جہاں ہم بیٹھے ہیں، وہ ہمارے لیے شفاعت کرنے کے لیے رہتا ہے۔ اس نے ہمارے ساتھ شفا یابی، نجات اور بحالی کا مظاہرہ کیا اور ہمیں وہی کرنے کا حکم دیا مرقس 15:16-20

مرقس 15:16-20

ایمپلیفائیڈ بائبل، کلاسیکی ایڈیشن

15 اور اُس نے اُن سے کہا کہ تمام دُنیا میں جا کر منادی کرو اور ہر ایک جاندار کو کھلے عام خوشخبری سناؤ [1]۔

16 وہ جو ایمان رکھتا ہے [جو اس پر قائم ہے اور اس پر بھروسہ کرتا ہے اور اس پر بھروسہ کرتا ہے جس پر یہ انجیل بیان کرتی ہے] اور بپتسمہ لے گا وہ ابدی موت کی سزا سے بچایا جائے گا [[2]بچ]۔ لیکن وہ جو ایمان نہیں لاتا [جو اس پر عمل نہیں کرتا اور اس پر بھروسہ نہیں کرتا اور انجیل اور اس پر بھروسہ کرتا ہے] اس کی مذمت کی جائے گی۔

17 اور یہ تصدیق کرنے والی نشانیاں ان لوگوں کے ساتھ ہوں گی جو ایمان لائے ہیں: وہ میرے نام سے بدروحوں کو نکالیں گے۔ وہ نئی زبانوں میں بات کریں گے۔

18 وہ سانپوں کو اٹھا لیں گے۔ اور اگر وہ کوئی جان لیوا چیز پیتے ہیں تو اس سے انہیں کوئی نقصان نہیں ہوگا۔ وہ بیماروں پر ہاتھ رکھیں گے اور وہ تندرست ہو جائیں گے۔

19 تب خُداوند یسُوع اُن سے کلام کرنے کے بعد آسمان پر اُٹھایا گیا اور خُدا کے دہنے ہتھ بیٹھ گیا۔

20 اور اُنہوں نے باہر جا کر ہر جگہ منادی کی، جب کہ خُداوند اُن کے ساتھ کام کرتا رہا اور اُن نشانیوں اور معجزوں سے جو قریب سے [اس کے ساتھ] تھے پیغام کی تصدیق کرتا رہا۔ آمین (ایسا ہی ہو جائے)۔

آپ کی لڑائیاں آپ کی زندگی کے مقصد کے لیے مستند تربیتی میدان ہیں۔ آج اپنی زندگی کی انوینٹری لیں۔ یعنی، اگر آپ اپنی زندگی کے لیے خدا کے الہی مقصد کو تلاش کرنے کے لیے جدوجہد کر رہے ہیں۔

---

1. https://www.biblegateway.com/passage/?search=Mark+16%3A15-20&version=AMPC#fen-AMPC-24887a

2. https://www.biblegateway.com/passage/?search=Mark+16%3A15-20&version=AMPC#fen-AMPC-24888b

آپ کی حوصلہ افزائی کے لیے، زندہ خدا کی فوج کے طور پر، میں آج ہمارے اعلیٰ پادری - یسوع مسیح کے تجربے کو گواہی کے لیے لاتا ہوں۔

عبرانیوں 7:5-10

ایمپلیفائیڈ بائبل، کلاسیکی ایڈیشن

7 اپنے جسم کے دنوں میں [یسوع] نے مخصوص، خاص التجائیں پیش کیں [جس کے لیے وہ نہ صرف چاہتا تھا بلکہ[3] درکار تھا] اور سخت رونے اور آنسوؤں کے ساتھ اُس سے التجائیں جو [ہمیشہ] اُسے موت سے [بچانے] پر قادر تھا، اور اُس کی خُدا کی طرف اُس کی تعظیم کی وجہ سے سُنی گئی [اُس کا خدائی خوف، اُس کی ہمدردی سے [4] باپ کی روشن موجودگی]۔

8 اگرچہ وہ ایک بیٹا تھا، اس نے [فعال، خاص] فرمانبرداری سیکھی جو اس نے برداشت کی۔

9 اور، [اپنا مکمل تجربہ] اُسے مکمل طور پر [لیس] بنا کر، وہ اُن تمام لوگوں کے لیے ابدی نجات کا مصنف اور ذریعہ بن گیا جو اُس پر دھیان دیتے ہیں اور اُس کی اطاعت کرتے ہیں۔

10 خدا کی طرف سے ملک زیدک کے حکم ([ڈی[5]] کے ساتھ) سردار کاہن کے طور پر [6] نامزد اور پہچانا اور سلام کیا جانا۔

آج، Otakada.org سائبر چرچ کی وزارتوں کے 2 ملین سے زیادہ مواد کے ذریعے شفا، نجات اور بحالی کے وزراء، مسیح یسوع میں معجزاتی کاموں کے لیے خود کو کھولیں گے۔ یہ وزارت 14 جون 2003 کو میری روح میں روح القدس کی وہ وزارت تھی جب میں برطانیہ میں رہ رہا تھا۔ اس نے مجھ سے کہا، "میں چاہتا ہوں کہ آپ انٹرنیٹ کا استعمال کر کے میری بات کو زمین کے کناروں تک پہنچا دیں۔" اس وقت سمارٹ فون نہیں تھے۔ آج، وہاں موجود ہیں اور لفظ بغیر کسی رکاوٹ کے آگے بڑھ رہا ہے۔ Otakada.org کی پیدائش جنوری 2013 میں، الٰہی ہدایات کے دس سال بعد ہوئی۔

---

3. https://www.biblegateway.com/passage/?search=Hebrews+5%3A7-10&version=AMPC#fen-AMPC-30036a

4. https://www.biblegateway.com/passage/?search=Hebrews+5%3A7-10&version=AMPC#fen-AMPC-30036b

5. https://www.biblegateway.com/passage/?search=Hebrews+5%3A7-10&version=AMPC#fen-AMPC-30039d

6. https://www.biblegateway.com/passage/?search=Hebrews+5%3A7-10&version=AMPC#fen-AMPC-30039c

اگر کوئی چیز ہے جو میں مسیح کے جسم کے لیے دعا کرتا ہوں، تو وہ یہ ہے کہ - کہ ہر فرد انفرادی طور پر اپنے لیے مسیح کا سامنا قابل ذکر طریقوں سے کرے گا جو اُن کی زندگی کی رفتار کو ہمیشہ کے لیے بدل دے گا! آمین

یہاں 2006 میں کشمش مسیح کے ساتھ ملاقات ہے۔

یہ میری کتاب سے ہے - **مافوق الفطرت خُدا کی مشغولیت!** - لطف اندوز https://www.amazon.com/~/e/B07MSBPFNX

تازہ ترین ایمیزون صفحہ - https://www.amazon.com/stores/Zacharias-Godseagle/author/B0FCZ89D4K

سچی کہانی: لندن میں روح القدس کے ساتھ میری ملاقات ہفتہ، صبح 5 بجے، 22 اپریل 2006

میں ایک عیسائی گھرانے میں پیدا ہوا تھا، ایک عیسائی رہا ہوں، چرچ جانے میں مصروف ہوں، سرگرمیوں میں شرکت کرتا ہوں اور اس تصادم تک میری بہترین خدمت کرتا ہوں جس نے میری زندگی کو بدل دیا۔ 16 مارچ 2006 کو، میں لندن میں ہسپتال کے دالان میں تیز رفتاری سے کام کر رہا تھا کیونکہ میری بیوی کو پہلے ہی تین دن ہو چکے تھے۔ ڈاکٹروں نے آخر کار یہ نتیجہ اخذ کیا کہ اگر صبح تک اس کے ہاں بچہ قدرتی طور پر پیدا نہ ہوا تو اسے سیزرین سیکشن سے گزرنا پڑے گا۔ ہم سے ناواقف، میری ساس نے پہلے ہی ایک خواب میں دیکھا تھا کہ شاید وہ اس ڈیلیوری کے ذریعے ایسا نہ کر پائیں۔ خُداوند ساس کا شکر ادا کریں۔ یقیناً مجھے اور میری بیوی کو اس بارے میں علم نہیں تھا۔

اس اوپر اور نیچے کی رفتار کے دوران میں نے اپنے ذہن پر ایک مضبوط تاثر دیا کہ اگلے دن سے شروع ہونے والے چالیس (40) دن کا روزہ شروع کروں، جو کہ 17 مارچ 2006 تھا۔ میں گھبرا گیا کیونکہ میں نے اس سے پہلے کبھی چالیس روزہ روزہ نہیں رکھا تھا۔ اس طرح آپ ہم میں روح القدس کے ذریعہ ہمارے دل سے ہمارے دماغ تک آپ پر اثر انداز ہونے والے گوشتی خیالات اور خیالات کو الگ کرتے ہیں۔ وہ آپ کو کچھ صحیفائی کام کرنے کو کہے گا جس سے آپ قدرتی طور پر شکار نہیں ہوں گے۔ میں نے اپنے دماغ پر بے ساختہ سوچ کی روشنی کے ساتھ گفتگو شروع کی، سوچ کے تاثرات کے جواب میں سوچا، میں یہ جاننے کی درخواست کرتا ہوں کہ چالیس دن تک میں کس چیز کے بارے میں دعا کروں گا۔

اگلی ہدیت یہ تھی کہ مجھے ایک جوٹر اور قلم اٹھانا چاہیے اور میں نے وہیں ہسپتال کے وارڈ میں لکھنا شروع کر دیا جو مجھے موصول ہو رہے تھے۔ اپنی بیوی کے لیے دعا کرنے کے بجائے، مجھے پتہ چلا کہ میرے ذہن میں آنے والے

دعائیہ نکات پادریوں، گرجا گھروں، جسم میں اتحاد اور سبھی پر تھے۔ تب میں نے خدا سے پوچھا کہ اگر میں اس کام کو انجام دوں تو میں چالیس دن کے روزے ختم ہونے سے پہلے اس کو دیکھنا چاہوں گا۔ مجھے یقین ہے کہ اب کوئی جواب نہیں تھا کیونکہ اس کے ظاہر ہونے کی شرط 40 دن کے روزے رکھنے کی پہلی ہدایت کی میری اطاعت پر منحصر تھی۔

کہانی کو جاری رکھنے سے پہلے یہاں ایک نکتہ نوٹ کرنا ہے کہ خدا آپ کی اطاعت کے آخری نقطہ سے آگے اگلا اقدام نہیں کرے گا۔ اگر وہ آپ کو کچھ کرنے کا حکم دیتا ہے، تو آپ اسے نہیں کرتے، وہ اس وقت تک بند ہوجاتا ہے جب تک کہ آپ نافرمانی کے آخری مقام پر واپس نہ آجائیں اور اطاعت نہ کریں۔ یونس کا بیان پڑھیں۔ یوناہ خدا کی تفویض کے مخالف سمت میں بھاگا۔ طوفانوں کے ذریعے، جب تک یوناہ نافرمانی میں تھا، خدا نے کبھی بات نہیں کی، جب تک کہ یوناہ، خودکشی کی ناکام کوشش ناکام ہونے کے بعد، اس نے خدا سے فریاد کی۔

یوناہ 1:2-10

1 تب یونس نے مچھلی کے پیٹ سے خداوند اپنے خدا سے دعا کی۔

2 اور اُس نے کہا، "میں نے اپنی مصیبت کے سبب سے خُداوند سے فریاد کی، اور اُس نے مجھے جواب دیا، "میں پاتال کے پیٹ سے پکارا، اور تُو نے میری آواز سنی۔

3 کیونکہ تُو نے مجھے گہرائیوں میں، سمندروں کے دل میں پھینک دیا، اور سیلاب نے مجھے گھیر لیا۔ تیرے سارے بلاؤ اور تیری لہریں میرے اوپر سے گزر گئیں۔

4 تب میں نے کہا، 'میں تیری نظروں سے دور کر دیا گیا ہوں۔ پھر بھی میں تیرے مقدس ہیکل کی طرف دوبارہ دیکھوں گا۔'

5 پانی نے مجھے گھیر لیا، میری جان تک۔ گہرائی میرے ارد گرد بند; ماتمی لباس میرے سر کے گرد لپٹا ہوا تھا۔

6 مَیں پہاڑوں کے ڈھیروں میں اُتر گیا۔ زمین اپنی سلاخوں کے ساتھ ہمیشہ کے لیے میرے پیچھے بند ہو گئی۔ تو بھی اے رب، میرے خدا، تُو نے میری زندگی کو گڑھے سے نکالا۔

7 "جب میری جان میرے اندر بے ہوش ہو گئی، میں نے رب کو یاد کیا، اور میری دعا تیرے حضور تیری مقدس ہیکل میں گئی۔

8 "جو لوگ بیکار بتوں کو سمجھتے ہیں وہ اپنی رحمت کو چھوڑ دیتے ہیں۔

9 لیکن میں شکرگزاری کی آواز کے ساتھ تیرے لئے قربان کروں گا۔ میں نے جو نذر مانی ہے وہ ادا کروں گا۔ نجات رب کی طرف سے ہے۔"

10 تب خُداوند نے مچھلی سے بات کی اور اُس نے یوناہ کو خشک زمین پر اُلٹ دیا۔

کسی کے لیے ایک لفظ

"سنو پیاری بیٹی اور زندہ کے بیٹے، پیار کرنے والے خدا، خدا پیار کرنے والا اور رحم کرنے والا ہے لیکن خدا سخت پتھر سے ٹھوس فٹ بال بھی کھیلتا ہے، کیا تم اسے فٹ بال کے ایک گندے میچ میں شامل کرنا چاہتے ہو؟ اس پر غور بھی نہ کرو، تم سوجائے ہوئے اعضاء کے ساتھ ختم ہو جاؤ گے، اس کے باوجود، وہ تم سے پیار کرتا ہے اور تم سے اور مجھ سے محبت کرتا رہتا ہے اور تم اس کی لازوال محبت کے ساتھ اس کی شبیہہ اور تمہارے اندر پیدا کرتے تھے۔

آپ اس کے پالتو منصوبے ہیں، وہ آپ کے لیے پرجوش ہے یہاں تک کہ جب آپ گناہ میں گھرے، گھرے اور گھرے ہوتے ہیں، وہ آپ کو ترس کے ساتھ دیکھتا ہے، دریافت کرتا ہے، ایسے حالات اور حالات جو آپ کو اس کی محبت بھری خیرات کی طرف واپس لے جائے گا۔ آپ اپنے نہیں ہیں، آپ کو قیمت کے ساتھ خریدا گیا ہے، آپ مسیح میں، خدا میں دھیان رکھتے ہیں۔ آپ اس کی آنکھوں کا تارا ہیں، آپ شاہی ہیں، آپ اس کے پجاری ہیں، آپ خاص ہیں۔ وہ کہتا ہے کہ اگر آپ غور کر سکتے ہیں کہ ستارے کتنے روشن ہیں تو آپ آسمان کے ستاروں سے زیادہ روشن ہیں۔ وہ کہتا ہے کہ آپ کے سر سے ایک بھی بال نہیں ٹپکتا جس کا اسے علم نہ ہو۔ وہ ان کو شمار کرتا ہے اور ان کی تعداد جانتا ہے۔"

لوقا 12:4-7

4 "اور میں تم سے کہتا ہوں، میرے دوستو، ان لوگوں سے مت ڈرو جو لاش کو مار ڈالتے ہیں، اور اس کے بعد ان کے پاس مزید کچھ نہیں ہے۔

5 لیکن میں تمہیں دکھاؤں گا کہ تمہیں کس سے ڈرنا چاہئے: اس سے ڈرو جو قتل کرنے کے بعد جہنم میں ڈالنے کی طاقت رکھتا ہے۔ ہاں، میں تم سے کہتا ہوں، اس سے ڈرو!

6 کیا پانچ چڑیاں تانبے کے دو سکوں کے عوض نہیں بکتی ہیں اور ان میں سے ایک بھی خدا کے سامنے نہیں بھولتی۔

7 لیکن تمہارے سر کے تمام بال گنے ہوئے ہیں۔ پس مت ڈرو۔ تم بہت سی چڑیوں سے زیادہ قیمتی ہو۔

اب مقابلہ جاری ہے: دیکھو، 22 اپریل 2006 کو، چالیس روزہ روزہ ختم ہونے کے تین دن بعد صبح ٹھیک پانچ بجے، اللہ تعالیٰ نے اپنے حصے کا سودا رکھا۔ میں آدھا جاگ رہا تھا جب یہ ہستی، انسانی شکل میں، اپنی پیٹھ کے پیچھے ہاتھ باندھے، تھوڑا سا آگے جھک کر، فرش پر مجھے دیکھتے ہوئے، آہستہ سے چلتا ہوا، ایک ایک قدم، جلدی میں نہیں، کھڑکی کے راستے سے لاؤنج میں میری طرف بڑھا۔ میں اس کی شکل تو بنا سکتا تھا لیکن اس کا چہرہ صاف نہیں دیکھ سکتا تھا۔

آپ جانتے ہیں کہ مشرق وسطیٰ کی فلموں میں جو ہم دیکھتے ہیں جیسس کس قسم کے لباس پہنتے ہیں۔ فوراً ہی وہ میرے قریب آیا، میرے پیروں کے ارد گرد کا وہ حصہ جہاں وہ کھڑا تھا اتنی طاقت سے ہلنے لگا کہ گویا اس کا وجود ہی نہیں تھا، اس سے زیادہ اس علاقے کی طرح بات کرنے کے لیے اس کو غیر مادی بنا

دیا گیا تھا۔ جیسے ہی وہ میرے سینے، گردن اور سر کے حصے کی طرف بڑھا، وہی ہوا اور وہ آگے پیچھے جاتا رہا۔ اس نے چھوڑا ہوا ہر علاقہ دوبارہ پہلے کی طرح دوبارہ ملایا اور یہ سلسلہ پہلے کی طرح جاری ہے۔ اس تجربے کی خام طاقت کو بیان کرنے کے لیے الفاظ نہیں تھے۔ میں نے وقت کھو دیا اور میں ڈر گیا اور منت کرنے لگا کہ وہ ختم ہو جائے اور وہ مجھے بتائے کہ وہ فرش پر بے قابو ہو کر لڑھکتے ہوئے اس کے لیے کیا کرنا چاہتا ہے۔ یہ ہمارے آسمانی باپ کی ظاہری طاقت کے ساتھ میرا سامنا تھا۔

اس ٹرانس کے تجربے کے بعد، میں نے مسیح کے جسم کا مختلف نظارہ دیکھنا شروع کیا۔ ایک موقع پر، خواب میں، خُداوند یسوع مسیح تشریف لے گئے، اُس کا تمام جسم منقطع تھا لیکن جلد کے چھوٹے چھوٹے لگاموں سے جڑا ہوا تھا۔ ہر ایک حصہ چرچ کی وزارت تھا۔ میں ایسی وزارتیں بنا سکتا تھا جن سے میں واقف تھا۔ جسم کے اعضاء کے درمیان رابطے مضبوط نہیں تھے۔ میں اب سمجھ گیا ہوں کہ چرچ کے ادارے یا وزارتیں جیسا کہ ہم انہیں آج جانتے ہیں، اس کے جسم کو تقسیم کر رہے ہیں، اس کے گرجہ گھر کے انفرادی ارکان اس کے جسم کو غرور، چھوٹی انا اور ان تمام خواہشات کی وجہ سے بنا رہے ہیں جو جسم پیش کرتا ہے۔ بین چرچ مقابلہ، قیادت کی جدوجہد، اراکین کا رخ موڑنا، دوسری وزارتوں کو ختم کرنا، چرچ کے اراکین کے درمیان جاری لڑائی، لیڈر شپ کی چوری اور شاندار طرز زندگی گزارنا جو اراکین کے معیار زندگی کی عکاسی نہیں کرتا اور فہرست جاری رہتی ہے۔ اگر تم ایسے ہو تو بدکاری سے دور رہو کیونکہ ہمارا خدا بھسم کرنے والی آگ ہے اور بلعام کے گناہ کو یاد کرو جس نے پیسے کی ہوس کی خاطر خدا کی غلط تشریح کی اور خدا کی برکت والی اولاد کو شیطان کے حوالے کر دیا۔

اب میں نے رب سے پوچھا کہ میں اس کے اس ہلکے سے جڑے ہوئے منقسم جسم میں کہاں فٹ ہونا تھا۔ اس نے مجھ سے کہا کہ میں ایسے گرجا گھروں کو تلاش کروں جو مردوں کے شاگرد بناتے ہیں اور مجھے تعداد سے متاثر نہیں ہونا چاہئے۔

باقی تاریخ ہے۔ اب میں نے محسوس کیا کہ انکاؤنٹر کے بعد اس پر میرا اعتماد بڑھ گیا تھا، اب مجھے مقصد اور مشن کا احساس تھا۔ تمام اسائنمنٹ جو خدا نے مجھے بعد کے خوابوں میں دی وہ اس پہلی تفویض کے مطابق تھیں۔ کوئی تنازعہ بالکل نہیں ہوا ہے۔ میں کبھی کبھی پٹڑی سے اتر جاتا ہوں، لیکن وہ محبت سے مجھے پیچھے کی طرف لے جاتا ہے اور کبھی کبھی نافرمانی کا مظاہرہ کرنے کے لیے زخموں کے ساتھ روح القدس کی طاقت اور موجودگی نے مجھے ان کاموں کو پورا کرنے کے قابل بنایا ہے جو میں فطری طور پر تفویض کے مخصوص علاقے تک پہنچنے کے قابل نہیں رہوں گا۔ خُدا ہمیں اپنے پاک روح

سے معمور کرتا ہے تاکہ ہمیں خدمت کے لیے لیس کرے۔ کبھی بھی خدا کے لئے کوئی کام خدا کی توفیق اور تفویض کے بغیر نہ کریں۔

اس وحی نے مجھے یہ یقین اور یقین دلایا کہ خدا دستیاب ہے اور ہمیں بات چیت میں مشغول کرنے کے لئے زیادہ سے زیادہ خواہش مند ہے، اگر ہم اس کی تعدد کے مطابق ہونا چاہیں اور ایمان کے ساتھ اس سے مانگیں۔ وہ ٹرانس (کھلے نظارے) کے ذریعے بولتا ہے جیسا کہ اس معاملے میں، خوابوں کے ذریعے، تصویری نقوش کے ذریعے، بے ساختہ سوچ جو ہمارے ذہنوں پر روشنی ڈالتی ہے، ان حالات کے ذریعے جن کا ہم سامنا کرتے ہیں، جن لوگوں سے ہم ملتے ہیں، خدا کے مقرر کردہ مرد اور خواتین، بچوں کے ذریعے، خاموشی کے ذریعے اور خدا کے کلام کے ذریعے۔ یہ نوٹ کرنا ضروری ہے کہ اندرونی گواہ اور خدا کے کلام کو اس بات سے متفق ہونا چاہئے جو ہم نے دیکھا، سنا یا اپنے دماغ پر اثر کیا۔ شیطان اور شیطانی روح بھی بولتی ہے، ہمارے ذہنوں پر بھی اثر کرتی ہے۔ یسوع نے ہمیں اس پر متنبہ کیا ہے:-

یوحنا 10:27

27 میری بھیڑیں میری آواز سنتی ہیں اور میں انہیں جانتا ہوں اور وہ میرے پیچھے چلتی ہیں۔

اسائنمنٹ 1

کیا آپ نے اپنے آسمانی باپ کے ساتھ ایسی ملاقات کی ہے جیسا کہ میں نے ابھی بیان کیا ہے؟ اگر آپ کے پاس نہیں ہے تو، میں آپ کو ایک مانگنے کی ترغیب دیتا ہوں۔ دکھاوے کے لیے نہیں بلکہ یہ کہ آپ اُس کے ساتھ ایک مضبوط رشتہ بنانا چاہتے ہیں جتنا آپ ابھی رکھتے ہیں۔ آپ جس مقام پر ہیں وہاں سے شروع کریں۔ کیا آپ کا نشان نہیں ہے، وہاں سے شروع کریں۔ اُس فاسق بیٹے کو یاد رکھیں، باپ نے گناہ کے باوجود اُس کا استقبال کیا۔ وہ باپ کا دل ہے۔ کبھی کبھی، ہم اس وجہ سے گڑبڑ میں پڑ جاتے ہیں کہ ہمیں اپنی زندگی میں خدا کا احساس نہیں ہوتا۔ وہ انتظار کر رہا ہے، آپ کی اور میری منگنی کا انتظار کر رہا ہے۔

ابھی رکیں اور اس سے اپنے آپ کو آپ پر ظاہر کرنے کے لیے دعا مانگیں، میرا مطلب ہے ایک واضح مظہر۔ کچھ بیکار ملاقاتیں نہیں جنہیں آپ صرف دنوں میں بھول جاتے ہیں۔ جب بھی میں اوپر کا تجربہ یاد کرتا ہوں، یہ ہمیشہ کی طرح تازہ ہوتا ہے۔ یہ ہمیشہ کے لئے میرے ڈی این اے میں تیار کیا گیا ہے۔ اس سے پوچھیں کہ وہ اپنے آپ کو ایک محبت کرنے والے، ایک بیوی، ایک شوہر، ایک ساتھی وغیرہ کے سامنے ظاہر کرے اور اس پر یقین کرے۔ دیکھیں کیا ہوتا ہے۔ خدا ماننا چاہتا ہے، وہ ماننے کی خواہش رکھتا ہے۔ ہمارا ایمان کہتا ہے کہ میں آپ پر یقین کرتا ہوں اور آپ پر بھروسہ کرتا ہوں کہ آپ جو کرنا چاہتے ہیں۔

اب شفا یابی، نجات اور بحالی کے سلسلے کے علاوہ جس کا میں نے ذاتی طور پر تجربہ کیا، درج ذیل کئی واقعات نے اس وزیر میں میرے غصے کو ہوا دی ۔ میری ماں کا انتقال 44 سال کی عمر میں ہائی بلڈ پریشر سے ہوا ۔ میری سب سے بڑی بہن کا انتقال 44 سال کی عمر میں چھاتی کے کینسر سے اور میرے والد کا انتقال 77 سال کی عمر میں پروسٹیٹ کینسر سے ہوا۔ لہذا، میں اپنے پیاروں سے چوری کرنے پر شیطان پر ناراض ہوں اور میں خدا کے بہترین حاصل کرنے کے لئے بھوکا ہوں. نہ صرف اپنے لیے بلکہ دوسروں کے لیے بھی اس لیے انہیں چھوٹی عمر میں اپنے والدین یا بہن بھائیوں کو کھونے کی ضرورت نہیں ہے اور وہ اپنے دن یسوع کے نام پر اچھی اور کامل صحت کے ساتھ پورے کر سکتے ہیں، آمین۔

خدا نے مجھ سے اور آپ سے یہ وعدہ کیا تھا:

خروج 25:23-27
ایمپلیفائیڈ بائبل، کلاسیکی ایڈیشن

25 تم خداوند اپنے خدا کی عبادت کرو۔ وہ تمہاری روٹی اور پانی کو برکت دے گا اور میں تمہارے درمیان سے بیماری کو دور کروں گا۔

26 تمہاری زمین میں کوئی اسقاط حمل سے اپنی جوانی نہیں کھوئے گا اور نہ ہی بانجھ رہے گا۔ میں تمہارے دنوں کی تعداد پوری کروں گا۔

27 مَیں اپنا خوف تیرے آگے بھیجوں گا اور جن لوگوں کے پاس تُو آئے گا اُن کو الجھا دوں گا اور تیرے سب دشمنوں کو تجھ سے پھیر دوں گا۔

آپ کے ساتھ، میں یسوع کے نام پر اس وعدے کو نبھانے کا ارادہ رکھتا ہوں، آمین۔ اس کتاب میں **"عظیم کارنامے - 1 - آپ اس کے لیے جل گئے تھے - شفا، نجات اور بحالی** - خدا کے مردوں اور عورتوں کے 100 سال سے زیادہ کے کارناموں کے ریکارڈ سے عظیم لوگوں سے معلوم کریں، خدا نے اپنے وقت کے لیے استعمال کیا۔ یہ ہمارے لیے بھی ہے۔ کتاب آپ کو دکھائے گی کہ کیسے۔ ہم سیکھنے کے عمل کے ذریعے پہلے سے ہی نتائج دیکھ رہے ہیں اور اسی لیے آپ کو ضرور A

1 - عظیم تر کارنامے

پبلیشر کے بارے میں -

5 **مارے بارے میں - خدا کی عقاب وزارتیں (GEM)**

اقوام کا بیج بونا۔ زندگیوں کو تبدیل کرنا۔

تاکہ وہ سب ایک ہو جائیں...'' - یوحنا 21:17-23''

ہمارا گورننگ ویژن

ایک متحدہ مسیحی دنیا — تشکیل دی گئی، محض جمع نہیں۔

خدا کی عقب وزارتیں خدا کے ابدی مقصد میں حصہ لینے کے لئے موجود ہیں:

ایک متحدہ چرچ اطاعت، پختگی، اور ظاہری تبدیلی میں چل رہا ہے ، جو مسیح میں جڑی ہوئی ہے اور روح القدس کی رہنمائی میں ہے۔

ہم مسیح کے ایک عالمی جسم کا تصور کرتے ہیں جو یکسانیت، پلیٹ فارمز، یا شخصیات سے متحد نہیں ہے — بلکہ **سچائی کے لیے مشترکہ تابعداری، فرمانبرداری پر مبنی شاگردی، اور بدلی ہوئی زندگیوں سے** -

اتحاد، ہمارے لیے، نعرہ نہیں ہے۔ یہ **صف بندی** ، **تجدید** ، اور **لوگوں میں مسیح کی تشکیل** کا پھل ہے -

ہمارا بنیادی مینڈیٹ

تبدیلی رومیوں 1:12-2 کے مطابق

ہم جو کچھ بھی کرتے ہیں—کتابیں، عقیدت، تعلیمات، فلمیں، آڈیو، ویڈیو، ڈیجیٹل پلیٹ فارمز، اور مستقبل کی ٹیکنالوجیز — **ایک حکومتی مقصد کے لیے موجود ہیں** :

ذہن کی تجدید جو قابل پیمائش، زندہ تبدیلی پیدا کرتی ہے۔

ہماری مواصلات **معلومات کے استعمال** ، جذباتی محرک، یا غیر فعال تحریک کے لیے ڈیزائن نہیں کی گئی ہیں۔

وہ اس کے لیے ڈیزائن کیے گئے ہیں:

- توبہ اور اصلاح
- سوچ کی تجدید

•صحیفہ کی اطاعت
•مرئی کردار کی تبدیلی
•مستقل روحانی پختگی

تبدیلی فرض نہیں کی جاتی۔
یہ **اس کے لیے ڈیزائن کیا گیا ہے، اسٹیورڈڈ، ماپا، اور اس کے ذریعے پیروی کیا گیا ہے۔**

"ہماری کامیابی کا پیمانہ"

زبان کے ساتھ جیسے:

•ہم صرف ٹریفک سے کامیابی کی پیمائش نہیں کرتے
•ہم بدلی ہوئی زندگیوں سے کامیابی کی پیمائش کرتے ہیں۔
•ہم منگنی پر اطاعت کو اہمیت دیتے ہیں۔
•ہم تجدید کو وائرلیت سے زیادہ اہمیت دیتے ہیں۔

ہمارا مشن
سیڈنگ دی نیشنز - ایک وقت میں ایک زندگی
خدا کی عقاب وزارتیں موجود ہیں:

•**صحیفے سے جڑے وسائل تخلیق کریں، جمع کریں اور گردش کریں** جو تبدیلی کی طرف لے جائیں، نہ کہ محض علم
•**انجیلی بشارت، شاگردی، شفا یابی، نجات، بحالی، اور مشاورت**، روح، روح اور جسم میں مشغول ہوں
•**منظم شاگردی کے سفر کو چلائیں** جو مومنوں کو تصادم سے اطاعت کی طرف لے جائیں۔
•روح القدس کی رہنمائی کے طور پر **پیشن گوئی کی اطاعت اور علاقے کی لگن کی حمایت کریں**
•بائبل کے اختیار اور انسانی نگرانی کے تحت **بڑے پیمانے پر ڈیجیٹل سسٹمز کو اسٹیورڈ**

ہمارا مینڈیٹ اپنی خاطر پیمانہ نہیں بلکہ **پیمانے پر وفاداری ہے۔**
ہماری بنیادی اقدار
یہ اقدار **وزارت، اشاعت، قیادت اور ٹیکنالوجی پر یکساں طور پر حکومت کرتی ہیں**:

•مسیح میں دلیری اور بے خوفی۔
•خادم قیادت
•احتساب کے ساتھ کمال
•سالمیت اور شفافیت
•عقل کے ساتھ رفتار
•تخلیقی صلاحیتیں سچائی میں لنگر انداز ہوتی ہیں۔
•روح کی قیادت میں سخاوت

ہمارا جذبہ

ہم دل کی گہرائیوں سے پر عزم ہیں:

•روح کا اتحاد اور ایمان کا اتحاد (افسیوں 4:3، 13)
•مقدسین کو پختگی اور اچھے کاموں کے لیے لیس کرنا (افسیوں 4:11-16)
•شفا یابی، نجات، اور بحالی جو جاری رہتی ہے — سائیکل نہیں۔
•شاگردی جو اطاعت پیدا کرتی ہے، انحصار نہیں۔
•ایسے مومنوں کی پرورش کرنا جو دوسروں کو کھڑے، سمجھ سکیں اور شاگرد بنا سکیں

ہمارے کام کے سات بنیادی تاثرات

1. **چرچ اتحاد منگنی**
فرقوں، ثقافتوں اور قوموں میں رشتہ داری اور تشکیلاتی اتحاد کی تعمیر۔
2. **سالانہ عالمی دعا اور روزہ**
چالیس دن (17 مارچ - 26 اپریل) اتحاد، بحالی، صف بندی، اور شاگردی کے لیے وقف ہے۔ دنیا بھر میں چرچ اور اس کے رہنماؤں کے لیے خاص طور پر دعا کرنا۔ وہ جہاں بھی ہوں اثر و رسوخ کے سات پہاڑ!
3. **اشاعت اور مواد کی نگرانی**
◦عنوانات تصنیف اور شائع ہوئے۔
◦66+ ممالک میں تقسیم
4. **عالمی مواد کی تقسیم**
20 لاکھ سے زیادہ مسیحی وسائل ڈیجیٹل پلیٹ فارمز پر زیر انتظام اور گردش کر رہے ہیں۔
5. اوٹاکاڈا پلیٹ فارمز کے ذریعے ہوسٹ کیے گئے خودکار اور گائیڈڈ

راستوں سمیت **اسٹرکچرڈ شاگردی کے سفر ۔**

6.**مشاورت، شفا یابی اور بحالی**

ویب پر مبنی اور ذاتی طور پر، پورے شخص کو مخاطب کرنا۔

7.**پیغمبرانہ اطاعت اور علاقائی لگن**

صرف روح القدس کی قیادت میں، جوابدہی کے تحت انجام دیا جاتا ہے۔

8.**قوموں کے لیے جاری نماز اور روزہ**

:ہم نماز اور روزے میں جمع ہوتے ہیں

- ہر جمعرات
- ہر مہینے کے آخری تین دن

اثر کے سات پہاڑوں پر خدا کی بادشاہی کی حکمرانی کو ، متی 21:13، یسعیاہ 56:7، اور یرمیاہ 7:11 کے مطابق۔

ہم آپ کو ایمانداری سے شرکت کی دعوت دیتے ہیں۔

ہمارے پلیٹ فارمز (ایک ماحولیاتی نظام، ایک اخلاقیات)

- **Otakada.org** — شاگردی، پیشن گوئی کی تعلیم، تبدیلی کے سفر
- **Store.Otakada.org** — ڈیجیٹل لائبریری، کتابیں، سیریز، اور مستقبل کا زندہ مواد
- **shop.otakada.org** - **کتابوں کی دکان کے سامنے**
- **پبلشنگ چینلز** - دنیا بھر میں 40,000 عالمی تقسیم کار
- **میڈیا چینلز** - تدریس، شہادتیں، فلمیں، اور شاگردی کا مواد

تمام پلیٹ فارمز **ایک تبدیلی کے چارٹر کے تحت کام کرتے ہیں** ، مقابلہ کرنے والے ایجنڈے کے نہیں۔

عالمی رسائی اور ذمہ داری

- ماہانہ پہنچ: **+500,000**
- تقسیم شدہ وسائل: **2 ملین+**
- فعال موجودگی: **66+ ممالک**
- شاگردی افق: **2045 تک 100 ملین روحیں**

ہم کون ہیں۔

:خدا کی عقاب وزارتیں ہیں

- **روح کی قیادت میں**

•بے سرحد
•فرقہ پرستانہ لیکن نظریاتی طور پر لنگر انداز
•لوگوں میں قائم مسیح کے لیے عزم
•دیواروں کے بغیر چرچ، لیکن آرڈر کے بغیر نہیں۔

تم میں مسیح، جلال کی امید۔" —کلسیوں 1:27"

اتحاد، بائبل کی وضاحت کے ساتھ

•**روح کا اتحاد** (افسیوں 4:3)
ایک موجودہ حقیقت جس کی حفاظت ہم عاجزی اور محبت کے ذریعے کرتے ہیں۔
•**ایمان کا اتحاد** (افسیوں 4:13)
اطاعت پر مبنی شاگردی کے ذریعے حاصل ہونے والا ترقی کا نتیجہ۔

اتحاد **رشتہ دار اور تشکیلاتی ہے** ، کبھی سطحی نہیں ہوتا۔

ہماری وزارت کے پلیٹ فارم

•**Otakada.org** - شاگردی، وسائل، نبوت کی وزارت
•**Shop.otakada.org** – کتابیں اور ڈیجیٹل شاگردی کے اوزار
•**ایمیزون مصنف صفحہ 1** – https://www.amazon.com/stores/Zacharias-Godseagle/author/B0FCZ89D4K [1]Zacharias Godseagle/ **کا صفحہ** سفیر پیر او۔ اوگبی مصنف
•**ایمیزون مصنف صفحہ 2** - https://www.amazon.com/stores/author/B07MSBPFNX/allbooks [2] مصنف کا O. Ogbe - سفیر پیر صفحہ
•**یوٹیوب چینل - - MAIN**
https://www.youtube.com/@godseagleministries [3]- تدریس، گواہیاں اور آؤٹ ریچ
•**YouTube چینل - تازہ ترین** -
https://www.youtube.com/@AmbassadorMondayogbe [4]—

---

1. https://www.amazon.com/stores/Zacharias-Godseagle/author/B0FCZ89D4K
2. https://www.amazon.com/stores/author/B07MSBPFNX/allbooks
3. https://www.youtube.com/@godseagleministries
4. https://www.youtube.com/@AmbassadorMondayogbe

فلمیں، اور عالمی شاگردی اور بشارت کے لیے دیگر مواد

ہماری لیس کرنے والی کمیونٹیز سے جڑیں۔

•**10 ملین موومنٹ انٹرسیسری کمیونٹی - فیس بک پر شامل ہوں۔**
•**ہولی گوسٹ اسکول کی شاگردی - فیس بک پر شامل ہوں | ٹیلیگرام پر شامل ہوں۔**
•**10 ملین شفاعت کرنے والے - واٹس ایپ پر شامل ہوں۔**

خدا کی عقاب وزارتیں واٹس ایپ کمیونٹیز

•**کمیونٹی 1**
•**کمیونٹی 2**

دستخطی اقدامات

•**سالانہ 40 روزہ عالمی نماز اور روزہ: 17 مارچ - 26 اپریل**
•**اقوام کے لیے ماہانہ نماز اور روزہ: افریقہ، امریکہ، یورپ، ایشیا، مشرق وسطیٰ، اوشیانا، قطبی خطوں** پر توجہ مرکوز
•**گریٹر ایکسپلائٹس سیریز:** شفا یابی، بحالی، اور روحانی سازوسامان پر **+20 جلدیں۔**

ہم کون ہیں۔
خدا کی عقاب وزارتیں ایک **روح کی زیرقیادت، بے سرحد تحریک ہے** جس :کے لیے

•مومنوں کے دلوں میں **روحانی مندروں** کی تعمیر
•**زندگیوں کی بحالی** : روح، روح اور جسم
•**روح کی وحدت** اور **ایمان کی وحدت** کو فروغ دینا (افسیوں 4:3،13)

تم میں مسیح، جلال کی امید!" —کلسیوں 1:27"

آئیے جڑتے ہیں۔

ای میل: ambassador@otakada.org
فون/WhatsApp: +1 804-778-2759 (Whatsapp) | +1 302-492-2440 | +2348032835348 (Whatsapp)

بلاگ: otakada.org/blog
شراکت داری اور دینا: یہاں کلک کریں۔[5]

ہماری عالمی موجودگی

ایسٹ کوسٹ USA: 3825 Lancaster Pike, Wilmington, DE;
East Coast USA: 4510 Burkes Promise Drive, Bowie, Maryland
West Coast USA: 1985 Del Amo Blvd, Torrance, CA
West Africa HQ: 8 Sahaba Residence, Lugbe Abuja |
مغربی افریقہ کا ہیڈکوارٹر: 14 اولالیر کلوز، آف ملینیئر کوارٹرز، جوس نارتھ، جوس، پلیٹیو اسٹیٹ

قیادت

سفیر پیر O. Ogbe
(تخلص: Zacharias Godseagle)
،بانی، مصنف
۔ خدا کی عقاب وزارتیں
دیواروں، سرحدوں یا فرقوں کے بغیر ایک چرچ

ایک زندہ مینڈیٹ

یہ بیان جامد نہیں ہے۔
:یہ حکومت کرتا ہے

- مواد کی تخلیق
- اشاعت کے معیارات
- شاگردی کے نظام
- AI کی مدد سے ترسیل
- کمیونٹی مصروفیت
- احتساب اور نگرانی

یہ **اظہار میں تیار ہوگا** ، لیکن کبھی بھی **سچائی یا مقصد میں نہیں** ، جیسا کہ خدا کا کام قوموں تک پھیلتا ہے۔

5. https://www.otakada.org/partnership-giving/

عظیم تر کارنامے - 1

اعتراف n.—

ی ہ کتاب خدا کے درج ذیل عظیم لوگوں کے تعاون کے بغیر اس مواد کے ذریعہ منظر عام پر نہیں آسکتی جس نے اس کتاب کو مالا مال کیا ہے:

- **جان جی لیک**
- **کیتھرین کولمین**
- **لیسٹر سمرل**
- **فرینک اور ایڈا مے ہیمنڈ**
- **ڈیرک پرنس**
- **ناول ہیز**
- **جوزف ایو بابالولا**
- **رابرٹ ڈبلیو شمباچ**
- **آشیش رائچور**
- **کری بلیک**
- **سنڈی ٹرم**
- **اور بہت سے دوسرے جو میں نے سالوں سے سیکھے ہیں۔**

میں اپنی بیوی - کمفرٹ اور اپنے چار بچوں - ڈیانا، جوزف، ڈیوڈ اور آئزک کی بھی تعریف کرنا چاہتا ہوں جنہوں نے ہماری زندگی کے تجربات کے ذریعے مواد میں حصہ ڈالا ہے۔ جدوجہد، اتار چڑھاؤ، کامیابیاں اور ناکامیاں جنہوں نے ہمیں مسیح میں الہی مقصد تک پہنچانے میں مدد کی ہے۔ خدا آپ سب کو یسوع کے نام میں بے شمار طریقوں سے کثرت سے برکت دے، آمین!

عظیم تر کارنامے - 1

لگن -

میں اس کتاب کو خدا باپ کے لیے وقف کرتا ہوں جو مجھے تخلیق کرنے اور میری زندگی کو محفوظ رکھنے کے لیے ہے۔

میں یہ کتاب خُداوند یسوع مسیح کو اُس عظیم قربانی کے لیے وقف کرتا ہوں جس نے مجھے باپ تک اور خُدا باپ، بیٹے اور روح القدس کی رفاقت میں بلا روک ٹوک رسائی دی ہے۔

میں اس کتاب کو روح القدس کے لیے وقف کرتا ہوں، طاقت اور بااختیار بنانے کے لیے، تعلیم دینے کے لیے، ہدایت دینے کے لیے اور ہمیشہ تسلی بخش موجودگی کے لیے تاکہ میں وہ سب ہو سکوں جو مسیح مجھے دینے اور بنانے کے لیے مرا۔

میں اس کتاب کو اپنی بیوی - کمفرٹ اینڈ دی چلڈرن - ڈیانا، جوزف، ڈیوڈ اور آئزک کے لیے وقف کرتا ہوں جو میرے ساتھ زندگی کے سفر میں خدا میں نامعلوم لوگوں کے لیے بہت کم یا کوئی آپشن نہیں رکھتے۔

عظیم تر کارنامے - 1

n تعارف.—

ا س کتاب میں، **"عظیم کارنامے - 1** - آپ اس کے لیے پیدا ہوئے ہیں - **شفا، نجات اور بحالی - عظیموں سے کیسے"** آپ کو کہانیاں، حقیقی کہانیاں اور مزید کہانیاں اور اسّی (80) سے زیادہ شہادتیں ملیں گی تاکہ پیغام کو مضبوط کیا جا سکے اور آپ کی زندگی اور دوسروں کی زندگی میں لاگو ہونے کے لیے آگے بڑھنے کے لیے آپ کی تعلیم کو تقویت ملے۔

آپ کو چلتے پھرتے سننے اور دیکھنے کی خوشی کے لیے ابواب 1 سے لے کر باب 10 کے آڈیو پوڈ کاسٹ اور ویڈیو اپ لوڈ لنکس ملیں گے -

ابواب 2, 4, 5,6.7.8.9 اور 10 کے آخر میں معاہدے کی ادائیگی کرنے والے، خود شفا یابی، نجات اور بحالی کی دعائیں ملیں گی کیونکہ یہ ایک عملی کتاب ہے کہ اسے خود کیسے کرنا ہے۔

آپ کو عظیم لوگوں کی سوانح عمریاں ملیں گی **اور انہیں کس چیز نے عظیم بنایا تاکہ آپ اس عمل کو سیکھ سکیں اور خود بھی عظیم بن سکیں۔**

آپ کو خدا پر اپنے ایمان کو مضبوط کرنے کے لئے سالوں کے دوران گواہیاں ملیں گی **کیونکہ وہ اب بھی یہاں ہے اور بائبل کے دنوں کی طرح بہت زیادہ کام کرنے کے لئے دستیاب ہے، سب سے بڑھ کر آپ اس طاقت کے مطابق سوچ، غور یا تصور بھی کر سکتے ہیں جو آپ میں کام کرتی ہے اگر آپ اسے اجازت دیں۔**

آپ کو معلوم ہوگا کہ **روح القدس میں بپتسمہ کیسے لیا جائے اور ایک مرتی ہوئی اور زوال پذیر دنیا میں خُدا کی روشنی کو روشن کرنا شروع کیا جائے۔**

آپ کو **قیدی کے لیے کافی ہے اور مسیح میں آزادی کا خیرمقدم** ملے گا - **اس ٹیڑھی دنیا میں خدا کی روشنی کو چمکانا + روح القدس میں بپتسمہ لینے کی دعا + ٹریور پلیس کے ٹریور فیرل اور رابرٹ ڈبلیو شیمباچ کی 2 کہانیاں الیکٹرک چیئر سے بچ جانے والی انسان کی زندگی پر - تعارف**

آپ کو مل جائے گا۔ **شیطان کی قید کے لیے کافی ہے اور مسیح میں آزادی میں خوش آمدید - خُدا کی طرف سے حاصل کرنے کے لیے بھوک کے ذریعے طاقت اور ہمیں ہماری میراث سے اندھا کر دینے کے لیے شیطان کے ساتھ غصہ! + دو (2) کہانیاں - پہلی کہانی: نارول ہیز کی طرف سے: معجزہ کا کام کرنا - اپنی**

بیٹی کے ہاتھ پر تخلیقی معجزہ اور بھارت میں رابرٹ شیمباچ کے کارنامے + خود سے نجات کی دعا کا اسکرپٹ + شفا، نجات اور بحالی کے معاہدے کی دعا حصہ 1

آپ دیکھیں گے کہ قید کے لیے کافی ہے اور آزادی میں خوش آمدید ۔ COVID-19، کینسر اور دیگر سے کیسے ٹھیک ہو یا ٹھیک کیا جائے ۔ حصہ 2

آپ کو شیطان کی قید کے لیے کافی ہے اور مسیح عیسیٰ میں آزادی میں خوش آمدید ۔ روزانہ جنگ میں سرگرمی ۔ نماز کی جگہ پر ہاتھ سے لیس کرنے کے لیے روزانہ اعلان دعائیں ۔ حصہ 3۔ اسکرپٹ از سنڈی ٹرم

آپ دیکھیں گے کہ شیطان کی قید کے لیے کافی ہے اور مسیح میں آزادی میں خوش آمدید ۔ کیا مسیحیوں کو شیطان بنایا جا سکتا ہے؟ جھوٹ پکڑنے والا، شیطان بہت سے عیسائیوں کو جہالت کے ذریعے قید میں رکھنے کے لیے فروخت کرتا ہے۔ اپنی زندگی میں ان کی موجودگی کو کیسے دریافت کریں اور انہیں دور کریں + ایک اعلی کانگریسی ایڈز سے سچی کہانی رہنمائی شدہ خود نجات کی گواہی جیسا کہ ڈیرک پرنس حصہ 4 نے بتایا ہے + خود سے نجات کی دعا کا اسکرپٹ + شفا، نجات اور بحالی کے معاہدے کی دعا

آپ دیکھیں گے کہ شیطان کی قید کے لیے کافی ہے اور مسیح عیسیٰ میں آزادی میں خوش آمدید ۔ نجات کے لیے سات (7) اہم اقدامات + شیطانی گروہ بندیوں کی شناخت اور اخراج اور حتمی تنازعہ کے وژن اور چار (4) منگنی کے فرنٹ لائنز پر حکمت عملی سے کیسے غالب رہنا ہے جیسا کہ فرینک اور آئی ڈی 5 کے ذریعے بتایا گیا ہے۔ دعا کا اسکرپٹ + شفا یابی، نجات اور بحالی کے معاہدے کی دعا

آپ کو شیطان کی قید کے لیے کافی ہے اور مسیح عیسیٰ میں آزادی میں خوش آمدید ۔ آپ میں مقیم روح القدس کی طاقت آپ کی زندگی اور دوسروں میں شفا، نجات اور بحالی کے ایجنٹ کے طور پر ہوا کے ذریعے پانی اور تیل میں منتقل ہو گئی ہے ۔ نمونہ دعا کا اسکرپٹ جس میں پانی اور تیل کے ایک اسٹوریز پر شامل ہے شیزوفرینیا سے تعلق رکھنے والی 6 سالہ لڑکی اور دوسرے شیطانوں کی میزبان فرینک اور ایڈا ما کے ذریعہ آپ کے لیے سیکھنے کے منحنی خطوط کے طور پر ۔ حصہ 7 + شفا، نجات اور بحالی کے لیے معاہدہ دعا

آپ دیکھیں گے کہ شیطان کی قید کے لیے کافی ہے اور مسیح عیسیٰ میں آزادی میں خوش آمدید ۔ آزادی پر اس تمام گفتگو میں زمین پر خدا کی مرضی اور حاکمیت کہاں ہے؟ ایسا کیوں نہیں ہے کہ ہر وہ شخص جس کے لیے ہم دعا کرتے ہیں شفا یابی یا بحالی نہیں ہوتی؟ کچھ تدریجی یا جزوی کیوں ہیں؟ شفا یابی، نجات اور بحالی میں کیا رکاوٹیں ہیں؟ اور کچھ کرنا اور کیا نہیں کرنا + ایک (1) اس عنوان کو ثابت کرنے اور خوف کے جذبے کی گرفت کو توڑنے کے لیے بھائی

رابرٹ شیمباچ - حصہ 8 + خود سے نجات کا اسکرپٹ اور شفا، نجات اور بحالی کے معاہدے کی دعا

آپ کو شیطان کی قید کے لیے کافی ہے اور مسیح عیسیٰ میں آزادی میں خوش آمدید پائیں گے - **شفا، نجات اور بحالی کے بارے میں عام سوالات کے جوابات حاصل کریں + شفا یابی، نجات اور بحالی کے لیے عملی رہنما خطوط + شیزوفرینیا کی ترکیب جیسا کہ روح القدس کے ذریعے انکشاف کیا گیا ہے اور ہیمنڈ سے آئیڈا ماے کے ساتھ کس طرح سلوک کیا گیا ہے۔**

آپ کو اس بات کی تصدیق کرنے کے لیے نتائج ملیں گے **کہ آیا کتاب آپ کی ضرورت کو پورا کرتی ہے اور ساتھ ہی نجات کا صفحہ اور 40 دنوں کے شاگردی کے سفر کے لنکس بھی شامل ہیں۔**

لطف اٹھائیں!

عظیم تر کارنامے - 1

مختصر سوانح عمری - جان جی لیک - کیتھرین کولمین - لیسٹر سمرل - فرینک اور آئیڈا مے ہیمنڈ - ڈیرک پرنس - ناول ہیز - جوزف ایو بابالولا - رابرٹ شیمباچ

لوگوں کی تعریف کرنا شروع کرنے کے لیے اور ہماری نسل میں خُدا نے انھیں کس لیے استعمال کیا ہے، آپ کو اور مجھے ان کی تاریخ پر نظر ڈالنے کی ضرورت ہے۔ اگر کوئی چیز ہے جس میں انسانیت بری طرح سے ناکام ہوئی ہے، تو وہ ہے - پسماندہ دلچسپی کے ساتھ پیچھے مڑ کر دیکھنے اور تاریخ سے سبق حاصل کرنے کی ناکامی تاکہ ہم آگے بڑھنے کے لیے ایک اچھی طرح سے باخبر، مثبت اسباب کا خاکہ بنانا شروع کر سکیں۔

اسی سلسلے میں میں نے عظیم کارنامے - 1 میں شامل کیا ہے جس نے ان کی سوچ کو تشکیل دیا جو انہیں خدا کے لیے عام سے زیادہ حاصل کرنے پر مجبور کرتی ہے۔

لہذا، اس پر دھیان دیں، جہاں ضروری ہو سیکھیں اور خدا کی شان کے لیے اپنی زندگی اور اپنے دائرے کے اندر اور باہر دوسروں کی زندگی میں آگے بڑھنے کا اطلاق کریں!

جان جی لیک

"صاف کرنے والا عیسیٰ"

جان گراہم لیک 18 مارچ 1870 کو اونٹاریو، کینیڈا میں پیدا ہوئے۔ جب وہ چھوٹا تھا تو اس کا خاندان ریاستہائے متحدہ میں مشی گن چلا گیا۔ جب وہ ابھی جوان تھا، جھیل نے سالویشن آرمی کی میٹنگ میں شرکت کی اور ایک نجات دہندہ کی اپنی ضرورت کا مجرم ٹھہرایا، اور اس نے یسوع کو زندگی کا خداوند بننے کی دعوت دی۔ جھیل بیماری سے ناقابل یقین حد تک متاثر ہوئی تھی۔ وہ سولہ بچوں میں سے ایک تھا، اور اپنی جوانی کے دوران ان میں سے آٹھ مر گئے۔ وہ بیماری، غم اور موت سے نفرت کرنے لگا جو اس کی خاندانی زندگی کا بہت زیادہ حصہ تھی۔

جھیل نے وزارت کو کال محسوس کی، اور میتھوڈسٹ وزیر بننے کے لیے تعلیم حاصل کی۔ اس نے تقدیس کے بارے میں میتھوڈسٹ کی تعلیم کو دل میں لیا اور اسے شوق سے تلاش کیا۔ جب اس کی تعلیم مکمل ہو گئی، تاہم، اس نے کاروبار میں جانے اور الینوائے میں ایک اخبار شروع کرنے کا فیصلہ کیا۔ پھر وہ مشی گن واپس چلا گیا اور رئیل اسٹیٹ میں اپنا کیریئر شروع کیا۔ اس نے جینی سٹیونز سے ملاقات کی اور اس سے شادی کی۔

بیماری اب بھی جھیل کو شکار کرتی رہی۔ اس کا بھائی باطل تھا، ایک بہن کو وسیع کینسر تھا، دوسری بہن کو خون بہنے کے مسائل تھے، اور اس کی بیوی کو تپ دق اور دل کی بیماری تھی۔ 1899 میں خاندان نے شکاگو میں جان الیگزینڈر ڈووی کے بارے میں سنا تھا، کیونکہ وہ میڈیا کی کافی توجہ حاصل کر رہے تھے۔

وہ جھیل کے بھائی کو شکاگو میں شفا یابی کے کمروں میں لے گئے، اور وہ فوری طور پر ٹھیک ہو گیا۔ پھر دونوں بہنیں بھی چلی گئیں، اور وہ بھی ٹھیک ہو گئیں۔

آخرکار، جھیل نے جون 1899 میں اپنی بیوی کے لیے دعا کرنے کے لیے لوگوں سے رابطہ کیا، اور وہ بھی ٹھیک ہو گئی۔ اس نے اعمال 10:38 کو دیکھنے کے لیے صحیفے کھولے "آپ ناصری کے یسوع کے بارے میں جانتے ہیں کہ کس طرح خدا نے اسے روح القدس اور طاقت سے مسح کیا، اور وہ کس طرح نیک کام کرتا رہا، اور ان سب کو شفا دیتا رہا جو ابلیس کے ہاتھوں ستائے گئے تھے؛ کیونکہ خدا اس کے ساتھ تھا۔ (NASB) اس نے اپنے لیے واضح طور پر بیان کیا کہ یسوع ہی لوگوں کا علاج کرنے والا اور ساکن کا رکن ہے۔ ڈووی کا کرسچن کیتھولک چرچ اور ایک برانچ اس وقت کھلی تھی جہاں وہ اس وقت نئے چرچ میں ڈیکن بن گیا تھا، اس کے 4 سالہ بیٹے نے ڈووی کی تعلیمات سے انکار کر دیا تھا اور اس کے بعد ٹریگو پر لکھا گیا تھا۔ جو باقاعدگی سے Dowie کی سرگرمیوں کی اطلاع دیتا تھا۔

1904 میں جھیل ڈووی کے ساتھ کام کرنے کے لیے شکاگو چلی گئی۔ خدا کی قدرت کو دیکھ کر، جھیل روح القدس کے لیے زیادہ پکارنے لگی۔ اس نے نو مہینے خدا کی حضوری کی مکمل سطح کی تلاش میں گزارے۔ جھیل گیا، ایک اور آدمی کے ساتھ ایک بیمار عورت کے لیے دعا کرنے کے لیے۔ خُدا کی موجودگی اُس پر اُس طرح گر گئی جیسے اُسے پہلے کبھی معلوم نہ تھا۔ اگلے چھ مہینے یقین، توبہ اور دل کی صفائی کے ساتھ نشان زد تھے۔ روح کے تحفے بڑھ گئے، اور فہم اور شفا بخش تحفے ڈرامائی طور پر بڑھ گئے۔ جھیل جان الیگزینڈر ڈووی کے تحت تربیت حاصل کر رہی تھی، لیکن ہمیشہ اس کے کام کرنے کے طریقے سے متفق نہیں تھی۔ ایک موقع پر، ڈوئی نے اپنے کارناموں کو درج کیا اور اس سے کہا کہ "اگر آپ کبھی تعمیری خصوصیات پیدا کرتے ہیں، جو آپ کی تنقیدی صلاحیت کے برابر ہے، تو آپ مجھ سے بڑے آدمی ہوں گے۔" جان لیک جانتا تھا کہ اسے اپنا کام خود شروع کرنا پڑے گا۔ اس نے محسوس کیا کہ افریقہ بلایا گیا اور انڈیانا پولس میں قلیل مدتی پادری کے عہدے کے بعد 1908 میں وہاں چلا گیا۔ جنوبی افریقہ کی جھیل میں پانچ سال کے عرصے میں 1,000,000 مذہب تبدیل کرنے والے، سیکڑوں گرجا گھر لگائے، اور 1000 سے زیادہ مقامی وزراء کی پرورش کی۔ تاہم، یہ کام سخت تھا، اور دسمبر 1908 میں اس کی بیوی کا انتقال ہو گیا۔ اس نے اپنے خاندان کو ساتھ رکھنے کا عہد کیا۔ 1913 میں جھیل اپنے سات بچوں کے ساتھ امریکہ واپس آگئی۔

ایک بار جب وہ ریاستہائے متحدہ واپس آیا، اس نے دوبارہ شادی کی، اور ایک سفری وزارت شروع کی۔ اس سے جن جگہوں پر بات کرنے کو کہا گیا ان میں سے ایک اسپوکین، واشنگٹن تھی۔ اس سے شفا یابی کا کمرہ شروع کرنے کو کہا گیا، اور اس نے اتفاق کیا۔ تقریباً پانچ سال کی مدت میں، 100,000 سے زیادہ شفا

یابی کی اطلاع ملی- Spokane کو "ریاستہائے متحدہ کا صحت مند ترین شہر" قرار دیا گیا۔ اگرچہ جھیل کا گرجا گھر کبھی بڑا نہیں تھا، ہزاروں لوگ پورے ملک اور دنیا سے دعا حاصل کرنے آئے تھے- 1920 میں، اس نے محسوس کیا کہ وہ پورٹ لینڈ، اوریگون چلے جائیں اور وہاں شفا یابی کے کمرے کی وزارت شروع کریں۔ ان سالوں کے دوران بھی اسی طرح کی شفایابی کی اطلاع ملی۔

جھیل نے مغربی ساحل کے اوپر اور نیچے کے شہروں میں شفا یابی کے کمرے کی وزارت شروع کرنے پر غور کیا۔ تاہم، اس کی طاقت ختم ہونے لگی تھی، کیونکہ اس نے زندگی کو ناقابل یقین رفتار سے گزارا۔ وہ ایک چرچ شروع کرنے کے لیے ہیوسٹن، ٹیکساس گیا، لیکن خاندانی بحران کی وجہ سے اسے بلایا گیا اور کبھی واپس نہیں آیا۔ اس نے کیلیفورنیا کے گرجا گھروں میں خدمت کی، پھر ایک سیزن کے لیے پورٹلینڈ میں پادری کے پاس واپس آیا، اور آخر کار اپنی باقی زندگی کے لیے اسپوکین میں واپس آ گیا۔ ان کا انتقال 15 ستمبر 1935 کو ہوا۔
Source https://healingandrevival.com/BioJGLake.htm

کیتھرین کولمین

میں معجزات پر یقین رکھتا ہوں۔

کیتھرین جوہانا کولمین 9 مئی 1907 کو کنکورڈیا، میسوری میں پیدا ہوئیں۔ اس کے والدین جرمن تھے اور وہ چار بچوں میں سے ایک تھی۔ اس کی والدہ ایک سخت نظم و ضبط پسند تھیں، جنہوں نے بہت کم پیار یا پیار دکھایا۔ دوسری طرف، وہ ایک انتہائی قریبی تھا اور اپنے والد کے ساتھ محبت کا رشتہ وہ بیان کرتی کہ

ایک چھوٹے بچے کی طرح کیسے اس کا باپ کام سے گھر آتا اور وہ اس کی ٹانگ پر لٹکتی اور اس سے لپٹ جاتی۔ وہ اکثر کہتی تھی کہ خدا باپ کے ساتھ اس کا رشتہ انتہائی حقیقی تھا کیونکہ اس کے اپنے والد کے ساتھ تعلقات تھے۔

Kuhlman کو تبدیل کیا گیا تھا، جب وہ 14 سال کی تھیں، ایک چھوٹے سے میتھوڈسٹ چرچ میں منعقد ہونے والی انجیلی بشارت کی میٹنگ میں۔ جب وہ 16 سال کی تھی تو اس نے ہائی اسکول سے گریجویشن کیا، جو ان کے شہر میں صرف دسویں جماعت تک گیا تھا۔ اس کی بڑی بہن مرٹل نے ایک سفر کرنے والے مبشر ایوریٹ بی پیروٹ سے شادی کی تھی۔ انہوں نے اپنا وقت سفر میں گزارا اور کہا کہ کیتھرین موسم گرما میں ان کے ساتھ شامل ہوسکتی ہے۔ اس کے والدین راضی ہوگئے اور وہ مدد کے لیے اوریگون گئی۔ وہ ان کے ساتھ کام کرتی تھی، اور اکثر اپنی گواہی دیتی تھی۔ جب موسم گرما ختم ہوا تو وہ رہنا چاہتی تھی، اور جوڑے نے اتفاق کیا۔ اس نے ان کے ساتھ پانچ سال کام کیا۔

انجیلی بشارت کی ٹیم چار لوگوں پر مشتمل تھی، ایوریٹ، مرٹل، کیتھرین، اور پیانوادک جن کا نام ہیلن گلیفورڈ تھا۔ 1928 میں ایورٹ نے بوائز، ایڈاہو میں ایک میٹنگ چھوٹ دی۔ مرٹل اور کیتھرین نے ایوریٹ کو کور کرنے کی تبلیغ کی۔ چرچ کے پادری نے کیتھرین کو خود ہی باہر نکلنے کی ترغیب دی۔ ہیلن اس کے ساتھ شامل ہونے پر راضی ہوگئی۔ اس کا پہلا خطبہ بوائز، ایڈاہو میں رن ڈاون پول ہال میں تھا۔ ٹیم نے اگلے پانچ سالوں کے لیے ایڈاہو، یوٹاہ اور کولوراڈو کا احاطہ کیا۔ 1933 میں وہ پیوبلو، کولوراڈو میں چلے گئے۔ انہوں نے ایک لاوارث منٹگمری وارڈ گودام میں قائم کیا۔ وہ چھ ماہ تک وہاں رہے۔

ڈینور، ایک بہت بڑا شہر ہونے کی وجہ سے، اگلا پڑاؤ تھا۔ وہ کئی بار منتقل ہوئے لیکن ایک کاغذی کمپنی کے گودام میں ختم ہوئے، جسے انہوں نے Kuhlman Revival Tabernacle کا نام دیا۔ پھر 1935 میں وہ ایک بار پھر ایک ترک شدہ ٹرک گیراج میں چلے گئے جس کا نام انہوں نے ڈینور ریوائیول ٹیبرنیکل رکھا۔ کیتھرین ڈینور میں کافی کامیابی دیکھ رہی تھی۔ چرچ کے ارکان کی تعداد تقریباً 2000 تک پہنچ گئی۔ اس نے "مسکراتے ہوئے" کے نام سے ایک ریڈیو شو شروع کیا اور ملک بھر سے مقررین کو مدعو کیا۔ ان میں سے ایک فل کیر تھا جو الہی شفا یابی پر تعلیم دیتا تھا۔ 1935 میں ایک اور مدعو مبشر برروز والٹرپ تھا۔

والٹرپ کوہلمین کے لیے بری خبر تھی۔ وہ ایک کرشماتی، خوبصورت آدمی تھا جو اس سے کئی سال بڑا تھا۔ فوری طور پر ایک کشش تھی، اور ایک خاندان کا دعویٰ ہے کہ اس نے جوڑے کو 1935 میں گلے لگاتے دیکھا تھا، لیکن وہ شادی شدہ تھا اور اس کے دو بچے تھے۔ والٹرپ نے ڈینور چھوڑ دیا اور آسٹن، ٹیکساس میں گھر چلا گیا، لیکن کوہلمین اور والٹرپ کے درمیان تعلقات میں اضافہ ہوا۔ 1937 میں انہیں دو ماہ کے لیے منبر لینے کے لیے ڈینور واپس بلایا گیا۔ کچھ عرصہ بعد اس نے اپنی بیوی کو طلاق دے دی اور اپنے دو بیٹوں کو چھوڑ دیا۔

اس کے بعد اس نے یہ کہانی پھیلائی کہ اس کی بیوی اسے چھوڑ کر چلی گئی ہے۔ وہ میسن سٹی، آئیووا چلا گیا، جہاں اس نے سب کو بتایا کہ وہ سنگل ہے، اور ایک نئی وزارت شروع کی۔ والٹرپ نے ریڈیو چیپل کے نام سے وزارت کی عمارت بنانے کے لیے 70,000$ کا وعدہ کیا۔ یہ ایک غائب منبر اور آرٹ ڈیکو اسٹائل کے ساتھ آرٹ آف دی آرٹ تھا۔ وہ ایک کامیاب اور متحرک مبلغ دکھائی دیا۔

Kuhlman اور Waltrip کے درمیان ایک مسلسل رشتہ تھا، اور انہوں نے ستمبر 1938 میں شادی کر لی۔ Kuhlman اپنی پسند کے نتائج کے بارے میں بولی تھی اور شادی ایک تباہی تھی۔ اس نے اپنے چرچ میں اعلان کیا کہ وہ اور والٹرپ شادی شدہ ہیں اور وہ ڈینور اور میسن سٹی کے درمیان اپنے دو گرجا گھروں میں تبلیغ کریں گے۔ والٹرپ کے ساتھ اس کے تعلقات کی وجہ سے اس کی جماعت کے زیادہ تر لوگ چلے گئے۔ اس نے ڈینور میں اپنا چرچ چھوڑ دیا، اپنے کچھ قریبی ساتھیوں کو کھو دیا، اور میسن سٹی چلی گئی۔ والٹرپ کی کامیابی بھی ایک خواب ہی ثابت ہوئی۔ ریڈیو چیپل جون میں مکمل ہوا۔ 1938۔ اکتوبر 1938 تک والٹرپ اپنے قرضوں کو پورا نہیں کر سکا۔ دسمبر میں والٹرپ آمدنی میں کمی کے باوجود زیادہ تنخواہ کا مطالبہ کر رہا تھا۔ اس کے بورڈ آف ڈائریکٹرز نے استعفیٰ دے دیا اور اسے مالی معاملات سے نمٹنے کے لیے چھوڑ دیا۔ اس کا حل چیپل پر رہن یا قرض ادا کرنا نہیں تھا۔ ریڈیو چیپل دیوالیہ ہو گیا۔ والٹرپ کا آخری خطبہ مئی 1939 میں تھا۔ والٹرپس اپنے طور پر تھے۔ ایک کامیاب تبلیغی کیریئر کے ساتھ ڈینور اور میسن سٹی کے درمیان آگے پیچھے اڑتے ہوئے اور اس کے شوہر کے بارے میں کیتھرین کا خوش کن نظارہ بالکل تباہ ہو گیا تھا۔

اگلے چند سال اس جوڑے کے لیے بہت مشکل تھے۔ وہ سڑک پر سفر کرنے والے مبشر کے طور پر نکلے، بنیادی طور پر مڈویسٹ میں رہ کر۔ ان کی شادی کی تاریخ کی وجہ سے انہیں کئی جگہوں پر قبول نہیں کیا گیا۔ ابتدائی اشتہارات میں والٹرپ کو بنیادی مبشر کے طور پر درج کیا گیا تھا۔ پھر کبھی کبھار مسز والٹرپ کا ذکر بھی ہوتا تھا۔ 1940 کی دہائی کے اوائل تک کیتھرین کوہلمین والٹرپ کو مساوی بلنگ دی گئی۔ آخر کار 1940 کی دہائی کے وسط تک کیتھرین صرف کیتھرین کوہلمین کو میٹنگوں میں استعمال کر رہی تھی جہاں وہ بنیادی اسپیکر تھیں۔ 1944 میں Kuhlman والٹرپ کے بغیر مشرقی ساحل پر انجیلی بشارت کے دورے پر گیا۔ ہو سکتا ہے کہ اسے چھوڑنے کا شعوری فیصلہ ہو، یا اس نے اپنی زندگی کا از سر نو جائزہ لینے کا موقع بھی لیا ہو۔ ایسا لگتا ہے کہ یہ زیادہ بتدریج تھا جیسا کہ والٹرپ نے 1946 کے آخر میں ایک جوڑے کے طور پر ان کے بارے میں لکھا تھا۔ کوہلمین کبھی والٹرپ پر واپس نہیں آیا اور بالآخر 1947 میں ان کی طلاق ہوگئی۔

1946 میں Kuhlman کو فرینکلن، پنسلوانیا میں بات کرنے کو کہا گیا۔ اس کا خیر مقدم کیا گیا اور اس نے علاقے میں رہنے کا فیصلہ کیا۔ کوہلمین نے آئل سٹی،

پنسلوانیا میں ریڈیو نشریات پر تبلیغ شروع کی۔ یہ اتنے مشہور ہو گئے کہ انہیں پٹسبرگ میں اٹھایا گیا، اور وہ پورے علاقے میں تبلیغ کر رہی تھی۔ وہ خُدا کی شفا بخش طاقت کے بارے میں منادی کرنے لگی۔ 1947 میں ایک عورت کوہلمین کی تبلیغ سنتے ہوئے ٹیومر سے شفا ملی۔ کئی اتوار کے بعد ایک آدمی کو بھی شفا ملی جب وہ روح القدس کی تعلیم دے رہی تھی۔ وہ اب خُدا کے شفا بخش کام کا قائل تھا۔ نوٹ کرنے کے لئے ایک اہم چیز Kuhlman کی زندگی میں اس بریک آؤٹ دور کا سیاق و سباق اور وقت ہے۔ 1947 شفا یابی کے احیاء کا آغاز تھا (جسے کبھی کبھی Latter Rain Revival بھی کہا جاتا ہے) جو اگلے 10 سالوں تک جاری رہے گا۔ کوہلمین کی میٹنگوں میں جو کچھ ہو رہا تھا وہ پورے امریکہ میں پھیل رہا تھا۔ اسی وقت میں وائس آف ہیلنگ منسٹری قائم کی گئی اور ولیم برانہم، اورل رابرٹس، اے اے ایلن اور بہت سے دوسرے لوگوں کو عوامی اسٹیج پر لایا گیا۔ Kuhlman ان گروہوں کے ساتھ منسلک نہیں تھا، لیکن اس کے بہاؤ میں قدم رکھا جو خدا کی روح پوری قوم اور دنیا میں کر رہا تھا۔

1948 میں Kuhlman نے پٹسبرگ کے کارنیگی ہال میں ملاقاتوں کا ایک سلسلہ منعقد کیا۔ وہ بالآخر 1950 میں پٹسبرگ منتقل ہوگئیں، اور 1971 تک کارنیگی ہال میں میٹنگز کرتی رہیں۔ اسے خدا نے کرشماتی پیغام کو کیتھولک چرچ سمیت بہت سے فرقوں تک پہنچانے کے لیے استعمال کیا۔ (اس پر اسے کافی تنقید کا سامنا کرنا پڑا اور اس پر الماری کیتھولک ہونے کا الزام لگایا گیا۔) یہ اس کے مشہور ترین سال تھے۔ اس کا انداز شوخ تھا۔ وہ اپنی مشہور معجزاتی خدمات کا انعقاد کریں گی اور آڈیٹوریم ہر بار گنجائش سے بھرا ہوا تھا۔ وہ ریڈیو اور ٹیلی ویژن کے شوز میں تھی۔ وہ 1968 میں ایوینجلیکل چرچ الائنس کے ذریعہ مقرر کی گئیں۔ اس کی ملاقاتوں میں اور ریڈیو یا ٹیلی ویژن پر اسے سنتے ہوئے بھی سینکڑوں لوگ شفا پاتے تھے۔ جن لوگوں کے لیے وہ دعا کرتی تھی وہ اکثر خدا کی طاقت سے متاثر ہوتے اور "روح میں مارے جاتے"۔ کوہلمین نے کبھی یہ دعویٰ نہیں کیا کہ وہ شفا بخش ہے۔ وہ ہمیشہ لوگوں کو یسوع کی طرف ان کے شفا دینے والے کے طور پر اشارہ کرتی تھی۔

کوہلمین کو 1955 میں دل کی تکلیف کی تشخیص ہوئی تھی۔ اس نے بہت مصروف شیڈول رکھا اور خود سے زیادہ کام کیا، خاص طور پر 1970 کی دہائی میں۔ وہ پٹسبرگ سے لاس اینجلس تک کثرت سے سفر کرتی رہی اور ساتھ ہی دنیا بھر کے دورے کرتی رہی۔ اس کا دل بڑا ہو گیا تھا اور کولمین 20 فروری 1976 کو تلسا میں اوپن ہارٹ سرجری کے بعد انتقال کر گئیں۔ اس کی کچھ خدمات کی ویڈیوز اب بھی دستیاب ہیں اور آج بھی مقبول ہیں۔

لیسٹر سمرل

"بشارت، شفا، اور نجات"

لیسٹر فرینک سمرل 15 فروری 1913 کو نیو اورلینز، لوزیانا میں جارج اور بیٹی سمرل کے ہاں پیدا ہوئے۔ اس کی ماں ایک مضبوط عیسائی تھی، لیکن اس کے والد اپنے عقیدے میں گنگنا تھے۔ لیسٹر کی پیدائش سے پہلے اس کی ماں نے اسے خدا کے حوالے کر دیا اور دعا کی کہ وہ ایک مبلغ بن جائے۔ وہ اس کے چھٹے بچے کی پیدائش ہوئی جو آخر کار آٹھ بچوں کا خاندان ہو گا۔ بٹی سفر کرنے والے مبشرین کو اپنے گھر میں رہنے کی دعوت دیتی جب ان کے گرجہ گھر میں میٹنگیں ہو رہی تھیں۔ اس کا مطلب اکثر کھانا کھلانے اور گھر کرنے کے لیے ایک اضافی کنبہ ہوتا ہے اور لیسٹر کو وہ تناؤ پسند نہیں تھا جو اس نے گھر میں ڈالا تھا۔ اس نے فیصلہ کیا کہ وہ مبشر کو پسند نہیں کرتا اور یقینی طور پر کبھی بھی ایک نہیں بننا چاہتا تھا!

بیٹی سمرل ایک ناقابل یقین نمازی جنگجو تھی اور اپنے خاندان کے لیے مسلسل دعا کرتی تھی۔ لیسٹر نے اپنی زندگی میں کچھ بہت ہی معجزاتی واقعات

دیکھے۔ ایک دن اسے بریسٹ کینسر کی تشخیص ہوئی۔ اس نے اپنے آپ کو خواتین سے گھیر لیا جو اس کے لیے مستقل طور پر دعا کرتی تھیں۔ اس لڑائی کے درمیان رات کے وقت یسوع اس کے کمرے میں آیا اور اسے چھوا۔ وہ اس وقت سے ٹھیک ہو گئی تھی۔ جب لیسٹر کے دادا کو فالج کا حملہ ہوا تو وہ معذور ہو گئے۔ نہ کھلا سکتا تھا اور نہ کپڑا۔ خاندان اسے اپنے گھر لے آیا اور بیٹی نے خواتین کے دعائیہ گروپ کو اس کے لیے دعا کرنے کا فیصلہ کیا۔ وہ اسے مسیح کے پاس لے گئے اور دعا کرنے لگے۔ وہ وہیل چیئر پر تھا اور اپنی ٹانگوں یا بازوؤں کو حرکت نہیں دے سکتا تھا۔ خدا کی قدرت اس پر نازل ہوئی اور وہ وہیل چیئر سے اٹھ کر چل سکتا تھا اور اپنے بازو ہلا سکتا تھا۔ وہ اپنے طور پر مزید پندرہ سال جینے کے لیے گھر واپس آیا۔

لیسٹر یک "خراب بھیڑ" کے ساتھ داخل ہوا اور سولہ سال کی عمر میں اسکول چھوڑ دیا۔ تھوڑی ہی دیر بعد اس کی صحت کے مسائل ہونے لگے اور خون تھوکنے لگا۔ اسے تپ دق کی تشخیص ہوئی، جو کہ موت کی سزا ہے۔ وہ بدستور خراب ہوتا گیا اور 93 پاؤنڈ تک گر گیا اور بستر پر پڑ گیا۔ ایک بار پھر اس کی ماں نے اپنے نمازی جنگجوؤں کو باقاعدگی سے لیسٹر کے لیے دعا کرنے کے لیے بلایا۔ اس کی سترہویں سالگرہ پر ڈاکٹر نے اعلان کیا کہ وہ مرنے والا ہے اور موت کا سرٹیفکیٹ بھی لکھ دیا۔ رات کو خدا نے لیسٹر کو ایک خواب دیا۔ اس کے بستر کے ایک طرف تابوت تھا دوسری طرف ایک بائبل تھی۔ اسے ایک واضح انتخاب دیا گیا تھا - یا تو خوشخبری کی منادی کریں یا اس رات تپ دق سے مر جائیں! اس نے خوشخبری سنانے کا فیصلہ کیا۔ وہ ٹھیک ہو گیا اور اگلی صبح اس نے پہلی بار کھانا کھایا

ایک طویل عرصے میں، اور تین ہفتوں کے اندر انجیلی بشارت کی پگڈنڈی کو مارنے کے لیے اپنا بیگ پیک کر لیا تھا۔

یہ ایک مشکل آغاز تھا۔ لیسٹر اور ایک ماہی گیری دوست، جو گانا لیڈر کے طور پر ستھ گئے تھے، گھرے جنوب کے پچھلے جنگل سے ٹکرا گئے۔ جب لیسٹر نے اپنے پیغامات کی تبلیغ کی تو وہ لوگوں پر صاف ستھرے اور سخت تھے۔ کچھ کام کر رہا ہوگا کیونکہ وہ جہاں بھی گیا اس کے پاس چرچ شروع کرنے کے لیے کافی بڑا گروپ تھا اور وہ نئے گروپ کے لیے پادری کو بھیجنے کے لیے اپنے فرقے کو بھیجے گا۔ سینکڑوں بچ گئے۔ اس کی کامیابی کو دیکھ کر انہوں نے اسے مقرر کیا۔

1931 میں خدا نے لیسٹر کے مقاصد سے نمٹنا شروع کیا۔ وہ اپنی جان بچانے کے لیے خوشخبری سنانے پر راضی ہو گیا تھا لیکن اسے لوگوں کی کوئی حقیقی فکر نہیں تھی۔ خُدا نے اُسے جہنم میں جانے والے پردیس میں لوگوں کی کثیر تعداد کا نظارہ دیا۔ خُدا نے اُس رات کھوئے ہوئے کے لیے اُس کا دل توڑ دیا۔ خُدا نے اُسے ایک بین الاقوامی مبشر بننے اور پوری دنیا کو خوشخبری سنانے کے لیے

بلایا۔ وہ پھر کبھی ویسا نہیں رہا۔ اٹھارہ ماہ بعد خدا نے لیسٹر کو ہاورڈ کارٹر سے جوڑ دیا، جو کہ ایک بین الاقوامی طور پر مشہور بائبل استاد تھے اور انہوں نے ایک ساتھ دنیا کا سفر کرنا شروع کیا۔ انہوں نے آسٹریلیا، سنگاپور، ہانگ کانگ، جاوا، ڈچ ایسٹ انڈیز، تبت، منچوریا، جاپان، کوریا، جرمنی، برازیل، بولیویا، فرانس، اسپین، پرتگال اور انگلینڈ کا سفر کیا۔ وہ ایک علاقے میں جاتے اور ہاورڈ ایک جگہ تبلیغ کے لیے جاتے اور لیسٹر دوسری جگہ۔ لیسٹر کی میٹنگوں میں کچھ قابل ذکر شفا اور نجات ہونے لگی۔ لوگوں کو شفا اور ہزاروں کی طرف سے بچایا جا رہا تھا۔

40 کی دہائی میں جنگ کے دوران لیسٹر امریکہ، میکسیکو، وسطی اور جنوبی امریکہ واپس آ گئے۔ ارجنٹائن میں، لیسٹر کی ملاقات ایک اور مشنری سے ہوئی جس کا نام لوئیس لیمین تھا۔ انہوں نے اسے مارا اور دو سال بعد شادی کر لی۔ وہ کیوبا، ہیٹی اور پورٹو ریکو میں ایک جوڑے کے طور پر خدمت کرنے لگے۔ ایک موقع پر لوئیس کو ملیریا ہو گیا لیکن خدا نے لیسٹر کی دعاؤں کے جواب میں اسے شفا بخشی۔ وہ گیانا، سرینام، برازیل، ارجنٹائن، پیرو، ایکواڈور، یوراگوئے اور پاناما تک جاتے رہے۔ وہ صرف اس وقت سست ہوئے جب بیٹی نے خود کو حاملہ پایا اور وہ امریکہ واپس آگئے۔ خدا نے جوڑے کو اگلے چند سالوں کے لیے ساؤتھ بینڈ، انڈیانا میں ایک اڈہ قائم کرنے کے لیے بلایا۔

1950 میں خدا نے خاندان کو فلپائن میں منیلا بلایا۔ کام اس وقت تک مشکل تھا جب تک کہ ایک لڑکی جس کو بدروح تھی قومی خبریں نہیں بنا رہی تھی۔ خدا نے لیسٹر کو اس کے لیے دعا کرنے کو کہا۔ نجات اور شفاء اتنی عوامی اور اتنی ڈرامائی تھی کہ ہر جگہ کاغذات کہانی کو لے گئے۔ پورا ملک خوشخبری کے لیے کھلا ہو گیا۔ اس نے چھ ہفتوں تک بحالی کی میٹنگیں کیں اور ہجوم کا تخمینہ ایک رات ساٹھ ہزار تھا۔ کلفٹن ایرکسن ملاقاتوں میں مدد کے لیے امریکہ سے آئے تھے۔ ان ہفتوں میں ایک سو پچاس ہزار بچائے گئے۔ ایک مشہور اداکار جو چل نہیں سکتا تھا صحت یاب ہو گیا جس نے گروپ کو میڈیا کی زیادہ توجہ دی۔ ایک وکیل جو بارہ سال سے بیساکھیوں پر تھا، انہیں اپنے بازوؤں میں پکڑے باہر نکلا۔

خدا نے 1960 کی دہائی میں خاندان کو ٹیلی ویژن کا ایک اہم کام شروع کرنے کے لیے واپس بلایا۔ اس کی تبلیغ امریکہ اور دنیا کے دیگر تمام ممالک میں سنی جانے لگی۔ اس نے دنیا بھر میں بھوک سے مرنے والوں کو کھانا کھلانے کے لئے ایک وزارت بھی شروع کی جب خدا نے اسے مرنے والوں کی دیکھ بھال کے لئے بلایا۔ وہ خدا کے دیے ہوئے خوابوں کے ساتھ وفادار رہا **اور 28 اپریل 1996 کو رب کے ساتھ رہنے کے لیے گھر چلا گیا۔**

فرینک اور ایڈا مے ہیمنڈ

فـرینک ڈبوس ہیمنڈ (12 اکتوبر، 1921 - مارچ 17، 2005) عیسائیوں سے متعلق کتابوں کے مصنف تھے، خاص طور پر وزارت نجات پر- 1980 میں ہیمنڈ نے اپنی اہلیہ (اور بعض اوقات شریک مصنف) ایڈا مے ہیمنڈ کے ساتھ بچوں کی روٹی کی وزارت کی بنیاد رکھی- ہیمنڈ بایلر یونیورسٹی اور ساؤتھ ویسٹرن بیپٹسٹ تھیولوجیکل سیمینری کا سابق طالب علم تھا- تعلیمات ہیمنڈ نے سکھایا کہ اخلاقی مسائل جیسے ناراضگی اور گپ شپ - ساتھ ساتھ جبری کھانے، بھولنے، جنسی مسائل، اور ذہنی بیماری جیسے مسائل - شیطانوں کی وجہ سے تھے جن کو نجات کی وزارت کی ضرورت ہوتی ہے، اور یہ کہ ہر ایک کو اس طرح کی نجات کی ضرورت ہوتی ہے- وہ اور ان کی اہلیہ ایڈا ماے کو "شاید نجات کی وزارت کے سب سے زیادہ بااثر پریکٹیشنرز" کہا جاتا ہے-

ان کی 1973 کی کتاب پگز ان دی پارلر: اے پریکٹیکل گائیڈ ٹو ڈیلیورینس اس موضوع پر سب سے زیادہ اثر انگیز ہے، اور اس کی دس لاکھ سے زیادہ کاپیاں فروخت ہو چکی ہیں- ہیمنڈ کی کتابوں نے نجات کی وزارت کے خیالات کو کیتھولک کرشماتی تجدید میں منتقل کرنے میں مدد کی، خاص طور پر شیطانی قبضے سے کم شیطانی اثر و رسوخ کا تصور جس کے لیے پادری کے ذریعے

جلاوطنی کی ضرورت ہوتی ہے۔ اکتوبر 1921 میں ٹیریل، ٹی ایکس میں پیدا ہونے والی ذاتی، اس نے 1948 میں آئیڈا مے لوڈن (ٹیریل کی بھی) سے شادی کی۔ کتابیات پر قابو پانے کے مسترد ہونے (1987) روح کے تعلقات (1988) واقف روحوں کا مقابلہ: روح القدس کے خلاف نقلی (1988) جنگ (1988) شیطانوں اور علاقائی روحوں کے خلاف (1991) عیسیٰ کی وزارت میں شیاطین اور نجات (1991) دوسروں کو معاف کرنا: شفا یابی اور نجات کی کلید (1995) بچوں کی نجات کا دستور العمل (1996) شادی کا بستر (1999) خدا نے امریکہ کو خبردار کیا (200) تجربات (2000، فرینک مارزولو کے ساتھ) باپ کی نعمت (2001) جنسی گناہوں کے اثرات (2002) دی اسٹرانگ مین آف بلیف (2002، ڈورمین ڈگن کے ساتھ) دی پیریز آف پیسیویٹی (2004) سینٹس ایٹ وار (2012 میں ہیمنڈ پرایکٹک: پرایکٹک آئی ڈی ڈبلیو) نجات کے لیے (1973) کنگڈم لیونگ فار دی فیملی (1985) دی بریکنگ آف کرسس (1993) کمفرٹ فار دی ونڈڈ اسپرٹ (1994) روحانی جنگ بھی دیکھیں

https://bookpedia.co/writer/frank-hammond

ڈیرک پرنس

پیٹر ڈیریک وان پرنس (14 اگست 1915 - 24 ستمبر 2003) ایک بائبل کے استاد تھے جن کا روزانہ ریڈیو پروگرام، ڈیریک پرنس لیگیسی ریڈیو ، دنیا بھر میں مختلف زبانوں میں نشر ہوتا ہے۔

شادی اور اس کی وزارت کی ترقی

ڈیرک پرنس نے شکاگو میں فیتھ ٹیبرنیکل میں کام کیا، اور پھر فٹ میں گڈ نیوز چرچ میں چلے گئے۔ لاڈرڈیل، فلوریڈا۔ مئی 1971 میں Derek Prince Publications نے Ft میں دفاتر کھولے۔ لاڈرڈیل، فلوریڈا۔ ڈیرک پرنس پبلی کیشنز دسمبر 1990 میں ڈیرک پرنس منسٹری بن گئے۔

شہزادوں نے 29 دسمبر 1998 کو ان کی اہلیہ روتھ کی وفات تک وزارت میں بڑے پیمانے پر سفر کیا۔ مندرجہ ذیل ممالک کی فہرست میں 1993 سے 1998 تک ان کی وزارت کا احاطہ کیا گیا ہے۔ ان میں سے کچھ ممالک کا ایک سے زیادہ مرتبہ دورہ کیا گیا: روس، جرمنی، قازقستان، ہنگری، جنوبی افریقہ، کینیا، انڈونیشیا، ملائیشیا، جنوبی افریقہ، جنوبی افریقہ، انڈونیشیا، ملائیشیا، جنوبی افریقہ، پولینڈ، ترکی، کواپور کولمبیا، سوئٹزرلینڈ، فرانس، پرتگال، بھارت اور انگلینڈ۔

وہ 51 کتابوں، 600 آڈیو اور 100 ویڈیوز کے مصنف ہیں، جن میں سے کئی کا 60 سے زائد زبانوں میں ترجمہ اور شائع کیا گیا ہے۔ ان کی تعلیمات میں شامل کچھ مضامین نماز اور روزہ ہیں، عیسائی عقیدے کی بنیادیں، [5] روحانی جنگ، [6] خدا کی محبت اور شادی اور خاندان۔ ان کے روزانہ ریڈیو کا عربی، چینی (اموئے، کینٹونیز، مینڈارن، شنگھائی، سواتو)، کروشین، جرمن، ملاگاسی، منگولیا، روسی، تامل، سامون، ہسپانوی، بہاسا انڈونیشیائی، ٹونگن، تیلگو، ملیالم، کنڑ، ہندی اور بہت سی دوسری زبانوں میں ترجمہ کیا جاتا ہے۔ ریڈیو پروگرام دنیا بھر میں بہت سے لوگوں تک پہنچتا رہتا ہے۔

Derek Prince Ministries اپنی ساری زندگی اپنی تعلیمات کو تقسیم کرنے اور مشنریوں، چرچ کے رہنماؤں اور اجتماعات کو تربیت دینے کے لیے جاری رکھا۔

شیطان اور نجات

پینٹی کوسٹل کے طور پر، پرنس دنیا میں کام کرنے والی روحانی قوتوں کی حقیقت اور بیماری اور نفسیاتی مسائل پیدا کرنے کے لیے شیطانوں کی طاقت پر یقین رکھتے تھے۔ جب سیئٹل میں اس سے کہا گیا کہ وہ ایک عورت پر جارحیت کا مظاہرہ کرے، اور اسے یقین آیا کہ عیسائیوں کو "شیطان" کیا جا سکتا ہے (عام طور پر اسے بدروحوں کے ذریعے "قبضہ" کہا جاتا ہے۔ پرنس نے اس اصطلاح سے اجتناب کیا جس کا مطلب 'ملکیت' ہے)۔ یہ پینٹی کوسٹل کے معمول کے اس نظریے سے متصادم تھا کہ شیاطین کافروں کو "حامل" کر سکتے ہیں، لیکن وہ صرف مسیحیوں پر "ظلم" کر سکتے ہیں۔ پرنس کا خیال تھا کہ اس کی نجات کی وزارت نے شیطانوں کو شکست دینے کے لیے خدا کی طاقت کا استعمال کیا۔

اسرائیل

الائنس چرچ انٹرنیشنل قبرستان، یروشلم میں ڈیریک پرنس کی قبر

پرنس نے متبادل الہیات کی سختی سے مخالفت کی۔ اس کی کتاب The Destiny of Israel and the Church دلیل دیتی ہے کہ کلیسیا نے اسرائیل کی جگہ نہیں لی ہے اور وہ عہد جو خدا نے اسرائیل کی قوم کے ساتھ کیا تھا وہ آج بھی قائم ہے۔ پرنس کا یہ بھی ماننا تھا کہ ریاست اسرائیل کی تخلیق بائبل کی پیشین گوئی کی تکمیل تھی۔ ڈیرک اپنی کتاب پرومیسڈ لینڈ میں بیان کرتا ہے، "بائبل کی پیشن گوئی کا مرکزی موضوع، جیسا کہ ہمارے زمانے میں سامنے آ رہا ہے، زمین اور اسرائیل کے لوگوں کے گرد گھومتا ہے۔ خدا یہودی لوگوں کو ان کی دنیا بھر میں منتشر ہونے سے دوبارہ جمع کرنے اور انہیں ان کے قدیم وطن میں بحال کرنے کے اپنے پہلے سے طے شدہ منصوبے پر عمل پیرا ہے۔"

چرواہے کی تحریک

پرنس نے ساتھی وزراء ڈان باشام، باب ممفورڈ، چارلس سمپسن اور ارن بیکسٹر کے ساتھ چرواہے کی تحریک بنائی، جو 'فورٹ لاڈرڈیل فائیو' کے نام سے مشہور ہوئے۔ انہوں نے شاگردی اور چرواہی کی دیکھ بھال پر زور دے کر،

کرشماتی تحریک کے اندر جو زیادتیوں کے طور پر دیکھا جاتا تھا اس کا مقابلہ کرنے کی کوشش کی۔ 'روحانی حکام کو ذاتی طور پر تسلیم کرنے' کے عمل کو متنازعہ سمجھا جاتا تھا۔ شیفرڈنگ موومنٹ کے ساتھ پرنس کی وابستگی نے بین الاقوامی سطح پر ایک نمائش فراہم کی۔ تحریک چھوڑنے کے بعد، انہوں نے اپنی بین الاقوامی وزارت پر توجہ مرکوز کی۔

اشاعتیں

پرنس نے بہت سی کتابیں شائع کیں اور 600 سے زیادہ آڈیو تدریسی خطبات اور 100 ویڈیو تعلیمات ریکارڈ کیں۔

ان کی کتابیں شامل ہیں۔

- **فاؤنڈیشن سیریز (1966)**
- **حکومت کے لیے دعا کرنا (1970)**
- **نماز اور روزہ کے ذریعے تاریخ کی تشکیل (1973)**
- **یروشلم میں تقرری (1975)**
- **زندہ رہنے کا ایمان (1977)**
- **دی گریس آف ییلڈنگ (1977)**
- **شادی کا عہد (1978)**
- **وعدہ شدہ زمین (1982)**
- **مشرق وسطی پر آخری لفظ (1982)**
- **خدا ایک میچ میکر ہے (1986)**
- **نعمت یا لعنت: آپ انتخاب کر سکتے ہیں (1990)**
- **اسرائیل اور چرچ کی تقدیر (1992)**
- **کیا آپ کی زبان کو شفا کی ضرورت ہے؟ (1992)**
- **رد کرنے کا خدا کا علاج (1993)**
- **فریب سے تحفظ (1996)**
- **وہ شیطانوں کو نکال دیں گے: شیطانوں کے بارے میں آپ کو کیا جاننے کی ضرورت ہے - آپ کے پوشیدہ دشمن (1998)**
- **روح القدس کون ہے؟ (1999)**
- **شوہر اور باپ (2000)**
- **فیصلہ: کب؟ کیوں؟ کیسے؟ (2001)**
- **ڈیرک پرنس کے ساتھ زبور کے ذریعے (2002)**
- **جنت میں جنگ: خدا کی مہاکاوی جنگ برائی کے ساتھ (2003)**
- **خون کے ساتھ خریدا (2007، اس سے پہلے 2000 میں کفارہ، خدا کے ساتھ آپ کی ملاقات) کے عنوان سے شائع ہوا**
- **خدا کی موجودگی میں داخل ہونا: تعریف اور تشکر سے آگے بڑھ کر**

حقیقی عبادت کی طرف بڑھنا

•لوسیفر بے نقاب: آپ کی زندگی کو تباہ کرنے کے شیطان کے منصوبے

•آخری وقت کے لیے پیغمبرانہ گائیڈ (2008)

•منگنی کے اصول: روحانی جنگ میں اپنے کردار کی تیاری (2006)

•ایک دعا واریر کے راز (2009)

•تبدیل شدہ زندگی کے لیے: خدا کو کیسے جانیں اور اس سے زیادہ محبت کریں (2002)

https://en.wikipedia.org/wiki/Derek_Prince

ناول ہیز

ڈاکٹر نارول لیون ہیز، 91، ہفتہ، 6 اکتوبر، 2018 کو اپنے گھر میں انتقال کر گئے۔

وہ 20 اپریل 1927 کو مرحوم چارلس اور ایریزونا لیوس ہیس کے ہاں پیدا ہوئے۔ وہ محنت کشوں اور کسانوں کے خاندان سے تعلق رکھتا تھا، اور جیسے جیسے نارویل بڑا ہوتا گیا اس نے اپنی پہلی نوکری ایک بس بوائے کے طور پر شروع کی جو روزانہ 2$ کماتا تھا۔ جس دن اس نے کام شروع کیا اس نے اس کی زندگی بدل دی۔ سالوں کے دوران، وہ سب سے مشہور کاروباری مردوں میں سے ایک بن گیا اور انڈیانا پولس، انڈیا میں متعدد کاروبار شروع کیے۔

اس کی پہلی بیوی نورین لینگڈن سے ملاقات ہوئی اور ان کی ایک بیٹی زونا ہیس تھی۔ زونا نوریل کی آنکھ کا سیب تھا۔ جب زونا 9 سال کا تھا، تو اس نے کلیولینڈ واپس جانے کا فیصلہ کیا، جہاں اس نے چند ریستوراں اور کاروبار شروع کیے۔ وہ دراصل کلیولینڈ میں پیزا لانے والا پہلا شخص تھا۔ وہ یہاں کلیولینڈ میں ییلو کیب ٹیکسی سروس کے بھی مالک تھے۔

Norvel نے خُداوند کو اپنی جان دے دی، اور انجیل کے سب سے زیادہ معروف وزیروں میں سے ایک بن گیا جسے دنیا نے کبھی نہیں دیکھا۔ اس نے پوری دنیا کا سفر کیا، خدا کے کلام کو ہانگ کانگ، افریقہ، آسٹریلیا، اور بہت سے ممالک میں پھیلایا، بشمول یہاں امریکہ۔ اس نے 1977 میں نیو لائف بائبل کالج شروع کیا، جہاں اس نے لوگوں کو روحوں کو جیتنے اور ایمان کے ساتھ چلنے کا طریقہ سکھایا۔ اس نے 1988 میں ایک کمیونٹی کچن بھی شروع کیا، جو کلیولینڈ میں واقع ہے، جہاں وہ ہر روز لوگوں کو گرم کھانا کھلاتا ہے۔ یہ وژن آج بھی جاری ہے، ایک ماہ میں 1,300 سے زیادہ لوگوں کو کھانا کھلاتا ہے۔ Norvel نے بھارت میں نیو لائف بائبل سکول اور چلڈرن ہوم، اور کئی کالجوں اور یونیورسٹیوں میں نیو لائف میٹرنٹی ہومز اور کیمپس چیلنج منسٹریز بھی شروع کیں۔ انہوں نے 50 سے زائد کتابیں بھی لکھیں، اور بہت سی ویڈیوز اور سی ڈیز بھی بنائیں۔

اس کی ملاقات 1980 کی دہائی میں اپنی دوسری بیوی میگی کومبس سے ہوئی۔ ان کی شادی 1997 میں ہوئی، جب تک کہ وہ 2016 میں لارڈ کے ساتھ رہنے کے لیے گھر نہیں گئی۔ برسوں کے دوران اور، جب تک کہ وہ لارڈ کے ساتھ رہنے کے لیے گھر نہیں گیا، نوریل نے کردار اور دیانتداری کی زندگی گزاری اور کبھی بھی اس بات پر سمجھوتہ نہیں کیا کہ رب اس سے کرنا چاہتا ہے۔ اس نے جو وزارت بنائی ہے وہ جاری رہے گی اور اپنی پوتی لی کورنیسن کے ذریعے

ایک بار پھر دنیا تک پہنچے گی۔
وہ نیو لائف بائبل چرچ اور بائبل کالج کے عملے کی مدد سے خدا کی طرف سے نارول کو دی گئی وزارت اور وژن کو جاری رکھے گی۔
برادر ہیز نے 1977 میں کلیولینڈ، ٹینیسی میں واقع نیو لائف بائبل کالج کی بنیاد رکھی۔ نیو لائف بائبل چرچ بائبل سکولوں کی چیپل خدمات سے پروان چڑھا۔ اس کی بہت سی دوسری رسائیوں میں، چرچ خدا کے کلام کی خدمت کرتا ہے، اور نیو لائف سوپ کچن کے ذریعے غریبوں کو روزانہ گرم کھانا فراہم کرتا ہے۔
برادر ہیز نیو لائف میٹرنٹی ہوم کے بانی اور صدر بھی ہیں، یہ وزارت حمل کے دوران نوجوان لڑکیوں کی روحانی، جسمانی اور مالی ضروریات کے لیے وقف ہے۔ کیمپس چیلنج، پورے امریکہ میں کالج کیمپس میں انجیلی بشارت کی ڈیٹونا بیچ، فلوریڈا میں واقع بھگوڑے نوجوانوں کے لیے Street Reach، رسائی؛ وقف ایک وزارت؛ اور چلڈرن ہوم، ہندوستان میں واقع ایک یتیم خانہ اور تعلیمی مرکز۔
خدا کے کلام کی اپنی متحرک نمائش کے لیے بین الاقوامی سطح پر جانا جاتا ہے، برادر ہیز دنیا بھر کے گرجا گھروں، کالجوں کے کلاس رومز، کنونشنوں اور سیمیناروں میں خدا کی نجات اور شفا بخش قوت کی تعلیم دینے اور خدمت کرنے میں اپنا زیادہ تر وقت صرف کرتے ہیں۔
ڈاکٹر ہیز کی وزارت کا دورانیہ پچاس سال سے زیادہ ہے اور اس نے ہزاروں زندگیوں کو چھو لیا، اور وہ اکتوبر 2018 میں لارڈ کے ساتھ ہو گئے۔

جوزف ایو بابالولا

جوزف ایو بابالو لا (25 اپریل 1904 - 26 جولائی 1959) کرائسٹ اپوسٹولک چرچ کے پہلے جنرل مبشر تھے، جسے نائیجیریا میں CAC کہا جاتا ہے۔ اسے شفا بخش طاقتوں کا سہرا دیا گیا تھا۔

ابتدائی زندگی

بابالولا یوروبا کے والدین کے ہاں اوڈو-اووا، کوارا اسٹیٹ، نائیجیریا میں پیدا ہوا تھا۔ اس کی پرورش ایک انگلیکن کے طور پر ہوئی تھی۔ اس کا اندراج 1914 میں ریاست لاگوس کے بادگری روڈ پر واقع اوٹو-آوری کے ایک پرائمری اسکول میں ہوا تھا۔ اس نے چوتھا درجہ حاصل کیا، اس سے پہلے کہ وہ لوہار کا اپرنٹس بن گیا اور اس نے اسے دو سال تک سیکھا، اس سے پہلے کہ وہ PWD (پبلک ورکس ڈیپارٹمنٹ) کے تحت سٹیم رولر آپریٹر بن گیا، پھر برطانیہ کے کنٹرول کے تحت، سٹیم رولر سیکھنا سیکھا۔ کیٹرپلر کو چلانا سیکھنے کے 15 دنوں کے بعد، وہ بغیر کسی مدد کے اسے چلانے کے قابل ہو گیا۔ نو ماہ کے بعد؛ وہ اپنی کلاس میں ماسٹر بن گیا۔ اسے پہلی بار 1 اپریل 1928 کو اسوگبو - الیشا روڈ پر کام کرنے کے لیے ایک سٹیم رولر دیا گیا۔ 14 جون 1928 کو ان کا تبادلہ اکورے-الیشا روڈ پر کر دیا گیا۔ بابالولا نے دسمبر 1929 میں لاگوس لیگون میں بپتسمہ لیا تھا۔

وزارت اور شفا یابی

1931 میں Faith Tabernacle برطانیہ میں جنرل ہیڈکوارٹر کے ساتھ The Apostolic Church سے منسلک ہوا (اور برطانوی اپوسٹولک چرچ نہیں، جیسا کہ کچھ مصنفین نے غلطی سے کہا ہے)۔ اس کے بعد 1940 کے قریب دی اپوسٹولک چرچ میں فرقہ واریت کے بعد، بابالولا ایک گروپ کے ساتھ پادری جے بی اکینیلی اور ڈی او اوڈوبانجو کی قیادت میں ایک نیا آزاد چرچ، کرائسٹ اپوسٹولک چرچ (سی اے سی) بنانے کے لیے گیا، جہاں اس نے اپنی موت تک اپنی شفا یابی اور حیات نو کی سرگرمیوں کو جاری رکھا۔ سی اے سی بابالولا کو ایک رسول کے طور پر مانتی ہے، جبکہ حقیقی معنوں میں چرچ کی ترتیب کے ذریعہ وہ کسی بھی وقت تاریخی طور پر اس دفتر میں مقرر نہیں کیا گیا تھا۔ Ipo Arakeji، Osun State میں ایک CAC ریٹریٹ سنٹر بنایا گیا تھا جہاں بابالولا کو پہلی بار 1928 میں بلایا گیا تھا۔ تاہم، بابالولا CAC کے واحد بانی نہیں تھے جتنے آج کل دعوے کیے جاتے ہیں بلکہ CAC کے بانی باپوں کی تینوں میں سے ایک تھے۔

کرائسٹ اپوسٹولک چرچ 1959 میں رسول جوزف ایو بابالولا کے ساتھ نہیں مرا۔ درحقیقت، اس نے سالوں میں تیزی سے ترقی کی ہے، کرائسٹ اپوسٹولک چرچ کے نام کے تحت بہت سے گرجا گھروں کے ساتھ لیکن ہر گرجا گھر ایک مخصوص برانچ نام کے ساتھ ہے۔ (Joseph Ayo Babalola University (JABU نائجیریا کی ایک نجی یونیورسٹی جو Ipo Arakeji اور Ikeji-Arakeji میں واقع ہے، Osun ریاست کی دو ہمسایہ کمیونٹیز، کرائسٹ اپوسٹولک چرچ (CAC) نے دنیا

بھر میں قائم کیا ہے، اس کا نام اس کے نام پر رکھا گیا ہے، جہاں وہ کہتے ہیں کہ اسے خدا نے 1928 میں بلایا تھا۔

https://en.wikipedia.org/wiki/Joseph_Ayo_Babalola

افریقہ کے عظیم مبشر اور تجدید نویس، رسول جوزف آیوڈیل بابالولا کے معاملے میں، خدا کی معجزانہ سرگرمی واضح طور پر ظاہر ہوئی تھی۔ اگر بابالولا سفید مشنری ہوتا، تو سیاہ فام لوگ، بلکہ افریقی شاید روح القدس کی طاقت کو سفید فاموں کا خصوصی تحفظ سمجھتے۔ ایک مناسب سیاہ فام آدمی کو روح القدس کی غیر معمولی طاقت عطا کرنے کے لیے خُدا کی ذات پاک ہے جس سے وہ شیطانی سرگرمیوں کے گڑھ کو تباہ کرنے کے قابل تھا۔

پیدائش، تعلیم اور کام کا کیریئر

جوزف ایو بابالولا 25 اپریل 1904 کو اوڈو-اووا (کوارا ریاست) میں پیدا ہوئے۔ ان کے والد مرحوم پا ڈیوڈ روٹیمی تھے، جو موجودہ کوارا ریاست میں اوڈو-اووا میں سینٹ پیٹرز اینگلیکن چرچ کے پہلے بابا ایجو (لی صدر) تھے۔ ان کی والدہ مادام مارتا طالبی تھیں۔

ایو بچہ ان خدا پرست والدین کے لیے خدا کا تحفہ تھا۔ باپ ایک متقی عیسائی تھا جس نے عیسائیت کو اوڈو-اووا اور آس پاس کے کچھ دوسرے دیہاتوں میں متعارف کرایا، ایو بابالولا کی پیدائش قابل ذکر تھی۔ معتبر ذرائع کے مطابق، جس دن خدا کے بندے کی پیدائش ہوئی اسی دن کچھ غیر معمولی ہوا، اوپر سے ایک گرج کی طرح آواز آئی اور بادل کو ہلا کر رکھ دیا۔

بچپن ہی سے اس نے خدا کے ایک خاص بندے کی نشانیاں دکھائی تھیں۔ تحقیقات سے معلوم ہوا کہ وہ بچپن میں بعض ایسی باتیں کہتے تھے جو اس کے ساتھیوں کی عقل اور علم سے بالاتر ہوتی تھیں۔ وہ اپنے بچپن کے دوستوں کو فراخدلانہ دینے والا تھا۔

18 جنوری 1918 تک، بابالولا اپنے پہلے کزن مسٹر ایم او روٹیمی کے ساتھ لاگوس گئے۔ کزن لاگوس کے قریب Ifo میں چرچ مشنری سوسائٹی (CMS) کے تحت کیٹیچسٹ تھا۔ وہاں رہتے ہوئے، بابالولا نے ابتدائی تعلیم شروع کی اس سے پہلے کہ وہ بعد میں ایبوٹ میٹا، لاگوس کے میتھوڈسٹ اسکول، اگو اجے میں منتقل ہو گئے۔ بابالولا کو اپنے استاد کی ایک جگہ سے دوسری جگہ مسلسل اور متواتر منتقلی کی وجہ سے اسکول میں حاضری اور تعلیمی سیشن میں دھچکا لگا۔ بعد میں وہ آل سینٹس اینگلیکن اسکول، اوشوگبو چلا گیا جہاں اس نے نائیجیریا ریڈر IV میں اسکول جانا چھوڑ دیا۔ (معیاری چہارم)۔

بابالولا کا پہلا غیر تعلیمی حصول افریقی ہسپتال اوشوگبو میں بطور ڈرگ ڈسپنسر ان کی تربیت تھی۔ بعد میں، اس نے لوہار اور مستری کا فن سیکھا۔ اس کے بعد، بابالولا نے پبلک ورکس ڈیپارٹمنٹ (PWD) کے تحت اسٹریم رولر ڈرائیونگ سیکھنا شروع کی۔ وہ تربیت کے دوران اپنے آپ کو ممتاز کرنے کے قابل تھا جس کے اختتام پر اسے Ilesha-Akure فیڈرل روڈ کی دیکھ بھال کے لیے Ilesha میں تعینات کیا گیا تھا۔ اسے چار پاؤنڈ تقریباً آٹھ نیرا ماہانہ تنخواہ کے پیمانے پر رکھا گیا تھا۔ اس کے ماتحت ساٹھ سے زیادہ کارکن تھے اور یہ سارا پروجیکٹ مسٹر فرگوسن نامی سفید فام آدمی کی نگرانی میں تھا۔

بابلولا کی وزارت کو کال

جیسا کہ بابالولا ٹریکٹر کے ساتھ igbara-Oke سے Owena تک کام کر رہا تھا اور Ikeji Arakeji ٹاؤن شپ پہنچنے سے پہلے، وہ دریائے اریران نامی جگہ پر پہنچا، وہاں ٹریکٹر نے کام کرنے سے انکار کر دیا۔ بابالولا نے اپنی انسانی طاقت کے اندر ٹریکٹر کو کام کرنے کی ہر ممکن کوشش کی، لیکن سب کچھ بے سود۔ اس نے اپنے سپروائزر، فرگوسن سمیت دیگر ماہرین کو بلایا، پھر بھی وہ اسے کام نہیں کر سکے۔ ٹریکٹر میں کوئی واضح میکانکی خرابی نہیں تھی، اس حقیقت نے بابالولا کو پریشان اور بے چین کر دیا تھا۔

9 اکتوبر 1928 کو دوپہر کے قریب، بابالولا نے ایک سنائی دینے والی آواز سنی جو جوزف کو پکار رہی تھی! جوزف!! جوزف!!! اگر تم نے یہ کام نہ چھوڑا تو اسی سال مرجاؤ گے۔ بابالولا نے سنائی دینے والی آواز پر کوئی سنجیدگی سے توجہ نہیں دی جسے صرف وہ سن سکتا تھا۔ یہی پیغام دوسرے دن بالکل اسی وقت اسے اسی انداز میں پہنچایا گیا، پھر بھی بابالولہ نے اس پر کوئی سنجیدگی سے توجہ نہیں دی۔

تیسرے دن، 11 اکتوبر 1928 کو، قابل سماعت آواز پھر گونجی کہ سٹریم رولر کبھی کام نہیں کرے گا جب تک کہ بابالولا اپنا استعفیٰ نہیں دے دیتے۔ یہی شق تھی جس نے بابالولا کو سنجیدہ اور غضبناک بنا دیا۔ اس نے پھر پوچھا کہ آپ مجھے کون بلا رہے ہیں اور آپ مجھ سے کیا کام کروانا چاہتے ہیں؟ ان کا جواب ملا کہ اگر آپ استعفیٰ دے کر کام چھوڑ دیں تو میں آپ کو دکھاؤں گا کہ کیا کرنا ہے۔

بابالولا نے اپنے ساتھ والوں سے پوچھا کہ کیا انہوں نے اس سے بات کرتے ہوئے آواز سنی ہے تو انہوں نے کہا کہ نہیں انہوں نے صرف وہی جواب سنا جو اسے آواز پر دیا گیا تھا۔

وہ جائے وقوعہ سے چلا گیا اور Ipetu-Ijesa میں اپنی رہائش گاہ پر چلا گیا جہاں آواز نے اسے دوبارہ چار دن کا روزہ شروع کرنے کی ہدایت کی کہ وہ یہ جان سکے کہ اس سے کون بات کر رہا ہے۔ چوتھے دن جب وہ ابھی روزے سے تھا، آواز نے اس سے کہا کہ وہ سات دن کے روزے میں مزید تین دن کا اضافہ

کرے۔ یہ ساتویں دن تھا، بابالولا نے خداوند یسوع مسیح کے عظیم دورے کا مشاہدہ کیا۔

اذان سے پہلے بابالولا نے ایک ہفتہ بھر بے خوابی کی رات گزاری اس دوران وہ دن رات سو نہیں سکتا تھا۔ اس عرصے کے دوران وہ 1-150 تک زبور کی تمام کتابوں کی تلاوت کرنے کے قابل تھا ایک ایسا کارنامہ جو وہ سر انجام دے سکتا تھا جب تک کہ اس کا ترجمہ جلال تک نہ ہو۔

یسوع کی زیارت

سات روزہ روزہ کی آخری رات کے دوران، بابالولا نے خداوند یسوع مسیح کی ظاہری شکل دیکھی۔ اس کا کمرہ آسمانی روشنی سے بھرا ہوا تھا۔

میز پر رکھے لیمپ سے انسان کی بنائی ہوئی روشنی بجھ گئی۔ خُداوند یسوع مسیح کے ساتھ بابالولا کے تصادم کے دوران کمرے میں موجود دیگر تمام افراد سو رہے تھے۔ جب وہ بیدار ہوا تو اس رویا کو دیکھ کر وہ کانپ گیا۔ خُداوند یسوع اُس کے پاس ایک فرشتہ کے ساتھ آیا جس کے سر نے آسمان کو چھوا۔ بابالولا برہنہ حالت میں کھڑا ہوا جب اس سے پوچھا گیا کہ کیا وہ کھانا چاہتا ہے جس پر اس نے ہاں میں جواب دیا۔ یسوع کے ساتھ آنے والے فرشتے نے شکرقندی کے پکے ہوئے گانٹھ کا آدھا حصہ اس کے حوالے کیا۔ اسے بتایا گیا کہ شکرقندی کا باقی آدھا حصہ باقی انسانوں کو کھلانے کے لیے استعمال کیا جا رہا ہے۔

اس عظیم دورے پر، خداوند یسوع نے بابالولا کو اس وضاحت کے ساتھ ایک ہاتھ سے دعا کی گھنٹی دی کہ گھنٹی کی آواز ہمیشہ آس پاس کی بد روحوں کو دور کرتی رہے گی۔ سفید لباس میں ملبوس یسوع مسیح نے اس سے قبل ایک آسمانی نشان کے طور پر بابالولا کو تین سروں والا ایک پھول دکھایا تھا۔ بابولولا کو لوہے کی سلاخ بھی دی گئی تھی جس کی تشریح زبور 2:8-9 میں دی گئی ہے۔ اسے ہر قسم کی بیماری کے علاج کے لیے پانی کی بوتل بھی دی گئی۔ اسے یقین دلایا گیا کہ کسی بھی وقت اور کہیں بھی اس نے پانی میں دعا کی ہے اس سے شفا یابی ہو گی۔

بابالولا کو ہدایت کی گئی تھی کہ وہ کسی دوسرے شخص کے ساتھ رب کے کچھ پیغامات اور انکشافات پر بات نہ کرے۔ اسے بتایا گیا کہ خدا عیسائیوں کے ذریعہ دوائیوں کے استعمال کے خلاف ہے اور انہیں الٰہی شفا کے لئے اس پر بھروسہ کرنا چاہئے۔

بابالولا نے معاشرے میں شیطانی قوتوں کی موجودگی سے خوفزدہ کیا اور اس کے مطابق رب کے ساتھ مسئلہ اٹھایا۔ لیکن اسے خدائی یقین دہانی ملی کہ تمام اختیارات خداوند یسوع مسیح کو دیے گئے ہیں اور اس طرح دشمن کی کوئی طاقت اس پر غالب نہیں آئے گی۔

ہتھیلی کے تین حصے

خدا کی طاقت کو مزید ظاہر کرنے کے لیے، بابالولا کو اس جگہ جانے کو کہا گیا جہاں اس نے تقریباً بارہ دن پہلے ہتھیلی کے تین ٹکڑے بنائے تھے۔ بعد میں وہاں پہنچنے پر ایک بالکل سوکھ چکا تھا، دوسرا مرجھا چکا تھا جبکہ تیسرا ابھی تک تازہ تھا جیسا کہ کٹا ہوا تھا۔ اس کے حقیقی معنی اس طرح بیان کیے گئے۔ وہ لوگ جو یسوع مسیح کی خوشخبری کو قبول کرنے سے انکار کرتے ہیں جیسا کہ اس کے حوالے کیا گیا تھا وہ پہلی سوکھی کھجور کی طرح ہوں گے۔ وہ لوگ جو خوشخبری کو آدھی گرمجوشی سے قبول کرتے ہیں وہ ہتھیلی کے بھنور کی طرح ہوں گے جبکہ خوشخبری کو دل سے قبول کرنے والے تازہ کھجور کے جھولے کی طرح ہوں گے۔

کال کے بعد اوڈووا کا پہلا داخلہ

خُداوند یسوع مسیح کی عظیم زیارت کے بعد، بابالولا کو خُداوند کی طرف سے ہدایت کی گئی تھی کہ وہ اُڈو اووا جانے کے لیے انیس دن کے روزے کی تیاری شروع کرے۔ اسے جو کرنا تھا وہ اسے پوری طرح سمجھایا تھا۔ اور اس طرح بابالولا نے اکتوبر 1928 کے آخر تک روزہ رکھتے ہوئے اپنے آبائی شہر اوڈو اووا میں پہلی بار داخلہ لیا۔ بازار کے دن وہ شہر میں داخل ہوا، جیسا کہ رب کی ہدایت کے مطابق، وہ مکمل طور پر ننگا تھا، اس نے کھجور کے درخت کے پتوں سے ملبوس لباس زیب تن کیا اور اپنے جسم کو کوئلے سے پینٹ کیا۔ زیادہ تر لوگوں نے اسے پاگل انسان سمجھا۔

اس نے لوگوں کو خدا کا پیغام سنانا شروع کیا اور انہیں پکارا کہ وہ اپنے برے طریقوں سے توبہ کریں اور خدا کی طرف رجوع کریں ورنہ پینتیس دن سے پہلے وہ کسی درندہ کے ہاتھوں مارے جائیں گے۔ ان کے سامنے آنے والے خطرے کے بارے میں اس کی وارننگ پر دھیان دینے کے بجائے، اس کے آبائی شہر کے لوگوں نے اسے ستانے کا سہارا لیا۔

اس کے نتیجے میں بابالولا کو ایلورین کے امیر کے سامنے گھسیٹا گیا جس نے اپنا کیس ڈسٹرکٹ آفیسر کے پاس منتقل کر دیا جس نے بالآخر اس کے کیس کا فیصلہ کرنے سے پہلے اسے دو ہفتوں کے لیے تحویل میں دے دیا۔ تاہم، ایکسپریٹیٹ ڈسٹرکٹ آفیسر نے اسے بری کر دیا اور اسے بری کر دیا کیونکہ وہ بابالولا کے خلاف لگائے گئے عوامی اضطراب کے الزام کو ثابت کرنے کے لیے کوئی ثبوت نہیں دیکھ سکے۔

دریں اثناء اوڈو-اووا کے لوگ پوری طرح مسلح ہو کر اپنے دفاع کے لیے تیار ہو چکے تھے اس جنگلی درندے کے خلاف جو بابالولا نے پہلے ہی پیش گوئی کی تھی۔ لیکن ان کی حیرت کی بات یہ ہے کہ اس کے ڈسچارج ہونے کے چند ہی دنوں بعد اور اس نے جس وقت کا ذکر کیا تھا، وہ "جنگلی جانور" نمودار ہوا جو کہ چیچک کی خطرناک بیماری تھی۔ صرف وہی بابالولا بچ گئے جن کے لیے دعا کی گئی، باقی سب بیماری سے مر گئے۔ اس کے باوجود اکثر لوگ اس کے پیغام کو

قبول کرنے کے لیے تیار نہیں تھے۔ انہوں نے ایک طاقتور جڑی بوٹیوں کے ماہر کی خدمت میں اسے مارنے کا فیصلہ کیا جس نے اسے سات دنوں کے اندر ختم کرنے کا وعدہ کیا تھا۔ اس عرصے کے اندر، بابالولا نے کہا کہ وہ شیطانی مخلوق کو اپنے پیچھے آتے ہوئے دیکھتا تھا لیکن ایک وقت میں خدا کا ایک فرشتہ اچانک نمودار ہوا اور شیطانی قوتوں کو تباہ کر دیا۔ جب ساتویں دن کے ختم ہونے پر، بابالولا ابھی تک زندہ تھا، جڑی بوٹیوں کے ماہر کو دوبارہ محل میں بلایا گیا تاکہ بتایا جائے کہ وہ پہلے وعدے کے مطابق اسے کیوں نہیں مار سکتا۔ جڑی بوٹیوں کے ماہر نے لوگوں سے صرف اتنا کہا کہ بابالولا کو اکیلا چھوڑ دیں اور صرف خدا ہی اسے مار سکتا ہے۔

اس وقت تک، بابالولا اینگلیکن چرچ میں اپنی دعائیہ اجتماعات منعقد کیا کرتے تھے جہاں ان کے والد عام صدر تھے۔ بہت سے لوگ اُن نشانیوں اور عجائبات کے نتیجے میں اجلاسوں میں شرکت کرتے تھے جو وہ عام طور پر وہاں دیکھتے تھے۔ یہاں پھر اس کے خلاف ظلم و ستم چھڑ گیا۔ درخواستیں بشپ اسمتھ تک پہنچی ہیں جو ڈائوسیس کے انچارج تھے جس کے تحت Ilorin Archdeaconry کا تعلق تھا، کہ Ilofa کے چرچ کو دیکھنے والوں، زبانوں میں بولنے والوں اور ہنگامہ خیز دعا کرنے والوں کے ذریعہ ہائی جیک کیا جا رہا تھا۔ علامات اور عجائبات کے ساتھ پینٹی کوسٹل طاقت جو مقامی کلیسیا کو روحانی اور مادی برکت لا سکتی تھی مکمل طور پر حوصلہ شکنی کی گئی۔ بابالولا اور ان کے پیروکاروں کو مبینہ طور پر بشپ سمتھ نے چرچ چھوڑنے کا حکم دیا تھا۔ بابالولا نے چرچ کے لی-ریڈر مسٹر اولیومی کے نجی اپارٹمنٹ میں اپنی باقاعدہ نماز کا اہتمام کرنا شروع کیا۔ یہاں سے خُدا اپنی قدرت کو بابولولا کے ذریعے Ilofa اور اس کے قریبی ماحول میں ظاہر کرتا تھا۔

بابالولا کو بیرونی دنیا سے جوڑنے میں خدا نے جو آلہ عزت کا استعمال کیا وہ ایلوفا ایلڈر ڈیوڈ اجیبولا کا رہنے والا تھا جو فیتھ ٹیبرنیکل گروپ کا رکن تھا اور اس وقت عبادان میں مقیم تھا۔ اس نے بابالولا کو عبادان میں مدعو کیا اور اس کے بعد اس نے لاگوس میں گروپ کے مشنری ہیڈکوارٹر کے پادری DO Odubanjo سے رابطہ کیا۔

نومبر، 1929 تک، بابالولا نے لاگوس میں بھائیوں سے ملاقات کی۔ اس نے فیتھ ٹیبرنیکل کانگریگیشن کی اتھارٹی کو اپنی وزارتی کالنگ کی مکمل تفصیلات بتائی اور وہ دونوں بائبل کے صحیح عقائد پر متفق ہوئے۔ نتیجتاً، بابالولا کو لاگوس میں پادری جے بی ایل نے بپتسمہ دیا۔ Shadare (عرف Esinsinade) پانی کے بپتسمہ کے بعد، وہ بزرگ (بعد میں پادری جے اے میڈائیسی) کے ساتھ اوڈو-اووا کے لیے روانہ ہوا۔

گھر واپس، سم (ECWA چرچ) کے ساتھ ایک وزیر پادری کے پی ٹائٹس نے انہیں موجودہ کوگی ریاست کے علاقے یگبا میں بحالی کے پروگرام کے لیے

مدعو کیا۔ خدا نے بابالولا غالب کا استعمال کیا۔ اس نے اپنے ایک نئے گرجہ گھر کو شروع کرنے کے لیے اس طرح کے بحالی پروگرام میں ریکارڈ کی گئی کامیابیوں کا فائدہ نہیں اٹھایا۔ اس کے بجائے وہ اپنے پیروکاروں کو فیتھ ٹیبرنیکل جماعت کی اپنی رکنیت کے بارے میں بتائے گا۔ چونکہ وہ ابھی کلیسیا میں نیا تھا، اس لیے اس نے چرچ کے عقائد، اصولوں اور انتظامی طریقہ کار سے زیادہ واقفیت حاصل کرنے کے مقصد سے لاگوس میں اتھارٹی کا دورہ کرنے کا فیصلہ کیا۔ اس نے ایک خط لکھا جس میں لاگوس کا دورہ کرنے میں دلچسپی ظاہر کی گئی۔ خط کے جواب میں انہیں عبادان میں متعلقہ اتھارٹی کا انتظار کرنے کو کہا گیا۔

فیتھ ٹیبرنیکل کی اتھارٹی الیشا میں ایک اہم میٹنگ کے موقع کا استعمال کرتے ہوئے الیشا کی جماعت سے بابالولا کا تعارف کروانا چاہتی تھی، اور اس کے بعد چرچ کے عقائد کے بارے میں مزید جاننے کے مقصد سے اسے Ijebu-Ode میں چرچ کے جنرل ہیڈ کوارٹر جانے کی اجازت دینا چاہتی تھی۔ لہٰذا ان کی درخواست کے جواب میں اس سے کہا گیا کہ وہ مرحوم پادری آئی بی اکینیلے (جو بعد میں عبادان کے اولوبدان اور کرائسٹ اپوسٹولک چرچ کے پہلے صدر بنے) کی رہائش گاہ پر لاگوس کے وفد کا انتظار کریں۔

الیشا میٹنگ کا مقصد بنیادی طور پر ایک مفاہمتی امن میٹنگ تھی۔ مرحوم پادری جے اے باباٹوپے کے درمیان ایک غلط فہمی تھی جو فیتھ ٹیبرنیکل جماعت کے الیشا ایریا ہیڈ کوارٹر کے سربراہ تھے اور دوسروں کے درمیان تعدد ازدواج کے معاملے پر۔ کیچڑ میں جھگڑے کو جلدی ختم کرنے کے لیے الیشہ میٹنگ کا اہتمام کیا گیا۔ تاہم، یہ نائیجیریا میں عیسائیت کی تاریخ میں اب تک کا سب سے بڑا واقعہ ثابت ہوا۔

1930 کی غالب بحالی

امن اجلاس 9 اور 10 جولائی 1930 میں منعقد کرنے کا بل ایجنڈے میں چوبیس چیزوں کے ساتھ تھا۔ ایجنڈے کی فہرست میں سرفہرست عیسائیوں کے لیے تعدد ازدواج کا مسئلہ تھا جب کہ دوسری چیز عیسائیوں کی شفا یابی کے لیے دوا کے استعمال سے متعلق تھی۔ مندوبین دوسرے آئٹم پر غور کرنے کے بارے میں تھے جب زندہ خدا نے نائجیریا کے دن کو پینٹی کوسٹ کے دن میں تبدیل کرنے کا فیصلہ کیا۔ ایک مردہ بچے کو چرچ کے احاطے میں لے جایا جا رہا تھا جس سے امن میٹنگ میں شریک لوگوں کی توجہ ہٹ گئی۔

اوبی اوگنڈیپ نامی ہلاک ہونے والے بچے کی عمر بمشکل 10 سال تھی۔

اس کی والدہ کو اپنے بیٹے کو زندہ کرنے کے مقصد سے بت پرستوں کی خدمات لینا پڑیں لیکن اس کا کوئی فائدہ نہیں ہوا۔ اپنے اکلوتے بیٹے سے علیحدگی نہ کرنے کا عزم کرتے ہوئے، اور یقیناً، خدا کے جلال کو مکمل طور پر ظاہر کرنے کے لیے، اس نے اپنے مردہ بیٹے کو اوکے-اوئے چرچ میں لانے پر

اصرار کیا تاکہ یہ دیکھا جا سکے کہ نام نہاد "سفید آدمی کا مذہب" کیا کر سکتا ہے۔ جب لاش کو بالآخر چرچ کے میدان میں لایا گیا تو ہر طرف ہنگامہ برپا ہو گیا۔ بابالولا جسے ایک الگ کمرے میں رکھا گیا تھا، خدا کی روح نے اس صورت حال کو قابو کرنے کے لیے حوصلہ افزائی کی۔ اور حاضر خدمت خدا کے تعاون اور حوصلہ افزائی سے وہ حرکت میں آگیا۔ حضرت بابالولا نے حکم دیا کہ مردہ لڑکے کو اس چبوترے کے نیچے رکھ دیا جائے جس پر وہ دن کی بحالی کی خدمت انجام دینے کے لیے کھڑا ہو گا۔ خدمت کے اختتام پر بابالولا پلیٹ فارم سے نیچے آیا اور سیدھا میت پر حاضری دینے چلا گیا۔ اس نے تین بار لڑکے کا نام پکارا، ہاتھ کی گھنٹی سے اس پر پانی ڈالا اور اچانک اور معجزانہ طور پر مردہ لڑکے نے اپنے نام کا جواب دیا۔ وہ زندہ ہو گیا تھا!

بچے کی اس معجزانہ پرورش نے بچے کی ماں کو بت پرستی ترک کرنے پر آمادہ کیا، اپنے تمام بت جلانے کے لیے لے آئے۔ بہت سے لوگوں نے یہ خبریں پھیلانا شروع کر دیں کہ الیشہ میں ایک شاندار نبی تشریف لائے ہیں۔ اس اطلاع نے الیشا کی اوکے اوئے اسٹریٹ پر واقع کی جگہ پر بہت سارے لوگوں کو جمع کیا۔ اس کے بعد ہونے والے واقعات مندوبین کو اپنی گفتگو جاری رکھنے کے قابل نہیں بنا سکے۔ پینٹی کوسٹل کے رجحان نے اجلاس کو اچانک ختم کر دیا۔

ہجوم میں اضافہ ہوتا گیا اور انہیں زیادہ کشادہ جھاڑیوں والے علاقے میں منتقل کرنا پڑا۔ لوگوں نے اپنے پیروں کا استعمال کھلے احیا گراؤنڈ کے آس پاس کی تمام جھاڑیوں کو برش کرنے کے لیے کیا۔ نشانیاں اور عجائبات روز کا معمول بن گئے۔ دعا کی گھنٹی کے استعمال اور اس مقصد کے لیے خدا کی طرف سے بابالولا کو ہدایت کی گئی ایک مقدس ندی (اومی آیو) کے استعمال کے ذریعے معجزاتی شفا کو ریکارڈ کیا گیا۔

نبی صلی اللہ علیہ وسلم پر بلندی سے طاقت نازل ہوئی۔ اندھے کو دیدار کر دیا گیا، لنگڑے چلنے لگے، بہروں کو سنایا گیا، گونگوں کو بولنے والا بنا دیا گیا۔ پاگلوں کو نجات مل گئی۔ کوڑھیوں کو پاک صاف کیا گیا۔ وہ عورتیں جو کئی سالوں سے بانجھ تھیں پھلدار ہو گئیں۔

حمل جو وقتاً فوقتاً ہو چکے تھے پرامن طریقے سے پیدا ہو گئے تھے۔ زانی، شرابی، تمباکو نوشی کرنے والے توبہ کے لیے آئے۔ بہت سے شریر لوگ جو بابالولا میں خدا کی طاقت کو آزمانے کے لئے آئے تھے خدا کی روح سے گرفتار ہو گئے، اور انہوں نے اپنی شرمناک حرکتوں کا اعتراف کیا، حیات نو کے میدان میں جلنے کے لئے اپنے دلکشوں کو سپرد کر دیا۔

مختلف ہسپتالوں اور شفا یابی کے گھروں میں زیادہ تر مریضوں کو بحالی گراؤنڈ میں لایا گیا اور انہوں نے شفا حاصل کی۔ لوگ دور دراز مقامات سے ہزاروں کی تعداد میں پیدل احیاء کے میدان میں آئے۔ خدا کی قدرت اس وقت بہت

زیادہ ظاہر ہوئی جب دن کے وقت سورج چمک رہا تھا تب بھی لوگوں پر اوس پڑ رہی تھی۔

خدا نے بابالولا کو ایجیش لینڈ کے الیشا اووا کے روایتی حکمران کے سامنے ایک بڑے درخت کو جلانے کی ضرورت کا انکشاف کیا۔ اس درخت کو چڑیلوں اور جادوگروں کی آماجگاہ ہونے کا خدشہ تھا۔ کچھ جوجو پجاری تھے جو عام طور پر بڑے درخت کے اندر رہنے والے بدروحوں کو قربانیاں پیش کرتے تھے۔ جب بابالولا نے درخت کو جلایا تو وہاں بہت سے لوگ تھے جنہوں نے سوچا کہ یہ اس کی زندگی کا خاتمہ ہوگا۔ لیکن نبی اور ان کے پیروکاروں کے ساتھ کوئی منفی بات نہیں ہوئی۔ اُس کی وزارت خُدا کے جلال کے لیے مضبوط تر ہوتی چلی گئی۔ اس واحد واقعے نے بادشاہ، اس کے اعلیٰ سرداروں اور قصبے کی اہم شخصیات کو حضرت بابالولہ کا احترام کرنے پر مجبور کر دیا۔

الیشا اور اس کے ماحول میں موجودہ گرجا گھر تقریباً ویران ہو چکے تھے کیونکہ عبادت گزار خدا کے آدمی سے تعلیمات اور روحانی برکات حاصل کرنے کے لیے حیات نو کے میدان میں جمع تھے۔ ان میں سے اکثر کو اچانک مقدس بائبل کی اہمیت کا احساس ہو گیا جن کے پاس بائبل تھی انہوں نے انہیں استعمال کرنے کے لیے تلاش کرنا اور صاف کرنا شروع کر دیا جبکہ وہ لوگ جن کے پاس کبھی اپنی کاپیاں نہیں تھیں۔ تاہم، بحالی نے مذہبی تنظیموں جیسے اینگلیکن، میتھوڈسٹ، رومن کیتھولک اور بپٹسٹ میں تلخی پیدا کی۔ وہ بڑے پیمانے پر زبردست بحالی کے نتیجے میں اپنے اراکین کو کھونے پر خوش نہیں تھے۔

آرتھوڈوکس گرجا گھروں کے زیادہ تر ویران ارکان کو انکم ٹیکس، بچوں کو ان کے پرائمری اسکولوں میں رجسٹر کرنے سے انکار اور ملازمت کی تقرری کے خاتمے کے شعبوں میں ستایا گیا۔ یقیناً اچھی خبر یہ تھی کہ مذہب تبدیل کرنے والوں نے ان تمام چیزوں میں خُدا کا فضل پایا جس پر انہوں نے ہاتھ رکھا۔

دیگر مقامات پر احیاء کو پھیلانا

بہت سارے لوگ جو بحالی کے میدان میں آئے تھے خوشخبری کا اعلان کرتے ہوئے اپنے مختلف شہروں کو واپس چلے گئے۔ نتیجتاً، اُنہوں نے زمین کو گیلا کر دیا تھا کہ وہ میزبان کے طور پر خدمت کرنے کے لیے تیار ہو، اگر نبی اُن کے اپنے شہر میں تشریف لے جائیں۔ پھر بھی حضرت بابالولا نے صرف اس وقت تک کہیں جانے کا فیصلہ نہیں کیا جب تک کہ خدا کی روح اس کے مطابق ہدایت نہ کرے۔ اور اس طرح الیشا کے احیاء کے پروگرام کے بعد، انہیں یکم ستمبر 1930 کو سیدھے اپنے آبائی شہر اوڈو اووا جانے کے لیے لے جایا گیا۔ جیسے ہی لوگوں کو اس کے اوڈو اووا جانے کے ارادے کا علم ہوا، ان میں سے اکثر نے اس کا پیچھا کیا۔ بدقسمتی سے اس دور کے اوڈو اووا لوگ ابھی تک خوشخبری کو قبول کرنے کے لیے تیار نہیں تھے۔ تھوڑی دیر بعد، بابالولا کو مرکزی قصبے سے تقریباً 60 کلومیٹر دور ایک تنہا جگہ پر لے جایا گیا۔ وہاں اس نے کسی کو نہیں دیکھا، وہ

زندہ خدا کے ساتھ اکیلا تھا جو آسمانی میزبانوں سے ہدایات لے رہا تھا۔ اس کے بعد اسے مرکزی شہر واپس جانے کی ہدایت کی گئی کیونکہ دوسری جگہوں سے آنے والے اسے دیکھنے کے لیے جمع تھے۔ اس کے بعد، وہ اوڈو۔اووا میں ایک پہاڑی کی چوٹی پر گیا جسے اس وقت رسول ایو بابالولا پریئر ماؤنٹین کے نام سے جانا جاتا ہے۔

اوڈو اووا سے، بابالولا کو موجودہ کوارا ریاست میں آفا جانے کی ہدایت کی گئی تھی۔ قصبے کے مسلمانوں نے اسے شہر سے باہر نکالنے کے لیے ڈسٹرکٹ آفیسر سے مدد طلب کی کیونکہ انہیں خدشہ تھا کہ اس کی موجودگی سے ان کے مذہب پر منفی اثر پڑ سکتا ہے۔

اوفا سے، حضرت بابالولا موجودہ دور کی اکیتی ریاست میں اوسی گئے۔ اس کا استقبال خاص طور پر ان لوگوں نے کیا جنہوں نے اس سے قبل عظیم الیشا کی بحالی کا مشاہدہ کیا تھا۔ یوسی پہنچنے پر اسے ایک جھاڑی کی طرف لے جایا گیا جہاں ایک درخت جو اب تک کاٹا جا چکا تھا لیکن جو دوبارہ کھڑا ہو گیا تھا۔ موقع پر پہنچ کر بابالولا اور ان کے پیروکاروں نے بھرپور دعا کی اور اس کے بعد درخت کو کاٹ دیا کہ وہ دوبارہ کبھی نہ اٹھے۔

Usi سے، وہ موجودہ Ekiti ریاست میں Efon-Alaye بھی گیا۔ قصبے کے روایتی حکمران علائی نے حضرت بابالولا اور ان کے پیروکاروں سے درخواست کی تھی کہ وہ ان کے محل کے علاوہ رہائش کے لیے کسی دوسرے گھر میں داخل نہ ہوں۔ اس درخواست پر، خدا کے آدمی نے بادشاہ کو پیغام بھیجا کہ اس کے وفد کی تعداد بہت ہے اور اگر اسے محل میں آنے کی اجازت دی جائے تو وہ اس جگہ کو خراب کر سکتے ہیں۔ لیکن عالیہ اٹل رہا، اس نے پھر جواب دیا کہ اگر اس کے پیروکار اس محل کو خراب کر دیں تو بھی اسے اپنے ہاتھ سے اس کی صفائی کرنے میں کوئی اعتراض نہیں ہوگا۔ اس سے نبی صلی اللہ علیہ وسلم سیدھے محل میں آئے اور اوپر والے اپارٹمنٹ پر قبضہ کر لیا جو پہلے سے ان کے اور ان کے پیروکاروں کے لیے مختص تھا۔

جیسے ہی حیات نو کا آغاز ہوا، حیات نو کے لیے ایک کشادہ کھلی زمین تلاش کرنا ناگزیر ہو گیا۔ اس کے لیے بادشاہ نے پیغمبر کو پوری آزادی دی کہ وہ پورے شہر میں جس جگہ کو مناسب سمجھے اسے منتخب کریں۔ اور جب نبی نے ایک جگہ کا انتخاب کیا جس کا نام "Igbo Airo" (محفوظ باغ) ہے، تو بادشاہ اور شہر کے لوگ خوفزدہ ہو گئے۔ انہوں نے پیغمبر کو قائل کیا کہ وہ اس جگہ کو اس کی پراسرار نوعیت کی وجہ سے منتخب نہ کریں۔ خدشہ تھا کہ کوئی جھاڑی صاف کر کے اس عمل سے بچ نہیں پائے گا۔ لیکن خدا کے جلال کے لیے، بابالولا اور اس کے پیروکاروں نے جھاڑی کو صاف کیا اور اس جگہ کو ایک کھلے احیاء اور نماز کے میدان میں تبدیل کر دیا۔ جھاڑی صاف کرنے کے نتیجے میں ان میں سے کسی کے ساتھ کچھ بھی منفی نہیں ہوا۔

اس کے بعد حضرت بابالولہ نے بتوں اور کرشموں کے حامل تمام افراد کو ہدایت کی کہ وہ انہیں جلانے کے لیے پیش کریں۔ اور جواب اس حد تک حوصلہ افزا تھا کہ بادشاہ خوفزدہ ہو گیا، لیکن جب نبی صلی اللہ علیہ وسلم نے ان سے کہا کہ فکر نہ کرو، تو عالیہ نے خود محل میں موجود تمام بت اور کرشمے کو مکمل تباہی کے لیے نکال دیا۔

نشانیاں اور عجائبات تیزی سے آگے بڑھ گئے۔ بہت سے معجزات ظہور پذیر ہوئے اور انہوں نے بہت سے لوگوں کو عفونت کی طرف راغب کیا۔ قصبوں کے لوگوں نے بڑے پیمانے پر عیسائیت قبول کی۔ بادشاہ نے بپتسمہ لیا اور اس کا نام تبدیل کر کے سلیمان الاڈیجارے اگنسوئے بادشاہ رکھ دیا گیا جس نے زندگی بخش پانی کو گلے لگانے کے لیے مقامی کرشموں کو ترک کر دیا۔ بادشاہ اسی پر نہیں رکا، اس نے اپنے دوست آراموکو کے بادشاہ کو بھی نجات کا پیغام پہنچایا، جس نے یکساں طور پر حزقیاہ ادوئے کے نام سے بپتسمہ لیا تھا۔

Efon-Alaaye سے، حضرت بابالولا یسوع مسیح کی خوشخبری کو Ekiti، Akɔko، Owo کے تمام حصوں میں مؤثر طریقے سے پھیلانے میں کامیاب رہے۔

رسول بابالولہ کی قید

1932 کے قرض کے دوران، حضرت بابالولا اپنے آبائی شہر، اوڈو-اووا میں نماز اعتکاف کے لیے تھے۔ وہیں اس کے خلاف وارنٹ گرفتاری جاری کیے گئے۔ اوٹو (موجودہ ایڈو اسٹیٹ میں) کی دو خواتین کی طرف سے ان پر ایک مکمل طور پر جھوٹا الزام لگایا گیا تھا کہ بابالولا نے انہیں ایک زہریلی مقامی جڑی بوٹی پینے پر مجبور کیا جو جادو ٹونے کے قبضے کا پتہ لگانے میں استعمال ہوتا ہے اور جس پر حکومت نے پہلے ہی پابندی عائد کر دی تھی۔ اس طرح کی مشق میں ملوث ہونے کے مخلصانہ تردید کے باوجود اور یہ کہ وہ کبھی کسی خاتون سے نہیں ملا، بابالولا کو بینن جیل یارڈ میں چھ ماہ قید میں بھیج دیا گیا۔ یہاں اس بات پر زور دینا مناسب ہے کہ رب نے بابالولا کو پہلے ہی متنبہ کر دیا تھا کہ وہ کسی غیر آرام دہ جگہ پر جانے کے لیے تیار ہو جائیں تاکہ ایک قابل شخصیت کو بچایا جا سکے۔ اور جب بابالولا جیل میں پہنچا تو خدا نے اس شخص کو ظاہر کیا، ایک یونانی شخص جس کا نام مسٹر سائپرین ای یوفون تھا۔ ان کی صحت خراب ہو گئی تھی لیکن جب بابالولا نے ان کے لیے دعا کی تو وہ فوری طور پر صحت یاب ہو گئے۔

جیل کا صحن بابالولا کی مشنری سرگرمیوں کو بند نہیں کر سکا کیونکہ قید کی جگہ ایک اور بحالی اور شفایابی کا مرکز بن گئی۔ جیل کے محافظوں نے اس کی موجودگی سے بہت فائدہ اٹھایا کیونکہ وہ اپنے رشتہ داروں کو بھی دعا کے لیے لے آئے۔ جب پادری جارج پرفیکٹ اور ادریس وانگھن نائیجیریا سے یورپ آئے، مشنری سرگرمی کے سلسلے میں، ان کی قیادت پادری جے اے باباٹوپ نے جیل کے صحن میں حضرت بابالولا کو دیکھنے کے لیے کی۔

بابالولا نے اس سے قبل جیل سے نکلنے کے بعد مسٹر یوفون کو ان کے آبائی شہر، یونانی کیلابر میں جانے پر رضامندی ظاہر کی تھی۔ تاہم، بابالولا کو جیل سے نکلتے وقت ایفون الائے جانا پڑا۔ ایفون سے ہی وہ اور مسٹر یوفون بحالی کے پروگرام کے لیے کیلبار گئے تھے۔ بلاشبہ، خدا نے اپنی قید کو نائیجیریا کے مشرقی حصے میں اپنی مشنری سرگرمیوں کو کھولنے کے لیے استعمال کیا۔ یہاں یہ بات قابل ذکر ہے کہ بابلولا کا جیل سے ایفون الائی کے لوگوں نے شاندار استقبال کیا اور زندہ خدا نے آسمان کو بارش کے لیے کھول دیا جو وقت سے پہلے اتنی طویل مدت تک گر چکی تھی۔

جب حضرت بابالولا اپنے مشنری سفر سے کلبار واپس آئے تو وہ تھوڑا سا آباد ہو گئے۔ 1935 تک، اس کی شادی ڈورکاس سے ہوئی اور اس شادی سے تین بچے پیدا ہوئے جن کے نام اپیک، وورا اور ابی تھے۔

1936 میں، بابالولا مبشر ٹموتھی بابابوسوئی کے ساتھ گھانا (سابقہ گولڈ کوسٹ) گئے۔ وہ لوگ جنہوں نے الیشا کے طاقتور حیات نو کا مشاہدہ کیا تھا وہ اسے پہچاننے میں کامیاب ہو گئے اور نائیجیریا واپس آنے سے پہلے ایک کامیاب انجیلی بشارت کی مہم کے لیے لوگوں کو متحرک کرنے میں تیزی سے شامل ہو گئے۔

قیادت کی خصوصیات

i عاجزی: رسول ایو بابالولا خدا کے ایک عاجز وزیر تھے۔ اس نے کبھی اپنے اوپر تکبر کی حکمرانی نہیں ہونے دی۔ اپنی دعوت کے ابتدائی مرحلے میں بھی انہوں نے اپنی کوئی مذہبی تنظیم بنانے کی کوشش نہیں کی۔ وہ سب کا احترام کرتے تھے خاص کر بزرگوں کا۔ اس نے کبھی بھی اپنے راستے میں آنے والے کسی کا کھلے عام مذاق نہیں اڑایا۔

ii مہمان نوازی: ایک رہنما کے طور پر، نبی بابالولا نے اپنے پیروکاروں کو لوگوں کے ساتھ رحم اور مہربانی کرنے کی ضرورت پر عمل کیا اور سکھایا۔ اس کے پاس جو کچھ تھا، اس نے ان لوگوں کے ساتھ شیئر کیا جو اس کے ساتھ رابطے میں آئے۔ وہ معاشرے کے غریبوں، بیواؤں اور ضرورت مندوں کے لیے بہت سخی تھے۔ اس نے اپنی وزارت کے تحت بہت سے مردوں کی شادی کی تقریبات کو سپانسر کیا۔ جیسا کہ اسے زندگی کے تمام شعبوں سے تحائف ملے، اسی طرح اس نے اسے فراخدلی سے بانٹا۔ اس کے پاس کوئی نجی بچت نہیں تھی، اس کے کپڑوں کی کوئی جیب نہیں تھی۔ جس وقت خدا کا یہ عظیم آدمی فوت ہوا، اس کے ہاتھ کے تھیلے میں صرف ایک ہی رقم (تئیس پاؤنڈ (تقریباً فورتھی سکس نائرہ) پائی گئی تھی، اس نے کوئی زمینی جائیداد حاصل نہیں کی تھی۔

اس کے ارد گرد لوگ. اس کی ملکیت کا واحد گھر ایفون علائی کے لوگوں نے اس کے لیے بنایا تھا۔

iii دعا: رسول بابالولا نے یہ ظاہر کیا کہ دعا ایک اہم کلید ہے جو خدا کے خزانوں کو کھولنے کے قابل ہے۔ وہ تھکاوٹ کی کوئی علامت ظاہر کیے بغیر زیادہ دیر تک نماز پڑھتا اور دعا کرتا۔ یہاں تک کہ عظیم حیات نو کے لیے الیشا کے تاریخی سفر کے موقع پر، پادری I.

B. Akinyele (CAC کے پہلے صدر اور Ibadan کے سابق اولوبدان) جنہوں نے اس رات بابالولا کی میزبانی کی تھی، بیان کیا کہ کس طرح رسول نے اپنی آواز کے ساتھ ہزاروں گرجوں سے زیادہ گونجتی ہوئی زور سے دعا کی۔ اس نے اپنے پیروکاروں اور ساتھیوں کو بغیر کسی وقفے کے نماز پڑھنے کا حکم دیا۔ حضرت بابالولہ نماز کے لیے چنیدہ پہاڑوں کی طرف اعتکاف کرتے۔ دعائیہ پہاڑیوں میں سے مشہور جن کا وہ اکثر استعمال کرتا تھا ان میں موجودہ ایکیٹی ریاست میں آئیڈو اجینارے، ایریو، ایفون الائے شامل ہیں۔

ایڈو-اجینارے پہاڑی پر ایک رسول کی دعائیہ نشست میں ایک بڑا ازگر ان کے پاس آیا تاکہ خدا کے بندے کو نقصان پہنچا سکے لیکن نبی کے جسم میں گرمی خطرناک سانپ کے لیے زہریلی ہو گئی جس نے بعد میں اسے مرنے کے لیے چھوڑ دیا اور فوراً سوکھ گیا۔

iv روزہ: رسول ایو بابالولا کی وزارت میں روزہ ایک مضبوط ہتھیار تھا۔ یہاں تک کہ میں

اپنی عوامی وزارت کے آغاز پر، جب وہ اپنے آبائی شہر، اوڈو-اووا پہنچے تو وہ روزے سے تھے۔

کئی مواقع پر اس نے چالیس دن کے روزے رکھے، اس کے علاوہ چالیس دن کے روزے کو اس نے تقریباً ادارہ بنا دیا۔ بدھ اور جمعہ کو عظیم احیاء پرست نے طاقت کی تجدید کے لیے روزے کے دنوں کے طور پر چنا تھا۔

v. بائبل کا مطالعہ: ایو بابالولا کا سب سے بڑا اثاثہ خدا کے کلام میں جھوٹ بولا۔ اس نے کبھی بھی اپنے مصروف نظام الاوقات کو سخت بائبل مطالعہ سے اپنی توجہ ہٹانے کی اجازت نہیں دی۔ وہ زبور کی کتاب کو 1 سے 150 تک پڑھ سکتا تھا۔

vi روح القدس کے ساتھ شراکت: رسول ایو بابالولا نے روح القدس کو اپنا سینئر ساتھی سمجھا۔ اس نے کبھی بھی روحانی رہنمائی حاصل کیے بغیر وزارت میں کوئی فیصلہ نہیں کیا۔

اس کا ترجمہ عظیم سے آگے

رسول بابالولا کا عظیم سے آگے کا ترجمہ بہت سے لوگوں کے لیے صدمے کا باعث بنا۔ وہ بیمار نہیں تھے، وہ حلیم اور دلدار تھے اور اپنی عوامی وزارت میں سرگرم خدمت پر تھے۔ ماضی میں، کچھ مواقع ایسے تھے جب رب نے اپنے ارد گرد کچھ لوگوں کی بدتمیزی کی وجہ سے اسے لے جانے کا منصوبہ ظاہر کیا۔ تاہم، دعائے مغفرت کے سلسلہ کے بعد، خدا اس کی زندگی کو دوبارہ بخش دے

گا۔ لیکن اس بار، ایسی کوئی بصیرت نہیں دی گئی تھی اور اس وجہ سے یہ بلیوز سے ایک بولٹ کی طرح آیا۔

جولائی، 1959 کے وسط میں، رسول بابالولا نے اوڈو-اووا کو ساپیلے اور واری کے لیے چھوڑ دیا تاکہ مقامی چرچ کے اندر کچھ تنازعات کو حل کیا جا سکے اور اس کے ساتھ ساتھ موجودہ ڈیلٹا ریاست میں انجیلی بشارت کی مہم بھی چلائی جائے۔ اس کے بعد، وہ 24 جولائی 1959 کو اولوگبوڈ، عبادان میں چرچ سینٹرل ایگزیکٹو کمیٹی کے اجلاس کے لیے عبادان کے لیے روانہ ہوئے۔

رسول بابالولا نے ہمیشہ کی طرح معاشرے کے تمام طبقوں کے لیے دعا کی۔ عبادان سے عید کے لیے روانہ ہونے سے پہلے، ان کی جونیئر بہن مرحومہ مسز اورنگون نے ان سے پوچھا کہ وہ اگلی بار کب عبادان آئیں گی، جس پر نبی صلی اللہ علیہ وسلم نے اسے یوں جواب دیا جیسے یہ مذاق کر رہے ہوں کہ وہ اب کبھی عبادان میں نہیں آئیں گے۔

عبادان سے، رسول بابالولا نے سیکونا میں رکا اور اس کے بعد 25 جولائی 1959 کو ایڈ کی طرف روانہ ہوئے۔ انہوں نے ہفتہ کی رات مرحوم نبی اکرم (بابا ابی) کے مہمان کے طور پر گزاری۔

26 جولائی 1959 کو حضرت بابالولا نے سی اے سی اوکے تلافیہ میں سنڈے سروس میں شرکت کی۔

ایڈی جہاں اس نے پہلی دعا اپنے دائیں ہاتھ کے قابل پادری میڈیس کے ساتھ خطبہ کی تبلیغ کی۔ سنڈے سروس کے بعد، نبی بابالولا نے چرچ کے مختلف اضلاع کے مندوبین سے خطاب کیا جو چرچ کے زچگی کے مرکز پر غور و خوض کرنے کے لیے ایڈ میں جمع ہوئے تھے۔ اس کے بعد وہ اپنے قیام گاہ میں ریٹائر ہو گئے۔ اس کے میزبان، پادری اکاندے نے محسوس کیا تھا کہ اسے نزلہ ہے، جس کے نتیجے میں اس نے حضرت بابالولا کے لیے چائے بنائی اور انہیں بہت سا ڈھکنے والا کپڑا دیا۔ اسی دوران پادری باباجائیڈ، پادری اودوتولا اور پادری میڈیس اس کے لیے دعا کرنے کے لیے کمرے میں داخل ہوئے تھے۔ نماز کے دوران بھی رسول نے خود زور سے دعا کی اور فضل کہا اور تینوں پادری اسے کمرے میں چھوڑ گئے۔

26 جولائی 1959 کو شام 5:00 بجے کے قریب دعاؤں کے بعد رسول بابالولا نے گرجدار آواز میں پکارا: باپ، بیٹے اور روح القدس کے نام اور وہ عظیم سے پرے چلے گئے۔ دو شاگرد جو اس کے ساتھ کمرے میں تھے، مائیکل اوسبی اور سیموئیل اولوواٹسین نے یاد کیا کہ کس طرح اس کی موت کے وقت پورا کمرہ اس کی بنیاد تک ہل گیا تھا۔ ان کی شاندار ہدایات کی بنیاد پر، اسی دن حضرت بابالولا کو ایفون العالی لے جایا گیا۔ ان کی ناگہانی موت کی خبر جنگل کی آگ کی طرح ملک کے کونے کونے میں پھیل گئی۔ ہمدرد بڑی تعداد میں ایفون الائی میں جمع ہوئے۔

رسول بابالولا کو 27 جولائی 1959 کو سینٹ اسٹیفن پرائمری اسکول، ایفون الائی میں پنے والد کی قبر کے پاس دفن کیا گیا۔ یہاں تک کہ وہ مر چکے ہیں، ان کے کام ہوتے رہتے ہیں اور ان کی زندگی بہت سے لوگوں کے لیے الہام کا ذریعہ بنتی ہے جو پرانے طور پر پینٹی کوسٹل طاقت پر یقین رکھتے ہیں۔

رابرٹ ڈبلیو شیمباچ

اُس نے ایمانی پیغامات کے ایک غیر سمجھوتہ کرنے والے لفظ کی تبلیغ کی، جس کے بعد بہت سی نشانیاں اور عجائبات سامنے آئے۔

Robert W. Schambach ایک امریکی ٹیلی ویژنلسٹ، پادری، ایمان کا علاج کرنے والا اور مصنف تھا۔ ان کا ٹیلی ویژن پروگرام، پاور ٹوڈے ، ڈے اسٹار کرسچن ٹی وی نیٹ ورک کے ساتھ ساتھ انٹرنیٹ پر اسٹریمنگ پوڈ کاسٹ میں دیکھا جا سکتا ہے۔

پیدائش اور ابتدائی زندگی

رابرٹ ڈبلیو شیمباچ 3 اپریل 1926 کو ہیرسبرگ، پنسلوانیا میں ہیری ایلس ورتھ اور این موئیر شیمباچ کے ہاں پیدا ہوئے۔

ایک سبکدوش ہونے والا نوجوان، وہ سڑک کے ایک کونے پر دوبارہ پیدا ہوا جب ایک مبشر (سی ایم وارڈ) نے جمع ہجوم کو یسوع مسیح کی خوشخبری سنانے کے بعد قربان گاہ کی کال دی۔ رابرٹ نے منادی کرنے کے لیے فوری کال محسوس کی، لیکن پہلے دوسرے خوابوں کا تعاقب کرنے کا فیصلہ کیا۔ بالآخر اس نے امریکی بحریہ میں شمولیت اختیار کی، اور دوسری جنگ کے دوران

جنوبی بحر الکاہل اور ایشیا میں ایک ڈسٹرائر پر بحریہ کے بوائلر بنانے والے کے طور پر خدمات انجام دیں۔ بہت سے خطرناک مقابلوں کے دوران خُدا کو اپنی جان بچاتے ہوئے دیکھنے اور امریکی POW's کی وطن واپسی کا مشاہدہ کرنے کے بعد، RW نے مکمل طور پر خُدا کے سامنے ہتھیار ڈال دیے اور جہاں بھی خُدا نے اُسے بھیجا وہاں خوشخبری سنانے کا عزم کیا، تاکہ دوسروں کو قید اور گناہ کی غلامی سے رہائی ملے اور مسیح کے ذریعے آزادی کی حقیقی خوشی حاصل کی جا سکے۔

وزارت

جنگ سے واپس آکر، شیمباچ نے بائبل سکول میں داخلہ لیا، جہاں اس نے اپنی بیوی، وینی سے ملاقات کی اور شادی کی۔ اسے سی ایم وارڈ نے مقرر کیا اور ایک چرچ میں پادری کرنا شروع کیا۔ اس نے 1940 کی دہائی کے وسط میں اسپرنگ فیلڈ، میسوری کے سینٹرل بائبل انسٹی ٹیوٹ میں اپنی باقاعدہ تربیت حاصل کی۔

رابرٹ TL Osborn کی خیمہ صلیبی جنگوں اور بعد میں AA ایلن سے متاثر تھا۔ ان آدمیوں کی وزارت کے ذریعے بہت سے شاندار معجزات انجام پائے اور RW جانتا تھا کہ خدا نے اسے اس کا حصہ بننے کے لیے بلایا ہے۔ جیسا کہ اے اے ایلن کی صلیبی جنگوں میں سے ایک کا اختتام ہوا اس نے پوچھا

RW اپنی ٹیم کا حصہ بننے کے لیے۔ اس نے صلیبی جنگوں میں مدد کرنے، کچھ خدمات کی تبلیغ، اور پیشگی کام کرنے کے لیے پورے امریکہ میں کئی سال کا سفر شروع کیا۔ آخر کار، اس نے محسوس کیا کہ خدا اسے اپنی وزارت شروع کرنے کے لیے بلا رہا ہے۔ اس نے بڑے شہروں میں 4 'خیمہ گرجا گھروں' کی بنیاد رکھی اور اپنا مقبول ریڈیو پروگرام 'دی وائس آف پاور' شروع کیا۔ اس کا ٹریڈ مارک جملہ، "آپ کو کوئی پریشانی نہیں ہے۔ آپ کو صرف خدا پر یقین کی ضرورت ہے" نے بھیڑ میں ایمان کو ابھارا ہے۔

برادر شیمباچ کی خدمت کو دنیا کی بہت سی اقوام میں پذیرائی ملی ہے: پورے یورپ، روس، ہندوستان، ایشیا، فلپائن، افریقہ، ویسٹ انڈیز، وسطی امریکہ اور جنوبی امریکہ میں۔ وہ روس اور چین میں گرجا گھروں اور بائبل سکولوں کے قیام کے ستھ مالی تعاون جاری رکھے ہوئے ہے۔ انڈونیشیا اور ہیٹی میں ایک یتیم خانے کے ساتھ؛ میکسیکو سٹی میں ایک میگا سٹی آؤٹ ریچ کے ساتھ؛ اور نیو یارک سٹی میں شہری رسائی کے ساتھ

اُس نے ایمان کے ایک غیر سمجھوتہ کرنے والے کلام کی تبلیغ کی، جس کے بعد نشانیاں اور عجائبات سامنے آئے۔

خاندانی زندگی اور موت

شیمباچ کی شادی میری وینفریڈ ڈونلڈ سے ہوئی تھی (پیدائش 3 ستمبر 1926، فلاڈیلفیا، پنسلوانیا میں)۔ اس کی اس سے ملاقات اس وقت ہوئی جب وہ وادی فورج، پنسلوانیا میں ایسٹرن بائبل انسٹی ٹیوٹ آف دی اسمبلیز آف گاڈ میں طالب علم تھی،

اگلے سال، جب 4 ستمبر 1948 کو، (میری کی سالگرہ کے صرف 1 دن بعد)، جوڑے کی شادی ہوئی، اور ان کے دو بیٹے اور ایک بیٹی تھی: بوبی، بروس اور ڈونا۔

ڈونا شیمباچ ٹائلر کے علاقے میں ایک پادری اور عقیدے کا علاج کرنے والی ہے۔

شیمباچ کے چھ پوتے تھے: ریچل، بوبی III، مارک، امانڈا اور کرسٹی۔

20 اپریل 2010 کو 83 سال کی عمر میں ٹائلر، ٹیکساس میں قدرتی وجوہات سے مرنے سے پہلے اس کی بیوی سے 61 سال تک شادی ہوئی تھی۔

دو سال بعد (17 جنوری 2012)، شیمباچ 86 سال کی عمر میں دل کا دورہ پڑنے سے انتقال کر گئے۔

اسے ٹائلر، ٹیکساس میں پائنز قبرستان میں کیتھیڈرل میں اپنی بیوی کے ساتھ دفن کیا گیا۔

[1]/https://believersportal.com/biography-evangelist-rw-schambach

---

/https://believersportal.com/biography-evangelist-r-w-schambach .1

چارلس ایس پرائس

وہ بیسویں صدی کے پہلے نصف کے دوران بہترین شفا بخش مبشروں میں سے ایک تھا۔ شیفیلڈ، انگلینڈ میں پیدا ہوئے، وہ کینیڈا اور پھر اسپوکین، واشنگٹن چلے گئے۔ سپوکین میں میتھوڈسٹ مشن میں دوبارہ پیدا ہوا، وہ میتھوڈسٹ چرچ میں کل وقتی وزارت میں داخل ہوا۔

پیدائش: 1887، انگلینڈ، برطانیہ
وفات: 8 مارچ 1947
"مکمل انجیل"

چارلس سڈنی پرائس انگلینڈ میں میری ہننا بی اور چارلس ہنری پرائس کے ہاں 1887 میں پیدا ہوئے۔ ان کی والدہ کا انتقال اس وقت ہوا جب وہ چار سال کا تھا اور اس کے والد نے بعد میں ایک ایسی عورت سے دوبارہ شادی کی جس سے چارلس محبت اور احترام کرتے تھے۔ قیمت نے تقریباً 1899-1904 تک میتھوڈسٹ اسکالرز کے لیے ہائی اسکول کے ذریعے مقامی گریڈ میں شرکت کی۔ اگرچہ یہ ویسلے کالج کے نام سے جانا جاتا تھا اس نے صرف اس وقت تک طلباء کو رکھا جب تک کہ وہ لندن یونیورسٹی میں ممکنہ حاضری کی تیاری کے لیے 18 سال کے نہ ہوں۔ ویزلی کو چھوڑنے کے بعد کیا کرنا ہے اس کے ساتھ جدوجہد کرتے ہوئے، پرائس نے 1906 میں رائل نیوی میں بطور اسسٹنٹ گودام مین شمولیت اختیار کی۔ لیکن گھٹنے کی خرابی کی وجہ سے چند ماہ کے اندر اسے فارغ کر دیا گیا۔ وہ بعد میں کہے گا کہ وہ ایک وقت کے لیے آکسفورڈ لاء اسکول گیا تھا، لیکن آکسفورڈ میں ان کی حاضری کا کوئی ریکارڈ نہیں ہے۔ 1907 میں پرائس کام

کی تلاش میں کینیڈا ہجرت کر گیا اور ریلوے کے عملے پر ختم ہوا۔ اس کے بعد وہ اسپوکین، واشنگٹن چلا گیا اور وہاں کام تلاش کرنے کی امید میں چلا گیا۔ وہ ایک فری میتھوڈسٹ مشن میں چرچ کی خدمت میں گیا اور تبدیل ہو گیا۔ اس نے ایک کارکن کی حیثیت سے مشن کے ساتھ رہنے کا فیصلہ کیا اور اسی سال اسے میتھوڈسٹ وزیر مقرر کیا گیا۔ اس نے بیسی رائے اوسبورن سے بھی ملاقات کی اور ان سے شادی کی۔ اس جوڑے کے اپنے 4 بچے اور ایک بیٹی انگلینڈ سے ہوگی۔

قیمت "جدیدیت پسند" یا لبرل الہیات کے زیر اثر آئی۔ تعلیمات میں بائبل میں خدا کے کلام کے طور پر اعتقاد کی کمی، اور معجزات کی تردید شامل تھی۔ اس نے میتھوڈسٹ چرچ چھوڑ دیا اور اجتماعی پادری بن گیا۔ بعد میں وہ اپنی زندگی کے اس دور کو ایک ایسے شخص کے طور پر بیان کرے گا جو 'روحانی طور پر اندھا تھا، اپنے لوگوں کو کھائی میں لے جا رہا تھا'۔ اس نے بارہ سال تک اسی طرح پادری کیا۔ پرائس کیلیفورنیا چلا گیا جہاں وہ لودی کے فرسٹ کانگریگیشنل چرچ کے پادری تھے۔ 1921 میں سان ہوزے، کیلیفورنیا میں ایمی سیمپل میک فیرسن کی قیادت میں ایک بحالی کا آغاز ہوا۔ اُس کے گرجہ گھر کے ایک ممبر نے اُس کے بارے میں بتایا کہ وہ کیسے حیات نو کے لیے گئے تھے اور اُسے روح القدس سے معمور ہونے کا تجربہ ہوا تھا۔ جلد ہی یہ بات اس کے گرجہ گھر کے دوسرے ارکان میں بھی پھیلنے لگی۔ وہ اس نظریے کے خلاف تعلیم دینے کے لیے شواہد اکٹھے کرنے کے لیے جلسوں میں گئے۔ اس کے بجائے وہ اپنے خالی پن کے بارے میں بڑے یقین کے تحت آیا۔ تیسری رات وہ دوسرے پادریوں کے ساتھ چبوترے پر بیٹھا تھا۔ جب گنہگاروں کو بچانے کے لیے الٹر کال آئی تو پرائس نے عوامی طور پر جواب دیا۔ وہ خوشی سے بھر گیا۔ اس نے بپتسمہ دینے والے گرجہ گھر میں کچھ "طویل ملاقاتوں" میں شرکت کی اور کچھ راتوں کے بعد "روح کی بھرائی" حاصل کی، اور "دوسری زبانوں سے" بولنا شروع کیا۔

پرائس فوری طور پر اپنے چرچ میں واپس آیا اور اپنی گواہی دی۔ 1000 ارکان نے خدا سے اس کی موجودگی کے لئے پکارتے ہوئے متلاشیوں کی میٹنگیں شروع کر دیں۔ ایک حیات نو کا آغاز ہوا۔ اس کا ایک نتیجہ یہ نکلا کہ چرچ کے 1000 ارکان نے انجیلی بشارت کی تبلیغ شروع کی۔ پرائس اپنی ملاقاتوں میں لوگوں کو صحت مند دیکھنا شروع کر دیا۔ فرقہ پرست رہنماؤں نے اس کے چرچ میں جو کچھ ہو رہا تھا اس پر تنقید کی۔ قیمت نے لودی بیتیل مندر کو شروع کرنے کے لیے اجتماعیت پسندوں کو چھوڑ دیا۔ 1922 میں اس نے اوریگون اور برٹش کولمبیا میں مبشرانہ انجیلی بشارت کی میٹنگیں کرنا شروع کیں۔ وکٹوریہ، برٹش کولمبیا میں کچھ بہت ہی معجزاتی شفاء تھی۔ 1923 میں پرائس نے تین ہفتوں کی مدت میں 250,000 سے زیادہ لوگوں کو تبلیغ کی اور بہت سے لوگ ٹھیک ہو گئے۔ 1923 میں اس نے ایک شفا بخش میٹنگ کی جہاں لورن فاکس اور اس کے پورے

خاندان کو شفا ملی۔ لورن اور اس کی بہن نے تھوڑی دیر بعد اپنی انجیلی بشارت اور شفا بخش وزارت شروع کی۔

پرائس نے کیلگری، ایڈمنٹن، ونی پیگ، ٹورنٹو، منیاپولس، ڈولتھ، سینٹ لوئس اور بیلویل، الینوائے میں میٹنگ کی۔ 1926 میں پرائس نے "گولڈن گرین" میگزین شائع کرنا شروع کیا، جس میں شفا یابی اور معجزات کی بہت سی شہادتیں شامل تھیں۔ 1928 میں پرائس کو اس وقت دھچکا لگا جب اس کا وکیل اپنے تمام فنڈز لے کر فرار ہوگیا۔ اس کے حامیوں نے کچھ رقم اکٹھا کرنے میں مدد کی، لیکن اس نے اجلاس منعقد کرنے کے لیے ایک خیمہ خریدنے کا فیصلہ کیا، تاکہ اسے آڈیٹوریم کے بڑے اخراجات ادا نہ کرنے پڑیں۔ اس نے اسے کنواس کیتھرڈرل کہا۔ یہ اطلاع دی گئی ہے کہ بیلویل میٹنگز کے آخری 10 دنوں میں ایک دن میں 1000 تبادلے ہوئے۔ وہ اگلے کئی سالوں میں شمال مغرب میں سفر کرتا رہا۔ وہ جہاں بھی گیا اس نے اپنی ملاقاتوں میں معجزانہ شفا دیکھی اور ہزاروں مسیح کے پاس آئے۔ اس نے صرف 1928 میں 35,000 تبدیلیوں کو شمار کیا۔ مسلسل سفر نے اس کی شادی پر دباؤ ڈالا۔ 1930 تک وہ اور اس کی بیوی الگ ہو گئے۔ بالآخر 1930 کی دہائی میں ان کی طلاق ہوگئی۔

جب کہ 1930 کی دہائی کے دوران بہت سی وزارتیں بند ہو گئیں یا شدید طور پر کم کر دی گئیں، افسردگی کی وجہ سے، چارلس ایس پرائس ہزاروں لوگوں کو اپنی میٹنگوں کی طرف متوجہ کرتا رہا۔ 1930 کی دہائی کے اواخر میں اس نے ناروے، انگلینڈ، مصر، فلسطین، ترکی، شام، لبنان، اٹلی میں خدمت کی اور ساتھ ہی امریکہ بھر میں تقریر جاری رکھی۔ اس نے اپنے آپ کو ڈاکٹر پرائس کے طور پر حوالہ دینا شروع کیا، جو کہ تعلیمی عنوان کے بجائے اعزازی لقب معلوم ہوتا ہے۔ 1939 میں پرائس نے اندازہ لگایا کہ 1922 میں شروع ہونے کے بعد سے اس نے انجیلی بشارت کی مہمات پر ایک ملین میل سے زیادہ کا سفر کیا ہے۔ اس کا شیڈول مطالبہ کر رہا تھا۔ جلسوں میں جہاں وہ مرکزی مقرر ہوتا تھا وہ دن میں دو یا تین بار بولتا تھا اور اکثر رات تک صحت یابی کی دعا کرتا تھا۔ جنگ کے سالوں کے دوران بڑے ہجوم کو اپنی طرف متوجہ کرنا مشکل ہوتا جا رہا تھا اور پرائس اکثر گرجہ گھروں اور کیمپ کے اجلاسوں میں بات کرتے تھے۔ 1940 کے وسط مارچ اور وسط اگست کے درمیان انہوں نے 35 شفا یابی کی خدمات کے انعقاد کے علاوہ 218 بار تبلیغ کی، بیماروں کے لیے دیر تک دعا کی، روٹری کلب جیسے گروپوں کو کئی کمیونٹی تقریریں کیں، ریڈیو خطابات کیے، یہ سب کچھ ٹرین کے ذریعے 2700 میل اور کار کے ذریعے 8500 میل کا سفر کرتے ہوئے کیا۔ اکیلے ایک دن میں اس نے اسپرنگ فیلڈ، میسوری میں 5 بار بات کی۔

قیمت کا کسی خاص فرقے سے کوئی تعلق نہیں تھا اور اس کی ملاقاتوں کو اکثر ایک علاقے میں متعدد گرجا گھروں کی حمایت حاصل تھی۔ اس کا خدا کی مذہبی قیادت کی اسمبلی کے ساتھ خاص تعلق تھا اور وہ باقاعدگی سے ان کے

کیمپ کے اجلاسوں میں بات کرتے تھے اور اکثر ان کے گرجا گھروں میں تقریر کرنے کے لئے مدعو کیا جاتا تھا۔ وہ ایک قابل ادیب تھے۔ اس نے کئی کتابیں لکھیں جن میں شامل ہیں: اور سائنز فالوڈ دی لائف سٹوری آف چارلس ایس پرائس ، دی پوٹر اینڈ دی کلے، روحانی اور جسمانی صحت، میڈ الائیو، ٹو ورلڈز، دی ریئل فیتھ، آپ خدا کو یہاں اور اب جان سکتے ہیں، الہی مداخلت ، اور معجزات کے علاوہ اپنا گولڈن گرین میگزین 1947 سے پہلے 1947 تک استعمال کیا۔ لاس اینجلس، کیلیفورنیا سے جب وہ سڑک پر نہیں تھا۔ اس نے سدرن کیلیفورنیا بائبل کالج میں بھی پڑھایا اور اکثر اسے لاس اینجلس کے علاقے میں پادریوں کے لیے بھرتی کرنے کے لیے کہا جاتا تھا۔ 1945 میں اس نے محسوس کیا کہ رب اسے گھر پر وقت گزارنے کے لیے بلا رہا ہے۔ اگلے دو سال لکھنے، مقامی طور پر تبلیغ، اور آرام اور دعا پر توجہ مرکوز کیے ہوئے تھے۔ ان کا انتقال 8 مارچ 1947 کو ہوا۔

اسٹیفن جیفریز

اسٹیفن جیفری 2 ستمبر 1876 کا تھا، تھامس اور کیزیا جیفریز کے آٹھ بیٹوں میں سے تیسرا تھا۔ تھامس ایک کان کن تھا لیکن اسے دمہ تھا اور وہ سانس لینے میں دشواری کا شکار تھے۔ خاندان کی مدد کے لیے سٹیفن بارہ سال کی عمر میں کان کن بن گیا۔ وہ اگلے 24 سال کانوں میں کام کرتے ہوئے گزارے گا۔ ان کے والد کی صحت اس کام میں مدد نہیں کر سکتی تھی، اور وہ صرف 47 سال کی عمر میں انتقال کر گئے۔ سٹیفن کے چار بھائی اور ایک بہن بھی مر گئے۔ اس کا بھائی جارج بیمار تھا۔ یہ ایک مشکل زندگی تھی۔ جب اسٹیفن 22 سال کا تھا تو اس نے

ایک مقامی کسان کی بیٹی الزبتھ لیوس سے شادی کی۔ آخر کار ان کے چار بچے ہوئے، تین لڑکیاں اور ایک لڑکا۔ سب سے چھوٹی بیٹی کا انتقال اس وقت ہوا جب وہ صرف چھ ماہ کی تھی۔

خاندان کے افراد باقاعدہ چرچ جانے والے تھے۔ ان کا تعلق ویلش کے آزاد چرچ سے تھا۔ ویلز کے لیے 1904 ایک اہم سال تھا۔ ایون رابرٹس نے کہا 'میرے پاس تمام ویلز کے آسمان پر اٹھائے جانے کا خواب ہے۔ ہم سب سے طاقتور حیات نو دیکھنے جا رہے ہیں جسے ویلز نے کبھی جانا ہے، اور روح القدس جلد ہی آنے والا ہے، اس لیے ہمیں تیار ہو جانا چاہیے۔" اور بالکل ایسا ہی ہوا۔ سٹیفن اور اس کے بھائی جارج کو 20 نومبر 1904 کو ویلز کے نینٹیفیلون میں شیلو انڈیپنڈنٹ چیپل میں حیات نو کے دوران تبدیل کیا گیا۔ مذہبی تربیت اور وزیر بننے کا کوئی ارادہ نہیں تھا لیکن پھر بھی خدا نے اسے بارودی سرنگوں سے نکال کر منبر پر بلایا۔

سٹیفن سڑکوں پر منادی کرنے لگا۔ میسٹیگ کے قصبے میں اس نے اتنی دیر تک تبلیغ کی کہ اندھیرا چھا گیا اور انہیں اس کے لیے چراغ لانا پڑا۔ خُدا نے اُسے مبشر بننے کے لیے بلایا تھا۔ ایون رابرٹس ویلز میں جلانے والے اقدام کا رہنما تھا۔ بعد میں اپنی زندگی میں جب پوچھا گیا کہ حیات نو میں کون اہم تھا اس نے کہا "ان سب سے آگے جو میں جانتا ہوں - سٹیفن جیفریز۔" جیفریز کانوں میں کام کرتے رہے لیکن جب بھی موقع ملا تبلیغ کرتے رہے۔ اس کے واعظ سادہ تھے اور لوگوں کو مسیح کی طرف بلاتے تھے۔

ویلش کا احیاء ختم ہونے لگا۔ ان وزراء میں سے ایک جو حیات نو میں شامل تھے سکندر تھا۔ A. جسم۔ خدا کی زیادہ موجودگی کی بھوک باڈی نے اوسلو، ناروے میں تھامس باراٹ کے تحت پینٹی کوسٹل کے بارے میں سنا۔ وہ پہلے اوسلو گئے اور پھر 1907 میں بیراٹ کو سنڈرلینڈ، انگلینڈ میں اپنے گرجا گھر میں آیا۔ یہ پینٹی کوسٹل بحالی کا مرکز بن گیا۔ دسمبر 1907 میں ایک مقامی ویلش پادری جس کا نام تھامس میڈوگ جیفریز تھا روح سے بھرا ہوا تھا جب وہ ایک اور پادری سے ملتا تھا جس نے سنڈرلینڈ میں روح القدس کا بپتسمہ لیا تھا۔ اسٹیفن اور اس کا بھائی جارج شروع میں اس نئے اقدام پر تذبذب کا شکار تھے۔ تاہم اسٹیفن کے بیٹے ایڈورڈ کو چھٹی کے دوران پینٹی کوسٹل کا تجربہ ہوا اور وہ اپنے گھر والوں کو اس کے بارے میں بتانے واپس آیا۔ 1908 میں میسٹاگ میں میٹنگز قائم کی گئیں اور اسٹیفن اور جارج اپنے آپ کو تلاش کرنے گئے۔ انہوں نے روح القدس میں بپتسمہ لیا اور زبانوں میں بولنا شروع کیا۔ سٹیفن نے اپنے انجیلی بشارت کے کام میں تاثیر میں فوری اضافہ دیکھا۔

سٹیفن کے بھائی جارج کو وزارت کے لیے بلایا گیا محسوس ہوا۔ انہوں نے 1912 میں پینٹی کوسٹل مشنری یونین میں شمولیت اختیار کی۔ جارج نے سٹیفن کو اکتوبر 1912 میں Cwmtwrch نامی ایک چھوٹے سے شہر میں تبلیغ کرنے کو کہا۔ یہ اتنا اچھا رہا کہ انہوں نے دسمبر میں مزید تین دن کے لیے واپس آنے

کی درخواست کی۔ دسمبر کی میٹنگ ایک چھوٹے سے حیاتِ نو میں بدل گئی اور سٹیفن سات ہفتوں تک وہاں ٹھہرا۔ قابل ذکر شفا نے ملاقاتوں کو نشان زد کیا۔ اس کا بھائی جارج اس کے ساتھ شامل ہونے اور ملاقاتوں میں مدد کرنے آیا۔ وہ وہاں سے Pen-Y-Bont گئے جہاں ایک عورت جس کا پاؤں کاٹا جانا تھا وہ فوری طور پر ٹھیک ہو گئی۔ جارج اپنی تعلیم پر واپس آیا لیکن اسٹیفن للینلی چلا گیا جہاں اس نے تبلیغ کی اور اپنا چرچ شروع کیا۔ وہ سات سال تک وہاں رہا۔

یہ Llanelly میں تھا کہ ایک قابل ذکر معجزہ ہوا. ایک رات منادی کرتے ہوئے چرچ کی دیوار پر ایک رویا نمودار ہوئی۔ پہلے یہ بھیڑ کا بچہ تھا اور پھر یسوع کا چہرہ غم کے آدمی کے طور پر، اس کے چہرے پر آنسو تھے۔ سیکڑوں لوگوں نے یہ نظارہ دیکھا جو گھنٹوں تک جاری رہا جب لوگ حرم میں آتے اور جاتے رہے۔ جب اسٹیفن نے اس رویا کے بارے میں دعا کی تو اس نے محسوس کیا کہ یہ اس عظیم مصیبت کی علامت کے طور پر ظاہر ہوا ہے جو ہونے والا تھا۔ چند ہفتوں بعد WWI شروع ہو گئی۔ سٹیفن اتنا مشہور ہو گیا کہ اس سے بہت سے گرجا گھروں میں بات کرنے کو کہا گیا۔ اس نے 1920 تک پادری کو برقرار رکھا، لیکن اس عرصے میں اکثر سفر کرتا رہا۔

1920 میں اسٹیفن نے اپنے بھائی جارج کے ساتھ جارج کے ایلیم پینٹی کوسٹل الائنس کے لیے کام کیا۔ اس نے Dowlais میں میٹنگیں کیں اور ایک چرچ قائم کیا اور اس کا پادری بن گیا۔ 1924 میں سٹیفن اور جارج امریکہ اور کینیڈا گئے۔ وہ لاس اینجلس گئے جہاں انہوں نے اینجلس ٹیمپل میں ایمی سیمپل میک فیرسن کو دیکھا۔ اس نے بھائیوں پر بڑا اثر ڈالا۔ واپس آنے کے بعد وہ لندن چلے گئے اور ملاقاتیں کرنے لگے۔ انہوں نے ایمی سیمپل میک فیرسن کو مدعو کیا اور پھر اپنے طور پر میٹنگز کا انعقاد کیا۔ یہ تقریباً دو سال تک جاری رہا۔

جارج اور سٹیفن کے درمیان اختلاف بڑھ رہا تھا۔ ان کی شخصیتیں یکسر مختلف تھیں۔ اسٹیفن ممکنہ طور پر ان دونوں میں سے زیادہ ہونہار تھا، لیکن جارج کے پاس مضبوط انتظامی تحائف تھے۔ اسٹیفن اکثر ایک مقررہ تاریخ کے لیے ایک سے زیادہ جگہوں پر ملاقاتوں کے لیے راضی ہو جاتا تھا۔ وہ پیش کش لیے بغیر یا دوسروں کو اپنے حصے کرنے کی اجازت دیئے بغیر میٹنگوں کو چلنے دیتا۔ اسٹیفن وہی کہے گا جو اس کے ذہن میں آیا، چاہے اس کے نتائج کچھ بھی ہوں۔ اسے یہ بھی یقین آیا کہ جارج اس سے حسد کرتا تھا۔ 1926 میں اسٹیفن ایلیم تحریک چھوڑ کر برطانیہ اور آئرلینڈ کی اسمبلی آف گاڈ میں شامل ہو گئے۔ اگلے کئی سالوں تک دونوں بھائیوں کے درمیان معاملات کشیدہ رہے۔

ہر جگہ جہاں سٹیفن گیا ڈرامائی شفا اور تخلیقی معجزات واقع ہوئے.

وہ امریکہ، نیوزی لینڈ، آسٹریلیا اور جنوبی افریقہ گئے۔ ان کے جلسوں میں ہزاروں کا ہجوم آتا تھا۔ 1933 میں اس نے تبلیغ کے لیے سویڈن اور ناروے کا سفر کیا۔ اس نے اپنی صحت کے بارے میں ڈاکٹروں کے انتباہات کو نظر انداز کرتے ہوئے رات دن خود کو دھکیل دیا۔ 1930 کی دہائی کے وسط میں چیزیں ڈرامائی طور پر بدل گئیں۔ بڑی صلیبی جنگیں کم مقبول اور کھوئے ہوئے لوگوں تک پہنچنے میں کم کامیاب ہوتی جا رہی تھیں۔ اسٹیفن کے شدید شیڈول نے اسے گھیر لیا اور اس کی صحت خراب ہونے لگی۔ وہ جوڑوں کے درد سے معذور ہو گیا۔ 1940 میں جارج نے ایلیم گرجا گھروں کو چھوڑ دیا اس نے بائبل پیٹرن چرچ فیلو شپ شروع کی۔

اس نے اسٹیفن اور اس کے بیٹے ایڈورڈ سے چرچ کی نئی تحریک میں شامل ہونے کے لیے بات کی۔ صحت کی پریشانیوں کی وجہ سے سٹیفن فعال طور پر کام کی حمایت نہیں کر سکتا تھا۔ اس نے اپنی زندگی کے آخری آٹھ سال اپنی بیٹی مے کے ساتھ پورٹکاول، ویلز میں خاموش ریٹائرمنٹ میں گزارے۔ اس کی مدد بائبل کالج آف ویلز کے ڈاکٹروں نے کی، جسے ریس ہولز چلاتے ہیں۔ ان کا انتقال 17 نومبر 1943 کو ہوا۔

عظیم تر کارنامے - 1

- شہادتیں

خدا کے مختلف وزراء کے ذریعہ آپ کا ایمان مضبوط کرنے کے لئے کہ خدا آج بھی کام کر رہا ہے اور ہمیشہ کے لئے۔

چارلس ایس پرائس - خواتین کے نئے اعضاء کی تخلیق

ڈاکٹر چارلس سڈنی پرائس بیسویں صدی کے سب سے بااثر وزراء میں سے ایک تھے۔ وہ 1909 میں 22 سال کی عمر میں پادری بنے اور ترقی پسند لبرل الہیات کے زیر اثر 12 سال چراگاہ میں گزارے۔

حاضری میں ایک وزیر تھا جس نے ہمیں ایک شاندار کہانی سنائی۔ وہ ایک انگلیکن پادری تھا جو اصل میں ساسکاٹون کے قریب تعینات تھا۔ برسوں پہلے جب ہمیں، ہمارے رب کے فضل سے، اس قصبے کے میدان میں تقریر کرنے کا شرف حاصل ہوا، وہ جلسوں میں شریک ہوا تھا۔ اس کی بیوی کا آپریشن ہوا تھا جس میں اس کے جسم کے اعضاء نکالے گئے تھے۔ وہ کبھی بچہ پیدا نہیں کر سکتی تھی۔ اور ایک بچے کے لیے وہ ترستے اور خواب دیکھتے تھے۔ اسے نماز کے لیے لایا گیا تھا۔ ناقدین کا کہنا ہے کہ کوئی نامیاتی علاج نہیں ہے۔ پھر بھی خدا نے دعا کا جواب دیا اور اس گھر میں ایک بچہ پیدا ہوا۔ معجزہ ہو گیا۔ اعضاء واپس بڑھ گئے ہوں گے۔ اس کے علاوہ کوئی وضاحت نہیں ہو سکتی۔ یہ وہ گواہی تھی جو ہمیں اس وزیر کے لبوں سے دی گئی تھی جو اب ایمان لایا اور پورے دل سے الٰہی شفایابی پر عمل کر رہا ہے۔

نئی آنکھیں پیدا ہوئیں

اس قابل ذکر دورے میں سینکڑوں مذہب تبدیل کرنے والوں میں سے ایک ٹام ولسن نامی نوجوان تھا۔ اس کی والدہ انتخابی مہم کے اوائل میں شام کی ایک میٹنگ میں ساتھ گئی تھیں اور گھر لوٹنے میں کافی دیر ہو چکی تھی۔ ٹام اور اس کے والد پریشان ہو رہے تھے، ڈر رہے تھے کہ اس کے ساتھ کچھ ہو گیا ہے، تاکہ جب وہ بالآخر واپس آئے تو وہ جاننا چاہیں کہ وہ کہاں تھی۔ جب اس نے وضاحت کی کہ

وہ ٹاؤن ہال میں ایک مذہبی میٹنگ میں گئی تھی، تو اس کے شوہر بہت زیادہ ناقابل یقین تھے 'ور یہ جاننا چاہتے تھے کہ یہ کیسا مذہبی جلسہ ہے جو گھنٹوں جاری رہا۔ جوش سے بھرے ہوئے، وہ ان سے کہنے لگی: "آپ نابینا لڑکی سیلیا براؤن کو جانتے ہیں؛ وہ اچھی طرح دیکھ سکتی ہے۔"

ٹام نے کہا، "ماں، بیوقوف نہ بنو، یہ ناممکن ہے؛ ہم سب جانتے ہیں کہ سیلیا کی

آنکھیں بھی نہیں ہیں، تو وہ کیسے دیکھ سکتی ہے؟ اس کی آنکھیں صرف خالی ساکٹ ہیں۔"

"میں آپ کو بتا رہا ہوں،" اس کی ماں نے جواب دیا، "جب اس ویلش مین، اسٹیفن جیفریز نے آج رات اس کے لیے دعا کی تو اسے نیلی آنکھوں کا ایک جوڑا ملا اور وہ دیکھ سکتی ہے۔"

سیلیا تیرہ سال کی تھی اور مقامی طور پر مشہور تھی۔ وہ ابھی تک یقین نہیں کر سکتے تھے کہ مسز ولسن کیا کہہ رہی ہیں لیکن انہیں جلد ہی پتہ چلا کہ یہ سچ ہے۔ یہ، شفا یابی کے دیگر معجزات کے ساتھ، شہر کا چرچا بن گیا۔

دی وِکر آف وال، ریو جے ڈبلیو ایڈمز، اسٹیفن کے ساتھ بہت دوستانہ ہو گئے اور

والورتھ، کنسنگٹن، بیڈ فورڈ، ساؤتھ اینڈ آن سی، چیلمسفورڈ، بشپ آکلینڈ، سنڈرلینڈ، میڈ اسٹون، ٹنبریج ویلز، ویک فیلڈ اور دیگر میں مہمات میں مدد کی۔ سیلیا کے ٹھیک ہونے کے وقت وہ میٹنگ میں موجود نہیں تھا لیکن مہم میں تھوڑی دیر بعد پہنچا اور اسٹیفن کا اپنا اکاؤنٹ حاصل کر لیا:

11 مرچ کو وہ نماز کے لیے آئی تھیں۔ تب اسے جنین کی حالت میں بھی آنکھیں دکھائی نہیں دیتی تھیں اور اسے روشنی اور اندھیرے، دن اور رات میں کبھی فرق معلوم نہیں تھا۔ ہاتھ رکھنے کے فوراً بعد اس کے لیے ایک نئی دنیا کھلنے لگی: اپنی نئی اور بہت چھوٹی آنکھوں سے اس نے روشنی اور سایہ کے درمیان واضح فرق کو پہچان لیا۔ اگلے دن اس نے زیادہ واضح طور پر دیکھا، اور اس کے اندر سفید میز پوش سے پیسے گننے اور اٹھانے کی طاقت شروع ہوگئی۔

مسٹر ایڈمز نے خود گواہی دی: "میں نے اس کے ساتھ کئی مواقع پر دیکھا اور بات کی ہے اور ہر بار اس کی آنکھوں کے سائز اور صلاحیت میں قدرے اضافہ ہوا تھا۔ وہ اپنے سامنے رکھی ہوئی انگلیوں کو گن کر فاصلے کا کچھ اندازہ لگا سکتی تھی۔ اس میں وہ ایک شیر خوار بچے کی طرح تھی جو دیکھنا سیکھ رہی تھی۔ اس کی آنکھیں نیلی اور اس کے والد کی طرح ہیں۔"

C. Whittaker کے "سات پینٹی کوسٹل پائنیرز" سے اقتباس۔ انجیل پبلشنگ ہاؤس، 1985

ریورنڈ لی اسٹونکنگ مردہ میں سے اٹھائے گئے۔

REV STONEKING اقوام متحدہ میں اپنی گواہی کا آغاز اس بیان سے کرتا ہے "آپ ایک معجزہ دیکھ رہے ہیں۔" نومبر 2003 میں وہ سڈنی آسٹریلیا کے ہوائی اڈے پر دل کا دورہ پڑنے سے مر گیا۔ وہ 45 منٹ میں طبی لحاظ سے مر چکا تھا۔ انہوں نے CPR کا انتظام کیا اور اس کے دل کو بجلی کے 10 جھٹکے لگائے۔ 3 یا 4 عام طور پر امریکہ اور آسٹریلیا میں سب سے زیادہ دیتے ہیں۔ اس کے ہاتھوں میں خون جم چکا تھا۔ اس سے قطعاً کوئی امید نہیں تھی۔ وہ صرف ایک لاش تھی۔ انہوں نے اسے ایمبولینس میں ڈال دیا۔ اسے مردہ قرار دینے والا پیپر ہسپتال میں پہلے ہی مکمل ہو چکا تھا۔ ایمبولینس میں عیسیٰ نے قدم رکھا اور اس کا دل دھڑکنے لگا اور اس کی سانسیں واپس آ گئیں۔ ڈرائیور اور پیرامیڈیک حیران رہ گئے۔ وہ بعد میں کہیں گے کہ انہوں نے کبھی کسی کو اس کے ساتھ جو کچھ ہوا اس سے صحت یاب ہوتے نہیں دیکھا۔ چند ہفتوں کے اندر وہ خود ہی امریکہ واپس آیا اور وہ مکمل طور پر صحت یاب ہو گیا۔

امریکہ واپس آنے کے بعد وہ بڑے چیک اپ کے لیے جیکسن، ٹینیسی کے ایک ہسپتال گئے۔ انہوں نے ڈی این اے ٹیسٹ سمیت خون کا کام کیا۔ ڈاکٹر نے اسے معجزہ قرار دیا۔ نہ صرف وہ بہترین صحت میں تھا بلکہ اس کے جسم کے ہر خلیے سے دل کی بیماری کا جینیاتی نشان نکال دیا گیا تھا! ڈاکٹر نے کہا کہ یہ ناممکن ہے، ایسا کام اللہ ہی کر سکتا ہے۔ خُدا نے نہ صرف اُسے زندہ کر دیا بلکہ اُسے ہر طرح سے شفا بخشی۔ ڈاکٹر نے اس سے کہا کہ تم نے میڈیکل سائنس کے تمام قوانین کی خلاف ورزی کی ہے۔ ریو اسٹونکنگ نے کہا "میں نے نہیں کیا لیکن میں اسے جانتا ہوں جس نے کیا اور اس کا نام یسوع ہے۔"

https://youtu.be/a_-s-KobZ64

ٹومی ہکس میٹنگ میں لیوکیمیا کا علاج

کارلسروہے، جرمنی میں ہونے والی ایک میٹنگ میں مندرجہ ذیل گواہی ٹومی ہکس کو دو سال بعد بھیجی گئی جب اس نے وہاں میٹنگ کی۔

میں مرتے ہوئے حالت میں لیوکیمیا کا شکار ہوا۔ درد خوفناک تھا۔ میں موت کے دہانے پر تھا، یہ چند منٹوں کا معاملہ تھا۔ 28 دسمبر 1955 کو مجھے اسٹریچر پر ٹومی ہکس کی میٹنگ میں لے جایا گیا جو بیپلاز (میلوں کے میدانوں) پر اسپورٹ ہال میں تھا۔ بھائی ہکس نے پوری جماعت کے ساتھ مل کر دعا کی، لیکن میں نے کچھ بہتر محسوس نہیں کیا۔ فوراً ہی میرے ذہن میں یہ خیال چمکا: اب میرے لیے مبشر نے دعا کی ہے۔ اب مجھے اپنا ایمان ڈھیلا کرنا ہے اور اپنے ایمان پر عمل کرنا ہے۔ میں نے دونوں بازو پیچھے پھینکے، کانپتے اور کانپتے ہوئے پلیٹ فارم پر نیچے چلا گیا، اور کسی کی مدد کیے بغیر اکیلا ہی چلا گیا۔ ابھی مجھے احساس ہوا کہ بیماری نے میرے دل اور پیٹ کو کیسے چھوڑا۔ میں خاموش کھڑا رہا، بعد میں میں نے اپنا تکیہ پکڑا، پلیٹ فارم کی طرف بھاگا اور خدا کی شاندار نجات اور فضل کے لیے اس کی تعریف کی۔ اس دن کے بعد سے میں ہر رات جلسوں میں شریک ہوتا تھا۔ آج میں بالکل ٹھیک ہوں (1 اگست 1957)۔ ہیلیلویاہ!

مسز ایرنا شوٹ، کارلسروہے، باکسٹراس

لڑکا چارلس اور فرانسس ہنٹر کے ذریعے دماغی فالج سے صحت یاب ہوا۔

ایک چھوٹا لڑکا دماغی فالج کے ساتھ پیدا ہوا تھا اور اپنی زندگی میں کبھی نہیں چلا تھا۔ اس کے والدین نے ہنٹر کی کتاب "ہیل دی سک" پڑھی اور محسوس کیا کہ ان کے بیٹے کو دعا ملنی چاہیے۔ انہیں پتہ چلا کہ شکاری تقریباً 100 میل دور ایک میٹنگ میں بول رہے ہیں۔ لڑکے کی ٹانگوں پر منحنی خطوط وحدانی تھے تاکہ اسے کھڑے ہونے میں مدد ملے لیکن وہ کبھی نہیں چل سکا۔ شکاریوں نے لڑکے کے لیے دعا کی اور پھر والدین سے منحنی خطوط وحدانی ہٹانے کو کہا تاکہ وہ چلنے کی کوشش کر سکے۔ لڑکے نے ایک اور پھر دوسرا قدم اٹھایا اور آخر کار چرچ کے پچھلے حصے کی طرف بھاگا جہاں اس کے دادا بیٹھے تھے۔ پھر پیچھے مڑ کر سامنے کی طرف بھاگا۔ یہ چھوٹا لڑکا جو کبھی نہیں چلتا تھا فرانسس ہنٹر پر چھلانگ لگاتا ہے اور اسے بار بار گلے لگاتا ہے۔ 32 سال بعد فرانسس اس واقعہ کے بارے میں سوچ رہا تھا اور اس شخص کو بلایا جو ٹھیک ہو گیا تھا۔ ان تمام سالوں کے بعد بھی وہ بالکل ٹھیک تھا!

فرانسس ہنٹر کی طرف سے بتائی گئی پوری اصل کہانی یہاں مل سکتی ہے:
/http://www.sidroth.us/2013/05/30/our-guest-frances-hunter

جیک ہی فورڈ کی شفایابی

جب میں ایک سال کا تھا تو مجھے مرنا تھا۔ جب میں پیدا ہوا تو میری گردن میں کچھ خرابی تھی جسے ڈاکٹر ٹھیک نہیں کر سکے تھے اور یہ ناگزیر تھا کہ وقت گزرنے کے ساتھ ساتھ یہ حالت بالآخر میری گردن کو مروڑ دیتی اور میں مر جاتا۔ ڈاکٹر جانتا تھا کہ اسے تبدیل کرنے کے لیے وہ کچھ نہیں کر سکتا تھا۔

پانچ ماہ، ہفتے میں تین بار میری والدہ مجھے علاج کے لیے لے جاتی تھیں تاکہ میرے درد کو عارضی طور پر کم کیا جا سکے۔ لیکن ڈاکٹر کو اتنا یقین تھا کہ اسے درست کرنے کے لیے کچھ نہیں کیا جا سکتا تھا، اس نے میرے لوگوں سے صرف چھ علاج کے لیے چارج کیا حالانکہ اس نے 50 سے 60 کے درمیان انتظام کیا تھا۔

میرے والدین رب کو نہیں جانتے تھے۔ میری والدہ کی کزن بھی رب کو نہیں جانتی تھیں، لیکن اس نے لانگ بیچ، کیلیفورنیا میں واقع فورسکوئر چرچ کے بارے میں سنا تھا۔ اس نے سنا تھا کہ اس گرجہ گھر میں، یسوع نے لوگوں کو شفا دی، اور اس نے میرے ساتھ کیا غلط تھا وہ لکھا اور اس نوٹ کو چرچ میں لے گئی۔ وہاں اس نے کسی کو پایا اور پوچھا، "ایک چھوٹا بچہ ہے جو مر رہا ہے، اور میں یہ نوٹ لے کر آئی ہوں، کیا آپ اس بچے کے لیے دعا کریں گے؟" لوگوں نے کہا، "ہم کریں گے۔" وہ اسے اس چرچ کی بدھ کی رات کی دعائیہ میٹنگ میں لے آئے۔

اگلے دن، میرے والدین نے محسوس کرنا شروع کیا کہ چیزیں بدل گئی ہیں. میری والدہ کی کزن نے اسے بتایا تھا کہ وہ چرچ میں دعا کی درخواست لے کر گئی ہیں۔ اگلے چند دنوں میں، ڈاکٹر نے کہا، "یہ بچہ ٹھیک ہے، اس میں کوئی خرابی نہیں ہے." اور نہ صرف ڈاکٹر نے مجھے ٹھیک قرار دیا، بلکہ اس نے میرے والدین سے پیسے لینے سے انکار کر دیا جو وہ لینے جا رہے تھے، کیونکہ، اس نے کہا، "میرا اس بچے کے علاج سے کوئی تعلق نہیں تھا۔

یہ کہانی جیک ہیفورڈ کے بلاگ پر https://www.jackhayford.org/teaching/articles/my-personal-testimony-of-healing پر مل سکتی ہے۔

اے اے ایلن کے ذریعہ دعا کے بعد بچے پر ٹیومر غائب ہو گیا۔

یہ گواہی جنوری 1951 کے وائس آف ہیلنگ میگزین میں شائع ہوئی تھی۔

"میں اپنے بچے کو 16 اگست 1949 سے ہائی لینڈ ہسپتال لے کر جا رہا تھا۔ اس کی گردن میں ایک گانٹھ یا رسولی بڑھنا شروع ہو گئی تھی، اور اس کا سر بڑھنا شروع ہو گیا تھا اور پیچھے کی طرف کھینچنا شروع ہو گیا تھا۔ گانٹھ مسلسل بڑھنے لگی تھی۔ میرے بچے کا سر ایسی حالت میں پیچھے کھینچا گیا تھا کہ وہ اسے صرف ایک ہی سمت میں موڑ سکتا تھا۔ چونکہ اسے کوئی بہتری نہیں آئی تھی، میں نے ہر دن اس کی گردن کا مساج کرنا چھوڑ دیا۔ نرس آئی اور اسے مزید علاج کے لیے واپس لانے کی کوشش کی، لیکن اس دوران میں نے ریورنڈ اے اے ایلن کو شفا یابی کے بارے میں تبلیغ کرتے ہوئے سنا اور میں نے خدا پر بھروسہ کرنے کا ارادہ کر لیا۔

میں نے اپنے بچے کو شفا یابی کی لائن کے ذریعے لے لیا. بھائی ایلن نے میرے بچے پر ہاتھ رکھ کر عیسیٰ کے نام پر ٹیومر پر لعنت بھیجی اور اسے غائب کرنے کا حکم دیا۔ بظاہر کچھ نہیں ہوا جب تک کہ میں گھر نہیں پہنچا اور اپنے بچے کو بستر کے لیے تیار کر رہا تھا۔ میری ماں میرے ساتھ تھی اور ہم دونوں خوفناک گانٹھ کا مشاہدہ کر رہے تھے۔ جیسے ہی ہم دونوں نے دیکھا وہ اچانک غائب ہو گیا اور غائب ہو گیا۔ میں نے اور میری ماں دونوں نے اسے دیکھا، لیکن میں نے بھی جیسا کہ میں نے اپنے بچے کو اپنی بانہوں میں رکھا تھا اور محسوس کیا تھا کہ وہ چلا گیا ہے۔ میرے پاس ڈاکٹر کا بیان ہے کہ میرا بچہ مکمل طور پر ٹھیک ہو گیا ہے۔"

تھیلما فلپس

سان لیانڈرو، CA

عورت دماغی فالج سے شفایاب ہوئی جب خدا نے اسے بصارت عطا کی۔

مارلین کلیپیز وقت سے پہلے پیدائش کے وقت دو پاؤنڈ سے بھی کم وزن میں پیدا ہوئیں۔ اسے دماغی فالج کا مرض لاحق ہوا اور وہ معذور ہو گئی۔ پھر جب وہ دو سال کی تھی تو اس کے والدین ایک موٹر سائیکل حادثے میں ہلاک ہو گئے۔ وہ اپنے عظیم دادا والدین، رضاعی خاندانوں اور دادا دادی کے ساتھ رہتی تھیں۔ 12 سال کی عمر میں کچھ نوجوان اسے نوجوانوں کی میٹنگ میں لے آئے جہاں اس نے اپنی زندگی مسیح کو دے دی۔ اس نے فرض کیا کہ اسے دماغی فالج ہے کیونکہ خدا نے اسے ایسا بنایا ہے۔

مارلن نے جدوجہد کی جب وہ اپنی نوعمری میں منتقل ہوئی اور پرتشدد اینٹھن ہونے لگی۔ وہ اتنے خراب تھے کہ دیکھ بھال کرنے والوں کی ہڈیاں ٹوٹی ہوئی تھیں۔ ایک اینٹھن کے بعد وہ تقریباً مکمل طور پر مفلوج ہو کر رہ گئی تھی، اور اس

کے دادا دادی کو یہاں تک بتایا گیا کہ وہ برین ڈیڈ ہو چکی ہے۔ اس کی بینائی آہستہ آہستہ خراب ہوتی جا رہی تھی اور اسے لگا کہ اس کی زندگی ناقابل برداشت ہے۔

آخری حربے کے طور پر اسے روچیسٹر مینیسوٹا میں میو کلینک لے جایا گیا۔ وہ تین مہینوں میں اس کی مدد نہیں کر سکے کہ وہ وہاں رہی۔ مارلین کو ایک نرسنگ ہوم میں بھیجا جانے والا تھا جس میں بہتری کی کوئی امید نہیں تھی۔ وہ خدا سے فریاد کرتی رہی۔ اس نے محسوس کیا کہ ایک گرمجوشی اس پر آکر اسے لپیٹ لیتی ہے۔ تب خُدا نے اُسے ایک رویا دی کہ وہ ٹھیک ہو جائے گی۔ اس نے اسے دکھایا کہ کون اس کے لیے دعا کرے گا، اس نے کیا پہنا ہو گا، وہ کیا پہن رہی ہو گی، چرچ کا اندرونی منظر کیسا ہے، اور یہاں تک کہ اسے ایک تاریخ بھی دی - 29 مارچ۔

مارلین کے اصرار پر اس کی نرس نے گرجا گھروں کے پیلے صفحات کو دیکھنے میں مدد کی اور اس صفحے پر ایک اوپن بائبل چرچ کا ایک اشتہار چمکا۔ وہ جانتی تھی کہ یہ صحیح ہے۔ نرس نے اس پر یقین نہیں کیا اور ٹیلی فون بک کو نیچے پھینک دیا. بعد میں نرس پادری کو فون کرے گی اور اسے کمرے کا نمبر دے گی، لیکن ہسپتال کا نام نہیں۔

پادری کو اس کے بارے میں یقین نہیں تھا، لیکن مارلین کو تلاش کیا۔ جب وہ پہنچا تو مارلین نے اسے بتایا کہ وہ اس شخص سے ملتی جلتی نظر آتی ہے جس نے خواب میں اس کے لیے دعا کی تھی۔ ایمرسن نے دعا کرنے پر رضامندی ظاہر کی اور اسے اپنے گرجہ گھر میں لانے کا انتظام کیا۔ اسے پٹا ہونا پڑا کیونکہ وہ بہت زور سے ہل رہی تھی۔

پادری ایمرسن نے اپنے گرجہ گھر میں کبھی کوئی معجزہ رونما نہیں کیا تھا۔ اتوار کی رات کی خدمت میں صرف 7 لوگ تھے۔ لوگ دعا کے لیے اس کے گرد جمع ہو گئے۔ ایمرسن نے اسے تیل سے مسح کیا اور خدا سے کہا کہ وہ مارلین کو اس کے سر کے اوپر سے لے کر اس کے پاؤں کی انگلیوں کی نوک تک شفا دے۔ پھر اس نے مارلین سے پوچھا کہ کیا وہ ایمان پر کھڑا ہونا چاہتی ہے۔ جیسے ہی وہ کھڑی ہونے لگی مارلین کو اپنی ٹانگوں میں طاقت آتی محسوس ہوئی۔ جب اس کے پاؤں فرش کو چھوئے تو اسے زندگی میں پہلی بار فرش محسوس ہوا۔ اس کے گھٹنوں اور انگلیوں کو اندر کی طرف اشارہ کیا گیا تھا لیکن ہر قدم کے ساتھ وہ سیدھا ہو رہے تھے۔ وہ ہر قدم کے ساتھ مضبوط سے مضبوط تر ہوتی گئی۔ اس نے خود چند قدم اٹھائے تو وہ لفظی طور پر چرچ کے ارد گرد دوڑ رہی تھی۔ خدا نے اسے اپنے عینک اتارنے کو کہا اور اس کی بینائی بھی معجزانہ طور پر ٹھیک ہوگئی۔

وہ پیدل چلتے ہوئے میو کلینک واپس آئی، جو اس نے یونٹ میں داخل ہونے کے بعد سے کبھی نہیں کیا تھا۔ اگلے دن اسے چھٹی دے دی گئی۔ جب وہ چند ہفتوں بعد چیک اپ کے لیے واپس آئی تو اس کی حالت مزید بہتر ہو چکی تھی۔ کسی

بھی اسامانیتا کی تمام علامات ختم ہو گئی تھیں! یہاں تک کہ دماغی اسکین میں بھی ماضی کے فالج کی کوئی علامت نہیں دکھائی گئی۔ وہ معمول کے مطابق چل رہی تھی اور اس کی بینائی 20/20 سے بہتر تھی۔

اس وقت سے مارلین کی زندگی معمول پر آ گئی تھی۔ وہ باقاعدگی سے اپنی گواہی شیئر کرتی ہے اور بیماروں کے لیے دعا کرتی ہے۔ وہ وہ سب کچھ کر سکتی ہے جو ایک صحت مند آدمی کر سکتا ہے۔ اس کی زندگی مکمل طور پر بحال ہو گئی ہے۔

سڈ روتھ شو سے گواہی:

https://youtu.be/4bsKnpOYMUs
https://youtu.be/z4TN2uxS7DA

شریانیں پھٹنے کے بعد معجزہ

کرس رابنسن ایک استاد اور ویٹ لفٹر تھے۔ وہ ایک عیسائی گھر میں پلا بڑھا تھا اور خدا کو جانتا تھا۔ ایک مشکل شادی نے اس کی زندگی میں بہت غصہ لایا تھا اور اس نے فیصلہ کیا کہ یہ خدا کی غلطی تھی اور اس سے منہ موڑ لیا۔

ایک دن کرس اپنے سوتیلے بیٹے کے ساتھ جم ویٹ لفٹنگ میں تھا۔ اس نے اچانک محسوس کیا کہ اس کا دل پھٹ رہا ہے اور وہ اب اپنی دائیں ٹانگ کو محسوس نہیں کر سکتا تھا۔ اس نے اسے گھر بنایا اور بستر پر گر گیا۔ جب اس کی بیوی اسے ایمرجنسی روم میں لے گئی تو بلی کے اسکین سے معلوم ہوا کہ اس کی شریانیں ٹوٹ چکی ہیں اور اس کے دل کا سارا خون اس کے پیٹ میں بہہ رہا ہے۔ اس کے دماغ یا سروں میں خون نہیں جا رہا تھا۔ سرجن اندر آیا اور اس سے کہا "مجھے سمجھ نہیں آرہی کہ آپ ابھی کیسے بات کر رہے ہیں۔ آپ کی حالت والے زیادہ تر لوگ مر چکے ہیں۔"

وہ کرس کو سرجری میں لے گئے اور 9 گھنٹے تک اس پر کام کیا۔ وہ نقصان کو ٹھیک نہیں کر سکے اور ڈاکٹر نے رکنے کا فیصلہ کیا کیونکہ کوئی امید نہیں تھی۔ اس وقت تک دوست، خاندان، اور طلباء ہسپتال میں دعا کر رہے تھے اور پوری دنیا کے لوگ بھی کرس کے لیے دعا کر رہے تھے۔ ایک اور ڈاکٹر نے سرجن سے پوچھا کہ کیا وہ اس کے ساتھ نماز پڑھ سکتا ہے۔ سرجن کو دعا پر یقین نہ ہونے کے باوجود وہ مان گیا۔ نماز کے بعد اسے محسوس ہوا کہ وہ واپس اندر جا کر دوبارہ کوشش کرے۔ وہ کرس کی شریانوں کو دیکھ رہا تھا کہ اچانک خدا کی طاقت کی لہر آپریٹنگ روم میں دوڑ گئی۔ جب سرجن کرس کے سینے کو دیکھ رہا تھا تو وہ تمام شریانیں جو خون بہہ رہی تھیں اچانک اکٹھی ہو گئیں، سرجن کے انہیں چھوئے بغیر، اور خون بہنا بند ہو گیا۔ سرجن نے کرس کو بند کر دیا اور اپنے گھر والوں سے بات کرنے چلا گیا۔

سرجن نے کرس کے گھر والوں کو بتایا کہ وہ ابھی تک زندہ ہے لیکن شاید سبزی والا ہو گا اور اس کی انتہا ختم ہو جائے گی۔ اس کے پاس کبھی بھی کوئی مریض اہم اعضاء کو خون کے بغیر اتنی دیر تک زندہ نہیں رہا تھا۔ لوگ دعائیں مانگتے رہے۔ کرس کو اِدھر اُدھر جانے سے روکنے کے لیے ایک حوصلہ افزائی کوما میں ڈال دیا گیا تھا۔

ایک موقع پر کرس بیدار ہوا، محسوس ہوا کہ وہ مر نہیں گیا ہے اور وہ خدا سے بات کرنے لگا۔ خدا سے پوچھنے پر کہ وہ ابھی تک کیوں زندہ تھا وہ رویا میں چلا گیا۔ اس نے اپنے آپ کو سرجری کے کمرے میں دیکھا اور دو تاریک انسان آپریٹنگ ٹیبل کے سر پر تھے۔ وہ جانتا تھا کہ وہ سرجری کو کام کرنے سے روکنے کے لیے موجود تھے۔ اس نے آپریٹنگ روم میں سب کو دیکھا اور وہ کیسا

محسوس کر رہے تھے۔ پھر اس نے دیکھا کہ ایک بہت بڑا فرشتہ کمرے میں آتا ہے۔ اس نے کہا کہ وہ دیکھ سکتا ہے کہ فرشتہ 3 منزلہ لمبا تھا۔ فرشتے نے کہا "وہ ٹھہرتا ہے۔" اندھیرے والے لوگ چلے گئے۔

ایک بار جب کرس بیدار ہوا تو وہ بات کر سکتا تھا اور اس کے ہاتھ کام کر رہے تھے۔ ایک گردے کے ڈاکٹر نے آکر بتایا کہ اس کے گردے سکڑ کر مر گئے ہیں۔ اسے ڈائیلاسز پر جانا پڑے گا۔ کرس نے اسے بتایا کہ "نہیں خدا نے یہ معجزہ نہیں کیا اور میرے گردے کام کریں گے۔" ڈاکٹر نے سوچا کہ وہ پاگل ہے لیکن کہا کہ وہ اگلے دن واپس آئے گا۔ اگلے دن اس کے گردے نارمل سائز میں آگئے تھے اور کام کرنا شروع کر دیا تھا۔ ڈاکٹر واپس آیا اور اسے بتایا کہ اسے شنٹ کی ضرورت ہوگی کیونکہ ایک گردہ بند ہے۔ کرس نے پھر کہا "کوئی خدا نے کوئی معجزہ نہیں کیا تھا اور اس کے گردے مکمل طور پر ٹھیک ہو جائیں گے۔" اگلے دن جب ڈاکٹر واپس آیا تو گردوں نے مکمل کام دکھایا۔

یہ ایک ایسا معجزہ تھا جس کی وضاحت ممکن نہیں۔ ہسپتال میں ڈاکٹروں، نرسوں اور عملے سمیت ہر کسی نے اس کے بارے میں سنا کیونکہ یہ بہت شاندار تھا۔ مسیح جہاں کہیں بھی ہو سکے اپنی گواہی دیتا رہتا ہے۔

آپ پوری گواہی کی ویڈیو یہاں دیکھ سکتے ہیں:
https://youtu.be/VHzZE7a72Xw

میل بانڈ نے دعا کی تو آنکھیں پیدا ہوئیں

میل بانڈ کی ایک ٹیم تھی اور وہ جنوری 2000 میں چنانڈیگا، نکاراگوا میں خدمت کر رہے تھے۔ وہ ایک قصبے کے چوک میں میٹنگ کر رہے تھے اور وہاں 3000 سے 3500 کے درمیان لوگ موجود تھے۔ میل نے ایک دو عورتوں کو سامنے لایا جو نابینا تھیں اور ان کے لیے دعائیں کیں۔ دونوں نے بینائی حاصل کی۔ حاضرین میں ایک ماں تھی جو چھ یا سات سال کی اپنی بیٹی کے ساتھ آگے بڑھ رہی تھی۔ اس کی بیٹیوں کی آنکھیں سفید تھیں جس میں چکنائی والے مادے کی وجہ سے آنکھیں ہونی چاہئیں اور وہ بالکل نابینا تھی۔ نہ کوئی آنکھ کا گولہ تھا اور نہ ہی آنکھ کے گولے کی جھلک تھی۔ ماں نے میل سے پوچھا کیا تمہارا خدا میری بیٹی کو شفا دے سکتا ہے؟ میں نے اس سے کہا "یقینا میرا خدا کر سکتا ہے۔" اسے یقین تھا کہ خدا کے ساتھ ہر چیز ممکن ہے۔ میل نے اپنی آنکھیں بند کر لیں تاکہ وہ توجہ مرکوز کر سکے اور دعا کر سکے جیسا کہ یسوع نے اسے سکھایا تھا۔ اگرچہ میل کی آنکھیں بند تھیں اس کے پیچھے وزیر، پادری ایڈی راجرز، نے دیکھا کہ سفید بگولے یا بھنور آتے ہیں اور ہر آنکھ پر آرام کرتے ہیں۔

یہ 60 سے 90 سیکنڈ تک جاری رہا۔ جب میل نے دعا کرنا چھوڑ دی تو طوفان ختم ہو چکے تھے اور دو خوبصورت بھوری آنکھیں تھیں۔ لڑکی اتنی مختلف لگ رہی تھی کہ جب میل نے اپنی آنکھ کھولی تو اس نے سوچا کہ کسی نے اس چھوٹی لڑکی کو دوسری لڑکی کے ساتھ بدل دیا ہے جب وہ نماز پڑھ رہی تھی۔ پادری راجرز گواہی دے سکتے ہیں کہ یہ وہی لڑکی تھی۔ اس نے مڑ کر پہلی بار اپنی ماں کو دیکھا۔ سب رو رہے تھے۔ پادری راجرز گواہی دیتے ہیں کہ یہ اب تک کا سب سے حیرت انگیز معجزہ تھا۔

مکمل کہانی سڈ روتھ شو میں مل سکتی ہے:

https://youtu.be/NgNiGyds4EA

مردہ گردے زندگی میں آتے ہیں۔

چارلس شیمپ رینو، نیواڈا میں خدمت کر رہے تھے جب انہوں نے گردے کی بیماری سے شفا پانے والی ایک عورت کی گواہی شیئر کی۔ چرچ کے ایک آدمی کرٹ نے یہ کہانی سنی اور لگاتار رونے لگا۔ ان کے گردے بند ہو گئے تھے اور وہ 5 ماہ سے ڈائیلاسز پر تھے۔ اس کے گرجہ گھر کے لوگ اس کی حالت کو جانتے تھے اور اس کے لیے دعا کرنے اور اس پر ہاتھ ڈالنے کے لیے اس کے ارد گرد آئے تھے۔ ایک عورت نے اُس کی حوصلہ افزائی کی کہ وہ وزارت میں ہوئے۔ جب وہ اوپر چلا گیا تو روح القدس نے کرٹ سے کہا کہ وہ چارلس سے کہے "مجھے نئے گردے کی ضرورت ہے۔" چارلس نے اس کے لیے دعا کی اور وہ خُدا کی روح کے نیچے آ گیا۔ دعائیں لیتے ہوئے ان کے گردے 5 ماہ میں پہلی بار کام کرنے لگے! اس نے اس رات 3 بار بیت الخلاء کا استعمال ختم کیا، جو اس کی صورت حال میں ناممکن تھا۔ اُس کا گرجہ گھر اُس کے لیے بہت پرجوش تھا کچھ لوگ تبدیلی کی تصدیق کرنے کے لیے اُس کے پیچھے بیت الخلا میں بھی گئے!

گواہی کی اصل ویڈیو یہ ہے اور چارلس دیکھنے والے لوگوں کے لیے بھی دعا کرتے ہیں:

https://youtu.be/6tNAsEUd-5A

چارلس شیمپ کے ذریعے تخلیقی معجزہ

چارلس شیمپ پرتھ آسٹریلیا میں تھے جہاں ڈیبورا نامی خاتون نے اپنے تخلیقی معجزے کی گواہی دی۔ اسے میٹاسٹیٹک بریسٹ کینسر اور لیمفوما کی تشخیص ہوئی تھی۔ اسے اپنے دونوں چھاتیوں کو ہٹانے کے لیے سرجری کرنی پڑی اور

اگرچہ اس کے امپلانٹس تھے اس سے مزید مسائل پیدا ہوئے اور آخر کار اس نے انہیں ہٹا دیا۔ میٹنگ کے دوران چارلس نے ایک تخلیقی معجزے کی گواہی شیئر کی جہاں خدا نے ایک عورت کی چھاتی کو بحال کیا جو ہٹا دیا گیا تھا۔ ڈیبورا نے اس لفظ کو پکڑ لیا اور محسوس کیا کہ اسے کچھ ہو رہا ہے۔ گرمی اس کے وسط سے شروع ہوئی اور پھر اس کے سینے کے حصے میں چلی گئی۔ پھر یہ کانٹے دار اور گرم ہو گیا۔ پھر اس کا مصنوعی سامان بھی گرم ہو گیا۔ جب اس نے اپنے لباس کو نیچے اٹھایا تو اسے احساس ہوا کہ وہ کلیویج تیار کر رہی ہے۔ وہ بیت الخلاء میں گئی اور چیک کیا اور یہ دیکھ کر حیران رہ گئی کہ اس کی چھاتیاں بڑھ رہی تھیں۔ یک دوست جو نرس تھی اس نے بھی چیک کیا اور اس بات سے اتفاق کیا کہ اس کی چھاتیاں بڑھ رہی ہیں۔ اس کی گواہی ہے کہ خدا کچھ بھی کرسکتا ہے۔

اصل ویڈیو گواہی یہاں دیکھی جا سکتی ہے:

https://youtu.be/CVnjjH8Jo1I

جڑی بوٹی مجرود ایک عورت کو مردہ میں سے اٹھاتی ہے۔

جب ریورنڈ مجرود کو امریکن لوتھران کونسل کے سامنے اپنے کرشماتی اعمال کا دفاع کرنے کے لیے بلایا گیا تو درج ذیل کہانی کی وضاحت انہیں کرنی تھی۔ یہ لوتھرن چرچ میں انجیلی بشارت کی خدمت کے دوران پیش آیا۔ اگرچہ زیادہ تر لوگ اسے ایک حیرت انگیز معجزہ کے طور پر دیکھیں گے وہ اس سے متفق نہیں تھے۔ اسے ایک لوتھران مبشر کے عہدے سے برطرف کر دیا گیا تھا۔

شام کی خدمت کے اختتام پر، میں نے نجات کے متلاشی لوگوں سے کہا کہ وہ خاموشی سے معافی کی دعا کریں۔ میں نے مشورہ دیا کہ جو لوگ یسوع مسیح کو نجات دہندہ کے طور پر قبول کرنا چاہتے ہیں وہ اپنے ہاتھ اٹھائیں بہت سے ہاتھ فوراً اوپر گئے۔ پھر پیچھے سے ایک عورت نے اپنا ہاتھ بڑھایا، اور پھر اسے بے ہوش ہو کر گرا دیا۔ ایک اور عورت، جس کے بارے میں مجھے بعد میں معلوم ہوا کہ وہ ایک رجسٹرڈ نرس تھی، جلدی سے اس کی مدد کو گئی۔

لیکن میں دعوت میں مصروف تھا۔ ہاتھ اوپر آتے رہے۔ تقریباً پینتالیس لوگوں نے مسیح کے استقبال کے لیے ہاتھ اٹھائے۔ میرے پاس دعا تھی، ہدایات کے الفاظ تھے، اور سروس کو بند کرنے کے لیے پادری کے حوالے کر دیا تھا۔ ہم نے ایک اختتامی گیت گایا، اس نے نیکی کا اعلان کیا، پھر مجھ سے کہا کہ میں اس کے ساتھ شامل ہو جاؤں تاکہ باہر جاتے وقت دروازے پر لوگوں کا استقبال کروں۔

اس الوداعی تقریب سے تقریباً آدھے راستے پر دروازے پر ایک عورت نے ہجوم میں سے میری طرف دبایا۔ وہ رو رہی تھی۔ "اوہ پادری مجرود،" اس نے منت

کی، "براہ کرم آئیں اور ہماری مدد کریں۔ مسز فورڈ یا تو مر رہی ہیں یا مر چکی ہیں۔ آؤ اور ہمارے ساتھ دعا کریں۔"

میں نے مصافحہ کرنا چھوڑ دیا اور فوراً پیچھے کی طرف چلا گیا۔ مسز فورڈ کے پیچھے دو نرسیں کھڑی تھیں جو پیو میں گر گئی تھیں۔ جیسے ہی میں مسز فورڈ کے سامنے پیو میں پھسل گیا، ایک نرس نے اپنا سر ہلایا (مجھے متنبہ کرنے کے لیے لیکن مسٹر فورڈ کو پریشان نہ کریں)، گویا کہہ رہی ہو کہ "آپ کچھ نہیں کر سکتے۔" کسی نے کہا مسز فورڈ کو بیہوش ہو رہی ہے۔ "ہاں میں جانتی ہوں،" رجسٹرڈ نرس نے کہا، "لیکن جب آپ کو بیہوش ہو جاتی ہے تو دل کی دھڑکن ہوتی ہے۔ مسز فورڈ کے دل کی دھڑکن نہیں ہوتی۔"

میں نہیں جانتا تھا کہ کیا کروں اور خدا کی مدد کے لئے دعا کی. خدا کی روح مجھ پر پھر سے حرکت کرنے لگی۔ میں آپ کو یہ ظاہر نہیں کر سکتا، یہ صرف ایک آگاہی ہے جسے آپ جانتے ہیں۔ میں نے مسز فورڈ کے چہرے پر ہاتھ رکھا۔ یہ سرد اور چپچپا تھا۔ میں نے اپنے ہاتھ کا پچھلا حصہ اس کی ناک کے نیچے رکھ دیا تاکہ سانس لینے کا احساس ہو سکے۔ میں کوئی محسوس نہیں کر سکتا تھا۔ میں نے نبض محسوس کرنے کے لیے اس کا ڈھیلا بازو اٹھایا۔ میں نے دل کی دھڑکن محسوس کرنے کا انتظار کیا، وہاں کوئی نہیں تھا۔ نرس نے سر ہلایا۔

میں نے چرچ کے عقب میں موجود لوگوں سے کہا کہ مسز فورڈ گزر چکی ہیں۔ میں نے کہا، "یہیں چرچ میں، دوستوں اور پیاروں کے درمیان جانے کا کتنا شاندار مقام اور راستہ ہے۔" لیکن اچانک ان الفاظ کے ساتھ خدا کی روح نے مجھ سے بات کی: "پولس نے کیا کیا جب یوتخس عبادت گاہ میں گرا اور مردہ اٹھایا گیا؟" مجھے یاد آیا کہ پولس نے کیا کیا تھا۔ اس نے اس آدمی کے لیے دعا کی اور وہ زندہ ہو گیا۔

پھر میں نے بغیر سوچے سمجھے کچھ کیا۔ میں نے اپنا ہاتھ بڑھا کر مسز فورڈ پر رکھا اور دعا کی۔ "یہ خُدا کے جلال کے لیے ہے۔ یسوع مسیح پر یقین رکھنے والے ہمارے لیے کچھ بھی ناممکن نہیں ہے۔ اے خُداوند، ہماری پیاری بہن کو دوبارہ زندہ کرنا تیرے لیے بہت آسان کام ہے ۔ میں نے محسوس کیا کہ اس کے جسم میں کچھ ہو رہا ہے۔ میں نے اس کے چہرے پر ہاتھ رکھا۔ اس بار میں ایک ہلکی سی سانس کو محسوس کر سکتا تھا۔ "مسز فورڈ سانس لے رہی ہیں۔" میں نے کہا۔ نرس نے اپنا بازو اٹھایا اور کہا "وہ سانس نہیں لے سکتی کیونکہ دل کی دھڑکن نہیں ہے۔" تب مسز فورڈز کا سینہ ہلنے لگا اور میں نے کہا "وہ اپنے سینے کو دیکھ کر سانس لے رہی ہیں۔" نرس نے کہا "یہ کسی قسم کا اضطراری عمل ہونا چاہیے کیونکہ دل کی دھڑکن نہیں ہوتی۔ رکو، ایک منٹ انتظار کرو۔ اس کا دل شروع ہو گیا ہے، اس کی نبض دھڑک رہی ہے۔"

تب مسز فورڈ نے آنکھیں کھولیں اور کہا "مجھے گھر جانا ہے۔" نرس نے کہا "آپ گھر نہیں جا سکتے پھر بھی ہم نے ڈاکٹر اور ایمبولینس کو بلایا ہے۔" "اوہ میں

ٹھیک ہوں مسز فورڈ نے نرس سے کہا۔" میری طرف متوجہ ہو کر اس نے سکون سے میرا ہاتھ ملایا اور کہا "آپ کا شکریہ پادری مجرود اس بہت ہی شاندار خطبے کے لیے۔" پھر ڈاکٹر نے آ کر اپنا سٹیتھوسکوپ نکالا اور مسز فورڈ کے دل کی باتیں سنیں۔ اس نے اس کی نبض چیک کی، قلم کی روشنی لی اور اس کی آنکھوں میں دیکھا۔ آخر میں اس نے کہا مسز فورڈ آپ کے ساتھ کوئی حرج نہیں ہے آپ گھر جا سکتی ہیں۔ تو اس نے کیا۔

میں نے مسز فورڈ کی صحت یابی کے ارد گرد کے حالات کے بارے میں بار بار سوچا ہے۔ اس سے ہر قسم کی پریشانی دور ہو جاتی جس پر میں صرف اس مقبول رائے کے ساتھ گیا تھا۔ ہر کوئی میرے کہنے کا انتظار کر رہا تھا کہ "مسز فورڈ بیہوش ہو گئیں اور میرے ان کے لیے دعا کرنے کے بعد وہ زندہ ہو گئیں۔" لیکن میں وہاں تھا! اچھے ضمیر میں میں ایسا نہیں کر سکتا تھا۔ مسز فورڈ کے ساتھ شریک ہونے والی دونوں نرسوں نے اسے مردہ قرار دے دیا۔ ہم سب نے اس وقت اور بعد میں بھی یقین کیا کہ وہ لفظی طور پر مردوں میں سے جی اٹھی تھی۔ یہ سچ ہے کہ اس کے دوبارہ زندہ ہونے تک اس کا معائنہ کرنے کے لیے کوئی طبیب وہاں موجود نہیں تھا۔ لیکن جب میں نے اپنے سطحی انداز میں اس کا جائزہ لیا تو مجھے یقین ہوا کہ وہ مر چکی ہے۔ مجھے یقین ہے کہ روح القدس بھی اس کے مرنے کے بارے میں جانتا تھا۔ روح القدس نے مجھے وہ کام کرنے کی ہدایت کی جو پولس نے کیا تھا جب اس نے یوٹیخس کو مردوں میں سے زندہ کیا تھا۔ میرے ذہن میں وہ مر چکی تھی۔ میری دعا اس کے لیے نہیں تھی کہ وہ بیہوشی کے جادو سے باہر آئے۔ لیکن یہ کہ خُداوند اُسے دوبارہ زندہ کر دے گا۔

میں نے محسوس کیا کہ زندگی اس کے جسم میں اپنے ہاتھوں سے واپس آتی ہے۔ وہ سب جو وہاں موجود تھے، نرسیں، اس کے شوہر، اس کے رشتہ دار، پادری، حتیٰ کہ خود مسز فورڈ بھی، یقین رکھتے تھے کہ وہ مردوں میں سے جی اٹھی ہیں۔

ہربرٹ مجورڈ کے "آپ کی اتھارٹی ٹو ہیل" سے اقتباس۔ 1975 میں تخلیق ہاؤس کے ذریعہ شائع کیا گیا۔

پادری سپریسا سیتھول نے نئی آنکھیں حاصل کرنے والی خاتون کے لیے دعا کی۔

پادری سوپریسہ (سرپرائز) سیتھول آئیرس منسٹریز اور رولنڈ اور ہیڈی بیکر سے وابستہ ہیں۔ وہ ایک عورت کی کہانی سناتا ہے جس کے لیے ایک کانفرنس میں دعا کی گئی تھی۔ ملاوی میں رہتے ہوئے اسے ایک بیماری تھی جس نے اس کی آنکھوں پر حملہ کیا۔ ایک بار جب کسی میں بیماری شروع ہو جاتی ہے تو آخر کار آنکھوں کی گولیاں ٹوٹ جاتی ہیں اور غائب ہو جاتی ہیں۔ جب اس کے لیے

دعا کی گئی تو اس عورت کی آنکھیں بالکل غائب ہوگئیں۔ کئی لوگوں نے اس کے لیے دعائیں کیں، لیکن کچھ بھی بدلتا دکھائی نہیں دیا۔ اس رات وہ سو گئی اور ایک شاندار خواب دیکھا۔ اس نے خواب دیکھا کہ وہ دیکھ سکتی ہے اور وہ باہر باغ میں گئی اور گانے لگی۔ جو عورتیں اس کے ساتھ تھیں وہ باہر آئیں اور اس سے پوچھا کہ وہ باہر کیسے آئی؟ اس نے ان سے کہا "میں خواب دیکھ رہی ہوں جو میں دیکھ سکتی ہوں۔" انہوں نے اس سے کہا "تم خواب تو نہیں دیکھ رہے ہو!" اس کی آنکھیں بالکل نئی تھیں۔

یہ اور دوسری کہانیاں جن میں ایک لڑکی کو مردہ میں سے زندہ کرنے کے بارے میں ایک پادری سیتھول کے سڈ روتھ کے ساتھ انٹرویو میں سنا جا سکتا ہے۔

https://youtu.be/9d-ncO92hr0

فلورنس ہیجز نے 1998 میں دعا کے ذریعے لوپس کو ٹھیک کیا۔

آٹھ سال پہلے میں نے اپنے شوہر کی زندگی کے آخری چھ مہینوں میں پرورش کی۔ ان کی وفات کے کچھ عرصہ بعد میں بیمار ہو گیا۔ میں نے درد اور درد کا تجربہ کیا. میری کمر میں تقریباً مسلسل درد رہتا تھا۔ زیادہ تر وقت یہ ایک چاقو کی طرح محسوس ہوتا تھا، اور اس نے میری نقل و حرکت کو بہت کم کر دیا تھا۔ میرے پاس توانائی نہیں تھی اور بس ہر وقت سونا چاہتا تھا۔ ڈاکٹر کے پاس کئی دوروں کے بعد، اس نے مجھے ایک ریمیٹولوجسٹ کے پاس بھیج دیا، اور اس نے خون کے متعدد ٹیسٹ کروائے۔ نتائج غیر معمولی تھے، لیکن وہ وجہ کی شناخت نہیں کر سکے. آخر کار، اٹھارہ ماہ اور ڈی این اے ٹیسٹ کے بعد، آٹو امیون بیماری لیوپس کی تشخیص ہوئی۔ میں نے ماہانہ خون کے ٹیسٹ جاری رکھے اور مجھے ایک دوا دی گئی، d-penicilimine، جس نے علامات کو کم کرنے میں مدد کی، لیکن میرا علاج نہ کر سکا۔

ادویات کے باوجود، اس کے بعد کے سالوں میں میں تقریباً ہمیشہ بیمار رہتا تھا۔ میں کبھی بھی باہر جانے کا انتظام نہیں کر سکتا تھا، کیونکہ مجھے نہیں معلوم تھا کہ میں ٹھیک ہو جاؤں گا یا نہیں۔ میں اکثر بہت تھکا ہوا تھا. چار بار مجھے شدید حملے کا سامنا کرنا پڑا جس سے مجھے ہسپتال لے جایا گیا، جہاں مجھے آکسیجن دی گئی۔ ایسا آخری حملہ گزشتہ سال مئی میں ہوا تھا۔ یہ اب تک کا سب سے برا حملہ تھا۔ میں پانچ دن ہسپتال میں رہا۔

ہسپتال سے باہر آنے کے چند مہینوں میں، میں مسلسل ڈاکٹروں کے پاس تھا۔ ستمبر میں، میں نے ان سے پوچھا کہ نقطہ نظر کیا ہے، اور دونوں نے مجھے بتایا کہ میرےٗ پاس وہی ہے جس کے ساتھ مجھے رہنا ہے۔ وہ درد کش ادویات کے ساتھ میری مدد کر سکتے تھے، لیکن وہ بس اتنا ہی کر سکتے تھے۔

اس خبر کے بعد میں اتنا مایوس ہو گیا، کہ میں نے فیصلہ کیا کہ مجھے چرچ سے مدد لینی ہے۔ یہ بدھ کا دن تھا اور میں اس دوپہر رچرڈ، پادری کو فون کرنے جا رہا تھا۔ تاہم اس نے سب سے پہلے مجھے فون کیا۔ میں نے کہا "رچرڈ، آپ اس پر یقین نہیں کریں گے، میں صرف آپ کو فون کرنے جا رہا تھا"۔ اس نے کہا، "میں ابھی یہاں بیٹھا تھا، اور "رنگ فلو" کے الفاظ میرے ذہن میں آتے رہے، تو میں نے گھنٹی بجائی۔

میں نے اسے بتایا کہ ڈاکٹروں نے کیا کہا اور پوچھا کہ کیا چرچ اتوار کو میرے لیے دعا کر سکتا ہے۔ جب اتوار آیا تو مجھے پورا یقین تھا کہ خدا مجھے شفا دینے والا ہے۔ خدمت کے بیچ میں ایک عام دعوت تھی، جو بھی دائمی حالات سے دوچار ہوں وہ دعا حاصل کریں۔ لوگوں کا ایک بڑا گروہ میرے گرد جمع ہو گیا، مجھ پر ہاتھ رکھا اور دعا کی۔ خدمت کے بعد، ایک خاتون نے جو پہلے مجھ تک نہیں پہنچ سکی تھی، پوچھا کہ کیا وہ میرے لیے بھی دعا کر سکتی ہیں؟ جب اس نے دعا مانگی تو میں نے اپنی ریڑھ کی ہڈی میں جلن کا احساس کیا۔

پھر میں اپنی بہن کے ساتھ لنچ پر گیا۔ کھانا ختم ہوتے ہی اس نے پوچھا کہ کیا میں ٹھیک ہوں؟ میں نے کہا "کیوں پوچھتے ہو"۔ اس نے کہا "کیونکہ تم عجیب لگ رہے ہو"۔ میں نے پھر کہا "ایڈ، میرا درد ختم ہو گیا ہے۔ میں یقین نہیں کر سکتا!"

اس دن سے میری کمر کا درد بالکل ختم ہو گیا ہے۔ دیگر علامات تقریباً مکمل طور پر غائب ہیں۔ میں نے دوائیاں جاری رکھی ہیں۔ میرے اگلے خون کے ٹیسٹ سے پتہ چلا کہ کیا ہوا تھا۔ نتائج اب غیر معمولی نہیں تھے، وہ معمول کی حد کے اندر تھے۔ میرے ماہر نے مجھے بتایا کہ مجھے اب لوپس نہیں ہے، اور کہا کہ "یہ ہم سے بڑے کسی کا کام ہونا چاہیے۔ ہم یہ نہیں کر سکتے!" انہوں نے مجھے بتایا کہ خون کے ٹیسٹ واضح ہیں، اور یہ کہ مجھے صرف ماہانہ ٹیسٹ اور ادویات کے ساتھ جاری رکھنا چاہیے۔ یہ تمام ٹیسٹ واضح ہو چکے ہیں۔ میں جانتا ہوں کہ خُدا نے مجھے شفا بخشی ہے اور اس کے لیے اُس کی تعریف کرنا جاری رکھتا ہوں!

اصل لنک یہاں پایا جا سکتا ہے: http://jesusisreal.org/HealedOfLupus.htm

گیل جیکسن کے ذریعے شفاء

ی ہ سیلم، MO میں 1980 کے لگ بھگ ایک بحالی تھی۔ مبشر جیسا کہ میں اسے جانتا تھا بھائی گیل جیکسن تھا۔ میری عمر 7 سال تھی۔ میں نے تقریباً 2 سال کی عمر سے آنکھوں کو کراس کرنے کے لیے عینک پہن رکھی تھی اور میں نے حقیقت میں بغیر کسی اثر کے مرمت کے لیے سرجری کی تھی۔ مجھے اپنے

عینک سے نفرت تھی، میرا مسلسل مذاق اڑایا جاتا تھا۔ جس رات میں نے حیات نو میں شرکت کی مجھے اپنی ہمت بڑھانی تھی، وہاں بہت سارے لوگ موجود تھے۔ لیکن میں جانتا تھا کہ میں اپنی آنکھیں ٹھیک کرنا چاہتا ہوں۔ میں برادر جیکسن کے پاس گیا اور ان سے کہا کہ میں کیا ٹھیک کرنا چاہتا ہوں۔ اس نے میری آنکھوں پر ہاتھ رکھا اور ہم نے دعا کی۔ اس نے اپنے ہاتھ اٹھائے اور میں اس کے الفاظ ہمیشہ یاد رکھوں گا۔ "تیر کی طرح سیدھا!" گھر بھر میں مجھے ان تمام چیزوں کی فہرست یاد ہے جو مجھے برداشت نہیں کرنا پڑے گی کیونکہ مجھے مزید شیشے پہننے کی ضرورت نہیں تھی!

کچھ دنوں بعد میری جڑواں بہن کا بھی یہی نتیجہ نکلا! اس کے لیے دعا کی گئی اور وہ بھی شفایاب ہو گئی! میں اگلے دن اسکول گیا اور میرے استاد نے مجھ سے پوچھا کہ میری عینک کہاں ہے؟ اس سات سال کی چھوٹی بچی نے اس کی آنکھوں میں سیدھی نگاہ ڈالی اور اس سے کہا "مجھے اپنے عینک کی ضرورت نہیں ہے، یسوع نے میری آنکھوں کو ٹھیک کر دیا!" اس رات مجھے معلوم ہوا تھا کہ اسکول نے میری والدہ سے رابطہ کیا اور ان سے کہا کہ جب تک امتحان نہیں آتا ہمیں عینک پہننا ہے۔ میری امی نے شائستگی سے ان سے کہا۔ ہم حاصل کریں گے اور امتحان دیں گے، ہمارے لیے نہیں بلکہ آپ کے لیے، اور وہ انہیں اس وقت تک نہیں پہنیں گے جب تک کہ ڈاکٹر نہ کہے کہ انہیں کرنا ہے۔

ہم دونوں، میرے جڑواں اور میں، اسی ڈاکٹر کے پاس واپس گئے جسے ہم نے شروع سے دیکھا تھا۔ مجھے یاد ہے کہ وہ پیچھے بیٹھا اپنی مشینوں کے ساتھ میری آنکھوں میں دیکھ رہا تھا اور حیرت سے میری ماں کی طرف دیکھ رہا تھا، پھر پیچھے بیٹھ کر میری ماں کی طرف دیکھ رہا تھا اور کہتا تھا "یہ تم نے کیا کیا!! انہیں اب شیشے کی ضرورت نہیں ہے!!" اس کا میری زندگی اور میرے ایمان پر گہرا اثر پڑا ہے۔ مجھے لوگوں کو اپنی کہانی سنانا پسند ہے!

ملندا ہیگن ہاف (وارنر)

اس شاندار گواہی کا اشتراک کرنے کے لیے ملنڈا کا شکریہ!

لیسٹر سمرل کی ماں کی شفایابی

جب سمرل لڑکا تھا تو اس کی ماں، بیٹی، کو چھاتی کا کینسر تھا، اسے ایک ڈالر کے سائز کا کھلا زخم تھا۔ درد کی وجہ سے وہ کئی راتوں تک خود کو سونے کے لیے روتی رہی۔ ان دنوں میں، WW I کے فوراً بعد، سرجنوں کے پاس وہ تکنیک یا دوائیں نہیں تھیں جو جدید ڈاکٹر استعمال کرتے ہیں۔ اس کے ڈاکٹر نے کہا کہ اگر اس نے کینسر کو دور کرنے کی کوشش کی تو وہ مر جائے گی۔ اس نے زخم کو کپڑے پہنائے اور اسے صاف رکھا۔

ایک رات، بیٹی زیادہ تر رات فرش پر چہل قدمی کرتی، اپنے درد سے نجات کے لیے خدا سے روتی رہی۔ سورج نکلنے سے پہلے وہ اپنے بستر پر گر کر سو گئی۔ سمرل کی ماں نے خواب میں دیکھا کہ عیسیٰ اس کے سونے کے کمرے میں چلا گیا اور اس کی طرف شفقت سے دیکھا۔ اس نے نرمی سے اس کے سینے کو چھوا۔ بیدار ہونے کے بعد اس نے سمرل کے والد جارج کو خواب کے بارے میں بتایا۔ وہ شکی تھا۔

کچھ دنوں بعد جارج نے اس کے درد کے بارے میں پوچھا۔ بیٹی نے کہا کہ وہ "کینسر کے بارے میں تقریباً بھول چکی ہیں۔" اس نے مزید کہا کہ "درد ختم ہو گیا ہے۔" بعد میں جب بیٹی اپنے سونے کے کمرے میں گئی تو کینسر اس کے جسم سے نکل گیا۔

بیٹی سمرل اس شفا یابی کے بعد 40 سال سے زیادہ زندہ رہیں۔ ان کا انتقال 87 سال کی عمر میں قدرتی وجوہات سے ہوا۔

سیسل مرفی کے ذریعہ "میں شفا پر یقین رکھتا ہوں" سے اقتباس۔

اب کوئی معذور نہیں - جان اور اولیو کیلنر کے ذریعے شفاء

اے آپ کا بچہ اس کے داہنے کولہے کے ساتھ پیدا ہوا تھا جو باہر کی طرف بڑھا ہوا تھا۔ نتیجے کے طور پر، اس کی دائیں ٹانگ اور گھٹنے خوفناک طور پر مڑ گئے، اور اس کا پاؤں مکمل طور پر دائیں طرف مڑ گیا۔ وہ فرش پر اپنے دونوں پیروں کے ساتھ کھڑے ہونے کے قابل نہیں تھی۔ I-Ier کی دائیں ٹانگ چھوٹی تھی۔ وہ اس کے ساتھ قدم نہیں رکھ سکتی تھی۔ جب وہ اونچی کرسی پر بیٹھتی تو اس کی ٹانگ اس کے نیچے کھینچ جاتی۔ وہ بیٹھتے ہی کرسی سے اپنی ٹانگ نہیں لٹکا سکتی تھی۔

ہم اپنی بیٹی کو دو آرتھوپیڈک سرجنوں کے پاس لے گئے۔ ان دونوں نے جوتے کے منحنی خطوط وحدانی تجویز کیے جب تک کہ اس کا کولہ معمول کے مطابق نہ بڑھ جائے، جس سے ہماری بیٹی نیم باطل ہو جاتی۔ ہم نے منحنی خطوط وحدانی خریدے، اور صرف ان کو نصب کرنے کا انتظار کر رہے تھے، جب ہمارے گرجہ گھر میں نجات کی شفا یابی کی میٹنگوں کی مہم شروع ہوئی (نومبر، 1954)۔ جان اور اولیو کیلنر مبشر تھے۔ ہم نے فیصلہ کیا کہ جوتوں کے منحنی خطوط وحدانی لگانے سے پہلے ہم مبشرین سے ہماری بیٹی کے لیے دعا کرنے کو کہیں گے۔

جب سسٹر کیلنر نے دعا کی تو ہماری لڑکی کی ٹانگ فوراً سیدھی اور لمبی ہو گئی۔ وہ اپنے پیروں پر فلیٹ کھڑی ہونے کے قابل تھی! وہ اب عام طور پر قدم رکھ سکتی ہے، عام طور پر کھڑی ہو سکتی ہے، اور اپنی کرسی کی سیٹ پر اپنی ٹانگ لٹکائے ہوئے عام طور پر بیٹھ سکتی ہے۔ اب جب میں لوگوں کو معجزے

کے بارے میں بتاتا ہوں، تو میں اسے کھڑا کرتا ہوں اور ان سے اندازہ لگانے کو کہتا ہوں کہ کون سا۔ ٹانگ خدا نے سیدھی کی. عام طور پر وہ بائیں ٹانگ کو چنتے ہیں، اور جب میں ان سے کہتا ہوں کہ یہ دائیں ٹانگ ہے تو وہ اس بات سے اتفاق کرتے ہیں کہ رب نے اسے ٹھیک کرنے کا اچھا کام کیا۔ میں اسے ڈاکٹر کے پاس لے گیا اور اس نے مجھ سے پوچھا کہ کیا ہوا ہے۔ اس نے کہا کہ اس کی ٹانگ اب نارمل ہے۔

مسز ولیم جے میڈن، روٹ 3، چیپین روڈ، نیو کیسل، پا۔

سے دوبارہ شائع ہوا۔ Pentecostal Evangel نومبر 1955

پادری کی آواز کا علاج - زبور 103

پادری ڈوین ملر بپتسمہ دینے والے گرجا گھر میں اپنی شفایابی کے بارے میں اپنی گواہی دیتا ہے۔

17 جنوری 1993

ولیم جیفرسن کلنٹن اپنے افتتاح کی تیاری کر رہے تھے، کاؤبای نے 49ers کو شکست دی، اور خدا نے ہیوسٹن، ٹیکساس میں ہیوسٹن کے فرسٹ بپٹسٹ چرچ میں سنڈے اسکول کی کلاس میں خود کو طاقتور اور ہم عصر دکھایا۔

اس صبح کا سبق زبور 103 سے تھا، بنیادی طور پر آیات 1-5۔ ڈیوڈ اپنے آپ سے بات کر رہا ہے اور اپنے آپ کو "خُداوند کو برکت" دینے کی ہدایت کرتا ہے جس کا مطلب ہے خدا کی تعریف یا شکر ادا کرنا۔ اس کے بعد وہ اپنے لیے ایسا کرنے کے لیے کچھ وجوہات درج کرتا ہے۔

وہ (خدا) میرے تمام گناہ معاف کر دیتا ہے۔ وہ میری تمام بیماریوں کو شفا دیتا ہے۔ وہ میری جان کو قبر، گڑھے، تباہی سے چھڑاتا ہے۔ اُس نے مجھے پیار اور شفقت کا تاج پہنایا۔ اور وہ میری جوانی کو عقاب کی طرح بحال کرتا ہے۔

میں اس صبح 150 یا اس سے زیادہ کی کلاس کو پڑھانے کے لیے کھڑا تھا۔ میں اس صبح سے زیادہ جذباتی طور پر کبھی نہیں ڈوبا تھا۔ میں نے اس صبح سے کم اعتماد کبھی نہیں کیا تھا۔ ڈیوڈ کا بیان کردہ گڑھا مجھے نگل رہا تھا۔ لیکن خُدا نے (کیا وہ عظیم الفاظ کلام پاک کے نہیں ہیں؟) نے سب کچھ بدل دیا۔ مجھے وضاحت کرنے دو...

پچھلی کہانی

1990 میں، میں برینہم، ٹیکساس میں فرسٹ بیپٹسٹ چرچ میں سینئر پادری کے طور پر خدمات انجام دے رہا تھا اور کچھ عرصے سے تھا۔ پہلا بپٹسٹ ایک عظیم چرچ اور ایک تاریخی جنوبی بپٹسٹ چرچ تھا۔ جنوری میں، میں ایک فلو وائرس کا شکار ہو گیا جو بالآخر میری آواز کے تہوں کے میلان میان میں گھس گیا اور عصبی بافتوں کو نقصان پہنچا جس کی مرمت ممکن نہیں۔

اگلے تین سالوں میں مجھے 63 سے زیادہ ماہرین اور ان کی ٹیموں (200 سے زیادہ ڈاکٹروں) نے دیکھا جب انہوں نے میری تشخیص اور علاج کرنے کی کوشش کی۔ میرے پاس ایک ایسی آواز رہ گئی تھی جو آپ نے کبھی سنی ہو گی لیرینجائٹس کے بدترین کیس کی طرح لگ رہی تھی، اور یہ صرف اس صورت میں کر سکتا تھا جب میں اپنے پھیپھڑوں کے اوپری حصے میں چیختا تھا۔ میری بیٹیاں دونوں Baylor میں طالب علم تھیں اور میں ان کے چھاترالی کو کال بھی نہیں کر سکتا تھا کیونکہ مجھے ایک فحش فون کرنے والے کی طرح لگتا تھا۔

اگرچہ جماعت نے میری معذوری کے ساتھ ناقابل یقین حد تک صبر کیا تھا، لیکن میں نے 1991 میں واضح وجوہات کی بنا پر استعفیٰ دے دیا تھا۔ میں نے روزی کمانے کے لیے جو کچھ بھی کیا تھا وہ میری بولنے کی صلاحیت سے منسلک تھا اور اچانک میری "ٹول کٹ" ختم ہو گئی۔

ہم واپس ہیوسٹن چلے گئے تھے اور میری اہلیہ ہمارے خاندان میں بنیادی کمانے والی بن گئی تھیں۔ ایک عزیز دوست نے مجھے ایک ایسے علاقے میں کام کرنے والے نجی تفتیش کار کے طور پر نوکری دی جہاں میری آواز غیر اہم تھی، لیکن مجھے وہ وزارت کرنے کے لیے تکلیف ہوئی جس کے لیے مجھے بلایا گیا تھا۔

Catacombs کلاس

پہلے ہیوسٹن میں سنڈے اسکول کی کلاس تھی جو پہلی بار چرچ کے تہہ خانے میں ملی تھی، اس لیے "دی کیٹاکومبس"۔ لوگوں کا ایک حیرت انگیز گروپ جسے مجھے برینہم جانے سے پہلے سکھانے کا اعزاز حاصل ہوا تھا اور جن سے رابطہ کبھی نہیں ٹوٹا تھا۔ جب انہیں معلوم ہوا کہ ہم واپس ہیوسٹن جا رہے ہیں، تو وہ لاشوں اور ٹرکوں کے ساتھ برینہم آئے اور ہمیں منتقل کر دیا... یا جیسا کہ ہمارے ڈائریکٹرز میں سے ایک نے کہا، ہمیں "بازیافت" کر لیا گیا۔

یہ ہیوسٹن کے پہلے بیپٹسٹ چرچ میں تھا کہ ہم واپس آئے اور اس کلاس میں بطور ممبر۔ ان کی حمایت اور رفاقت الفاظ سے کہیں زیادہ قیمتی تھی (اور ہے)۔

اپریل، 1992 میں، Catacombs کے استاد کو ذاتی وجوہات کی بناء پر کچھ وقت نکالنا پڑا۔ ہمارے ڈائریکٹرز (ایک شوہر اور بیوی) نے پوچھا کہ کیا میں بھروں گا جب کہ مستقل متبادل کی کوشش کی گئی تھی۔ میں نے احتجاج کیا کہ مجھے یہ سمجھنا بہت مشکل تھا کہ "ہم واقعی غور سے سنیں گے۔" میں سمجھ گیا ہوں کہ انہوں نے پوچھا، اس لیے نہیں کہ میں اتنا گہرا استاد تھا، بلکہ اس لیے کہ وہ مجھ سے پیار کرتے تھے اور جانتے تھے کہ مجھے پڑھانے کی کتنی اشد ضرورت ہے۔

ہماری ڈائریکٹر ٹیم کی نصف خاتون مجھے مستقل ٹیچر بننے پر بضد تھی یہاں تک کہ جب چرچ کے تعلیمی عملے نے میری آواز کی وجہ سے اپنے تحفظات کا اظہار کیا۔ اس نے انہیں بتایا کہ وہ اس بات پر یقین رکھتی ہیں کہ خدا

چاہتا ہے کہ میں اس کلاس کو اس طرح پڑھاؤں جیسا کہ وہ ہو سکتی ہے اور آخرکار وہ باز آ گئے۔

وہ، وہ، یا میں بہت کم جانتے تھے کہ خدا کیا تیاری کر رہا تھا۔

لمحہ

جیسا کہ میں نے پہلے ذکر کیا، میں اس صبح پلیٹ فارم پر جاتے ہوئے ایک خوفناک گڑھے میں تھا۔ دو دن پہلے، میں منہ میں شاٹ گن لیے اپنے کمرے میں گھنٹوں بیٹھا رہا تھا اور میں خود اپنے انجام کو پہنچا تھا۔ "رب کو برکت دینا" میرے لیے مشکل تھا۔ درحقیقت، میں وہاں موجود ہونے کی واحد وجہ یہ تھی کہ مجھے کوئی متبادل نہیں مل سکا اور میں صرف ظاہر نہیں کر سکتا تھا۔ تو اس صبح کی میری پڑھائی بے مقصد تھی، اس سے زیادہ کچھ نہیں۔

جیسا کہ میں نے خاکہ شروع کیا میں نے لفظ "تمام" پر بحث کی۔ اس کا لفظی مطلب ہے "ہر ایک بغیر استثنا کے۔" مسیح کی طرف سے میرے تمام گناہوں کی معافی ہی خوشخبری کو عظیم بناتی ہے۔ مجھے اس بحث سے کوئی مسئلہ نہیں تھا۔

لیکن، جب میں نے شفا یابی کے بارے میں بات کرنا شروع کی، تو میرے الفاظ تھے، "میں اب بھی یقین رکھتا ہوں کہ خدا شفا دیتا ہے،" جبکہ میرے خیالات تھے، "لیکن میں کیوں نہیں؟" میں اس بحث کو جتنی ایمانداری سے کر سکتا تھا آگے بڑھا اور اپنا تیسرا خیال شروع کیا..."وہ میری زندگی کو گڑھے سے چھڑاتا ہے۔"

میں نے اپنی گفتگو کا آغاز کیا، "میں نے تجربہ کیا ہے، اور آپ کو ماضی میں گڑھے کے تجربات ہوئے ہیں۔" "گڑھے" کے لفظ پر تین سال سے میرے گلے میں جو دباؤ تھا وہ ایسے ختم ہو گیا تھا جیسے کسی نے میرا دم گھٹنے سے ہاتھ ہٹا دیا ہو۔ میں نے جاری رکھا، چونکا، "ہم سب نے ایسے وقت گزارے ہیں جب ہماری زندگی ایک گڑھے میں، قبر میں لگتی تھی، اور ہمارے پاس اس گڑھے کا جواب نہیں تھا جس میں ہم خود کو پاتے ہیں۔" جب میں بول رہا تھا، میں گھٹن سے پاک نگل رہا تھا، اور میں اپنے خیال کو کبھی نہیں بھولوں گا... "کیا میرے خیال میں یہی ہے؟"

تب سے

ڈاکٹروں نے تصدیق کی کہ یہ وہی ہے جو میں نے سوچا تھا کہ جب میں نے انہیں اگلے دنوں دیکھا۔ میری آواز مکمل طور پر بحال ہو گئی ہے، اور اپنے لیڈ فزیشن کا حوالہ دیتے ہوئے، "مجھے کوئی ثبوت نہیں ملا کہ آپ کو کبھی آواز کا مسئلہ ہوا تھا۔"

یہ واقعہ 17 جنوری 1993 کو پیش آیا، آج مہینے کے تیسرے اتوار کو۔ تقریب کو انتہائی آرام دہ انداز میں ٹیپ پر پکڑا گیا۔ اس واقعہ نے میری زندگی بدل دی اور دنیا بھر میں لاکھوں لوگوں کو لفظی طور پر متاثر کیا۔

Catacombs کلاس نے اس اتوار کو کئی دہائیوں پہلے اسباق کو ریکارڈ کرنا شروع کیا۔ ایک بڑے گروپ میں، 100% حاضری ناممکن ہے۔ خدمت میں پیش کرنے کے لیے، ایک کیسٹ ریکارڈنگ کی گئی تھی، اس سے قطع نظر کہ کسی نے پڑھایا تھا، اور اگلے اتوار کو ایک یا دو کاپیاں دستیاب کر دی جائیں گی۔ کیسٹیں صرف پچھلی میز پر ہوں گی اور اگر آپ ایک چاہتے ہیں تو وہ موجود ہے۔ جب میں کہتا ہوں، "کوئی بڑی بات نہیں،" میرا مطلب ہے، "کوئی سودا نہیں!" لیکن اس گرجہ گھر میں 20,000 سے زیادہ اراکین تھے، یہ واحد کلاس تھی جس نے اپنے اسباق کو ریکارڈ کیا تھا۔ کسی اور جگہ بھی وہ اثر نہیں ہوتا جو خدا نے ارادہ کیا تھا۔

میں نے کلاس کو پڑھانے کے لیے نہیں کہا، ہمارے ڈائریکٹر نے مجھے پڑھانے کے لیے لڑا۔ میں نے اپنا مواد خود نہیں لکھا، میں وہ مواد استعمال کر رہا تھا جسے "بائبل بک سیریز" کہا جاتا تھا جو کنونشن میں استعمال ہوتا تھا۔ اور، مت بھولنا، میں وہاں نہیں رہنا چاہتا تھا۔ اتفاقات۔ میرے خیال میں نہیں۔

اس دن سے آج تک میں اپنی آواز کی صلاحیت کی بحالی کا جشن مناتا ہوں۔ میں نے اگلے ہفتے اس تجربے کے بارے میں لکھا اور اسے ان الفاظ میں بیان کیا جس نے اسے قبر سے آنے والے لعزر سے تشبیہ دی تھی۔ میرا شکرگزار اور میرے جذبات 20 سالوں میں کم نہیں ہوئے ہیں۔

میں نے اس ملک اور دنیا کو اس لمحے کی کہانی سناتے ہوئے عبور کیا ہے۔ خدا نے مجھے اپنے فضل اور قدرت کے ایک سبق کے طور پر استعمال کیا ہے۔ میں اوپرا شو میں نمودار ہوا ہوں اور ایک نرسنگ ہوم میں ایک چھوٹی سی خاتون کے ساتھ اپنی کہانی شیئر کی ہے جو بول نہیں سکتی تھی، لیکن اس کی نیکی کی لازوال کہانی بیان کرتے ہوئے رو پڑی۔ میں اب بھی جاتا ہوں جہاں بھی کہانی شیئر کرنے کا موقع ملتا ہے اور میں ایسا کرتا رہوں گا جب تک کہ میں جسمانی طور پر ایسا کرنے سے قاصر ہوں۔

اگر آپ اپنے لیے " شفایابی کا لمحہ" سننا چاہتے ہیں تو یوٹیوب ویڈیو پر جائیں۔

https://www.youtube.com/watch?v=NuBV3tPxaAc

مزید معلومات اس کی ویب سائٹ پر مل سکتی ہیں۔

http://www.nuvcice.org

رونالڈ کوئن کا معجزانہ "دیکھنا"

1951 میں، (RONALD Coyne (ROSCOE کی دائیں آنکھ کو نقصان پہنچا کیونکہ اس میں تار کا ایک ٹکڑا پھنس گیا تھا۔ انفیکشن لگ گیا اور آنکھ کو جراحی سے ہٹانا پڑا۔ اسے پہننے کے لیے پلاسٹک کی آنکھ دی گئی تاکہ نقصان پورا نہ

ہو۔ آنکھ بالکل نارمل نہیں لگ رہی تھی کیونکہ جب دوسری آنکھ حرکت نہیں کر سکتی تھی۔

1952 میں Coynes خاندان نے ڈاکٹر TL Osborn کی بہن، Evangelist Daisy Gillock کی طرف سے منعقد کی جانے والی ایک معجزاتی خیمہ صلیبی جنگ میں شرکت کی۔ رونالڈ کی ماں نے اسے نماز کی قطار میں بھیج دیا کیونکہ اسے ٹانسل کی تکلیف تھی۔ جب گلک نے اس سے پوچھا کہ وہ کس چیز کے لیے دعا چاہتے ہیں تو اس نے کہا کہ گلے کا مسئلہ ہے۔ اس نے دعا کی اور کوئنز اس سے دور ہونے لگی ۔ اس نے اسے روکا اور پوچھا کہ اس کی آنکھ میں کیا خرابی ہے کیونکہ یہ عام نہیں لگ رہی تھی۔ اس نے کہا کہ وہ اس آنکھ میں اندھا تھا (یہ ذکر نہیں کیا کہ اسے ہٹا دیا گیا تھا۔) اس نے بینائی کے معجزے کے لئے دعا کی اور سب سے حیرت انگیز بات ہوئی۔ رونالڈ آنکھ سے باہر دیکھنے لگا، حالانکہ باہر دیکھنے کے لیے کوئی آنکھ موجود نہیں تھی! ڈاکٹروں نے اس کا تجربہ کیا اور ناقابل یقین حد تک وہ اس نتیجے پر پہنچے کہ اس کی بینائی کسی بھی عام طریقے سے ممکن نہیں تھی۔ اس سے کوئی فرق نہیں پڑتا تھا کہ اس کی پلاسٹک آنکھ اندر تھی یا باہر۔ اس کے پاس اب بھی معجزاتی نظارہ تھا۔

اپنی ساری زندگی رونالڈ کوئنز نے معجزاتی نظاروں کی گواہی دیتے ہوئے دنیا کا سفر کیا۔ آخر کار وہ ایک سفری وزارت کے ساتھ پادری بن گیا۔ اسے شدید اور مسلسل تنقید کا سامنا کرنا پڑا کیونکہ بہت سے لوگوں کو یقین نہیں تھا کہ خدا ایسا کچھ کرے گا۔ اس نے اپنی گواہی مسیحی میٹنگوں، ٹیلی ویژن شوز، گرجا گھروں اور کسی بھی جگہ پر دی جہاں خدا نے اس کے لیے دروازہ کھولا تھا۔ اس کی واحد ضرورت یہ تھی کہ اسے خوشخبری پیش کرنے کا موقع ملنا چاہیے۔ اُس کی زندگی میں لاکھوں لوگوں نے مسیح کی خوشخبری سنی اور اُس کے معجزانہ کام کرنے والے خُدا کی گواہی دی۔

COYNES کی اس کی گواہی کے ساتھ ایک ویڈیو دیکھنے کے لیے یہ یو ٹیوب ویڈیو دیکھیں:

https://youtu.be/FD9ULJyRBg4

چارلس فنی کے اینٹورپ بحالی میں پاگل عورت کی پیدائش

اس جگہ تبدیلی کے دو بہت ہی حیران کن واقعات تھے۔ اور اس حیاتِ نو کے دوران پاگل پن سے فوری بحالی کے دو انتہائی حیران کن واقعات تھے۔ جب میں ایک

سبت کے دن دوپہر میں میٹنگ میں گیا تو میں نے دیکھا کہ کئی خواتین ایک پیو میں بیٹھی ہوئی ہیں، جن میں ایک عورت سیاہ لباس میں ملبوس تھی جو دماغ کی بڑی پریشانی میں لگ رہی تھی۔ وہ جزوی طور پر اسے پکڑ رہے تھے، اور اسے باہر جانے سے روک رہے تھے۔ جیسے ہی میں اندر آیا، ان میں سے ایک خاتون میرے پاس آئی اور مجھے بتایا کہ وہ ایک پاگل عورت ہے۔ میں نے اس سے چند الفاظ کہے؛ لیکن اسے جانا چاہیے؛ اور یہ کہ وہ کوئی دعا، تبلیغ یا گانا نہیں سن سکتی تھی۔ کہ جہنم اس کا حصہ تھی، اور وہ کچھ بھی برداشت نہیں کر سکتی تھی جس نے اسے جنت کے بارے میں سوچنے پر مجبور کیا۔

میں نے نجی طور پر خواتین کو متنبہ کیا کہ اگر وہ ہو سکے تو ملاقات میں خلل ڈالے بغیر اسے اپنی نشست پر رکھیں۔ جیسے ہی گانا شروع ہوا، اس نے باہر نکلنے کے لیے سخت جدوجہد کی۔ لیکن خواتین نے اس کے راستے میں رکاوٹ ڈالی۔ اور مہربان، لیکن مسلسل اس کے فرار کو روک دیا. چند لمحوں کے بعد وہ خاموش ہوگئی، لیکن ایسا لگتا تھا کہ وہ تمام گانے سننے یا اس میں شرکت کرنے سے گریز کرتی ہے۔ میں نے پھر دعا کی۔ خُداوند نے مجھے دعا کی ایک عظیم روح اور عبرانیوں سے ایک متن دیا: "آئیے ہم دلیری سے فضل کے تخت کے پاس آئیں، تاکہ ہم پر رحم کیا جائے اور ضرورت کے وقت مدد کرنے کے لیے فضل حاصل کریں۔"

میرا مقصد اپنے آپ میں ایمان کی حوصلہ افزائی کرنا تھا۔ اور اس میں؛ اور خود میں اس کے لیے۔ جب میں آگے بڑھا تو وہ آہستہ آہستہ اپنا سر اٹھا کر مجھے اپنے لمبے سیاہ بونٹ کے اندر سے دیکھنے لگی۔ جیسا کہ میں نے لوگوں کو ہمارے عظیم سردار کاہن کی قربانی کا کفارہ ادا کرنے کی تاکید کی۔ ایک دم اس نے ایک زوردار چیخ مار کر جماعت کو چونکا دیا۔ اس کے بعد اس نے خود کو اپنی سیٹ سے تقریباً کاسٹ کیا، اپنا سر بہت نیچے رکھا، اور میں دیکھ سکتا تھا کہ وہ "بہت زیادہ کانپ رہی تھی۔" جیسے ہی میں آگے بڑھا وہ دوبارہ دیکھنے لگی، اور جلد ہی سیدھی ہو کر بیٹھ گئی، چہرہ حیرت انگیز طور پر بدلا ہوا تھا، جو فاتحانہ خوشی اور سکون کی نشاندہی کرتا تھا۔ اس کے چہرے پر ایسی چمک تھی جو میں نے شاید ہی کبھی کسی انسان کے چہرے پر دیکھی ہو۔ اس کی خوشی اتنی زیادہ تھی کہ وہ میٹنگ ختم ہونے تک خود کو سنبھال نہیں پاتی تھی۔ اور پھر اس نے جلد ہی اپنے آس پاس کے سب کو سمجھا دیا کہ وہ آزادی پر ہے۔ اس نے خدا کی تمجید کی اور حیرت انگیز فتح کے ساتھ خوشی منائی۔ تقریباً دو سال بعد میں نے اس سے ملاقات کی، اور اسے ابھی بھی خوشی اور سکون سے بھرا پایا۔

چارلس فنی کی سوانح عمری سے لیا گیا ہے۔

لڑکی جس کا دماغ "مشکل ہو گیا" اب ٹھیک ہو گیا ہے اور ہائی اسکول سے فارغ التحصیل ہے۔

یہ کہانی ٹیلر کی ماں سٹیسی ہیننگسن نے سنائی ہے۔

ستمبر 2011 میں، اپنے نئے سال کے صرف دو ہفتے بعد، ٹیلر ہیل کو ہائی اسکول فٹ بال کے ایک کھیل کے بعد دوستوں کے ساتھ گھوڑے کے دوران دماغی تکلیف دہ چوٹ آئی۔ وہ کار کے ہڈ سے کھسک گئی اور اس کے سر کو فرش پر زور سے مارا۔ اس کی ناقابل یقین رفتار ۔ اس کے خاندان کے مطابق، برین ڈیڈ قرار دیے جانے سے لے کر اب کالج جانے کے لیے تیار ہونے تک ۔ سب سے پہلے ڈیس موئنز رجسٹر میں دستاویز کی گئی تھی۔

مشینوں نے ٹیلر کے دماغ میں سوجن کی نگرانی کی۔ خاندان اور دوستوں کا ایک مستقل سلسلہ اسے دیکھنے آیا، لیکن ڈاکٹروں نے آنے والوں کو متنبہ کیا کہ وہ بات نہیں کر سکتے یا کوئی اونچی آواز نہیں نکال سکتے جس سے ٹیلر کو حوصلہ ملے۔ تقریباً ایک ہفتے بعد، ٹیلر کی حالت اور بھی سنگین ہو گئی: اسے دماغی نکسیر کا سامنا کرنا پڑا۔ ہیننگسن نے کہا، "اس کا دماغ اس کے ریڑھ کی ہڈی کے کالم میں پھسل گیا تھا ... دماغ کیچڑ میں بدل گیا تھا،" ہیننگسن نے کہا۔ "انہیں سی پی آر کرنا پڑا اور اسے واپس لانے کے لیے انتہائی طوالت سے گزرنا پڑا۔"

"اگلے دن، [ڈاکٹرز] نے کہا، 'ہمیں افسوس ہے ۔ ہم اس کے لیے مزید کچھ نہیں کر سکتے۔ آپ کو شاید الوداع کہنا چاہیے،' ہیننگسن نے کہا۔ "ہم نے جنازے کے انتظامات کے بارے میں بات کرنا شروع کی۔" ہیننگسن نے کہا کہ ڈاکٹروں نے ٹیلر کے اہل خانہ کو بتایا کہ انہیں 95 سے 99 فیصد یقین ہے کہ وہ دوبارہ کبھی نہیں جاگیں گی۔

اس کے دماغ کو مردہ قرار دیتے ہوئے، انہوں نے اسے دوائیں اور آکسیجن اتار دیں۔ گھر والوں نے دعا کی۔ ایک chiropractor جو ٹیلر کی پھوپھی کا علاج کر رہا تھا اس نے بھی لڑکی کے لیے دعا کی، اس کے ہسپتال کے کمرے میں جا کر اس کی گردن کے پیچھے ہاتھ رکھا۔ "کچھ گھنٹے بعد، ڈاکٹر آیا اور بنیادی طور پر ہمیں بتایا، 'ہم نہیں جانتے کہ طبی طور پر آپ کو یہ کیسے سمجھانا ہے، لیکن وہ خود ہی سانس لے رہی ہے،'" ہیننگسن نے کہا۔

ٹیلر نے اپنی آنکھیں کھولیں اور اپنی انگلیاں اور انگلیوں کو حرکت دی۔ لیکن ڈاکٹروں نے خاندان کو خبردار کیا کہ اس کے دوبارہ چلنے کے امکانات بہت کم ہیں، اور اگر اس نے ایسا کیا تو اسے زندگی بھر کے لیے فیڈنگ ٹیوب سے جوڑ دیا جائے گا۔ اس کی والدہ نے کہا کہ سخت محنت اور استقامت کے ذریعے، ٹیلر نے آہستہ آہستہ چلنے، کھانے اور تقریباً ہر وہ کام کرنے کی صلاحیت حاصل کر لی جو وہ پہلے کر رہی تھی۔

پیر کو، وہ اپنے ہائی اسکول سے فارغ التحصیل ہوگی۔ اس نے اسکول میں اپنی آخری کلاسوں اور اپنی گریجویشن پارٹی کے لیے لباس خریدنے کے لیے مال کے سفر کے درمیان خبریں دی تھیں ۔ جس دن اس کی والدہ کو یقین نہیں تھا

کہ اس کے حادثے کے بعد ٹیلر کے لیے کبھی نہیں آئے گی۔ "میں اس کے بارے میں اکثر سوچتا ہوں،" ہینسنگسن نے کہا۔ "یہ یقینی طور پر ایک معجزہ ہے۔"

فینکس کے رہائشی نے مارچ 1948 میں ولیم برانہم کے ذریعے کینسر سے شفا پائی

گزشتہ ستمبر میں میں ڈاکٹر ویلڈن بیکر، نارتھ سیکنڈ اسٹریٹ، فینکس، ایریزونا گیا۔ اور اس نے دو ایکسرے کئے۔ اس نے پایا کہ مجھے کولائٹس کا ایک برا کیس ہے، کہ میرا دل زہر سے بڑا ہوا ہے، یہ کہ میرے جگر کا صرف پانچواں حصہ فعال ہے، اور یہ کہ دائیں طرف میرے تھمب نیل کی طرح کئی پتھر ہیں۔ میرے جگر کی. میں نے چھ ہفتے کا علاج شروع کیا، لیکن بہت بیمار ہو گیا۔ میں بہت بیمار ہو گیا اور مزید علاج نہ کر سکا۔ فضلہ کو گزرنے کی اجازت دینے کے لیے میری بڑی آنت کو کھولنا پڑا۔ میرا بہت برا جادو تھا۔ ڈاکٹر بیکر آئے، اور جب وہ وہاں پہنچے تو اولیاء دعا کر رہے تھے۔ اس نے مجھے بعد میں بتایا کہ میں مرے دو منٹ ہو چکے تھے، لیکن یہ کہ یسوع نے سنتوں کی چیخیں سنی تھیں۔

میں نو ہفتے بستر پر تھا اور میرا وزن 40 پاؤنڈ تھا۔ بعض اوقات میں اتنا برا تھا کہ پانچ دن تک پانی نہیں نگل سکتا تھا۔ پھر اعلان ہوا کہ ولیم برانہم مارچ کے دوسرے دن فینکس آ رہے ہیں تاکہ بیماروں اور مصیبت زدوں کے لیے دعا کریں۔ میرے شوہر اُس پہلی اتوار کی رات کے اوائل میں گرجہ گھر میں تھے، لیکن بھائی برانہم مجھ سے ملنے کے قابل نہیں تھے۔ اور نہ ہی اگلی رات مجھ سے ملنے کے قابل تھا، حالانکہ میں نے دوسروں کی شفایابی کے بہت سے معجزات دیکھے تھے۔ اگلے دن مجھے دوبارہ لے جایا گیا، لیکن جب میں گرجا گھر پہنچا تو میں بہت بیمار ہو گیا۔ وہ میرے لیے چارپائی لے کر آئے، لیکن مجھے یاد نہیں کہ میں کب لیٹ گیا۔

سب سے پہلے مجھے معلوم ہوا، برادرم برانہم مجھ سے بات کر رہے تھے، کہہ رہے تھے: "بہن میری طرف دیکھو۔" پہلے تو یہ ایک ہلکی سی سرگوشی تھی لیکن تیسری بار جب اس نے اسے دہرایا تو میں نے آنکھیں کھولنے کی کوشش کی۔ تھوڑی دیر بعد میں نے اشارہ دیکھا اور اس نے مجھ سے پوچھا کہ کیا میں اس پر یقین کرتا ہوں جو اس نے مجھے بتایا ہے۔ میں نے کہا، "ہاں، کیونکہ میں فرشتہ کو تمہارے پاس کھڑا دیکھ سکتا ہوں۔" بھائی برانہم نے پھر کہا، "بہن، آپ کے ایمان نے آپ کو بچایا ہے۔ وہ کینسر آپ کے پیٹ میں تھا، لیکن اللہ نے آپ کو ٹھیک کر دیا ہے۔ ہر جڑ لعنتی ہے اور اگر آپ یقین کرتے رہیں گے تو آپ ٹھیک ہو جائیں گے، حالانکہ اسے سڑنے میں ایک ماہ یا چھ ہفتے لگیں گے۔ اب سے 72 گھنٹے میں آپ بہت بیمار ہوں گے اور بہت تکلیف میں ہوں گے، لیکن بس اس پر یقین رکھو۔" تب

رب نے برادرم برانہم کے ذریعے بات کی، اور ایک گرم تیل میرے سر کے باہر اور اندر سے نکل کر میرے پاؤں تک چلا گیا۔ جیسے جیسے یہ نیچے چلا گیا، درد بالکل ختم ہو گیا اور میں نے بہت مضبوط محسوس کیا۔ میں چیختا اور ناچتا ہوا پلنگ سے اترا اور فینکس میں برادر برانہم کی پانچ دیگر خدمات میں شرکت کرنے کے قابل ہوا۔

جب 72 گھنٹے ہو گئے، میں بہت بیمار ہو گیا، اور اتنی بری طرح سے چوٹ لگی کہ میں رو بھی نہیں سکتا تھا۔ میں دو ہفتوں سے کچھ زیادہ عرصے سے بہت بیمار تھا، پھر میں نے جو چاہا کھانا شروع کر دیا، جہاں پہلے میں پھلوں کے رس اور سوپ پر گزارا کرتا تھا۔ میرے لیے دعا کیے جانے کے سات ہفتے بعد، میں نے مزید کئی ایکسرے لیے اور ان سے ظاہر ہوتا ہے کہ میں مکمل طور پر ٹھیک ہو گیا ہوں۔ ڈاکٹر بیکر نے مجھے بتایا کہ میں یہ سب کچھ بتا سکتا ہوں، اور وہ خوشی سے ایکس رے ہر اس شخص کو دکھائیں گے جو انہیں دیکھنا چاہیں گے، یا ان سے ذاتی طور پر بات کریں گے۔ میں اس کے لیے یسوع کی تعریف کرتا ہوں!

محترمہ ہیٹی والڈروپ ایڈمز اسٹریٹ فینکس، ایریزونا

جان الیگزینڈر ڈووی کے تحت مرنے والی عورت کو شفا ملی

یہ گواہی 5 فروری 1897 کے لیویز آف ہیلنگ نیوز لیٹر میں شائع ہوئی تھی۔ (نوٹ: کھپت تپ دق کا پرانا نام تھا۔)

گریفتھ، انڈیا۔ 20 جنوری 1897۔

محترم ڈاکٹر اور مسز ڈووی،

میں اپنے خُداوند یسوع مسیح کے ذریعے بہت سی بیماریوں سے ۔ میری کامل شفا کے کئی سینکڑوں دوسروں کے ساتھ اپنی گواہی کو شامل کرنا ایک خوشی کے ساتھ ساتھ اپنا فرض بھی محسوس کرتا ہوں۔

کبھی بھی اچھی صحت کا احساس نہیں ہوا اور، میرے بعد، بحر اوقیانوس کے ساحل کا ایک مکمل دورہ، اکتوبر، 1894، اور واپسی پر فوراً اپنے دفتری فرائض کو دوبارہ شروع کرتے ہوئے میں نے بہت زیادہ کام کیا، اور 3 نومبر کو پھیپھڑوں میں ہیمرج ہو گیا۔

ہم نے سب سے پہلے کراؤن پوائنٹ، انڈیا کے ڈاکٹر پیٹی بون کو ملازمت دی۔ اس نے میرے خیال میں، تقریباً دو ماہ تک میرا علاج کیا، لیکن مجھے کوئی ریلیف دینے میں ناکام رہے۔ میں اور بھی بدتر ہو گیا۔ نہ صرف نکسیر جاری رہی بلکہ دوسری بیماریاں بھی لگ گئیں۔ اس نے میرے لیے ہر ممکن کوشش کی۔

میرے شوہر نے یکم جنوری 1895 کو ڈاکٹر ونسنٹ کو ملازم رکھا، جو والپرائیسو، انڈیا کے پرانے اور قابل ترین معالجین میں سے ایک ہیں۔ اس نے

میرے معاملے کو بہت سنگین قرار دیا۔ تاہم ڈاکٹروں کی تبدیلی سے مجھے کوئی فائدہ نہیں ہوا۔ میں پھر بھی بدتر ہوتا چلا گیا۔

میں اس وقت اعصابی سجدے، پھیپھڑوں سے نکسیر، دل کے گرد پانی، تپ دق، گلے کے کینسر کے السر، بھیڑ جگر، اور جسے Consumptian of the Bowels کہہ جاتا ہے، میں مبتلا تھا۔ صورت ایسی تھی کہ انتڑیوں کو ضائع کر رہا تھا۔ ڈوبتے ہوئے منتر، اگرچہ پہلے مختصر دورانیے کے تھے، اب گھنٹوں تک جاری رہے، اور ڈاکٹر نے سوچا کہ میں مارچ کے مہینے میں زندہ نہیں رہ سکتا۔ تاہم، اس نے پھر بھی میرا علاج جاری رکھا جب تک میں جون کے مہینے کے بارے میں نہیں سوچتا۔

اس کے بعد اس نے میرے شوہر سے کہا کہ ان کے خیال میں میرے صحت یاب ہونے کا کوئی موقع نہیں ہے، اور یہ کہ ان کے لیے مزید دوروں کو جاری رکھنا بیکار ہے۔ اس نے والپرائیسو میں اپنے دوستوں کو بھی بتایا کہ یہ میرے ساتھ تھوڑے ہی وقت کی بات ہے۔ اگلے دو ہفتوں تک میں نے بہت کم دوائی لی، اور میرے لیے عجیب بات تھی کہ میں تھوڑا مضبوط ہو گیا۔ ہم نے بہت حوصلہ افزائی کی، اور محسوس کیا کہ ہمیں ہمت نہیں ہارنی چاہیے، بلکہ کسی اور اچھے معالج کو آزمانا چاہیے۔

ہمارے ایک دوست نے شکاگو کے ڈاکٹر ہل ڈیبرانڈ کی سفارش کی۔ مکمل جانچ پڑتال کے بعد اس نے اسے Consumption قرار دیا، دوسری بیماریوں کے ساتھ پیچیدہ جن کا میں نے پہلے ذکر کیا ہے۔ میرے گلے کے بارے میں بات کرتے ہوئے (کچھ نرم ٹشوز کھا گئے تھے) کہ جو ختم ہو گیا اسے تبدیل نہیں کیا جا سکتا۔ السر ہر وقت خارج ہوتے تھے، اور ماہی کی چھت پیلی تھی۔ دوا لگانے کے بعد اس نے گلے کے لیے تجویز کی؛ مزید السر کھل گئے، اور اس کے علاج میں میں بہت تیزی سے ناکام ہو گیا۔

پھر میں نے مزید دوا نہ لینے کا عزم کیا، اور مجھے احساس ہوا کہ میری زندگی اس کے بغیر زیادہ قیمتی ہے۔ ہمارے ایک دوست، مسٹر ووڈ، جو .C & GTRR کے دعویدار ایجنٹ ہیں، نے مجھے شکاگو میں ایک ایسے شاندار آدمی کے بارے میں بتایا جو بغیر کسی دوا کے ہر قسم کی بیماریوں کو ٹھیک کر سکتا ہے۔ میں شاید ہی اس کا سہرا لے سکتا تھا، لیکن وہ مجھے جانے کے لیے مسلسل زور دیتا رہا، اور کہا کہ اس نے سوچا کہ میرے لیے صحت یاب ہونے کا ابھی ایک موقع ہے۔

میں نے رضامندی دی، بشرطیکہ میں وہاں پہنچ سکوں۔ ہم نے آپ کو دعاؤں کے لیے ایک درخواست بھیجی، اور میں نے تھوڑی طاقت حاصل کی تاکہ تقریباً ایک ہفتے کے عرصے میں (حالانکہ دوستوں نے ہار مان لی اور معالج نے ناامید قرار دیا) میرے شوہر، 18 اگست کو، مجھے ڈیوائن ہیلنگ ہوم نمبر 1، 6020 ایڈجرٹن ایونیو لے گئے۔

میں اتنی بری طرح سے پھولا ہوا تھا (دل کے گرد پانی کی وجہ سے) کہ میں اپنے کپڑے پہننے کے قابل نہیں تھا۔ وہ تقریبا تین انچ کے ارد گرد بہت چھوٹے تھے. مجھے ڈھیلا لباس پہننا پڑا۔ پیر کے دن ہاتھ پر ہاتھ دھرے اور میرے لیے دعا کرنے کے بعد، میرے آنے کے اگلے دن، دل کے گرد پانی مسخرے سے گرتا ہوا محسوس ہوا اور پھولوں نے مجھے چھوڑ دیا۔ میں نے اپنے لوگوں (جو شہر سے تھوڑی دور رہتے ہیں) کو لکھا کہ مجھے میرے کپڑے لے آئیں۔ انہوں نے ایسا کیا، اور مجھے ان میں سے کسی کو پہننے میں کوئی پریشانی نہیں ہوئی۔

دوسری بار جب آپ نے مجھ پر ہاتھ رکھا اور میرے ساتھ دعا کی تو میں اعصابی سجدے، دل کے گرد پانی، پھیپھڑوں کی نکسیر، گردے کی تکلیف، عضلاتی گٹھیا، ڈھیر، آنتوں کا بالکل فطری علاج تھا۔ لیکن گلے کی خوفناک مشکل برقرار تھی۔ میں نے اگلے منگل کو آپ سے کہا کہ میں وہاں موجود ہونے کے تقریباً ایک ہفتہ بعد، ایک ہوم اسمبلی میں اپنی انگلیاں اپنے گلے میں ڈالو۔ آپ نے عیسیٰ کے نام پر ایسا کیا، اور وہ خوفناک بیماریاں جو کئی مہینوں سے میری زندگی کو کھا رہی تھیں، وہ سب آپ کے ادارے کے ذریعے عظیم طبیب کے ہاتھ سے، جنہیں خدا نے شفاء کے تحفے سے نوازا تھا۔

میں صرف دو ہفتوں میں گھر پر تھا، اور سبت کے دن جو ہم نے گھر کے لیے شروع کیے تھے، ہم سڑکوں پر چلنے والی کاروں سے رابطہ نہیں کر سکتے تھے، اور میرے شوہر نے کہا کہ میں تقریباً دو میل پیدل گیا، اور مجھے تھکاوٹ محسوس نہیں ہوئی۔ گھر آنے کے دو ماہ بعد میں نے گھر کا کام کرنا سیکھا، اور تب سے میں نے اپنا کام خود کیا ہے۔

مجھے صحت یاب ہوئے ایک سال اور چار ماہ ہوچکے ہیں۔ دو نزلہ زکام کو چھوڑ کر میں بالکل صحت مند ہوں، اور اللہ کی ان تمام نعمتوں کے لیے جو اس نے مجھ پر برسائی ہیں، ان کی کافی تعریف نہیں کر سکتا۔ السر تمام غائب ہو گئے ہیں، اور نرم حصے جو بیماری کی طرف سے کھایا اور الگ کر دیا گیا تھا، ایک دوسرے کے ساتھ کھینچ کر ٹھیک ہو گئے ہیں. میری آواز بہت مضبوط ہے۔ میں ابھی 'وائس کلچر' کے سبق لینے کے لیے انتظامات کر رہا تھا جب مجھے شدید سردی لگ گئی۔ میں تھوڑی دیر کے لیے زیان کے گھر گیا۔ تم نے میرے ساتھ دعا کی، اور میں شفا پا گیا۔

میں اب اچھی صحت میں ہوں۔ مجھے زیون ہوم کا دورہ کرنا اور آپ اور محترم مسز ڈوئی کی طرف سے موصول ہونے والی شاندار ہدایات کو سننا بہت اچھا لگتا ہے کہ اگر وہ صرف اس پر بھروسہ کریں تو خدا کے اپنے "بیمار بچوں" کو شفا دینے کے خوبصورت طریقے کے بارے میں۔

میں واقعی امید کرتا ہوں کہ یہ گواہی بہت سے مصیبت زدوں تک پہنچ سکتی ہے، اور وہ روح، روح اور جسم کی شفایابی کے لیے عظیم طبیب کی تلاش میں

رہ سکتے ہیں۔ میں یسوع کے قدموں کے جتنا قریب رہتا ہوں، میرے لیے اس کے تحفے اتنے ہی زیادہ مہربان ہوتے ہیں۔

پیارے ڈاکٹر اور مسز ڈووی، میں روزانہ دعا کرتا ہوں کہ یون آپ کی "زیون کی طرف آگے بڑھنے" میں کامیاب ہو، اور یہ کہ آپ دونوں کو بہت سے، کئی سالوں سے بچایا جائے جب تک کہ یہ خوبصورت خوشخبری پوری دنیا میں پھیل نہ جائے۔

یسوع میں ایمانداری سے آپ کا،
مسز لولو ڈیٹن

پی ٹی ایس ڈی اور اعصابی نقصان کا علاج

ڈیو شدید PTSD علامات اور اعصابی نقصان کے ساتھ جنگ سے گھر آیا۔ وہ وہیل چیئر پر تھا اور اسے لگاتار ایسا محسوس ہو رہا تھا جیسے اسے ریزر بلیڈ سے کاٹا جا رہا ہے، اس کی جلد کو ایسا لگا جیسے اس پر تیزاب ڈالا جا رہا ہو، اور اسے لگا کہ اس کی ہڈیاں کچل رہی ہیں۔ وہ تیز روشنیوں اور تیز آوازوں کے لیے انتہائی حساس تھا۔ وہ اپنا ایک ہاتھ بھی محسوس نہیں کر سکتا تھا۔ اس کی جذباتی حالت مستقل خوف اور مشاہدہ میں سے ایک تھی۔ وہ بھیڑ کو سنبھال نہیں سکتا تھا اور اپنے خاندان کے ساتھ بمشکل وقت گزار سکتا تھا۔ اس کی زندگی ایک جسمانی اور جذباتی تباہی تھی۔ اس نے بہت سارے ڈاکٹروں کو دیکھا، لیکن کوئی آرام نہیں ملا۔

ڈیو رینڈی کلارک کی میٹنگ میں گیا جہاں وہ رینڈی سے ایک سوال پوچھنے گیا۔ اسے اس بات کا بھی یقین نہیں تھا کہ وہ اس محاذ پر کیسے پہنچ گیا کیوں کہ وہاں لوگوں کا اتنا رش تھا۔ رینڈی نے اپنا مائکروفون اتار کر ڈیو کی کہانی سنائی۔ رینڈی نے مائیک نامی دعائیہ ٹیم کے ایک رکن سے ڈیو کے لیے دعا کرنے کو کہا۔ مائیک نے ڈیو کا ہاتھ پکڑ لیا جس سے وہ بہت گھبرا گیا۔ مائیک نے بھی براہ راست ڈیو کی آنکھوں میں دیکھا اور اسے اپنا سر نیچے نہیں کرنے دیا کیونکہ وہ جنگ کے دوران اس کے ساتھ جو کچھ ہوا اس کے جرم اور شرمندگی سے مغلوب تھا۔ وہ ان تصاویر اور ان سے جڑے جذباتی درد سے پریشان تھا۔

ڈیو کو پسینہ آنے لگا اور اسے لگا جیسے وہ بھاگنا چاہتا ہے۔ مائیک نے اسے تھام لیا اور اسے شفا یابی کے مراحل سے گزارا۔ نماز کا وقت زیادہ نہیں تھا، شاید تقریباً 5 منٹ۔ ڈیو نے کہا کہ یہ ایسا ہی تھا جیسے یسوع نے اسے چھوا۔ اس پر ایسا سکون آیا جیسے اس نے بچپن سے محسوس نہیں کیا تھا۔ جب وہ گھر پہنچا تو ڈیو نے کہا کہ یہ اس کے گھر میں تیرنے جیسا تھا۔ اس کی بیوی نے فوراً فرق دیکھا اور پوچھا کہ کیا ہوا؟ اس نے صرف پکارا "میں آزاد ہوں۔" اس کی بیوی نے اس

سے کہا "بیبی ایسا لگتا ہے کہ آپ نے اپنے کندھوں سے 2000 پاؤنڈ کھو دیے ہیں اور میں نہیں جانتی کہ آپ کون ہیں۔"

ڈیو اپنی وہیل چیئر سے باہر ہو گیا ہے اور اپنی دوائیں بند کر چکا ہے۔ وہ اپنے بچوں کے ساتھ کھیلتا ہے، انہیں گلے لگاتا ہے، اور ہر وقت ڈرتا نہیں ہے۔ وہ فالو اپ رینڈی کلارک میٹنگ میں گیا۔ اس کا بایاں ہاتھ ابھی تک بے حس تھا لیکن اس نے یسوع سے کہا کہ "دیکھو تم نے میرے لیے کیا کیا ہے۔ آج رات جب میں میٹنگ میں جاؤں گا تو یہ ہو جائے گا۔ مجھے کسی کے لیے دعا کرنے کی ضرورت نہیں ہے، میں صرف تمہارے کیے کی تعریف کرنا چاہتا ہوں۔" جب وہ لابی میں بیٹھا دروازے کے کھلنے کا انتظار کر رہا تھا تو اسے اچانک اپنا بائیں ہاتھ محسوس ہوا۔ اس نے کہا "ہاتھ... تم واپس آ گئے۔" اس کے لیے کسی نے دعا نہیں کی تھی۔ کوئی عبادت موسیقی نہیں چل رہی تھی۔ اس نے فون ملا کر اپنی بیوی کو بلایا اور کہا کہ اب نہ صرف میں آزاد ہوں بلکہ اب میں اپنے ہاتھ کو چھو سکتا ہوں، میں اپنے ہاتھ کو محسوس کر سکتا ہوں، میں اپنی انگلیوں کو محسوس کر سکتا ہوں۔ میں ناچ سکتا ہوں اور اس سے مجھے تکلیف نہیں ہوتی اور روشنی مجھے تکلیف نہیں دیتی۔ میں آزاد ہوں اور یسوع نے یہ کیا!

پوسٹ ٹرامیٹک اسٹریس ڈس آرڈر ہیلڈ کے عنوان سے ibethel tv گواہی سے لیا گیا! – 05 مارچ 2013- (ibethel.tv میں کچھ مفت اور کچھ بامعاوضہ مواد ہے لیکن اسے استعمال کرنے کے لیے آپ کو سائن اپ کرنا ہوگا)

کیتھرین کوہلمین کے ذریعے جو گملٹ کی شفا یابی

جو گمملٹ ایک جنوبی بپٹسٹ وزیر کی بیوی تھی۔ وہ گردے کی ایک انتہائی نایاب بیماری سے بیمار تھی جسے رینل پیپلیری نیکروسس کہتے ہیں۔ واشنگٹن ڈی سی کے علاقے کے ڈاکٹروں نے اسے پہلے کبھی نہیں دیکھا تھا۔ ڈاکٹروں کا خیال تھا کہ یہ اوور دی کاؤنٹر درد کی دوا سے الرجی کا ردعمل تھا۔ دونوں گردے 1/3 تباہ ہو چکے تھے۔ ڈاکٹروں نے امید ظاہر کی کہ وہ بگاڑ کو مستحکم کر سکتے ہیں۔ جو کا ہر ممکن امتحان تھا۔ وہ دن میں 12-14 گھنٹے بستر پر آرام کرتی تھی۔ اس کے بال جھڑ رہے تھے۔ ڈاکٹروں نے اسے خبردار کیا کہ بیکٹیریل انفیکشن اس کے گردے بند کر سکتا ہے۔ انہوں نے اس کے گردے کو کمزور سپنج کے طور پر بیان کیا جو کسی بھی حملے کا شکار ہو سکتے ہیں۔

ایک دوست نے اسے مکمل انجیل بزنس مین کی شفا بخش میٹنگ میں جانے کی دعوت دی۔ وہ واقعی جانا نہیں چاہتی تھی۔ درحقیقت اس نے اپنے چہرے پر نیچے کی کھال کی ٹوپی پہن رکھی تھی کیونکہ وہ نہیں چاہتی تھی کہ کوئی اسے پہچانے۔ شفا یابی کی خدمت اس کے لیے قابل احترام نہیں تھی۔ اس نے اسے شہر کے کنارے پر خیمے کی میٹنگ سے منسلک کیا۔ پھر جب کیتھرین کولمین کا

اعلان کیا گیا تو اس نے سوچا "اوہ میری کوئی خاتون وزیر نہیں ہے۔" وہ اپنی حالت سے بہت کمزور اور تھک چکی تھی۔ میٹنگ کھچا کھچ بھری ہوئی تھی اور وہ اور اس کا دوست ڈیڑھ گھنٹہ تاخیر سے پہنچے۔ جو کھڑا نہ ہو سکا وہ بہت تھک چکی تھی۔ وہ میٹنگ روم کی سیڑھیوں پر آکر بیٹھ گئے۔

خدا نے دو لوگوں کو اٹھنے اور عورتوں کو اپنی نشستیں پیش کرنے کی اجازت دی کیونکہ انہیں جانا پڑا۔ نشستیں سامنے کے قریب دوسرے حصے میں تھیں۔ جو نے سوچا کہ اس نے خدا کو سمجھا ہے۔ وہ اپنی ساری زندگی جنوبی بپتسمہ دینے والی رہی تھی۔ اسے یقین تھا کہ ہر گواہی لگائی گئی تھی۔ اسے کسی بھی چیز پر یقین نہیں آرہا تھا۔ وہ مکمل شکی تھی۔ پھر بھی اس کے دل میں کچھ ہلچل مچا رہی تھی۔

سروس کے اختتام پر کیتھرین کوہلمین نے میٹنگ میں موجود ہر ایک سے کہا کہ وہ اپنے ہاتھ اٹھائیں اور "لارڈ آئی ریسیو یو" گائے۔ جو نے گانا شروع کیا کیونکہ وہ گانا جانتی تھی، لیکن وہ اپنے بازو نہیں اٹھانا چاہتی تھی۔ اس کا ایمان کا پہلا عمل پنے بازوؤں کو تھوڑا سا اوپر کرنا تھا۔ پھر اس نے کہا کہ روح القدس نے قبضہ کر لیا۔ اس سے پہلے کہ وہ یہ جانتی اس کے بازو فضا میں بلند ہو چکے تھے۔ وہ خدا کے حضور میں تھی۔ ایسا محسوس ہوا جیسے اس کی ٹانگیں پھیلی ہوئی ہیں اور وہ انگلیوں پر ہے۔ اس کے ہاتھ پھر وصول کرنے کے انداز میں اوپر کی طرف مڑ گئے۔

اُس لمحے جو کے اندر نا اہلی، ناپاکی اور عاجزی کا احساس چھا گیا۔ اس نے پہلے کبھی ایسا تجربہ نہیں کیا تھا۔ اس کا سر اس حد تک گرا جہاں تک جانا تھا۔ وہ اسے اٹھا نہیں سکتی تھی۔ وہ اس محصول لینے والے کی طرح محسوس کرتی تھی جو اپنے گناہ سے آگاہی کی وجہ سے آسمان کی طرف آنکھیں بھی نہیں اٹھا سکتا تھا۔ جو رونے لگی اور پھر اس کے اندر زندہ پانی کا کنواں نکلنے لگا۔

دور سے اس نے کیتھرین کی آواز سنی کہ "اوہ لارڈ اس پر جلال ہے۔" اس وقت جو کو معلوم نہیں تھا کہ اس کا کیا مطلب ہے، لیکن بعد میں اسے احساس ہوا کہ خداوند اس کے ساتھ ہے۔ پھر جو نے اپنے اوپر گرم پانی بہنے کا احساس شروع کیا۔ کیتھرین جو کے پاس آئی اور اس کی کلائی کو چھوا۔ خدا کی موجودگی اس مقام تک بڑھ گئی جہاں اس نے محسوس کیا کہ وہ "خارجی خلا میں چلی گئی ہے۔" اسے محسوس ہوا کہ وہ گرم پانی میں روشنی اور تیر رہی ہے اور رب اسے تھامے ہوئے ہے۔

اگرچہ جو جانتا تھا کہ وہ ٹھیک ہو گئی ہے اس نے فوری طور پر جسمانی شفا کا دعوی نہیں کیا۔ اس نے اپنی زندگی دوبارہ معمول کے مطابق گزارنی شروع کر دی۔ وہ اب بستر پر نہیں رہی۔ اس نے دوائیں لینا چھوڑ دیں۔ اس نے ڈاکٹر کے پاس جانا چھوڑ دیا۔ اس نے ایک نئے انداز میں کلام کو تھام لیا۔ پھر اس نے روح القدس کے بھرنے کا تجربہ کیا۔ اس کی زندگی بدل گئی۔ اس کی دعائیہ زندگی ختم ہو گئی۔

خاندانی سفر پر تھوڑی دیر بعد جو نے اچانک دیکھا کہ اس کے بال واپس بڑھ رہے ہیں۔ اس کے لیے یہ اس کی شفایابی کی ایک خاص علامت تھی۔ اس کے شوہر نے اصرار کیا کہ وہ ڈاکٹروں کے پاس واپس جائیں اور دوبارہ ٹیسٹ کرائیں۔ ڈاکٹر نے ایکسرے کی طرف دیکھا اور کہا میں اس کیس پر کتاب بند کر رہا ہوں کیونکہ آپ مکمل طور پر صحت یاب ہو چکے ہیں، اگر آپ کو گردے کے مزید مسائل ہیں تو اس کا اس بیماری سے کوئی تعلق نہیں ہے۔

http://www.youtube.com/watch?v=vZF23Gjq0Q0

ایک ماہر امراض قلب کے ذریعے مردوں میں سے زندہ انسان

ڈاکٹر چانسی کرینڈل ایک ماہر امراض قلب اور عیسائی ہیں۔ اسے اس وقت بلایا گیا جب ایک جیف مارکن ایمرجنسی روم میں پہنچے اور اسے دل کا دورہ پڑا۔ اس شخص کو مرے ہوئے 30 منٹ ہو چکے تھے اور عملہ اس پورے وقت سے اس پر کام کر رہا تھا۔ جب ڈاکٹر کرینڈل پہنچے تو وہ شخص واضح طور پر مر چکا تھا۔ درحقیقت ڈاکٹر کرینڈل نے کہا کہ "وہ سب سے زیادہ مردہ آدمی تھا جسے میں نے دیکھا تھا۔" اس کا پورا جسم سیاہ تھا - اس کے ہاتھ، اس کی ٹانگیں، اس کے پاؤں، اس کا چہرہ۔ اسے cyanosis کہتے ہیں۔

ڈاکٹر کرینڈل نے ایمرجنسی روم کے معالج سے کہا کہ وہ مسٹر مارکن کو مردہ قرار دیں۔ عملے نے کاغذی کارروائی مکمل کی اور نرس ٹیوبیں ہٹانے اور لاش کو مردہ خانے جانے کے لیے تیار کرنے لگی۔ جیسے ہی ڈاکٹر کرینڈل کمرے سے نکلنے کے لیے مڑا تو اس نے رب کو یہ کہتے ہوئے سنا "مڑو اور اس آدمی کے لیے دعا کرو۔" وہ چلتا رہا اور دوسری بار خُداوند نے کہا "پُھرو اور اُس آدمی کے لیے دعا کرو۔" ڈاکٹر کرینڈل واپس مڑا اور اس کے لیے دعا کرنے چلا گیا۔ اسے یقین نہیں تھا کہ کیا دعا کرے، لیکن جب وہ وہاں کھڑا ہوا تو روح القدس نے سنبھال لیا۔ اُس نے دعا کی ”اے باپ خدا میں اِس آدمی کی جان کے لیے پکارتا ہوں۔ اگر وہ آپ کو اپنے رب اور نجات دہندہ کے طور پر نہیں جانتا ہے تو اُسے اب یسوع کے نام پر مُردوں میں سے زندہ کر دے“۔ نرس نے سوچا کہ وہ پاگل ہے۔ جیف مارکن کا بازو اچانک ہوا میں بلند ہوگیا۔ جب ایمرجنسی روم کا ڈاکٹر واپس کمرے میں آیا تو ڈاکٹر کرینڈل نے کہا "اس آدمی کو ایک بار پھر چونکا۔" ایمرجنسی روم کا ڈاکٹر نہیں چاہتا تھا، لیکن ڈاکٹر کرینڈل کی درخواست کا احترام کرنے کے لیے ایسا کیا۔ اس نے مریض کو ایک بار پھر جھٹکا دیا اور فوراً ہی مانیٹر پر دل کی ایک پرفیکٹ دھڑکن آ گئی۔ ڈاکٹر اور نرس ہکا بکا رہ گئے۔ پھر سینہ ہلنے لگا اور پیٹ، ہاتھ پاؤں۔ وہ اسے انتہائی نگہداشت میں لے گئے۔ جمعہ کی رات تھی۔ ڈاکٹر کرینڈل نے اپنے ساتھی کو بلایا اور اسے بتایا کہ جیف

مارکن مردوں میں سے جی اٹھا ہے اور وہ زندہ رہے گا کیونکہ ظاہر ہے کہ اس کی زندگی پر خدا کی کال تھی۔

جب پیر کی صبح ڈاکٹر کرینڈل آئے اور جیف مارکن بستر پر بیٹھے تھے۔ ڈاکٹر کرینڈل نے جیف سے پوچھا کہ جب وہ ہسپتال میں کام کر رہا تھا تو وہ کیا گزر رہا ہے۔ جیف نے ایک تاریک جگہ پر ایک تابوت میں اکیلے رہنے کی وضاحت کی جو ہمیشہ کے لیے لگ رہا تھا۔ پھر کچھ مخلوقات نے اسے لپیٹ کر کچرے کی طرح پھینک دیا۔ جیف اپنے تجربے سے بہت پریشان تھا۔ ڈاکٹر کرینڈل نے اس سے کہا کہ اگر وہ یسوع کو قبول کر لیتا ہے تو وہ کبھی تنہا نہیں ہو گا اور اسے کبھی دور نہیں پھینکا جائے گا۔ جیف نے پھر اور وہاں یسوع کو قبول کیا۔

جیف کو جیسس نے دوسرا موقع دیا ہے۔ اسے 40 منٹ سے زیادہ مرنے سے کوئی پیچیدگی نہیں ہے۔ اس کا باقاعدہ چیک اپ ہوتا ہے لیکن دل کی کوئی تکلیف نہیں ہے۔ ڈاکٹر کرینڈل کا کہنا ہے کہ یہ وہ دن نہیں تھا جب وہ "بڑا اعتماد" رکھتے تھے وہ صرف اپنے کام کو جاری رکھنا چاہتے تھے۔ پھر بھی اس لیے کہ اس نے روکا اور اس تھوڑے ایمان کے ساتھ دعا کی کہ اس کے پاس خدا نے اسے اس معجزانہ طریقے سے استعمال کیا۔ ڈاکٹر چانسی نے اپنے تجربے کے بارے میں ایک کتاب لکھی ہے جس کا نام ہے "مُردوں کی پرورش"۔ (ہم یہ کتاب اپنے بک سٹور میں رکھتے ہیں۔)

ڈاکٹر کرینڈل نے پیٹ رابرٹسن کو سی بی این پر دی گئی مکمل گواہی سنیں۔
http://www.youtube.com/watch?v=EL2i64j2FZE

1700 کی دہائی کے آخر میں ایک معجزانہ شفا کی ایک حیرت انگیز کہانی

1885 میں ڈاکٹر چارلس کلیس کی طرف سے شائع کردہ "دیگر عقیدے کے علاج" سے اقتباس۔ ایک انتہائی واحد علاج کا مندرجہ ذیل اکاؤنٹ، جس کی سچائی اتنی اچھی طرح سے تصدیق شدہ ہے کہ اسے کسی شک سے بالاتر ہے، 1788 کے لندن کے ایک پرانے میگزین سے نقل کیا گیا ہے۔ خدا نے تمام عمروں میں اپنے آپ کو بغیر کسی گواہی کے نہیں چھوڑا ہے، خدا کی مرضی اور اس کی طاقت کی پیروی کی گواہی کے بغیر۔

مغرب میں Tiverton میں ایک چرچ، ایک ساتھ جمع کیا جا رہا ہے، اور ان میں سے ایک ہے جسے انہوں نے اپنے پادری کے لیے ڈیزائن کیا تھا، ان کی رضامندی یا حکم سے کولچسٹر کے ایک چرچ کو ایک خط بھیجا گیا تھا تاکہ وہ اپنے مطلوبہ پادری کو برخاست کر دے۔ اور اسی طرح خط میں ایک شق جو کہ آرڈینیشن میں ہدایات کے لیے ہے، آیا اسے ہاتھ پر رکھنا ضروری سمجھا گیا تھا۔ کولچسٹر میں مذکورہ چرچ کا پادری غائب تھا، میں مذکورہ خط کا جواب دینا چاہتا

تھا، اور جب میں اس بات کا جواب دینے کے لیے آیا تو میں نے حسب ذیل لکھا، "ہاتھ پر رکھنا ایک معمولی چیز ہے، صرف مقرر کردہ شخص کو ظاہر کرنے کے لیے، اس کے پاس کوئی اختیار نہیں ہے کہ وہ کسی بھی وزیر یا شخص کو تحفے میں دے، اس لیے ہم اس کو تحفہ دیتے ہیں۔ تقریب، جیسے بیماروں کو مسح کرنا، اور پاؤں دھونا، جو رسولوں کی زندگیوں اور شفا کے غیر معمولی تحائف کے ساتھ ختم ہو گیا تھا۔"

یہ خط، اس طرح لکھا گیا، چرچ کو منظوری کے لیے لایا گیا، اور ان کی طرف سے سبسکرائب کیا جائے؛ لیکن بعض نے اسے رد کر دیا، اور جواب دیا کہ وہ مانتے ہیں کہ تیل سے مسح کرنا، اور ہاتھ باندھنا بھی، کلیسیا میں آرڈیننس تھے، اور اب بھی ان کی تبلیغ کی جانی چاہیے۔ جس کی میں نے مخالفت کی اور ان مصنفین کا حوالہ دیا جو میں نے اس کے خلاف پڑھے تھے۔ لیکن کوئی مقصد نہیں تھا، کیونکہ وہ خط پر دستخط نہیں کرتے تھے، اور ایک اور ان کے اپنے دماغ کے مطابق لکھا گیا تھا.

اُس وقت سے مجھے روح کی گہری تاریکی میں چھوڑ دیا گیا، تاکہ میں اکثر مسیح یسوع میں اپنی دلچسپی پر سوال اٹھاتا رہا، اور میں نے خُدا کے چہرے کے نور کی واپسی کے لیے کئی دن روزے اور دعائیں کیں۔ اور اس طرح میں دو ماہ تک جاری رہا، یہاں تک کہ سینٹ ایڈمنڈ بیری میں، سفولک میں، دسمبر کے آخر تک، میں ایک شریف آدمی اور عورت کے ساتھ دعا کرنا چاہتا تھا جو طویل عرصے سے تکلیف میں تھا اور جب میں نماز میں تھا، میں اندھیرے میں تھا اور سوچتا تھا کہ مجھے دوسروں کے مقابلے میں اپنے لیے دعا کرنے کی زیادہ ضرورت ہے، جو میں نے یہ الفاظ چھوڑے ہیں، اے رب، میں نے یہ کیوں چھوڑا ہے۔ تُو نے اپنا چہرہ مجھ سے چھپا لیا ہے، لوٹ آؤ، اے رب، اور اپنے چہرے کا نور مجھ پر اُٹھا۔" جس کی درخواست کا مجھے فوراً سوچ سمجھ کر جواب دیا گیا کہ میں نے اس کے احکام یعنی مسح کرنے اور ہاتھ باندھنے سے انکار کر دیا تھا۔ میں نے اپنے دل میں پھر جواب دیا "خداوند، اگر مجھے معلوم ہوتا کہ یہ آرڈیننس ہیں، تو میں خوشی سے ان کا انکار نہیں کرتا اور نہ ہی کوئی اور۔"

تو پھر مجھے یقین ہو گیا کہ ہاتھ باندھنے اور تیل سے مسح کرنے کا حکم کلیسیا میں جاری ہے۔ اور اگر میں نے ان پر عمل کیا تو خداوند ان کا مالک ہوگا۔ تب میں نے اس عزم و ارادے پر اپنی خواہشات کو پورا کیا، کیونکہ رب نے مجھ پر اپنے چہرے کی روشنی ڈالی، اور میری دعا حمد میں بدل گئی۔ اور جب میں نے اپنی نماز ختم کی تو وہ شریف عورت ایک طرف مردہ فالج کی لنگڑی تھی۔ میں نے اس سے کہا، "مالک، مجھے یقین ہے کہ اگر آپ کو رب کے نام پر مسح کیا گیا ہے، تو آپ کے اعضاء بحال ہو جائیں گے کیونکہ میں سب سے زیادہ عجیب طور پر اس بات کا قائل ہوں، جس کی میں نے طویل عرصے سے مخالفت کی تھی، سب

سے زیادہ طاقت کے ساتھ" اس نے مجھے بتایا کہ وہ اس کے سامنے نہیں آسکتی، نہ اسے یقین تھا۔ میں نے اس کے ساتھ کچھ دلائل کا استعمال کیا، لیکن بے مقصد.

چنانچہ اس دن میں کولچسٹر واپس آیا، اور ایک بیوہ مسز میری مننگس کے پاس جاکر جو بازار کے قریب ایک ملنر کی دکان رکھتی تھی، میں نے اس سے کہا کہ میں تیل سے مسح کرنے کے آرڈیننس پر کیسے قائل ہوا ہوں اور اس سے مزید کہا، مجھے پختہ یقین تھا کہ خدا اپنے احکام کا مالک ہوگا۔ وہ بہت حیران ہوئی، یہ جان کر کہ میں نے اس کی کتنی سختی سے مخالفت کی تھی، لیکن تھوڑی دیر پہلے۔ اور یہ خیال کرتے ہوئے کہ یہ ایک فینسی ہے، اس نے پوچھا، کیا مجھے اس کی بیٹی پر اس کے اطلاق پر کوئی یقین ہے، جو کہ ایک معذور تھی، جیسا کہ اس داستان سے صاف ظاہر ہوگا۔ میں نے اسے کہا کہ ہاں، میرے پاس ہے، اور اس سے پوچھا کہ کیا وہ اسے آرڈیننس مانتی ہے؟ اس نے کہا، اس نے کیا۔

پھر میں نے اس کمرے میں دیکھا جہاں اس کی مذکورہ بیٹی بیٹھی تھی، اور کہا، "بچے! کیا تمہیں یقین ہے کہ رب تمہیں تندرست کر سکتا ہے؟" اس نے جواب دیا، "رب کا ہاتھ چھوٹا نہیں ہے کہ اسے بچا نہیں سکتا، نہ اس کا کان بھاری ہے کہ وہ سن نہیں سکتا۔" "ٹھیک ہے،" میں نے جواب دیا، "اگر آپ اس کی قابلیت پر یقین رکھتے ہیں تو میں اس کی رضامندی پر یقین رکھتا ہوں۔" پھر اس کی والدہ نے مجھ سے پوچھا کہ کیا میں اسے آرڈیننس دینے کے لیے راضی ہوں؟ میں نے اس سے کہا کہ میں کروں گا، لیکن یہ ہفتے کا آخری دن تھا، اب میں اپنی پڑھائی کی وجہ سے ایسا نہیں کر سکتا، اس لیے میں نے انہیں چھوڑ دیا، اور اگلے ہفتے کے دوسرے دن، بیان کرنے کے لیے، مسٹر نے اپنی مرضی کے مطابق یہ سوچنے کے بعد، یہ سوچا، اس کی بیٹی کو حکم دینے کا سب سے مناسب وقت، جب میں اس کی درخواست کے مطابق اس کے ساتھ اس کے گھر گیا؛ اور اس نے مجھے بتایا کہ میں اس کی بیٹی کو مسح کرنے کے لیے، اس سے بہتر تھا کہ میں اس کے لیے ایک وعدہ توڑوں، لیکن اگر میں اس کے خلاف جنگ کروں میں نے رکاوٹ نہ ڈالنے کی خواہش کی، اور نو سے بارہ تک تین گھنٹے کے وقفے کے لیے ایک سرے سے دوسرے سرے تک تلاش کیا، جس وقت میں نے کتاب کے زیادہ تر مقامات کو جمع کیا تھا، دونوں آرڈیننس کے لیے اور ایمان کی حوصلہ افزائی کے لیے، جیسا کہ جیمز v:14، مارک Mark xi:24، vi:13، جس پر میں نے آخری بار اپنے کمیشن پر مہر لگائی تھی۔

یہ کرنے کے بعد میں نے بائبل کو بند کر دیا، اور ماں اور دوسری بہن سے کہا، "مجھے نہ صرف ایک کمیشن مل گیا ہے، بلکہ اس پر ایک مہر بھی ہے" تو میں نے خود کو آرڈیننس سے اس انداز میں مخاطب کیا: پہلے میں نماز کے لیے گیا، جس سے آرڈیننس پر ہمارا ایمان بڑھے، اور یہ کہ ہم وعدے پر قائم رہیں۔ پھر میں نے دعا کے ذریعہ تیل کو عام سے خاص استعمال کے لئے الگ کیا۔

پھر مَیں نے اُسے خُداوند یسوع مسیح ناصری کے نام سے مسح کیا، تثلیث کے لوگوں کی تعداد کے مطابق، تین بار غم زدہ جگہ پر۔ لیکن یاد رکھیں، جب میں اس کے ٹخنے پر مسح کرنے آیا تو میں حیران رہ گیا، کیونکہ اس کا لنگڑا پن اس طرح سے تھا: اس کے بازو کے نیچے اس کے کولہے کی ہڈی نکلی ہوئی تھی ۔ اس کی ٹانگ ٹیڑھی تھی اور اس کا ٹخنہ اپنی جگہ سے باہر نکل گیا تھا، تاکہ اندر سے کچھ نظر نہ آئے، اس کا بایاں پاؤں ایک سٹمپ کی شکل میں، اس کے اعضاء کی کمی کی وجہ سے اس کے دیگر جسمانی کمزوریوں کے ساتھ اس کی والدہ کہتی ہیں کہ وہ نہیں جانتی کہ وہ اس طرح پیدا ہوئی تھی یا نہیں، کیوں کہ اس نے اسے صرف اس وقت محسوس کیا جب وہ اپنی صفوں میں تھی، اور وہ سولہ سال کی عمر میں تھی، بہت سے لوگوں نے اس کی ماں کو مدد کے لیے استعمال کیا لیکن کوئی مقصد نہیں، وہ اب بھی بڑھ رہی ہے: بدتر اور بدتر۔

طویل عرصے میں اس نے ایک نامور سرجن کو درخواست دی، جس نے اس سے کہا کہ وہ اس سے پیسے نہیں لے گا، کیونکہ دنیا کا کوئی بھی آدمی اس کی مدد نہیں کرسکتا، نہ ہڈیوں کو ان کی مناسب جگہوں پر گھٹا سکتا ہے، ہڈیاں سکڑ کر ایک آدمی کے ہاتھ کی طرح اس کے ہیم کے نیچے جمع ہوگئیں، اور پورا حصہ اتنا کمزور ہوگیا کہ وہ اس طرف چار پاؤنڈ وزن نہیں اٹھا سکتی۔ جب میں نے اس کی ٹانگ کو اس قدر بگڑا ہوا دیکھا، کیونکہ میں نے اسے پہلے کبھی نہیں دیکھا تھا، میرا چہرہ اتر گیا، اور میں نے اپنے آپ میں کہا، "یقینا، میں ایک دیوانے سے بھی بدتر ہوں، کیا ٹیڑھی ہڈیاں سیدھی ہو سکتی ہیں؟" اور اس کے ساتھ مجھے ایسی تھرتھراہٹ نے پکڑا کہ میں اس کو مسح کرنے کے لیے اپنا ہاتھ (لیکن دوسرے کی مدد سے) نہ روک سکا، اور جب میں اس الجھن میں تھا تو یہ عبارت میرے ذہن میں اتر گئی، "اگرچہ تم ابھی تک یقین نہیں رکھتے وہ وفادار رہتا ہے اور خود سے انکار نہیں کر سکتا۔"

اس لیے، جیسے ہی میں نے اسے مسح کیا، میں اپنے گھٹنوں کے بل گر گیا، جیسا کہ وہ اذیت میں تھا، اور یہ الفاظ کہے: "خداوند، میں نے اپنے حصے کا کام کیا ہے، میں اپنی ذمہ داری سے باہر چلا گیا ہوں؛ خداوند، میں کام تیرے ہاتھ میں چھوڑتا ہوں کہ پورا کیا جائے!" اور جب میں یہ کہہ رہا تھا تو میں اس طرح گر گیا جیسے وہ خوشی میں تھا، اور دیکھو جیسے آسمان کھلا ہوا تھا، اور مسیح باپ کے داہنے ہاتھ پر عرضی پیش کر رہا تھا۔ پھر میں نے پکارا، "خداوند یہ ہماری درخواست ہے، اور ہم جواب کا انتظار کرتے ہیں۔"

ماں اور بہن نے اس کے تاثرات پر تعجب کیا۔ لیکن جیسے ہی میں نے یہ کہا، میرے پاس یہ الفاظ لائے، "تمہارے ساتھ تمہارے ایمان کے مطابق ہو۔" میں نے جواب دیا، "مجھے یقین ہے کہ وہ تندرست ہو جائے گی۔" اور پھر میرا یہ جواب تھا، "میں کروں گا ۔ وہ ٹھیک ہو جائے گی۔" پھر، اپنے گھٹنوں سے اترنے سے پہلے میں نے خدا کی تعریف کی کہ اس کو تندرست کر دیا۔ اور جب میں ختم کر

چکا تو میں اُٹھا اور کمرے کے چاروں طرف گھومنے لگا۔ اور پھر بیٹھ گیا، اور میری نظریں اس پر جما کر کہا: "بچی، رب نے تجھے تندرست کر دیا ہے۔" اس کی والدہ نے جواب دیا، "جناب، آپ کو معلوم ہونے سے پہلے ہی ایسا کہنا کیا ہے؟" میں نے جواب دیا، "کفر کے ساتھ کھڑے رہو، بچے، رب نے تمہیں تندرست کر دیا ہے۔"

اس کی ماں نے پہلے کی طرح جواب دیا۔ جس پر میں نے تیسری بار پہلے سے زیادہ سنجیدگی کے ساتھ جواب دیا، "بچے، رب نے تجھے تندرست کیا ہے۔" تب وہ اٹھی اور کہنے لگی، "میں رب کو اس کے تمام فوائد کا کیا بدلہ دوں! کیونکہ جب تم نے مجھے دوسری بار مکمل کہا، میری ہڈیاں بغیر کسی درد کے پھٹ گئیں اور اپنی جگہ پر آ گئیں۔" اور اپنی حیرت کے لیے ہم نے اسے سیدھا اور پوری طرح دیکھا اور ایک ہاتھ کی چوڑائی پہلے سے کہیں زیادہ ہے۔ تو اس نے اپنا پاؤں آگے بڑھایا، ہمیں اپنا ٹخنہ دکھایا، اور سب ٹھیک تھا۔ اس کی جسمانی کمزوریاں بھی دور ہوگئیں، اور اس کی روح، ہمارے ساتھ، رب کی محبت بھری مہربانی سے بھر گئی، تاکہ ہم خود کو قابو میں رکھنے کا طریقہ نہیں جانتے تھے۔

"آؤ،" میں نے اس کی ماں اور بہن سے کہا، "آئیے ہم رب کی حمد کریں"۔ "نہیں،" اس کی ماں نے کہا، "پڑوسی ہماری بات سنیں گے۔ یہ پچھلے نئے سال کے دن، صبح کے صرف تین بجے تھے۔" میں نے جواب دیا "اگر ہم خاموش رہیں گے تو گلی کے پتھر ہمارے خلاف روئیں گے۔" لہٰذا ہم نے شاندار گایا اور صبح کا اختتام خدا کی حمد و ثنا کے ساتھ کیا۔ صبح ہوئی تو اس کی ماں نے کہا، جاؤ دیکھو تمہارا بھائی نہیں روتا۔ وہ اوپر گئی اور اسے نیچے لے آئی، وہ ایک ہوس کا شکار بچہ تھا جس کی عمر قریب پانچ سال تھی۔ چنانچہ اگلے دن، جب گرجہ گھر کے کچھ ارکان کو ایک ساتھ بلایا گیا، خدا کی حمد میں گزارا گیا۔

ہمارے چرچ کے اجلاس میں دستخط کیے گئے؛ ہم جن کے نام بعد میں لکھے گئے ہیں (اسی سوسائٹی کے ممبران) یہاں کی سچائی کی تصدیق کرتے ہیں، اور کسی دوسرے ذرائع کے بارے میں نہیں جانتے ہیں جو استعمال کیے گئے ہیں، لیکن یہ کہ خدا نے یہاں اپنی عظیم طاقت کا مظاہرہ کیا ہے — تھامس پاور، ناتھینیل ہکس۔ جان بلیک فل، تھامس پیٹلی، ڈینیئل ہارٹ، رابرٹ، ہیرس، بینجمن اسمتھ، ولیم رالنگز، جان میکسی، سیموئیل ٹوڈ، جان براؤن، جوزف ایلنگس فورڈ، فرانسس ہاورڈ، فلپ سٹوارز، یرمیاہ بیکسٹر۔ مندرجہ بالا حکایت پر ایک بڑی تعداد کے دستخط اور حلف لیا گیا ہے، جن میں سے ایک سرجن بھی ہے جس نے لڑکی کا معائنہ کیا اور اس میں شرکت کی۔

جارج جیفریز کی میٹنگ میں بہرے پن سے شفا پانے والی عورت

شفا یابی کی فضیلت کی ایک اور گواہی ایک عزیز اسکول ٹیچر کی ہے جو پرنسپل جیفریز کی تبلیغ کے دوران حیرت انگیز طور پر شفا پائی۔ یہ 1922 میں ہل میں پیش آیا۔ کچھ سال پہلے اس بہن کو ایک بہت سنگین حادثہ پیش آیا تھا، جس میں کھوپڑی کی بنیاد ٹوٹ گئی تھی، اور دماغ کو چوٹ لگ گئی تھی۔ سر میں ایک چھوٹی سی ہڈی ٹوٹی ہوئی تھی، جس نے بائیں کان کے ڈرم کو پنکچر کر دیا تھا، جس سے اس کا پتھر بہرا ہو گیا تھا۔ ایک ڈاکٹر نے کہا کہ کسی معجزے سے کم کوئی چیز ممکنہ طور پر سماعت کو بحال نہیں کر سکتی۔

حادثے کے نتیجے میں اس بہن کے سر میں شدید درد ہوا۔ یہ 1922 میں ہل میں منعقدہ ایک خصوصی اجلاس کے دوران تھا جب خدا نے یہ شاندار نجات حاصل کی۔ اس پر ایک ہاتھ رکھے بغیر وہ فوراً اور مکمل طور پر ٹھیک ہو گئی۔ وہ مزید کہتی ہیں، "رب نے مجھے ایک نیا کان دیا ہے۔" الٰہی زندگی نے اس کے پورے وجود کو ناقابل بیان جلال سے بھر دیا۔

جارج جیفریز کے "شفائی شعاعوں" سے اقتباس۔

آسٹریلیا میں ایک خاتون متعدد بیماریوں سے شفایاب

ہائے، میرا نام لارس ہے اور میں آپ کو بتانا چاہوں گا کہ کس طرح خدا نے معجزانہ طور پر میری دوست ربیکا کو بیماریوں کی ایک پوری فہرست سے شفا بخشی، بشمول بہرے پن، فائبرومیالجیا، دائمی تھکاوٹ سنڈروم، چڑچڑاپن آنتوں کے سنڈروم، ٹنیٹس اور ناک کی سوزش۔

ربیکا کلاڈیا اور بلی کے ساتھ اسکول گئی، جو ہماری اسمبلی میں کافی عرصے سے عیسائی تھے۔ انہیں جاننے کے کچھ ہی دیر بعد ربیکا کے والدین نے اسے کہا کہ وہ ان کے ساتھ شامل نہ ہوں، کیونکہ وہ سمجھتے تھے کہ وہ ایک فرقے کا حصہ ہیں، جس نے ربیکا کو نہیں روکا اور ان کے درمیان اچھی دوستی ہو گئی۔ برسوں کے دوران ان کا رابطہ ختم ہو گیا، جیسا کہ ربیکا 19 سال کی عمر میں تعلیم حاصل کرنے کے لیے ڈنفرم لائن چلی گئی تھی۔

اس وقت وہ اپنے دائیں کان میں بہری تھی: وہ پیدائشی حسی اعصابی سماعت کے نقصان کا شکار تھی۔ ڈاکٹروں نے اسے اس وقت دریافت کیا تھا جب وہ 4 سال کی تھی، اور جب وہ اپنی نوعمری میں تھی تو اسے سماعت کا سامان پہننا شروع کر دیا تھا۔ جب وہ 14 سال کی تھی تو اسے فبرووملجیا کی تشخیص ہوئی تھی، حالانکہ وہ کچھ عرصے پہلے اس کے ساتھ ساتھ صحت کی دیگر بہت سی حالتوں میں بھی مبتلا تھی۔ ان میں سے کچھ میں شامل ہیں: دائمی تھکاوٹ کا سنڈروم، TMJD (جبڑے کے جوڑوں کا درد)، اپیی کونڈلائٹس (ٹینس کہنی)، پیٹیلوفیمورل

سنڈروم (گھر کی نوکرانی کا گھٹنا)، چڑچڑاپن آنتوں کا سنڈروم، ٹنیٹس اور ناک کی سوزش۔

ربیکا 19 سال کی ہونے تک اپنی صحت کے ساتھ اسی طرح رہنے میں کامیاب رہی تھی۔ یہ ہمیشہ ایک جدوجہد تھی لیکن کسی نہ کسی طرح وہ پھر بھی اسکول جانے، کام پر جانے اور سماجی زندگی گزارنے میں کامیاب رہی۔ لیکن پھر، ڈنفرم لائن منتقل ہونے کے کچھ ہی دیر بعد وہ واقعی بیمار ہو گئی۔ درد اتنا شدید ہو گیا تھا، اور تھکاوٹ اتنی زیادہ تھی کہ وہ مشکل سے بستر سے اٹھ سکتی تھی۔ جلد ہی اس کے لیے عام زندگی گزارنا ناممکن ہو گیا۔ درد اور تھکاوٹ اس قدر کمزور ہو گئی کہ اس کی پڑھائی متاثر ہوئی اور اسے اپنی پارٹ ٹائم جاب سے نمٹنے کے لیے جدوجہد کرنا پڑی۔ اس کے سب سے اوپر اس نے glossopharyngeal neuralgia تیار کیا تھا، جو اس وقت ہوتا ہے جب دماغ کے پچھلے حصے میں ایک شریان اور اعصاب ایک دوسرے پر جھک جاتے ہیں۔ اس کی وجہ سے اتنا دردناک درد ہوا، ایسا لگتا تھا جیسے بائیں کان سے براہ راست سر میں وار کیا جا رہا ہو۔ کبھی کبھار اچھے دن آتے تھے جب وہ چھوٹی سی سیر کے لیے باہر جا سکتی تھی، تاہم زیادہ تر وقت وہ بستر پر ہی رہتی تھی۔

اگر آپ کو ان میں سے کسی بھی صحت کی حالت یا اس سے ملتی جلتی صورت حال کا سامنا ہے تو آپ سمجھ جائیں گے کہ وہ کس شدید درد اور تکلیف میں تھی۔ اس درد سے نمٹنے کے لیے وہ سٹیرائیڈ انجیکشن کے لیے ہسپتال گئی اور کئی طرح کی مضبوط درد کش ادویات اور سکون آور ادویات بھی لے رہی تھیں جن میں ٹرامادول (مورفین پر مبنی) اور ڈائی زیپم شامل ہیں۔ مزید برآں، وہ مضبوط سوزش والی دوائیں بھی لے رہی تھی جیسے آرتھروٹیک، جس سے اس کے پیٹ میں السر ہو گئے۔ glossopharyngeal neuralgia کے حوالے سے، ڈاکٹر آپریشن کرنا چاہتے تھے: اس کی کھوپڑی کو کھولنا اور اس کے دماغ میں شریان اور اعصاب کے درمیان کشن کا ایک چھوٹا سا ٹکڑا ڈالنا۔ یہ درد کو مکمل طور پر ختم کرنے کی کوشش کرنا تھا، اور آپریشن کے کامیاب ہونے کا 80 فیصد امکان تھا۔

اس مرحلے تک وہ اپنے تمام عزائم کھو چکی تھی، پھنس گئی تھی اور دنیا سے کٹی ہوئی محسوس ہوئی تھی: اس کے پاس اب سماجی زندگی نہیں تھی، اسے اپنی پڑھائی اور پارٹ ٹائم نوکری بھی ترک کرنی پڑی۔ ڈاکٹروں نے کہا کہ وہ کبھی بہتر نہیں ہو گی اور اس نے جا کر ایک ماہر نفسیات کو دیکھا کیونکہ وہ ڈپریشن اور مایوسی میں مبتلا تھی۔ اس کے روز مرہ کے خیالات پر مشتمل تھا کہ "یہ کیسے ہو سکتا ہے؟" "میں نے اس کے مستحق ہونے کے لیے کیا کیا؟" اور "کیا اب کوئی فائدہ ہے؟"

جب وہ اپنے نچلے درجے پر تھی تو وہ خودکشی کے مستقل خیالات سے دوچار تھی۔ اسے اپنے والدین کی جگہ واپس جانا پڑا، کیونکہ وہ اب مزید اکیلے

نہیں رہ سکتی تھی۔ تب ہی وہ خدا سے فریاد کرنے لگی اور اپنی دوست کلاڈیا سے دوبارہ رابطہ کرنا چاہتی تھی۔ اپنے والدین کی جگہ واپس آنے کے چند ہفتے بعد وہ کلاڈیا سے ٹکرا گئی، جس نے آخر کار اسے چرچ کی میٹنگ میں آنے کی دعوت دی۔ یہ وہ جگہ تھی جہاں میں پہلی بار ربیکا سے ملا تھا۔ ربیکا نے ہمیں بتایا کہ وہ گھر میں ہمارے ساتھ کتنا محسوس کرتی ہے اور اس کی بیماری کی وجہ سے اسے دوبارہ آنے میں مزید چند ہفتے باقی تھے۔ اس ملاقات کے دوران ہم نے خدا کی قدرت کے بارے میں بات کی اور یہ کہ خدا چاہتا ہے کہ لوگ صحت مند ہوں اور اس کے پیروکاروں سے یہ توقع رکھتے ہیں کہ وہ بیماروں کے لیے دعا کریں۔ ہم نے بہت سے صحیفے جیسے مارک 16:15-20، یسعیاہ 53:5، میتھیو 4:23، اور عبرانیوں 13:8 کو پڑھا اور ان کی وضاحت کی۔

اس میٹنگ میں بہت سے لوگوں نے دعائیں وصول کیں اور ربیکا نے اپنے glossopharyngeal neuralgia کے لیے دعا مانگی جس میں وہ مبتلا تھی۔ ہم نے اس پر ہاتھ رکھا اور یسوع کے نام پر دعا کی (مارک 16:18)۔ وہ شروع میں ابھی تک درد میں تھی، جیسے کسی نے اس کے کان میں چھرا گھونپ دیا ہو، لیکن جس لمحے وہ میٹنگ سے باہر نکلی تو درد بالکل ختم ہو گیا۔ 3.5 سالوں میں پہلی بار اور آج تک درد کبھی واپس نہیں آیا۔ اس نے محسوس کیا کہ خدا حقیقی ہے اور اگلے ہفتے واپس آئی، باوجود اس کے کہ اس کے والدین اسے دھمکی دے رہے تھے کہ اگر وہ دوبارہ گئی تو وہ اسے باہر نکال دے گی۔ ہم نے اس جمعہ کی رات ایک دعا کی اور ربیکا کو صحیفوں کے ذریعے رہنمائی کی کہ کیسے بچایا جائے۔ ہم نے بپتسمہ کے بارے میں صحیفوں کو دیکھا اور ربیکا سے بپتسمہ لینے کو کہا، جو ہم نے فوراً اوپر والے باتھ ٹب میں کیا، اس کے بعد ہم نے روح القدس حاصل کرنے کے بارے میں کچھ صحیفوں کو دیکھا (اعمال 2:4، لوقا 11:13)، اور پھر ہم نے اس پر ہاتھ رکھا اور خدا سے روح سے بھرنے کو کہا۔ نتیجے کے طور پر اس نے پھر نئی زبانوں میں بولنا شروع کیا اور دوبارہ جنم لیا۔

اس کے بعد ہم نے دوبارہ اس پر ہاتھ رکھا اور خدا سے اسے مکمل طور پر شفا دینے کی درخواست کی، صحت کے مسائل کی پوری فہرست سے جس میں وہ مبتلا تھی، بشمول اس کے دائیں کان میں بہرا پن اور خدا نے اسے فوری طور پر، ہر چیز سے شفا بخشی! جب میں نے اس کے دائیں کان میں بات کی تو وہ تقریباً اچھل پڑی کیونکہ یہ بہت بلند تھا۔ اس کی دنیا کا سارا دائیں حصہ آواز سے زندہ ہو گیا تھا! وہ اب بہری نہیں تھی اور اس نے سماعت کی امداد سے چھٹکارا حاصل کر لیا تھا۔ fibromyalgia ساتھ ساتھ چلا گیا تھا اور وہ تمام درد جو اس نے برسوں سے برداشت کیا تھا ابھی غائب ہو گیا تھا۔ اس نے کہا کہ اسے صرف دوڑنا محسوس ہوتا ہے، کیونکہ وہ توانائی سے بھری ہوئی تھی۔ اس رات سب کو ختم کرنے کے لیے، ایک طویل عرصے میں پہلی بار وہ سونے میں کامیاب ہوئی۔

آسٹریلیا میں کرسچن اسمبلیز انٹرنیشنل ایک پینٹی کوسٹل فرقہ کی ویب سائٹ سے گواہی

آئیرس منسٹریز مشنری بل جانسن کے ذریعے صحت یاب ہوئے - ویڈیو گواہی۔

میلیسا میک کینی ایک آئرس منسٹریز مشنری ہیں جو بیرون ملک رہتے ہوئے شدید بیمار ہو گئیں۔ بے نتیجہ کئی ڈاکٹروں کو دیکھنے کے بعد، خواب میں یسوع نے اس سے بات کی اور اسے ریڈنگ، CA میں بیتھل چرچ جانے کو کہا جہاں اسے مکمل شفا ملے گی۔ یہ ویڈیو اس کی گواہی ہے۔

اس کی گواہی کے ساتھ یہ یوٹیوب ویڈیو دیکھیں۔

http://www.godtube.com/watch/?v=YLLYGNNX

چارلس ایف پرہم کے ذریعے قابل ذکر شفاء

زیادہ تر لوگ چارلس پرہم کو ابتدائی پینٹی کوسٹل مومنٹ کے ساتھ جوڑتے ہیں لیکن ان کی پوری زندگی شفا یابی کی وزارت رہی۔ 1905 میں وہ ہیوسٹن، ٹیکساس میں شفا یابی کے اجلاس منعقد کر رہے تھے۔ ایک عورت میٹنگز میں آئی جو 1902 میں سڑک پر ایک حادثے کا شکار ہو گئی تھی اور وہ مفلوج ہو کر وہیل چیئر تک محدود تھی۔

نماز کے بعد "وہ اپنی کرسی سے اٹھی اور خوشی کے عالم میں ہال میں چلائی، چیختے ہوئے، تالیاں بجاتے ہوئے، اور بحالی کے لیے رب کی حمد کرتے ہوئے۔ اس واقعے نے بہت جوش پیدا کیا۔ مسز ڈولانی ہال سے نیچے چلی گئیں، اور گھر چلی گئیں۔ تب سے وہ روزانہ ان کی میٹنگز میں شریک ہوتی تھیں، لیکن کرسی پر نہیں ہوتی تھیں۔"

The Houston Suburbanite سے اقتباس۔

وارڈ 17 پر معجزہ - خدا نے اگنیس سانفورڈ کا استعمال کیا۔

ان تینوں میں فریڈرک کا معجزہ بھی تھا۔ وہ ایک پرائیویٹ سیل میں پڑا تھا، جس کا مطلب تھا، اس ہسپتال کے استعمال کے مطابق، اس کی موت قریب ہے۔ وہ اتنا بدمزاج اور سکڑ گیا تھا کہ وہ ایک بوڑھے بندر کی طرح دکھائی دے رہا تھا۔ اس کی جلد پیلی تھی، پسلیاں پھیلی ہوئی تھیں، اور سانس لیتے وقت ان کے درمیان جلد

پھڑپھڑاتی تھی۔ دونوں نتھنوں میں ٹیوبیں تھیں اور دونوں کلائیوں سے جڑی ہوئی تھیں۔ اور عموماً اس کے ساتھ کوئی ڈاکٹر یا نرس ہوتی تھی۔ سیل سے گزرتے ہوئے، میں نے ہمیشہ اس پر تیز دعا کی، لیکن اندر جا کر اس پر ہاتھ رکھنے کی ہمت نہ ہوئی۔ اور دور سے ایک عام دعا کافی نہیں تھی۔ اس کے لیے فوری طور پر موجودگی اور ایمان کے کلمے اور اگر ممکن ہو تو ہاتھ ڈالنے کی ضرورت تھی تاکہ خدا کی شفا بخش قوت کے لیے ایک مناسب چینل فراہم کیا جا سکے۔

تاہم، ایک دن وہ اکیلا اور جاگ رہا تھا۔ بہت ہمت تھی، لیکن ہمدردی سے مجبور ہو کر، میں اندر چلا گیا۔ ان تمام سالوں میں مجھے شفا یابی کا ایک ہی موثر مقصد ملا ہے: ہمدردی۔ اگر ہم یسوع کی تسبیح کے لیے یسوع کی طاقت سے کسی کو شفا دینا چاہتے ہیں، تو پھر کسی نہ کسی طرح ہم عام طور پر اس شخص تک پہنچنے میں ناکام رہتے ہیں۔ یسوع کو یقیناً ہر شفا یابی کے ذریعے جلال دیا جاتا ہے، لیکن صرف اس صورت میں جب ہم، جیسا کہ وہ تھا، "ہمدردی سے متاثر ہوا" (مرقس 1:41)۔

میں نے کہا، "آپ کو لگتا ہے کہ آپ دھل گئے ہیں۔" (میں نے محسوس کیا تھا کہ مردوں کو یہ براہ راست، غیر رنگین انداز پسند ہے۔) "ہاں،" اس نے کہا۔ "کیا مصیبت ہے؟" میں نے پوچھا؛ میں کوئی زخم نہیں دیکھ سکتا تھا، اور نہ ہی میں کسی osteomyelitis کو سونگھ سکتا تھا۔ "خون کے لوتھڑے،" اس نے بے نوری سے جواب دیا۔ یہ، میں نے سوچا، شفا یابی کے لئے بہت مشکل نہیں ہونا چاہئے۔ اس لیے میں نے اسے اس طاقت کے بارے میں بتایا جو اسے صحت یاب ہونے میں مدد دے سکتی ہے۔ اسے کوئی دلچسپی نہیں تھی۔ حقیقت میں، اس نے اپنی آنکھیں بند کر لیں، ایک واضح برطرفی۔ لیکن اس معاملے میں اپنے دانت پکڑنے کے بعد، جیسا کہ یہ تھا، میں آسانی سے ہار ماننے پر آمادہ نہیں ہوا۔ "سنو،" میں نے آخر میں کہا، اپنے زور دار لہجے سے اس کی آنکھیں کھول دیں۔ "اگر آپ مجھے کوشش کرنے دیں گے، جس طرح میں نے آپ کو بتایا، میں وعدہ کرتا ہوں کہ میں اس معاملے کا دوبارہ کبھی ذکر نہیں کروں گا، جیت یا ہار، اب اس کا کیا ہوگا؟" "ٹھیک ہے،" اس نے تھکے ہوئے انداز میں کہا، اور جوش و خروش کی قطعی کمی کے ساتھ۔

اس کے بعد اس نے چادر واپس کھینچی، اور میں نے اپنے خوف سے دیکھا کہ اس کا پیٹ گہرے خون کے تالاب کی طرح دکھائی دے رہا تھا، بمشکل ایک پتلی جھلی سے ڈھکا ہوا تھا۔ "ہمت پھٹ گئی،" اس نے میری مایوسی کو نوٹ کرتے ہوئے کہا۔ "وہ مجھے میدان جنگ سے اندر نہیں لے جانا چاہتے تھے، لیکن میں نے ان سے کہا کہ انہیں کرنا پڑے گا۔" یہاں زندہ رہنے کی وصیت تھی اگر کبھی کوئی ہو! اسے مہینوں تک نس کے ذریعے خوراک، ادویات اور محرکات کے ذریعے زندہ رکھا گیا۔ اگر میں نے پہلے اس کا پیٹ دیکھا ہوتا، بغیر معدہ کے یا کسی اور ہضم کے عضو تک جہاں تک میں بتا سکتا ہوں، تو میں ایمان کی بات نہ

کرتا۔ لیکن یہ وہاں تھا، اور میں اسے واپس نہیں لے سکتا تھا۔ لہٰذا میں نے خون کے اس سرخ خلاء کے تالاب کے دونوں کناروں پر اپنے ہاتھ رکھے اور ایک معدہ اور دوسرے تمام اعضاء کامل کا تصور کیا اور رب سے دعا کی کہ وہ ایسا کرے۔

جب میں گھر پہنچا تو میں نے ہر اس طاقتور دعائیہ گروپ کو ٹیلی فون کیا جسے میں جانتا تھا اور "مسیحی زیر زمین" سے مدد کے لیے پکارا تھا جیسا کہ ایک دوست نے ایک بار اسے حیرانی میں پکارا تھا، یہ نہیں جانتے تھے کہ پورے ملک میں ایسے لوگ موجود ہیں جو یقین رکھتے ہیں کہ یسوع آج زندہ ہے اور شفا دیتا ہے اور جو دعا کی پکار کا جواب دیں گے۔ اور میں نے خود فریڈرک میں معجزہ ہونے کی دعا کی۔ یہ ایک باہر اور باہر معجزہ کی ضرورت ہو گی. یہ عام شفا یابی کے عمل کو تیز نہیں کر رہا تھا۔ یسوع مسیح کے ذریعے خُدا کے براہِ راست کام کے علاوہ کچھ بھی ایسا نہیں کر سکتا تھا۔

اگلے ہفتے میں خوف اور کانپتے ہوئے اس کے کمرے سے گزرا، لیکن وہ سو رہا تھا اور میں اندر نہیں گیا تھا۔ ایک ہفتے بعد، ہماری نماز کے دو ہفتے بعد، میں دوبارہ اس کے کمرے سے گزرا۔ یہ خالی تھا۔ وہ اپنے بستر پر نہیں تھا۔ لیکن بستر کا رستہ ٹوٹ گیا، اس کی چیزیں بکھری ہوئی تھیں، اور دروازے پر اس کا نام ابھی تک تھا۔ میں اس کے آخر میں کامن روم میں گیا جہاں مرد وہیل چیئرز پر بیٹھے تھے، لیکن میں نے اسے نہیں دیکھا۔ کمرے کے اس پار میری نظر ایک نوجوان، خوبصورت، سرخ چہرے والے آدمی پر پڑی جو اس بوڑھے بندر سے ذرا بھی مشابہت نہیں رکھتا تھا جس کے لیے میں نے کوٹھڑی میں دعا کی تھی۔ اس نوجوان نے اپنی آنکھوں میں چمک اور ایک جانتی ہوئی مسکراہٹ کے ساتھ میری طرف دیکھا، میں نے دیکھا کہ اس میں مشابہت کا ایک چھوٹا سا سایہ تھا۔

"آپ فریڈرک نہیں ہو سکتے، کیا آپ؟" میں نے اس سے پوچھا۔ اس کی مسکراہٹ پھیل گئی۔ "جی میڈم، میں ہوں،" اس نے کہا۔ اپنے وعدے کو یاد کرتے ہوئے، میں نے اس کا کوئی حوالہ نہیں دیا بلکہ صرف اتنا کہا، "اب تم کیا کرنے جا رہے ہو؟" "سوچتا ہوں کہ میں جنوبی امریکہ جاؤں گا اور نوکری حاصل کروں گا،" اس نے جواب دیا۔ "یہ ایک اچھا خیال لگتا ہے،" 1 نے کہا۔ "میرے بھائی نے وہاں پہاڑوں میں کام کیا۔ اسے یہ پسند آیا۔" اور میں اپنی کارٹ کی طرف دیکھتا ہوں، "ایک سیب لے لو۔" اس کے پاس ایک سیب تھا، اور میں جانے کے لیے مڑا۔

وہ ایک بار پھر بولا، اور میں نے پیچھے مڑ کر دیکھا۔ "ٹھیک ہے، لیکن میرے پاؤں اب بھی پھولے ہوئے ہیں،" اس نے کہا۔ "یہ صرف اس وجہ سے ہے کہ وہ اس وقت آپ کے کھڑے ہونے کے عادی نہیں ہیں،" میں نے جواب دیا۔ "وہ جلد ہی ٹھیک ہو جائیں گے۔" اور حوصلہ افزائی کے اس لفظ کے ساتھ میں چلا گیا۔ اگلے ہفتے وہ اپنے سیل میں نہیں تھا۔ اسے ڈسچارج کر کے گھر پر رکھا گیا۔ ایک دفعہ میں نے ایک پادری سے مختصر گفتگو کی۔ میں نے فریڈرک کی

کہانی سنائی، کیونکہ میں جانتا تھا کہ وہ وارڈ 17 میں آیا تھا اور اس نے نوجوان کو ضرور دیکھا ہوگا۔

"کیا اسے ایسا ہوا ہے؟" وہ حیرانی سے پکارا. اس نے نوجوان کے جسم کی شفایابی کا نہیں بلکہ اس کی روح کے بیدار ہونے کا حوالہ دیا۔ پادری نے کہا، "جیسے ہی وہ بستر سے اٹھ سکتا تھا، وہ ہر روز میرے اندر نیچے رہتا تھا،" پادری نے کہا۔ "وہ ایک بائبل چاہتا تھا۔ وہ خدا اور یسوع مسیح کے بارے میں سب کچھ جاننا چاہتا تھا۔" تین ماہ بعد، میں حیرانی کے عالم میں وارڈ 17 میں اس سیل سے گزرا اور دروازے پر ایک بار پھر فریڈرک کا نام دیکھا۔ سیل کے اندر ایک لمبا، دبلا پتلا، خوبصورت نوجوان کھڑا تھا جو بحر اوقیانوس کے لائف گارڈ کی طرح لگتا تھا۔ "تم نہیں ہو سکتی۔" اور پھر اس نے کہا، "ہاں میڈم، میں ہوں۔" "تم یہاں دنیا میں کیا کر رہے ہو؟" "ابھی میرے نوے دن کے چیک اپ کے لیے بیک آیا،" اس نے جواب دیا۔ "مجھے پیلے رنگ کا یرقان تھا، لیکن اب یہ سب ٹھیک ہے۔"

میں نے اسے پھر کبھی نہیں دیکھا۔ لیکن میں خُدا سے دعا کرتا ہوں کہ وہ اُس نوجوان کی نرمی سے اپنی چراگاہ میں رہنمائی کرنے کا راستہ تلاش کرے اور اُسے ایک بے اعتقادی گرجہ گھر کے مہلک بدگمانی سے بچائے۔ شاید فریڈرک ان لوگوں میں سے ایک ہے جو سچ کہنے کی ہمت کرتے ہیں، اور چرچ کے سوئے ہوئے دیو کو ایک نئی زندگی میں جگانے میں مدد کرتے ہیں۔

اگنیس سانفورڈ کی کتاب "سیلڈ آرڈرز: دی آٹو بائیوگرافی آف اے کرسچن صوفیانہ" سے اقتباس۔ Bridge-Logos Publishers نے دسمبر 1972 میں شائع کیا۔

جیمز مور ہکسن کے ذریعے شفا یابی

(بجائے اعلیٰ رپورٹنگ کا انداز، لیکن حقائق وہی ہیں...)

جیمز مور ہکسن کے ذریعے پیرس میں شفا یابی کی رپورٹ

پیرس کی ایک نامور اداکارہ، جس سے اس نے شادی کرنے سے انکار کر دیا تھا، اپنے چھاتی میں زخمی کر دیا، اس نے شفا دینے والے سے التجا کی کہ وہ اپنے زخموں کو بند کر دے اور اس نہ ختم ہونے والے درد کو دور کر دے جس نے اس کے دن اور اس کی راتوں کو عذاب بنا دیا۔

جماعت بے دھڑک شفا دینے والے کی کارروائی کا انتظار کر رہی تھی، وہ مذہبی آدمی جس نے لفظی طور پر عیسائیت کے اصولوں پر عمل کرنے کی کوشش کی۔ اسٹیج کی ٹیلسٹ عورت کے ساتھ اس کا رویہ کیا ہوگا جس کا پیشہ غیر سنجیدہ لوگوں کو خوش کرنا تھا؟

"اس تناؤ، دبے ہوئے جوش و خروش کے ماحول میں اور خوفناک خاموشی کے درمیان، مسٹر ہکسن نے خوبصورت اسٹیج پسندیدہ پر ہاتھ رکھا، جس کا چہرہ باغیچے کی پنکھڑیوں جیسا سفید ہو چکا تھا، اور دعا کی! اس نے کوئی سوال نہیں

کیا، کوئی نصیحت نہیں کی، اس نے محض اس کی روحانی مدد کی درخواست قبول کی اور اس کی صحت میں مدد کرنے کے لیے اپنی تمام طاقت اور طاقت کا استعمال کیا۔

لمبے عرصے میں ہاتھ ڈالنے کا کام ختم ہو چکا تھا۔ مبلغ اور اداکارہ آمنے سامنے۔ اچانک عورت نے اونچی گردن والا لباس پھاڑ دیا جس میں زخموں کو چھپایا گیا تھا جو گلے کے درمیان تک پہنچ گئے تھے۔ پاگل شخص کی چھری سے اتنی بے رحمی سے مارے گئے زخم اب بھی کھلے ہوئے تھے، لیکن یہ اب سرخ اور غصے میں نظر نہیں آرہے تھے! وہ ہلکے پھلکے تھے اور شفا کی ہر علامت ظاہر کر رہے تھے۔ اب کہا جا رہا ہے کہ اداکارہ بالکل ٹھیک ہو گئی ہیں، اور یہ گیشیں، جو تقریباً گیارہ منہ تک کھلی ہوئی تھیں، دو ہفتوں میں ٹھیک ہو گئیں۔

ایڈووکیٹ اخبار، برنی تسمانیہ سے 22 جنوری 1929 کو دوبارہ شائع ہوا۔ ہکسن آسٹریلیا میں اپنے 1923 کے شفا یابی کے مشن سے مشہور تھے۔

اوریگون میں مردہ سے اٹھا

تھامس ایم ویلچ کی مکمل دستاویزی کہانی، جو 55 فٹ کے فاصلے سے اپنی موت کے منہ میں جا گرا۔ اس کی لاش ملنے سے پہلے وہ کم از کم تین چوتھائی گھنٹے تک پانی میں رہا۔ وہ ایمان کی دعا سے زندہ ہوا اور اسی ہفتے کام پر واپس آیا! یہ واقعی 20ویں صدی کے عظیم ترین معجزات میں سے ایک ہے۔

لنک کے لیے http://www.healingandrevival.com/OregonMiracle.pdf

ولیم برانہم کے ذریعے گٹھیا کا علاج

پورٹ لینڈ اوریگون کے جے ایچ گنڈرسن نے وائس آف ہیلنگ میگزین کو درج ذیل گواہی بھیجی۔ انہوں نے اسے مئی 1948 میں شائع کیا۔

مجھے گٹھیا تھا جو کئی مہینوں سے آرہا تھا۔ مجھے کئی بار دعائیں دی گئیں۔ تو میں ڈاکٹر کے پاس گیا اور اس نے کہا کہ میرا ایک برا کیس ہے، اور جوڑوں میں ٹھیک ہے۔ اس نے مجھے اپنے بازوؤں میں 36 گولیاں لگائیں، لیکن تھوڑا سا سکون ملا۔ میں نے اسے اپنے بازوؤں، پیروں اور ہر جوڑ میں رکھا تھا۔ میں خوفناک حالت میں تھا۔ میں اپنے ہاتھ اپنے منہ سے اونچا نہیں کر سکتا تھا اور مجھے کپڑے پہننے سے پہلے کافی دیر تک فرش پر چلنا پڑا۔ پھر میں نے اپنے شوہر سے کہا کہ میں ڈاکٹر کے پاس جانا چھوڑ دوں گا اور اس کے بجائے ہر صبح دعائیہ اجتماع میں جاؤں گا۔ پھر بھی مجھے سکون نہیں ملا۔

میں برادرم برانہم کا پتہ حاصل کرنے میں کامیاب ہو گیا، اس لیے میں نے مسح کرنے کے لیے ایک رومال بھیج دیا اور دعا کی۔ 29 دسمبر کو صبح میں اٹھی

تو سارا درد ختم ہو چکا تھا۔ میں کپڑے پہنے اور کچن کی صفائی کے کام پر چلا گیا۔ میں نے برتن اور لکڑی کے کام کو دھویا، ٹھیک محسوس ہوا۔

تین دن بعد میں نے وہ رومال برادرم براںہم سے حاصل کیا، اور پوسٹ مارک پر نظر ڈالی تو پتہ چلا کہ اس نے صبح کی نماز پڑھی اور میں ٹھیک ہوگیا۔ میں اب بھی مکمل طور پر ٹھیک ہوں۔

دعائیہ کپڑے کے ذریعے شفاء - چارلس اور فرانسس ہنٹر

کیونکہ ہم یقین رکھتے ہیں کہ کپڑے کے ان چھوٹے ٹکڑوں کو ہم نے مسح کیا تھا، بہت سے لوگ شفا پا چکے ہیں جب ہم نے انہیں باہر بھیج دیا ہے!

ایک انتہائی دلچسپ واقعہ اس وقت شروع ہوا جب ہمیں فیلسورتھ، انگلینڈ میں ایک دادی کی طرف سے ایک خط موصول ہوا۔ اس نے ہماری شفا یابی کی وزارت کے بارے میں سنا اور ہمیں ایک خط لکھا۔ اس میں، اس نے ہمیں اپنے نانا کے بارے میں بتایا جو پیدائشی کولہے کی خرابی کے علاوہ ہائیڈروسیفالس (دماغ پر پانی کی خرابی) کے ساتھ پیدا ہوا تھا۔ ایک ہائیڈرو سیفالک بچہ شاذ و نادر ہی بہت لمبی عمر پاتا ہے کیونکہ یہ جسم کی ایک بہت سنگین خرابی ہے، سختی سے شیطان کی طرف سے، اور یقینی طور پر خدا کی طرف سے نہیں دیا گیا ہے۔

"اگر آپ انگلینڈ نہیں آ سکتے،" اس نے لکھا، "کیا آپ مجھے ایک چھوٹا سا نمازی کپڑا بھیجیں گے؟" انگلینڈ ہیوسٹن، ٹیکساس سے بہت دور ہے، اس لیے ہم اور ہمارے دفتر کے تمام عملے نے کپڑے کے ایک چھوٹے سے ٹکڑے پر ہاتھ رکھا۔ ہم نے خُدا سے درخواست کی کہ اُس کی شفا بخش قوت اُس میں جانے دے، اور اُس کے ساتھ، تاکہ جب اُسے بچے پر ڈالا جائے، تو قیامت کی قوت کپڑے سے بچے کے جسم میں جائے، اور بچہ خُدا کی قدرت سے مکمل طور پر ٹھیک ہو جائے! ہم نے مافوق الفطرت ایمان کے ساتھ یقین کیا جب ہم نے کپڑے کے اس چھوٹے سے ٹکڑے پر دعا کی اور اسے اس کے الٰہی بوجھ پر بھیج دیا۔ جب وہ آیا تو بچہ سو رہا تھا، تو دادی نے کپڑے کا چھوٹا سا ٹکڑا لیا، اسے لپیٹ کر بچے کے ہاتھ کے اندر چپکا دیا۔ یہ اس کا رابطہ تھا!

دادی نے لکھا اور ہمیں بتایا کہ دوسری ہیٹ کا چھوٹا سا نمازی کپڑا بچے کی مٹھی کے اندر سے چھو گیا، کھوپڑی فوری طور پر نارمل سائز میں آ گئی۔ اس بچے کو اب ہائیڈرو سیفالس نہیں تھا۔ بچہ خدا کی قدرت سے مکمل طور پر اور فوری طور پر مافوق الفطرت طور پر ٹھیک ہو گیا تھا!

اس انگریز دادی کو ہمارا خط بحر اوقیانوس کے اس پار جانا پڑا۔ اگرچہ یہ صرف ایک کاغذی لفافے میں تھا، لیکن خدا کا مسح نماز کے کپڑے پر ٹھہرا ہوا تھا کیونکہ یہ ہیوسٹن سے، غالباً نیویارک، اور پھر نیویارک سے لندن اور پھر لندن سے فیلسورتھ، انگلینڈ کے لیے ایک اور قسم کے کیریئر پر۔ خدا کی طاقت اب بھی

وہاں تھی! غالباً ایک ہفتہ یا دس دن اس کے نماز پڑھنے اور اس بچے کے ہاتھ میں دینے کے درمیان میں گزر گئے تھے، لیکن طاقت کم نہیں ہوئی تھی! وہ طاقت اتنی ہی مضبوط تھی جتنی ہم نے دعا کی تھی، اور اسی طرح دادی کا قبول کرنے والا ایمان تھا!

دو ہفتے بعد وہ اس بچے کو دوبارہ کلینک لے گئے جہاں اس کا پہلے علاج کیا گیا تھا، اور جب ڈاکٹر نے بچے کے کولھوں کا ایکسرے کیا تو اسے دو پرفیکٹ ہپ ساکٹ ملے۔ بچہ بالکل بھی بغیر ہپ ساکٹ کے پیدا ہوا تھا، اور اب اس کے دو بچے تھے! دادی نے بتایا کہ کلینک کے ڈاکٹر نے کہا، "یہ وہی بچہ نہیں ہے جس کا ہم علاج کر رہے ہیں، میڈیکل ریکارڈ بتاتے ہیں کہ بچے کے کولہے کے ساکٹ نہیں ہیں، میڈیکل ریکارڈ بتاتے ہیں کہ بچے کو ہائیڈروسیفالس ہے، تم یہ کس لیے لائے ہو؟ اس کے دماغ پر پانی نہیں ہے اور اس کے کولہے کے دو ساکٹ ہیں۔" ہیلیلویاہ!

چارلس اور فرانسس ہنٹر کے "بیماروں کو کیسے ٹھیک کریں" سے اقتباس۔ وہ رب کے ساتھ جا چکے ہیں، لیکن ان کی بیٹی جان ہنٹر اپنی وزارت کو جاری رکھتی ہے اور اپنے تربیتی سامان کے ساتھ ساتھ اپنا سامان بھی بیچتی ہے۔ www.joanhunter.org[1] پر مزید معلومات حاصل کریں۔

انسان مرنے کے بعد جنت کی سیر کرتا ہے لیکن دوبارہ زندہ ہو جاتا ہے۔

جم اینڈرسن کی موت دل کا دورہ پڑنے سے ہوئی تھی۔ مصیبت کی صرف علامات ایک سال پہلے آئی تھیں، لیکن اس کے ڈاکٹر نے اس کی علامات کو "تناؤ سے متعلق" قرار دیا۔ جم ایک ویسٹ واٹر ٹریٹمنٹ پلانٹ میں سپروائزر کے طور پر 12 گھنٹے دن کام کر رہا تھا۔ لیکن اس بار، جم جانتا تھا کہ یہ کشیدگی سے کہیں زیادہ تھا۔ "میں اپنے سونے کے کمرے میں آرام کر رہا تھا اور اچانک، مجھے اپنے سینے میں کرش کرنے والا درد ہوا؛ اور درد میرے بازو کے نیچے اور میری گردن کے اوپر پھیل گیا،" جم نے کہا۔ "میں اپنی سانس نہیں پکڑ سکا۔ اور میں نے اپنی بیٹی کو فون کیا اور کہا، 'تمہیں مجھے ہسپتال لے جانا پڑے گا۔ میں ایسا نہیں کروں گا۔'"

اس کی شریان میں غبارے کا کیتھیٹر ڈالا گیا تھا۔ اسے مستحکم کیا گیا اور اسے ہارٹ ٹرانسپلانٹ کی فہرست میں رکھا گیا۔ لیکن دو دن بعد، جم فلیٹ لائن میں کھڑا ہوا۔ جم یاد کرتا ہے، "میں سب کو کمرے میں بھاگتے ہوئے دیکھ سکتا تھا، لیکن میں الارم بجتے ہوئے نہیں سن سکتا تھا۔ ایسا لگتا ہے کہ میں پانی کے نیچے چلا گیا ہوں۔ ابھی سماعت ختم ہو گئی تھی۔ جب میں نے دعا کرنا شروع کی تھی۔

---

1. http://www.joanhunter.org

مجھے معلوم تھا کہ میں مر رہا ہوں۔ یہ کوئی خوفزدہ دعا نہیں تھی۔ یہ مخلصانہ تھا۔"

"جب میں نے دعا کی تو یہ اس وقت تک گہرا ہوتا گیا جب تک کہ یہ سیاہ نہیں ہو جاتا،" جم نے کہا۔ "اگلی چیز جو میں جانتا تھا، دور دور میں، میں نے ایک سفید روشنی دیکھی، وہ خوبصورت تھی، یہ صرف اندھی نہیں تھی، بلکہ خالص اور کامل تھی۔ جیسے ہی میں روشنی کی طرف جانے لگا، میں باہر کو دیکھ سکتا تھا؛ اس کا بیرونی کنارہ گھومنے لگتا ہے۔ اور میں یہ نہیں جان سکتا تھا کہ وہ کیا ہے۔ لیکن جیسے جیسے میں قریب گیا، میں نے دیکھا کہ یہ روشنی کے الفاظ کی طرف جا رہی تھی، اور روشنی کے الفاظ کی پیروی کرتے ہوئے یہ الفاظ ٹوٹ رہے تھے۔ روشنی میں۔"

"اگلی چیز جو میں نے محسوس کی کہ اسے گلے لگایا جا رہا ہے ... محفوظ اور محفوظ۔ یہ بہت اچھا لگا۔ یہ مکمل محبت کی طرح محسوس ہوا،" جم نے کہا۔ "اگلی بات جو مجھے معلوم تھی، میں نیچے اس کمرے کو دیکھ رہا تھا جہاں میرا جسم تھا۔ میں سب کو اپنے اوپر کام کر رہے تھے۔ میں سن سکتا تھا کہ وہ کیا کہہ رہے ہیں۔ کمرے کے باہر دو نرسیں اندر دیکھ رہی تھیں۔ ایک نے دوسری سے کہا، 'وہ اتنی محنت کیوں کر رہی ہیں؟ وہ چلا گیا ہے۔ اگر وہ اسے واپس لے آئیں تو وہ سبزی بن جائے گی۔' میں نے بعد میں اسے بتایا کہ اس نے کیا کہا۔

پھر جم نے اپنے آپ سے سوچا، "ڈیبی کہاں ہے؟" پھر، وہ فوراً اس کمرے میں تھا جہاں وہ تھی۔ جم کی بیوی، ڈیبی نے یاد کیا، "میں نے ابھی اس دعا کو ختم کیا تھا۔ تم جانتے ہو، 'وہ تمہارا ہے، لارڈ،' کیونکہ میں جانتی تھی کہ وہ ہمارے پاس واپس آنے کا واحد راستہ تھا... اگر خدا چاہتا تھا۔" جم کو یاد آیا، "جب اس نے ایسا کیا، تو میں نے اس کے چہرے کو دیکھا۔ اور جب میں نے اس کا چہرہ دیکھا، میں نے اپنی زندگی کے ہر پہلو کو ایک ساتھ دیکھا؛ پہلے دن سے ہماری ملاقات، ہماری شادی، ہمارے بچوں کی پیدائش، وہ تمام جذبات جو ہم نے شیئر کیے ... میں اسے نہیں چھوڑ سکتا، میں اسے چھوڑ نہیں سکتا۔" "میں نے رب سے فریاد کی اور کہا، 'خداوند، میں آپ سے بہت پیار کرتا ہوں، لیکن براہ کرم مجھے واپس جانے دیں۔' میں نے کہا، 'میری بیوی کو میری ضرورت ہے، میرے بچوں کو میری بہت ضرورت ہے، مجھے واپس جانے دو۔' "

ڈاکٹروں اور نرسوں نے ہمت نہیں ہاری۔ انہوں نے جم کو اتنی بار جھٹکا دیا کہ اس کے سینے کا گوشت جل گیا۔ پھر ڈاکٹروں کو دل کی دھڑکن سنائی دی۔ "میں درد کی دنیا میں واپس آیا،" جم نے کہا۔ "انہوں نے مجھے کئی بار چونکا۔ یہ پانی سے باہر آنے کی طرح ہے۔ میری سماعت واپس آگئی۔ میں انہیں یہ کہتے ہوئے سن سکتا تھا، 'میں یقین نہیں کر سکتا کہ وہ واپس آ گیا ہے... وہ واپس آ گیا ہے۔' انہوں نے کہا، 'کیا تم مجھے سن سکتے ہو؟' اور میں نے خود ہی وہ پہلا سانس لیا ہے جو کہ پہلی سانس کی طرح چکھ رہا تھا اور میں نے رب کا شکریہ ادا کیا۔

جم زندہ تھا... لیکن اس کا دل اب بھی ٹھیک سے کام نہیں کر رہا تھا۔ ڈیبی نے کہا، "انہوں نے اسے کوما، ایک طبی کوما میں ڈال دیا، تاکہ اس کا جسم ٹھیک ہو سکے۔ اس لیے، میں کئی دنوں تک اس سے بات نہیں کر سکی،" ڈیبی نے کہا۔ جم نے اگلے 17 دن انتہائی نگہداشت میں گزارے۔ اس نے مزید کئی بار فلیٹ لائن لگائی۔ اور ہر بار، یسوع نے اس سے ایک سوال پوچھا... "اس کے بعد جب میں نے گرفتار کیا اور روشنی کی طرف جاؤں گا، وہ پوچھے گا، 'کیا تمہیں یقین ہے کہ تم یہی چاہتے ہو؟' اور ہر بار میں واپس آنے کو کہوں گا،" جم نے کہا۔ جم اپنی طبی حوصلہ افزائی کوما سے بیدار ہوا۔ اس کے دل کے کام میں اضافہ ہوا - پانچ فیصد سے 30 فیصد تک۔ اسے اب ہارٹ ٹرانسپلانٹ کی ضرورت نہیں رہی۔ ڈیبی نے کہا، "یہ ایک طویل عمل تھا، لیکن بنیادی طور پر اس کی آواز دوبارہ سننا اچھا لگا۔"

اس کے ڈاکٹر نے اس کے سینے میں ایک پیس میکر لگایا۔ صرف دو دن بعد، جم اپنی بیٹی کی گریجویشن کے لیے وقت پر گھر بنانے میں کامیاب ہو گیا۔ ایک ڈاکٹر نے جم کو بتایا کہ اس کے پاس زندہ رہنے کے لیے صرف ایک سال ہے۔ یہ سات سال پہلے کی بات تھی۔ ڈیبی نے کہا، "اس نے ہمیں ایک دوسرے کے قریب لایا ہے ... ایک دوسرے کے بہت قریب۔ ہم اب چیزوں کے بارے میں بات کرتے ہیں، اور دن بھر جو کچھ بھی کرنے کی ضرورت ہے، وہ ہو گیا ہے۔ آپ جانتے ہیں، ہم معمولی چیزوں پر توجہ نہیں دیتے،" ڈیبی نے کہا۔

جم جانتا ہے کہ ہر دن وہ اپنے خاندان کے ساتھ گزارتا ہے یسوع مسیح کی طرف سے ایک نعمت ہے۔ "میں دن میں کم از کم ایک شخص کو گواہی دینے کی کوشش کرتا ہوں ... انہیں یہ بتانے کے لیے کہ یہ میرے بارے میں نہیں ہے ... یہ ان کی زندگی کے بارے میں ہے! اور یہ جاننا کہ وہ ان کے لیے موجود ہے، اور وہ ان سے محبت کرتا ہے،" جم نے کہا۔

CBN گواہی سے "جنت انتظار کر سکتی ہے۔"

پروسٹیٹ کینسر کی شفایابی

مجھے ڈیڑھ سال قبل پروسٹیٹ کینسر (جدید مراحل) کی تشخیص ہوئی تھی۔ ڈاکٹر کے تجویز کردہ ہارمون تھراپی پروگرام سے گزرنے کے بعد میرا PSA 15.7 تک کم ہونے کے بعد بڑھ کر 95 ہو گیا تھا۔ میرے پادری نے مجھے ہیلنگ رومز منسٹری کے بارے میں بتایا۔ ہم نے 90 میل کا سفر کیا، دعا کی اور دعائیں مانگیں۔ شفا یابی کی طاقت میں جانتا ہوں کہ اس رات میں نے اپنے اگلے ڈاکٹر کی ملاقات سے پہلے کئی بار دعا کی، یہ 31.7 تک گر گئی تھی، اور ڈاکٹر کو میرے پروسٹیٹ کو تلاش کرنے میں بہت مشکل پیش آئی تھی اور آپ کے رب کا شکریہ۔

یہ گواہی بروس کی انٹرنیشنل ایسوسی ایشن آف ہیلنگ رومز کی ہے جس نے آسٹن ہیلنگ رومز میں دعا حاصل کرنے کے بعد دی۔ IAHR کے بارے میں مزید جاننا چاہتے ہیں؟ www.healingrooms.com[2]

تخلیقی معجزہ - ایک بچے میں نئے دل کی تشکیل

تین سال پہلے، ایک عام حمل کے بعد، جیمی نے اپنے دوسرے بچے، آڈرے کو جنم دیا۔ پہلی نظر میں بچہ بالکل صحت مند دکھائی دے رہا تھا، اور وہ اور اس کے شوہر، ٹام بچی کی پیدائش کے لیے پرجوش تھے۔ تاہم، ڈاکٹروں کو آڈری کو گلابی رکھنے میں دشواری کا سامنا کرنا پڑ رہا تھا، اس لیے وہ اسے نوزائیدہ انتہائی نگہداشت کے یونٹ (NICU) میں لے گئے۔ وہاں، ڈاکٹروں نے طے کیا کہ بچے کے دل کا کچھ حصہ غائب ہے اور دل سے پھیپھڑوں تک کوئی بڑی شریانیں نہیں چل رہی ہیں۔ اس کے بعد بچے کو شہر کے ایک مختلف اسپتال میں منتقل کیا گیا جو اس کی دل کی بہترین دیکھ بھال کے لیے جانا جاتا ہے۔

جیمی کو یاد آیا کہ اس کے اندر ایک غصہ ابھر رہا ہے اور اس نے محسوس کیا کہ روح القدس اسے اس بات کی یاد دلاتی ہے جو اس نے اینڈریو کی تعلیم سے سیکھی تھی۔ اگلے موقع پر اسے بچے آڈری کو دیکھنا پڑا، اس نے اپنے ہاتھ اس پر رکھے اور آڈری کے دل کو وہاں رہنے کا حکم دیا، اور اس کے اوپر 1 پیٹر 2:24 بولا، "...جس کی دھاریوں سے آپ کو شفا ملی۔" اگرچہ وہ اپنے ننھے، پیلے بچے کو دیکھ رہی تھی، جو سر سے پاؤں تک تاروں سے جڑی ہوئی تھی، جیمی نے دعا کرتے ہوئے اسے اپنے اوپر سکون محسوس کیا۔ جب وہ شام کو اپنے ہی ہسپتال کے کمرے میں واپس آئی تو جیمی نے روح القدس کو یہ کہتے سنا، "مجھے کام کرتے ہوئے دیکھو۔" جیمی جانتی تھی کہ اس کا سکون باپ کے ساتھ اس کے رشتے سے آرہا ہے — اسے جاننا، اور اس کا کلام کیا کہتا ہے۔ "مجھے کبھی معلوم نہ ہوتا کہ اگر میں نے اینڈریو کی وزارت کو تلاش کرنے سے پہلے اس چرچ میں جانا جاری رکھا ہوتا جس میں میں جا رہا تھا، کیونکہ انہوں نے کبھی نہیں سکھایا کہ خدا آپ کی بھلائی چاہتا ہے۔"

ایک بار پھر روح القدس کی طرف سے حوصلہ افزائی کی گئی، جیمی نے اینڈریو وومیک منسٹریز میں ہیلپ لائن پر کال کی تاکہ ایک دعائیہ وزیر دعا میں اس سے اتفاق کرے۔ اس کا ایمان مضبوط ہوا جب اس نے اس اختیار کو سنا جس کے ساتھ وزیر نے آڈری پر شفا اور صحت کی بات کی۔ اس دن کے بعد، جب ماہرین نے اپنی بچی کی کم عمری کے بارے میں خوفناک خبر سنائی، جیمی سچائی پر مضبوطی سے کھڑی رہی، یہ جانتے ہوئے کہ اس کے خدا نے یہ مسائل پیدا نہیں کیے، اور یہ کہ اس نے آڈری کو ٹھیک کر دیا ہے۔

---

2. http://www.healingrooms.com

اگلی صبح، جیمی نے اپنے بچے کو چیک کرنے کے لیے ہسپتال بلایا اور نرس نے اسے بتایا کہ حالات بدل گئے ہیں۔ رات کے وقت، کارڈیالوجسٹ نے آڈری کو آنے والی سرجری کی تیاری کے لیے ایک اور ایکوگرام دیا تھا۔ جیمی سکاٹ سکاٹ خاندان، بھائی جوش اور ولیم سمیت جب انہوں نے ایکوگرام کیا تو انہوں نے دیکھا کہ آڈری کا دل مکمل طور پر بن چکا ہے۔ جیمی نے اپنے چہرے پر آنسوؤں کے ساتھ فون بند کیا اور ٹام سے کہا، "وہ اس کا دل دیکھتے ہیں۔" سکاٹ کو خوشی ہوئی، یہ جان کر کہ یہ ڈاکٹروں نے نہیں جنہوں نے آڈری کے لیے کچھ کیا تھا، بلکہ خدا نے۔ "میں جانتا تھا کہ میرا خدا وہاں ہے اور اس کا ہاتھ اس میں ہے، اور اس نے انہیں [نرسوں اور ڈاکٹروں] کو دکھایا کہ ایک اعلیٰ طاقت ہے۔"

جب جیمی اور ٹام نے نئے ٹیسٹ کے نتائج پر بات کرنے کے لیے ڈاکٹروں سے ملاقات کی، تو انھیں بتایا گیا کہ اس کی شہ رگ میں اب بھی ایک "کرنک" موجود ہے، اور یہ کہ ایک چھوٹی سی سرجری اس مسئلے کا خیال رکھے گی۔ لیکن ایک بار پھر، جیمی خدا کے کلام پر قائم رہی جب اس نے اپنے آپ سے سوچا، "میرا خدا آدھے راستے پر کچھ نہیں کرے گا، وہ پوری چیز کو پورا کر دے گا، اور اسے سرجری کی ضرورت نہیں پڑے گی۔" جیمی ٹھیک کہہ رہی تھی، اور اس تجربے کے دوران ہی اس نے محسوس کیا کہ خدا کو جاننا، اس وحی کے ذریعے جو اسے موصول ہوا تھا، انمول تھا۔

جیمی کے آڈری کو جنم دینے کے ایک ہفتہ بعد، وہ اپنی خوبصورت، بالکل صحت مند بچی کو اپنی بانہوں میں لے کر اپنے گھر کے دروازے سے گزری۔ یہ جملہ، "میں خوفناک اور حیرت انگیز طور پر بنا ہوا ہوں" جیمی کے ذہن میں اس ہفتے کے دوران مسلسل آتا رہا جو اس نے ہسپتال میں گزارا تھا۔ "وہ آدھے راستے میں کچھ نہیں کرتا۔ وہ ایک اچھا خدا اور ایک وفادار باپ ہے،" جیمی نے کہا۔ آج، آڈری ایک صحت مند، متحرک تین سال کی ہے۔

یہ اینڈریو وومیک کی وزارتوں سے ایک گواہی ہے۔ مزید جاننا چاہتے ہیں؟ [3]www.awmi.net

میٹ سورجر کے ذریعے تخلیقی معجزہ

میں اس لمحے کو کبھی نہیں بھولوں گا جب 12 سالہ لڑکی نے پلیٹ فارم پر قدم رکھا جب سارے اسٹیڈیم میں معجزے ہو رہے تھے۔ خُداوند نے مجھے بہرے کان کھولنے کے لیے دعا کرنے کی ہدایت کی تھی۔ جیسے ہی خدا کی موجودگی اور جلال نے ماحول کو بھر دیا، وہ کان جو سن نہیں سکتے تھے اچانک کھلنے لگے۔ جیسے ہی شہادتیں سامنے آئیں، میری ٹیم ایک نوجوان لڑکی کو پلیٹ فارم پر لے آئی۔ جب انہوں نے اس کے لمبے بھورے بالوں کو صاف کیا تو میں یہ دیکھ کر

---

3. http://www.awmi.net

حیران رہ گیا۔ وہ بغیر کانوں کے پیدا ہوئی تھی۔ اس کے سر کے پہلو میں چھوٹے چھوٹے سوراخ تھے۔ جیسے ہی خُدا کا مسح اُس پر آیا، وہ اپنے کانوں میں آوازیں سن سکتی تھی۔ اچانک، جیسے ہی رب نے ایک تخلیقی معجزہ جاری کیا، اس کے سر کے اندر کان کے پردے بن گئے اور اس کی سماعت زندگی میں پہلی بار کھل گئی۔ میں جانتا تھا کہ معجزہ کا مجھ سے کوئی تعلق نہیں تھا۔ میرا حصہ صرف یہ تھا کہ لوگوں کی عبادت میں رہنمائی کروں جب تک کہ جلال آجائے اور پھر باقی کام خدا کو کرنے دیں۔ اس رات میکسیکو میں ہم نے بہت سے لوگوں کو خدا کی قدرت سے شفایاب ہوتے دیکھا، یہاں تک کہ کئی معذور بھی۔

میٹ کے بارے میں مزید جاننا چاہتے ہیں؟ www.mattsorger.com

رینڈی کلارک ٹیم ۔ ٹانگ دو انچ بڑھتی ہے۔

ایک رات پہلے پادری الڈا کے چرچ میں، میں نے دیکھا کہ ایک آدمی لنگڑا ہوا چل رہا ہے۔ اس کے دائیں جوتے پر تین انچ کا پلیٹ فارم تھا اس لیے ظاہر ہے کہ ٹانگ بائیں سے چھوٹی تھی۔ جب وزارت کا وقت شروع ہوا تو میں نے ایک مترجم کو پکڑا اور اسے ڈھونڈ لیا۔ میں نے پوچھا کہ کیا میں اس کی ٹانگ کے بڑھنے کی دعا کر سکتا ہوں اور اس نے کہا ہاں۔ نماز پڑھنے کے پانچ منٹ کے اندر ہی اس کے چہرے پر درد کی ایک جھلک آ گئی۔ میں نے مترجم کے ذریعے پوچھا کہ کیا ہو رہا ہے۔ اس نے کہا، "یہ درد ہے!" میں نے پوچھا کہ کیا یہ ایک بری چوٹ ہے؟ اس نے کہا، "نہیں، یہ بڑھ رہا ہے!" وزارت کے پورے دور میں یہ ایک انچ سے ڈیڑھ انچ تک بڑھی۔ جب ہم وہاں سے نکلے تو میری حوصلہ شکنی ہوئی کیونکہ یہ مکمل طور پر ٹھیک نہیں ہوا تھا۔ اگلی رات، جمعہ 07/08/05، وہ دوبارہ وہاں تھا، جوتوں میں لنگڑاتا ہوا تھا۔

وہ مزید دعا کے لیے میرے پاس آیا۔ ہم نے مسئلے کی جڑ کھود لی۔ مجھے پتہ چلا کہ جب وہ 8 ماہ کا تھا تو اس کے کولہے کے دائیں طرف اور دائیں ٹانگ کے اوپری حصے پر لکڑی کا بنچ گرا تھا۔ سرجری کے بعد، اس کے کولہے میں فیمر اور ساکٹ کے درمیان کوئی کارٹلیج نہیں بچا تھا۔ جیسے جیسے وہ بڑا ہوا، ہڈی پیسنے سے وہ ٹانگ دوسری سے چھوٹی رہ گئی۔ وہ دونوں ٹانگیں سیدھی کر کے فرش پر لیٹا تھا۔ مسئلہ کی جڑ جانتے ہوئے، میں نے کارٹلیج کو بڑھنے کا حکم دیا۔ اس کی دائیں ٹانگ اچانک 90 ڈگری کے زاویے پر جھک گئی۔

اس نے کہا، "میں پہلے ایسا نہیں کر سکتا تھا!" جب بھی وہ بیٹھتا یا کھڑا ہوتا تو درد ہوتا کیونکہ ہڈیاں پیس جاتی تھیں اور وہ اسے زیادہ موڑ نہیں سکتا تھا۔ اب کوئی درد نہیں تھا اور اس میں پوری لچک تھی۔ پھر میں نے فیمر کو بڑھنے اور بڑھانے کا حکم دیا۔ اس کے چہرے پر درد ظاہر ہوا اور اس نے کہا، "ایسا محسوس ہوتا ہے کہ خدا ایک ٹو ٹرک کے ساتھ اس کے اندر ہے۔" یہ چند سینٹی میٹر کے

اندر اندر آگیا اور اس نے کہا کہ میں نماز پڑھنا چھوڑ دوں۔ وہ اٹھا اور بغیر کسی تکلیف کے اور بغیر جوتے اٹھائے چل دیا۔ میں اب بھی مایوس ہوں کہ یہ اس کی بائیں ٹانگ کے ساتھ بھی نہیں تھا لیکن اس نے کہا کہ اسے یقین ہے کہ یہ رات بھر بڑھتا رہے گا۔ چاہے وہ کرے یا نہ کرے، خدا نے اسے نئی کارٹلیج دی، درد لیا، اور اس کی ٹانگ تقریباً 2 انچ بڑھائی!

8 جولائی 2005 کو رینڈی کلارک منسٹری ٹیم کے مائیکل کلینسی نے رپورٹ کیا۔

سان پاؤلو، برازیل کے عالمی بیداری کے سفر سے۔ رپورٹ مورخہ 12 جولائی،

2005. ان کی اجازت سے استعمال کیا گیا۔

اے ایچ ڈیلیمور - مارگریٹ میک فیرسن کی شفایابی

مندرجہ ذیل گواہی دلچسپ ہے کیونکہ یہ ایک عورت کی طرف سے ہے جسے یقین نہیں تھا کہ خدا نے شفا دی ہے اور ایک مصنف کی طرف سے ایک کتاب میں لکھا گیا ہے جو یقین نہیں کرتا تھا
...کہ خدا شفا دیتا ہے اور ابھی تک

مارگریٹ میکفرسن کو ہر موسم سرما میں لمباگو (غلط طبی تعریف کی شکایت) کی وجہ سے ہفتوں تک معذوری کا سامنا کرنا پڑتا تھا۔ اس حالت میں میں، وہ ڈیلیمور میٹنگ میں ختم ہوئی۔ وہ متاثر ہوئی: وہ کوئی شو مین 1931 نہیں تھا۔ اس نے ایک عام لاؤنج سوٹ پہنا تھا، کوئی لباس نہیں تھا۔ روشنیاں اس پر پوری طرح جل رہی تھیں۔ کوئی مدھم مذہبی لہجہ، کوئی اسٹیج اثرات نہیں۔ صرف ایک چیز حیران کن اور دلچسپ تھی۔ جوں جوں سروس آگے بڑھی اس کی چمک بڑھتی گئی۔ میں ان نفسیاتی لوگوں میں سے نہیں ہوں جو قدرتی طور پر چمک کو دیکھتے ہیں۔ نہیں، یہ ایک حقیقی چمک تھی، جسے میری تمام پارٹی واضح طور پر دیکھ سکتی تھی۔ یہاں تک کہ اس نے اس کے اوپر برقی لیمپ کی سفید چمک بھی ختم کردی،' ڈیلیمور نے اسے پہچان لیا - وہ پہلے ہی اس سے گلی میں مل چکا تھا - اور اسے سامنے بلایا۔ اس سے پہلے کہ میں کہہ سکوں "چاقو!" اس نے میری پیشانی پر اپنی صلیب بنائی تھی اور میں باقی کے ساتھ اپنی پیٹھ پر چپٹا تھا۔' بعد میں، اٹھنے اور ہال سے باہر نکلنے کے بعد اس کی پارٹی میں سے ایک نے اس سے پوچھا کہ وہ کیوں گر گئی۔ اس کا جواب تھا، 'میں صرف اس شخص کے لیے محبت اور شائستگی سے باہر چلا گیا تھا۔ میں کھڑا ہو کر ان کے ایمان کو متزلزل نہیں کر سکا: میں بس نہیں کر سکا۔' اس کے سائل نے پھر کہا کہ اس نے اپنی کہانی سنانے میں ایک چیز کو نظر انداز کیا تھا: 'مارگریٹ، تم ٹھیک ہو گئی ہو! آپ سڑک پر بھاگ گئے! تمہاری لاٹھی کہاں ہے؟ تم نے اسے میٹنگ میں چھوڑ دیا!' یہ سچ

تھا۔ اے ایچ ڈیلیمور (یا اس کی طاقت جس سے اس نے معاہدہ کیا ہے) نے مجھے 'بیس سال سے زیادہ کھڑے لمباگو سے ٹھیک کیا تھا۔
لاری گائے کے "معجزات، مسیحا اور میڈیا: آکلینڈ میں 1930 کی دہائی میں وزارت برائے اے ایچ ڈیلیمور" سے اقتباس

ماریا ووڈ ورتھ ایٹر - ٹیومر والی عورت ٹھیک ہوگئی

س،سٹر ووڈ ورتھ کو ہمیشہ شہر کے جنوبی حصے میں لانے کے لیے میں خُدا کا شکر ادا کرتی ہوں، کیونکہ اُن کی تبلیغ کے ذریعے میرے شوہر کو پھٹنے سے شفا ملی، اور، خُدا کی حمد کرو، میں روح اور جسم دونوں کو شفا بخشی۔ میں کھو گیا تھا، لیکن یسوع نے مجھے پایا۔ میں بیمار تھا، لیکن یسوع نے مجھے شفا دی۔ یاد رکھیں کہ یسوع سب کچھ اچھا کرتا ہے۔ "یسوع مسیح، وہی کل، آج اور ہمیشہ کے لیے۔" عبرانیوں 13:8 جب میں قربان گاہ کے پاس گیا تو میرے بائیں جانب ٹیومر تھا۔ یہ نو سال پہلے کے زوال سے آیا تھا۔ اس وقت سے میں مسلسل مصائب، مصائب، اور عظیم درد میں تھا — بعض اوقات دوسروں سے بھی بدتر۔ میرے دکھ کوئی نہیں بتا سکتا۔

میرے لوگوں میں سے کوئی بھی نہیں جانتا تھا کہ میں نے اکثر اپنی جان لینے کے بارے میں سوچا، میری تکلیفیں بہت زیادہ تھیں۔ صرف میرے شوہر کی دعا اور مہربانی نے مجھے اس سے بچایا۔ ٹیومر کے ساتھ مل کر مجھے اور بھی کئی بیماریاں تھیں - آنتوں کے نچلے اعضاء میں نکسیر، ڈھیر، خون کا تھوکنا اور گٹھیا وغیرہ۔ تین سال پہلے میں اپنے پیروں، پھر بائیں بازو اور ہاتھ میں سوزش والی گٹھیا سے مکمل طور پر معذور ہو گیا تھا۔ ہم نے اس شہر اور دوسری جگہوں پر بہت سے زمینی طبیبوں کو آزمایا، لیکن کوئی فائدہ نہیں ہوا، کیونکہ صرف تھوڑا سا سکون ملا۔ ڈاکٹروں نے کہا کہ آپریشن سے بھی کام نہیں آئے گا۔ تب ہم جانتے تھے کہ زمین پر میرے لیے مزید کوئی مدد نہیں ہے ، لیکن ایک سست، دیرپا موت، شاید مہینوں یا سال، لیکن آخر کار یہ میری جان لے لے گی۔ اگرچہ میں اس وقت اوپر اور آس پاس تھا، میں دنیا کے سامنے اپنے درد اور مصائب کو چھپا سکتا تھا، لیکن ہائے وہ طویل راتیں میرے لیے کتنی بری تھیں۔

میں وہ دن کبھی نہیں بھولوں گا جب میں 10 اگست 1893 کو قربان گاہ پر گیا تھا۔ میں ایک غریب، دکھی گنہگار تھا۔ میں نے اپنے تمام گناہ، اور یہ بیمار، اپاہج جسم عاجزی کے ساتھ یسوع کے قدموں پر رکھ دیا۔ یسوع نے اپنی محبت بھری مہربانی اور رحم میں، مجھ جیسے دکھی بدبخت کو نیچا دیکھا، اور میں فوراً ہی، روح اور جسم دونوں ہی مکمل ہو گیا۔ کون خوشی محسوس کرے گا اور خدا کی تعریف کرے گا، اس بابرکت یقین دہانی کے لیے کہ یسوع میرا ہے، اور درد اور درد ایک لمحے میں ختم ہو جائے گا؟ اوہ میں خدا کا شکر ادا کرتا ہوں کہ بچوں پر

اس کی شفقت بھری مہربانی۔ میں امید کرتا ہوں اور دعا کرتا ہوں کہ یہ گواہی بہت سی گناہ سے بیمار روحوں کو یسوع کے قدموں تک لے آئے گی۔ خُدا سسٹر ووڈ ورتھ اور اُن کے ساتھی کارکنوں کو، وہ جہاں بھی ہوں، برکت دے۔ اللہ سپیر بھائی کو بھی سلامت رکھے۔ میرے لیے دعا کرو کہ میں وفادار رہوں۔

مسیح میں تمہارا۔

محترمہ ایم فالکنرتھ

سینٹ لوئس، مسوری

ایلڈر ایچ ایچ سپیہر کے "دنیا کا طبیب، مسیح رب" سے اقتباس۔

ایلڈر ایچ ایچ سپیہر ایک چرچ آف گاڈ (وائنبرنر) پادری تھا جس نے ماریہ ووڈ ورتھ کی کم از کم دو بار اپنی انجیلی بشارت کی میٹنگوں سے گرجا گھر قائم کرنے میں مدد کی۔

ٹی ڈبلیو رتنا (ماؤری ہیلر) - فینی لاماس کی شفایابی

شائع ہونے والی بہت سی شفایابی میں سے دو ایسی تھیں جن پر کچھ گرجا گھروں نے کافی توجہ حاصل کی۔ ان شفایابی نے متعدد رہنماؤں اور اجتماعات کو متاثر کیا جنہوں نے الہی شفایابی کی وزارت کے بارے میں گہرائی اور دعا کے ساتھ سوچا۔ پہلا معاملہ مس ایف لاماس کا تھا، جو نیلسن میں بپٹسٹ چرچ کی رکن تھیں۔

مس لاماس 19 سال سے سر سے پاؤں تک سٹیل کے فریم میں بند تھیں اور اس عرصے کے دوران انہیں بہترین طبی امداد ملی تھی۔ 1921 میں اس نے رتنا کو خط لکھا اور اس کا جواب ملنے کے بعد ایک طویل سیزن دعا میں گزارا۔ اس طرح خدا کی قدرت نے اسے بیٹھنے، کھڑے ہونے اور پھر بغیر مدد کے چلنے کے قابل بنایا۔ جو اسے جانتے تھے سب حیران رہ گئے۔ اس کے اپنے مقامی ڈاکٹر نے تصدیق کی کہ وہ ٹھیک ہو گئی ہے۔ مس لاماس نے شفا یابی کی اپنی گواہی کا اشتراک کرنے کا بیڑا اٹھایا اور اس کے شفا یابی کے صرف چھ ماہ بعد 6 ماہ کا سفر کیا، بہت سے بپٹسٹ گرجا گھروں کا دورہ کیا، بشمول آکلینڈ میں ٹیبرنیکل، شفا دینے کی خدا کی طاقت کے بارے میں بات کی اور الہی شفا کی تعلیم میں تیزی سے دلچسپی پیدا کی۔

اس کی شفا یابی کی کہانی ریورنڈ جوزف کیمپ کو پوری طرح سے سنائی گئی تھی جس نے اس کی گواہی کو ایک قابل ذکر کتابچے میں شائع کیا تھا جس کے چار ایڈیشن گزرے تھے، پہلا اس کی اشاعت کے تین ہفتے بعد فروخت ہوا تھا۔

واقعات کی اس کی تفصیل، جس کی وجہ سے حقیقی شفاء ہوئی: "میرے ڈاکٹر نے مجھے مشاورت کا نتیجہ بتایا اور کہا کہ کچھ نہیں کیا جا سکتا۔ میں بالکل امید سے باہر تھا۔ میں نے اس سے پوچھا کہ کیا اس نے رتنا کے معجزاتی آدمی کے

بارے میں سنا ہے۔" اس نے کہا "بس تھوڑا سا"۔ پھر میں نے اسے حیرت انگیز آدمی اور حیرت انگیز علاج کے بارے میں بتایا اور میں نے اسے میرے بستر کے پاس بیٹھ کر پڑھا اور وہ اتنا متاثر ہوا کہ آخر کار اس نے مجھے لکھنے پر زور دیا۔

اس نے کہا کہ اگر مجھے یقین کرنے کے لیے اتنا یقین ہے کہ وہ یہ نہیں دیکھ رہا تھا کہ مجھے بھی ٹھیک کیوں نہیں ہونا چاہیے
قلم پکڑنے کے لیے تقریباً بہت کمزور تھا کہ میں نے رتنا کو اپنے کیس کی ... مختصر وضاحت کرتے ہوئے ڈگریوں کے ذریعے خط لکھنے میں کامیاب کیا۔ . . میں نے مزید کچھ نہیں کیا جب تک کہ مجھے ایک ہفتہ بعد رتنا کا جواب نہیں ملا۔ اُس نے مجھے خُداوند یسوع مسیح پر پورے دل و جان سے اور اُس کی شفا دینے کی طاقت پر یقین کرنے کے لیے کہا، جوش سے اور بے تکان دعا کرنے کے لیے، اور اپنی دعاؤں کو دہرانا۔ اس نے کہا کہ وہ میرے لیے بھی دعا کرے گا۔

اس نے ایک آیت کا حوالہ دیا ۔ "تم خدا اور مال کی خدمت نہیں کر سکتے۔" یہ اس قسم کا خط نہیں تھا جس کی مجھے توقع تھی لیکن جتنا میں نے اسے پڑھا اتنا ہی اس میں موجود دکھائی دیا۔ میں نے اپنے حصے کا کام کرنے کا عزم کیا، اس لیے تقریباً پورا دن دعاؤں میں گزارا۔ میں نے ہر لمحہ دعا مانگی کہ میں اکیلا ہوں، دعا مانگی اور اپنے پورے دل و جان سے دعا کی یہاں تک کہ میں نماز میں اذیت نہ محسوس کروں۔ . . رات آئی اور میں نے پہلے سے کہیں زیادہ برا محسوس کیا۔ میں اتنی خلوص کے ساتھ دعا کرنے سے بالکل تھک گیا تھا میں نے صرف خدا کو بتایا کہ یہ اس کا کام ہے اور میں نے اسے مکمل طور پر اس پر چھوڑ دیا۔

پھر میں سونے چلا گیا۔ ہر بار جب میں بیدار ہوا میں نے دعا کی اور اگلی صبح سویرے میں نے دوبارہ بوجھ اٹھا لیا کیونکہ میں نے اپنے حصے کا کام کرنے کا عزم کیا تھا۔ یہ جان کر اچھا لگا کہ میلوں دور رتنا میرے لیے دعائیں کر رہی تھی۔ میں نے شدت سے دعا کی، تڑپتے ہوئے اس سے التجا کی کہ وہ مجھے شفا دے۔ آخری چند الفاظ مجھے اچھی طرح یاد ہیں۔ "اے خدا، تو عظیم، قادر مطلق، قادر مطلق ہے، تو ہر چیز پر قادر ہے۔

سب ایک ہی وقت میں عظیم معجزہ ہوا. زندگی اور طاقت مجھ میں بہہ گئی۔ بالکل کمزوری اور بیماری کے احساس سے میں فوری طور پر مضبوط اور ٹھیک تھا۔ اتنی زبردست تبدیلی تھی کہ میں نے بغیر درد اور سہارے کے خود کو بستر پر اٹھایا! ! میں نے اپنے پاؤں بستر سے باہر رکھے اور طاقت کی دعا مانگتے ہوئے میں کھڑا ہوا اور کامل آسانی اور آزادی کے ساتھ چل پڑا۔ میں چکرا

بھی نہیں رہا تھا۔ میں جانتا تھا، فوری طور پر کہ میں واقعی ٹھیک ہو گیا تھا۔ جس طرح یسوع مسیح نے لوگوں کو تندرست کیا جب وہ زمین پر تھا، اسی طرح اس نے مجھے تندرست کیا۔ اگرچہ ایک بچہ اور ایک کامل کنکال کی طرح کمزور تھا، جب عظیم طاقت مجھ میں آئی تو میں نے بالکل ٹھیک محسوس کیا۔ میں نے اپنی گھڑی کی طرف دیکھا تاکہ اس طرح کے حیرت انگیز کام کا وقت ریکارڈ کیا جا سکے۔ یہ 24 فروری 1921 کو ٹھیک 5.30 کا وقت تھا۔ یہ سب کچھ لکھنے کے لئے بہت ہی حیرت انگیز ہے ، الفاظ کبھی نہیں بتا سکتے ہیں اور نہ ہی قلم اتنی حیرت انگیز چیز لکھ سکتے ہیں۔

یہ رتنا کا خط ملنے کے ٹھیک انیس گھنٹے بعد ہوا۔ میں نے فوراً خدا کا شکر ادا کیا اور اس کی تعریف کی کہ اس نے میرے ساتھ جو شاندار احسان کیا۔ "پھر دروازے پر چل کر میں نے اپنے والدین کو پکارا کہ میں ٹھیک ہو گیا ہوں، وہ خوشی اور تشکر کے ساتھ جلدی سے اٹھے، میں ان کے پیارے چمکتے چہرے کو جب تک زندہ رہوں گا کبھی نہیں بھولوں گا... فطرت، اگرچہ میں اس لمحے تک موت کے دروازے پر تھا جو کبھی نہیں بھول سکتا تھا، میں فوری طور پر اتنا اچھا تھا کہ یہ صرف یہ ظاہر کرتا ہے کہ کتنا بڑا معجزہ ہے۔'

Rev.

JE Worsfold کی طرف سے "نیوزی لینڈ میں کرشماتی تحریکوں کی تاریخ" سے اقتباس - Rev. Joseph Kemp کی طرف سے "How I was Healed, a New Zealand Miracle" 1921 - کے نام سے اصل اکاؤنٹ شائع ہوا

FF Bosworth - چھ بہرے بچے ایک رات میں ٹھیک ہو گئے۔

روچیل، البنوائے کے چھوٹے سے قصبے میں چھ عام طور پر ذہین نوجوان آج صبح وہاں بپٹسٹ چرچ کے تہہ خانے میں ایک خاص کلاس میں بیٹھے اور ان کے استاد نے ان کی حوصلہ افزائی کی تھی آسان الفاظ کو بار بار دہرایا۔ جلد ہی وہ پورے حروف تہجی کو جان لیں گے، اس نے انہیں بتایا، اور بات کرنے کے قابل ہو جائے گا۔

کلاس میں دو لڑکیوں اور چار نوجوانوں کے دماغ یا جسم میں کچھ بھی غلط نہیں ہے۔ لیکن ایک ماہ پہلے وہ نہ بول سکتے تھے اور نہ سن سکتے تھے۔ وہ پیدائش سے ہی بہرے تھے، ایک ہی خاندان میں چار۔

پچھلے مہینے، اور قصبے میں چرچ کے بوڑھے رکن، ہیوسٹن کے گھر گئے اور کہا کہ اگر وہ ایمان رکھتے تو خدا چار بہرے بچوں کو ٹھیک کر دے گا۔ شکاگو میں Rev. FF Bosworth Gospel Tabernacle میں تبلیغ کر رہا ہے۔ انہوں نے مزید

کہا کہ اس شخص کی دعا کے بعد ہزاروں بیمار ٹھیک ہو چکے ہیں۔ بچوں کو شکاگو کیوں نہیں بھیجتے؟

ہیوسٹن کے چار بچوں اور دو دیگر کو شکاگو بھیج دیا گیا۔ ایک رات خیمے کی خدمت میں وہ پلیٹ فارم پر گئے جب پادری بوسورتھ نے پوچھا کہ کیا کوئی بیمار یا کمزور شخص دعا کرنا چاہتا ہے۔ وہ گواہی دیتے ہیں کہ اس رات تمام چھ افراد کے لیے فوری شفایابی تھی۔ اگلے دن روچیل کے چرچ کے تہہ خانے میں ان کی کلاس جاری رہی، لیکن اساتذہ اور شاگردوں کو تعلیمی انقلاب کا سامنا کرنا پڑا۔

لاس اینجلس ٹائمز 6 مئی 1928 سے اقتباس۔

Muscular Dystrophy سے نجات

مجھے ینگسٹاؤن کے ہسپتال سے معذوری کی بیماری، مسکولر ڈسٹروفی کے ساتھ ڈسچارج کیا گیا تھا۔ ڈاکٹروں نے ایم وی کیس کو ناامید سمجھا۔ ایک سال بعد میں نارمل اور صحت مند ہوں۔ جہاں ایک سال پہلے میں پانی کا گلاس نہیں اٹھا سکتی تھی، آج آٹھ کمروں کے گھر، شوہر اور دو چھوٹے بچوں کی دیکھ بھال کر رہی ہوں۔ صرف یسوع ہی میری حالت میں یہ معجزاتی تبدیلی لا سکتا ہے۔

میری پریشانی 1956 کے موسم گرما میں شروع ہوئی جب میں نے خود کو بہت تھکا ہوا پایا۔ ہم ایک نئے گھر میں جا رہے تھے تو میں نے سوچا کہ شاید یہی وجہ ہے کہ میں ہر وقت بہت تھکا ہوا محسوس کرتا ہوں۔ تب میں نے سیکھا کہ مجھے اپنا دوسرا بچہ پیدا کرنا ہے۔ میں زیادہ سے زیادہ تھکنے لگا۔ تقریباً تیسرے مہینے میں اپنا توازن کھونے لگا۔ میں بہت آسانی سے اور اکثر گر جاتا ۔ میں بچے کے بارے میں کافی پریشان تھا لیکن رب نے مجھے اندرونی یقین دہانی کرائی کہ بچہ بالکل ٹھیک ہو جائے گا۔

اگلے مہینوں کے دوران میں بہت کمزور ہو گیا۔ میں آلو چھیل نہیں سکتا تھا، ایک چوتھائی دودھ نہیں اٹھا سکتا تھا، یا خود کو بھی نہیں کھلا سکتا تھا۔ مجھے گرنے سے بچنے کے لیے سخت ٹانگوں سے چلنا پڑا۔ میرا ڈاکٹر میری حالت پر حیران تھا لیکن میں حمل کی وجہ سے ضروری معائنے نہیں کروا سکی۔ رب کی مدد سے میں نے ایک چھوٹی بچی کو جنم دیا۔ وہ ایک صحت مند بچہ تھا۔ وہ 20 جون 1957 کو پیدا ہوئیں اور ڈاکٹر نے مجھے ہسپتال سے اس امید پر فارغ کر دیا کہ مجھے مزید پریشانی نہیں ہوگی۔ تاہم، میری طاقت پھر ناکام ہونے لگی۔ میری حالت تیزی سے خراب ہوتی گئی یہاں تک کہ میں بچے کو اٹھا یا تبدیل نہ کرسکا۔ میں سیفٹی پن کو کھول یا بند بھی نہیں کر سکتا تھا۔ ہر روز کسی اور کو اسے تیار کرنا پڑتا تھا۔ مجھے وہیل چیئر استعمال کرنے کی تاکید کی گئی لیکن میں نے انکار کر دیا، کیونکہ میرے لیے دعا کی گئی تھی اور میں خدا پر بھروسہ کر رہا

تھا کہ وہ مجھے شفا دے گا۔ میں اب اور پھر تھوڑا سا چلوں گا، ایک وقت میں صرف چند قدم۔ لیکن میں ہر روز زیادہ تر کرسی تک محدود رہتا تھا۔

اُن دنوں میں اپنی بائبل نہیں رکھ سکتا تھا، اس لیے جب بھی میرے پادری بھائی رائے آرمسٹرانگ مجھ سے ملنے آتے تو میں بہت خوش ہوتا تھا۔ وہ بلند آواز سے بائبل پڑھے گا اور میں روح القدس سے کہوں گا کہ وہ مجھے جو کچھ پڑھا ہے اسے یاد رکھنے میں میری مدد کرے۔ جولائی میں میں تیزی سے ناکام ہوتا رہا اور میں جانتا تھا کہ جب تک خُداوند کوئی معجزہ نہ کر دے میں زیادہ دن زندہ نہیں رہوں گا۔ پٹھے خراب ہوتے گئے یہاں تک کہ گوشت میری ہڈیوں پر کپڑے کی طرح لٹک گیا۔ میں خود کو کھانا نہیں کھلا سکتا تھا اور نہ ہی کئی طریقوں سے اپنا خیال رکھ سکتا تھا۔ مجھے ہسپتال میں داخل کیا گیا اور تیرہ دن تک لیبارٹری ٹیسٹ کروائے گئے۔ ہسپتال میں رہتے ہوئے میں بے چین ہو گیا۔ میں نے خُداوند سے کہا کہ میں جانتا ہوں کہ میری صحت یابی کی کوئی زمینی امید نہیں ہے۔ میں نے اس سے کہا کہ میں اس پر بھروسہ کر رہا ہوں کہ وہ مجھے شفا دے، اور میں نے اس سے کہا کہ وہ اس وقت اور وہیں سے شفا یابی کا کام شروع کرنے پر راضی ہو۔

چنانچہ میں نے رب کے وعدوں کو ثابت کرنا شروع کیا۔ پہلے تو میں ہسپتال میں لیٹے ہوئے اپنا ہاتھ چہرے کے اوپر تک نہیں رکھ سکتا تھا، لیکن ہر صبح میں نماز پڑھتا اور وہیں ہاتھ پکڑنے کی کوشش کرتا۔ پانچ دنوں کے اندر میں اس پر قابو پانے اور اپنے چہرے کو چھونے میں کامیاب ہوگیا۔ اس نے مجھے یہ یقین کرنے میں حوصلہ دیا کہ خدا دعا کا جواب دے رہا ہے اور مجھے کوئی خوف نہیں ہے۔

10 اگست 1957 کو ڈاکٹر نے میرے شوہر کو بتایا کہ مجھے ایک بہت ہی جدید قسم کی Muscular Dystrophy ہے اور کہا کہ اس سے موت واقع ہو سکتی ہے۔ وہ مجھے گھر لے آئے اور مجھے ہر ممکن حد تک آرام دہ بنایا، یہ سوچ کر کہ یہ صرف وقت کی بات ہوگی۔ ڈاکٹر کو بہت کم احساس ہوا کہ ایک طاقتور شفا بخش قوت پہلے ہی مجھ میں اپنا طاقتور کام شروع کر رہی ہے۔ جیسے جیسے دن گزرتے گئے میں نے اپنے جسم کی ہر ممکن ورزش کی اور آہستہ آہستہ میری طاقت واپس آگئی۔ جب بھی میں منتقل ہوا میں نے ایمان کی دعا کی۔ میں نے کچھ قدم اٹھائے۔ میں اپنے کچن کی الماری کے دروازے کھولنے لگا۔ میں دراز کھولنے اور چاندی کے برتن نکالنے میں کامیاب ہوگیا۔

میں صرف آگے بڑھ گیا، میری مدد کرنے کے لئے رب پر منحصر ہے؛ اور اوہ، مجھے تنا سکون اور خوشی تھی جیسے میں نے دیکھا کہ کیا ہو رہا ہے۔ موت کے بجائے خدا مجھے نئی زندگی، نئی طاقت، نئی امید دے رہا تھا۔ کبھی کبھی میری حوصلہ شکنی ہو جاتی تھی، کیونکہ یہ سوچ برداشت کرنا مشکل تھا کہ میں اب بھی اپنے بچوں کی دیکھ بھال کرنے سے قاصر ہوں۔ میں نے خدا کے کلام کے وعدوں کا دعویٰ کیا اور اپنی جان کے دشمن کے خلاف لڑا۔ میں نے رب سے

درخواست کی کہ مجھے دوبارہ بچوں کی دیکھ بھال کرنے کی اجازت دی جائے، حالانکہ اس وقت یہ ناممکن نظر آتا تھا۔ میں اب بھی حفاظتی پن نہیں باندھ سکا۔ لیکن میں بائبل پڑھتا رہا اور وہاں مجھے حوصلہ دینے کے لیے بہت کچھ ملا۔

رب کی حمد کرو! پانچ ہفتوں کے اندر میں بچے کو بستر سے اٹھا کر باسینٹ ڈالنے میں کامیاب ہو گیا۔ میں اسے نہلا سکتا تھا، اس کے پنوں کو باندھ سکتا تھا، اور خود کپڑے پہن سکتا تھا۔ میں خوشی کے ساتھ قریب قریب تھا۔ آہستہ آہستہ میں نے کپڑے دھونا، استری کرنا، گھر کا کام کرنا اور کھانا پکانا شروع کر دیا۔ ایسا لگتا تھا کہ میں نے جتنا زیادہ کیا خداوند نے مجھے اتنا ہی زیادہ کرنے کے قابل بنایا۔ 1958 کے موسم گرما تک میں تقریباً نارمل تھا۔ یہ ایمان کی مسلسل لڑائی تھی لیکن رب مجھے فتح دے رہا تھا۔ میں نے چرچ میں گواہی دی کہ میں تقریباً مکمل طور پر ٹھیک ہو گیا ہوں لیکن کہا کہ میں اب بھی دوڑ نہیں سکتا اور اونچی ایڑیاں نہیں پہن سکتا۔ میں نے کہا کہ رب، تاہم، میری مدد کرتا رہے گا اور وہ عضلات مکمل طور پر تیار ہو جائیں گے۔ دو ماہ بعد میں کافی اچھی طرح سے دوڑ سکتا تھا اور اونچی ایڑیوں والے جوتے پہنے ہوئے تھا۔

آج، اس وقت سے ایک سال جب مجھے مرنے کے لیے گھر بھیجا گیا، میں صحت کے لحاظ سے نارمل ہوں اور اس احساس میں خوش ہوں کہ یسوع نہ صرف ہمیں گناہ سے بچا سکتا ہے بلکہ وہ ہمارے جسموں کو شفا بھی دے سکتا ہے، چاہے ہماری حالت کتنی ہی لاعلاج کیوں نہ ہو۔

نومبر 1958 میں مسز ہاورڈ فولر کی طرف سے دی گئی گواہی "پینٹی 16 "کوسٹل ایوینجل۔

رولینڈ اور ہیڈی بیکر - کھلی جنت اوور کابو ڈیلگاڈو

مسلمان رہنما تسلیم کر رہے ہیں کہ موزمبیق کے ساحل پر واقع یہ سب سے شمالی صوبہ، جسے کبھی ماہر نفسیات کے ذریعے "ناقابل رسائی" سمجھا جاتا تھا، عیسائیوں کے ہاتھوں کھویا جا رہا ہے۔ بندرگاہی شہر پیمبا میں پراپرٹی کے سب سے بڑے دستیاب حصے پر ہمارے بیس اور مشن اسکول کی ترقی نے ایک بڑی ہلچل مچا دی ہے۔ انجیل ایک وقت میں پورے دیہات کو آگے بڑھا رہی ہے کیونکہ روح القدس کی طاقت انڈیل رہی ہے۔

یہ کیسے ہوتا ہے؟ یہاں ایک مثال ہے۔ Felito Utuie، ایک 22 سالہ مبشر جس کی ہم نے لارڈ میں پرورش کی ہے، کوشش کر رہا تھا کہ ایک گائوں کے ایک مسلمان سردار کو ایک آؤٹ ریچ کی اجازت دی جائے۔ سردار نے بار بار انکار کیا۔ فیلیٹو نے اسے بتایا کہ یسوع بیماروں کو شفا دے گا۔ آخر میں، سردار نے پوچھا، "اگر آپ آئیں تو کیا میں یہ ہوتا دیکھوں گا؟" "ہاں!" فیلیٹو نے سادگی سے جواب دیا۔ چنانچہ سردار اپنے گاؤں میں ملاقات پر راضی ہوگیا۔

آؤٹ ریچ کی رات، میٹنگ بہت پرسکون، کھلے ماحول کے ساتھ شروع ہوئی، کچھ اجتماعات کے برعکس جہاں ہمیں شروع میں شیطانی رکاوٹوں کا سامنا کرنا پڑتا ہے۔ فیلیٹو نے خالص، سادہ انجیل کی تبلیغ کی اور پوچھا، "کون ان کی نجات دہندہ کی ضرورت کو تسلیم کرتا ہے؟" آوازیں اندھیرے میں پکار رہی تھیں، "میں معافی چاہتا ہوں، میں معافی چاہتا ہوں!" ایک بڑا شور اُٹھا جب لوگ نجات کے لیے التجا کرتے اور دعا کے لیے آگے بڑھے۔ پھر فیلیٹو نے اعلان کیا کہ وہ اور ان کی ٹیم بیماروں کے لیے دعا کریں گے۔ شفایابی ایک کے بعد ایک واقع ہوئی۔ ایک ماں اپنے آٹھ سالہ لڑکے کو لے کر آئی جو بہرا تھا، اور وہ فوراً ٹھیک ہو گیا۔

فیلیٹو نے چیف سے پوچھا، "کیا تم دیکھتے ہو؟" فوری طور پر چیف نے مائیکروفون منگوایا اور اپنے لوگوں سے کہا، "یہ حقیقی ہے! کوئی آدمی ایسا نہیں کر سکتا! یہ صرف اللہ ہی کر سکتا ہے! بیماروں کو زیادہ لاؤ، تمام بیماروں کو لاؤ!" ایک آدمی اپنی 7 سالہ چھوٹی بیٹی کو لے کر آیا جو بالکل نابینا تھی۔ اسے دعا ملی، اور س کے والد نے فوری طور پر اس سے پوچھا، "کیا تم نے دیکھا؟" اور پھر اس کے چہرے پر آنسو بہنے لگے جب اس کی بیٹی نے دیکھا اور اپنی زندگی میں پہلی بار اس کا چہرہ دیکھا! اور شفایابی اس رات جاری رہی۔

یہ سب پچھلے سال ہماری رسائی اکثر اس قسم کے پھل لے رہی ہے۔ ہم لمبی تبلیغ نہیں کرتے یا پیچیدہ نہیں ہوتے۔ لوگ سادہ ایمان کے ساتھ جواب دیتے ہیں، اور جیسے ہی وہ دیکھتے ہیں کہ یسوع حقیقی ہے اور انہیں معجزانہ طور پر چھو لے گا، وہ اسے چاہتے ہیں! وہ نجات چاہتے ہیں، وہ ایک گرجہ گھر چاہتے ہیں، وہ ایک پادری چاہتے ہیں، اب! ان کے سردار ہم سے التجا کرتے ہیں، "ہمیں مت چھوڑو، تم ہمیں اس طرح نہیں چھوڑ سکتے، ہم نے ایسا معجزہ کبھی نہیں دیکھا!

آپ کو واپس آنا ہوگا اور ہمیں سکھانا ہوگا! ہیڈی کو خاص طور پر بہرے، اندھے اور لنگڑے کے لیے ایک خاص مسح ملا ہے، اور وہ ایک بار رات گئے ایک معذور اور نابینا آدمی کے لیے دعا کرتی تھی جو کہ ٹھیک نہیں ہوا تھا، لیکن اس نے گاؤں سے کہا کہ وہ اسے بتا دے کہ وہ ٹھیک ہو جاتا ہے اور اس کے بعد وہ ایک اچھے دوست کے ساتھ بھاگ رہی تھی۔ وہ جس گاڑی میں تھے اُس کی کھڑکی تک سانسیں اُٹھائیں۔ وہ چل سکتا ہے اور دیکھ سکتا ہے!" رنر نے اسے بتانے کے لیے ابھی سات گھنٹے ہی دوڑایا تھا... آنسوؤں اور خوف میں، ہمارے مسلمان دوست نے پکارا، "میرے لیے دعا کرو! اب میرے لیے دعا کرو!"

آئیرس منسٹریز نیوز لیٹر کی رپورٹ، وزارت کا آغاز رولانڈ اور ہیڈی نے کیا۔

بیکر: 14 ستمبر 2005 کو۔ مزید پڑھنا چاہتے ہیں؟ ان کی ویب سائٹ پر جائیں:

www.irismin.org

رینڈی کلارک ٹیم ۔ پیدائش سے معذور لڑکا ٹھیک ہو گیا۔

بھارت کے شہر گنٹور میں ایک ماں اپنے 5 سالہ لڑکے کو ملاقات کے لیے لے کر آئی۔ وہ پیدائش سے ہی معذور تھا۔ اس کا بازو اور ہاتھ مفلوج ہو گئے تھے۔ اس کی انگلیاں 45 ڈگری کے زاویے پر پوری طرح سے سخت اور پیچھے کی طرف جھکی ہوئی تھیں۔ جب میں اس کے پاس گھٹنے ٹیکتا تھا تو روح القدس نے اس بچے کے لیے میرے دل میں ایسی شفقت ڈالی۔ اس کا بازو بالکل لنگڑا تھا اور اس کا ہاتھ مفلوج ہو چکا تھا۔ تقریباً 5 منٹ تک دعا مانگتے ہوئے اس کا ہاتھ پکڑے رہنے کے بعد اس کی گلابی انگلی میں ایک مروڑ آیا۔ میں نے اس کی شفا یابی کی پیشرفت کو چیک کرنے کے لیے کئی بار رک کر دعا کی۔ میرے پاس اس کی عمر کے بارے میں ایک جوان بیٹا ہے اور خدا مجھے اس طرح دعا کرنے کو کہتا رہا جیسے یہ میرا بیٹا ہو۔ اس بچے کی آنکھوں میں دیکھ کر میری آنکھوں میں آنسو آگئے۔

خُداوند نے اُس کے بازو، ہاتھ اور انگلیوں کو مکمل طور پر شفا بخشی۔

جنوری 2005 کو رینڈی کلارک منسٹری ٹیم کے کیری کرمر کی رپورٹ۔ 26 جنوری 2006 کی عالمی بیداری کی رپورٹ سے۔ ان کی اجازت سے 31 استعمال کیا گیا۔

ایتھل وِلیٹس ۔ بگڑی ہوئی لڑکی صحت یاب ہو گئی۔

میرے خاندان نے 1938 میں اکرون، OH میں Ethel R. Willits کی طرف سے منعقدہ ہیلنگ سروسز میں شرکت کی۔ مسز وِلٹس ایک بہت بڑے پورٹیبل پلائیووڈ ٹیبرنیکل میں خدمات انجام دے رہی تھیں۔ ملاقاتیں ہر رات اور اتوار کی دوپہر کو ہوتی رہیں۔ عمارت عموماً کھچا کھچ بھری رہتی تھی۔ ہر میٹنگ میں ایمبولینسوں کے اسکور کو خیمہ کے پہلو تک کھینچ لیا جائے گا اور عمارت کے سامنے والے اسٹریچر کو دوہری قطار میں چھوڑ دیا جائے گا۔ ہر خدمت سے لوگ صحت یاب ہو کر گھر چلے جاتے۔ مسز وِلٹس ایک تدریسی سیشن کی تبلیغ کریں گی، لوگوں کو شفا یابی کی خدمت سے قبل یسوع مسیح کو ان کی زندگیوں میں شفا یابی حاصل کرنے کے بارے میں ہدایات دیں گی۔ وہ پھر ہر ملاقات میں بیماروں کے لیے دعا کرتی۔ خیمہ گاہ کی سامنے کی دیوار، اسپیکر کے پیچھے بیساکھیوں اور منحنی خطوط وحدانی سے جڑی ہوئی تھی۔

ایک حیرت انگیز شفا جس کا ہم نے ذاتی طور پر تجربہ کیا، وہ ایک چھوٹی سی بگڑی ہوئی بچی کی تھی۔ اس کی کوئی ٹھوڑی نظر نہیں آرہی تھی، اس کی گردن کے پچھلے حصے پر ایک گانٹھ تھی اور دونوں ہاتھ پاؤں کلب تھے۔ اسے دعا کے لیے آگے لے جایا گیا اور وہ فوراً ٹھیک ہو گئی۔ ہجوم کی وجہ سے ہم نے اسے اس رات نہیں دیکھا، لیکن اگلی رات ہم اس کے اور اس کے والدین کے

پیچھے بیٹھ گئے۔ چھوٹے بچے کی نمایاں ٹھوڑی کے گرد ایک بونٹ تھا اور اس کی گردن کے پچھلے حصے پر کوئی گانٹھ نہیں تھی۔ وہ اپنے ننھے ننھے ہاتھوں سے اپنے پیروں سے کھیل رہی تھی۔ وہ بالکل ٹھیک ہو گئی تھی اور یسوع مسیح کی طاقت سے تندرست ہو گئی تھی۔

پال چائیڈسٹر کی ذاتی گواہی اس کی اجازت سے استعمال ہوتا ہے۔

اسٹیفن جیفریز ۔ معذور عورت کو شفا ملی جب اس نے یسوع کو ایک میٹنگ میں دیکھا

شدید مصائب کی زندگی کے بعد اس کا مطلب بیان کرنے کے لیے الفاظ تلاش کرنے میں ناکام رہتا ہے۔ بچپن سے ہی میں ہمیشہ بیمار رہتا تھا، ایک طرف رکھے بغیر پورا سال کبھی نہیں جاتا تھا۔ پھر، 1900 میں، میری شادی سے کچھ دن پہلے، میں نے ایک رنجر اٹھانے میں مدد کی، جس سے خود کو اندرونی طور پر چوٹ لگی۔ شادی کے صرف پانچ ہفتے بعد، اس نے مجھے دس ہفتوں کے لیے ایک طرف رکھا، پھر میں پھر سے اٹھنے لگا، لیکن ہر وقت کم و بیش درد ہی رہتا تھا۔ یہ برسوں تک چلتا رہا، کبھی کبھی اس کے بارے میں جاننے کے قابل، لیکن اکثر بستر پر۔ 1906 کے موسم گرما میں ہم تھورن نامی جگہ میں رہ رہے تھے، ڈونکاسٹر کے قریب (ہم پہلے اس جگہ پر رہ چکے تھے، جہاں میں چھ ڈاکٹروں سے زیر علاج رہا تھا، ساتھ ہی ساتھ انفرمری میں آوٹ پیشنٹ تھا، اور بار بار کہا جاتا تھا کہ کچھ نہیں ہو سکتا)۔

تھورن میں مجھے گردن توڑ بخار تھا اور ہفتوں تک موت کے بالکل قریب پڑا تھا۔ میری صحت یابی کے لیے وہاں کے پیرش چرچ میں بھی دعائیں مانگی گئیں۔ ایک بچے کی خاطر جو خدا نے ہمیں دیا ہے، خدا نے بہت سی دعائیں سنیں، میری جان بچ گئی، لیکن میں سیاہ چشمہ پہننے پر مجبور تھا؛ آنکھوں کے اعصاب اس قدر متاثر ہوئے کہ روشنی کی وجہ سے خوفناک ریچنگ ہوئی ۔ جسے ڈاکٹر دماغی بیماری کہتے ہیں۔ اس کے کچھ مہینوں بعد پیٹربورو میں آنے کے بعد، وہاں کے میرے دوست مجھے اپنے ڈاکٹر کے ساتھ ساتھ پیٹربورو انفرمری میں مشورہ لینے کے لیے کہتے، کیونکہ میری زندگی ایک طویل اذیت تھی۔ اگر مجھے یسوع کی طرف سے آنے والے آرام اور سکون کے بارے میں کچھ معلوم نہ ہوتا تو میں کبھی زندہ اور برداشت نہیں کر سکتا تھا۔ اوہ کلوری کے آدمی، ہمدرد یسوع کی تعریف کریں، جس نے میری روحانی آنکھیں کھولیں، اور مجھے ایک نجات دہندہ کی ضرورت کو دیکھنے کا باعث بنا۔ اور اگرچہ اکیس سال کی عمر میں اس کو قبول کرنے کا مطلب یہ تھا کہ میرا گھر سے نکل جانا ہے۔ ہیلیلویاہ! وہ مطمئن سے زیادہ۔

پیٹربورو کے ڈاکٹر نے مکمل معائنہ کرنے کے بعد تصدیق کی کہ پچھلے ڈاکٹروں نے کیا کہا تھا، کوئی علاج نہیں۔ فیصلہ یہ تھا، دل کی بیماری، پھیپھڑوں کی تکلیف، درحقیقت اس نے اپنے دوست سے پرائیویٹ طور پر کہا کہ میں بیماری سے بھرا ہوا ہوں، میرے جسم میں کوئی اعضاء ٹھیک نہیں، کینسر ہے، آنتوں میں ہلکا سا مروڑ ہے۔ اس نے یہ کہہ کر بات ختم کی کہ میرا اندر ایک بوسیدہ اسفنج کی طرح ہے اور آخر کار اگر میں زندہ رہا تو میں بالکل اندھا ہو جاؤں گا، اور پھر بھی، یسوع کی شان، مجھے اب عینک کی ضرورت نہیں ہے۔ میں ہر ایک مکمل ہوں. میں اس کے پیارے نام کی تعریف کرتا ہوں۔ اوہ ہللویاہ، جو کچھ رب نے میرے لیے کیا ہے۔ میں اس کی تعریف کرنے سے کبھی باز نہیں آؤں گا! 1910 میں، ہم یہاں گریمزبی آئے (میرے شوہر ریلوے میں کام کرتے ہیں)۔

میں 26 دسمبر کو یہاں پہنچا، 5 اپریل 1911 تک، جب مجھے دوبارہ اپنے بستر پر جانا پڑا، بہت تکلیف میں، معمول کے مطابق جانے کے قابل تھا۔ جب ڈاکٹر آیا تو اس نے کہا کہ ایک پندرہ دن میں سب سے زیادہ وقت ختم ہو جائے گا۔ میں ایسی خوفناک حالت میں تھا کہ اس نے سوچا بھی نہیں تھا کہ میں پندرہ دن بھی چل سکتا ہوں، اور پھر بھی ہفتے، مہینے، ہاں، اور یہاں تک کہ سال گزر گئے، ہمیشہ بستر پر، اور اوہ، اذیت، اگرچہ مجھے درد کو کم کرنے کے لیے مورفیا تھا، ایسی بڑھتی ہوئی خوراکوں میں کہ مقدار جاننے والے کچھ حیران ہوتے ہیں کہ منشیات کی کوئی خواہش نہیں ہے۔ اُس کی تعریف کرو، جو عجائبات کرتا ہے! بار بار میرے شوہر کو بھیجا گیا ہے کہ اگر وہ مجھے زندہ دیکھنا چاہتے ہیں تو فوراً ڈیوٹی چھوڑ دیں۔ میں گزرنے کے اتنے قریب پہنچ گیا ہوں کہ عورتیں میرے جسم کو دفنانے کے لیے گھر میں موجود تھیں۔ دو بار آگ لگ چکی ہے اور میں بے بس ہو چکا ہوں اور جل کر مر جاتا اگر باہر کی مدد نہ آتی۔

پہلے تین سال جو میں نے رکھی تھی، میں کبھی گھر سے باہر نہیں تھا۔ چوتھی گرمی میں باہر جانے کی خواہش اتنی شدید تھی کہ میرے شوہر نے ایک خاص گاڑی کرایہ پر لے لی (چونکہ مجھے لیٹنا پڑا، نہانے کی کرسی کا کوئی فائدہ نہیں تھا)۔ اگلے موسم گرما میں ہم نے ہل میں ایک بنایا تھا، اور اس لیے مجھے کچن میں میرے بستر سے اٹھا کر ریڑھ کی ہڈی میں بستر پر لے جایا گیا تھا۔ مؤخر الذکر میرے بستر کے قریب پہیے لگا ہوا تھا۔ میں نے کبھی لباس نہیں پہنا تھا درحقیقت میں نے اپنے تمام کپڑے اور جوتے یہ سوچ کر الگ کر دیے تھے کہ مجھے ان کی دوبارہ ضرورت نہیں پڑے گی۔ چنانچہ سال گزرتے گئے، اور، اگرچہ میں یسوع کو جانتا تھا، میں نے کافی سوچا کہ یہ اُس کی مرضی تھی کہ مجھے دُکھ برداشت کرنا چاہیے اور صرف فضل اور صبر کے لیے دعا کی۔ اوہ، میں کتنا اندھا تھا، یہ سوچنا کہ یہ اس کی مرضی تھی۔

اس کے بچے کو تکلیف دینا.

خدا کی حمد کرو، نجات آئی۔ میرے شوہر نے لندن میں شفا یابی کے کچھ معاملات پڑھے،

اس کے ایک بندے، پادری سٹیفن جیفریز کی وزارت کے ذریعے۔ ہم نے دعا کی کہ اگر میرے لیے کوئی نعمت ذخیرہ ہو تو وہ اپنے میسنجر کو گرمزبی کے پاس لے آئے۔ وہ آیا، اور خدمت میں حاضر ہونے اور یسوع میں زندگی کے شاندار الفاظ سننے کے بعد، میں نے خُداوند سے درخواست کی کہ وہ میری رہنمائی کرے۔ اس نے مجھے جیمز بمقابلہ 14,15 کی طرف ہدایت کی۔ اگلی خدمت میں میں اس قابل تھا۔

موجود میں نے اُس کے کلام پر عمل کیا۔ رب کے نام پر تیل سے مسح کیا گیا تھا۔ مجھے اس وقت ایک شاندار مسح ملا، لیکن شفا نہ ملی۔ ہللوجہ، جواب ایک پندرہ دن بعد آیا، 5 مارچ 1922 کو تقریباً 3.30 بجے، وہ، جو اٹھنے والا شخص، اقتدار میں آیا اور مجھے گاڑی سے اٹھا لیا۔ اُس کے قیمتی نام کی شان! پندرہ دن کا انتظار اس کے ایمان کو کم نہیں کر سکتا تھا۔ میں جانتا تھا کہ وہ مجھے ناکام نہیں کرے گا۔

28 فروری کو میں نے اپنے شوہر سے مجھے کچھ جوتے خریدنے کو کہا، مجھے یقین تھا کہ وہ وفادار ہے، حالانکہ میرے پاؤں تقریباً گیارہ سالوں سے کبھی فرش کو نہیں چھوئے تھے۔ یسوع کا جلال! اس نے مجھے انتظار میں رکھا۔ جمعہ کی رات، 3 مارچ، درد خوفناک تھا۔ ایسا لگتا تھا جیسے شیطان جانتا تھا کہ اس فانی فریم میں اس کا وقت محدود ہے۔ یہ اذیت تھی، اور پھر بھی رب مجھے اس رات دیکھنے کے لیے لایا کہ مورفیا کو جانا تھا۔ میں چاہتا تھا کہ یسوع کی بڑائی کی جائے، اور اس لیے میں نے کہا، "ہاں، خُداوند، چاہے موت کا مطلب ہو، میں تمہارا ہوں، میرے ساتھ جیسا تم چاہو کرو۔ براہِ کرم مجھے اپنی روح عطا کر کہ تمہارے سدتھ سچا ہوں۔"

جمعہ سے اتوار کی دوپہر تک ۔ گھنٹے طویل تھے، دشمن کے ساتھ لڑائی، مورفیا کے ساتھ تھوڑی آسانی حاصل کرنے کی کوشش کرنا، ایک تلخ تھا، لیکن اس نے میری شفاعت کی اور فتح دلائی۔ جب فری مین اسٹریٹ میں پرانے ہاربر آف ریفیوج کی طرف پہیے سے چلایا گیا، جہاں میٹنگ ہوئی تھی، میں پہلے سے زیادہ مصائب سے بھرا ہوا تھا اور پہلے سے زیادہ بے بس تھا، لیکن میٹنگ کے دوران خدا کی تعریف کی، جو ایک گواہی میٹنگ تھی، میں نے یسوع کو دیکھا، کلوری کے قیمتی آدمی۔

اس نے کھڑے ہو کر دیکھا، اس کی آنکھوں میں اس قدر پیار اور ترس تھا۔ پھر ایسا لگا کہ میرے نیچے مضبوط ہاتھ رکھے گئے ہیں، اور مجھے اوپر اور اوپر اٹھایا گیا، یہاں تک کہ میں نے سوچا کہ میں جنت میں پہنچ گیا ہوں، پھر میں بالکل اسی طرح آہستہ سے نیچے گیا، اور میں نے دیکھا کہ میں ابھی بھی ملاقات میں ہوں، اور پھر بھی ہوا کی طرح ہلکا محسوس ہوا۔ اوہ خوشی، اوہ بے خودی،

جیسا کہ یہ مجھ پر طلوع ہوا کہ شفا دینے والا خود آیا ہے اور نئی زندگی لایا ہے، ایک حقیقی قیامت کی زندگی، جہاں صرف ایک زندہ موت تھی۔ اُس کے نام پر، میں گاڑی سے اُٹھا، ہال کے چاروں طرف دوڑتی ہوئی آنکھوں اور ہاتھ اُوپر اُٹھائے ہوئے، جب لوگوں نے بار بار گایا، ''سب یسوع کے نام کی طاقت کو سلام!'' ہیلیلویاہ! ہیلیلویاہ! مجھے کسی انسانی ہاتھ نے ہاتھ نہیں لگایا۔ جب وہ آیا تو پادری اور کارکن پلیٹ فارم پر تھے۔ یہ یسوع تھا، میرا نجات دہندہ، جس نے مجھ میں یہ تبدیلی کی تھی۔ میں چاہتا ہوں کہ دوسرے اسے جانیں اور اس کی زندگی حاصل کریں۔ یہ شفا نہیں ہے، یہ خود شفا دینے والا ہے، جو زندگی اور صحت اور توانائی لاتا ہے۔

Grimsby اور دوسری جگہوں پر سینکڑوں لوگوں نے مجھے برسوں سے ایک لاش کی طرح پہیوں میں گھومتے دیکھا ہے۔ اب وہ مجھے سڑکوں پر چلتے ہوئے، اپنے گھریلو فرائض، یہاں تک کہ اپنے کپڑے دھوتے ہوئے دیکھتے ہیں۔ یہ سب یسوع ہے۔ میں سب اس کا مقروض ہوں۔ ڈاکٹر اور نرسیں، ریلوے کے مرد، پولیس اہلکار اور دیگر، حیران رہ جاتے ہیں، حالانکہ وہ سمجھ نہیں سکتے، یہ حیرت انگیز تبدیلی جو آئی ہے۔ دس سال اور گیارہ مہینے تک میں ایک بستر پر پڑی بے بس مخلوق تھی۔

اب میں زندگی سے بھرا ہوا ہوں، میلوں پیدل چلنے کے قابل ہوں، پہلے سے بہتر صحت ہوں۔ یہ سب میرے لیے کلوری میں خریدا گیا تھا، اور اب یسوع نے مکملت دی ہے، روح القدس میں بپتسمہ، دوسری زبانوں سے بولنا، یہ سب کچھ اس کی بڑائی کے لیے ہے۔ اوہ، میرا دل اس سے بھرا ہوا ہے۔ میں چاہتا ہوں کہ اکیلے اُس کی بڑائی کی جائے۔ میں صرف ایک گنہگار ہوں جو اس کے شاندار فضل سے بچایا گیا ہے۔ میرا ٹھکانہ اس کے قیمتی خون بہتے قدموں میں ہے۔ میں چاہتا ہوں کہ دوسرے اس سب میں آئیں جو وہ دینے کے لیے تڑپ رہا ہے۔ زندگی ہے، اوہ بہت مختلف ہے۔ میں صرف دیکھ رہا ہوں اور اس کے آنے کی توقع کر رہا ہوں، قیمتی، شریف مقدس یسوع، میرے دل کا مبارک دولہا۔ پھر بھی، جلدی آؤ، خداوند یسوع۔

میں یہاں یہ کہنا چاہوں گا کہ ڈاکٹر کہتے ہیں کہ بیماری کا کوئی نشان باقی نہیں رہا۔ میں باون سال کی عمر میں بغیر شیشے کے پڑھنا اور سلائی کرتا دیکھ سکتا ہوں۔ یسوع کا جلال! اوہ اس کی تعریف کرو۔ میں اس کی تعریف کرتا ہوں! ہیلیلویاہ! - مسز B. ALTOFT، 6 Stansted Street، Grimsby

ایگنس ایڈمز کے لکھے ہوئے "سٹیفن جیفریز" سے اقتباس

ریمنڈ T. Richey - انتہائی جنگی نقصان کا علاج

شدید بخار میں مبتلا ہونے کی وجہ سے، ہیوسٹن، ٹیکساس کے ایل سی ڈی ویس، فرسٹ آرمی کور، امریکن ایکسپیڈیشنری فورسز، کو آرمسٹس پر دستخط کے دو دن بعد، 3 نومبر کو ارگون جنگل سے باہر نکالا گیا۔ اسے ہسپتال لے جایا گیا، جہاں ماہر ڈاکٹروں اور سرجنوں نے مہینوں تک محنت کی، آخر کار اس کیس کو ناامید قرار دیا۔ انہوں نے مریض کو موت کا انتظار کرنے کے لیے ہسپتال میں انٹرنز کے حوالے کر دیا، ایک سرٹیفکیٹ پہلے ہی جاری کیا جا چکا ہے۔ جب پہلے ہسپتال لے جایا گیا تو اس فوجی کو الٹیاں ہو رہی تھیں اور شدید تکلیف ہو رہی تھی۔ اس ہسپتال سے اسے ویچی کے بیس ہسپتال 119 میں لے جایا گیا تھا، جو پانی کے اس مشہور مقام پر حکومت کے زیر انتظام ہے۔ یہاں وہ کئی ماہ رہے، اس کی حالت بد سے بدتر ہوتی گئی۔ یہاں سے اسے امریکہ بھیجنے کے لیے بورڈو بھیجا گیا۔

وہ عملی طور پر مسلسل اپنے بستر تک محدود تھا، اس کی حالت اتنی خراب تھی کہ اس کے لباس میں دوبارہ شامل نہ ہو سکے۔ آخر کار وہ نیویارک میں اترا اور اسے ڈیپارکیشن ہسپتال نمبر 3 لے جایا گیا۔ وہاں سے اسے جیفرسن بیرکس، سینٹ لوئس، مو کے بیس ہسپتال لے جایا گیا۔ یہاں ایکس رے کی تصویریں لی گئیں، جن میں دکھایا گیا کہ پیٹ باہر کھا گیا ہے، اور سپنج سے مشابہ ہے۔ اس کے بعد 8 مئی 1919 کو آپریشن کیا گیا۔ اس آپریشن کے دوران اپینڈکس، آنتوں کا بڑا حصہ اور پیٹ کا کچھ حصہ نکال دیا گیا۔ یہ آپریشن اتنا سنگین تھا کہ جسم سے جان نکلتی دکھائی دے رہی تھی اور نبض کی دھڑکن اس قدر بیہوش ہو گئی تھی کہ معالج نبض یا سانس کا پتہ لگانے سے قاصر تھے اور گردوں نے کام کرنے سے انکار کر دیا تھا، سارا پانی خشک ہو گیا تھا اور سینے سے نیچے کی طرف سے موت کی کیفیت پیدا ہو گئی تھی۔ اب ظاہر تھا کہ کیس ناامید تھا اور ڈیتھ سرٹیفکیٹ جاری کیا گیا تھا۔

اسی بے ہوشی کی کیفیت سے زندگی کی ایک مدھم چنگاری نظر آنے لگی اور مریض زندہ ہونے لگا۔ ڈیویس نے کہا، "اب، رب جس کو میں نے مسترد کر دیا تھا، مجھ سے بات کرنے لگا، جب کہ گھر والوں نے دعا کی کہ میری جان بچ جائے۔ حاضر ہونے والے معالجین نے اعتراف کیا کہ وہ اپنی مہارت کی حد تک پہنچ چکے ہیں۔ باقی خدا کو ہی کرنا چاہیے۔ ہسپتال چھوڑنے کے لیے کافی حد تک بہتر ہونے کے بعد، میں نے Iowa State College، Ames، Iowa کے لیے تین ہفتے دوبارہ ضروری تھے۔ پھر میں نے ڈیس موئنس، آئیووا میں مرمت کی، ڈاکٹروں نے یہ نتیجہ اخذ کیا کہ وہ مزید نہیں جا سکتے، اور مجھے بتایا گیا کہ وہ سب کچھ کر چکے ہیں اور یہ ایک مختصر وقت کی بات ہے جب تک کہ میں ہسپتال سے رخصت ہو گیا۔

"جب ہیوسٹن میں، میں نے پرانے وقت کی بحالی اور دعا کے جواب میں شاندار شفا کے بارے میں سنا۔ میں نے میٹنگ میں شرکت کی اور مبشر ریمنڈ ٹی. رچی کو سنا، اور ملاقاتوں میں دلچسپی لی۔ یہاں مجھے اپنے گناہوں کی سزا ملی اور اپنی زندگی خدا کے سپرد کر دی۔ اونچائی، اور اس وقت تک گر گئی تھی جب تک کہ میرا وزن ایک سو پاؤنڈ سے زیادہ نہیں تھا، اب میرا وزن تقریباً دو سو پاؤنڈ ہے، اچھی طرح سے کھاتا ہوں، اور میری بیماری کے دوران مجھے مستقل طور پر معذوری کی بنیاد پر اسکول سے روک دیا گیا تھا، ڈاکٹر نے کہا تھا کہ میں دوبارہ کبھی بھی اپنی پڑھائی دوبارہ شروع نہیں کر سکوں گا۔

Eloise May Richey کی طرف سے "What God Hath Rought" سے اقتباس

اسمتھ وِگلس ورتھ ۔ نرس کو معذوری کی بیماری سے شفا ملی ہے۔

نیرمبرن، NSW کی مس ایچ ٹوڈ نے گواہی دی: "سڈنی میں بطور نرس اپنے پیشے میں مصروف ہونے کے دوران مجھے ایک سنگین حادثے کا سامنا کرنا پڑا، جس میں گھٹنے کی ٹوپی ٹوٹ گئی اور اندرونی کارٹلیج کو ہٹا دیا گیا، جس کے نتیجے میں سائنوائٹس اور آرتھرائٹس (دائمی)۔ میرے پاس بہترین طبی مہارت تھی اور Oyd میں بغیر کسی مستقل ریلیف کے بعد میں Oyd میں مستقل طور پر آرام کرنے کے لیے بہترین طبی مہارت رکھتا تھا۔ دوبارہ بستر، اور اسی طرح طویل، تھکے ہوئے مہینے تھے، خاص طور پر جب، مجھے دوسری ٹانگ کے پٹھوں کے ریشے پھٹنے کا سامنا کرنا پڑا، جس کے نتیجے میں مجھے درد بہت شدید تھا، جس کی وجہ سے میں دوبارہ صحت مند ہونے کا کوئی امکان نہیں رکھتا تھا۔ دونوں ٹانگوں سے معذور، میری دیکھ بھال اور رکھنے کے لیے دوسروں پر انحصار کرنا۔

"میں کتنا نابینا تھا، کیونکہ اورنج کے نامنظور ہونے کے بعد سے میں ان لوگوں کے درمیان رہتا تھا جو ایمان رکھتے تھے اور مجھے الہی شفا کی صحیفائی تعلیم سننے کی کوشش کرتے تھے، لیکن میں نے مختلف سوچا، سچ میں بائبل نے گزرے دنوں میں حیرت انگیز چیزیں بتائی تھیں، لیکن میرے نزدیک وہ دن گزر چکے تھے اور اب چیزیں مختلف تھیں۔ Swthworth کے بعد Ivangels کی دلچسپی نہیں تھی۔ مبشر نے اپنا مشن شروع کیا تھا، جو صرف پانچ دن جاری رہے گا، میرے بھائی نے دوسروں کے ساتھ مل کر، الہی شفا کے بارے میں صحیفوں کی تعلیم کی حقیقت کے بارے میں سب سے زیادہ یقین کے ساتھ بات کی، اور اگرچہ میں اس وقت تک اس کے خلاف تھا، میں پھر سے اپنی بائبل کے پاس گیا اور، ایک اجنبی بیٹے کی طرح، اپنے آپ کو ختم کرنے کے لیے، مجھے بھی کہا گیا کہ میں بھی جاؤں گا، اور مجھے بھی کہا جائے گا کہ میں جاؤں گا۔ اور، پیارے

رب کی تعریف کریں، اس نے مجھے کئی سال تک ایک مسیحی ہونے کا انتظار کیا تھا، لیکن مجھے اس کی آواز سننے سے پہلے بیدار ہونا پڑا اور صحیفے کو پڑھتے ہوئے مجھے ان الفاظ سے گرفت میں لانا پڑا، 'ایک بات میں جانتا ہوں، کہ میں اندھا تھا، اب میں دیکھ رہا ہوں۔' یوحنا 9:25 جمعہ اور ہفتہ کا سارا دن میرے ذہن میں یہ بات چلتی رہی، 'میں خداوند ہوں، تبدیل نہ ہوں۔' اتنی متواتر یہ صحیفے میرے پاس آتے رہے کہ میں نے اس رات دعا کے مشن پر جانے کا ارادہ کیا۔

"ایک ٹانگ پر میرے گھٹنے کے جوڑ کو تالے اور چٹکی سے رکھنے کے لیے ایک اسٹیل اور چمڑے کا سامان تھا، جس سے شدید درد ہوتا تھا، اور دوسری سخت پٹیوں میں تھی۔ میں بیساکھیوں کے جوڑے کی مدد سے جلسہ گاہ میں لے جانے کے لیے گاڑی کی طرف نکلا، اور شدید تکلیف کے باوجود، مجھے یقین تھا کہ میں صحت یاب ہو جاؤں گا، اور وزیر کے طور پر خطاب کرنے کے بعد میں ان لوگوں کے ساتھ شامل ہو جاؤں گا۔ مبشر نے مجھ پر ہاتھ رکھا اور دعا کی کہ مجھے ایک عجیب لیکن خوبصورت تجربہ ہوا جیسے میرے دونوں متاثرہ ارکان پر جیٹ طیاروں سے ٹھنڈے پانی کا چھڑکاؤ کیا جا رہا تھا جہاں وہ زخمی ہوئے تھے، اور مجھے معلوم تھا کہ یہ رب ہے، لیکن میں نے دو یا تین کی طرف مڑنے کے لیے کچھ بہتر محسوس نہیں کیا۔

"گھر کے سارے راستے میں بہت روتا رہا، اور اپنا دل خدا کے سامنے اُنڈیلتا رہا، اور کہتا رہا، 'خداوند، میں مانتا ہوں، میرے بے یقین کی مدد کر۔' گھر پہنچ کر، مجھے گاڑی سے باہر نکالا گیا، اور کہا کہ میں نے سوچا کہ میں اکیلا چل سکتا ہوں جیسے ہی میں دروازے کی دہلیز پر پہنچا، ایک چمکتی ہوئی روشنی کی دیوار میرے سامنے آئی، اس قدر چمکتی ہوئی کہ اس نے مجھے تقریباً لڑکھڑا کر رکھ دیا، اور میں نے فوراً پکارا، 'خدا کی شان، میں گھر سے نکل گیا' رب، اور اوپر اور نیچے برآمدے میں، خدا کی تسبیح کرتے ہوئے اور میں نے بیساکھیوں سے ملنے سے پہلے کہا، 'ان کو اس مہربان دوست کے پاس لے جاؤ جس نے مجھے ان کی مزید ضرورت نہیں ہے۔' تو بیساکھیوں کو آدھی رات سے پہلے واپس کر دیا گیا تھا اگلی صبح اٹھتے ہی میں نے اسٹیل اور چمڑے کی پٹیاں چھوڑ دیں، اور اس کے بعد سے میں نے انہیں کبھی نہیں چھوا، کیونکہ میں بالکل ٹھیک ہو گیا تھا۔

"دو دن بعد میں نے اعمال 2:4 کے مطابق روح القدس میں پیار سے بپتسمہ لیا۔ میری بائبل میرے لیے پہلے سے کہیں زیادہ معنی رکھتی ہے۔ اب میں اپنے رب کو گناہ سے نجات دہندہ، عظیم طبیب، روح القدس سے بپتسمہ دینے والا، اور بہت جلد اپنی دلہن کے لیے آنے والا ہے۔"

اسمتھ وگلس ورتھ کے ذریعہ آسٹریلیا اور نیوزی لینڈ میں معجزات سے اقتباس۔

اے جے بائرز - 35 سال کی تکلیف کے بعد صحت یاب ہونے والی خاتون

میں مصیبت زدہ پیدا ہوا تھا اور زندہ رہنے کی امید نہیں تھی۔ پینتیس سال تک میں نہیں جانتا تھا کہ ایک صحت مند، معمول کے مطابق سانس لینا کیا ہے، اور اکثر میں خدا سے پوچھتا کہ مجھے یہ تکلیف کیوں اٹھانی پڑی۔ اُس نے جواب دیا کہ میں تجھ پر اپنی قدرت ظاہر کروں۔ میں نے کہا، "خداوند، اگر ایسا ہے تو میں آپ کی مرضی کے تابع ہونا چاہتا ہوں۔" ایک سال میں میں پانچ بار ہسپتال گیا اور ہر بار موت کے قریب تھا۔ مجھے دل کی دائمی عصبی بیماری تھی، پورے نظام کا دائمی نزلہ تھا، گردے اور خواتین کی تکلیف تھی۔ میں اپنی آنکھوں کی بینائی تقریباً کھو چکا تھا۔ وہ ساری زندگی کمزور رہے، جب میں بچپن میں تھا تو آپریشن کی ضرورت پڑتی تھی اور برسوں تک عینک پہنتے تھے۔

ہمارے پاس ہر وقت بہترین ڈاکٹر اور سرجن موجود تھے، لیکن ایسا لگتا تھا کہ وہ میرے لیے کچھ نہیں کر سکتے۔ آخر کار انہوں نے مجھے بتایا کہ آپریشن سے مجھے صحت یاب ہونے کا موقع مل سکتا ہے۔ اب، میں نے نہیں سوچا تھا کہ میں آپریشن سے بچ سکتا ہوں، لیکن رب سے کہا کہ اگر وہ مجھے گھر لے جائے گا، تو میں تیار ہوں، لیکن یہ کہ اگر اس کے پاس میرے لیے کوئی اور راستہ یا بہتر منصوبہ ہے، تو مجھے بتائیں۔ میں نے کہا، "خداوند، میں جانتا ہوں کہ اگر آپ چاہیں تو مجھے آپریشن کے بغیر شفا بخش سکتے ہیں، کیونکہ آپ کا کلام کہتا ہے، 'یسوع مسیح، وہی کل، آج اور ہمیشہ کے لیے،' اور یہ کہ جو لوگ آپ پر بھروسہ کرتے ہیں، وہ شرمندہ نہیں ہوں گے۔" اور اپنے دکھوں میں میں نے صرف خداوند میں آرام کیا۔ میں نے سچائی کو اس کی مکمل تبلیغ میں کبھی نہیں سنا تھا اور میں نے ابھی تک خدا کے سچے مقدسین کو نہیں پایا تھا۔ لیکن جب میرے آس پاس کے لوگ میرے مرنے کا انتظار کر رہے تھے، خدا نے اپنے دو سچے انجیل مبلغین کو مجھے دیکھنے کے لیے بھیجا (برادران کریبل اور کروس)۔ میں نے ان سے کہا کہ میں جانتا ہوں کہ خدا نے انہیں بھیجا ہے۔ انہوں نے کہا کہ وہ میرے لیے دعا کریں گے۔

کچھ دنوں بعد مجھے ہسپتال سے نکال کر آکلینڈ بھیج دیا گیا۔ میں نے خدا سے میری رہنمائی کی درخواست کی تھی، لہذا میں صرف اس کا انتظار کر رہا تھا۔ ایک دن جب میں دوبارہ موت کے قریب تھا، خدا نے مجھ سے کہا کہ بھائی کروز کو بھیج دوں۔ اگلے دن وہ آیا۔ دعا کے جواب میں میں بستر سے باہر ہونے کے قابل تھا۔ بھائی سی نے مجھے یسوع کے نام پر مسح کیا اور ایمان کی دعا مانگی۔ مجھے یقین تھا کہ دعا سنی گئی۔ میں بعض اوقات بستر سے باہر ہونے کے قابل تھا ، لیکن اب میری تکلیفیں پہلے سے کہیں زیادہ شدید تھیں، اور میں نے محسوس کیا کہ خدا نے مجھے مکمل طور پر چھوڑ دیا ہے۔

میں نے محسوس کیا کہ وہ کہیں ہے، لیکن اوہ بہت دور ہے۔ اس دوران تاریکی کی طاقتوں نے مجھے اپنی لپیٹ میں لے لیا اور ایسا لگتا تھا کہ وہ مجھے ٹکڑے ٹکڑے کر رہے ہیں۔ میں نے نہ صرف دکھ اٹھائے بلکہ وہ بھیانک اذیت میں تھا جو کئی راتوں اور دنوں تک جاری رہی۔ آپ نے دیکھا کہ مجھے اس سے سبق حاصل کرنا تھا جو خدا نے میرے لئے کیا تھا۔ اس کے علاوہ، میں رب سے بھاگ گیا تھا، اور مجھے سخت سزا کی ضرورت تھی۔ خدا میرے ساتھ کھڑا تھا، اور مجھے مضبوط کیا، حالانکہ میں اس وقت نہیں جانتا تھا۔

ایک دن مجھے یہ احساس ہوا کہ خدا میرے بارے میں سوچ رہا ہے، اور میں نے پکارا، 'میں نہیں مروں گا، لیکن زندہ رہوں گا، اور خداوند کے کاموں کا اعلان کروں گا۔" پھر مجھے جنوری 1910 میں آکلینڈ اسمبلی میں لایا گیا، اور برادر بائرز نے مجھے مسح کیا۔ برادران کریبل اور ہولکمب نے مجھ پر ہاتھ رکھا اور خدا سے میرے جسم کو چھونے کے لیے پکارا۔ میں اس وقت کچھ مختلف محسوس نہیں کر رہا تھا، لیکن میرا بھروسہ رب پر تھا، اور میں ٹھیک اسی طرح لینے کے لیے تیار تھا جس طرح خُدا نے مجھے دینا مناسب سمجھا۔ مجھے اطمینان محسوس ہوا کہ دعائیں خدا کے عرش کے سامنے ہیں۔ اسی رات میں نے محسوس کیا کہ یسوع میرے پلنگ پر آئے اور اپنا ہاتھ آہستہ سے میرے سر پر رکھا، اور پھر میں نے محسوس کیا کہ خدا کی طاقت میرے پورے جسم میں سے گزر رہی ہے۔ میں نے پکارا، "خداوند یسوع، میں ان سب کے لائق نہیں ہوں۔" میں آسمان سے بارش جیسی چیز کو دیکھ سکتا تھا، اندردخش کے تمام رنگ، صرف صاف اور روشن۔

مجھے اپنے شکریہ کے اظہار کے لیے الفاظ کم ہی ملتے تھے۔ ایسا لگتا تھا کہ میں ابھی مردوں میں سے جی اُٹھا ہوں۔ میں نے اپنے اردگرد چیزوں کو واضح طور پر دیکھنا شروع کیا اور یہ سمجھنا شروع کیا کہ خدا نے واقعی مجھے میرے تمام دکھوں سے شفا بخشی ہے۔ یہ سب سچ ہونا بہت اچھا لگتا تھا لیکن رب کی حمد کرو، ایسا ہی تھا۔ میں مضبوط ہونا شروع ہو گیا، بہتر بھوک لگی، اور میں پھر آہستہ آہستہ زندگی کے فرائض سنبھالنے کے قابل ہو گیا۔ ۔ میری اسپولڈنگ

AL Byers کی طرف سے "الٰہی شفا کے 200 حقیقی واقعات" سے اقتباس

جارج جیفریز ۔ معذور آدمی فوری طور پر ٹھیک ہو گیا۔

مسٹر جیمز گریگسن کو اپریل 1927 میں لیڈز میں معجزانہ طور پر شفا ملی۔ عظیم ہجوم جنہوں نے اس معجزے کا مشاہدہ کیا وہ ان کے اچانک صحت یاب ہونے کے دن کو طویل عرصے تک یاد رکھیں گے۔ وہ ایک مکمل اپاہج تھا، جس کی حرکت کی واحد طاقت دردناک طور پر اپنے آپ کو اپنے پیچھے مڑی ہوئی ٹانگوں کو گھسیٹتے ہوئے زمین پر دھکیلتی تھی۔

میں تجارت کے اعتبار سے لوہا بنانے والا تھا۔ 2 فروری 1922 کو مجھے ایک سنگین حادثہ پیش آیا۔ میں اونچائی سے کوئلے کے ڈبے میں گر گیا، ہر ہڈی اپنی جگہ سے ہٹ رہی تھی۔ میری ریڑھ کی ہڈی میں بھی چوٹ آئی۔ مجھے ہسپتال لے جایا گیا، جہاں مجھے ہر وہ علاج ملا جو ہسپتال فراہم کر سکتا تھا، لیکن میں ایک بے بس، ناامید معذور بن گیا۔ مجھے زمین پر رینگنا پڑا۔ میری ٹانگیں مڑی ہوئی تھیں اور میں نے انہیں کراس کی حالت میں گھسیٹ لیا۔ میں بیٹھ نہیں سکتا تھا، لیکن جھوٹ بولنا پڑا۔ میری زندگی ایک مصیبت تھی. بدھ کی شام میری اہلیہ نے اخبار میں ایک خاتون کا بیان پڑھا جو پرنسپل جارج جیفریز کی انتخابی میٹنگوں میں اپنی بینائی حاصل کر رہی تھی۔ جیسے ہی وہ پڑھتی تھی، مجھے یقین ہو گیا تھا کہ اگر میں میٹنگ میں جا سکوں تو میں ٹھیک ہو سکتا ہوں۔ میں ہفتہ کے دن اپنی بیساکھیوں پر اپنی ٹانگیں پیچھے گھسیٹتا چلا گیا۔ اس رات میں نے نجات پائی: اس نے میری تمام خطائیں معاف کر دیں۔ پھر میں اتوار کو دوبارہ کولیزیم گیا۔ خدا ہی جانتا ہے کہ میں وہاں کیسے پہنچا، اور جب میں وہاں پہنچا تو مجھے اندر جانے کے لیے بڑی جدوجہد کرنا پڑی، لیکن کچھ لوگوں کو مجھ پر ترس آیا اور مجھے گھسیٹ کر پیچھے لے گئے۔

پھر حاضرین مجھے اندر لے گئے اور چبوترے کے سامنے بٹھا دیا۔

بحالی پارٹی میں سے ایک میرے پاس آیا اور کہا "بھائی، آپ آرام دہ نظر نہیں آتے؛ کیا میں آپ کو زیادہ آرام دہ بنا سکتا ہوں؟ " اور میں نے جواب دیا، "میں کبھی بھی آرام دہ نہیں ہوں" کیونکہ میں رات دن درد میں رہتا تھا۔ پرنسپل نے میرے لیے دعا کی، اور جب اس نے مجھ پر ہاتھ رکھا تو مجھے ایسا لگا جیسے میرے پورے جسم پر درجن بھر ہاتھ رکھے گئے ہوں اور میں نے محسوس کیا کہ ہر ہڈی اپنی جگہ پر واپس جا رہی ہے۔ مجھے فوراً رہا کر دیا گیا اور میں مکمل طور پر ٹھیک ہو گیا۔ میں صرف جلد اور ہڈی تھا۔ میری آنکھیں میرے سر میں دھنسی گئیں۔ دو ہفتوں کے اندر میں نے دو پتھر پانچ پاؤنڈ حاصل کیے تھے، اور میں نے گوشت پہننا جاری رکھا۔ میں ہمیشہ کی طرح مضبوطی سے اپنے کام پر واپس جانے کے قابل تھا۔ خرابی صحت کی وجہ سے میں نے کبھی ایک دن کا کام نہیں "!کھویا۔ ہیلیلویاہ! خدا کے لئے تمام جلال ہو! رب کی حمد کرو

جارج جیفریز کے "شفائی شعاعوں" سے اقتباس ،

رینڈی کلارک کی ٹیم - دو بہرے اور گونگے بھائی صحت یاب ہوئے۔

دو لڑکوں کو ان کی ماں میرے پاس لائی تھی۔ اس نے مجھ سے سب سے بوڑھے کے لیے دعا کرنے کو کہا جو گونگا بہرا تھا۔ نماز کے بعد میں نے اسے شور

مچانے کو کہا تو وہ بولا۔ مجھے ماں سے پوچھنا تھا کہ کیا وہ واقعی گونگی اور بہری تھی کیونکہ وہ بہت صاف بولتی تھی۔ میرے مترجم نے کہا، "ہاں، وہ تھا۔" اس نے ماں کے سب سے چھوٹے بیٹے کی طرف اشارہ کرتے ہوئے کہا کہ وہ بھی گونگا اور بہرا ہے۔ میں نے پہلے تو اس پر یقین نہیں کیا لیکن اس نے اصرار کیا کہ وہ حقیقت میں اس کے بھائی کی طرح بہرا اور گونگا تھا۔ خداوند آیا اور لڑکے نے سنا اور بولا۔ میں نے پادری جیمز کو دوگنا یقینی بنانے کے لیے ملایا کہ دونوں لڑکے گونگے اور بہرے تھے اور دونوں ٹھیک ہو گئے تھے۔ اس نے تصدیق کی۔

چارلس پولسٹن کے ذریعہ رپورٹ کیا گیا۔ عالمی بیداری کی رپورٹ سے مورخہ 3 فروری 2005- ان کی اجازت سے استعمال کیا گیا۔

جینی اسمتھ - برسوں کی شدید تکلیف کے بعد شفایاب ہوئی۔

ہم ایک اور علاج کی مثال پیش کرتے ہیں، جس کی کہانی بہت سے لوگوں نے پڑھی ہے، اور خود آزاد ہونے والے مریض کے لبوں سے چند لوگوں نے سنی ہے۔ فلاڈیلفیا کی جینی اسمتھ کی خوشی کی قابل ذکر تاریخ چھوٹی کتاب "باکا سے بیولہ تک" میں بیان کی گئی ہے۔ اس کی بیماری، اتنی پراسرار اور اذیت ناک اور طویل عرصے تک جاری رہی کہ اس کے پادری نے اسے بیان کیا کہ "مصائب کی داستان شاذ و نادر ہی اگر کبھی برابر ہو،" کو یہاں طوالت سے بیان نہیں کیا جا سکتا۔ یہ کہنا کافی ہے کہ وہ تقریباً سولہ برس تک ایک بے بس معذور تھی، جس کا زیادہ تر وقت انتہائی اذیت کا شکار رہا۔

ایک اعضاء کو اس قدر پرتشدد اور بے قابو اینٹھن کا نشانہ بنایا جاتا تھا کہ اسے ایک مضبوط ڈبے میں قید کرنا پڑتا تھا، اور اکثر اسے بھاری وزن سے دبانا پڑتا تھا۔ اس کے غیر معمولی مصائب کے دوران ایسا لگتا ہے کہ اس کے ایمان اور تقدیس کو بہت جاندار مشق میں لایا گیا ہے ، تاکہ اس کے صوفے کو منبر بنا کر ، اس کی پہنچ میں آنے والے لوگوں کی روحانی زندگی کو تیز کرنے کے لئے اسے بہت استعمال کیا گیا۔ اس دوران اس نے جسمانی شفایابی کے لیے خدا کے وعدے کو پکڑنا شروع کیا، اور کئی جزوی راحتوں میں اس کی طاقت کے نشانات حاصل کرنے کے بعد، اسے پوری صحت یابی کے لیے پوچھنے اور حاصل کرنے کے لیے لے جایا گیا۔

کہانی ان کے اپنے الفاظ میں بیان کی گئی ہے۔ ایک دن کی غیر معمولی تکلیف کے بعد شام کو جب وہ اپنی ایکسٹینشن کرسی پر لیٹی تھی چند مسیحی دوست اس کے بارے میں جمع ہوئے تھے۔ وہ کہتی ہیں: "شام نماز کے لیے وقف تھی، جس کی قیادت پادری ایوریٹ کر رہے تھے۔ پہلے گھنٹے یا اس سے زیادہ کے بعد، کچھ کو چھوڑنا پڑا۔ ایک بھائی، جس سے میں پہلے نہیں ملا تھا، جاتے وقت اس

نے ہاتھ ملایا، کہا، 'میری بہن، تم بہت زیادہ پوچھ رہی ہو؛ تم صحت یاب ہونے کے لیے بہت بے چین ہو۔

خُداوند آپ کو آپ کے پاؤں پر بیٹھنے سے بہتر آپ کی چارپائی پر استعمال کر سکتا ہے۔' میں بھائی کے الفاظ کا شکر گزار تھا۔ میں نے پھر اپنے دل میں تلاش کر کے دیکھا۔ بابرکت رب جانتا ہے کہ میں نے ایمانداری سے جواب دیا، 'نہیں، میں صحت یاب ہونے کے لیے پریشان نہیں ہوں۔ میں نے اس پر فتح حاصل کی ہے۔ اگر بھٹی کی تپش ہزار گنا بڑھ جائے تو میں کہہ سکتا ہوں، تیری مرضی پوری ہو، اور درد کو محسوس کرنا میٹھا ہو گا اگر مجھے پوری طرح سے دکھایا جائے کہ یہ باپ کی مرضی ہے کہ میں دکھ سہوں۔ اور مجھے یقین ہے کہ میرے لیے اس وصیت کو جاننے کا وقت آ گیا ہے۔' ملاقات کے اس مقام تک ذہن کی وہ یکجہتی نہیں تھی جو میں نے محسوس کیا کہ وہاں ہونا ضروری ہے۔ میں نے باقی رہنے والوں سے کہا کہ اگر ضرورت ہو تو صبح تک میرے ساتھ رہ سکتے ہو؟ میں محسوس کرتا ہوں کہ یہ انتظار کرنے سے ہونا چاہیے کہ ہمارا باپ ہمیں برکت دے گا۔ کیا ہم اس معاملے میں متفق ہیں؟'

میرے معالج ڈاکٹر مورگن نے سب سے پہلے کہا، 'میں رہوں گا، اور میں آپ سے پوری طرح متفق ہوں۔' وہ سب میری کرسی پر جمع ہو گئے۔ وہ چھوٹا گروپ اس موسم کو کبھی نہیں بھول سکتا۔ اب نو بجے کے بعد کا وقت تھا۔ ہم رب کے حضور انتظار کرتے رہے۔ کبھی کبھار ایک یا دوسرا، تبصرہ کے ساتھ، صحیفے کے ایک مناسب متن کا حوالہ دیتا، یا مختصر دعا میں مشغول ہوتا۔ اپنے لیے، میں خاموشی کی امید میں پڑا ہوں، ابھی تک تکلیف میں ہوں، لیکن الہی موجودگی کے قابل ذکر احساس کے ساتھ

زیادہ تر وقت میں اپنے ماحول سے تقریباً غافل رہتا تھا، اس لیے میں اپنے آسمانی باپ کے ساتھ رفاقت میں مصروف تھا۔ 11 بجے کے قریب مجھے آواز کے ساتھ اپنے آپ کو خدا کے سامنے تازہ تقدیس میں پیش کرنے کے لیے لے جایا گیا، یہ کہتے ہوئے: 'میں اس جسم کو نئے سرے سے دیتا ہوں — یہ دیکھنے کے لیے آنکھیں، یہ ہونٹ بولنے کے لیے، یہ کان سننے کے لیے، اور اگر یہ تمہاری مرضی ہے تو یہ پاؤں — یسوع کے لیے۔ جو کچھ مجھ سے ہے - سب، سب تیرا ہے، پیارے باپ۔ صرف تیری قیمتی مرضی پوری ہونے دو۔' اس وقت تک تکالیف کا کوئی خاتمہ یا طاقت میں اضافہ نہیں ہوا، درحقیقت میں معمول سے کمزور تھا۔ تھوڑی دیر کی خاموشی کے بعد اچانک مجھ پر مرجھائے ہوئے بازو کی شفایابی کا سب سے واضح نظارہ چمکا۔ مجھے ایسا لگتا تھا کہ میں اسے پوری طرح سے باہر پھینکتا ہوا دیکھ سکتا ہوں۔

اسی لمحے روح القدس نے میری روح کو ایسی ہی نعمت کا دعوی کرنے کے لیے ایک ایمان عطا کیا۔ ایسا لگتا تھا جیسے اس لمحے آسمان کھل گیا تھا، اور میں طاقت کے بپتسمہ کے بارے میں ہوش میں تھا، اتنی ہی حساس اور مثبت طور پر

جیسے کہ میرے نظام سے بجلی کا جھٹکا گزر گیا ہو۔ میں نے محسوس کیا کہ یقینی طور پر طاقت میری پیٹھ میں، اور میرے بے بس اعضاء میں آتی ہے۔ کرسی کے بازوؤں پر ہاتھ رکھ کر میں نے خود کو بیٹھنے کی پوزیشن میں اٹھایا۔ گیریگیس برادران، کرسی کے دونوں طرف بیٹھے ہوئے، قدرتی طور پر آگے بڑھے اور میری مدد کے لیے پکڑ لیا۔ تاہم، یہ ضروری نہیں تھا۔

ڈاکٹر مورگن، جو قریب بیٹھا تھا، آگے بڑھا اور فٹ بورڈ کو نیچے کر دیا، اور جب میرے دوستوں کے ہاتھ میرے کندھوں پر تھے، میں اٹھا اور اپنے پیروں پر کھڑا ہو گیا۔ سسٹر فینی کو یاد نہیں تھا کہ انہوں نے مجھے کبھی کھڑے ہوتے دیکھا ہے۔ وہ اتنی گھبرا گئی کہ اس نے دونوں ہاتھ اوپر پھینکے اور چیخ کر کہا، 'اوہ، جینی، جینی!' کوئی لفظ میرے جذبات کا اظہار نہیں کر سکتا۔ جب میں اس گھڑی کے بارے میں بات کرتا ہوں تو میرا وجود ابھی تک تعریف کے ساتھ پرجوش ہے۔ جیسا کہ میں کھڑا تھا بھائی این وی- HG نے اپنا ہاتھ میرے سر پر رکھ کر کہا، 'خدا کی تعریف کرو، جس کی طرف سے تمام نعمتیں آتی ہیں۔' میرا پہلا خیال تھا 'کیا میں گھٹنے ٹیک سکتا ہوں؟ ' میں نے ایسا کرنے کو کہا، اور قدرتی طور پر گھٹنے ٹیک دی جیسے میں اس کا عادی ہو گیا ہوں۔

اس قدر الٰہی موجود تھا کہ ایک لفظ بھی نہ بولا۔ ہم نے خاموشی سے تشکر اور تعریف میں اپنی جانیں نچھاور کیں۔ میں پھر اُٹھا اور پوری آسانی اور فطری طور پر کمرے میں چل دیا۔ کوئی کانٹے دار یا دوسری صورت میں ناخوشگوار احساسات نہیں تھے۔ میں کچھ منٹ کے لیے ایک جھولی ہوئی کرسی پر بیٹھ گیا۔ یہ اتنا شاندار لگ رہا تھا کہ مجھے چلنا سیکھنا ہی نہیں پڑا۔ میرے اعضاء اور جسم ایسے لگ رہے تھے جیسے نئے بنے ہوں۔

اے جے گورڈن کے "منسٹری آف ہیلنگ" سے اقتباس

ایک بچے کی خرابی ٹھیک ہو گئی ہے۔ - RA Torrey

ڈکوٹا میں ایک ایم ای منسٹر تھا جس کا ایک بچہ تھا جو غلط طریقے سے بنایا گیا تھا۔ اس کی ریڑھ کی ہڈی میں کچھ خرابی تھی جس سے چھوٹا بچہ ایک ساتھ جھک گیا تھا اور پیٹ باہر نکل گیا تھا جس سے مسلسل درد رہتا تھا اور بچہ سو نہیں سکتا تھا۔ والدین بچے کو یہ دیکھنے کے لیے منیاپولس لے آئے کہ ماہرین کیا کر سکتے ہیں، لیکن ماہرین نے انھیں بتایا کہ بچے کے لیے کوئی امید نہیں ہے، کہ وہ اسے پلاسٹر کاسٹ میں ڈال دیں تاکہ وہ دو یا تین سال سے زیادہ زندہ نہ رہے۔ اگرچہ والدین میتھوڈسٹ تھے وہ اپنے بچے کی صحت کے لیے اتنے خواہش مند تھے کہ انہوں نے "کرسچن سائنس" کی کوشش کی، لیکن اس غلطی کے نظام میں کوئی مدد نہیں ملی۔ تب وزیر نے اپنی بیوی سے کہا، "آئیے اسے بھائی ٹوری کے پاس لے چلیں۔" وہ اسے میرے گھر لے آئے، ایک چھوٹا بچہ جس کی عمر تقریباً

دو سال تھی، بہت خراب اور بہت تکلیف میں تھی۔ میں نے بچے کو اپنی بانہوں میں لیا اور اس کے لیے دعا کی۔ خدا نے ضروری ایمان دیا اور بچہ ٹھیک ہو گیا۔ ریلیف فوراً آگیا۔ اس رات وہ پہلی بار نارمل طور پر سوئی، حتیٰ کہ اس کے جسم کا خراب حصہ بھی ٹھیک ہو گیا۔

کچھ ایسا ہی ہے کہ اٹھارہ سال بعد میں پیٹوسکی، مِچ میں میٹنگ کر رہا تھا۔ دوپہر کی ایک میٹنگ میں ایک پڑوسی قصبے سے ایک میتھوڈسٹ منسٹر آیا، اس نے میٹنگ میں اٹھ کر یہ کہانی سنائی، اور کہا کہ وہ اس بیٹی کا باپ ہے اور وہ مکمل طور پر صحت یاب ہو چکا ہے اور غیر ملکی مشن کے میدان میں امیدوار ہے۔ وہ خود چند دنوں بعد آئی، ایک خوبصورت، بالکل بنی ہوئی جوان عورت۔ وہ لاس اینجلس میں ہمارے آڈیٹوریم میں کچھ ہفتے پہلے اتوار کی صبح کی خدمات میں تھیں۔

RA Torrey سے "Divine Healing" کی طرف سے اقتباس

AC Valdez Sr. - نئی آنکھیں تخلیق کی گئیں۔

میں "بلائنڈ مارٹن" نامی ایک شخص کو جانتا تھا۔ صرف ہموار جگہیں تھیں جہاں اس کی آنکھیں ہونی چاہیے تھیں۔ امریکہ کے بہترین ماہرین نے جان ہاپکنز یونیورسٹی میں ان کا معائنہ کیا تھا۔ ان آدمیوں نے کہا کہ ایسا کوئی راستہ نہیں تھا جسے وہ کبھی دیکھے گا۔ بلائنڈ مارٹن کی شادی ایک خوبصورت خاتون سے ہوئی جس نے اس کی بہترین دیکھ بھال کی۔ جب وہ اور اس کی بیوی نے خدمات میں شرکت کی اور اپنے چاروں طرف ہونے والے معجزات کے بارے میں سنا تو ان کا ایمان بڑھ گیا۔ ایک رات خدمت کے دوران، میں نے ایک ایسی چیز دیکھی جو مجھے آج تک پرجوش کرتی ہے—رب کا ناقابلِ فہم، ناقابلِ وضاحت کام۔ بلائنڈ مارٹن اٹھ کھڑا ہوا۔ وہ نہیں جانتا تھا کیوں۔ ایک لالی سب سے پہلے چپٹی جگہوں پر نمودار ہوئی جہاں آنکھیں ہونی چاہئیں۔ یہ علاقے پھولنے اور پھولنے لگے۔ پھر کچھ غیر حقیقی ہوا۔ آنکھیں، مرغی کے سائز کی، بننے لگی تھیں۔ آہستہ آہستہ، وہ عام سائز میں پھیل گئے، "اوہ، رب، میں دیکھ سکتا ہوں!" مارٹن چلایا. مارٹن کی نئی آنکھوں سے تشکر کے آنسو بہنے لگے۔ میں صرف رب کے کام پر حیران رہ سکتا تھا۔ مارٹن کی آنکھیں ہی نم نہیں تھیں!

AC Valdez، Sr سے "Fire on Azusa Street" کی طرف سے اقتباس۔

برائن فینیمور - ایک بپٹسٹ پادری کی غیر متوقع شفایابی

میں وسکونسن میں ایک میٹنگ کر رہا تھا۔ ایک آدمی دوسرے آدمی کو میٹنگ میں لے آیا تھا۔ وہ آدمی، جسے لایا گیا تھا، جنوبی امریکہ میں بپتسمہ دینے والا پادری تھا اور وہ کرشماتی ملاقاتوں سے نفرت کرتا تھا۔ اسے لانے والا اس کا حامی تھا۔

وہ درحقیقت ان کے سب سے بڑے شراکت داروں میں سے ایک تھا۔ اس شخص نے پادری سے کہا کہ اسے میٹنگ میں آنا ہے اور پادری کو ایسا محسوس نہیں ہوا کہ اس کے پاس زیادہ انتخاب ہے۔ اب اس میٹنگ میں آنے میں پادری کے رویے کا تصور کریں کہ میں اس جگہ پر بیٹھا ہوں جہاں میں بیمار لوگوں کے لیے دعا کر رہا ہوں۔

وہ مجھ پر پاگل تھا۔ درحقیقت میں نے دیکھا کہ وہ میٹنگ کے آدھے راستے پر مجھ پر پاگل تھا۔ اس کے چہرے پر کوئی مسکراہٹ نہیں تھی، اس کے بجائے ناقابل یقین غصہ اور ایک نظر تھی جس میں کہا گیا تھا، "میں تمہیں مارنے جا رہا ہوں۔" میں بتا سکتا تھا، اگرچہ وہ مسیح میں میرا بھائی تھا، وہ چاہتا تھا کہ میں اس سے پہلے جنت میں جاؤں۔ میں نے محسوس کیا کہ بہتر ہے کہ میں اس کی طرف دیکھنا چھوڑ دوں کیونکہ وہ میرے ایمان کو تباہ کر رہا تھا۔ تو میں نے کمرے کی اس طرف دیکھنا چھوڑ دیا۔ میں نے ایک بار اس کی طرف دیکھا اور اس کی نظر ایسی تھی کہ بس اتنا غصہ تھا۔ میں سوچ رہا تھا، "میں نہیں جانتا کہ میں کیا کرنے جا رہا ہوں لیکن میں اس کمرے سے نکل جاؤں گا اس سے پہلے کہ وہ مجھے پکڑ لے۔" میٹنگ کے اختتام پر ہم لوگوں کے لیے دعائیں کرنے لگے۔ ایک عورت تھی جسے الرجی تھی جس نے اس کی زندگی کو دکھی کر دیا تھا اور خداوند نے اسے وہیں شفا بخشی۔ اس نے کمرے میں موجود سب کو چونکا دیا۔ پادری نے دیکھا۔ چنانچہ میں نے وزارت کی ٹیم کو دعوت دی کہ وہ آئیں اور دعا کریں۔

جب میں نے پادری کو اٹھتے دیکھا تو لوگ نماز پڑھ رہے تھے۔ اب وہ دروازے کی طرف نہیں دیکھ رہا تھا، چلتے چلتے میری طرف دیکھ رہا تھا۔ میں نے اپنے آپ سے سوچا "اوہ نہیں ہم چلتے ہیں۔ وہ مجھے مارنے آ رہا ہے۔" میں نے اپنے سب سے "مقدس" مقام پر کھڑے ہونے کی کوشش کی جب وہ چل رہا تھا۔ وہ میرے سامنے کھڑا ہوا اور کہا، "مجھے شفا دو۔" میں بہت حیران ہوا میں نے کہا "کیا؟" اس نے مجھے بتایا "میں ابھی ٹھیک ہونا چاہتا ہوں۔" جب میں نے اس سے پوچھا کہ اس کے ساتھ کیا مسئلہ ہے تو اس نے کہا۔ "ٹھیک ہے مجھے پیٹ کا مسئلہ ہے اور میرا گھٹنا مجھے مار رہا ہے، اور میں ابھی ٹھیک ہونا چاہتا ہوں۔" اس نے یہ بھی نہیں پوچھا کہ کیا میں اس کے لیے دعا کروں گا۔ وہ صرف صحت یاب ہونا چاہتا تھا۔

چنانچہ میں نے روح القدس کو آنے کی دعوت دی۔ میں نے اس سے کہا "آپ کو احساس ہے کہ میں آپ کو ٹھیک نہیں کر سکتا، تو آئیے صرف رب کا انتظار کریں کہ وہ ایسا کرے گا۔" ہم صرف وہاں بیٹھے اور میں نے اسے کچھ دیر تک دیکھا۔ میں نے اس سے کہا "میں کچھ نہیں کروں گا جب تک کہ رب نہیں دکھائے گا۔" اس نے پوچھا اس کا کیا مطلب ہے؟ میں نے صرف اتنا کہا، "جب ہم جائیں گے تو آپ کو پتہ چل جائے گا" رب نے اس کی خدمت شروع کی۔ وہ بازو باہر نکال کر آنکھیں بند کیے کھڑا تھا۔ اس کے بازو لرزنے لگتے ہیں۔ میں نے اس سے پوچھا کہ کیا وہ

اسے محسوس کر سکتا ہے۔ اس نے کہا "کیا محسوس ہوتا ہے؟" میں نے اسے کہا کہ آنکھیں کھول کر دیکھو۔ اس نے آنکھیں کھول کر اپنے بازوؤں کو دیکھا جیسے وہ اس کے نہیں تھے۔ اس نے پوچھا یہ کیسے ہو رہا ہے؟ اس نے اپنے بازوؤں کی طرف دیکھا جیسے وہ کوئی ایسی چیز ہو جو اس سے جڑی نہ ہو۔ میں نے اسے بتایا کہ وہ روح القدس محسوس کر رہا ہے۔ اگرچہ یہ ابھی بھی کلک نہیں کر رہا تھا، اور اس نے کہا "لیکن میرا اپنے بازوؤں پر کوئی کنٹرول نہیں ہے اور میں اسے محسوس نہیں کر سکتا۔" میں نے اسے یقین دلایا کہ یہ ٹھیک ہے اور اسے آرام کرنے کو کہا۔

اس بے تحاشہ پسینے میں وہ بھی پھوٹ پڑا۔ یہ اس کے چہرے کے نیچے دوڑ رہا تھا اور اس کی ٹھوڑی کے دونوں طرف جمع ہو رہا تھا۔ اتنا کچھ تھا کہ وہ پانی کی ندی بنا رہی تھی جس نے اس کے سینے پر گڑھا بنا دیا تھا۔ میں نے اس سے پوچھا کہ کیا اسے گرمی لگ رہی ہے اور اس کا جواب تھا "نہیں"۔ وہ اپنے جسم سے رابطہ نہیں کر پا رہا تھا۔ حیرت انگیز طور پر جب میں نے اس سے پوچھا کہ کیا اسے کچھ محسوس ہوا تو اس نے کہا، "مجھے کچھ محسوس نہیں ہوتا۔" میں نے خدا سے پوچھنا شروع کیا کہ وہ کیا کر رہا ہے اور خدا نے مجھے بتایا کہ "برائن، میں اس کی خدمت کر رہا ہوں، لیکن وہ اس سے واقف نہیں ہے۔ خدا نے مجھے کہا کہ میں اپنا ہاتھ اس کے پیٹ کے قریب رکھوں، تو میں نے اس سے اجازت مانگی اور پادری راضی ہوگیا۔ خُداوند نے کہا ”اس سے کہو کہ میں اُسے شفا دوں گا اور پھر میں اُسے ایک شفا بخش مبشر بنا کر اُسے اُس کے ملک واپس بھیجوں گا۔“ میں نے سوچا "اوہ نہیں، کیا گڑبڑ ہے" لیکن میں نے وہی کیا جو خدا نے مجھ سے کہا اور میں نے اپنا ہاتھ اس کے پیٹ کے قریب رکھا اور اس سے کہا کہ "خداوند آپ کو شفا دینے والا ہے اور وہ آپ کو ایک شفا بخش مبشر بنانے والا ہے اور پھر وہ آپ کو آپ کے ملک واپس بھیجنے والا ہے۔"

وہ صرف کانپ رہا تھا اور میں نے اس سے پوچھا کہ مجھے بتائیں کہ اسے کس چیز کے لیے شفاء کی ضرورت ہے۔ اس نے کہا "میرے پیٹ میں درد ہے اور میرے گھٹنے میں۔" خُداوند نے مجھے اپنے گھٹنے کے لیے دعا کرنے کو کہا۔ تو میں نے اپنا ہاتھ اس کے گھٹنے پر رکھا اور اسے جلدی سے پکڑ لیا۔ خُداوند نے مجھے گھٹنے سے بات کرنے اور درد کو دور کرنے کا حکم دیا۔ (دیکھیں یہ آسان ہے جب خدا آپ کو بتاتا ہے کہ کیا کرنا ہے۔) میں نے

کہا، "یسوع کے نام پر میں درد کو دور کرنے کا حکم دیتا ہوں۔" اس آدمی نے ایک منٹ کے لیے اپنی ٹانگ کو ادھر ادھر کیا اور کہا، "ہمم اب تکلیف نہیں ہوتی۔" پھر خدا نے مجھ سے بات کی اور مجھ سے کہا، "وہ آپ کو نہیں بتا رہا ہے، لیکن اس کو اس وقت ہاضمے کے مسائل ہیں اور بس دعا کرنا شروع کر دیں کہ وہ چیزیں ختم ہو جائیں۔" جب میں نے دعا کی تو میں نے ان تمام سوجن والی چیزوں کے ساتھ آنتوں کی تصویریں دیکھی ہیں۔ میں نے سوزش کو اترنے کا حکم دینا

شروع کیا اور اس کا پیٹ ہلنے لگا۔ خُداوند نے اُسے وہیں موقع پر شفا بخشی۔ اب یہ مزہ تھا.

رولینڈ اور ہیڈی بیکر ۔ دی بلائنڈ سی، دی ڈیف ہیئر، اور بہت سے لوگ بچ گئے ہیں۔

جیسے ہی فلم ختم ہوتی ہے اور یسوع آسمان پر واپس آرہے ہیں، ہم نے چند خام فلورسنٹ لائٹس آن کی ہیں اور ہیڈی اپنے مکوا مترجم کے ساتھ ہجوم کا استقبال کرنے کے لیے چھلانگ لگاتی ہے۔ وہ خود کچھ مکوا سے شروع کرتی ہے، جو ہر کسی کو سنسنی دیتی ہے۔ تصور کریں کہ ایک سنہرے بالوں والی امریکی لڑکی اس گاؤں میں اپنی غیر واضح قبائلی بولی بول رہی ہے! اور پھر "ماما ایڈا" اس خوفناک، زندہ یسوع کو بیان کرتے ہوئے اپنا دل نکالتی ہے جو ان کی نجات کی ایک امید ہے، وہ شخص جسے وہ بالکل تلاش کریں اور ہمیشہ کے لیے حاصل کریں۔ وہ خدا نازل ہوا ہے۔ کون اسے چاہتا ہے؟ کون اس کی بخشش، اس کا دل، اس کی ابدی زندگی چاہتا ہے؟ اس بار کوئی پتھر اور ریت نہیں پھینک رہا ہے۔ کوئی چیخ نہیں رہا ہے، مذاق نہیں اڑا رہا ہے اور اجتماع میں خلل ڈال رہا ہے۔ اس ہجوم میں موجود ہر کوئی اس خوشخبری، یہ نجات جو پہلی بار انہیں پیش کی گئی ہے، کو حاصل کرنے میں جوش و خروش سے دلچسپی رکھتا ہے۔

لیکن انتظار کرو۔ اور بھی ہے۔ ہر ایک جسے شفا کی ضرورت ہے، آگے آئیں! خاص طور پر اندھے اور بہرے! یسوع یہاں شفا کے لیے ہے! ایک چھوٹا سا ہجوم سامنے کی طرف جھک جاتا ہے، بالکل یہ نہیں جانتا تھا کہ کیا توقع کی جائے۔ Heidi ایک نابینا خاتون کو ڈھونڈتی ہے اور اس کے لیے نرمی اور نرمی سے دعا کرنا شروع کر دیتی ہے۔ منٹ گزر جاتے ہیں۔ ایمان اور محبت کو رواں دواں رکھیں۔ شفا یابی کے لیے جدوجہد کریں۔ ثابت قدم رہیں۔ اس کی طاقت میں آرام کرو۔ جلد ہی عورت دیکھ سکتے ہیں، لیکن کس طرح واضح طور پر؟ دعا کرتے رہیں۔ چابیاں، انگلیاں، دوسری چیزیں پکڑو۔ وہ ان سب کو پہچانتی ہے۔ اب وہ صاف دیکھ سکتی ہے۔ وہ واقعی خوش ہے، اور یہ خبر بھیڑ میں پھیل جاتی ہے۔ ہم بہت پرجوش ہو رہے ہیں۔ ایک بہرا گونگا ظاہر ہوتا ہے۔ ایک بار پھر ہیڈی اور ہم سب دعا کر رہے ہیں۔ صبر۔ مت روکو۔ دعا کرتے رہیں۔ بات شروع کرنا، اشارہ کرنا۔ کیا وہ سن سکتا ہے؟ کیا وہ الفاظ کو دہرا سکتا ہے؟ چند منٹوں میں، وہ کر

سکتا ہے! اور پھر وہ صاف اور آسانی سے پورے جملے دہرانے لگتا ہے۔ لوگوں کو پتہ چلا اور خوشی سے پھوٹ پڑے۔ برسوں ہوچکے ہیں جب کسی نے اسے بات کرتے ہوئے سنا ہے - وہ یاد نہیں کر سکتے کہ کتنی دیر تک۔ پورا گاؤں ان دونوں کو جانتا ہے اور یسوع نے ان کے لیے کیا کیا ہے۔ اب کون یسوع کی پیروی کرنا چاہتا ہے؟ سب!! ابھی! گاؤں زندہ ہو گیا ہے اور کبھی ایک جیسا نہیں رہے گا...

ہم سب کے ساتھ مل کر دعا کرتے ہیں۔ ہم جشن مناتے ہیں۔ ہمارے آنے والے مشنری اور مقامی پادری باری باری نئے ایمانداروں کی حوصلہ افزائی کرتے ہیں۔ ہم بیماروں کے لیے دعا کرتے رہتے ہیں۔ ہم پہلے سے ہی اس بارے میں سوچنا شروع کر دیتے ہیں کہ اس گاؤں میں ایک پادری کو کیسے حاصل کیا جائے اور جو کچھ ایک رات میں پورا ہوا ہے اسے مضبوط کریں۔

آئیرس منسٹریز سے 9 نومبر 2004 کا نیوز لیٹر۔ ان کے بارے میں مزید جاننا چاہتے ہیں ان کی ویب سائٹ www.irismin.org پر دیکھیں

چارلس سپرجیون ۔ ایک پاگل کو نجات ملی

ایک اور شخص، جو ویلز سے لندن میں آیا ہوا تھا، جو کسی جسمانی نقص یا بیماری کے نتیجے میں ذہنی طور پر اذیت میں مبتلا تھا، نے اپنے گھر والوں سے انتہائی رحم کے ساتھ مسٹر سپرجین کو بھیجنے کی التجا کی، کہ وہ ان کے پلنگ پر دعا کریں۔ وہ اسے ایک پاگل دماغ کی احمقانہ بڑبڑاہٹ سمجھتے تھے۔ لیکن آخر کار انہوں نے مسٹر سپرجین سے ملنے کے لیے کہنے پر رضامندی ظاہر کی۔ اس دن مسٹر سپرجیئن کی دعا نے غریب پاگل پر سب سے زیادہ سکون بخش اثر ڈالا اور اس کا ذہنی توازن بحال کرنے کے لیے جزوی طور پر ظاہر ہوا۔ درخواست کے اثر پر خاندان اس قدر حیران اور خوش ہوا کہ، جب کہ انہوں نے اسے مکمل طور پر فطری وجوہات کی بنا پر تسلیم کیا، انہوں نے مسٹر سپرجیئن کی واپسی کے لیے انتہائی خلوص سے شفاعت کی۔ وہ

اسی رات شام کی خدمت کے بعد گھر تشریف لائے اور کچھ دیر ٹھہرے، دل سے مریض کی صحت یابی کے لیے دعائیں مانگیں، جس میں غریبوں نے بڑی شفقت سے شرکت کی۔ مسٹر سپرجین نے بعد میں کہا کہ جب انہوں نے پورے دل سے دعا کی اور یہ یقین کرنے کی کوشش کی کہ مریض ٹھیک ہو جائے گا، لیکن وہ خود کو یہ باور نہیں کر سکے کہ ان کا دورہ کسی اور کام کا تھا لیکن صرف نرسوں کے جذبات کو مطمئن کرنے کے لیے، جو غریب آدمی کے رونے سے پریشان تھیں۔ پھر بھی رات کو نماز کی ادائیگی کے بعد، بیمار آدمی ایک شروع اور رونے کے ساتھ بیدار ہوا، جس سے اس کی نرسیں خوفزدہ ہوگئیں۔ لیکن وہ مکمل طور پر اپنے دماغ میں پایا گیا۔ اس نے اعلان کیا کہ اس نے نجات دہندہ

سے ملاقات کا خواب دیکھا ہے، اور یہ کہ نجات دہندہ نے اسے یقین دلایا ہے کہ شیطانوں کو نکال دیا گیا ہے۔ کچھ دنوں کے بعد، وہ گھر سے باہر جانے کے قابل ہو گیا، اور کچھ ہی عرصے بعد اسے کینیڈا لے جایا گیا، جہاں وہ ایک کامیاب تاجر رہا ہے، جسے 1882 میں اس کی قبر پر لے جایا گیا تھا۔

از رسل ایچ کون "Life of Charles Haddon Spurgeon" سے اقتباس 1892 ویل۔

فرانسس میک نِٹ ۔ مرجھائی ہوئی ٹانگوں والی خواتین ٹھیک ہو گئیں۔

بھیگنے والی دعا کے ذریعے صحت یاب ہونے کی سب سے قابل ذکر مثال میں نے

فروری 1975 میں ڈیوسیز آف سونسن، ریونیگرو، کولمبیا، جنوبی امریکہ میں اعتکاف کے بعد دیکھی ہے۔ بشپ الفانسو یوریبی نے مجھے وہاں پادریوں کے لیے اعتکاف کے لیے مدعو کیا تھا، اور ہماری ٹیم میں فادر کارلوس ایلڈونیٹ، ایس جے (چلی کے)، سسٹر جین ہل، او پی، مسز ولیم کالاگھن، اور البرٹو ڈیل کورل بطور مترجم شامل تھے۔ اگرچہ اعتکاف پادریوں کے لیے تھا، لیکن دوسرے لوگوں نے اس کے بارے میں سنا اور اعتکاف کے میدان میں دعا مانگنے آئے۔

تو میرے لیے یہ جاننا کوئی تعجب کی بات نہیں تھی، پچھلی کانفرنس کے بعد (شام 4 بجے کے قریب) مسز کالاگھن، سسٹر جین اور دیگر ایک نوجوان کولمبیا کی خاتون کے لیے دعا کرتے ہوئے؛ انہوں نے مجھے اس کی بگڑی ہوئی ٹانگ دکھانے کے لیے اپنے پاس بلایا اور بتایا کہ پہلے ہی کچھ ہو چکا ہے — کہ ٹانگ ایک انچ یا اس سے زیادہ بڑھ گئی ہے۔ چنانچہ میں ان کی دعا میں شامل ہوگیا۔ 19 سالہ خاتون ٹریسا پیٹینو سے بات کرتے ہوئے میں نے محسوس کیا کہ اس نے دلدل میں کسی تیز دھار چیز پر اس وقت قدم رکھا تھا جب وہ صرف پانچ سال کی تھیں۔ مناسب طبی توجہ نہ ملنے کی وجہ سے، ایک انفیکشن پیدا ہوا اور پھر اس کی ہڈی میں چلا گیا اور آسٹیو مائلائٹس میں تبدیل ہوگیا۔ نتیجتاً اس کی داہنی ٹانگ گھٹنے سے نیچے تک، جیسا کہ ویڑی ہوئی تھی۔ یہ دوسری ٹانگ سے تقریباً چھ انچ چھوٹا تھا اور ساتھ ہی مڑا ہوا تھا۔ ایک گہرا نشان بھی تھا جہاں ہڈیوں کی پیوند کاری کی ناکام کوشش کی گئی تھی۔

جب ہم نے دو گھنٹے تک آہستہ سے دعا کی تو ٹانگ تقریباً ایک انچ بڑھی ہوئی دکھائی دی۔ ہم میں سے آٹھ کے قریب نماز پڑھ رہے تھے، باری باری اس کی ٹانگ پکڑے ہوئے تھے (چونکہ کئی گھنٹوں تک گھٹنے ٹیکنا تکلیف دہ ہو سکتا ہے)۔ بشپ نے خود جماعت کے ایک حصے کے طور پر دعا کی۔ پھر ہم نے رات کے کھانے کے لیے وقفہ لیا اور اس رات مزید دو گھنٹے نماز ادا کرنے کے

لیے واپس آئے۔ ایک بار پھر، ایسا لگتا تھا کہ اس کی ٹانگ ایک اور انچ بڑھ گئی ہے. نیز، مڑی ہوئی ٹانگ آہستہ آہستہ سیدھی ہو رہی تھی۔ آپ اسے ہوتا نہیں دیکھ سکتے تھے، کیونکہ یہ بہت بتدریج تھا، لیکن ہر 10 منٹ یا اس کے بعد لمبائی کا موازنہ کرنے سے، ہم تقابلی تبدیلی کو رونما ہوتے دیکھ سکتے ہیں۔

اگلے دن ہم میڈلن میں البرٹو ڈیل کورل کے گھر پر جمع ہوئے — ایک بار پھر بشپ

یوریب کے ساتھ — اور صبح اور دوپہر دو گھنٹے مزید دعا کی، اس قسم کی دعا آپ سے بہت کچھ لے سکتی ہے۔ اس دن ٹانگ ایک اور انچ بڑھی ہوئی لگ رہی تھی (پہلے دن تقریباً تین انچ بڑھی تھی) کہ شام تک دونوں ٹانگوں میں صرف دو انچ کا فرق رہ گیا تھا۔ سب سے زیادہ قابل ذکر بات یہ ہے کہ، دایاں پاؤں، جو چپٹا تھا اور اس میں بات کرنے کے لیے کوئی محراب نہیں تھا، اس وقت تک بڑھتا اور تبدیل ہوتا گیا جب تک کہ عام پاؤں کی طرح چاپ اندر نہ آجائے۔ بگڑے ہوئے پاؤں کی انگلیاں ، جو دوسرے پاؤں کے تقریباً آدھے سائز کی تھیں، اس وقت تک بڑھ گئیں جب تک کہ وہ تقریباً اس کے عام پاؤں کے سائز کے نہ ہو جائیں۔ کچھ ہی گھنٹوں میں اس کے دائیں پاؤں کی انگلیوں کا سائز تقریباً دوگنا ہو گیا تھا!

کئی دیگر غیر معمولی پیش رفت ہوئی جس نے ہمیں

کچھ ایسے عوامل کو بہتر طور پر سمجھنے میں مدد کی جو ہم نے شفا یابی کے بارے میں پہلے ہی سیکھے تھے۔ ان کا تعلق جسمانی شفا یابی اور روحانی علاج کے درمیان تعلق سے تھا۔ دو بار ہمیں احساس ہوا کہ روحانی سطح پر شفا یابی کی ضرورت ہے۔ دونوں احساس - ایک صبح، ایک دوپہر میں - آیا کیونکہ شفا یابی اور ترقی رک گئی تھی. پہلے بندش کے بعد ہم نے دریافت کیا کہ ٹریسا کو اوسٹیو کے بڑھنے کے بعد جو کچھ ہوا اس کے لیے اپنی ماں کو معاف کرنے کی ضرورت ہے۔ کیونکہ اس کا کنبہ غریب تھا ٹریسا کی ماں کو ٹریسا کو چھوڑنا پڑا اور اسے دوسرے لوگوں کے ساتھ سوار کرنا پڑا جو اس کا مناسب علاج کروانے کی استطاعت رکھتے تھے۔ یہ صرف ایک ہی کام تھا جو حالات میں کیا جا سکتا تھا لیکن بچپن میں ٹریسا کو ایسا لگتا تھا جیسے اسے مسترد کر دیا جائے۔ جب ہم نے ٹریسا سے اپنی ماں کو معاف کرنے کے لیے کہا اور اس کے مسترد ہونے کے احساسات کے اندرونی علاج کے لیے دعا کرنے کے بعد، ٹریسا کی ٹانگ دوبارہ سیدھی اور بڑھنے لگی۔

دوسرا واقعہ دوپہر کے وقت پیش آیا جب ٹانگ دوبارہ

بڑھنا بند ہوتی نظر آئی (اس کا پتہ لگانا ہمیشہ مشکل تھا، کیونکہ اس کی جانچ صرف آدھے گھنٹے کے دوران تقابلی پیمائش سے کی جا سکتی تھی)۔ اس بار ہم نے دیکھا کہ ٹریسا کا ایک بھائی کچھ سال پہلے ایک ملبے میں شدید زخمی ہوا تھا اور اس نے اپنی معذور حالت خدا کے حضور پیش کی تھی کہ کاش وہ اس کے بھائی کی جان بچائے۔ اس لیے وہ شفا یابی ہونے کے بارے میں خود کو

مجرم محسوس کر رہی تھی، کیونکہ اسے ایسا لگتا تھا کہ وہ اپنے ایک وعدے پر نے اپنے اختیار کا Uribe واپس جا رہی ہے جو اس نے خدا سے کیا تھا۔ یہاں بشپ استعمال کرتے ہوئے مدد کرنے کے لیے قدم بڑھایا، خدا کے نمائندے کے طور پر اسے ایسی کسی قسم کے اثرات سے آزاد کرایا جائے۔ ایک بار پھر اس کی ٹانگ ٹھیک ہونے لگی۔

نماز کے اس دن کے ختم ہوتے ہی ہم نے یہ بھی دیکھا کہ کس طرح اس کی ٹانگ پر گہرا داغ سطح کے قریب بڑھ گیا تھا اور دو دھبوں کے علاوہ اب وہ جامنی رنگ کی بجائے سفید ہو گیا تھا جب ہم نے پہلے دن شروع کیا تھا۔ چونکہ اب تک اس کی دائیں ٹانگ زمین تک پہنچنے کے لیے کافی بڑھ چکی تھی (برسوں سے اسے بیساکھیوں کی ضرورت تھی کیونکہ اس کی دائیں ٹانگ زمین تک پہنچنے کے لیے بہت چھوٹی تھی)، ٹریسا جب سے وہ بچپن میں پہلی بار چلنے کی کوشش کرنا چاہتی تھی، لیکن ہم نے اسے انتظار کرنے کو کہا جب تک کہ وہ اسے ڈاکٹر سے چیک نہیں کراتی۔

البرٹو نے اسے ڈاکٹر کے پاس لے جانے اور ایک ٹیم بنانے کی پیشکش کی جو اس کے ساتھ دعا کرتی رہے گی۔ بشپ اریبی نے بھی وعدہ کیا کہ وہ ہفتے میں ایک بار اس کے گھر کے پاس رکیں گے اور اس کے ساتھ دعا کریں گے۔ اس کے بعد سے اس کی ٹانگ مسلسل بڑھ رہی ہے یہاں تک کہ صرف آدھے انچ کا فرق ہے۔ ایک سیشن میں اس کے پاؤں نے ایک موڑ لیا یہاں تک کہ وہ نشان جس نے اس کی ٹانگ کے نیچے سرپل بنایا تھا گھٹنے سے پاؤں تک سیدھی لکیر بن گئی۔ گروپ نے ایک ڈاکٹر سے معائنہ کیا جس نے ٹریسا کا معائنہ کیا اور کہا کہ ہڈی ابھی تک ٹوٹی ہوئی ہے اور کمزور ہے اور ابھی تک چلنے کے خلاف مشورہ دیا گیا ہے۔ البرٹو مزید پیش رفت کو بیان کرتا ہے: ڈاکٹر کے پاس جانے کے کچھ ہی دیر بعد، ایک گروپ مزید دعا کے لیے بشپ اوریب کے ساتھ دوبارہ جمع ہوا۔ جب ہم نے ٹریسا پر ہاتھ رکھا تو ہم نے دیکھا کہ جس جگہ ہڈی ٹوٹی تھی وہ کافی گرم تھی اور گانٹھ کا سائز بہت کم ہو گیا تھا۔

ہم نے تقریباً دو گھنٹے تک دعا کی اور آخر کار بشپ اریبی نے ٹریسا سے کہا کہ وہ اپنی ٹانگ اور پاؤں پھیلا دیں، ایک ایسا عمل جس سے ہمیشہ بہت تکلیف ہوتی ہے۔ ہچکچاتے ہوئے، ٹریسا نے اپنی ٹانگ کو آگے بڑھایا اور جیسا کہ اس نے ایسا کیا، ہڈی برسوں میں پہلی بار اپنی جگہ پر قائم رہی۔ جب اس نے اپنی ٹانگ کو حرکت دی تو اسے کوئی تکلیف یا تکلیف محسوس نہیں ہوئی۔

ہم سب کافی خوش اور شکر گزار تھے، کیونکہ ایسا لگتا تھا جیسے ہڈی کو ویلڈنگ ہو گئی ہو۔ تاہم، ہم نے ٹریسا کو مشورہ دیا کہ وہ اپنی ٹانگ استعمال کرنے سے پہلے ڈاکٹر سے ملیں۔ کئی دن بعد اس نے ایک نہیں بلکہ دو ڈاکٹروں کو دیکھا، دونوں نے تصدیق کی کہ اس کی ہڈی کو ویلڈنگ کر دیا گیا ہے۔

اب، 14 سال میں پہلی بار، ٹریسا اس غیر معمولی شفا یابی میں کتنے گھنٹے بھیگی ہوئی تھی، اس کا اندازہ لگانا ناممکن ہے اور ابھی بھی زیادہ سے زیادہ دعاؤں کی ضرورت ہے، لیکن زیادہ تر صحت یابی کی ضرورت تھی، جس کے لیے اس کی ٹانگ کو سیدھا ہونا چاہیے تھا۔ جگہ اب ہوئی ہے۔

ایک بار پھر — یہ یقینی طور پر کہنا ناممکن ہے — مجھے نہیں لگتا کہ ٹریسا کی کوئی شفا یابی ہوئی ہوتی اگر ہم نے شفا یابی کے لیے دعا کرنے کے لیے ضروری وقت کے عنصر کے بارے میں کچھ نہ سیکھا ہوتا، اور نہ ہی اگر کوئی دوست ٹریسا کے گرد جمع ہونے والے گھنٹے گزارنے کے لیے تیار نہ ہوتا۔

ٹریسا کی طرح بگڑی ہوئی ٹانگ میں تبدیلیاں ہوتی دیکھنا دلچسپ ہے۔ اس کی آنکھوں میں تشکر کے آنسو دیکھنا جب اس نے محسوس کیا کہ اس کی ٹانگ مضبوط ہوتی ہے وہ تمام انسانی انعام ہے جو اس کے ساتھ گھنٹوں نماز گزارنے کے بعد کسی کو بھی درکار ہوگا۔ لیکن جب آپ دعا کرنا شروع کرتے ہیں، تو آپ کبھی نہیں جانتے۔ جب تک کہ خدا اسے ظاہر نہ کرے۔ کتنا ہو سکتا ہے، یا نہیں ہو سکتا۔ اور یہ مشکل کام ہے — بعض اوقات، تھکا دینے والا۔ کوئی تعجب کی بات نہیں کہ یسوع نے اپنی شفایابی کو "کام" کے طور پر حوالہ دیا - "جو کام میں اپنے باپ کے نام پر کرتا ہوں وہ میرے گواہ ہیں" (یوحنا 10:25)، بجائے اس کے کہ "معجزات"۔ نماز کو بھگونے کے اثرات کو دیکھ کر

مجھے شفا یابی کے بارے میں بالکل نیا نظریہ ملا ہے۔ ایسا ہوتا تھا کہ جب میں کسی معذور سے گزرتا تھا تو میں سوچتا تھا کہ کیا دعا سے اسے شفا ملے گی، لیکن ساتھ ہی میں محسوس کرتا کہ اس کے علاج کے امکانات - اگرچہ ممکن ہیں - بہت کم ہیں۔ اب جب میں کسی لنگڑے کو دیکھتا ہوں تو سوچتا ہوں کہ کیا وہ وہاں صرف کوئی ii ،ٹھیک نہیں ہو سکا، یا کم از کم ڈرامائی طور پر بہتر ہو گیا تھا جو وقت نکال کر اس کے پاس بیٹھ کر نماز پڑھ سکتا تھا۔

فرانسس میک نٹ کے ذریعہ "چنگا کرنے کی طاقت" سے اقتباس - فرانسس میک نٹ، اس وقت، ایک کیتھولک پادری تھا اور کیتھولک چرچ کے اندر کرشماتی تجدید کو بہت زیادہ متاثر کر رہا تھا۔ 1970 کی دہائی میں اس نے پادری کا عہدہ چھوڑ دیا، بالآخر شادی کر لی، فلوریڈا کے ایپسکوپل ڈائیسیس میں شامل ہو گئے اور عیسائی شفا یابی کی وزارتیں شروع کر دیں۔ آپ وزارت کی ویب سائٹ پر مزید معلومات حاصل کر سکتے ہیں: www.christianhealingmin.org

ہیڈی بیکر اور سپریسا سیتھول - پادری موت کے مقام پر صحت یاب ہوئے۔

3 اگست، ماپوتو، موزمبیق — سرپریسا سیتھول، ہماری موزمبیکن نیشنل ڈائریکٹر، ایک منفی سوچ سے قاصر نظر آتی ہیں۔ روح القدس سے بھرا ہوا، وہ

بڑے پیمانے پر مسکراتا ہے اور ہر حال میں آسانی سے ہنستا ہے۔ وہ جھاڑی میں میرا مستقل ساتھی ہے، اور ہم ہر جگہ مل کر تبلیغ کرتے ہیں۔ یسوع نے مافوق الفطرت طور پر اسے اپنے گاؤں کے چڑیل ڈاکٹر والدین سے دور بلایا اور اسے ہمارے گرجا گھروں میں ایک طاقتور رہنما بنایا ہے۔

لیکن آج ایک لمحے کے لیے وہ زیادہ سنجیدہ ہے۔ وہ جنوبی افریقہ سے فون پر ہے، اور ہمیں دوبارہ ایمان کے امتحان کا سامنا ہے۔ سائمن ندوبانی، ہمارے مضبوط پادریوں میں سے ایک اور جنوبی افریقہ میں ہمارے لیڈرشپ کمیشن کے رکن، بیمار ہیں۔ دراصل، وہ تقریباً مر چکا ہے۔ کھانسی اور اسہال سے شروع ہونے والی، وہ ایک سال سے کم ہو رہا ہے، لیکن ڈاکٹر کے پاس پیسے کے بغیر تشخیص نہیں ہو سکا۔ لوگ تجویز کرتے ہیں کہ اسے پیٹ کا کینسر، یا ایڈز ہو گیا ہے ۔ لیکن اس کا ایچ آئی وی منفی ٹیسٹ ہوا ہے۔ عام طور پر ایک بہت بڑا آدمی، وہ اس کا سکڑا ہوا خول ہوتا ہے جو وہ کبھی تھا۔ پچھلے تین دنوں میں اس کی طبیعت تیزی سے بگڑ گئی ہے۔ وہ بڑی تکلیف میں ہے۔ وہ کھا نہیں سکتا۔ وہ چل نہیں سکتا۔ آج وہ بستر پر ہل بھی نہیں سکتا اور نہ ہی پلٹ سکتا ہے ۔ اس کی بصارت دھندلی ہے، اور پچھلے چند گھنٹوں میں اس کی گویائی اور سماعت ختم ہوگئی۔

یہ سمجھنا مشکل ہے، لیکن سائمن ہمارے سب سے زیادہ ہونہار مبلغین میں سے ایک رہا ہے، اور اس نے بہت ایمان کا مظاہرہ کیا ہے۔ یسوع نے اسے اندھوں اور معذوروں کو فوری طور پر شفا دینے کے لیے استعمال کیا ہے۔ اُس کے گرجہ گھر میں بہت سے مایوس لوگ اُس کے پاس دعا کے لیے آئے ہیں، اور نجات پا چکے ہیں۔ وہ خدا کے عظیم آدمی کے طور پر جانا جاتا ہے۔ لیکن اب وہ موت کے دروازے پر ہے، بے سہارا اور لاچار ہے۔ اس کے پاس کوئی پیسہ، انشورنس یا صحت کے فوائد نہیں ہیں۔ اس کا خاندان نقل و حمل سے محروم ہے۔ اس کی بیوی رو رہی ہے اور اس کے آخر میں۔

یہ واقعی خوفناک خبر ہے۔ خدا کی ساکھ کا کیا؟ ہمارے گرجہ گھر اس طرح کی حوصلہ شکنی کو کیسے سنبھالیں گے؟ ہم کیا کہیں گے؟ سرپریسا اور میں فون پر دعا کرتے ہیں، اور ہم بہت سے دوسرے لوگوں کے ساتھ دعا کرتے رہتے ہیں۔ سرپریسا سائمن کو ہسپتال لے جاتی ہے اور اس کے پتلے، ہڈیوں والے جسم کو اپنے کمرے میں لے جاتی ہے۔ سائمن کوما میں ہے، اور پھر بھی سرپریسہ کو ہر دس منٹ بعد اسے ٹوائلٹ لے جانا پڑتا ہے۔ یہ ایسی گڑبڑ ہے۔ ڈاکٹر کو توقع ہے کہ سائمن آج رات مر جائے گا۔ اگر وہ تین دن زندہ رہے تو یہ ایک معجزہ ہو گا۔ سائمن کی بیوی اتنی خوفزدہ اور پریشان ہے کہ وہ اسے دیکھنے ہسپتال بھی نہیں آئے گی۔

سرپریسا، ہیڈی اور میں کچھ دنوں میں موزمبیق میں اہم کانفرنس میٹنگز ہونے والے ہیں۔ ہمیں یسوع کے سوا ہزاروں بیمار اور بے سہارا لوگوں کو کسی امید کے بغیر خوشخبری سنانی ہے۔ ہم رب کی ساکھ کا دفاع نہیں کر سکتے۔ ہم صرف اس

سے محبت کرتے رہیں گے۔ شمعون تمہارا ہے، یسوع۔ تم اس کے خدا اور ڈاکٹر بنو۔ ہم آپ کے ہیں اور آپ کے لیے جیتے رہیں گے۔

اور اس طرح رات بھر اور اگلے دن ہم سائمن کے لیے دعا کرتے رہتے ہیں — اور میپوٹو اور شمال میں اپنی میٹنگوں کی تیاری کرتے ہیں۔ ایک اور رات آتی ہے، اور سائمن ابھی تک بمشکل زندہ ہے۔ ہم چلتے ہیں۔ اس کے دل میں اوپر کے علاوہ کوئی سمت نہیں ہے۔ ہفتہ آتا ہے، اور توقع ہے کہ سرپریسا آج رات ہمارے جنوبی صوبوں کے لیے ہماری علاقائی کانفرنس کھولے گی۔ لیکن وہ اب بھی سائمن کے ساتھ ہسپتال میں ہے۔ میں اسے دوبارہ فون کرتا ہوں، ایمان کی اچھی لڑائی لڑ رہا ہوں، کیونکہ اسے فوراً موزمبیق جانا ہے۔

سرپریسا شاندار کم بیانی کے ساتھ جواب دیتی ہے۔ "ٹھیک ہے، ایسا لگتا ہے کہ کوئی بڑا معجزہ ہو گیا ہے۔ میں آج صبح یہاں سائمن کے ساتھ بیٹھا ہوں، اور ہم گھنٹوں باتیں کرتے اور ہنستے رہے ہیں۔ درحقیقت، سائمن کو ہسپتال جانا یا یہاں تک کہ وہ یہاں کیوں ہے یاد نہیں! وہ ٹھیک ہے، ڈاکٹر اسے کچھ اضافی خون دیں گے، کچھ ٹیسٹ کرائیں گے، اور گھر بھیج دیں گے..."

سرپریسا سائمن کے پیسے کھانے اور ٹرانسپورٹ کے لیے چھوڑ دیتی ہے، اور ماپوٹو کی طرف روانہ ہوتی ہے جہاں ہماری ایک شاندار میٹنگ ہوتی ہے۔ دنوں بعد ہم فون پر سنتے ہیں کہ سائمن سو فیصد ہے اور وہ سب کچھ کر رہا ہے جو وہ کرتا تھا... یسوع کا آخری کہنا ہے!

آئیرس منسٹریز سے 14 اگست 2002 کا نیوز لیٹر۔ مزید پڑھنا چاہتے ہیں تو www.irismin.org پر جائیں۔[4]

جیمز مور ہکسن - لوپس سے شفا پانے والی عورت

ہمارے اپنے زمانے میں مسیح کی شفایابی کی سب سے خوبصورت مثال ایک غریب عورت کی ہے جو لیوپس میں مبتلا تھی۔ اس نے دھلائی کر کے اپنی روزی کمائی تھی لیکن جیسے جیسے وقت گزرتا گیا لوگ اس کی بیماری کی وجہ سے اسے ملازمت دینے سے ڈرنے لگے۔ تب اس نے محسوس کیا کہ وہ ایک جلاوطن ہے، اور وہ نہیں جانتی کہ کیسے جینا ہے۔ اس کی تکلیف اور تکلیف اتنی زیادہ تھی کہ وہ اپنی جان لے کر یہ سب ختم کرنے کے لیے لالچ میں آ گئی۔ اسے دعا اور ہاتھ رکھنے کے لیے لایا گیا تھا، اور میں اس غریب سی عورت کا نظارہ کبھی نہیں بھولوں گا، جو کہ بالکل بھیانک نظر آ رہی تھی، اس کا چہرہ بیماری سے بھرا ہوا تھا۔ میں صرف اس کا ہاتھ لے سکتا تھا اور اسے مسیح کے ہاتھ میں رکھ سکتا تھا۔ جب ہم ایک ساتھ دعا کر رہے تھے، میں اس کی شفقت کا اتنا ہوش میں تھا کہ میں آنسو روک نہیں سکتا تھا۔ میں جانتا تھا کہ یسوع ہمارے ساتھ موجود ہے، لیکن

---

4. http://www.irismin.org

اس کی روحانی آنکھیں اسے دیکھنے کے لیے کھل گئیں، اور اس نے مجھے بعد میں بتایا، "میں نے خداوند کو دیکھا۔ وہ میرے سامنے کھڑا تھا، اور اس کے ہاتھ تمہارے اوپر تھے۔' ہمارے رب نے اس عورت کو شفا بخشی، اور ہم آج اپنے تمام دلوں سے کہہ سکتے ہیں، یا یہ سچ ہے 'رب کو مبارک ہو، 0 میری جان، اور اس کے تمام فوائد کو مت بھولنا: جو تیری تمام خطاؤں کو معاف کرتا ہے، جو تیری تمام بیماریوں کو شفا دیتا ہے؛ جو تیری زندگی کو تباہی سے چھڑاتا ہے۔ جو تجھ پر شفقت اور شفقت کا تاج پہناتا ہے۔'

جیمز مور ہکسن کی طرف سے "دولہا کمتھ" سے اقتباس۔

ایک لعنت ٹوٹ گئی ہے اور ایک عورت چل رہی ہے۔

امثال 17:19 میں کہا گیا ہے کہ "جو بدی کو اچھائی کے بدلے دیتا ہے اس پر لعنت ہو گی۔" حقیقت یہ ہے کہ اگر تم اس شخص کے ساتھ برا کرو گے جو تمہارے ساتھ اچھا کرے گا تو لعنت جاری ہو جائے گی۔ ایک اور مرقس 11:12-14، 21 اور 22 میں ہے۔ یہ یسوع انجیر کے درخت پر لعنت بھیج رہا ہے۔ اس صورت میں اس نے انجیر کے درخت پر لعنت بھیجی لیکن اثر ایک دن بھی نظر نہ آیا۔ لوگ سمجھتے ہیں کہ کیونکہ وہ لعنت کہتے ہیں لیکن مسئلہ فوری طور پر ظاہر نہیں ہوتا تو اس کا کوئی اثر نہیں ہوتا۔ اس کا اثر ہوتا ہے، چاہے آپ اسے ایک لمحے میں دیکھیں یا دس سالوں میں۔ اس کا اثر لوگوں پر پڑے گا۔

ایک دفعہ جب میں میکسیکو میں تھا تو میں نے ایک عورت کے لیے دعا کی جس کی جسمانی حالت تھی۔ ایک بات جو خُداوند نے مجھے بتائی تھی کہ اُس کے بھائی بہنوں نے اُس پر تین سال کی عمر سے لعنت بھیجی تھی۔ وہ تقریباً مکمل طور پر معذور ہو چکی تھی اور ہمیں وہاں سے گزرنا پڑا اور اسے اپنے بھائیوں اور بہنوں کو معاف کرنا پڑا۔ مجھے اس پر لعنت کی طاقت کو توڑنا پڑا اور جب میں نے کیا تو رب نے اسے مکمل طور پر شفا بخشی۔ اس نے اپنے واکر کو لے کر ایک طرف پھینک دیا اور خداوند نے اسے موقع پر ہی ٹھیک کر دیا۔ میں حیران تھا کہ واقعی کوئی معجزہ ہو سکتا ہے۔ آپ جانتے ہیں کہ اس کے لیے گرجہ گھر میں کتنی بار دعا کی گئی تھی اور وہ صحت یاب نہیں ہوئی؟ ایسا کیوں ہو رہا تھا اس کی ایک بنیادی وجہ تھی ۔ جب آپ لوگوں کے ساتھ جذباتی، روحانی یا جسمانی طور پر معاملہ کر رہے ہوتے ہیں اور کوئی پیش رفت نہیں ہوتی ہے تو آپ کو اس شخص کی زندگی میں مزید گہرائیوں کو کھودنا شروع کرنے کی ضرورت ہوتی ہے۔

ایک وجہ ہے کہ یہ اب بھی موجود ہے۔ کیا آپ جانتے ہیں کہ کلیسیا شفا یابی کے بارے میں اس قدر الجھن میں کیوں ہے؟ ہم یہ نہیں سمجھ سکتے کہ خدا کیوں کہتا ہے کہ وہ لوگوں کو شفا دے گا اور پھر وہ شفا نہیں پا رہے ہیں۔ براہ کرم

احساس کریں، مہربانی میں، یہ بغیر کسی وجہ کے نہیں ہوتا ہے۔ اس کائنات میں کوئی بھی چیز بلا وجہ نہیں ہوتی۔

http://healingandrevival.com/testimonies/?p=226

عظیم کارنامے - 1- آڈیو پوڈ کاسٹ لنکس

باب 1 کا تعارف - https://anchor.fm/otakada.org/episodes/Introd–to-Enough-is-Enough-to-Captivity-of-Satan-and-Welcome-to-Freedom-in-Christ-light-baptism-eshkai[1]

باب 2 حصہ 1 - https://anchor.fm/otakada.org/episodes/Part-1-Enough-is-Enough-to-Captivity-of-Satan-welcome-to-freedom-powered-by-hunger-and-anger-part-1-esfrdk

باب 3 حصہ 2 https://anchor.fm/otakada.org/episodes/Enough-is-Enough-to-Captivity-and-welcome-to-Freedom—How-to-heal-or-be-cured-of-COVID–19–part-2-er35cm[2]

باب 4 حصہ 3 - https://anchor.fm/otakada.org/episodes/Enough-is-Enough-to-CAPTIVITY-of-the-devil–Welcome-to-FREEDOM-in-Christ-Jesus—Activation-part-3-er5bu4[3]

باب 5 حصہ 4 - https://anchor.fm/otakada.org/episodes/Enough-to-Captivity-of-Satan–Welcome-to-the-Freedom-in-Christ-can-Christians-be-demonized–Part-4-errv2l[4]

باب 6 اور 7 – حصہ 5 اور 6 - https://anchor.fm/otakada.org/episodes/Seven-7-critical-steps-to-deliverance—How-to-Identify-and-Expel-Demon-Groupings-part-5-6-esap4h[5]

---

1. https://anchor.fm/otakada.org/episodes/Introd--to-Enough-is-Enough-to-Captivity-of-Satan-and-Welcome-to-Freedom-in-Christ---light-baptism-eshkai
2. https://anchor.fm/otakada.org/episodes/Enough-is-Enough-to-Captivity-and-welcome-to-Freedom---How-to-heal-or-be-cured-of-COVID--19--part-2-er35cm
3. https://anchor.fm/otakada.org/episodes/Enough-is-Enough-to-CAPTIVITY-of-the-devil--Welcome-to-FREEDOM-in-Christ-Jesus---Activation-part-3-er5bu4
4. https://anchor.gm/otakada.org/episodes/Enough-to-Captivity-of-Satan--Welcome-to-the-Freedom-in-Christ-can-Christians-be-demonized--Part-4-errv2l

https://anchor.fm/otakada.org/episodes/The-Holy- - 7 حصہ 8 باب
Ghost-POWER-resident-in-YOU-in-words-transferred-through-the-air-into-WATER-and-OIL-part-7-esv324

باب 9 حصہ 8 - پوڈ کاسٹ لنک: https://anchor.fm/otakada.org/episodes/Part-8—Enough-is-Enough-to-Captivity-of-Satan-and-Welcome-to-Freedom-in-Christ-Jesus—Where-on-et3d3[6]

9 حصہ 10 باب - https://anchor.fm/otakada.org/episodes/Freedom-from-Schizophrenia—QA-and-Practical-guidelines-on-Healing—deliverance-and-restoration-etgret[7]

---

5. https://anchor.fm/otakada.org/episodes/Seven-7-critical-steps-to-deliverance--How-to-Identify-and-Expel-Demon-Groupings-part-5-6-esap4h

6. https://anchor.fm/otakada.org/episodes/Part-8---Enough-is-Enough-to-Captivity-of-Satan-and-Welcome-to-Freedom-in-Christ-Jesus---Where-on-et3d3

7. https://anchor.fm/otakada.org/episodes/Freedom-from-Schizophrenia--QA-and-Practical-guidelines-on-Healing--deliverance-and-restoration-etgret

عظیم کارنامے - 1 - ویڈیو یوٹیوب لنکس

باب 1 کا تعارف - https://youtu.be/B-JVbeIMBDY

باب 2 حصہ 1 - https://youtu.be/MrjLuZC8N1c

باب 3 حصہ 2 - https://youtu.be/ydFE_lD8SqU

باب 4 حصہ 3 - https://youtu.be/4A2heCj3B5I

باب 5 حصہ 4 - https://youtu.be/ILEBjZeQAMs

باب 6 اور 7 - حصہ 5 اور 6 - https://youtu.be/mzXVmNH880Q

باب 8 حصہ 7 - https://youtu.be/gUuO1IuRKnc

باب 9 حصہ 8 - https://youtu.be/9wzp-2vYLDQ

باب 10 حصہ 9 - https://youtu.be/f4NEJFp7A18

عظیم کارنامے - 1 - باب 1- کافی کا تعارف اسیری کے لیے کافی ہے اور مسیح میں آزادی کا خیر مقدم ہے

اس ٹیڑھی دنیا میں خدا کی روشنی کا جھونکا + روح القدس میں بپتسمہ لینے کی دعا + ٹریور پلیس کے ٹریور فیرل اور الیکٹرک چیئر سے بچ جانے والی انسان کی زندگی پر رابرٹ ڈبلیو شیمباچ کی 2 کہانیاں - تعارف

ک

تاب کا حوالہ:

میتھیو 14:5-16

جذبہ ترجمہ

14 "آپ کی زندگیاں دنیا کو روشن کرتی ہیں۔ دوسروں کو آپ کی روشنی کو دور سے دیکھنے دیں، کیوں کہ آپ پہاڑی کی چوٹی پر کھڑے شہر کو کیسے چھپا سکتے ہیں؟ 15 اور کون چراغ جلاتا ہے اور پھر اسے کسی غیر واضح جگہ پر چھپاتا ہے؟ [b] اس کے بجائے، یہ ایسی جگہ رکھی گئی ہے جہاں گھر کے تمام افراد اس کی روشنی سے فائدہ اٹھا سکیں۔ ان پر روشنی کی طرح چمکیں، اور پھر وہ آپ کے آسمانی باپ کی تعریف کریں گے۔

جیسا کہ میں یہ تعارف پیش کر رہا ہوں کہ شیطان کی قید کے لیے کافی ہے اور مسیح میں آزادی میں خوش آمدید - اس ٹیڑھی دنیا میں خدا کی روشنی کو چمکانا + روح القدس میں بپتسمہ + 2 کہانیاں، میں چاہوں گا کہ ہم ان سات اہم A, B, C, D, E , F اور G کو نوٹ کریں، یاد رکھیں اور ان پر عمل کریں تاکہ ہم مسیح میں کامیاب ہو سکیں۔ وہ دنیا جو شیطان کے زیر اثر اور کنٹرول میں ہے۔ مسیح میں آزادی کا اظہار صرف ہماری زندگی کے پھلوں میں ہی کیا جا سکتا ہے۔ یہ سات صفات اجزاء کے طور پر انتہائی اہم ہیں جو ہمیں وہ سب کچھ بنانے میں مدد کرتی ہیں جو ہمیں ہونا اور کرنے کی ضرورت ہے۔ وہ ہیں:

1- A: دستیابی

2- ب: دلیری

3- ج: ہمدردی

4- D: عزم

5- ای: شدید محبت

F-6: شدید غصہ

G-7: زبردست بھوک

ہمیں روح القدس سے دعا کے ساتھ درخواست کرنے کی ضرورت ہے کہ وہ اپنے اندر مختلف درجات میں ان صفات کو ابھارنے میں ہماری مدد کرے کیونکہ مواقع خود کو پیش کرتے ہیں یا ہم روح القدس کے اشارے سے مواقع پیدا کرتے ہیں۔

جب ہم اپنی دنیا میں مشکل حالات اور حالات کا سامنا کرتے ہیں یا ان کا سامنا کرتے ہیں تو ہم جو سب سے بڑی غلطی کر سکتے ہیں وہ یہ ہے کہ خدا نے ہم میں سے ہر ایک میں ان تحائف اور صلاحیتوں کا دوسرا اندازہ لگانا شروع کر دیا ہے جو خدا نے ہم میں سے ہر ایک میں اسے اپنی تاریک دنیا تک پہنچانے کے لئے جمع کیا ہے۔ ہم کیا نہیں کرنا چاہتے تحائف کو دفن کرنا ہے اور کچھ نہیں کرنا ہے۔ ہم سب اس بات کا یقین کر سکتے ہیں کہ خُدا ہم سے حساب مانگے گا کہ ہم نے اُس کے جلال کے لیے اپنے اندر کے خزانے کو کس طرح لگایا ہے۔

مندرجہ بالا صحیفے پر غور کرنے سے، جو سوالات پیدا ہو سکتے ہیں وہ ہیں؟ یہ روشنی کیا ہے؟ یہ میرے خدا کی طرف سے دیے گئے تحفے کا کیسے ترجمہ کرتا ہے اور مجھے اپنے اندر کی اس روشنی کو خدا کے جلال کے لیے ایک تاریک دنیا میں جانے اور ظاہر کرنے کے لیے کیا کرنا چاہیے؟

شروع کرنے کی جگہ یسوع کو دیکھنا ہے کیونکہ یہ یسوع ہی ہے جو دنیا کا نور ہے۔ ہم نے اسے اپنی دنیا میں دوسروں کے سامنے لانا ہے۔ آئیے یسوع کے وژن اور مشن کے بیان میں لوقا 4:18،19 کو دیکھتے ہیں کیونکہ اس کا مشن اور وژن بیان توسیع کے لحاظ سے ہمارا مشن اور وژن بیان ہے:

لوقا 4:18-21

جذبہ ترجمہ

18-19 "خداوند کی روح مجھ پر ہے، اور اس نے مجھے مسح کیا ہے کہ غریبوں کے لیے امید بنوں، ٹوٹے دلوں کے لیے آزادی، اور اندھے کے لیے نئی آنکھیں، اور قیدیوں کو یہ منادی کرنے کے لیے کہ تم آزاد ہو!' میں جوبلی کا پیغام سنانے آیا ہوں، کیونکہ خدا کی عظیم قبولیت کا وقت شروع ہو چکا ہے۔

20 یہ پڑھ کر اُس نے طومار کو لپیٹ کر وزیر کو واپس کر دیا اور بیٹھ گیا۔ سب نے یسوع کی طرف دیکھا، حیران تھے کہ وہ کیا کہنے والا ہے۔ 21 پھر اُس نے مزید کہا، "یہ صحیفے آج آپ کے سامنے سچے ہوئے۔

یسوع: اس بات کو یقینی بنانے کے لیے کہ لوگوں کو اس مشن اور وژن کے بارے میں شک میں نہ چھوڑا جائے، اس نے بالکل وہی کیا جو اس پیشین گوئی نے اس کے بارے میں کہا تھا اور اسے پورا کیا۔ آپ اکاؤنٹ کو اس میں پڑھتے ہیں:

میتھیو 4:23-25

جذبہ ترجمہ

یسوع کی شفا یابی کی وزارت

23 یسوع نے گلیل کے پورے صوبے میں جگہ جگہ خدمت کی۔ اُس نے عبادت خانوں میں تعلیم دی، بادشاہی کی اُمید کی منادی کی [b] اور لوگوں میں ہر طرح کی بیماری اور بیماری کو شفا دی۔ 24 اُس کی شہرت ہر طرف پھیل گئی۔ بہت سے لوگ جو ہر طرح کی بیماری میں درد اور تکلیف میں تھے ان کی شفایابی کے لیے یسوع کے پاس لائے گئے—مرگی، فالج کے مریض، اور جن کو شیطانی طاقتوں نے اذیت دی تھی، سب کو آزاد کر دیا گیا تھا۔ ہر وہ شخص جو یسوع کے پاس لایا گیا شفا پا گیا!

25 اس کے نتیجے میں لوگوں کا ایک بہت بڑا ہجوم اس کے پیچھے آنے لگا، جن میں گلیل، یروشلم، یہوداہ کی سرزمین، دس شہروں کا علاقہ جو ڈیکاپولس کے نام سے جانا جاتا ہے اور دریائے یردن کے اس پار کے لوگ بھی شامل ہیں۔

اور شاگردوں کو 3 سال تک تربیت دینے کے بعد، اس نے ان کو اس مشن اور وژن کے بیان کے لیے ڈھیلا چھوڑ دیا۔ ہم اس میں اس کا ایک سنیپ شاٹ دیکھ سکتے ہیں۔

اعمال 16-5:12

جذبہ ترجمہ

رسول معجزات، نشانیاں اور عجائبات کرتے ہیں۔

12 رسولوں نے لوگوں کے درمیان بہت سے نشانات، عجائبات اور معجزے دکھائے۔ 13 اور ایماندار حیرت انگیز طور پر متحد تھے کیونکہ وہ سلیمان کے پی آرچ کے نام سے مشہور علاقے میں ہیکل کے صحن میں باقاعدگی سے ملتے تھے۔ کسی نے ان کو نقصان پہنچانے کی ہمت نہیں کی، کیونکہ ہر کوئی ان کا احترام کرتا تھا۔

14 مسلسل زیادہ سے زیادہ لوگ خُداوند پر ایمان لائے اور اُن کی تعداد میں اضافہ کیا گیا یعنی مردوں اور عورتوں دونوں کی بڑی بھیڑ۔ 15 درحقیقت، جب لوگ جانتے تھے کہ پطرس وہاں سے چل رہا ہے، تو وہ بیماروں کو سڑکوں پر لے گئے اور اُنہیں چارپائیوں اور چٹائیوں پر لٹا دیا، یہ جانتے ہوئے کہ اُس سے نکلنے والی ناقابل یقین طاقت اُن پر چھا جائے گی اور اُنہیں شفا دے گی۔ 16 آس پاس کے دیہاتوں سے بڑی تعداد میں لوگ یروشلم میں داخل ہوئے۔ وہ اپنے ساتھ بیماروں اور بدروحوں سے پریشان لوگوں کو لے کر آئے — اور سب شفایاب ہو گئے!

تو، کس چیز نے ان عام آدمیوں کو ایک مافوق الفطرت خدا کے سپر مین بنا دیا؟ ABCDEFG اوصاف میں آپ کی کیا مدد کر سکتی ہے جن پر ہم نے پہلے بات کی ہے۔ اس کا جواب یسوع کے آخری بیان میں ہے۔

اعمال 8-1:3

جذبہ ترجمہ

3 اپنی صلیب کے مصائب کے بعد، یسوع چالیس دن کے عرصے میں انہی رسولوں کے سامنے کئی بار زندہ ظاہر ہوا۔ یسوع نے اُن پر بہت سے قائل کرنے والی نشانیوں سے ثابت کیا کہ وہ دوبارہ زندہ ہو گیا تھا۔

ان مقابلوں کے دوران، اس نے انہیں خدا کی بادشاہی کے دائرے 4 کی سچائیاں سکھائیں اور ان کے ساتھ کھانا بانٹا۔ یسوع نے انہیں ہدایت کی، "یروشلم کو مت چھوڑو، لیکن یہاں انتظار کرو جب تک کہ تمہیں وہ تحفہ نہ ملے جس کے بارے میں میں نے تم سے کہا تھا، جس کا باپ نے وعدہ کیا ہے۔ 5 کیونکہ یوحنا نے تمہیں پانی میں بپتسمہ دیا، لیکن اب سے چند دنوں میں، تم روح القدس میں بپتسمہ دو گے۔"

6 جب بھی وہ اکٹھے ہوتے تھے، اُنہوں نے یسوع سے پوچھا، "خداوند، کیا اب وقت آگیا ہے کہ آپ اسرائیل کو آزاد کریں اور ہماری بادشاہی بحال کریں؟"

7 اُس نے جواب دیا، "باپ وہ ہے جو مقررہ تاریخیں اور اُن کی تکمیل کے اوقات متعین کرتا ہے۔ آپ کو اُن تمام چیزوں کا وقت جاننے کی اجازت نہیں ہے جو اُس نے اپنے اختیار سے تیار کی ہیں۔ 8 لیکن میں آپ سے یہ وعدہ کرتا ہوں کہ روح القدس آپ پر آئے گا اور آپ طاقت سے معمور ہو جائیں گے۔ زمین پر!"

جان نے اس حقیقت پر روشنی ڈالی کہ شیطان ہماری دنیا میں شاٹس کو کال کرتا ہے اور اس تفویض پر دوبارہ زور دیا جس کے لیے یسوع 1 جان 5:19 اور 1 یوحنا 3:8 میں انجام دینے کے لیے دنیا میں آیا اور میں نے پڑھا:

1 یوحنا 5:19

جذبہ ترجمہ

19 ہم جانتے ہیں کہ ہم خُدا کے فرزند ہیں اور یہ کہ ساری دُنیا بدی کے مصائب اور اثر میں ہے۔

اور **1 یوحنا 3:8**

جذبہ ترجمہ

8 لیکن جو گناہ کی زندگی گزارتا ہے وہ ابلیس میں سے ہے کیونکہ ابلیس شروع سے ہی گناہ کرتا آیا ہے۔ خدا کے بیٹے کے ظاہر ہونے کی وجہ شیطان کے کاموں کو ختم کرنا اور تباہ کرنا تھا۔

یسوع نے میتھیو 12:29 میں کہا - "کوئی بھی کسی مضبوط آدمی کے گھر میں گھس کر اس کا سامان نہیں لے سکتا جب تک کہ وہ پہلے مضبوط آدمی کو نہ باندھے؛ پھر وہ اس کے گھر کو لوٹ سکتا ہے۔

ہم شہر کو اپنی طاقت سے نہیں لے سکتے بلکہ روح القدس کی طاقت سے:

لوقا 3:16 میں یوحنا بپتسمہ دینے والے کو سنیں۔

جذبہ ترجمہ

16 لیکن یوحنا نے اُن سے یہ کہہ کر واضح کیا، "ایک آنے والا ہے جو مجھ سے زیادہ طاقتور ہے، وہ اعلیٰ ہے، درحقیقت، میں اُس کا غلام ہونے کے لائق بھی نہیں، میں صرف تمہیں اس دریا میں بپتسمہ دے سکتا ہوں، لیکن وہ تمہیں پاکیزگی کی روح اور اپنی بھڑکتی ہوئی آگ میں بپتسمہ دے گا۔

روح القدس وہ مددگار ہے جو دشمن شیطان کے گڑھ کو گرانے کے بعد مسیح کی روشنی کو روشن کرکے تاریک دنیا میں بادشاہی کو آگے بڑھانے میں ہماری مدد کرے گا۔ ہم کیسے لیس ہوتے ہیں روح القدس میں بپتسمہ کے ذریعے۔

روح القدس میں بپتسمہ ایک بااختیار تجربہ ہے، روح سے بھرے ایمانداروں کو گواہی اور خدمت کے لیے لیس کرتا ہے جہاں ہم اوپر دی گئی 7 صفات کو اتنی آسانی کے ساتھ بیان کر سکتے ہیں۔

آپ یہ دعا مانگ کر روح القدس کا بپتسمہ حاصل کر سکتے ہیں تاکہ آپ کے پیٹ سے زندہ پانی کی نہریں نکلیں جو آپ کو تازگی بخشتی ہیں اور سخت مخالفت کے باوجود آپ کو دنیا کے سامنے اپنے نور کو روشن کرنے کی خدمت کے لیے طاقت دیتی ہیں:

آئیے دعا کریں:

،اے خُداوند، مجھے یسوع کے نام پر اپنی طاقت کا ایک برتن بنا
آسمان کو کھول دے اور تیرا جلال مجھ پر گرے، یسوع کے نام پر۔ اے خُدا
میری آنکھوں، کان اور منہ کو بپتسمہ دے کہ میں عجب چیزیں حاصل کروں،
سنوں اور بولوں، مجھے یسوع کے نام پر تازہ آگ اور تازہ مسح ملے۔

خدا کی روح کو عیسیٰ کے نام پر میری عقل، مرضی اور جذبات کو پاک کرنے دیں۔

خدا کی روح کو عیسیٰ کے نام پر میری روح، روح اور جسم کو پاک کرنے دیں۔

لوقا 3:16 میں اپنے وعدے کے مطابق مجھے روح القدس اور آگ سے بپتسمہ دیں۔

خداوند، یسوع کے نام پر دنیا بھر کے باپ مسیح کے جسم پر آپ کی روح کا تازہ انڈیلنے دیں میں وہ سب چاہتا ہوں جو آپ کے پاس میرے لئے ہے۔

میں اپنی زندگی میں کام کرنے والے روح کے تمام تحفوں کے ساتھ روح القدس کی معموری چاہتا ہوں۔ لہذا میں اب آپ کے سامنے اپنے آپ کو فروتن کرتا ہوں اور میں آپ کے کلام کے مطابق آپ سے پوچھتا ہوں، اب مجھے روح القدس میں بپتسمہ دیں۔ میں اپنے آپ کو ان تحائف میں بہنے کے لیے سپرد کرتا ہوں جو روح القدس میرے ذریعے ظاہر کرے گا۔

مسح، جلال، اور خدا کی طاقت مجھ پر اور میری زندگی میں ابھی آئے۔

کیا مجھے اس دن سے خدمت کے لیے بااختیار بنایا جا سکتا ہے جس میں اوپر کی نشاندہی کی گئی تمام سات صفات - دستیابی، دلیری، ہمدردی، عزم اور مخلصانہ محبت۔ آگ اور عظیم بھوک

آپ کا شکریہ، خداوند یسوع، مجھے آپ کی روح القدس میں بپتسمہ دینے کے لیے۔ آمین۔"

میں اپنی زبان کے حوالے کرتا ہوں تاکہ روح القدس مجھے کلام دے سکے تاکہ وہ میرے ذریعے بول سکے۔ مجھے روح القدس کا بپتسمہ ایمان سے ملتا ہے، یہ میرا ہے اور اب میرے پاس ہے۔

اب صرف اللہ کی حمد و ثنا شروع کر دیں اور اپنے اندر آنے والے الفاظ کو منہ سے نکلنے دیں۔ آپ کو بولنا ہے روح القدس آپ کو الفاظ دے گا۔

آپ یہ سب کچھ گھر پر، کار میں، دفتر میں، جہاں بھی آپ کی رہنمائی کی جاتی ہے یا نماز پڑھنے کے لیے آپ کے پاس ہو سکتی ہے۔

ہماری نصیحت کو ثابت کرنے کے لیے، یہاں ذیل میں 7 صفات کے اطلاق کے ساتھ دو سچی کہانیاں ہیں جو ہم نے آج سیکھی ہیں۔

ہم سب کو خوشخبری سنانے اور بیماروں کو شفا دے کر خدا کی موجودگی کا مظاہرہ کرنے کے لیے بلایا گیا ہے۔ ہم سب بنیادی باتیں کرنے کے لیے لیس ہیں ہر کسی کے پاس اس شعبے میں شفا یابی اور نجات کے لیے کوئی بنیادی اسائنمنٹ یا دفتر نہیں ہے۔

ہماری بنیادی تفویض انتظامیہ ہو سکتی ہے، جو روح القدس کے ذریعے سپرچارج ہے۔ ہو سکتا ہے کہ ہم حکومت میں وزیر اعظم کے عہدے پر ہوں اور ہم ایسے قوانین بنا کر کسی قوم کی تقدیر کو راستبازی کی طرف بدل سکتے ہیں جو خدا کے مقصد کے حق میں ہوں۔ کچھ ہسپتال کے ڈاکٹر ہو سکتے ہیں جو خدائی الہام اور دوا کے ذریعے بیماروں کو شفا دیتے ہیں

ہم آج یہ دو کہانیاں پیش کرتے ہیں اور میں آپ کو ان کہانیوں میں مندرجہ بالا 7 اوصاف کو تلاش کرنے کی ترغیب دیتا ہوں:

ایک تیرہ سالہ ٹریور کی جس نے بے گھر افراد کے لیے معاشرے میں برائیوں کو دور کرنے کے لیے جرات مندانہ قدم اٹھایا اور دوسری کہانی ایک عورت کے درمیان ہونے والے تصادم کے بارے میں ہے جس کے بیٹے کو برقی کرسی پر پھانسی دی جانی تھی اور مبشر کی آخری لمحات کی دعا نے پھانسی کو ٹال دیا:

ٹریور فیرل

ٹریور فیرل (پیدائش 1972) ایک امریکی شہری ہے جس نے ایک نوجوان نوجوان کے طور پر بے گھر لوگوں کی مدد کے لیے اپنی کوششوں کے باعث عوام کی توجہ حاصل کی۔ اس نے 1983 میں بے گھر افراد کے لیے ٹریور کی مہم شروع کی، جب وہ 11 سال کا تھا۔ 8 دسمبر 1983 کو انہوں نے گلی محلے والوں پر ایک نیوز پروگرام دیکھا۔ اس نے اسے اپنے والدین، فرینک اور جینٹ فیرل سے پوچھنے پر مجبور کیا کہ وہ کس طرح مدد کر سکتے ہیں۔ وہ اس رات اپنے بیٹے کو فلاڈیلفیا لے گئے تاکہ سینٹر سٹی میں یونین لیگ کے سامنے فٹ پاتھ پر سوئے ہوئے ایک بے گھر آدمی کو بستر دیں۔ اس نے اور اس کے والدین نے بعد میں ایک بے گھر پناہ گاہ، ٹریور کی جگہ قائم کی۔ اس کے والدین نے ایک کتاب بھی تصنیف کی، جسے ٹریور پلیس بھی کہا جاتا ہے، اس طرح سے انجام پانے والے اعمال کو مزید بیان کرنے کے لیے، مزید کارروائی کی درخواست کے ساتھ یہ 1985 میں شائع ہوا تھا۔

ٹریور فیرل کے کام کو صدر رونالڈ ریگن نے صدر کے 1986 کے اسٹیٹ آف دی یونین خطاب میں تسلیم کیا تھا۔ ایک ٹی وی فلم جو پناہ گاہ کی سرگرمیوں کو ڈرامہ کرتی ہے، جس کا عنوان کرسمس آن ڈویژن سٹریٹ ہے، 1991 میں نشر ہوا۔ اس میں اداکار فریڈ سیویج کو ٹریور کے طور پر دکھایا گیا تھا۔ سیریز لائف اسٹوریز: فیملیز ان کرائسس کا 1994 کا ایک واقعہ، جس کا عنوان برادرلی محبت: دی ٹریور فیرل اسٹوری ہے، نے بھی اپنی کوششوں کو بیان کیا۔

جب فیرل 18 سال کا تھا، تو خاندان نے مہم میں اپنی کوششیں بند کر دیں۔ فیرل فی الحال یونائیٹڈ پارسل سروس کے لیے کام کرتا ہے اور فلاڈیلفیا میں لنکاسٹر ایونیو پر ایک کفایت شعاری کی دکان چلاتا ہے۔ 1985 میں، فیرل نے 35 سال یا اس سے کم عمر کے فرد کے لیے سب سے بڑی عوامی خدمت کے لیے سیموئیل ایس بیئرڈ ایوارڈ حاصل کیا، یہ ایوارڈ جیفرسن ایوارڈز کے ذریعے سالانہ دیا جاتا ہے۔

مکمل کہانی:

کہانی 1: ٹریور کی کہانی مسیح کی محبت کو ایک لاپرواہ اور محبت نہ کرنے والی دنیا کے سامنے پیش کرتی ہے۔

ٹریور نامی لڑکے کے بارے میں ایک سچی کہانی۔ اس سے پتہ چلتا ہے کہ ایسی چھوٹی چھوٹی چیزیں ہیں جو بچے کر سکتے ہیں جس سے بڑا فرق پڑتا ہے۔ ایک رات ٹریور وہی کر رہا تھا جو بہت سے دوسرے 13 سالہ بچے کر رہے ہوں گے:

وہ ٹی وی دیکھ رہا تھا۔ اس خبر پر اس نے فلاڈیلفیا کے ایک مرکزی علاقے میں جہاں وہ رہتا تھا، سڑکوں پر سردی میں سوتے ہوئے کچھ بے گھر لوگوں کے بارے میں یک کہانی دیکھی۔ ٹریور یہ سوچنے کے لیے کبھی نہیں رکا تھا کہ وہ اسی شہر کے ایک بہت اچھے مضافاتی علاقے میں رہنے کے لیے کتنا خوش قسمت ہے۔ بے گھر لوگوں کی کہانی اس کے دل کو چھو گئی اور وہ سوچنے لگا کہ وہ ان لوگوں کی مدد کے لیے کیا کر سکتا ہے۔ ٹریور کے لیے اس کے بارے میں بھول جانا آسان ہو سکتا ہے۔ بہت ساری افسوسناک کہانیاں ہیں جو آپ کبھی کبھار ٹی وی پر دیکھتے ہیں۔ یہ صرف ایک اور ہو سکتا تھا جسے اس نے نظر انداز کر دیا۔ ٹریور نے بھی سوچا ہوگا، ٹھیک ہے، میں اس کے بارے میں کیا کرسکتا ہوں؟ میں صرف ایک بچہ ہوں، لیکن اس نے ایسا نہیں کیا۔ اس کے بجائے وہ سوچنے لگا کہ وہ کس طرح مدد کر سکتا ہے اور اس کی وجہ سے اسے یاد آیا کہ ان کے گیراج میں کچھ فالتو، غیر استعمال شدہ کمبل موجود ہیں۔ چنانچہ، وہ اپنے والد کے پاس گیا اور پوچھا کہ کیا وہ انہیں شہر کے مرکز میں ان لوگوں کے پاس لے جا سکتے ہیں جن کے پاس رات گزارنے کے لیے کوئی گھر نہیں تھا۔

ٹریور کے والد نے یہ درخواست قدرے عجیب سمجھی ہوگی۔ ہمارے لیے یہ آسان ہے کہ ہمارے پاس موجود چیزوں کو برقرار رکھنا چاہتے ہیں، بالغوں کے لیے یہ سوچنا آسان ہے کہ انہوں نے اپنی ملکیت حاصل کرنے کے لیے سخت محنت کی ہے، تو وہ اسے کیوں چھوڑ دیں؟ میرا اندازہ ہے کہ یہ ایک بچے کی سوچ کی طرح ہی ہے، اس نئی موٹر سائیکل کو خریدنے میں میری جیب خرچ بچانے میں کافی وقت لگا، تو میں اسے اپنے کسی دوست کو کیوں ادھار دوں جسے جلدی میں گھر پہنچنے کی ضرورت ہے؟

اب، ٹریور کے والد ایک نرم دل آدمی تھے۔ اس نے ٹریور کو ڈاون ٹاؤن سے نکالا تاکہ ان کے چند اضافی کمبل سڑکوں پر موجود لوگوں میں سے کچھ کے حوالے کر دے۔ میرا اندازہ ہے کہ جب اس رات جھک کر سونے کا وقت آیا تو لوگ نئے کمبلوں کی اضافی گرمی سے کافی خوش تھے۔

ٹریور بھی خوش تھا۔ اسے کمبل دے کر اچھا لگا۔ اس نے ایک اندرونی گرم جوشی محسوس کی، جیسے وہ خود ہی کسی جذباتی کمبل میں لپٹا ہوا ہو۔ لیکن اس نے محسوس کیا کہ ایک خطرہ ہے ۔ یہ اتنا اچھا محسوس ہوسکتا ہے کہ آپ اسے دوبارہ کرنا چاہیں گے۔

اگلے دن ٹریور اپنے مقامی گروسری سٹور اور اپنے محلے کے دیگر عوامی مقامات پر گیا جہاں نوٹس بورڈز تھے۔ اس نے لوگوں سے کوئی اضافی کمبل یا کھانا عطیہ کرنے کے لیے اشارے لگائے جس کی انہیں ضرورت نہیں تھی۔ نتیجہ حیران کن تھا۔ مہربانی متعدی تھی۔ ٹریور کو معلوم ہوا کہ بہت سے لوگ مدد کے لیے تیار ہیں کہ ایک ہفتے کے اندر اس نے اپنے والد کے گیراج کو کھانے اور کمبلوں سے بھر دیا۔ ٹریور نے اپنی مہربانی سے جو شروع کیا تھا وہ بڑھتا گیا

اور پوری کمیونٹی میں پھیل گیا۔ ابھی زیادہ عرصہ نہیں گزرا تھا کہ لوگوں کی سخاوت اس کے والد کے گیراج سے چھلک گئی اور ٹریور اور اس کے والد کو عطیہ کیے جانے والے تمام تحائف رکھنے کے لیے ایک بڑی عمارت کی تلاش کرنی پڑی۔ کیا آپ یقین کریں گے کہ اب پورے فلاڈیلفیا میں متعدد خصوصی گودام ہیں جو بے گھر افراد کو کھانا کھلانے اور گرم کرنے کے لیے خوراک اور کمبل کا ذخیرہ کرتے ہیں؟ ان سب کو "ٹریور کی جگہ" کہا جاتا ہے۔

ہمارے دعوے میں غور کے لیے کہانی 1 کی درخواست :

'کیا یہ ہو سکتا ہے کہ خدا نائیجیریا میں المجاری مسئلے کو حل کرنے کے لیے کسی کو بلا رہا ہو تاکہ ہماری سرزمین میں ایک صالح نسل کی پرورش کے لیے بورڈنگ، کھانا کھلانا اور مسیحی مرکز تعلیم فراہم کی جا سکے۔ اگر ہم ایسا نہیں کرتے ہیں، تو شیطان انہیں قتل، چوری اور تباہ کرنے کے اپنے مقصد کے لیے ہائی جیک کر لے گا۔ ہم اپنی مرضی کے مطابق بات کر سکتے ہیں لیکن ہماری ذمہ داری یہ ہے کہ ہم سب کے باوجود مسیح کی روشنی اور محبت کو روشن کریں اور اس سے وہ یہ سننا چاہیں گے کہ ہم اپنے یسوع کے بارے میں کیا کہنا چاہتے ہیں۔ متی 25:1-46 کو پڑھیں

کہانی 2: انسان کی زندگی الیکٹرک چیئر سے بچ گئی - پادری کی بیٹی کی طرف سے بتائی گئی کہانی - ایک غیر منصفانہ دنیا میں مسیح کی روشنی کو روشن کرنے میں شفاعت کی دعا کی طاقت۔

وہ 1960 میں نیوارک، نیو جرسی میں تبلیغ کر رہے تھے۔ وقت: 9:30 بجے ایک عورت مرکز کے گلیارے سے نیچے چلتی ہوئی آئی، اور میرے والد، RW Schambach، جانتے تھے کہ اس کا کیا مطلب ہے۔ اس کا مطلب تھا کہ کوئی اس کے پیغام میں خلل ڈالنے والا ہے۔ وہ مرکز کے گلیارے سے نیچے چلی گئی اور اس رات مبلغ کے بالکل سامنے کھڑی ہوگئی۔ اس کے ہاتھ میں بائبل تھی اور وہ ایک شاہکار کی تبلیغ کر رہا تھا! کسی کی ہمت کیسے ہوئی کہ خدا کے بندے کو روکے؟

درحقیقت، وہ قیمتی عورت اسے مایوس قسم کے ایمان سے روک رہی تھی، بالکل اسی طرح جیسے چار آدمیوں نے اس جگہ کی چھت پھاڑ دی جہاں یسوع تعلیم دے رہے تھے تاکہ ان کے دوست کو کوئی معجزہ ہو سکے۔ ان کے ایمان نے خُداوند کو متاثر کیا، اور یہی حقیقی ایمان کرتا ہے۔

جب نیوارک میں وہ خاتون میرے والد سے رابطہ کی تو اس نے کہا، "بھائی شیمباچ، براہ کرم مجھے معاف کر دیں۔ میں نے اپنی زندگی میں کبھی کسی مبلغ کو نہیں روکا۔ لیکن یہ ایک ہنگامی صورتحال ہے۔ میرا بیٹا دس بجے الیکٹرک چیئر پر مرنے والا ہے۔"

اپنے اقرار سے، بھائی شیمباچ نے سوچا، "اوہ، میرے خدا!" اس نے منادی کو اس سے دستک دی۔ جب اس نے یہ سنا تو وہ ایک اور لفظ کی تبلیغ نہ کر سکے۔

اس نے ہسپتالوں میں مرنے والے لوگوں کے لیے دعا کی تھی، لیکن اس نے کبھی کسی ایسے شخص کے لیے دعا نہیں کی جو الیکٹرک چیئر پر مرنے والا تھا۔ اس آدمی کو اس کے ساتھیوں کی جیوری نے سزا سنائی تھی۔ وہ مجرم پایا گیا تھا۔ وہ اس قتل کی قیمت ادا کرنے کے لیے مرنے والا تھا جس کے بارے میں ان کا کہنا تھا کہ اس نے کیا تھا — اور یہ تیس منٹ میں ہونے والا تھا۔ بھائی شیمباچ تبلیغ نہیں کر سکے! اس نے کتاب بند کر دی۔ وہ نماز بھی نہیں پڑھ سکتا تھا! اُس نے گرجہ گھر میں سب کو کھڑے ہونے کو کہا۔

لوگ اکثر میرے والد سے پوچھتے تھے، "کیا مجھے روح القدس کی ضرورت ہے؟" جب ہمیں اس عورت جیسی ضرورتوں کا سامنا کرنا پڑتا ہے، تو ایک شخص کو اندازہ نہیں ہوتا کہ نماز کیسے ادا کی جائے۔ یہی وجہ ہے کہ ہم سب کو روح القدس کی معموری کی ضرورت ہے!

روح القدس میرے والد کے ذریعے دعا کرنے لگا۔ اس نے کہا کہ ایسا محسوس ہوتا ہے جیسے کسی نے اس پر چوغہ ڈالا ہو — یہ معجزات کے لیے مسح کرنے کا لباس تھا، اور وہ مسح کرنے کو محسوس کر سکتا تھا۔ دوہرا حصّہ اس پر ٹھہر گیا جب اس نے زبان میں دعا کی۔ پھر، جیسے ہی اس نے اسے ڈالا، اس نے انگریزی میں دعا کرتے ہوئے روح القدس کو سنانا شروع کیا۔ جب اس نے انگریزی میں دعا مانگنی شروع کی تو وہ جو کہہ رہا تھا اسے چونکا:

"خداوند، یسوع کے نام پر، روح القدس کے ذریعے حقیقی قاتل کو سزا دلوائیں۔ اسے جرم کا اعتراف کرو۔"

اندر، میرے والد خود کو لات مار رہے تھے۔ اس نے سوچا، چپ کرو، ڈمی۔ اس شخصر کو پہلے ہی سزا ہو چکی ہے۔ وہ اللہ سے اصل قاتل کو پکڑنے کی درخواست کر رہا تھا۔ وہ نہیں جانتا تھا، لیکن روح القدس جانتا تھا کہ اس عورت کے بیٹے نے جرم نہیں کیا تھا۔ روح القدس میرے والد کے ذریعے یہ کہہ کر دعا کر رہا تھا کہ "اصل قاتل کو پکڑو اور اسے اقرار کرو۔"

والد صاحب نماز سے فارغ ہونے کے بعد، انہوں نے عورت کی طرف دیکھا اور کہا، "گھر جاؤ، بستر پر جاؤ اور سو جاؤ! تمہارا بیٹا بجلی کی کرسی پر نہیں مرے گا!" اس نے ایک بار پھر اپنے آپ کو عذاب دیا، سوچا، چپ رہو، اے گونگے مبلغ! یاد رکھیں، آپ کو کل رات یہاں واپس آنا ہے اور تبلیغ کرنی ہے!

کبھی کبھی روح القدس ایسی باتیں کہتا ہے جن پر یقین کرنا آپ کے لیے مشکل ہوتا ہے۔ بعض اوقات جب آپ تبلیغ کر رہے ہوتے ہیں تو آپ ایسی باتیں کہتے ہیں جو آپ کو چونکا دیتی ہیں۔ لیکن یہ آپ بات نہیں کر رہے، یہ روح القدس ہے۔

کیا آپ اس کہانی کے نتائج کے لیے تیار ہیں؟

ابا اپنے ہوٹل واپس آئے اور بستر پر چلے گئے۔ وہ اگلی صبح اٹھ کر ایک بلاک کے فاصلے پر ڈنر پر گیا۔ جاتے ہوئے، اس نے نیویارک ڈیلی نیوز خریدی۔ جلال! کیا آپ نے کبھی اخبار دیکھ کر چیخا؟ ٹھیک ہے، اس نے کیا. آپ جانتے ہیں کہ سرخیوں نے کیا کہا؟ "انسان کی زندگی الیکٹرک چیئر سے بچ گئی - صفحہ 3 پر کہانی۔" اس نے ناشتہ نہیں کیا۔ اوہ، نہیں. وہ اس کرب پر بیٹھ گیا اور صفحہ تین کا کاغذ پھاڑ دیا۔ والد صاحب کو یاد آیا کہ اخبار نے لفظی طور پر کیا کہا تھا۔ وہ آپ کو ڈسٹرکٹ اٹارنی کا نام بتا سکتا ہے۔ اس کا نام مسٹر ہوگن تھا۔ کہانی میں لکھا تھا، "گزشتہ رات 9:40 پر، مسٹر ہوگن کو ایک آدمی کا فون آیا۔" (یاد رکھو، یہ 9:30 کا وقت تھا جب عورت نے خدمت میں خلل ڈالا تھا۔ 9:40 پر، خدا نے عورت کی دعا کا جواب دیا۔ اوہ، الحلّلہ!) دوسری طرف کے آدمی نے کہا، "تم غلط آدمی کو جلا رہے ہو۔"

"کیا مطلب؟ یہ کون ہے؟" مسٹر ہوگن نے پوچھا۔

"اس سے کوئی فرق نہیں پڑتا کہ یہ کون ہے۔ لیکن آپ کے پاس برقی کرسی پر ایک آدمی کو اوپری برونکس میں ایک آدمی کے قتل کے الزام میں مرنا ہے۔ آپ کو اس کی لاش دوسری منزل کے اپارٹمنٹ میں ملی، جس کے چہرے پر چاقو کے زخم تھے۔"

مسٹر ہوگن نے کہا، "آپ یہ کیسے جانتے ہیں؟"

اس نے کہا، "میں نے ہی جرم کیا ہے۔"

"تم کہاں ہو؟" مسٹر ہوگن نے پوچھا۔

اس نے جواب دیا، "میں ایک مخصوص علاقے سے دو بلاکس ہوں۔ اور میں اپنے آپ کو ترک کرنے کے لیے جا رہا ہوں۔"

مسٹر ہوگن نے پھانسی روک دی۔ وہ حدود میں گیا اور صبح تین بجے تک نئے مشتبہ شخص سے پوچھ تاچھ کرتا رہا، اسی سوال پر۔ "تم نے خود کو کیوں چھوڑ دیا؟"

بار بار ایک ہی جواب آیا، "یار، میں نے کبھی اپنے آپ کو چھوڑنے کا کوئی ارادہ نہیں کیا تھا، لیکن جب میں نے کل رات آپ کو فون کیا تو مجھے کسی چیز نے پکڑ لیا اور مجھے اعتراف کرنے پر مجبور کیا۔"

مجھے امید ہے کہ آپ مندرجہ بالا کہانیوں میں 7 صفات کے ساتھ آئے ہوں گے؟

جاؤ اور اسی طرح اس دائرے میں کرو جس میں خدا نے تمہیں بلایا ہے۔ اپنے دل کی پیروی کرو!

خُداوند آپ کی زندگی کو اس وقت تک وسیع کرے جب تک کہ آپ کے تحائف یسوع کے نام پر ایک تاریک دنیا میں روشنی نہ ڈالیں، آمین

عظیم کارنامے - 1 - باب 2 - دو (2) کہانیاں - پہلی کہانی: بذریعہ نورول ہیز:

معجزہ کا کام - اپنی بیٹی کے ہاتھ پر تخلیقی معجزہ اور ہندوستان میں رابرٹ شیمباچ کے کارنامے + خود سے نجات کی دعا کا اسکرپٹ + شفا، نجات اور بحالی کے معاہدے کی دعا حصہ 1

پیارے دوستو،

مکمل نجات - شفا، نجات اور بحالی - روح، روح اور جسم آپ کے لیے، آپ کے دوستوں کے لیے اور کسی ایسے شخص کے لیے جسے خدا کے رابطے کی اشد ضرورت ہے۔

میں آج آپ کے لیے دو پُرجوش کہانیاں لاتا ہوں تاکہ آپ کا ایمان مضبوط ہو تاکہ آپ اپنا معجزہ حاصل کرنے کے لیے یا آج کسی اور کے لیے ایمان کے ساتھ جڑ سکیں۔ اس پیغام کے آخر میں، شفا، نجات، اور بحالی کے لیے اس میڈیا کے ذریعے خُدا کی طاقت سے جڑنے کے لیے ایک دعا اور رابطہ ہے - روح، روح، اور جسم یسوع کے نام پر، آمین۔ تو، اسٹینڈ بائی!

یہ سیریز **"بیماری، غربت اور روحانی موت کے لیے کافی ہے اور آپ کی روح، روح اور جسم کی سیریز کی شفا یابی، نجات، اور بحالی میں خوش آمدید" کے عنوان سے** آپ کے لیے ہے اگر آپ ان سوالوں میں سے کسی کا جواب ہاں میں دیتے ہیں:

1) کیا آپ نے کچھ یا کسی کو کھو دیا ہے یا آپ کچھ یا کسی کو کھو رہے ہیں یا آپ مسلسل عذاب اور کسی چیز یا کسی کو کھونے کے خوف میں مبتلا ہیں؟

2) کیا آپ کے چکر میں کسی کو اس وقت نقصان کا سامنا ہے؟

پھر یہ سامان سازی کا سلسلہ آپ کے لیے ہے، یہ آپ کے بیٹوں اور بیٹیوں کے لیے ہے۔ یہ آپ کے والد اور ماؤں کے لیے ہے، یہ آپ کے چچا اور خالہ کے لیے ہے، یہ آپ کے بھانجوں اور بھانجیوں کے لیے ہے، یہ آپ کے دوستوں اور دشمنوں کے لیے ہے۔ یہ ہر اس شخص کے لیے ہے جس کے اندر زندہ خدا کی سانس ہے۔

ایک تازگی بخش نوٹ پر، میں مسیح میں میرے سفیر کے عہدے کی عکاسی کرنے والے پادریانہ لباس پر تمام مبارکباد کے لیے آپ سب کا شکریہ ادا کرنا چاہتا ہوں۔ ہم سب کو یہ سمجھنا چاہیے کہ ہم سفیر ہیں اور پادری کے دفتر میں بلائے گئے ہیں۔ تحریری الفاظ کو ہمارے روزمرہ کے تجربے سے جوڑنے کی اجازت دینے کے لیے ہمیں تصویروں اور بصری مظاہروں کا استعمال کرنے کی ضرورت ہے تاکہ ہم نسل انسانی کی خدمت کرنے کے لیے اس شاندار ذمہ داری کی مسلسل یاد دہانی کر سکیں - چھٹکارا پانے والے اور ناقابل واپسی دونوں یکساں - اور کام کرتے چلے جائیں - ہمیں بات کو آگے بڑھانا چاہیے۔ ہمیں پروف پروڈیوسر ہونا چاہیے۔

میرے انتظار کے موسموں میں اس حیثیت میں خدمت کرنا اور اس کام کے لئے مناسب لباس پہننا جس میں اس نے مجھے بلایا ہے اور اس کے پاس جانا ہے۔ ہم سب شاہی کہانت ہیں ۔ ہم سب، مسیح میں تمام ماننے والے خود شاہی طبقے میں ہیں۔ ہم خالق کائنات کے بیٹے اور بیٹیاں ہیں، یسوع مسیح ہمارے بھائی ہیں اور ہمیں عیسیٰ کے نام پر دوسروں کی خدمت کے لیے بلایا گیا ہے، آمین

مندرجہ بالا حقیقت کو ثابت کرنے کے لیے، میں آج رسول **پطرس، جان اور پال کو** گواہی کے لیے بلاتا ہوں:

1 پطرس 2:9

ایمپلیفائیڈ بائبل

9 لیکن آپ ایک منتخب نسل، ایک شاہی کہانت، ایک مقدس قوم، ایک [خصوصی] لوگ ہیں جو خدا کی ملکیت ہیں، تاکہ آپ اُس کی فضیلتوں [عجیب کاموں اور خوبیوں اور کمالات] کا اعلان کریں جس نے آپ کو تاریکی سے اپنی شاندار روشنی میں بلایا۔

مکاشفہ 5:1-6

ایمپلیفائیڈ بائبل

5 اور یسوع مسیح کی طرف سے، [ا[1]] وفادار اور قابل اعتماد گواہ، [ب

[2] مردوں کا پہلوٹھا، اور زمین کے بادشاہوں کا حاکم۔ اُس کے لیے جو ہم سے [ہمیشہ] محبت کرتا ہے اور جس[3] نے اپنے خون (اپنی قربانی کی موت) سے ہمیں

---

1. https://www.biblegateway.com/passage/?search=Revelation+1%3A5-6&version=AMP#fen-AMP-30704a

2. https://www.biblegateway.com/passage/?search=Revelation+1%3A5-6&version=AMP#fen-AMP-30704b

3. https://www.biblegateway.com/passage/?search=Revelation+1%3A5-6&version=AMP#fen-AMP-30704c

ہمارے گناہوں سے آزاد کیا [یا ہمیں دھویا] ـــ 6 اور ہمیں ایک بادشاہی [اپنی رعایا کے طور پر]، [[d4]اپنے خدا اور باپ کے کاہن بنا دیا ـــ اُس کے لیے جلال اور طاقت ہمیشہ کے لیے ہو۔ آمین

2 کرنتھیوں 5:20

ایمپلیفائیڈ بائبل

20 پس ہم مسیح کے ایلچی ہیں، گویا خدا ہمارے ذریعے اپنی اپیل کر رہا ہے۔ ہم [مسیح کے نمائندوں کے طور پر] مسیح کی طرف سے آپ سے التجا کرتے ہیں کہ خدا سے صلح کر لیں۔

خدا کے گھر میں لوگوں کا کوئی خاص گروہ نہیں ہے کیونکہ ہم سب بھائی بھائی ہیں۔ یسوع اپنے دن کے جمود میں خلل پیدا کرنے کے لیے آیا تھا اور مسیح کی توسیع کے طور پر، ہمیں اس خلل کو برقرار رکھنا چاہیے تاکہ اس کا کام مردوں کی روایت سے روکا جائے۔

میں مرقس کو گواہی کے لیے بلاتا ہوں، اس بات کی گواہی دیتا ہوں کہ یسوع نے اپنے احکام اور مردوں کی روایت کے بارے میں کیا کہا:

مرقس 7:8

ایمپلیفائیڈ بائبل

8 تم خُدا کے حکم کو نظر انداز کرتے ہو اور اُسے نظر انداز کرتے ہو اور آدمیوں کی روایت پر [وفاداری سے] چمٹے رہتے ہو۔

لہذا، اگر مرقس 16:15-18 کا حکم ہمارے گرجا گھروں میں کام نہیں کر رہا ہے، تو اس کا مطلب ہے کہ مردوں کی روایت نے خدا کے باہر جانے، شاگرد بنانے کے حکموں کی جگہ لے لی ہے جب کہ کافروں پر اس کی طاقت کا مظاہرہ کیا جائے۔

اگر خدا نے ہمیں مقرر کیا ہے تو انسان کا کیا حکم ہے؟ سوائے مردوں کی روایت کا پرچار کرنے کے۔ خدا خدا ہو اور ہر مرد ہو یا عورت یا ادارہ جھوٹا ہو!!!

ہماری حیثیت دنیا کی ذمہ داری کی پوزیشن کی طرح نہیں ہے۔ ہمیں ہر محاذ پر خادم رہنما بننا ہے۔ میں یسوع کے اقوال پڑھیں

مرقس 9:35

ایمپلیفائیڈ بائبل

35 [تعلیم دینے کے لیے] بیٹھ کر اُس نے بارہ [شاگردوں] کو بُلا کر اُن سے کہا، "اگر کوئی پہلا بننا چاہتا ہے تو اُسے سب سے آخر میں [اہمیت میں] اور سب کا خادم ہونا چاہیے۔

---

4. https://www.biblegateway.com/passage/?search=Revelation+1%3A5-6&version=AMP#fen-AMP-30705d

ب، وزارت: **بیماری، غربت اور روحانی موت کے لیے کافی ہے اور آپ کی روح اور جسم کے سلسلے کی شفا، نجات اور بحالی میں خوش آمدید**

آج کا سلسلہ Enough is Enough ہے جو ہمیں اپنی وراثت سے اندھا کر دینے کے لیے خدا سے حاصل کرنے کے لیے بھوک اور شیطان کے ساتھ غصہ سے تقویت یافتہ ہے! - حصہ 1

اس پیغام کے آخر میں، میں آپ کو ان ذرائع ابلاغ کے ذریعے رابطے کے ذریعے آپ کی روح کی نجات کے لیے زندہ یسوع کے ساتھ ایک تعلق میں مدعو کروں گا، پھر آپ کی روح کی نجات کے لیے نجات اور آپ کے جسموں کی نجات کے لیے شفا یابی اور بحالی کے لیے اور جو کچھ بھی آپ نے یسوع مسیح کے نام پر کھو دیا ہے۔ میں وہاں ایک معاہدے کی دعا کر رہا ہوں، آپ کو صرف چھونے کی ضرورت ہے اور آپ تندرست ہو جائیں گے۔ لیکن پہلے، ہمیں بات کرنے کی ضرورت ہے تاکہ آپ خُدا کی طرف سے حاصل کرنے کے لیے صحیح ذہن میں رہ سکیں۔

یسوع نے اپنے مشن اور اپنے وژن کو بلند اور واضح کیا، جو کہ تمام انسانیت کے لیے نجات کا حصول تھا اور ہمیشہ رہے گا، چاہے وہ سیاہ، سفید، بھورا، چھوٹا، لمبا وغیرہ لوقا 17:4-21 میں ہو۔

لوقا 17:4-21

جذبہ ترجمہ

16-17 جب وہ ناصرت میں آیا جہاں اُس کی پرورش ہوئی تھی عبادت گاہ[5]میں **گیا جیسا**
کہ وہ ہمیشہ سبت کے دن کرتا تھا۔ جب یسوع صحیفے پڑھنے کے لیے سامنے
آئے تو اُنہوں نے[6]یسعیاہ **نبی کا طومار اُسے دیا - اس نے طومار کو کھولا اور پڑھا**
جہاں لکھا ہے، 18-19 "رب کی روح مجھ پر ہے، اور اس نے مجھے مسح کیا ہے
کہ میں غریبوں کے لیے امید بنوں ؛[7]**ٹوٹے دلوں کے لیے آزادی، اور اندھوں کے**
لیے نئی آنکھیں بنوں، اور[8]قیدیوں کو **منادی کروں،** [' [e9]تم آزاد ہو گئے!' میں[10]جوبلی

.5 https://www.biblegateway.com/passage/?search=Luke+4%3A17-21&version=TPT#fen-TPT-6508a

.6 https://www.biblegateway.com/passage/?search=Luke+4%3A17-21&version=TPT#fen-TPT-6508b

.7 https://www.biblegateway.com/passage/?search=Luke+4%3A17-21&version=TPT#fen-TPT-6509c

.8 https://www.biblegateway.com/passage/?search=Luke+4%3A17-21&version=TPT#fen-TPT-6509d

کا پیغام سنانے آیا ہوں ' کیونکہ خدا کی[11] عظیم قبولیت کا وقت شروع ہو چکا ہے ۔[
h12]

20 یہ پڑھ کر اُس نے طومار کو لپیٹ کر وزیر کو واپس کر دیا اور بیٹھ گیا۔ سب نے
یسوع کی طرف دیکھا، حیران تھے کہ وہ کیا کہنے والا ہے۔ 21 پھر اُس نے مزید
کہا، "یہ صحیفے آج آپ کے سامنے سچے ہوئے۔

یسوع نے اس کا مظاہرہ کیا، اور ہمیں ایسا کرنے کا حکم دیا ۔ اسیروں کو آزادی دلائیں۔ اسے **مرقس 15:16-19 میں پڑھیں**

جذبہ ترجمہ

15 اور اُس نے اُن سے کہا، "جب تم پوری دنیا میں جاؤ تو پوری نسلِ انسانی
کو خوشخبری کی شاندار خبریں کھلے عام سناؤ! 16 جو خوشخبری پر یقین کرے
گا اور بپتسمہ لے گا وہ نجات پائے گا، اور جو خوشخبری پر یقین نہیں کرے
گا، مجرم ٹھہرایا جائے گا۔" 17 اور یہ معجزے اُن لوگوں کے ساتھ ہوں گے جو
ایمان لاتے ہیں: وہ میرے نام سے شیطان کو باہر نکالیں گے۔ 18 وہ مافوق الفطرت
طور پر سانپوں اور زہریلی چیزوں سے محفوظ رہیں گے اور[13] وہ بیماروں پر ہاتھ
رکھیں گے اور انہیں شفا دیں گے ۔

19 یہ باتیں کہنے کے بعد، یسوع آسمان پر اُٹھایا گیا اور خُدا کے داہنے ہاتھ
پر عزت کی جگہ پر بیٹھ گیا۔

اگر آپ اوپر کی عبارت کو بہت غور سے دیکھیں، آیت 16 میں ہم اپنی روحوں کے لیے نجات دیکھتے ہیں۔ آیت 17 میں، ہم اپنی روحوں کے لیے نجات دیکھتے ہیں اور آیت 18 میں، ہم اپنے جسموں کے لیے نجات دیکھتے ہیں۔

ہم میں سے بہت سے لوگ آیت 16 کے لیے طے پا چکے ہیں ۔ ہماری روحوں کی نجات ہماری روحوں اور ہمارے جسموں کے نقصانات سے۔ ہم نے آخری دو

---

9. https://www.biblegateway.com/passage/?search=Luke+4%3A17-21&version=TPT#fen-TPT-6509e

10. https://www.biblegateway.com/passage/?search=Luke+4%3A17-21&version=TPT#fen-TPT-6509g

11. https://www.biblegateway.com/passage/?search=Luke+4%3A17-21&version=TPT#fen-TPT-6509f

12. https://www.biblegateway.com/passage/?search=Luke+4%3A17-21&version=TPT#fen-TPT-6509h

13. https://www.biblegateway.com/passage/?search=Mark+16%3A15-19&version=TPT#fen-TPT-6355a

چھوڑ دیے ہیں جو ہمارے لیے مکمل آزادی سے لطف اندوز ہونے کے لیے بہت اہم ہیں۔ دلچسپ بات یہ ہے کہ 3 آیات میں سے سبھی ہمیں حاصل کرنے کے لیے ایمان کے ساتھ یقین کرنے کا تقاضا کرتی ہیں۔ ہمیں یسوع کا اعتراف کرنے میں کوئی مسئلہ نہیں ہے۔ ہمیں شفا یابی اور نجات کا اعتراف کرنے اور اس فتح کا دعویٰ کرنے میں دشواری ہے جو یسوع نے اپنے خون سے ہمارے لیے حاصل کی تھی۔ اور اس طرح، جہالت کی وجہ سے، ہم تکلیف اٹھاتے ہیں اور ہمارے دن کم ہو جاتے ہیں۔ ہم دنیا کے سامنے مسیح کی روشنی کو عملی جامہ پہنانے میں بھی ناکام رہتے ہیں۔ ہم بات کرتے ہیں، بات کرتے ہیں اور بات کرتے ہیں لیکن پیغام کی کوئی تصدیق نہیں۔

یسوع نے کبھی بھی کسی کو نشانات اور عجائبات کے بغیر باہر نہیں بھیجا کیونکہ گہرائی کو گہرائی کو پکارنا پڑتا ہے۔ انسان روحانی مخلوق ہیں اور ان کی روحیں مافوق الفطرت واقعات سے گونجتی ہیں۔ چونکہ چرچ کے بڑے حصے نے مافوق الفطرت کو کم کر دیا ہے، اس لیے دوسرے کم دلکش متبادل مسیح کے جسم میں داخل ہو جاتے ہیں۔ یہ دل کو توڑنے والا ہے، یہ شرم کی بات ہے اور اس سے ہمیں ان جھوٹوں پر غصہ آنا چاہیے جو ہم نے اپنی جانوں کے دشمنوں کے ذریعے خریدے ہیں اور وہ سب کچھ حاصل کرنے کے لیے بھوکے ہیں جو خدا ہمارے لیے ہے۔

ہم نرم دل کے ساتھ روح کے دائرے سے نہیں نکل سکتے، میں ٹھیک ہوں اور پھر بھی خدا سے بہترین کی امید رکھتا ہوں۔

یسوع نے صحیفوں میں دو اہم جگہوں پر کہا کہ خدا کو حاصل کرنے کے لیے بھوک کی ضرورت ہے۔ میں آج گواہی کے موقف کو کال کرتا ہوں **میتھیو 5:3,6 جوش ترجمہ**

3 **"جب آپ اپنی روحانی غربت کو محسوس کرتے ہیں تو آپ[14] کو کیا دولت پیش کی جاتی ہے![15]**

جب تم راستبازی "[16]6 کی تمنا کرتے ہو تو تم کتنے دولت مند ہو!

اگر آپ آیت 3 کو دیکھیں تو یہ غربت کے بارے میں بات کرتی ہے۔ غربت کو محسوس کریں، آپ کو نجات دی گئی ہے۔ لوگوں کو مجبور کرنے کی کوشش نہ کریں کہ وہ مسیح کو اپنی جانیں دیں۔ انہیں ایک ایسے مقام پر پہنچنا ہے جہاں

---

14. https://www.biblegateway.com/passage/?search=Matthew+5%3A3%2C6&version=TPT#fen-TPT-4716b

15. https://www.biblegateway.com/passage/?search=Matthew+5%3A3%2C6&version=TPT#fen-TPT-4716a

16. https://www.biblegateway.com/passage/?search=Matthew+5%3A3%2C6&version=TPT#fen-TPT-4719a

انہیں احساس ہوتا ہے کہ وہ مسیح کے بغیر کتنے غریب ہیں ہماری زندگی کافروں کے لیے مثال کے طور پر۔ درحقیقت، ہمیں بتایا جاتا ہے کہ شفا، نجات اور بحالی کافروں کے لیے ایک نشانی ہونی چاہیے۔ کیونکہ ہمارے پاس کوئی نشان نہیں ہے، لوگ باڑ پر لٹک رہے ہیں، یہاں تک کہ گرجہ گھر میں بھی۔ خدا کی چیزوں کے لیے بالکل گرم۔ نشانیاں دکھائیں اور رب کی نجات کو دیکھیں

آیت 6 کی دوسری آیت میں "ترس" راستبازی کا لفظ استعمال کیا گیا ہے۔ راستبازی کے لیے ایک اور لفظ "نیکی" یا "انصاف" ہے۔ یسوع کہہ رہا ہے اگر آپ نیکی یا انصاف کی خواہش نہیں رکھتے تو آپ کی اور میری زندگی میں ثمر آوری غائب ہو جائے گی۔

میں یہ بات آپ کے لیے اور کیسے سمجھ سکتا ہوں کہ اگر خالق کائنات نے مجھے وہ سب کچھ دیا ہے جس کی مجھے زندگی اور پرہیزگاری کی ضرورت ہے اور میں اس نیکی یا اس انصاف کی خواہش نہیں رکھتا تو یہ ہمارے روزمرہ کے تجربے میں اس سے بھی بڑی ناانصافی اور بدصورتی ہے۔

یسوع نے گنگنا پن کے اثرات کے بارے میں بھی بات کی۔ میں گواہ کے موقف کو کال کرتا ہوں:

مکاشفہ 3:16

ایمپلیفائیڈ بائبل

16 پس چونکہ تم گنگنا (روحانی طور پر بیکار) ہو، اور نہ گرم اور نہ ٹھنڈا، اس لیے میں تمہیں اپنے منہ سے الٹ دوں گا۔

خدا روحوں کے لیے پرجوش ہے۔ اس مقام پر جہاں اسے اپنے بیٹے کو ہمارے لیے مرنے کے لیے بھیجنا پڑا تاکہ ہم چوری کی گئی تمام چیزوں کو لے سکیں۔ وہ آپ کو اور مجھے کہتا ہے کہ جنگ کو دشمن کے دروازوں تک لے جائیں اور روحیں بحال کریں۔ یہ ظاہر کریں کہ آپ اشارے سے لوٹا ہوا مال واپس لے رہے ہیں تاکہ باڑ پر موجود دوسرے لوگ بھی آئیں: ایک اور گواہ پڑھیں: **1 جان 3:8**

ایمپلیفائیڈ بائبل

8 جو گناہ کرتا ہے [خود کو خدا سے الگ کرنا، اور نافرمانی، بے حسی یا بغاوت کے کاموں سے اس کو ٹھیس پہنچاتا ہے] وہ شیطان کا ہے [اور اس سے اپنے اندرونی کردار اور اخلاقی اقدار چھین لیتا ہے، خدا سے نہیں]؛ کیونکہ شیطان نے شروع سے ہی گناہ کیا ہے اور خدا کے قانون کی خلاف ورزی کی ہے۔ خُدا کا بیٹا اِسی مقصد کے لیے ظاہر ہوا، تاکہ شیطان کے کاموں کو تباہ کرے۔

اور یسوع آپ کو ایسا ہی کرنے کے لیے بلاتا ہے اور اس کا مطلب ہے۔ ثابت قدم رہو اور جو کچھ دشمن نے چرایا ہے وہ سب واپس لے لو اور جو کچھ اس کے پاس تمہارے لیے ہے اس کے لیے بھوکے رہو۔

میرے پاس آج کے پیغام کو مضبوط کرنے کے لیے دو (2) کہانیاں ہیں، آپ کے ایمان کو مضبوط کرنے کے لیے اور پھر ہم یسوع مسیح کے نام پر روح، روح اور جسم کی نجات کے لیے دعا کریں گے۔

جیسا کہ آپ ان کہانیوں کو پڑھتے ہیں، تلاش کریں **A, B, C, D, E, تقویت یافتہ از F اور G** – تعریفیں: **A – دستیابی** ; بی ۔ **دلیری** ؛ C ۔ **ہمدردی** ؛ ڈی ۔ **عزم؛** ای ۔ **ارنسٹ محبت** ؛ تقویت یافتہ بذریعہ **ایف: فیئری اینگر** اور جی: **گریٹ ہنگر**

پہلی کہانی: بذریعہ نورول ہیز: ورکنگ آف میرکل - اپنی بیٹیوں کے ہاتھ پر تخلیقی معجزہ

میں نے ملک بھر میں ہر قسم کے گرجا گھروں کا دورہ کیا ہے اور، مجموعی طور پر، چرچ روح القدس کے کسی دوسرے تحفے کے مقابلے میں معجزات کے کام کے تحفے کے بارے میں کم جانتا ہے۔

خدا کے پاس ایک تحفہ ہے جو چرچ کو دیا جاتا ہے جسے معجزات کا کام کہتے ہیں۔

معجزات کا کام کیا ہے؟ یہ ایک طاقت کا تحفہ ہے، جہاں خدا کی طرف سے طاقت آسمان سے زمین پر کچھ ایسا کرنے کے لیے بھیجی جاتی ہے جو انسان کی فطری سوچ سے باہر ہے۔ جب خدا کوئی معجزہ کرتا ہے، ایک مافوق الفطرت معجزہ، تو انسان کے لیے اس پر یقین کرنا بہت مشکل ہوتا ہے۔

میری بیٹی کو پوری طرح سے گرہیں لگنے لگیں، خاص کر اس کے ہاتھوں پر۔

پٹھوں کی گرہیں کیا ہے؟

پٹھوں کی گرہیں پٹھوں کے سخت، حساس حصے ہوتے ہیں جو کہ مضبوط اور سکڑ جاتے ہیں یہاں تک کہ جب عضلات آرام میں ہوں۔ یہ تناؤ پٹھوں کے ریشے چھونے پر جسم کے دوسرے حصوں میں درد کا باعث بن سکتے ہیں۔ انہیں ٹرگر پوائنٹس کے نام سے بھی جانا جاتا ہے۔

میں اس کے بارے میں کچھ نہیں کر سکتا تھا۔ میں نے دعا کی اور دعا کی۔ پھر میں نے سرجن کو ان کو کاٹ دیا۔ لیکن وہ واپس آئے اور اپنے تمام چچا زاد بھائیوں کو اپنے ساتھ لے آئے۔ میں نے کچھ اور دعا کی، اور وہ بڑے ہو گئے۔ میں نے مزید دعا کی، اور وہ پھیل گئے۔ مجھے نہیں معلوم تھا کہ کیا کرنا ہے۔

مجھے آپ کے لیے خبر ملی ہے: یسوع جانتا ہے کہ کیا کرنا ہے۔

میں ایک رات اپنے کمرے سے گزر رہا تھا، صرف اپنے کام کو ذہن میں رکھتے ہوئے، اور اچانک میں دوسری دنیا میں چلا گیا۔ میں اب اپنے کمرے میں نہیں تھا۔ میں اس دنیا میں تھا جہاں خدا رہتا ہے۔ وہ مجھ سے باتیں کرنے لگا۔

اس نے کہا، "تم اپنی بیٹی کے جسم پر ان بڑھوتری کو کب تک برداشت کرو گے؟"

"میں کب تک ان کے ساتھ برداشت کروں گا؟ وہ مجھ پر نہیں ہیں، یسوع۔"

اس نے کہا تم اس گھر کے سربراہ ہو۔

کچھ مردوں کو یہ احساس نہیں ہوتا کہ ان کے گھر میں جو کچھ ہوتا ہے وہ ان کی غلطی ہے — ان کی اور شیطان کی۔ خُداوند نے مجھے صاف صاف بتا دیا کہ یہ میری غلطی تھی کیونکہ میری بیٹی کے جسم پر 42 گرہیں تھیں۔

اس میں میرا قصور کیسے ہو سکتا ہے؟ شیطان نے انہیں وہاں رکھا۔ میں جانتا ہوں، لیکن میرے پاس حق، اختیار، طاقت، اور یسوع کا نام تھا کہ اس کی طاقت کو توڑ کر اسے باہر پھینک دوں، اپنی بیٹی کے لیے خدا کی طرف سے معجزہ کا دعویٰ کروں۔ اس کا افسوسناک حصہ تھا، میں نے یہ نہیں کیا تھا۔ چنانچہ جیسے جیسے دن، ہفتے اور مہینے گزرتے گئے، اس کا چھوٹا سا جسم گرہوں سے ڈھکا ہوتا گیا۔ معجزات کے کام کرنے کے تحفے سے میری لاعلمی اور اپنے ہی گھر میں شیطان کو اختیار کرنے میں میری ناکامی کی وجہ سے، میری بیٹی کے ہائی اسکول میں سب سے بدصورت ہاتھ تھے۔

خُدا نے مجھے کہا کہ اُس کے نام پر اُن چیزوں پر لعنت بھیجوں، اور وہ غائب ہو جائیں گی۔ لیکن اس نے مجھے بتایا کہ مجھے یقین کرنا ہے اور شک نہیں کرنا ہے۔

جس لمحے اس نے یہ کہا، میں اپنے جسم میں واپس آنے لگا۔ وہیں اپنے کمرے میں کھڑے ہو کر میں دوبارہ نارول ہیز کی طرف مڑ رہا تھا۔ میں نے خود کو وہاں کھڑا روتے اور لرزتے ہوئے پایا۔

میں بے چین تھا۔ میری بیٹی مجھ سے اس کی مدد کرنے کی التجا کر رہی تھی۔ اس کے ہاتھ اتنے بدصورت تھے کہ اسے ڈیٹ کرنے پر بھی شرم آتی تھی۔

جب میں خدا سے بات کرنے سے واپس آیا تو میں اندر چلا گیا اور یسوع کے نام پر ان پر لعنت بھیجی، انہیں مرنے اور غائب ہونے کو کہا۔ میں نے خدا کی طاقت کی فتح کا دعویٰ کیا کہ وہ آئے اور اپنی بیٹی کو نئے ہاتھ دے، تاکہ اس کے لیے کوئی معجزہ کر سکے۔

آپ کو کہنا ہے کہ آپ کا کیا مطلب ہے۔ جب تک آپ اِدھر اُدھر بھڑکیں گے اور خدا کے کلام پر دلیری سے کھڑے ہونے کی اپنی ذمہ داری سے کنارہ کشی کریں گے، میرے پاس آپ کے لیے خبر ہے: آپ کو کچھ حاصل نہیں ہوگا۔ آپ جو کچھ کرنے جا رہے ہیں وہ دعاؤں کا ایک گروپ ہے۔

آپ بائبل کے استاد، ایک بائبل مبلغ، مبشر، یا آپ جو چاہیں ہو سکتے ہیں، لیکن اگر آپ اپنے گھر کے لیے خدا کے کلام پر قائم نہیں رہتے ہیں، تو شیطان اندر آ کر آپ کے خاندان کو مار ڈالے گا۔ آپ کو شیطان کو باہر پھینکنا ہوگا۔

آپ کو بلیس پر غصہ آنا ہوگا اور ایمان کے ذریعہ خدا کی طاقت کا دعویٰ کرنا ہوگا۔

ایک دوپہر، میں نے زونا کے کمرے میں ایک شور سنا، جیسے ڈریسر پلٹ رہا ہو۔ وہ دالان میں دوڑتی ہوئی نیچے آئی، اس کے سامنے اپنے ہاتھ پکڑے، روتی ہوئی، "ڈیڈی! ڈیڈی! یہ مجھے ڈراتا ہے۔ یہ ڈراونا ہے۔ میرے ہاتھوں کو دیکھو، مجھے نئے ہاتھ مل گئے ہیں! میرے پاس نئے ہاتھ ہیں!"

میں نے دیکھا، اور اس کے دونوں ہاتھ چمکدار تھے۔ وہ سب سے خوبصورت ہاتھ تھے جو میں نے 16 سالہ لڑکی پر دیکھے ہیں۔ میں نے اس کے چھوٹے چھوٹے ہاتھ پکڑے اور انہیں پکڑ لیا۔ وہ ایسے لگ رہے تھے جیسے ان پر بچوں کی جلد تھی، اتنی گلابی اور تازہ لگ رہی تھی، جیسے نہانے کے بعد بچے کی جلد۔

اس نے کہا، "میں ابھی وہیں کھڑی تھی، ڈیڈی، اور میں نے چند سیکنڈ پیچھے مڑ کر دیکھا۔ جب میں نے پیچھے مڑ کر دیکھا تو میرے پاس نئے ہاتھ تھے! میرے پاس نئے ہاتھ ہیں! میں سمجھ سکتی ہوں کہ یسوع آپ کے لیے کچھ کر رہا ہے کیونکہ آپ اس کے لیے کام کرتے ہیں، ڈیڈی۔ کیا آپ مجھے یہ بتانے کا مطلب ہے کہ یسوع ایک 16 سالہ لڑکی سے اتنا پیار کرتا ہے کہ اسے نئے ہاتھ دے سکے؟"

میں اس کے پاس گیا اور اس کے ہاتھ دوبارہ پکڑ لیے۔ میں نے کہا، "ہاں، پیارے، جیسس 16 سال کی لڑکیوں سے اتنا پیار کرتا ہے کہ وہ ان کے گھر آئیں اور انہیں بالکل نئے ہاتھوں کا مکمل معجزہ دیں۔"

میں چاہتا ہوں کہ آپ جان لیں کہ میں ہر وقت اپنی بیٹی کے ہاتھوں کی گواہی دیتا ہوں۔ مجھے جب بھی موقع ملتا ہے شیئر کرتا ہوں۔ میں نے اسے کئی بار ٹی وی پر شیئر کیا ہے، اور جب میں نے اسے لاس اینجلس میں ٹی وی پر شیئر کیا تو ایمسی اتنا رونے لگی کہ وہ کچھ نہیں کر سکا۔ جہاں بھی میں اسے کہتا ہوں، خدا کی روح صرف مسح کرتی ہے اور مجھ پر منڈلاتی ہے جیسا کہ میں اپنی بیٹی کے لیے خدا کے معجزے کے بارے میں بتاتا ہوں۔

آپ دیکھتے ہیں، خُدا چاہتا ہے کہ آپ جانیں اور یقین کریں کہ وہ ایک معجزہ کرنے والا خُدا ہے۔

میں چاہتا ہوں کہ آپ جان لیں کہ آپ اس جگہ آ سکتے ہیں جہاں آپ اپنے لیے بائبل پر یقین رکھتے ہیں۔ آپ اپنے معجزات پر یقین کر سکتے ہیں۔ جب چیزیں ناممکن نظر آتی ہیں تو خدا کی طرف دیکھو اور خود اس پر یقین کرو۔ بس وہاں کھڑے ہو جائیں کیونکہ آپ خُدا کے بچے ہیں، کہتے ہیں، "میں خُدا پر یقین رکھتا ہوں،" اور وہ آپ کے لیے اپنی طاقت جاری کرے گا۔ یہ طاقت کا ایک دھماکہ ہے جو سنتری کے درختوں کو ڈھانپنے کے لیے کافی ہے۔ یہ طاقت کا ایک دھماکہ ہے جو کلہاڑی کو فلوٹ بنا سکتا ہے۔ گدھے کی بات کرنے کے لیے اتنی طاقت

ہے۔ بالکل نئے ہاتھ بنانے کے لیے کافی طاقت ہے۔ یہ طاقت کا ایک دھماکہ ہے کہ آپ جو چاہیں آپ کو دیں، اور خدا یہ بہت آسان کرتا ہے۔

میری بیٹی کو بالکل نئے ہاتھ دینے کے لیے میرے گھر میں بجلی کا دھماکہ ہوا۔ جب بھی میں اسے فون پر کال کرتا ہوں اور کہتا ہوں، "اچھا، پیاری، روح القدس نے مجھے کہا کہ میں انہیں اس معجزے کے بارے میں بتاؤں جو یسوع نے تمہارے ہاتھوں کے لیے کیا تھا،" وہ ہمیشہ پوچھتی ہے، "کیا آپ نے انہیں بتایا، ڈیڈی، کہ جب یسوع نے مجھے معجزہ دیا تو ان میں سے کوئی بھی گرہ واپس نہیں آئی؟" کچھ بھی واپس نہیں آیا۔ خدا ایک معجزہ کرنے والا خدا ہے۔

معجزہ ایک تحفہ ہے۔ معجزات کے کام کرنے کا تحفہ آپ کے لیے ہے، جیسا کہ روح چاہے۔ لیکن توجہ دیں۔ روح القدس ہمیشہ ان لوگوں کے لیے چاہتا ہے جو 1 کرنتھیوں کے 12ویں باب پر یقین رکھتے ہیں۔ تم دیکھتے ہو، یہ خوبصورت حصہ ہے. روح ہمیشہ بائبل کے ماننے والوں کی خواہش کرتی ہے! خدا ہمیشہ کے لیے پاک ہے۔

معجزات کے لیے ایک دعا

اگر آپ کو خُدا کی طرف سے معجزے کی ضرورت ہے، اور آپ خُدا کی طرف سے معجزہ چاہتے ہیں، اور آپ کو یقین ہے کہ یسوع آپ کے معجزاتی کارکن ہیں، تو ابھی اپنا معجزہ حاصل کریں۔ اس سے کوئی فرق نہیں پڑتا کہ یہ کیا ہے۔ یسوع آپ کو وہ معجزہ دے گا جس کی آپ کو ضرورت ہے۔ یہ خدا کی روح کی طرف سے دیا جاتا ہے، جیسا کہ روح چاہتا ہے.

کہو: "آپ کا شکریہ، یسوع۔ آپ ایک معجزاتی کارکن ہیں۔ کلام سچا ہے۔ سچ میرے لیے ایک معجزہ لائے گا، اگر میں اس پر یقین کرتا ہوں۔ اور میں اس پر یقین رکھتا ہوں۔ یہ ایک تحفہ ہے، آسمان سے مفت، مومن کے لیے۔ یہ ایک ایسی طاقت ہے جو پھٹتی ہے اور آتی ہے اور ناممکن کو کر دیتی ہے۔

"عیسیٰ، آپ کا شکریہ، کرنتھیوں کے پہلے باب کے بارہویں باب کے لیے۔ مجھے یسوع کے نام پر اپنا معجزہ موصول ہوا۔ یسوع، میرے معجزے کے لیے آپ کا شکریہ۔"

کہانی 2: انڈیا از شیمباچ

جب میں نے 1950 کی دہائی کے اوائل میں ایک چرچ میں پادری کیا تو ہم نے ہندوستان میں ایک مشنری کو اس کی تنخواہ دے کر اسپانسر کیا۔ اس نے وہاں تیس سال گزارے - تیس طویل سال۔

ایک موقع پر، اس نے مجھے ایسی بات بتائی جس نے مجھے اس کی حمایت کرنے سے بھی حوصلہ دیا۔ اس نے کہا کہ اس نے تیس سال ہندوستان میں گزارے ہیں اور پھر کبھی ایک محمڈن کو دوبارہ پیدا ہوتے نہیں دیکھا۔ میں نے کہا، "میں کس قسم کی سرمایہ کاری کر رہا ہوں؟ ہم پیسہ لگا رہے ہیں اور اس آدمی کو ہندوستان میں خوشخبری کی تبلیغ کے لیے رکھ رہے ہیں اور ایک بھی جان نہیں بچ سکی ہے۔ اب وقت آگیا ہے کہ ہم اپنی ترجیحات کو دوبارہ ترتیب دیں۔" اس لیے میں یہ جاننے کے لیے انڈیا گیا کہ کیا ہو رہا ہے۔

پہلی بار جب میں 1956 میں گیا تو میں نے 50,000 لوگوں کو تبلیغ کی۔ میں نے تمام بازاروں کا دورہ کیا۔ میں نے بھکاریوں، اندھے لوگوں اور ایسے لوگوں کو دیکھا جو چل نہیں سکتے تھے۔ میں نے اتنے بیمار لوگ کبھی نہیں دیکھے۔ ہندوستان دنیا کی غریب ترین قوموں میں سے ایک ہے جہاں بہت سے بے گھر، بے سہارا لوگ ہیں۔

ہم نے ایک ڈھانچہ بنانے کے لیے ہزاروں ڈالر کی سرمایہ کاری کی جو لوگوں کو تپتی دھوپ سے محفوظ رکھتی تھی تاکہ وہ انجیل کو سن سکیں۔ اس افتتاحی دن، میں بہت پرجوش تھا۔ میں نے دو گھنٹے تبلیغ کی، اور میرے مترجم نے دو گھنٹے تک ترجمہ کیا—کل چار گھنٹے۔ وہ چاہتے تھے کہ میں آگے بڑھوں۔ جب میں نے قربان گاہ کو پکارا تو میں بہت مایوس ہوا۔ میں نے 50,000 لوگوں کو تبلیغ کی تھی، اور ایک بھی روح یسوع کو قبول کرنے نہیں آئی تھی۔

میرا دماغ مشنری کی طرف واپس چلا گیا اور میں نے کہا، "اوہ، رب۔" لیکن میں جانتا تھا کہ خدا نے ہمیں صرف کلام کی منادی کرنے سے زیادہ کرنے کے لیے بلایا ہے۔ اس نے ہمیں انجیل کا مظاہرہ کرنے کے لیے بلایا۔

اگرچہ کوئی بھی مسیح کو قبول کرنے کے لیے آگے نہیں آیا، اور ہجوم واضح طور پر برکت کے لیے تیار تھا، میں نے کہا، "اب میں نے کام نہیں کیا، خدا کہتا ہے کہ نشانات اس کے کلام کی پیروی کرتے ہیں۔ میں نے وہی کیا جو خدا نے مجھے کرنے کے لئے بلایا؛ اب میں خدا کو وہی کرنے دیتا ہوں جو اس نے کہا تھا کہ وہ کرنے والا ہے۔" میں نے حاضرین میں سے تین لوگوں کو آگے آنے کی دعوت دی ۔ وہ بھکاری تھے۔ میں جانتا تھا کہ وہ کون تھے۔ ایک اندھی تھی، ایک گونگی بہری تھی اور دوسری ایک معذور عورت تھی جو کبھی سیدھی نہیں چلی تھی۔ وہ اپنے پیروں کی ایڑیوں اور ہاتھوں کی ایڑیوں پر افقی حالت میں چلتی تھی۔ اسے ایک بیماری تھی جو اسے سیدھے کھڑے ہونے سے روکتی تھی۔

50,000 لوگ دیکھ رہے تھے، میں نے سب سے پہلے نابینا عورت پر ہاتھ رکھا۔ میں نے کہا، "یسوع کے نام پر، میں ان اندھی آنکھوں کو دیکھنے کا حکم دیتا ہوں۔" فوری طور پر، خدا نے اس کی آنکھیں کھولیں اور وہ سامعین کے درمیان سے بھاگتی ہوئی، اپنی زبان میں چلاتی ہوئی، "میں دیکھ سکتا ہوں! میں دیکھ سکتا ہوں!"

پھر میں گونگے بہرے کے پاس گیا اور اس کے کانوں میں انگلیاں اور انگوٹھا اس کی زبان پر رکھ دیا۔ میں نے کہا، "یسوع کے نام پر، میں اس بہری اور گونگی روح کو باہر آنے کا حکم دیتا ہوں!" فوراً ہی روح نے جواب دیا اور آدمی نے چند منٹوں میں انگریزی بولنا شروع کر دی۔ اسے اپنی زبان نہیں آتی تھی۔ وہ گونگا بہرا تھا لیکن خدا نے اس کے کان کھول دیے تھے اور اس کی زبان کھول دی تھی۔

جب اپاہج عورت کے لیے دعا کا وقت آیا تو میں نے کہا کہ اب میں اس عورت پر محمد کے نام پر ہاتھ ڈالوں گا، میں اسے برابر کا وقت دوں گا۔ میرا مترجم اس بیان کا ترجمہ نہیں کرنا چاہتا تھا۔ "براہ کرم وہ کریں جو میں آپ سے کرنے کو کہتا ہوں جناب ۔ اس پر روح کی رہنمائی پر بھروسہ کریں۔" جو کہ بعد کے سالوں میں اس کی کہانی سنانے کے لحاظ سے زیادہ ہے۔ یہ اصل میں تھا "وہ کرو جو میں تمہیں کرنے کو کہتا ہوں۔ تم میرے ترجمان ہو، میں خدا کا آدمی ہوں۔"

سامعین میں سے کسی ایک شخص کو بھی اس کے اٹھنے کی توقع نہیں تھی، کیونکہ وہ جانتے تھے کہ محمد مر چکا ہے۔ میں نے کہا، "اب، آپ جس خدا کی عبادت کرتے ہیں اور جس خدا کی خدمت میں کرتا ہوں، اس میں یہی فرق ہے۔ میں یہاں آپ کے دیوتا کو نیچے رکھنے نہیں آیا، میں اپنے معبود کو اٹھانے آیا ہوں، آپ آپ کے مزار پر جاتے ہیں، میں اپنی زیارت کرتا ہوں، لیکن میرا خالی ہے کیونکہ وہ اب وہاں نہیں ہے، یہی مقبروں میں فرق ہے، میں آپ کو یہ بتانے آیا ہوں کہ میرا عیسیٰ مرا نہیں ہے، وہ کل بھی زندہ ہے، وہ آج بھی زندہ ہے۔"

میں نے محمد کا نام لے کر اس عورت پر ہاتھ رکھا اور کہا کہ اٹھو اور محمد کے نام پر چلو۔ کسی نے مجھ سے پوچھا کہ اگر وہ اٹھ جاتی تو میں کیا کرتی؟ مجھے لگتا ہے کہ میں تبدیل ہو گیا ہو گا۔ لیکن وہ نہیں اٹھی۔

تو میں نے کہا، "میں وہ نام استعمال کرنے جا رہا ہوں جو ہر نام سے اوپر ہے، یسوع کا نام ۔ وہ برہ جو دنیا کے لیے مارا گیا تھا۔ یسوع ہندوستان کے لوگوں اور پوری دنیا کے لیے مرا۔" عورت نے اٹھاون سالوں میں سیدھا قدم نہیں اٹھایا تھا۔ میں نے یسوع ناصری کے نام پر اس پر ہاتھ رکھا اور کہا، "یسوع کے نام پر، اٹھ اور چل۔" وہ سیدھی کھڑی ہوئی اور اپنی زندگی میں پہلی بار چلی، کیونکہ یسوع مسیح خدا ہے!

جانتے ہو کیا ہوا؟ اس ہجوم میں موجود لوگ درختوں سے کودنے لگے اور ایک ہجوم دوڑتا ہوا میری طرف آیا۔ میں نے اپنے مترجم کے پیچھے چھلانگ لگا دی۔ میں نے سوچا کہ وہ مجھے ٹار اور پنکھ لگائیں گے اور مجھے اپنے ملک سے باہر نکال دیں گے۔ میں نے لوگوں کا ایسا حملہ کبھی نہیں دیکھا۔ وہ اپنی آواز کے اوپری حصے میں کچھ چیخ رہے تھے۔ میں نے اپنے مترجم سے پوچھا، "وہ کیا کہہ رہے ہیں؟"

اُس نے کہا، "وہ نعرے لگا رہے ہیں، 'یسوع زندہ ہے، یسوع مسیح ہے، یسوع ہی خدا ہے!' وہ نجات پانے کے لیے آ رہے ہیں۔" کیا سنسنی ہے! جب میں نے

منادی کی تو ان میں سے کوئی نہیں آیا، لیکن جب انہوں نے انجیل کا مظاہرہ دیکھا تو وہ آئے۔
خدا نے کلیسیا کو اپنی طاقت کا مظاہرہ کرنے کے لیے بلایا ہے۔ کیا تم خوش نہیں ہو کہ وہ آج زندہ ہے؟
پھر فلپس سامریہ کے شہر میں گیا اور اُن کو مسیح کی منادی کی۔ اور ہجوم نے فلپ کی باتوں پر دھیان دیا اور اُن معجزات کو جو اُس نے کِئے سُن کر اور دیکھے۔

(اعمال 8:5-6)۔

آپ کی روح کے لیے نجات:

نجات کی دعا ۔ اسے کہیں اور اب اس کا مطلب کریں!
کیا آپ اب تک جو کچھ بھی پڑھ چکے ہیں اس سے اتفاق کرتے ہیں؟ اگر آپ ایسا کرتے ہیں، تو یسوع مسیح میں اپنی نئی زندگی شروع کرنے کے لیے ایک لمحہ زیادہ انتظار نہ کریں ۔ یاد رکھیں، یہ دعا کوئی جادوئی فارمولا نہیں ہے۔ آپ صرف اپنے دل کا خدا سے اظہار کر رہے ہیں۔ ہمارے ساتھ یہ دعا کریں:
"ابا، میں جانتا ہوں کہ میں نے آپ کے قوانین کو توڑا ہے اور میرے گناہوں نے مجھے آپ سے الگ کر دیا ہے۔ مجھے واقعی افسوس ہے، اور اب میں آپ کی طرف اپنی پچھلی گناہ کی زندگی سے منہ موڑنا چاہتا ہوں۔ براہ کرم مجھے معاف کر دیں، اور مجھے دوبارہ گناہ کرنے سے بچنے میں مدد کریں۔ مجھے یقین ہے کہ آپ کا بیٹا، یسوع مسیح میرے گناہوں کے لیے مر گیا، مُردوں میں سے جی اُٹھا، اور وہ میری دُعا میں یسوع کی زندگی میں زندہ ہے، جو میری دعا میں ہے۔ آج کے دن سے میرے دل پر حکومت کرنے کے لیے، براہِ کرم مجھے آپ کی فرمانبرداری کرنے میں مدد کرنے کے لیے، اور میں اپنی باقی زندگی کے لیے یسوع کے نام پر دعا کرتا ہوں، آمین۔

https://www.otakada.org/get-free-40-days-online-discipleship-course-in-a-journey-with-jesus/ [17] کے ذریعے آن لائن اپنی رفتار سے 40 دن کا سفر شروع کر سکتے ہیں۔

کیا آپ بیمار ہیں یا آپ کو نجات یا بحالی کی ضرورت ہے؟

ان لوگوں کے لیے جو کسی بھی شکل یا شکل میں بیمار یا بیمار ہیں، یا نجات کی ضرورت ہے؟ یا بحالی، برائے مہربانی ایمان کے ساتھ نیچے کے نقطے کو چھوئے (**ایمان آپ کی موجودہ صورتحال کے عین مطابق مثبت نتائج کو دیکھ رہا**

17. /https://www.otakada.org/get-free-40-days-online-discipleship-course-in-a-journey-with-jesus

ہے، یہ جانتے ہوئے کہ یسوع نے 2000 سال سے زیادہ پہلے آپ کی شفا یابی اور نجات، بحالی کو ڈاؤن پیمنٹ کے طور پر محفوظ کرنے کے لیے اپنا کردار ادا کیا ہے، یہ یقین رکھتے ہوئے کہ ڈاؤن پیمنٹ آپ کے لیے حاصل کرنے کے لیے دستیاب ہے، جیسے کہ آپ کے چیکنگ اکاؤنٹ میں مثبت بیلنس ہے، جیسا کہ ہم نے آپ کے نام سے کوئی سوال نہیں پوچھا، ہم آپ کے نام سے متفق ہیں۔ یسوع مسیح، آمین)

جو اختیار آپ نے مجھے اور ان کو عطا کیا ہے، میں اب اس اختیار کو ایمان کے ساتھ دشمن کے غصے اور بھوک کے ساتھ استعمال کرتا ہوں تاکہ آپ نے جو کچھ ہم سب کو آزادانہ طور پر دیا ہے اسے حاصل کریں، میں ہر بیماری، ہر بیماری پر لعنت بھیجتا ہوں، خواہ وہ کینسر ہو، کووڈ 19، کمزوری کا جذبہ ہو، شیطانی قبضے کا ہو یا جبر کا، خدا نے پہلے سے ہی طے کر رکھا ہے کہ طاقت کی روح کو پورا کر دیا گیا ہے، اور اس کی واپسی کا تعین کیا ہے۔ جاری

ہم بے ضابطگی کے خلاف آتے ہیں، میں ان کو پابند کرتا ہوں، ہم ان کی جڑ تک لعنت بھیجتے ہیں اور ہم انہیں یسوع مسیح کے نام پر اختیار سے نکال دیتے ہیں۔ آمین ہم یسوع مسیح کے طاقتور نام پر ان کی زندگیوں میں شفا یابی، نجات اور بحالی کی رہائی کا مطالبہ کرتے ہیں۔ ان شہادتوں کے لیے خُداوند کا شکر ہے جو آپ کی شان و شوکت اور تعظیم کے لیے قائم ہیں۔ ان روحوں کے لیے آپ کا شکریہ جو اس پیغام کے نتیجے میں آپ کی بادشاہی میں شامل ہو رہے ہیں، وہ معجزات جو ہم ابھی پہلے ہی دیکھ رہے ہیں اور یسوع کے نام پر آپ کے جلال کے لیے ظاہر ہو رہے ہیں، آمین۔ یہ ہو گیا ہے! خوشیاں منائیں!

رابطے کے نقطہ کے طور پر نمایاں کردہ اس جگہ کو چھوئیں اور اپنے منہ سے اعتراف کریں ۔ میں شفایاب ہوں، میں نجات پا گیا ہوں اور میں اپنی روح، روح، جسم اور اپنے ارد گرد یسوع مسیح کے نام پر بحال ہو گیا ہوں، آمین!!!

وہ کرنا شروع کریں جو آپ پہلے نہیں کر سکتے تھے اور مکمل شفایابی تک اعتراف کرنا شروع کریں، نجات کی بحالی آپ کی زندگی میں یسوع کے نام پر ایک پھل بن جائے، آمین۔ تمام خدا کے لیے بھوکے رہیں، ناراض رہیں اور جو کچھ دشمن نے یسوع کے نام پر روک رکھا ہے اسے واپس لے لیں، آمین

نوٹ:

خدا کے جلال اور دشمن کی شرمندگی کے لئے شفا کی گواہی دیں! اگر آپ کو اب بھی اس مسئلے پر آپ سے اتفاق کرنے کی ضرورت ہے تو ہمیں ای میل یا واٹس ایپ کریں۔ اور اگلے ہفتے جمعرات سے شروع ہونے والی لیس سیریز سے جڑیں ۔ ہماری ویب سائٹ پر جلد ہی تفصیل تلاش کریں!

عظیم کارنامے - 1 - باب 3 - حصہ 2 میں عظیم سے کیسے معلوم کریں۔

قید کے لیے کافی ہے اور آزادی میں خوش آمدید - COVID-19، کینسر اور دیگر سے شفا یابی کا طریقہ - حصہ 2

یہ خود اور دوسروں کے لیے شفا یابی، نجات، اور بحالی کے لیے سازوسامان کا سلسلہ ہے!

شفا یابی کی نجات اور بحالی کے لیے ایک عملی تربیت

پوڈ کاسٹ کا لنک تلاش کریں جو شفا یابی اور نجات کے سیشنوں کی تفصیلات دیتا ہے۔

یہاں https://anchor.fm/otakada.org/episodes/Enough-is-Enough-to-Captivity-and-welcome-to-Freedom—How-to-heal-or-be-cured-of-COVID–19–part-2-er35cm [1] یوٹیوب

پر [2]آپ اس ویڈیو کو کیسے تلاش https://youtu.be/ySFF: دیکھیں لنک کا علاج کیا جائے، کینسر کا علاج یا علاج کیسے کیا COVID-19 کریں گے۔ جائے؛ ہائی بلڈ پریشر کا علاج یا علاج کیسے کریں، اور دیگر۔ آپ کی روح، روح، جسم، اور آپ کے ارد گرد شفا یابی، نجات، اور بحالی میں وزارت کے ذریعے ایک سادہ عمل کا

!لطف اٹھائیں

1. https://anchor.fm/otakada.org/episodes/Enough-is-Enough-to-Captivity-and-welcome-to-Freedom---How-to-heal-or-be-cured-of-COVID--19--part-2-er35cm

2. https://youtu.be/ydFE_lD8SqU

عظیم کارنامے - 1 - باب 4 - جانیں کہ عظیموں سے کیسے - حصہ 3

شیطان کی قید کے لیے کافی ہے اور مسیح عیسیٰ میں آزادی میں خوش آمدید - روزانہ جنگ میں سرگرمی - نماز کی جگہ پر ہاتھ سے لیس کرنے کے لیے روزانہ اعلان دعا - حصہ 3- اسکرپٹ از سنڈی ٹرم

پیارے دوستو، اپنے آپ کو یا لوگوں کو شیطان کی قید سے آزادی کے دائرے میں لے جانا ایک جنگی عمل ہے۔ جنگ کا اعلان۔ انسانوں کے خلاف نہیں بلکہ ہماری جان کے دشمنوں کے خلاف۔ پولس **2 کرنتھیوں 10:2-6** میں کرنتھیوں کو نصیحت کرتے ہوئے

ایمپلیفائیڈ بائبل

[2] میں پوچھتا ہوں کہ جب میں آؤں گا تو میں اُس دلیری کی طرف نہیں آؤں گا جو میں اُن تھوڑے لوگوں کے ساتھ دکھانا چاہتا ہوں جو ہمیں ایسا سمجھتے ہیں جیسے ہم جسم کے مطابق چلتے ہیں [جیسے روح کے بغیر آدمی]۔ [3] کیونکہ اگرچہ ہم جسم کے مطابق چلتے ہیں، لیکن ہم اپنی [روحانی] جنگ کو جسم کے مطابق اور انسان کے ہتھیاروں کا استعمال نہیں کر رہے ہیں۔ [4] ہماری جنگ کے ہتھیار جسمانی نہیں ہیں [گوشت اور خون کے ہتھیار]۔ ہمارے ہتھیار قلعوں کی تباہی کے لیے الٰہی طاقتور ہیں۔ [5] ہم نفیس دلائل اور ہر ایک اعلیٰ اور قابل فخر چیز کو تباہ کر رہے ہیں جو اپنے آپ کو خدا کے [حقیقی] علم کے خلاف کھڑا کرتی ہے، اور ہم ہر خیال اور مقصد کو مسیح کی فرمانبرداری کے اسیر کر رہے ہیں، [6] ہر نافرمانی کی سزا دینے کے لیے تیار ہیں، جب آپ کی اپنی فرمانبرداری مکمل ہو جائے گی۔

یسوع نے کہا کہ میں اپنا چرچ بناؤں گا اور جہنم کا دروازہ اس پر غالب نہیں آئے گا۔ اس نے روح کے تحفے میں کلیدی حیثیت دی ہے جیسا کہ پولس نے 1 کرنتھیوں 12 میں کرنتھیوں کو نصیحت کی تھی۔ یہ تحائف سب جنگ کے لیے ہیں۔ جب ہم تحفہ استعمال نہیں کرتے ہیں، تو ہم عیسائیوں کے طور پر جانی نقصان اٹھاتے ہیں۔

جیسا کہ ہم اس سال دشمن کے ساتھ جنگ میں مصروف ہیں، اسیری کے لیے کافی اعلان کرنا کافی ہے، ہمیں روح کے مکمل تھروٹل کے تحفے کو شامل کرنے کے لیے تیار رہنا چاہیے! یہ ہتھیار روحانی ہتھیار ہیں اور روحانی ذرائع سے نافذ کیے جا سکتے ہیں۔ ہم سر علم یا دلیل، دلیل یا مذاکرات یا نرمی سے دشمن کا مقابلہ نہیں کر سکتے۔ ہم مانسل، زمینی ہتھیاروں کا استعمال کرتے ہوئے پوری بکتر نہیں لگا سکتے اور نہ ہی پہن سکتے ہیں۔ افسیوں 18-6:11 کو 1 کرنتھیوں 12 میں 9 (نو) روحانی تحفوں کا استعمال کرتے ہوئے نافذ کیا جا سکتا ہے۔ اس لیے ہم اس سے لاعلم نہیں رہ سکتے۔ اگر ہم ہیں، تو زمین پر کوئی راستہ نہیں ہے اگر ہم نفاذ کے زاویے کے ذریعے خود کو یا لوگوں کو باہر نکال سکیں گے جہاں ہم یہاں زمین پر جسمانی نتائج دیکھ سکتے ہیں۔

کافی کا انجن شیطان سے اسیر ہونے کے لیے کافی ہے اور مسیح میں آزادی میں خوش آمدید

میں نے اس پوڈ کاسٹ اور یوٹیوب ویڈیو میں 50 منٹ کی 100 یومیہ اعلانیہ دعائیں شمل کی ہیں جو آپ کو جارحانہ انداز میں ایمان کی اچھی لڑائی لڑنے میں مدد فراہم کریں گی کیونکہ اسی وجہ سے مسیح آیا تھا، شیطان کے کام کو تباہ کرنے کے لیے (1 یوحنا 3:8)۔ یہ بنیادی طور پر ہماری وزارت ہے۔ جنگ کرنا اور لوگوں کو خدا کی بادشاہی میں پہنچانا۔ یہ روزانہ کا انجن ہے جسے سنجیدگی سے کیا جائے تو ہمہ وقت فتح یقینی رہے گی۔ بغیر کسی وقفے کے دعا کرنا زمین کے دائرے میں خدا کی بادشاہی کے لیے کامیاب کام کرنے کا واچ وارڈ ہے - یسوع نے بغیر کسی وقفے کے دعا کرنے میں مثال کے طور پر رہنمائی کی اور ہمیں بھی ایسا ہی کرنا چاہیے۔

پوڈ کاسٹ/ویڈیو سے لطف اٹھائیں اور اپنی مرضی سے اپنے الفاظ شامل کریں، لیکن اسے روزانہ کا معاملہ بنائیں۔ میں بلاگ لنک کے ذریعے ڈاؤن لوڈ کے لیے ہماری ویب سائٹ پر ٹیکسٹ/پی ڈی ایف آپشن بھی شامل کر رہا ہوں۔ براہ کرم نماز کی جگہ میں کم از کم ایک گھنٹہ وقف کرنے کے لیے وقت نکالیں۔ یہ تو ابھی شروعات ہے۔

PS: جب ہم پر حملہ کیا جاتا ہے یا دوسروں پر حملہ کیا جاتا ہے، ایک گھنٹہ جو ہم خفیہ جگہ پر نماز ادا کرنے میں ناکام رہے وہ شیطان کی قید میں اذیت کے گھنٹے بن جاتا ہے۔ شیطان ایک سخت ٹاسک ماسٹر ہے اور ہمیں کھلنے کی اجازت نہیں دینی چاہیے۔ ہمیں یسوع مسیح کے نام پر حملہ کرنا چاہیے، آمین

اعلانیہ دعائیں 100 اعلانات میں سے 50 منٹ:

جنگ میں سرگرمی - روزانہ اعلانات

میں نے یہاں 92 حکم امتناعی کی ایک فہرست مرتب کی ہے اور آڈیو ورژن پر 100 جو آپ کی موجودگی اور فعال ڈیوٹی کی حیثیت کا اعلان کرنے والی ایک فعال قوت کے طور پر کام کریں گے۔ کیے گئے اعلانات ایک دعا کی شکل میں رکھے گئے ہیں، جیسے ایک افسر کے حلف برداری کے بیان کی طرح۔ ان میں سے ہر ایک صحیفہ پر مبنی ہے۔ میں نے اس صحیفے کا حوالہ دیا ہے جس سے ہر ایک حصہ بنایا گیا ہے۔

اس دعا کو روزانہ استعمال کریں، اور اپنے دل سے دعا کریں۔ اسے حفظ کرو۔ اپنی روزمرہ کی عبادتوں میں صحیفے کے حوالہ جات کا استعمال کریں۔ ان کا مطالعہ کریں۔ وہ آپ کو ایمان کی اچھی لڑائی لڑنے کی طاقت دیں گے۔ حالات اور حالات کو بہتر سے بدلتے ہوئے دیکھیں۔ یاد رکھیں، یہ صرف اس وقت ہوتا ہے جب آپ کو کسی جنگ یا کسی ناممکن صورتحال کے بیچ میں رکھا جاتا ہے، اور جب خدا کے سوا کوئی یا کوئی چیز آپ کو بچانے یا نجات دینے والا نہیں ہوتا ہے، تو ایک حقیقی جنگجو پیدا ہوتا ہے۔ ہار ماننے، ہار ماننے، یا دشمن کی حکمت عملیوں کا شکار ہونے کے بجائے، اپنی جدوجہد، آزمائش اور آزمائش کے اوقات کو حکمت عملی دعا اور روحانی جنگ کے فن میں تربیت حاصل کرنے کے الٰہی مواقع سمجھیں۔ یقین رکھیں کہ یہ اوقات مستند تربیتی بنیادیں ہیں جنہیں خدا نے آپ کو حقیقی بادشاہی میں لانے کے لیے منتخب کیا ہے۔ جیسا کہ ڈیوڈ کے لیے تھا، وہ صرف وہی بنیادیں ہو سکتی ہیں جنہیں خُدا آپ کو حتمی واقعہ کے لیے تربیت دینے کے لیے استعمال کرتا ہے: **تمام پانچ دائروں میں صلاحیت کا زیادہ سے زیادہ ہونا اور مقصد کی تکمیل۔**

بائبل ایوب 22:27-28 میں بیان کرتی ہے کہ آپ کو "اس سے دعا کرو، اور وہ تمہاری سنے گا۔" لفظ میک کا مطلب ہے "تحریر کرنا، تعمیر کرنا یا ڈیزائن کرنا۔" مندرجہ ذیل اعلانات میں سے ہر ایک کو صحیفہ کی بنیاد پر تحریر، تعمیر، اور ڈیزائن کیا گیا ہے۔ ہر اعلان کے آخر میں صحیفے کے حوالہ جات دیئے گئے ہیں۔ جب آپ دعا کرتے ہیں تو اس یقین کے ساتھ دعا کریں کہ "جہنم کے دروازے غالب نہیں ہوں گے" (میٹ. 16:18)۔ یاد رکھیں، یہ اعلانات روحوں کے خلاف لڑنے کے لیے کیے گئے ہیں نہ کہ لوگوں سے۔ رحم نہ کرو؛ کسی کو یرغمال نہ بنائیں! جب آپ کے پاس آپ کے لیے I یا وہ اس کے لیے یا اس کے لیے یا ہم ان کے لیے وغیرہ کی جگہ تفصیلات ہوں تو جتنا ممکن ہو عام اور مخصوص ہونا یاد رکھیں۔

روحانی جنگ کے لیے متحرک ہونے کی دعائیں

خدا کے سرکاری **<u>قانون ساز اور قانون نافذ کرنے والے ایجنٹ کے طور پر</u>:**

1. **میں** جی اٹھے ہوئے یسوع کے نام پر آیا ہوں، جس کا میں ہوں اور جس کی میں خدمت کرتا ہوں، "کہ یسوع کے نام پر ہر ایک گھٹنا جھکائے، آسمان کی چیزوں کا، زمین کی چیزوں کا، اور زمین کے نیچے کی چیزوں کا؛ اور یہ کہ ہر ایک زبان اقرار کرے کہ یسوع مسیح خداوند ہے" (فلم 2:10-11؛ مزید دیکھیں زبور 82)۔
2. **میں** شیطان کے منصوبوں اور مقاصد کے خلاف خدا کے اصل منصوبوں اور مقاصد کو متاثر اور نافذ کرتا ہوں (ڈین 6)۔

3.**میں حکم دیتا ہوں** اور اعلان کرتا ہوں کہ اس جنگ میں کوئی بھی اندرونی (اندرونی) یا خارجی (بیرونی) ہتھیار، خواہ وہ جذباتی، مالی، سماجی، جسمانی، نفسیاتی، باہمی، روحانی، یا تنظیمی، جو میرے خلاف تشکیل دیا گیا ہے، کامیاب نہیں ہو گا (1 سام 17:47؛ عیسیٰ 54:17؛ یوحنا: 20؛ 20؛ یوحنا: 20؛ 20؛ 20؛ 20؛ 20؛ 19؛ 17؛ 17؛ 17؛ 17؛ 20؛ 20؛ 17؛ 17؛ 17؛ 17؛ 20؛ 20؛ 20؛ 20؛ 20؛ 20؛ 17؛ 7:5؛ ایفی 4:27)۔

4.**میں** اپنے اوپر نور اور خُداوند کے زرہ بکتر رکھتا ہوں (رومیوں 13:12؛ افسیوں 6:13-17):

- **میری کمر ڈھانپنے کے لیے سچائی (زبور 51:6)**
- **میرے دل اور سینے کی گہا کو ڈھانپنے کے لیے راستبازی کا سینہ بند (زبور 5:12؛ 2 کور 6:7)**
- **امن کی خوشخبری میرے پاؤں کو ڈھانپنے کے لیے (عیسیٰ 52:7)**
- **ایمان کی ڈھال دفاعی اور جارحانہ طور پر میرے جسم کو ڈھانپتی ہے (عبرانیوں 10:38؛ 11:1، 6)**
- **میرے سر کو ڈھانپنے کے لیے نجات کا ہیلمٹ (عیسیٰ 59:17؛ 1 تھیس. 5:8)**
- **روح کی تلوار، جو کہ خدا کا کلام ہے (Rev. 1:16 ؛Eph. 6:17)**
- **خُداوند یسوع مسیح (روم 13:14)**

•**راستبازی کا لباس (عیسیٰ 61:10)**
•**خُدا کا جلال میرا انعام ہے (عیسا 58:8)۔**
•**میں حکم دیتا ہوں** اور اعلان کرتا ہوں کہ میری جنگ کے ہتھیار جسمانی نہیں ہیں بلکہ خدا کے ذریعے طاقتور ہیں (1 سام 17:45؛ رومیوں 13:12؛ 2 کرن 10:3-6؛ افسیوں 6:13-18)۔
•**میں** مضبوط قلعوں کو نیچے کھینچتا ہوں اور فضول تصورات اور ہر اونچی چیز کو جو یسوع مسیح کے علم کے خلاف خود کو اٹھاتا ہوں نیچے پھینک دیتا ہوں۔ میرے خیالات اب مسیح کی حاکمیت کے تابع ہیں (عیسیٰ 14:13-14؛ حزقی. 28:2؛ 2 کور 10:5)۔
•**میں کہتا ہوں** کہ خدا کا مسح میری زندگی کے ہر جوئے کو ختم کر دیتا ہے اور یہ کہ میری روح، روح، اور جسم اب پروٹوکول کے الٰہی نظام کے مطابق کام کرتے ہیں (1 کور 9:27؛ 14:40)۔
•**میں حکم دیتا ہوں** اور اعلان کرتا ہوں کہ میں شفا اور روح سے بھرا ہوا ہوں؛ بیماری اور بیماری مجھ سے دور ہے (یسعیٰ 53:5)۔

•**میں** الٰہی پیرامیٹرز، حدود، اور سرحدیں قائم کرتا ہوں اور قانون سازی کرتا ہوں اور آسمان کی بادشاہی کے قوانین کو قائم کرتا ہوں تاکہ اندر کی تمام سرگرمیوں کو کنٹرول کیا جا سکے (1 تواریخ 4:10؛ زبور 147:14؛ عیسیٰ 60:18)-

•**میں** ہر شیطانی منظوری کو مسترد کرتا ہوں (ممنوع اور ویٹو)

•**میں** اپنی وزارت، اپنی زندگی، اور خاندان کے افراد، دوستوں اور ساتھیوں کی زندگیوں سے متعلق شیطانی فیصلوں اور احکام کو کالعدم قرار دیتا ہوں (یسعیٰ 1:38-5؛ 6:39-8؛ متی 16:19)-

•**میں ہوا کے راستوں، کہکشاؤں، نظاموں، کرہوں، اسٹراٹاسفیر، نصف کرہ، ماحول، دائروں، خطوں اور ڈومینز پر کنٹرول حاصل کرتا ہوں** (یر. 1:10؛ میٹ 16:19؛ 18:18؛ 1 کور. 2:6-3؛ Eph. 2:6؛ Rev. 0:11؛ 2:11)-

•**میں** اس حکم سے متعلق کسی بھی شیطانی جھگڑے، تنازعات، جدوجہد اور مزاحمت کو سنبھالنے کے لیے مائیکل، دیگر اہم فرشتوں، اور فرشتوں کی میزبانی کرتا ہوں 103:20؛ Heb 1:14)-

•**میں** کامیاب الٰہی اور فرشتوں کے کاموں، کمک، کمک، اور مدد کا اعلان کرتا ہوں- زبور 103:20 میں آپ کے کلام کے مطابق، فرشتے اب میری شخصیت، جائیداد، اور املاک کی حفاظت کے لیے "طاقت میں کمال رکھتے ہیں" (2 کنگز 6:17؛ دانی 3:15-30؛ اعمال 12:1-10)-

•**یہوواہ گبور** ، ان لوگوں سے لڑو جو مجھ سے جھگڑتے ہیں- میرے خلاف لڑنے والوں سے لڑو- ڈھال اور بکلر کو پکڑو، اور میری مدد کے لئے کھڑے ہو جاؤ! نیزہ اور برچھی بھی نکال اور ان لوگوں کا راستہ بند کر دے جو میرا تعاقب کرتے اور ستاتے ہیں- اپنے آپ کو جنگی لباس پہناؤ- اپنے آلات کو جمع کریں؛ اپنے ہتھیار اور گولہ بارود اپنے الٰہی ہتھیاروں سے جمع کریں- اپنے تیروں کو چمکدار بنائیں، اپنی ڈھالیں جمع کریں، اور انتقام کو اپنا حتمی مقصد بننے دیں جب آپ رتھوں، گھوڑوں اور سواروں کو اکھاڑ پھینکتے ہیں- دہشت میرے دشمنوں کے دلوں پر حملہ کرے اور ان کے دلوں کو ناکام بنائے-

•**میں حکم دیتا ہوں** اور اعلان کرتا ہوں کہ تیری طرف سے میں فوجوں سے بھاگتا ہوں اور دیواروں کو پھلانگتا ہوں- تُو میرا خُدا ہے: وہ خُدا جو مجھے طاقت سے باندھتا ہے اور میری راہ کو کامل بناتا ہے- تو ہی ہے جو میرے قدموں کو پچھلے پیروں کی طرح بناتا ہے، مجھے استقامت دیتا ہے تاکہ میں مضبوطی سے کھڑا رہ سکوں اور آزمائش اور مصیبت کی خطرناک بلندیوں پر ترقی کر سکوں- تُو نے مجھے میری

اونچی جگہوں پر محفوظ رکھا۔ آپ میرے ہاتھوں کو جنگ اور میری انگلیاں لڑنا سکھاتے ہیں، مجھے مافوق الفطرت طاقت اور صلاحیتیں عطا کرتے ہیں تاکہ میرے بازو فولاد کی کمان کو توڑ دیں۔ تم میری چٹان، میری ڈھال اور میرا مضبوط ٹاور ہو۔ تو نے مجھے اپنی نجات کی ڈھال سے لیس کیا ہے، اور تیرا داہنا ہاتھ مجھے اس جنگ میں ایک فاتح کے طور پر قائم کرتا ہے۔ دشمن کو شکست دیں۔ اس کی گردن مجھے دے دو۔ مجھے اُن کا تعاقب کرنے اور اُن پر قابو پانے کے لیے کہ جب تک وہ زخمی اور ہلاک نہ ہو جائیں، میرے قدموں پر گر جائیں، پھر کبھی نہ اُٹھیں۔ میرا نام آسمانوں پر قائم کر۔ جو لوگ میرے بارے میں سنتے ہیں وہ سر تسلیم خم کریں اور میری اطاعت کریں۔

- **میں اعلان کرتا ہوں** کہ یہ تو ہی ہے جس نے مجھے برکت دی ہے۔ یہ آپ ہی ہیں جو مجھے طاقت دیتے ہیں۔ یہ میری طاقت اور میری طاقت سے نہیں بلکہ رب کی روح سے ہے۔ کیونکہ جب دشمن سیلاب کی طرح آتا ہے، تو آپ کی روح اس کے خلاف ایک معیار بلند کرتی ہے (خروج 15:3؛ استثنیٰ 41:32-42؛ زبور 13:7؛ 29:18-50؛ 1:35-8؛ 5:144-7؛ عیسیٰ 13:42-21:19-21؛ 21:21؛ 29:14؛ 29:14؛ 21:21؛ 13:15؛ 13:15؛ 29:12؛
- **میں** اپنی زندگی، وزارت اور خاندان سے متعلق شیطانی اسائنمنٹ کے ساتھ کسی بھی شیطانی شخصیت کی مزید مخالفانہ سرگرمیوں سے منع کرتا ہوں اور ان کی اجازت نہیں دیتا ہوں، اور میں ان کے ساتھ جنگ کروں گا (نیہہ 4:14)۔
- **میں** کسی بھی شیطانی مداخلت اور مداخلت یا مزاحمت کو نامنظور اور منع کرتا ہوں (Dan. 10:1-13)۔
- **میں** اپنی زندگی اور اپنی جان سے متعلق شیطانی جھگڑوں، ارادوں، اشتعال انگیزیوں اور گفت و شنید کا مقابلہ کرتا ہوں، اور ان تمام سرگرمیوں اور مخالف قوتوں کے خلاف جو میری زندگی کے بارے میں مسیح یسوع میں خدا کی مرضی کے خلاف ہیں، پیشن گوئی کے مقصد اور تقدیر کو فوقیت دیتا ہوں (1 سام 1: 1-8؛ 1 کنگز 22: 1-2؛ 1-2: 1-2؛ 1-2: 1-2؛ 1-1-3؛ 7:1-12؛ 25:3؛
- **میں** شیطانی ایذاء کا پابند ہوں اور شیطانی ارتکاز کو ملامت کرتا ہوں (2 سام 1:11-2)۔ میں تمام شیطانی نگرانی کو روکتا ہوں اور منع کرتا ہوں (1 سام 18؛ متی 26:4؛ مرقس 11:18؛ لوقا 6:11؛ اعمال 16:16-19)۔
- **میں** جھوٹے بوجھ کو اٹھاتا ہوں اور بوجھ، جبر، اور افسردگی کے

جذبات کو دور کرتا ہوں۔ میں ان کو رب پر ڈالتا ہوں جو برقرار رکھتا ہے۔ میں حرکت نہیں کروں گا (زبور 12:5؛ 54:2؛ 55:22؛ عیسیٰ 10:27؛ 61:3؛ متی 28:11-30؛ یوحنا 14:1)۔

•**میں حکم دیتا ہوں** اور اعلان کرتا ہوں کہ مسح کرنے سے، وہ تمام عہود، معاہدے، زنجیریں، بیڑیاں، غلامیاں، بندشیں، اور اسیری جو خُدا کے اصل منصوبے اور مقصد کی تکمیل کے خلاف، مخالف، یا رکاوٹ بنتے ہیں، ٹوٹ جاتے ہیں۔ میں نسلی/شیطانی/شیطانی اتحادوں، وفاداریوں، روح کے رشتوں، وراثت کی روحوں اور لعنتوں سے آزاد ہوں۔ میں ان کو خداوند کی تلوار، خون اور روح سے کاٹتا ہوں۔ میں اپنے ڈی این اے سے بات کرتا ہوں اور اعلان کرتا ہوں کہ میں ایک نسل سے دوسری نسل تک منتقل ہونے والے تمام اثرات سے آزاد ہوں - حیاتیاتی، سماجی، جذباتی، جسمانی، نفسیاتی، روحانی، یا کسی دوسرے چینل سے جو میرے لیے نامعلوم لیکن خدا کو معلوم ہے۔ میں ہر اس جذبے کی مخالفت کرتا ہوں جو میری روح کے دربان یا دربان کے طور پر کام کرتا ہے، اور میں کسی بھی شعوری یا لاشعوری اتحاد، انجمن، بیعت، یا عہد کو ترک کرتا ہوں۔ میں خود کو الہی نجات کے لیے کھولتا ہوں۔ باپ، اب اپنا راستہ اختیار کرو! میرے بارے میں ان چیزوں کو مکمل کریں (استثنا 5:9؛ 7:8-9؛ واعظ 7:26؛ عیسیٰ 61:1؛ اعمال 8:9-13؛ گلتی 5:1؛ 1 تھیس۔ 5:23-24؛ 2 تیم 2:25)۔

•**میں حکم دیتا ہوں** اور اعلان کرتا ہوں کہ نماز کی ڈھال، مسح، آگ کی دیواریں، دھوئیں کے پردے، اور خون کی لکیر میرے اردگرد حفاظت کے ہیجز بناتی ہے اور مجھے دشمنوں، مانوس روحوں، اور کسی بھی اور تمام شیطانی شخصیات کے عذاب سے چھپاتی ہے، جس سے یہ مشکل ہو جاتا ہے، اگر ناممکن نہیں تو، ان کے لیے مؤثر طریقے سے مجھے حقیقی روح میں تلاش کرنا یا تلاش کرنا۔ حفاظت کے ان باڑوں میں کوئی سوراخ یا دخول نہیں ہوگا (خروج 12:13؛ ایوب 1:7-10؛ زبور 91؛ زیک 2:5)۔

•**میں** اپنا نام فضا میں جاری کرتا ہوں اور اعلان کرتا ہوں کہ دعائیہ جنگجو، شفاعت کرنے والے اور پیشن گوئی کے چوکیدار مجھے روح کے دائرے میں اٹھا رہے ہیں۔ میں کہتا ہوں کہ جب تک ان کی تفویض مکمل نہیں ہو جاتیں وہ باز نہیں آئیں گے یا اپنے واچ ٹاور سے نیچے نہیں آئیں گے۔ میں حکم دیتا ہوں اور اعلان کرتا ہوں کہ وہ روح القدس اور یسوع مسیح کی ہدایت کے تحت اپنی شفاعت کی ذمہ داریاں انجام دیں

گے، جو میرا اعلیٰ شفاعت کرنے والا ہے (یر. 27:18؛ حزقی. 3:17؛ لوقا 18:7؛ یوحنا 16:13؛ رومیوں 8:26-27، 34:27؛ عبرانی: 5:26)-

•**میں حکم دیتا ہوں** اور اعلان کرتا ہوں کہ خُداوند کی روح مجھ پر ہے — حکمت، فہم، الٰہی مشورے، مافوق الفطرت طاقت، علم، اور یہوواہ کے انتہائی خوف کی روح۔ جیسے جیسے میں آگے بڑھتا ہوں، میں الٰہی طور پر بااختیار ہوتا ہوں اور مہارت اور سمجھ میں اضافہ ہوتا ہوں (یسعیٰ 11:2-3؛ افسی 1:17-18؛ کرنل 1:9-11؛ 3:10)-

•**میں** شیطانی نقوش، وہم، اندازے، تصورات، مشورے، شبہات، اور دھوکہ دہی کو مٹاتا ہوں اور ان کا قلع قمع کرتا ہوں جو میری روح کے لیے ایک فریب یا گھات لگا کر قائم کیے گئے ہیں اور جو میرے ساتھ دعا کرنے کے لیے مقرر کیے گئے ہیں، میری طرف سے، اور جو میرے ساتھ کام کرتے ہیں، مجھے تفویض کیے گئے ہیں، اور روزانہ کنگ کے ساتھ بات چیت کرتے ہیں: 13:50؛ 2 تھیس۔

•**میں** شیطان کی چالوں کا زبردستی مقابلہ کرتا ہوں اور اپنے آسمانی باپ کے تخت کے کمرے سے نکلنے والے الٰہی خیالات، الہام، وحی، بصیرت، حکمت، علم اور فہم کو ہائی جیک کرنے سے منع کرتا ہوں، خاص طور پر وہ جو شروع کرتے ہیں، تحریک دیتے ہیں، برقرار رکھتے ہیں اور مضبوط کرتے ہیں، جو میری زمین کی بادشاہی اور اقتدار میں ہے خدا کے چھٹکارے کے مقصد کو آسان بنائیں (میٹ 13:19؛ ایفی 6:11)-

•تمام پریشان کن، پریشان کن اور تباہ کن اقدامات کو **روکتا ہوں** ۔ اسی وجہ سے خدا کا بیٹا ظاہر ہوا، کہ وہ دشمن کے کاموں کو تباہ کر دے گا (یوحنا 2:15-17؛ اعمال 16:16-19؛ 1 یوحنا 3:8)-

•**میں** شیطانی ممانعتوں، ممانعتوں اور تمام حدود کے خلاف غالب ہوں۔ میں حکم دیتا ہوں اور اعلان کرتا ہوں کہ تمام پوشیدہ اور ناقابل تسخیر دیواریں تباہ ہو جائیں گی (جوش 6:1؛ کرنل 1:16)-

•**میں** شیطانی/شیطانی سرگرمیوں کے خلاف الٰہی فیصلہ کرتا ہوں، اور میں ایلیاہ اور یاہو کی روح سے جنگ کرتا ہوں (1 کنگز 18؛ 2 کنگز 9:1–10:28)-

•**میں** کسی بھی شیطانی کارروائیوں، چالوں، ہیرا پھیری، تخریب کاری، حکمت عملیوں، ہتھکنڈوں، سازشوں، منصوبوں اور چالوں کو نامنظور، کالعدم، منقطع، منسوخ اور زبردستی مخالفت کرتا ہوں جو خدا کے اصل منصوبوں اور مقاصد، خاص طور پر تیز رفتاری، خاص طور پر تیز

رفتاری سے خدا کے ارادوں کو روکنے، روکنے، مایوس کرنے، ناکام بنانے، انکر کرنے، یا تاخیر کرنے کے لیے بنائے گئے ہوں۔ ان کا صحیح وقت اور موسم (Dan. 7:25)-

•**میں** اپنی زندگی اور وزارت یا اپنے خاندان کی زندگی سے متعلق کسی بھی وقت یا قوانین میں تبدیلی اور تبدیلی سے منع کرتا ہوں۔ میں خدا کی کوریوگرافک، سمفونک، اور آرکیسٹریٹڈ حرکات میں مطابقت پذیر اور ہم آہنگ حرکت کرتا ہوں (جنرل 1:1-5؛ دانی 6:1-15؛ 7:15-27)-

•**میں قائم کرتا ہوں** کہ اگر قوانین، آئین، میثاق جمہوریت، بل، چارٹر اور آئین تبدیل کیے جاتے ہیں، تو وہ میرے حق میں بدلے جاتے ہیں تاکہ میں اپنی تفویض کی جگہ اور اس سرزمین میں خوشحال ہو سکوں جس میں میں آباد ہوں (ڈین۔ 6:25-28)-

•**میں حکم دیتا ہوں** اور اعلان کرتا ہوں کہ میرے اوقات اور موسم رب کے ہاتھ میں ہیں اور ان میں کسی اور چیز سے کوئی تبدیلی یا ایڈجسٹ نہیں کیا جائے گا۔ میں اشکار کے بیٹوں کے مسح کے تحت کام کرتا ہوں، اور خدا مجھے اپنے اوقات اور موسموں کو درست طریقے سے پہچاننے کی الہی صلاحیت دیتا ہے (1 تواریخ 12:32؛ زبور 31:15؛ واعظ 3:1-8؛ دانیال 2:21-22)-

•**میں حکم دیتا ہوں** اور اعلان کرتا ہوں کہ میری روح کی آنکھیں 20/20 وژن کے ساتھ کام کرتی ہیں تاکہ الہی حرکات کی صحیح تفہیم اور تشریح ہو۔ میرے کان روح کی صحیح تعدد کے مطابق ہیں، اور مجھے واضح ٹرانسمیشن ہے (2 کنگز 6:17؛ ایوب 42:5؛ زبور 119:18؛ عیسیٰ 29:18؛ یریر 1:11-16؛ 2 کور. 4:4؛ 7:2؛ ایفی 4:18؛ 4:18)-

•**میں حکم دیتا ہوں** کہ اس دن میں خدا کے الہی ٹائم ٹیبل/کیلنڈر کے مطابق کام کروں گا۔ میں حکم دیتا ہوں کہ خدا کا ایجنڈا میرا ایجنڈا ہے۔ میں اپنا نہیں ہوں مجھے قیمت دے کر خریدا گیا ہے۔ اس لیے میں اپنے آپ کو اکیلے اس کے حوالے کر دیتا ہوں۔ میں اعلان کرتا ہوں کہ، یسوع کی طرح، "میں آیا ہوں: کتاب کی جلد میں یہ میرے بارے میں لکھا گیا ہے" (زبور 40:7؛ نیز زبور 139:16؛ 1 کور. 7:23؛ جیمز 4:7)-

•**باپ**، مصیبت میں ڈالنے والوں، طعنہ دینے والوں، طعنہ زنی کرنے والوں، طعنہ زنی کرنے والوں، ستانے والوں اور کردار کے قاتلوں کے منصوبوں کو اکھاڑ پھینکو۔ شیطانی نمائندوں کو بے نقاب کریں اور میری موت کے لیے قائم کردہ سازشوں اور منصوبوں کی شناخت، مزاحمت اور ان پر قابو پانے کے لیے مجھے الہی حکمت عملی اور

تدبیریں عطا کریں (Esth. 9:25؛ Ps. 5:10؛ 16-7:14؛ 34:21؛ 8-35:1؛
3-52:11؛ 52:11؛ 52:11؛ 3-41؛ امثال 28:10؛ میٹ 7:14-

- اپنا نیزہ نکال کر ان کی راہ میں روک۔
- وہ شرمندہ اور شرمندہ ہوں۔
- انہیں ان کے اپنے مشورے سے گرنے دیں۔
- انہیں واپس پھیر دیا جائے اور الجھن میں ڈال دیا جائے۔
- وہ ہوا سے چلنے والے بھوسے کی مانند ہو جائیں۔
- خداوند کا فرشتہ انہیں ستائے۔
- ان کا راستہ اندھیرے اور پھسلن والی جگہوں سے گزرے، خداوند کا فرشتہ ان کا تعاقب کرتا ہے اور انہیں تکلیف دیتا ہے۔
- وہ شرمندہ ہوں اور بے عزت ہوں جو میری جان کے طالب اور چاہتے ہیں۔
- ان لوگوں کو واپس لوٹا دیا جائے جو میرے نقصان کا منصوبہ رکھتے ہیں۔
- ان پر اچانک تباہی آجائے۔
- وہ اپنی ہی تباہی میں گریں۔
- بے خبر ان پر تباہی آ جائے۔
- وہ ٹھوکر کھائیں اور اُس تباہی میں گریں جو اُنہوں نے میرے لیے تیار کی ہے۔
- ان کو زخمی اور تباہ ہونے دو ان ہتھیاروں سے جو انہوں نے میرے لیے وضع کیے ہیں۔
- وہ بھی اسی جال میں پھنس جائیں جو انہوں نے میرے لیے بچھایا تھا۔
- وہ اسی گڑھے میں گریں جو انہوں نے میرے لیے کھودا تھا۔
- انہیں اسی پھندے سے لٹکا دیا جائے جو انہوں نے میرے لیے بنایا تھا۔
- وہ اسی آگ میں جل جائیں جو انہوں نے میرے لیے جلائی ہے۔
- اُن کو اُن حیوانوں سے کھا جائیں جو اُنہوں نے میرے لیے تیار کیے ہیں۔
- ان کو ان کی شرارتوں میں مار ڈالو۔
- ان کی شرارتیں ان کی طرف دوگنی لوٹ آئیں۔
- ان کو ان کے رہنے کی جگہ سے نکال دو۔
- ان کو زندوں کی سرزمین سے جڑ سے اکھاڑ پھینکو۔
- بدی اُن کو مار ڈالے اور اُن کی ویرانی ہو جائے۔
- انہیں الجھن میں گھومنے والے پہیے کی طرح بنائیں۔
- انہیں ہوا کے آگے بھوسے کی طرح بنائیں۔

•اُن کو آگ سے جلتی ہوئی لکڑیوں کی طرح بنائیں۔
•اپنے طوفان سے ان کو ستاؤ۔
•خوف اور دہشت کو ان کے دلوں میں جکڑ لیں۔
•وہ ہمیشہ کے لیے پریشان اور پریشان رہیں۔
•**میں** آسمان کے لشکروں کو تاریکی کے لشکروں کے خلاف جنگ کے لیے استعمال کرتا ہوں (1 سام 17)۔ کمان سنبھالیں، روک دیں، اور مزید شیطانی حرکات اور شیطانی سرگرمیوں پر روک لگائیں جن سے نکلتی ہیں:
•انڈرورلڈ اور اس کے چھ علاقے (عیسائی. 14:9، 15؛ 38:18؛ دانی 28-7:1؛ ربور. 13:20-14)
•موت (ایوب 34:22؛ 1 کور 15:55)
•جہنم/شیول/حیڈیز (عیسیٰ 14:19)
•قبر (عیسیٰ 38:10؛ حزقی. 31:15)
•گڑھا (Ezek. 32:23)
•گڑھا، گڑھے کا نچلا حصہ (عیسیٰ 38:17؛ زبور 30:3)
•سمندر کے علاقے (ایوب 1:41-31؛ حزقی. 26:16)
•آسمان (افسیوں 2:6؛ 6:12؛ Rev. 12:7)
•زمینی، زمینی، اور آسمانی ڈومینز (عیسیٰ 14:12-14؛ یر. 1:10؛ لوقا 11:16-26؛ رومی 8:14-23؛ فل۔ 2:10)
•**میں** پیشن گوئی کے لفظ کو دشمن کے تمام ناکام اقدامات، حکمت عملیوں اور حربوں پر فوقیت دیتا ہوں (1 تیم 1:18-20)۔
•**میں** یسعیاہ 54:17 کے مطابق، غلط الفاظ، بری خواہشات، جادو، قیاس، منتر، ہیکس، لعنت، جادو ٹونے کی دعائیں، اور ہر بیکار لفظ جو خدا کے اصل منصوبوں اور مقاصد کے خلاف بولا جاتا ہے۔
•**میں** ان کلمات اور فرمان کے ساتھ منسلک لعنت کو پلٹتا ہوں اور اعلان کرتا ہوں کہ وہ کھڑے نہیں ہوں گے، وہ مکمل نہیں ہوں گے، وہ جڑ نہیں پکڑیں گے، اور ان کے پرتشدد زبانی معاملات ان کو دو گنا لوٹائے جائیں گے۔
•**میں اعلان کرتا ہوں** کہ ہر جھوٹ بولنے والی زبان غلط ہے اور سچائی غالب ہے۔ ان کے نتھنوں میں کانٹا لگاؤ، ان کے ہونٹوں پر لگام لگاؤ، اور مجھے ان کی زبانوں کے عذاب سے چھپا دو (ایوب 5:21؛ زبور 5:6-10؛ عیسیٰ 37:29)۔
•**میں** جھوٹ، بہتان، قیاس آرائی، الزام تراشی، غلط بیانی اور کردار کشی کے خلاف آتا ہوں۔ باپ، آسمانوں کو الہی فیصلے کے ساتھ جھکنے کا

سبب بنیں؛ ان کو پراگندہ کرنے کے لیے بجلی پھینکو۔ اُنہیں تباہ کرنے کے لیے تیر نکالو۔ اوپر سے اپنا ہاتھ بھیج اور مجھے ان سے چھٹکارا دے۔ میں ان کی کمزور کوششوں یا اقدامات سے کوئی زمین یا علاقہ نہیں کھوؤں گا (1 کنگز 1:21-16؛ زبور 5:144-7)۔

- **میں** بھائیوں پر الزام لگانے والے کو منع کرتا ہوں کہ وہ میرے ساتھ رابطے میں آنے والے کسی بھی شخص کی روح یا دماغ کو چلانے یا متاثر کرنے سے منع کرتا ہوں (ریو. 12:10)۔
- **میں** کسی بھی بدنما داغ کے اثر کو تبدیل کرتا ہوں اور یہ اعلان کرتا ہوں کہ الہی احسان، فضل، عزت، اور نیک خواہشات اب اپنے، اپنے خاندان، اور اس کام/وزارت کے بارے میں کسی بھی اور تمام منفی احساسات، تصورات اور خیالات کی جگہ لے لیتے ہیں جسے پورا کرنے کے لیے مجھے بلایا گیا ہے۔
- **میں حکم دیتا ہوں** اور اعلان کرتا ہوں کہ شرافت اور عظمت میرا حصہ ہیں (جنرل 1:12-3؛ زبور 5:12)۔
- **باپ** ، چڑیلوں اور جنگجوؤں کی نشانیوں کو مایوس کر دیں جو مسح کرنے کا مقابلہ کرتے ہیں جیسا کہ آپ نے موسیٰ کے دنوں میں جینس اور جمبرس کے ساتھ کیا تھا۔ جھوٹوں، نجومیوں، ماہر نفسیات، پیش گوئی کرنے والوں، جادوگروں اور اس طرح کے شگونوں کو الجھا دیں۔ جادوگروں کو بیوقوف بنائیں، اور ان کے تاریک علم کو بیوقوفی بنائیں (یسعیٰ 44:25؛ 2 تیم 3:8)۔
- **ڈانٹا** اور ختم کرو، اور روح کے ذریعے انہیں گرفتار کرو۔ ہر خفیہ اور/یا خفیہ کوشش اور کوشش کو ناکام ہونے دیں (2 تواریخ 20:35؛ نیہ 4:7-8؛ ایستھ 3-9؛ ایوب 5:12-14؛ پی ایس 35:4؛ 55:9؛ 70:2؛ 83:17؛ 129:5)۔
- **ان آلات کو مایوس کریں جو انہوں نے تیار کیے ہیں تاکہ ان کے ہاتھ اپنا کاروبار انجام نہ دے سکیں۔**
- **انہیں ان کے اپنے مکار اور مکروہ طریقوں سے لے لو۔**
- **وہ دن میں اندھیرے سے ملیں اور رات کی طرح دوپہر کو ٹٹولیں۔**
- **شیطانی ڈیٹا بیس پر حملہ کرنے کے لیے الہی وائرسوں کو جاری کریں، اور حکم دیں کہ انہیں کھایا جائے اور تباہ کر دیا جائے۔**
- **مستقبل کے تمام شیطانی مواصلات اور نیٹ ورکنگ کو ناکام ہونے دیں۔ کسی بھی کوشش سے صرف عدم مطابقت اور غلط فہمیاں پیدا ہوں گی۔**
- **ان میں الجھن کا جذبہ بھیجیں۔**
- **ان کی زبانیں تقسیم ہو جائیں۔**

- **تخریب کاری، تخریب کاری، اور ناکامیوں کو زیر کرنا اور اکھاڑ پھینکنا۔**
- **انتقامی کارروائیوں کا ہر حملہ ناکام ہو جائے۔**
- **تصدیق** ان کے درمیان کرو، اور اپنے رسولوں کی صلاح پر عمل کرو (عیسیٰ 44:26)۔
- **بھیجیں** (جوش 5:13-14؛ زبور 103:20-22)۔
- ایزبل یا بیلیال کے جذبے سے کام کرنے والوں کو **گرفتار کریں** ۔ انہیں مسح کرنے، اختیار کو غصب کرنے، یا فطری یا روح کے دائرے میں کوئی بنیاد حاصل کرنے کی مزاحمت نہ کریں (1 سام 10:27؛ 1 کنگز 19:1-5؛ 21:1-16)۔
- **میں** شیطانی مظاہر کی ممانعت کرتا ہوں اور کہتا ہوں کہ شیطانی رحموں اور انکیوبیٹرز میں الہی "اسقاط حمل" اقدامات اور "اسقاط حمل" ہوتے ہیں (2 کور 10:5)۔
- اب باپ، آپ نے مجھے ایک عظیم کام سونپا ہے۔ میں مالیات اور تمام وسائل کے اجراء کے لیے جنگ کرتا ہوں جو کہ میرا تعلق ہے۔ دنیا کی بنیاد سے پہلے میرے لیے ہر وہ چیز تیار کی گئی تھی، جو میری زندگی سے متعلق ہے (وزارت، دعوت) اور خدا پرستی اب میرے پاس آتی ہے۔ مجھے انکار نہیں کیا جائے گا/نہیں کیا جائے گا۔ میں متبادل کو قبول نہیں کروں گا/نہیں کروں گا۔ میں شمال، جنوب، مشرق اور مغرب سے وسائل طلب کرتا ہوں۔ میں حکم دیتا ہوں اور اعلان کرتا ہوں کہ خدا کے اصل منصوبوں اور مقاصد کو پورا کرنے کے لیے میرے لیے ضروری ہر وسیلہ اب بلا تاخیر میرے پاس آتا ہے (2 پیٹر 1:3)۔
- **میں حکم دیتا ہوں** اور اعلان کرتا ہوں کہ بدکاروں کی دولت اب میرے لیے نہیں رکھی گئی ہے بلکہ اب چھوڑ دی گئی ہے۔ جو لوگ میرا مال ان سے زیادہ دیر تک پکڑے ہوئے ہیں ان کو اس وقت تک تکلیف اور اذیت میں مبتلا کیا جائے جب تک کہ وہ میرے حق کو چھوڑ نہ دیں۔ میں شیطان کو حکم دیتا ہوں کہ "اسے کھانس"، اسے تھوک دے، اسے ڈھیل دے، اسے چھوڑ دے، اور اسے جانے دو (ایوب 20:15-18؛ زبور 66:12؛ واعظ 2:26)۔
- **یہوواہ جیریہ** ، بادشاہوں کی کمر کھول دے! یسوع کے نام پر، حکم دیں کہ دو چھوڑے ہوئے دروازے کھول دیے جائیں۔ میرے آگے آگے بڑھو اور ٹیڑھی جگہوں کو سیدھا کرو۔ پیتل کے پھاٹکوں کو توڑ دو اور لوہے کی سلاخوں کو کاٹ دو۔ مجھے اپنے جلال کی دولت کے مطابق، اپنی کومل رحمتیں اور بے پناہ فضل، تاریکی کے خزانے، اور پوشیدہ جگہوں کی پوشیدہ دولت عطا فرما (یسعیاہ 45:1-3)۔ میں اعلان کرتا ہوں

کہ سائرس کا مسح میری زندگی میں بلا روک ٹوک اور غیر آلودہ بہہ رہا ہے (عیسیٰ 10:60-17؛ فل- 4:19)-

•**اٹھاؤ** ، اور ہمیشہ کے لیے بلند رہو، اے زمانے سے قائم رہنے والے دروازے (دروازے) تاکہ جلال کا بادشاہ، رب طاقتور اور زبردست، رب الافواج، اندر آئے (زبور 24:7-10)- میں اپنی بیداری کا اعلان کرتا ہوں جو اس کی رسائی سے انکار نہیں کر سکتا۔ لہٰذا، میں اس سے انکار نہیں کروں گا اور نہ ہی اس سے انکار کیا جا سکتا ہے جو مکمل طور پر میرا حق ہے!

•**میں حکم دیتا ہوں** اور اعلان کرتا ہوں کہ غیر قوموں کی افواج کی رہائی، میری پیشن گوئی ترشیش سے سونا اور چاندی، اور میری پیشن گوئی ملکہ شیبا کو بادشاہوں کے بادشاہ کے بیٹوں اور بیٹیوں کے لیے موزوں ہر قیمتی مال/وسائل/ وقفوں سے لدے ہوئے آنے کے لیے-

•**میں حکم دیتا ہوں** اور اعلان کرتا ہوں کہ میں بادشاہوں کی چھاتی پر غیر قوموں کا دودھ چوسوں گا (عیسا 60:16)- میں بڑا ہو جاؤں گا جیسے سمندر کی کثرت مجھ میں تبدیل ہو جائے گی (عیسیٰ 60:5)- اجنبیوں کے بیٹے میری دیواریں بنائیں گے، اور ان کے بادشاہ میری خدمت کریں گے (ایوب 27:16-17؛ عیسیٰ 60)-

•**میں حکم دیتا ہوں** اور اعلان کرتا ہوں کہ میرے خدا نے مجھے میرے امیر مقام میں لایا ہے، اور میں اپنے پیغمبرانہ گوشین میں رہتا ہوں- میں مال میں اضافہ کرتا ہوں اور اس ملک میں ترقی کرتا ہوں جہاں میں رہتا ہوں اور خدا کا سفیر بنا کر بھیجا گیا ہوں - ان کے سرکاری نمائندے کے طور پر، تمام سفارتی اور اشرافیہ کے حقوق، مراعات، احترام اور عزت مجھ پر پھیلی ہوئی ہے- فضل، سچائی، نیکی اور رحمت میرے محافظ ہیں-

•**میں حکم دیتا ہوں** اور اعلان کرتا ہوں کہ حکمت میرا مشیر ہے- روح القدس میرا مشیر ہے- یسوع مسیح میرا وکیل ہے- خدا، ایل ایلون، میرے واحد جج نے اعلان کیا ہے اور اس لیے میں قائم کرتا ہوں کہ میرے افسران امن ہیں، میرے عملدار راستبازی، میری دیواروں کی نجات، اور میرے دروازے تعریف (جنرل 47:27؛ عیسیٰ 60:17-18)-

•**میں حکم دیتا ہوں** اور اعلان کرتا ہوں کہ میرے مقرر کردہ وقت کو مایوس نہیں کیا جائے گا (زبور 102:13)-

•**میں** اپنی زندگی، وزارت، خاندان کے ہر فرد، ساتھی اور دوست کی زندگیوں پر دولت اور خوشحالی کے لیے درج ذیل اشعار جاری کرتا ہوں

تاکہ خدا اور صرف خدا کے نام کی تسبیح ہو:
•**جبیز مسح کرنا (1 تواریخ 4:10)**
•**ابراہیمی مسح (پیدائش 1:12-3)**
•**ملک صدق کا مسح کرنا (پیدائش 14:18؛ عبرانیوں 5:6-10)**
•**جوزف کو مسح کرنا (زبور 105:21)**
•**جیکوبیان مسح کرنا (جنرل 28:1؛ 30:43)**
•**اسحاق مسح کرنا (پیدائش 26:1-14)**
•**مسیح کا مسح کرنا (لوقا 8:1-3)**
•**سولومائک مسح (1 تواریخ 29؛ 2 تواریخ 9)**
•**سات گنا ایڈنیک مسح (جنرل 1:28، 30؛ 2:15)**
•**عزیہیان مسح کرنا (2 تواریخ 26:5-15)**
•**جوشوا کو مسح کرنا (جوش 6:1-3)**
•**میں** روزانہ فوائد سے لدا ہوا ہوں (زبور 68:19)۔
•**میں** احساس محرومی کے خلاف آتا ہوں۔ خُداوند میرے ہاتھ کے کام کو ترقی دیتا ہے۔ اُس کے ذریعے اور اُس کے ذریعے سے میں عظیم کارنامے انجام دیتا ہوں۔ میں ایک بار پھر دہراتا ہوں، مجھے انکار نہیں کیا جائے گا (ڈین. 11:32)!
•**میں** یسوع کے نام پر کامیابی اور ترقی کا اعلان کرتا ہوں (2 کور 2:14)۔ **میں حکم دیتا ہوں** اور اعلان کرتا ہوں کہ آسمان کی بادشاہی حکومت کرتی ہے اور حکومت کرتی ہے۔ (Rev. 11:15).
•**میں** ان الفاظ کو یوروکلیڈن کی ہواؤں کے طور پر آگے بھیجتا ہوں تاکہ دشمن کے کیمپوں کو مسمار اور تباہ کیا جا سکے۔ روح اور آسمان کی چار ہواؤں کو تباہ کرنے والی، فتح کرنے والی ہواؤں کے طور پر اڑائیں (یر. 51:1؛ اعمال 27:14)۔
•**میں حکم دیتا ہوں** اور اعلان کرتا ہوں کہ یہ دعا اور مستقبل کی تمام دعائیں روح کے دائرے میں الہی پروجیکٹائل کی خصوصیات کو اپناتی ہیں اور یہ کہ وہ بیل کی آنکھ سے ٹکراتے ہیں (زبور 57:4)۔
•**میں حکم دیتا ہوں** کہ اس دعا پر حکومت کرنے والے قوانین اور تمام روحانی جنگی حکمت عملی اور حکمت عملی کلام، خون اور روح کے پابند ہیں (1 یوحنا 5:7-8)۔
•**میں حکم دیتا ہوں** کہ ان کی شیطانی تفویض سے آزاد ہونے والی ہر روح اب یسوع کے قدموں کی چوکی کا حصہ بن جاتی ہے (زبور 110:1)۔ میں اس دعا پر یسوع کے نام پر مہر لگاتا ہوں...آمین!
•**باپ، ہمارے اندر اپنے جلال اور فضل کی لامحدود دولت کی نقاب کشائی**

کریں جب تک کہ مافوق الفطرت طاقت ہمارے باطن کو اپنی الہی طاقت اور دھماکہ خیز طاقت کے ساتھ یسوع مسیح کے نام پر سیلاب نہ کر دے، آمین افسیوں 16:3-21

•روح القدس، جیسا کہ ہم آپ کی روح کو مسلسل اپنے اندر ابھارتے ہیں اور دوسروں کی زندگیوں میں ایمان کے ذریعے اس کا اظہار کرتے ہیں، مسیح کی زندگی ہمارے اندر گہرائی سے جاری ہو جائے کیونکہ مسیح کی محبت یسوع مسیح کے نام پر ہماری زندگی کا منبع اور جڑ بن جائے، آمین افسیوں 16:3-21

•ہمیں یسوع مسیح کے نام پر تمام جہتوں میں مسیح کی حیرت انگیز محبت کی عظیم بھیڑ کا تجربہ کرنے کے لیے الہی قابلیت اور بااختیاریت حاصل ہوتی ہے آمین افسیوں 16:3-21

•ہم آپ کی محبت کو اپنی زندگیوں میں اس وقت تک حاصل کرتے ہیں جب تک کہ ہم یسوع مسیح کے نام پر خدا کی معموری سے بھر نہیں جاتے، آمین افسیوں 16:3-21

•ہمیں اپنی درخواست، ہمارے انتہائی ناقابل یقین خواب، اور یسوع مسیح کے نام پر اپنے وحشیانہ تخیل سے زیادہ کو پورا کرنے اور حاصل کرنے کے لیے ہم میں کام کرنے والی خدا کی زبردست طاقت کا اظہار کرنے کے لیے ہمت اور درست دماغ حاصل ہوتا ہے، آمین افسیوں 16:3-21

•باپ، ہم آپ کے اندر آپ کی معجزاتی طاقت کو پکارتے ہیں تاکہ ہمیں یسوع کے نام پر ہونے والے کارناموں کے لیے موسم اور موسم میں مسلسل توانائی بخشے، آمین افسیوں 16:3-21

•اپنے خُداوند خُدا کے سامنے اور انسانوں کے سامنے یسوع مسیح کے نام سے فضل اور حکمت میں اضافہ کر، آمین افسیوں 16:3-21

•یسوع کے نام میں ماضی، حال اور مستقبل کے کارناموں کے نتیجے میں مسلسل بڑھنے والی تمام شاندار تعریفیں لیں، آمین افسیوں 16:3-21

•یہ الفاظ جو نکل چکے ہیں، ہمارے پاس باطل نہیں لوٹیں گے بلکہ اس مقصد کو پورا کریں گے جس کے لیے وہ بھیجے گئے تھے اور ہمارے خدا کے جلال کی گواہی کے ساتھ واپس آئیں گے یسعیاہ 55:11

•میں حکم دیتا ہوں اور اپنے کام کا اعلان کرتا ہوں اور خدا کے لکھے ہوئے لفظ کے ساتھ چلتا ہوں، روح القدس کی روشنی اور ہدایت مجھے روزانہ یسوع مسیح کے نام کے لفظ کے ساتھ سیدھ میں لاتی ہے، آمین۔ یوحنا 16:13، 2 تیمتھیس 15:3-16

•میں حکم دیتا ہوں اور اعلان کرتا ہوں کہ آج کے دن سے جب میں بیماروں پر ہاتھ رکھوں گا، وہ ٹھیک ہو جائیں گے، میں نئی زبانوں میں بات کروں گا۔ میرے پاس تشریحات ہوں گی، بیمار فوری طور پر صحت یاب ہو جائیں گے اور میں اپنے آپ کو، اپنے خاندان کو اور اپنے اردگرد کے ہر فرد کو یسوع مسیح کے قیمتی خون سے ان لوگوں کی علامات اور بیماریوں سے ڈھانپتا ہوں جن کے لیے ہم یسوع مسیح کے نام پر روحانی، روحانی یا جسمانی طور پر دعا کرتے ہیں۔ مرقس 16:15-18، یوحنا 7:38، لوقا 10:19

•میں حکم دیتا ہوں اور اعلان کرتا ہوں کہ آج کے دن سے، میں کم از کم 1 گھنٹہ یا اس سے زیادہ زبانوں میں بولنے میں حصہ لوں گا تاکہ روح القدس میں خود کو تیار کروں تاکہ میں اس خدمت میں موثر ہو سکوں جس کے لیے خدا نے مجھے بلایا ہے۔ یہوداہ 1:20، مرقس 16:17، یسعیاہ 28:11، 1 کرنتھیوں 14:39، 1 کرنتھیوں 14:18

•میں حکم دیتا ہوں اور اعلان کرتا ہوں کہ آج کے دن سے، میں اللہ تعالیٰ کی شان میں شفا، نجات، معجزات اور دولت کے مافوق الفطرت دائرے میں کام کرتا ہوں۔ مرقس 16:15-18؛ متی 28:17-20؛ مکاشفہ 5:12؛ 1 تیمتھیس 5:18؛ فل 4:19؛ امثال 8:18؛ 1 بادشاہ 10:23؛ پیدائش 49:25؛ استثنا 18:1-14

•میں حکم دیتا ہوں اور اعلان کرتا ہوں کہ میں اپنے تحفے کو روح القدس میں ابھاروں گا تاکہ وہ تحفہ سامنے لاؤں جو روح القدس نے مجھ میں جمع کیا ہے۔ زبور 80:2، زبور 35:23، 2 تیمتھیس 1:6، 2 پطرس 1:13

•میں حکم دیتا ہوں اور اس دن سے اعلان کرتا ہوں کہ میں پیشن گوئی کے تحفے کے دائرے میں کام کرتا ہوں - علم کا کلام، حکمت کا کلام، زبانوں کی تشریح اور مختلف قسم کی زبانیں خدا کے کلام کی تدوین، ہدایت اور اظہار اور جنگ کے لیے رومیوں 12:15؛ رومیوں 14:19; افسیوں 16،12،4:29؛ 1 کرنتھیوں 26،3،14:12 2 کرنتھیوں 12:19؛ یہوداہ 1:20

•میں حکم دیتا ہوں اور اعلان کرتا ہوں کہ میں کام کرتا ہوں اور اس شعور کے ساتھ چلتا ہوں کہ خدا باپ، بیٹا اور روح القدس مجھ میں مقیم ہیں اور میں ان کا سفیر ہوں، اپنے ارد گرد آسمان کی حقیقت کو زمین پر لاتا

ہوں اور دنیا کو بتاتا ہوں کہ خدا کی بادشاہی کا ذہن تمام معاملات میں کیا ہے۔ امثال 13:14؛ افسیوں 6:20؛ 2 کرنتھیوں 5:20؛ 2 کرنتھیوں 6:1،16 یوحنا26،23،17:10

•میں حکم دیتا ہوں اور اعلان کرتا ہوں کہ اس دن سے آگے شفا، نجات، معجزات، تخلیق اور دولت کی تقسیم میری زندگی کا طرز زندگی ہے نہ کہ یسوع مسیح کے نام پر کوئی واقعہ۔ شفا یابی کے سیشنز کافی ہیں۔ متی 4:23؛ متی 16:10؛ میتھیو 14:21 ; لوقا 6:35؛ اعمال 10:38; افسیوں 6:7؛ فل 2:13؛ یعقوب 2:26 یشوع 1:8 جیمز 1:27؛ جیمز 4:17

•میں حکم دیتا ہوں اور اعلان کرتا ہوں کہ اس دن کے بعد سے، میں روزانہ اپنی زندگی کے لیے مرتا ہوں، میں اپنی صلیب اٹھاتا ہوں اور اپنے اندر موجود روح القدس کے اشارے اور رہنمائی کی پیروی کرتا ہوں تاکہ میرے اندر روح القدس کی طاقت کے اعمال میری زندگی میں زیادہ سے زیادہ ہو جائیں۔ مرقس 10:21؛ میتھیو 16:24، لوقا 9:23؛ مرقس 8:34؛ 2 کرنتھیوں 4:16؛ 1 کرنتھیوں 15:34

•میں حکم دیتا ہوں اور اعلان کرتا ہوں کہ روح کا پھل - الہی محبت اپنے تمام اظہار میں گرم ہے - خوشی جو چھلکتی ہے؛ وہ امن جو مسخر کرتا ہے؛ صبر جو برداشت کرتا ہے؛ عمل میں مہربانی؛ خوبیوں سے بھری زندگی؛ ایمان جو غالب ہے؛ دل کی نرمی؛ یسوع کے نام پر مجھ میں روح کی طاقت لامحدود ہے، آمین میتھیو 20:7-23؛ گلتی 5:19-21

•میں حکم دیتا ہوں اور اعلان کرتا ہوں، میں لوگوں کو مسیح کی طرف لے جاؤں گا اور ان کو روح میں بپتسمہ دوں گا اور زبان میں بولنے کے ثبوت کے ساتھ اور یسوع نے مجھے اپنے کلام میں جو کچھ سکھایا ہے اس پر عمل کرنے کے لیے لیس کروں گا۔ متی 28:18-20؛ مرقس 16:15-18

•میں حکم دیتا ہوں اور اعلان کرتا ہوں کہ میں خدا سے اپنے پورے دل، جان اور طاقت سے محبت کروں گا اور دوسروں سے بھی اپنے جیسا پیار کروں گا جیسا کہ میں اپنے ساتھ تعلق رکھنے والے دوسروں کے ساتھ پورے احترام اور دیانت داری کے ساتھ تعلق رکھتا ہوں۔ میتھیو 22:37

•مجھے خُدا کی محبت، ہمارے خُداوند یسوع مسیح کا فضل اور روح القدس کی مستقل موجودگی حاصل ہوتی ہے تاکہ ان تمام وابستگیوں کو یسوع کے نام پر قائم رہنے والے پھلوں میں ڈالا جا سکے، آمین

عظیم کارنامے - 1 - باب 5 - جانیں کہ عظیموں سے کیسے - حصہ 4

شیطان کی قید کے لیے کافی ہے اور مسیح میں آزادی میں خوش آمدید - کیا مسیحیوں کو شیطان بنایا جا سکتا ہے؟ جھوٹ پکڑنے والا، شیطان بہت سے عیسائیوں کو جہالت کے ذریعے قید میں رکھنے کے لیے فروخت کرتا ہے۔ اپنی زندگی میں ان کی موجودگی کو کیسے دریافت کریں اور انہیں دور کریں + ایک اعلی کانگریسی ایڈز سے سچی کہانی رہنمائی شدہ خود نجات کی گواہی جیسا کہ ڈیرک پرنس حصہ 4 نے بتایا ہے + خود سے نجات کی دعا کا اسکرپٹ + شفا، نجات اور بحالی کے معاہدے کی دعا

پیارے بھائیو اور بہنو، یہ شیطان کی قید کے لیے کافی ہے اور مسیح یسوع میں آزادی میں خوش آمدید کا حصہ 4 ہے۔

اس سلسلے میں، ہم جنگجوؤں کی ایک فوج تیار کر رہے ہیں تاکہ دشمن کو صف اول میں شامل کر سکیں اور مسیح میں قیدیوں کو تین سطحوں پر آزادی دلائیں - روح کی نجات جسے دوبارہ پیدا ہونا کہا جاتا ہے، روح کی نجات، جسے نجات اور اپنے جسموں کی نجات کہا جاتا ہے جسے شفاء کہا جاتا ہے۔

یہ ایک تقسیم شدہ فریم ورک میں خود کرنے کی حکمت عملی ہے اور خداوند یسوع مسیح ہمارے کمانڈر ان چیف ہیں۔ ہمارا کام آپ کو مشغول کرنے کے لیے تیار کرنا ہے۔ اپنے آپ کو، اپنے پیاروں کو اور اپنے دائرے میں موجود دوسروں کو آزاد کرنے کے لیے۔ ہمارا مقصد ہر مومن میں سوئے ہوئے دیو کو جگانا ہے اور آپ کو میدان جنگ میں ایک جنگجو کی ذہنیت سیکھنا ہے اور یسوع کے نام پر جانی نقصان اٹھائے بغیر کامیاب مہم میں شامل ہونا ہے۔

آپ کو سمجھنا چاہیے کہ "**بہترین دفاع** ایک اچھا جرم ہے"، ایک کہاوت جس کا اطلاق کوششوں کے بہت سے شعبوں پر ہوتا ہے، بشمول کھیل اور فوجی لڑائی۔ اسے جنگ کے تزویراتی جارحانہ اصول کے طور پر بھی جانا جاتا ہے۔

اگر آپ 12 آیت سے شروع ہونے والے افسیوں 6 پر گہری نظر ڈالیں تو آپ جلد ہی دیکھیں گے کہ خُدا نے آپ کی پیٹھ کے لیے کوئی ہتھیار فراہم نہیں کیا کیونکہ وہ ہم سے توقع کرتا ہے کہ ہم کسی بھی وقت مشغول رہیں اور منقطع نہ ہوں۔ رن وے سپاہیوں یا دوبارہ لڑنے کے لئے بھاگنے کی کوئی گنجائش نہیں ہے کیونکہ جنگ آسمانوں میں پہلے ہی جیتی جا چکی ہے۔ ہمارا کام یہ ہے کہ ہم اپنے اختیار اور مقیم روح القدس کے ذریعے ہمیں دی گئی طاقت کو اس فتح کو نافذ کرنے کے لیے استعمال کریں کیونکہ دشمن ہمیشہ اپنی حدود میں قدم رکھنا چاہے گا۔ پانی کی جانچ کرنا کہ کیا ہم جاہل ہیں۔ بدقسمتی سے، ہم میں سے بہت سے لوگ شیطان کے آلات سے ناواقف ہیں۔

یہ پڑھیں:

پطرس 5:7-9 1
ایمپلیفائیڈ بائبل

7 اپنی تمام فکریں [اپنی تمام پریشانیاں، اپنی تمام فکریں، اور اپنی تمام فکریں، ایک بار اور ہمیشہ کے لیے] اُس پر ڈال دیں، کیونکہ وہ آپ کا خیال رکھتا ہے [انتہائی پیار کے ساتھ، اور آپ کی بہت احتیاط سے نگرانی کرتا ہے]۔ 8 ہوشیار رہو [اچھی طرح سے متوازن اور خود نظم و ضبط]، ہر وقت چوکنا اور ہوشیار رہو۔ تمہارا وہ دشمن، شیطان، گرجنے والے شیر کی طرح گھومتا پھرتا ہے، کسی کو ہڑپ کرنے کے لیے ڈھونڈتا ہے۔ 9 لیکن اُس کا مقابلہ کرو، اپنے ایمان میں مضبوط رہو [اس کے حملے کے خلاف—جڑ، قائم، غیر مستحکم]، یہ جانتے ہوئے کہ دُنیا بھر میں تمہارے بھائیوں اور بہنوں کو بھی ایسے ہی مصائب کا سامنا ہے ۔ [آپ اکیلے تکلیف نہیں اٹھاتے ہیں۔]

آپ ان آیات میں دیکھ سکتے ہیں کہ شیطان ہمیں ہڑپ کرنے، دوپہر، رات کے کھانے اور رات کے کھانے کے لیے ہمیں زندہ کھانے کے لیے شدید بھوکا ہے۔ اس قسم کے دشمن کا مقابلہ کرنے کے لیے آپ کو درج ذیل چیزوں کی ضرورت ہے جیسا کہ ہم نے پہلے A, B, C, D, E, F اور G **میں روشنی ڈالی ہے۔ مجھے اس بات پر زور دینا چاہیے کہ یہ دعا ہر کسی کے لیے نہیں ہے۔ چند منتخب افراد ان 7 صفات کے ذریعے اپنے آپ کو اندراج کے لیے پہلے سے اہل بنائیں گے۔**

وہ درج ذیل ہیں:

A.دستیابی (روح، روح اور جسم)
B.دلیری
C.دوسروں کے لیے ہمدردی
D.عزم
E.بے حد پیار

F.آگ کا غصہ
G.زبردست بھوک

اگر آپ کے پاس یہ صفات کم از کم اجزاء کے طور پر نہیں ہیں، تو کامیاب مہم چلانا ناممکن ہو جائے گا کیونکہ تبدیلی لانے کے لیے سرسوں کے بیج کا ایمان پیدا کرنے کے لیے مندرجہ بالا تمام اجزاء کو آپس میں ملانا ضروری ہے کیونکہ اللہ بھوکے لوگوں کو کھانا کھلاتا ہے، نہ کہ ٹھنڈے یا گنگے بچوں کو شفا، نجات اور بحالی کے اندر اور بغیر۔

غنیمت جمع کرنے کے لیے تیار ہے لیکن انہیں ہمارے تجربے میں جمع کرنے کے لیے رائی کے دانے، مستقل ایمان کی ضرورت ہے۔

آج، ہم دیکھتے ہیں کہ **شیطان کی قید کے لیے کافی ہے اور مسیح میں آزادی میں خوش آمدید - کیا مسیحیوں کو شیطان بنایا جا سکتا ہے؟ جھوٹ پکڑنے والا، شیطان بہت سے عیسائیوں کو جہالت کے ذریعے قید میں رکھنے کے لیے بیچتا ہے۔ اپنی زندگی میں ان کی موجودگی کو کیسے دریافت کریں اور انہیں دور کریں + رہنمائی شدہ سیلف ڈیلیورنس** حصہ 4 کی ایک اعلی کانگریسی ایڈز کی گواہی سے سچی کہانی۔ ہم ان جھوٹوں کو دیکھیں گے جو شیطان کو بے نقاب کرکے بہت سے لوگوں کو پابند رکھنے کے لئے بیچتا ہے۔

بری روحیں یا شیاطین، میری سمجھ کے مطابق، "شرارت کے روحانی لشکر" (افسیوں 6:12) کا نچلا حصہ ہیں جو شیطان انسانیت کے خلاف ہدایت کرتا ہے۔ شیطان کی طرف سے ان کے تین بنیادی مقاصد ہیں:

1. سب سے پہلے ہمیں عذاب اور تکلیف پہنچانا؛

2. دوسرا، ہمیں مسیح کو نجات دہندہ کے طور پر جاننے سے روکنے کے لیے؛

اور اس میں ناکامی، تیسرا،

3. ہمیں مسیح کی مؤثر طریقے سے خدمت کرنے سے روکنے کے لیے۔

اس سوال کا جواب دیتے ہوئے کہ کیا مسیحیوں کو شیطان بنایا جا سکتا ہے؟

جی ہاں، مسیحی دماغ پر بیرونی اثر سے شروع ہو کر شیطانیت کا شکار ہو سکتے ہیں، جزوی قبضہ جہاں وہ جزوی طور پر دماغ پر قبضہ کر لیتے ہیں اور مکمل تسلط جہاں شخص کی مرضی سے محروم ہو جاتا ہے۔

ہم تک رسائی اس وقت حاصل ہوتی ہے جب ہم تلخی، معافی، ناراضگی، غرور اور بغاوت وغیرہ کا دروازہ کھولتے ہیں، جو عیسائیوں کو بہت زیادہ تکلیف دیتے ہیں، دشمن کو قدم جمانے اور ایک کمرہ، ہمارے ذہنوں میں رہنے کی جگہ دیتے ہیں۔

روح القدس ایک ایسے برتن میں قیام کرے گا جو مکمل طور پر صاف نہیں ہے، بشرطیکہ اسے انسانی شخصیت کے مرکزی، کنٹرول کرنے والے علاقے تک رسائی دی گئی ہو: دل۔

یہ تعلیم کہ کسی شخص کی زندگی کا ہر شعبہ مکمل طور پر پاک ہونا چاہیے قبل اس کے کہ روح القدس اس میں بسے، دو ناپسندیدہ نتائج میں سے ایک پیدا کر سکتا ہے۔ یہ کچھ مخلص مومنین کو روح القدس کی بھرمار کی تلاش سے روک سکتا ہے، کیونکہ وہ اپنے آپ سے کہتے ہیں، میں کبھی بھی اس معیار تک نہیں پہنچ سکوں گا۔ یا اس قسم کی تعلیم دوسروں پر دباؤ ڈال سکتی ہے جنہوں نے روح القدس کا بپتسمہ حاصل کیا ہے خود راست ریاکاری کی شکل میں۔ ان کا استدلال کچھ اس طرح ہے: مجھے روح القدس حاصل کرنے کے لئے کامل ہونا چاہئے، لہذا اب مجھے ہر وقت کامل رہنا ہے ۔ نتیجہ مسیحی طرزِ زندگی ہے۔ ایسے لوگ اب بھی اپنا غصہ کھو بیٹھتے ہیں لیکن اب اسے نیک غصہ کہتے ہیں۔ وہ اب بھی اپنے وزیر یا اپنے ساتھی مسیحیوں پر تنقید کرتے ہیں لیکن وہ اسے سمجھداری کہتے ہیں۔ وہ اب بھی اپنی جسمانی بھوک کو بہت زیادہ لگاتے ہیں لیکن وہ یہ کہہ کر اس کا جواز پیش کرتے ہیں، "سب چیزیں حلال ہیں۔"

گناہ سے نمٹنا زندگی اور موت کی کشمکش ہے۔ یہ تسلیم کرنا شرمناک نہیں ہے کہ ہماری زندگیوں میں گناہ اب بھی کام کر رہا ہے۔ اس کے برعکس، ہمارا بڑا خطرہ اس کو تسلیم کرنے سے انکار کرنے میں مضمر ہے، جو ہمیں آزمائشوں کے آنے پر ان کا مقابلہ کرنے کے لیے تیار نہیں رہتا۔ اگر روح القدس اس وقت تک انتظار کرے جب تک کہ ہم اپنے اندر اُس کی رہائش اختیار کرنے کے لیے کامل نہ ہو جائیں، تو یہ ایسا ہوگا جیسے ایک پروفیسر اپنے طلباء سے کہے، "میں تمہیں پڑھانا شروع کروں گا جب تم اپنے امتحانات پاس کر لو گے۔" اس کے طالب علم جواب دیں گے، "لیکن پروفیسر، ہمیں اس کی ضرورت نہیں ہے! ہمیں ضرورت ہے کہ آپ ہمیں ابھی پڑھانا شروع کریں، لہذا ہم سیکھیں گے کہ ہمیں اپنے امتحانات پاس کرنے کے لیے کیا ضرورت ہے۔" اب یہ ہے کہ ہمیں روح القدس کی ضرورت ہے، تاکہ برائی کی طاقت پر قابو پانے اور خدا کے پاکیزگی کے معیار تک پہنچنے کے لیے اس کی مدد ہمارے لیے مسلسل دستیاب رہے۔ تنازعات کا ایک خاص علاقہ جس میں ہمیں روح القدس کی مدد کی ضرورت ہے وہ شیاطین سے نمٹنے میں ہے۔

روح اقدس اپنی مدد کو نہیں روکتا اگر وہ سمجھتا ہے کہ ہمارے اندر بدروحیں ہیں۔ اس کے برعکس، وہ ہماری ضرورت کو ہم خود سے زیادہ واضح طور پر دیکھتا ہے، اور وہ ہمیں ان کو نکالنے کا اختیار دیتا ہے۔ کیونکہ وہ ہم پر رحم کرتا ہے، وہ ہمارے اندر اپنا سکونت اختیار کرنے کے لیے تیار ہے، اور دشمن کی تمام طاقت پر مسیح کی فتح کو قائم کرنے کے لیے ہمارے ساتھ کام کرنے کے لیے تیار

ہے۔ ہماری ترقی کا انحصار اس بات پر ہے کہ ہم اپنے اندر موجود روح القدس کے ساتھ کس حد تک تعاون کرتے ہیں۔

میں ایک بار پھر زور دیتا ہوں: روح القدس ہمارے اندر بسنے کے لیے نہیں آتا کیونکہ ہم پہلے سے ہی کامل ہیں۔ وہ ہماری مدد کرنے آتا ہے تاکہ ہم کامل بن سکیں۔ یقینی طور پر، اگر ہم گناہ میں زندہ رہنے کا ارادہ رکھتے ہیں تو روح القدس بدروحوں کے ساتھ ہماری جدوجہد میں ہماری مدد نہیں کرے گا۔ لیکن اگر ہم اپنے گناہوں کو پہچانیں اور سچے دل سے توبہ کریں، تو وہ ہمارے ساتھ مل کر اُن بدروحوں کے خلاف لڑے گا جو ہمیں غلام بناتے ہیں۔ اُس کی مدد سے ہم اُن کو نکالنے اور آزاد کرنے کے قابل ہو جائیں گے۔

آئیے اس حقیقت کو ثابت کرنے کے لیے نیچے دی گئی کہانی کو دیکھتے ہیں کہ نئے سرے سے پیدا ہونے والے، روح سے بھرے مسیحی بدروحوں کے لیے ایک مسکن ہو سکتے ہیں کیونکہ ہم انہیں اپنی زندگی میں ان مواقع کے ذریعے جگہ دیتے ہیں جو ہم جان بوجھ کر تخلیق کرتے ہیں۔

ڈیرک پرنس کی طرف سے بتایا گیا ہے کہ رہنمائی شدہ خود سے نجات کے ذریعے شیطانوں سے نجات پانے والی اعلی کانگریسی امداد کی سچی کہانی:

اس کے بعد ہونے والی گواہی میں، واشنگٹن ڈی سی میں ایک کانگریسی معاون نے اپنی ذاتی جدوجہد کے بارے میں کھل کر بات کی:

میں نے تقریباً سات سال پہلے روح میں بپتسمہ لیا تھا۔ پچھلے سال جون کے آخر میں، واشنگٹن ڈی سی کے ایک چرچ میں، مجھے اعصابی بہرے پن کا فوری علاج ملا۔ پھر اگست میں میرے ڈاکٹر نے تصدیق کی کہ میں چھاتیوں میں سیسٹ اور ٹیومر سے ٹھیک ہو گیا ہوں۔ میں ایک کانگریس مین کے لیے اعلیٰ عملے کا رکن تھا اور، جب کہ وہ ذاتی طور پر میرے شفا یابی کے تجربے سے بہت خوش تھا، میری گواہی کو سیاسی حلقوں میں اچھی طرح سے پذیرائی نہیں ملی جس میں میں منتقل ہوا تھا۔ ستمبر میں میں نے اپنی ملازمت سے استعفیٰ دے دیا اور اگلے چند مہینے آرام کرنے اور رب کے ساتھ وقت گزارنے میں گزارے۔

پھر دسمبر کے وسط میں میں افسردہ اور مایوس ہو گیا۔ جنوری کا پہلا ہفتہ بھیانک تھا! ایک دن میں اپنا غصہ کھو بیٹھا۔ میں یہاں اکیلا تھا، اور اس کا تعلق ایک انتہائی معمولی معاملے سے تھا۔ مجھے فوراً احساس ہوا کہ میں نے جو گناہ کیا تھا۔ غصہ۔ اور جیسے ہی میں نے انگریزی میں معافی کی دعا کرنے کی کوشش کی، مجھے گھٹن محسوس ہوئی... جذبات سے نہیں، بلکہ میرے گلے پر ایک الگ دباؤ تھا جو کہ ایک بہت ہی حقیقی جسمانی قوت ہے۔ ایک دوست نے

مشورہ دیا کہ شاید مجھے نجات کی ضرورت ہے۔ اس لیے میں نے آپ کی ٹیپس خریدی ہیں جن میں نجات اور شیطانیت سے متعلق ہے۔

میں نے ہمیشہ روحوں، بدروحوں، بھوتوں اور جو کچھ آپ کے پاس ہے اس سے پرہیز کیا ہے، یہ مانتے ہوئے کہ اگر میں نے انہیں اکیلا چھوڑ دیا تو وہ یقیناً مجھے اکیلا چھوڑ دیں گے۔ میں صرف روحوں اور شیاطین کے ساتھ کوئی ٹرک نہیں چاہتا تھا! پھر بھی، میں نے نجات کے بارے میں آپ کے ٹیپ کو سنا۔ میں نے اپنی بائبل میز پر رکھی تھی اور آپ صحیفوں کی پیروی کرتے ہوئے رفتار کو برقرار رکھا۔ ٹیپ کے آخر میں، جب آپ نے اپنی کلاس کو ہدایات دیں تو میں نے بھی اس پر عمل کرنے کا فیصلہ کیا۔ پھر آپ نے نجات کے لیے دعا شروع کی، لیکن ٹیپ اچانک ختم ہو گئی۔ اور تقریباً آخری بات جو آپ نے ٹیپ پر کہی تھی، "یاد رکھو، یسوع آپ کا نجات دہندہ ہے۔" میں نہیں جانتا تھا کہ کیا توقع رکھوں یا کیا کروں۔ پس خُداوند سے میری دعا یہ تھی کہ میں نہیں جانتا تھا کہ میں کیا کروں، لیکن چونکہ وہ میرا نجات دہندہ ہے، میں اپنے آپ کو مکمل طور پر اُس کے حوالے کر رہا ہوں۔

میں نے ان چیزوں کا نام رب کا نہیں رکھا جو میں نے برائی اور گناہ کی تھیں اور جن کا میں حصہ نہیں بننا چاہتا تھا ۔ ناراضگی، معافی، شکوک و شبہات، پریشانیاں، خوف وغیرہ۔ جیسا کہ میں نے کہا ہے، میں نہیں جانتا تھا کہ کیا امید رکھوں۔ چند ہی منٹوں میں، دو یا تین سے زیادہ نہیں، میں نے انتہائی مایوس کن انداز میں جھنجھوڑنا شروع کر دیا۔ تقریباً دس منٹ کے بعد، میں نے محسوس کیا کہ میرا پیٹ کا علاقہ کبھی ایک جیسا نہیں رہے گا! لیکن میں نے محسوس یا یقین نہیں کیا کہ میں مکمل طور پر رہا ہوں۔

پھر میں نے بدروحوں یا روحوں سے کہا کہ وہ اپنا نام لیں اور میں نے انہیں باہر آنے کا حکم دیا۔ ایسا نہیں ہوا۔ کیوں، مجھے نہیں معلوم۔ پھر میں نے خُداوند سے کہا کہ مجھے بتائیں کہ کیا اور بھی ہیں، اور کیا نام ہیں، تاکہ میں اُن سے نجات مانگ سکوں۔ پہلا خودکش تھا، اور طاقت کچھ لاجواب تھی۔ میں نے اسے اپنے سر کے اوپری حصے تک محسوس کیا۔ میں نے کچھ رہائی محسوس کی، لیکن مکمل طور پر نہیں. میں نے خُداوند سے کہا کہ مجھے بتائیں کہ کیا اور بھی ہیں۔ اور مجھے بتایا گیا کہ یہ بہری روح تھی۔ اس کی نجات لاجواب تھی! یہ کسی بھی چیز سے زیادہ دیر تک جاری رہا، اور طاقت نے دراصل میرے پیٹ کو میری پیٹھ کی طرف کھینچ لیا، اور میں نے جسمانی طور پر اپنے پیٹ کے پرتشدد اکھڑتے محسوس کیے، اور اس میں میں نے اپنے سر میں دباؤ بھی محسوس کیا۔ میں مکمل طور پر رہا ہو گیا ہوں، اور تب سے میں نے اس قدر شاندار امن کو جانا ہے۔

زندگی میں ان کی شناخت کرنے میں ہماری مدد کرنے والی سرگرمیاں کیا خصوصیات ہیں؟

ہم نے پہلے بیان کیا کہ شیطان کی طرف سے ان کے تین بنیادی مقاصد ہیں: **پہلا ہمیں عذاب دینا۔ دوسرا، ہمیں مسیح کو نجات دہندہ کے طور پر جاننے سے روکنے کے لیے؛ اور اس میں ناکامی، تیسرا، ہمیں مسیح کی مؤثر طریقے سے خدمت کرنے سے روکنے کے لیے۔** ان مقاصد کو پورا کرنے میں، شیاطین عام طور پر پوشیدہ ہوتے ہیں۔ انہیں انسانی آنکھوں سے نہیں دیکھا جا سکتا۔ تاہم، ہم ان کی موجودگی اور سرگرمی کو اسی طرح پہچان سکتے ہیں جس طرح ہم ہوا کی موجودگی کو پہچانتے ہیں۔ درحقیقت، یہ ایک مناسب موازنہ ہے کیونکہ عبرانی اور یونانی دونوں زبانوں میں روح کا لفظ بھی ہوا کا لفظ ہے۔ ہم درحقیقت ہوا کو کبھی نہیں دیکھتے ہیں، لیکن ہم ہوا کے اثرات دیکھتے ہیں: گلیوں میں دھول اٹھتی ہے، آسمان پر بادل چل رہے ہیں، درخت ایک ہی سمت میں جھک رہے ہیں، بارش ہمارے بصارت کے میدان میں چل رہی ہے۔ یہ تمام **"نشانیاں"** ہوا کی موجودگی اور سرگرمی کو ظاہر کرتی ہیں۔ تو یہ شیطانوں کے ساتھ ہے۔ ہم انہیں عام طور پر نہیں دیکھتے، لیکن ہم ان کی موجودگی کو بعض خصوصیت کے اعمال سے پہچانتے ہیں۔ ذیل میں ان کی سرگرمیوں میں سے کچھ کی فہرست دی گئی ہے: **1. شیاطین آمادہ کرتے ہیں۔ 2. شیاطین ہراساں کرتے ہیں۔ 3. شیاطین کا تشدد۔ 4. شیاطین مجبور کرتے ہیں۔ 5. شیاطین غلام بناتے ہیں۔ 6. شیاطین علتوں کا سبب بنتے ہیں۔ 7. شیاطین ناپاک کرتے ہیں۔ 8. شیاطین دھوکہ دیتے ہیں۔ 9. شیاطین جسمانی جسم پر حملہ کرتے ہیں۔ ہم سیریز کے حصہ 5 میں ان کو وسعت دیں گے۔ لیکن ابھی کے لیے، آئیے ان انتباہی سگنلز کو دیکھتے ہیں جو ہمیں کارروائی کرنے کا اشارہ دیں گے۔**

انتباہی سگنلز - نجات کے لیے ممکنہ ضرورت - ممکنہ اشارے پر نظر رکھنے والی چیزیں:

مندرجہ ذیل خصوصیات کو قریب سے دیکھنے کی ضرورت ہوتی ہے جب ان کا تلفظ، مسلسل یا ایک مدت کے دوران بار بار ہوتا ہے، یا ترقی پسند ہوتا ہے - کم ہونے کی بجائے زیادہ، انتہائی بننے کا رجحان۔ ان انتباہات کے خلاف خود کو چیک کریں۔ رویے کی درج ذیل تھمب نیل وضاحتیں مدد کے لیے کال ہو سکتی ہیں:

1. الجھن یا بے ترتیب سوچ: حقیقت کے ساتھ رابطے کا نقصان - فریب (مخالف ثبوت کے سامنے غلط اعتقادات کا استقامت) - فریب نظر؛

منقطع تقریر
2.جنون: دوسروں کے اخراج کے لیے کسی موضوع یا خیال کے ساتھ جذب، مجبوریاں، بے قابو خواہشات۔
3.نمٹنے میں ناکامی: معمولی مسائل کے ساتھ، روزمرہ کے معمولات کے ساتھ۔
4.دوست بنانے/ رکھنے میں دشواری: ناقص سماجی مہارت، تنہائی، معاشرے سے کنارہ کشی، ٹونر" طرز زندگی۔

1.بورڈ میں ناکامی کا ایک نمونہ: اسکول میں، کام پر، کھیلوں میں، ذاتی تعلقات میں۔
2.طویل یا شدید ڈپریشن: خودکشی کی دھمکیاں/کوششیں۔
3.ناپختگی: نوزائیدہ رویہ (جیسے بستر گیلا کرنا)، ماں پر زیادہ انحصار (بچپن میں ضرورت سے زیادہ چمٹ جانا، نوعمروں اور بیس کی دہائی میں مسلسل انحصار)، ہم عمر گروپ کے ساتھ رفتار برقرار رکھنے میں ناکامی۔
4.جسمانی بیماریوں کا ایک سلسلہ جو ایک عام کورس نہیں چلاتے اور/ یا علاج کا جواب دینے میں ناکام رہتے ہیں۔
5.ذاتی حفظان صحت کو نظر انداز کرنا (پراگندہ اور ناپاک ماحول) یا ترتیب اور صفائی کے لیے مبالغہ آمیز تشویش۔
6.نئے لوگوں اور جگہوں کو ایڈجسٹ کرنے میں دشواری۔
7.بے جا اضطراب اور پریشانی: فوبیا، ستائے جانے کے احساسات۔
8.بہت زیادہ یا بہت کم نیند۔
9.ضرورت سے زیادہ خودغرضی: دوسرے لوگوں کے احساسات، کاموں، خیالات سے لاتعلقی، دوسرے کے درد یا ضرورت کے ساتھ ہمدردی کا فقدان۔
10.کافی تیزی سے وزن میں اضافہ یا کمی۔
11.خاموش، "چپٹے" جذبات (غصہ، خوشی، غمگین ردعمل کی محرکات کی عدم موجودگی) یا نامناسب جذبات (تیز، ناقابل فہم موڈ میں تبدیلی، سنجیدہ لمحات میں بے وقوفی، غیر متوقع آنسو)۔
12.منفی خود کی تصویر اور نقطہ نظر: "کمتری" پیچیدہ، بیکار کے احساسات۔
13.منصوبوں کی بار بار بے ترتیب تبدیلیاں: نوکری کے ساتھ قائم رہنے میں ناکامی، اسکول کا پروگرام، رہنے کا انتظام، تقرریوں کو برقرار رکھنے میں ناکامی، فیصلوں کی پابندی۔
14.انتہائی جارحیت (جنگ، دشمنی، تشدد، غصہ) یا مبالغہ آرائی (معمول کی

مسابقت اور خود اعتمادی کی کمی، مقابلہ کرنے سے انکار، دلیل سے گریز).
15.غیر معقول یا غیر معقول خطرہ مول لینا.
16.جوش اور جوش کی کمی: بے حسی، اداسی، موڈ عادتاً "نیچے"، مزاح کا محدود یا غائب احساس.

آپ کی نجات کے لیے چھ بنیادی اقدامات یہ ہیں:

1.اپنے مسائل کی نشاندہی کریں.
2.معاف کریں، دعا کریں اور اپنے آپ کو خدا کے ساتھ درست کریں.
3.تم پر اور تمہاری اولاد پر لعنت اور روح کے رشتے توڑ دو.
4.اپنے شیطانوں کو نکال دو.
5.اپنی روح اور جسم کی شفایابی کے لیے دعا کریں.
6.اپنی سوچ اور عمل کو بدل کر اپنی زندگی کو نظم و ضبط میں رکھیں.

خود سے نجات کے لیے مختصر دعا.

"خداوند یسوع مسیح، مجھے یقین ہے کہ آپ میرے گناہوں کے لیے صلیب پر مرے اور مُردوں میں سے دوبارہ جی اُٹھے. آپ نے مجھے اپنے خون سے چھڑایا اور میں آپ کا ہوں، اور میں آپ کے لیے زندہ رہنا چاہتا ہوں. میں اپنے تمام معلوم اور نامعلوم گناہوں کا اعتراف کرتا ہوں. میں ان سب کے لیے معذرت خواہ ہوں، میں ان سب کو ترک کرتا ہوں. میں باقی سب کو معاف کرتا ہوں جیسا کہ میں چاہتا ہوں کہ آپ مجھے معاف کریں اور یسوع کے خون کے لیے مجھے معاف کریں. مجھے اب تمام گناہوں سے پاک کرتا ہے اور میں اب آپ کے پاس آیا ہوں کہ آپ میری خاص ضرورتوں کو جانتے ہیں - وہ چیز جو باندھتی ہے، وہ بد روح، وہ ناپاک روح - میں آپ کے وعدے کا دعویٰ کرتا ہوں، "جو بھی رب کا نام لے گا وہ نجات پائے گا." میں اب آپ کو خداوند یسوع مسیح کے نام پر پکارتا ہوں، مجھے نجات دلاتا ہوں، میں آپ کو اور آپ کے تمام کاموں کو چھوڑ دیتا ہوں، اور میں آپ کو یسوع کے نام پر چھوڑنے کا حکم دیتا ہوں.
اسے اپنے دل سے آنے دو اور خداوند کی نجات کو دیکھو!

کیا آپ بیمار ہیں یا بحالی کی ضرورت ہے؟

ان لوگوں کے لیے جو کسی بھی شکل یا شکل میں بیمار یا بیمار ہیں، یا نجات کی ضرورت ہے؟ یا بحالی، براہ کرم ایمان کے ساتھ نیچے کے نقطے کو چھوئیں (ایمان آپ کی موجودہ صورتحال کے عین مطابق مثبت نتائج کو دیکھ رہا ہے، یہ جانتے ہوئے کہ یسوع نے 2000 سال سے زیادہ پہلے آپ کی شفا یابی اور نجات، بحالی کو ڈاؤن پیمنٹ کے طور پر محفوظ کرنے کے لیے اپنا کردار ادا کیا ہے، اس بات پر بھروسہ کرتے ہوئے کہ ڈاؤن پیمنٹ آپ کو حاصل کرنے کے لیے دستیاب ہے، جیسے کہ آپ کے چیکنگ اکاؤنٹ میں مثبت بیلنس ہے، جیسا کہ ہم آپ کے نام سے متفق نہیں ہیں، ہم آپ کے نام سے متفق نہیں ہوں گے یسوع مسیح کا، آمین)

جو اختیار آپ نے مجھے اور ان کو دیا ہے، میں اب اس اختیار کو دشمن کے خلاف ان کے غصے اور بھوک کے ساتھ ایمان کے ساتھ استعمال کرتا ہوں کہ جو کچھ آپ نے ان سب کو مفت میں دیا ہے، میں ہر بیماری، ہر بیماری پر لعنت بھیجتا ہوں، چاہے وہ کینسر ہو، کووڈ 19، کمزوری کا جذبہ ہو، شیطانی قبضے کا ہو یا جبر کا، خدا نے پہلے سے ہی طے کر رکھا ہے کہ وہ طاقت کا تعین کر چکی ہے، اور اس کی واپسی کا ارادہ کیا ہے۔ جاری ہم بے ضابطگی کے خلاف آتے ہیں، میں ان کو پابند کرتا ہوں، ہم ان کی جڑ تک لعنت بھیجتے ہیں اور ہم انہیں یسوع مسیح کے نام پر اختیار سے نکال دیتے ہیں۔ آمین ہم یسوع مسیح کے طاقتور نام پر ان کی زندگیوں میں شفا یابی، نجات اور بحالی کی رہائی کا مطالبہ کرتے ہیں۔ ان شہادتوں کے لیے خُداوند کا شکر ہے جو آپ کی شان و شوکت اور تعظیم کے لیے قائم ہیں۔ ان روحوں کے لیے آپ کا شکریہ جو اس پیغام کے نتیجے میں آپ کی بادشاہی میں شامل ہو رہے ہیں، وہ معجزات جو ہم ابھی پہلے ہی دیکھ رہے ہیں اور یسوع کے نام پر آپ کے جلال کے لیے ظاہر ہو رہے ہیں، آمین۔ یہ ہو گیا ہے! خوشیاں منائیں!

رابطے کے نقطہ کے طور پر نمایاں کردہ اس جگہ کو چھوئیں اور اپنے منہ سے اعتراف کریں – میں ہوں۔

شفا ملی، میں نجات پا گیا ہوں اور میں اپنی روح، روح، جسم اور اپنے ارد گرد یسوع مسیح کے نام سے بحال ہو گیا ہوں، آمین!!!

وہ کرنا شروع کریں جو آپ پہلے نہیں کر سکتے تھے اور مکمل شفایابی تک اعتراف کرنا شروع کریں، نجات کی بحالی آپ کی زندگی میں یسوع کے نام پر ایک پھل بن جائے، آمین۔ تمام خدا کے لیے بھوکے رہیں، ناراض رہیں اور جو کچھ دشمن نے یسوع کے نام پر روک رکھا ہے اسے واپس لے لیں، آمین

نوٹ:

خدا کے جلال اور دشمن کی شرمندگی کے لئے شفا کی گواہی دیں! اگر آپ کو اب بھی اس مسئلے پر آپ سے اتفاق کرنے کی ضرورت ہے تو ہمیں ای میل یا واٹس ایپ کریں۔ اور اگلے ہفتے جمعرات سے شروع ہونے والی لیس سیریز سے جڑیں۔ ہماری ویب سائٹ پر جلد ہی تفصیل تلاش کریں!

عظیم کارنامے - 1 باب 6 اور 7 - نجات کے لیے سات (7) اہم اقدامات +

شیطانی گروہ بندیوں کی شناخت اور اخراج کا طریقہ اور حتمی تنازعہ کے وژن اور چار (4) منگنی کے فرنٹ لائنز پر کیسے غالب رہنا ہے جیسا کہ فرینک اور ایڈا مائے ہیمنڈ نے بتایا ہے - حصہ 5 اور حصہ 6 + خود سے نجات کی دعا کا اسکرپٹ + شفا، نجات اور بحالی کا دعائیہ معاہدہ

پیارے بھائیو اور بہنو، آج ہم آپ کے لیے اپنی سیریز کا حصہ 5 اور حصہ 6 لا رہے ہیں قیدی ہونے اور مسیح میں آزادی کا خیر مقدم کرنے کے لیے کافی ہے۔

اپنے آپ، خاندان، چرچ، ہماری اقوام اور دنیا کی اقوام کے مسائل پر 90 دن کی مدت میں دعا کرنے میں کافی وقت صرف کیا جیسا کہ ہم نے پچھلے سال کیا تھا - یکم اکتوبر سے 29 دسمبر 2020، ان پانچوں دائروں پر خدا سے اس کی بادشاہی اور اس کی مرضی مانگتے ہوئے، ایک طریقہ ہے کہ خداوند ایک کو اس چیز سے رنگ دیتا ہے جو اس کے سامنے والے پانچوں بچوں کے دلوں میں ہے۔

میں پوری شدت سے یقین کرتا ہوں، اس وقت کے لیے، اس کا تعلق شیطان کی غلامی سے آزادی کے ساتھ ہے جو وہ ہمیں دینے کے لیے مرا۔ بہت سے لوگ ہر روز اپنی جانیں مسیح کو دیتے ہیں لیکن اگر آپ اور میں روح القدس کے عینک سے ہماری زندگیوں کو تنقیدی نگاہ سے دیکھیں گے تو - ہم یہ سمجھیں گے کہ ہماری زندگیوں میں کچھ ایسے شعبے ہیں جو مکمل طور پر شیطان کی غلامی میں ہیں جن سے انتھک دعا ہماری روح میں، ہماری روحوں میں یا ہمارے جسموں میں اور ہمارے اردگرد کے تمام حصوں سے نہیں نمٹ سکتی۔ اس کے لیے ہماری جان کے دشمن کے ساتھ براہ راست لڑائی کی ضرورت ہے - بادشاہی مینڈیٹ کو نافذ کرنا جسے ہم نے اپنی الماریوں کی خاک آلود شیلفوں پر چھوڑ دیا ہے۔ خُدا سے جنگ لڑنے کے لیے آؤ جو وہ پہلے ہی ہمارے لیے جیت چکا ہے اور ہمیں

جنگ کرنے کی چابی دینا۔جب تک وہ واپس نہیں آتا اس پر قبضہ کرنا ذمہ داری اور ترجیح کی غلط جگہ ہے۔ کمانڈ کی ایک غلط جگہ اور غلط سمت والی لائن۔

مناسب جنگ کا یہ عمل، میرے خیال میں یہ وہ جگہ ہے جہاں مزدور کم ہیں۔ دشمن کے ساتھ محاذ آرائی میں۔

میں کہہ رہا ہوں، ہمیں روحوں کو جیتنا چاہیے، ان میں سے بوجھ اور انہیں ایمان کی اچھی لڑائی لڑنے کے لیے تیار کرنا چاہیے تاکہ وہ تجربہ کر سکیں کہ آزادی مسیح مر گیا اور ہم سب کو دینے کے لیے دوبارہ جی اُٹھا۔ جس علاقے پر قبضہ کرنا ہے وہ ہمارے ذہنوں اور ہمارے جسموں میں ہے تاکہ زیادہ بات کیے بغیر، کھوئے ہوئے لوگ دیکھ سکیں کہ ہم روزانہ کی بنیاد پر کیا تجربہ کر رہے ہیں ۔ مسیح میں آزادی ۔ مکمل دائرہ۔ نہ صرف روح میں، بلکہ ہماری روحوں اور ہمارے جسموں میں۔

میں ڈاکٹر جان لیک کی تعریف کرنا چاہتا ہوں ؛ **ڈیریک پرنس، فرینک ہیمون، آئیڈا مے** اور غیر حاضری میں بہت سے دوسرے لوگ جو خداوند کے ساتھ رہے ہیں کہ میں نے ان کی تحریروں کے ذریعے مقدسین کے کامیاب کارناموں کے پچھلے 100 سالوں کی تلاش کے دوران شاگردی حاصل کی ہے اور کیوں ہم میں سے بہت سے، میں سمیت، جدید دور کے عیسائی طاقت اور اختیار سے محروم ہیں جیسا کہ یسوع مسیح کے حوالے کیا گیا: اندھیرے کی قوتوں کے خلاف کامیاب جارحانہ مہم چلائیں اور ان کا مقابلہ کریں ۔ جو کچھ وہ پہلے ہی زمین پر جیت چکا ہے اسے نافذ کریں۔

ان دستاویزات نے بہت بروقت اور مکمل طور پر سبق آموز ثابت کیا ہے کہ مسیح میں ایمان لانے والے کی طاقت اور اختیار کے اس موضوع پر بدی کے دائرے پر جو ہمیشہ بہت ہی کم کامیابی کے ساتھ چند لوگوں کی طرف سے اتنی رازداری میں چھپی رہتی ہے کیونکہ وہ خود کو دوبارہ پیدا کرنے میں ناکام رہے ہیں۔ یہ ایک طبقاتی چیز بن گئی ہے، فخر کی چیز جو تمام مومنین کے لیے ہے۔

میں جانتا ہوں کہ یہ دشمن کا آلہ کار ہے جس کے ذریعے بہت سے لوگوں کو جہالت میں جکڑا جاتا ہے۔ اس نام کے اختیار سے جو ہر دوسرے نام سے بالاتر ہے، ہمارے مبارک اور کشمش یسوع مسیح کا نام، میں کہتا ہوں کہ "شیطان کی قید کے لیے کافی ہے" یہ پہلے سے ہی ایک امکان ہے اگر ہم راضی ہوں، تو ہم اپنی نجات کا پھل کھائیں گے۔

آئیے پڑھتے ہیں۔

یسعیاہ 1:19 (NKJV):

اگر تم راضی اور فرمانبردار ہو تو تم زمین کی اچھی چیزیں کھاؤ گے ۔

اچھی چیز **کھانے** کے لیے ، **ہمیں اس کے کلام میں موجود تمام احکامات کو خیالات، الفاظ اور عمل کے ذریعے عمل کرنے کے لیے تیار اور فرمانبردار** ہونا

چاہیے ۔ کبھی کبھی رب ہمیں کچھ **کرنے کو کہتا ہے** اور **ہم** اس کی اطاعت کرتے ہیں، لیکن **ہم** ایسا کراہت سے یا محبت بھرے رویہ کے ساتھ کر سکتے ہیں۔

یہ یسوع کے نام میں ہمارا حصہ نہیں ہے۔ ہم تیار ہیں اور ہم ان تمام احکامات کے فرمانبردار ہیں جو یسوع نے ہمیں مرقس 15:16-19 میں خدا سے محبت کرنے اور دوسروں سے یسوع کے نام میں اپنے جیسا پیار کرنے کے جذبے سے ہمیں دیا ہے ، آمین

اگر ہم راضی نہیں ہیں اور ہم ان حکموں پر عمل کرنے کے پابند نہیں ہیں، تو ہمارے اندر اور ہمارے اردگرد کوئی خلا نہیں ہوگا، دشمن زمین کی اچھی چیزیں کھا لے گا ۔ مردوں اور عورتوں، لڑکوں اور لڑکیوں، باپوں اور ماؤں کی روحیں اور ہر وہ چیز جو زندگی اور خدا پرستی سے متعلق ہے ۔ یہ یسوع کے نام میں ہمارا حصہ نہیں ہے۔ آمین

تو ہماری ذہنیت کیا ہونی چاہیے؟ اس پر آہستہ آہستہ پڑھیں اور غور کریں ۔

2 پطرس 1:3

ایمپلیفائیڈ بائبل

3 کیونکہ اُس کی الٰہی قدرت نے ہمیں اُس کی سچی اور ذاتی پہچان کے ذریعے سے ہر وہ چیز عطا کی ہے جو [ایک متحرک روحانی] زندگی اور خدا پرستی کے لیے ضروری ہے[1]

یہ ہماری ذہنیت ہونی چاہیے۔ ہم مسیح میں فاتح ہیں ۔ ماضی، حال اور مستقبل! ہم ہمیشہ جیتتے ہیں۔ ہم کسی بھی فرنٹ لائن پر ہارنے والے نہیں ہیں۔ آمین

تو، حصہ 4 میں، ہم نے عنوان کی کھوج کی ۔ کیا عیسائیوں کو شیطان بنایا جا سکتا ہے؟ جھوٹ شیطان ہمیں اپنی زندگیوں میں اپنے آپریشن کو چھپانے کے لیے بیچتا ہے ، آپ اور میں کیسے جانتے ہیں کہ وہ ہمارے اندر اور ارد گرد کام کر رہے ہیں اور ہم انہیں کیسے نکال سکتے ہیں اور ہم نے اسے دور سے ایک خاتون کے ذریعے خود سے نجات دلانے کی کہانی کے ساتھ گول کیا۔ آپ اسے یہاں اس لنک کے ذریعے تلاش کر سکتے ہیں یا براہ راست ہماری ویب سائٹ https://www.otakada.org[2] پر جا سکتے ہیں۔

اس حصہ 5 اور حصہ 6 میں، ہم تلاش کر رہے ہیں ۔ **" نجات کے لیے سات (7) اہم اقدامات + شیطانی گروہ بندیوں کی شناخت اور اخراج کا طریقہ اور آخری تنازعہ کے وژن اور چار (4) منگنی کی فرنٹ لائنز ۔ حصہ 5 اور حصہ 6 پر حکمت عملی سے کیسے غالب رہیں"**

---

1. https://www.biblegateway.com/passage/?search=2+Peter+1%3A3&version=AMP#fen-AMP-30483a

2. https://www.otakada.org/

اوٹاکاڈا سائبر چرچ میں، ہم 2 ملین سے زیادہ مواد کے ساتھ قوموں کو بیج رہے ہیں، اور خدا اپنے کلام میں لازوال سچائی کے ذریعے زندگیوں کو تبدیل کر رہا ہے!

آپ کے ساتھ مل کر، ہم
اپنے دلوں میں بہت بڑے روحانی مندر بنا رہے ہیں تاکہ خدا کی روح ان اوقات اور موسموں میں آسانی کے ساتھ کام کر سکے، لہٰذا ہمارے ساتھ رہیں اور ہمارے ساتھ تعمیر کریں!

خُداوند کے دن کے بارے میں، پولس نے تھیسلنیکیوں کو لکھا
1 تھسلنیکیوں 5:14-23

ایمپلیفائیڈ بائبل

14 اے ایمان والو، ہم آپ سے التجا کرتے ہیں کہ ان لوگوں کو نصیحت کریں جو حد سے باہر ہیں [غیر نظم و ضبط سے عاری، بے قاعدہ، بدتمیز]، ڈرپوک [جو روحانی ہمت نہیں رکھتے] کی حوصلہ افزائی کرتے ہیں، [روحانی طور پر] کمزوروں کی مدد کرتے ہیں، ہر ایک کے ساتھ بہت صبر کرتے ہیں [ہمیشہ اپنے غصے پر قابو رکھتے ہیں]۔ 15 دیکھو کہ کوئی بھی دوسرے کو بُرائی کے بدلے بُرائی نہ دے بلکہ ہمیشہ اُس چیز کی تلاش کرو جو ایک دوسرے اور تمام لوگوں کے لیے اچھا ہو۔ 16 ہمیشہ خوش رہو اور اپنے ایمان میں خوش رہو۔ 17 دُعا میں مسلسل اور مستقل رہو۔ 18 ہر حال میں شکر گزار رہو اور مسلسل خدا کا شکر ادا کرو۔ کیونکہ مسیح یسوع میں تمہارے لیے خدا کی یہی مرضی ہے۔ 19 رُوح [پاک] کے کام اور رہنمائی کے لیے [مطیع یا غیر ذمہ دار] نہ بنو۔ 20 پیشین گوئیوں یا پیشین گوئیوں کے تحائف کو حقارت یا رد نہ کریں 21 لیکن ہر چیز کو احتیاط سے جانچو [3تاکہ تم پہچان سکو کہ کیا اچھا ہے]۔ جو اچھا ہو اسے مضبوطی سے پکڑو۔ 22 ہر قسم کی برائی سے پرہیز کرو۔

23 اب سلامتی کا خُدا خود آپ کو اُس کے ذریعے اور اُس کے ذریعے پاک کرے [یعنی آپ کو ناپاک اور بے ہودہ چیزوں سے الگ کرے، آپ کو پاک و پاکیزہ اور بے ضرر بنائے — اُس کے لیے مخصوص کیا گیا ہے —اپنے مقصد کے لیے الگ کیا گیا ہے]؛ اور آپ کی روح اور روح اور جسم ہمارے خداوند یسوع مسیح کی آمد پر مکمل اور بے عیب رہیں۔

پطرس نے اپنے آخری خطوط میں بھی ہمیں متنبہ کیا ہے کہ ہم اپنے مخالف کے آلات سے بے خبر نہ رہیں

---

3. https://www.biblegateway.com/passage/?search=1+Thessalonians+5%3A14-23&version=AMP#fen-AMP-29643a

1 پطرس 5:7-9

ایمپلیفائیڈ بائبل

7 اپنی تمام فکریں [اپنی تمام پریشانیاں، اپنی تمام فکریں، اور اپنی تمام فکریں، ایک بار اور ہمیشہ کے لیے] اُس پر ڈال دیں، کیونکہ وہ آپ کا خیال رکھتا ہے [انتہائی پیار کے ساتھ، اور آپ کی بہت احتیاط سے نگرانی کرتا ہے]۔ 8 ہوشیار رہو [اچھی طرح سے متوازن اور خود نظم و ضبط]، ہر وقت چوکنا اور ہوشیار رہو۔ تمہارا وہ دشمن، شیطان، گرجنے والے شیر کی طرح گھومتا پھرتا ہے، کسی کو ہڑپ کرنے کے لیے ڈھونڈتا ہے۔ 9 لیکن اُس کا مقابلہ کرو، اپنے ایمان میں مضبوط رہو [اس کے حملے کے خلاف—جڑ، قائم، غیر مستحکم]، یہ جانتے ہوئے کہ دُنیا بھر میں تمہارے بھائیوں اور بہنوں کو بھی ایسے ہی مصائب کا سامنا ہے۔ [آپ اکیلے تکلیف نہیں اٹھاتے ہیں۔]

سوال کے جواب میں - کیا شیطان عیسائیوں میں رہ سکتے ہیں؟ ہم کا آخری حصہ دیکھتے ہیں۔

1 تھسلنیکیوں 23 کہتا ہے 23 **اب سلامتی کا خدا خود آپ کو اپنے ذریعے اور اس کے ذریعے پاک کرے [یعنی آپ کو ناپاک اور بے ہودہ چیزوں سے الگ کرے، آپ کو پاک اور مکمل اور بے ضرر بنائے۔ اور آپ کی روح اور روح اور جسم ہمارے خداوند یسوع مسیح کی آمد پر مکمل اور بے عیب رہیں۔**

لفظ مقدس یونانی میں نجات کا لفظ ہے۔ ہماری فکری زندگی میں نجات جو غلط جذبات کی طرف لے جاتی ہے، جو غلط اعمال کی طرف لے جاتی ہے۔ یہ **جذبات** ، **عقل** اور ارادے کے دائرے میں ہیں -

روح کی تجدید ہوتی ہے یا مردہ حالت سے زندہ ہوتی ہے جب ہم نے اپنی روح کی نجات ایمان کے ذریعہ حاصل کی ہے - ایک مرضی کا عمل۔ روح اور جسم کو کام کی ضرورت ہوتی ہے۔ جس کے لیے مرضی کے عمل کی بھی ضرورت ہوتی ہے۔

اسی لیے پولس نے فل 2:12b،13 میں لکھا - خوف اور کانپتے ہوئے اپنی نجات کا کام خود کریں۔ کیونکہ یہ خُدا ہی ہے جو تم میں اپنی مرضی اور خوشنودی دونوں کام کرتا ہے۔

اس سلسلے میں، ہم جنگجوؤں کی ایک فوج تیار کر رہے ہیں تاکہ دشمن کو صف اول میں شامل کر سکیں اور مسیح میں قیدیوں کو تین سطحوں پر آزادی دلائیں - روح کی نجات جسے دوبارہ پیدا ہونا کہا جاتا ہے، روح کی نجات، جسے نجات اور اپنے جسموں کی نجات کہا جاتا ہے جسے شفاء کہا جاتا ہے۔

یہ ایک تقسیم شدہ فریم ورک میں خود کرنے کی حکمت عملی ہے، نظم و ضبط کا ایک عمل اور خداوند یسوع مسیح ہمارے کمانڈر ان چیف ہیں۔ ہمارا کام

آپ کو مشغول کرنے کے لیے تیار کرنا ہے۔ اپنے آپ کو، اپنے پیاروں کو اور اپنے دائرے میں موجود دوسروں کو آزاد کرنے کے لیے۔ ہمارا مقصد ہر مومن میں سوئے ہوئے دیو کو جگانا ہے اور آپ کو میدان جنگ میں ایک جنگجو کی ذہنیت سیکھنا ہے اور یسوع کے نام پر جانی نقصان اٹھائے بغیر کامیاب مہم میں شامل ہونا ہے۔

آپ کو سمجھنا چاہیے کہ " **بہترین دفاع** ایک اچھا جرم ہے"، ایک کہاوت جس کا اطلاق کوششوں کے بہت سے شعبوں پر ہوتا ہے، بشمول کھیل اور فوجی لڑائی۔ اسے جنگ کے تزویراتی جارحانہ اصول کے طور پر بھی جانا جاتا ہے۔

ہم نے پہلے حصہ 4 میں ذکر کیا تھا کہ رن وے سپاہیوں یا دوبارہ لڑنے کے لیے بھاگنے کی کوئی گنجائش نہیں ہے کیونکہ جنگ آسمانوں میں جیت چکی ہے۔ ہمارا کام یہ ہے کہ ہم اپنے اختیار اور مقیم روح القدس کے ذریعے ہمیں دی گئی طاقت کو اس فتح کو نافذ کرنے کے لیے استعمال کریں کیونکہ دشمن ہمیشہ اپنی حدود میں قدم رکھنا چاہے گا۔ پانی کی جانچ کرنا کہ کیا ہم جاہل ہیں۔ بدقسمتی سے، ہم میں سے بہت سے لوگ شیطان کے آلات سے ناواقف ہیں۔

ایک شاگرد فوج کے طور پر اس قسم کے دشمن کا مقابلہ کرنے کے لیے ہمیں مندرجہ ذیل چیزوں کی ضرورت ہے جیسا کہ ہم نے پہلے **A, B, C, D, E, F اور G میں روشنی ڈالی ہے۔ مجھے اس بات پر زور دینا چاہیے کہ یہ سلسلہ ہر کسی کے لیے نہیں ہے۔ چند منتخب افراد ان 7 صفات کے ذریعے اپنے آپ کو اندراج کے لیے پہلے سے اہل بنائیں گے۔**

وہ درج ذیل ہیں:

A.دستیابی (روح، روح اور جسم)
B.دلیری
C.دوسروں کے لیے ہمدردی
D.عزم
E.بے حد پیار
F.آگ کا غصہ
G.زبردست بھوک

اگر آپ کے پاس یہ صفات کم از کم اجزاء کے طور پر نہیں ہیں، تو کامیاب مہم چلانا ناممکن ہو جائے گا کیونکہ تبدیلی لانے کے لیے سرسوں کے بیج کا ایمان پیدا کرنے کے لیے مندرجہ بالا تمام اجزاء کو آپس میں ملانا ضروری ہے کیونکہ اللہ بھوکے لوگوں کو کھانا کھلاتا ہے، نہ کہ ٹھنڈے یا گنگے بچوں کو شفا، نجات اور بحالی کے اندر اور بغیر۔

غنیمت جمع کرنے کے لیے تیار ہے لیکن انہیں ہمارے تجربے میں جمع کرنے کے لیے رائی کے دانے، مستقل ایمان کی ضرورت ہے۔

آج، **شیطان کی قید کے لیے کافی ہے اور مسیح عیسیٰ میں آزادی میں خوش آمدید ۔ نجات کے لیے سات (7) اہم اقدامات + شیطانی گروہوں کو کیسے پہچانا جائے اور اسے ختم کیا جائے اور حتمی تنازعہ کا وژن اور چار (4) منگنی کی فرنٹ لائنز پر حکمت عملی سے کیسے غالب رہیں ۔ حصہ 5 حصہ 6**

بری روحیں یا شیاطین، میری سمجھ کے مطابق، "شرارت کے روحانی لشکر" (افسیوں 6:12) کا نچلا حصہ ہیں جو شیطان انسانیت کے خلاف ہدایت کرتا ہے۔ شیطان کی طرف سے ان کے تین بنیادی مقاصد ہیں:

1. سب سے پہلے ہمیں عذاب اور تکلیف پہنچانا؛

2. دوسرا، ہمیں مسیح کو نجات دہندہ کے طور پر جاننے سے روکنے کے لیے؛

اور اس میں ناکامی، تیسرا،

3. ہمیں مسیح کی مؤثر طریقے سے خدمت کرنے سے روکنے کے لیے۔

شیاطین کی نو (9) صفات یہ ہیں۔

شیاطین کو آمادہ کرنا۔ 2. شیاطین ہراساں کرتے ہیں۔ 3. شیاطین کا تشدد۔ 4. 1. شیاطین مجبور کرتے ہیں۔ 5. شیاطین غلام بناتے ہیں۔ 6. شیاطین علتوں کا سبب بنتے ہیں۔ 7. شیاطین ناپاک کرتے ہیں۔ 8. شیاطین دھوکہ دیتے ہیں۔ 9. شیاطین جسمانی جسم پر حملہ کرتے ہیں۔

اب ہم نجات کے لیے سات (7) مراحل کو دیکھتے ہیں: 1) ایمانداری؛ 2) عاجزی؛ 3) توبہ 4) ترک کرنا 5) معافی 6) دعا 7) جنگ

تفصیلات یہ ہیں:

نجات کے لیے سات اقدامات

1.ایمانداری

ایک شخص کو اپنے ساتھ اور خدا کے ساتھ ایماندار ہونا چاہئے اگر وہ نجات کی خدا کی نعمت حاصل کرنے کی توقع رکھتا ہے۔ ایمانداری کی کمی کسی کی زندگی کے شعبوں کو اندھیروں میں ڈال دیتی ہے۔ شیطانی روحیں ایسی تاریکی میں پروان چڑھتی ہیں۔ ایمانداری انہیں روشنی میں لانے میں مدد کرتی ہے۔ کوئی بھی گناہ جس کا اعتراف نہیں کیا گیا یا اس سے توبہ نہیں کی گئی وہ شیطان کو رہنے کا 'قانونی حق" دیتا ہے۔ خدا سے دعا کریں کہ وہ آپ کو اپنے آپ کو اسی

طرح دیکھنے میں مدد کرے جس طرح وہ آپ کو دیکھتا ہے اور ہر اس چیز کو روشنی میں لانے میں جو اس کی نہیں ہے۔

میں تیرے سامنے اپنے گناہ کا اعتراف کرتا ہوں، اور میں نے اپنی بدکرداری کو نہیں چھپایا۔ مَیں نے کہا، مَیں خُداوند کے سامنے اپنی خطاؤں کا اقرار کروں گا۔ اور تو نے میرے گناہ کو معاف کر دیا۔ زبور 32:5

اے خُدا، مجھے تلاش کر اور میرے دل کو جان لے: مجھے آزما، اور میرے خیالات جان: اور دیکھ کہ کیا مجھ میں کوئی بُری راہ ہے، اور مجھے ابدی راہ پر لے جا۔ زبور 139:23،24

2. عاجزی

اس میں یہ تسلیم کرنا شامل ہے کہ انسان نجات کے لیے خدا اور اس کے انتظامات پر منحصر ہے۔

خُدا مغروروں کا مقابلہ کرتا ہے، لیکن عاجزوں کو فضل دیتا ہے۔ پس اپنے آپ کو خدا کے سپرد کر دیں۔ شیطان کا مقابلہ کرو اور وہ تم سے بھاگ جائے گا۔ جیمز 4:7

اس میں خدا کے بندوں کے ساتھ ایک مکمل کشادگی بھی شامل ہے جو نجات میں خدمت کر رہے ہیں۔

ایک دوسرے کے سامنے اپنی غلطیوں کا اعتراف کریں، اور ایک دوسرے کے لیے دعا کریں، تاکہ آپ شفا پائیں۔ جیمز 5:16a

3. توبہ

توبہ گناہ اور شیطان سے دوری اختیار کرنا ہے۔ کسی کو اپنی زندگی میں تمام برائیوں سے نفرت کرنی چاہیے اور اس کے ساتھ معاہدے سے باہر ہو جانا چاہیے۔ "کیا دو ایک ساتھ چل سکتے ہیں، سوائے اس کے کہ ان کا اتفاق ہو؟" (عاموس 3:3) ایک کو اپنے گناہوں سے نفرت کرنی چاہیے۔

اور وہاں تم اپنی روش اور اپنے تمام کاموں کو یاد کرو گے جن میں تم ناپاک ہوئے تھے۔ اور تم اپنی ان تمام برائیوں کے سبب سے جو تم نے کی ہے اپنے آپ سے نفرت کرو گے۔ حزقی ایل 20:43

نجات کا استعمال محض مسائل سے نجات حاصل کرنے کے لیے نہیں کرنا ہے بلکہ تمام خُدا کے تقاضوں کی فرمانبرداری کے ذریعے یسوع جیسا بننے کے لیے ہے۔ توبہ ان تمام چیزوں سے رجوع ہے جو روحانی ترقی، خدمت اور رفاقت میں رکاوٹ ہیں۔ توبہ کے لیے تمام گناہوں کے کھلے اقرار کی ضرورت ہوتی ہے۔ یہ شیطانی روحوں کے قانونی حقوق کو چھین لیتا ہے۔

4. ترک کرنا

ترک کرنا برائی کو ترک کرنا ہے۔ استغفار توبہ کے نتیجے میں ہونے والا عمل ہے۔

جب اُس نے (یوحنا بپتسمہ دینے والے) نے بہت سے فریسیوں اور صدوقیوں کو بپتسمہ کے لیے آتے دیکھا تو اُس نے اُن سے کہا، "اے سانپوں کی نسل، تمہیں کس نے خبردار کیا کہ آنے والے غضب سے بھاگو؟ پھل لاؤ اس لیے توبہ کے لیے ملو۔ میٹ 3:7،8

توبہ کے لیے پھل لانا الفاظ سے زیادہ شامل ہے۔ یہ توبہ کا مظہر ہے... اس بات کا ثبوت ہے کہ انسان واقعی اپنے گناہوں سے باز آ گیا ہے۔ مثال کے طور پر، اگر کوئی شہوت سے توبہ کرتا ہے تو اسے کچھ فحش مواد کو تباہ کرنے کی ضرورت پڑ سکتی ہے۔ اگر کسی نے مذہبی غلطی سے توبہ کی ہے تو اسے اس غلطی سے جڑے تمام لٹریچر اور اشیاء کو ختم کرکے اسے مکمل طور پر ترک کرنے کی ضرورت پڑ سکتی ہے۔

اور بہت سے جو ایمان لائے تھے آئے اور اقرار کیا اور اپنے کام دکھائے۔

اُن میں سے بہت سے لوگ جو تجسس کے فن سے کام لیتے تھے اپنی کتابیں جمع کر کے سب لوگوں کے سامنے جلا دیتے تھے اور اُنہوں نے اُن کی قیمت گنی تو چاندی کے پچاس ہزار سِکے ملے۔ اعمال 19:18،19

ترک کرنے کا مطلب ہے شیطان اور اس کے تمام کاموں کے ساتھ صاف وقفہ۔

5. بخشش

خدا آزادانہ طور پر ان تمام لوگوں کو معاف کرتا ہے جو اپنے گناہوں کا اعتراف کرتے ہیں اور اپنے بیٹے کے ذریعے معافی مانگتے ہیں۔ (1 جان 1:9 دیکھیں)۔ وہ ہم سے دوسرے تمام لوگوں کو معاف کرنے کی توقع رکھتا ہے جنہوں نے کبھی بھی ہم پر کسی بھی طرح سے ظلم کیا ہے۔

کیونکہ اگر تم لوگوں کو اُن کے قصور معاف کرو گے تو تمہارا آسمانی باپ بھی تمہیں معاف کر دے گا: لیکن اگر تم لوگوں کو اُن کے قصور معاف نہیں کرو گے تو تمہارا باپ بھی تمہاری خطاؤں کو معاف نہیں کرے گا۔ میٹ 6:14,15

معاف کرنے کی خواہش نجات کے لیے بالکل ضروری ہے۔ (دیکھیں متی 18:21-35)۔ نجات کا کوئی وزیر اس وقت تک نجات نہیں دے سکتا جب تک کہ امیدوار خدا کی شرائط پر پورا نہ اترے۔

6. نماز

خدا سے دعا کریں کہ وہ آپ کو نجات دے اور آپ کو یسوع کے نام پر آزاد کرے۔

جو کوئی رب کا نام لے گا نجات پائے گا۔ یوایل 2:32

7. جنگ

نماز اور جنگ دو الگ الگ اور الگ الگ سرگرمیاں ہیں۔ دعا خدا کی طرف ہے اور جنگ دشمن کی طرف ہے۔ شیطانی طاقتوں کے خلاف ہماری جنگ جسمانی نہیں بلکہ روحانی ہے (دیکھیں افسیوں 6:10-12؛ II کور 10:3-5)۔ خدا کے سامنے سر تسلیم خم کرنے کے ہتھیاروں کا استعمال کریں۔

یسوع مسیح، خدا کا کلام، اور آپ کی گواہی بطور مومن۔ (دیکھیں جیمز 4:7؛ Eph. 6:17 ؛Rev. 12:1 I)۔ روحوں کی شناخت کریں، انہیں براہ راست نام کے ساتھ حکم دینے والی آواز میں مخاطب کریں، اور ایمان کے ساتھ انہیں یسوع کے نام پر جانے کا حکم دیں۔ عزم اور فتح کی یقین دہانی کے ساتھ جنگ میں داخل ہوں۔ مسیح ناکام نہیں ہو سکتا! وہ نجات دینے والا ہے!

"اور یہ نشانیاں اُن کے پیچھے ہوں گی جو ایمان لائے، وہ میرے نام سے بدروحوں کو نکالیں گے۔" مرقس 16:17a

"دیکھو، میں تمہیں سانپوں اور بچھوؤں کو روندنے کا اختیار دیتا ہوں، اور دشمن کی تمام طاقت پر قابو پاتا ہوں: اور تمہیں کوئی چیز نقصان نہیں پہنچائے گی۔" لوقا 10:19

"رب میری چٹان، میرا قلعہ اور میرا نجات دہندہ ہے۔" زبور 18:2a

ہم آپ کو بدروحوں کی جماعتیں دے کر اس کو بڑھا رہے ہیں۔ ایک واحد شیطان ایک مضبوط گڑھ کے طور پر کام کرتا ہے اور دوسرے اس اہم گڑھ شیطان کے ساتھ کرائسٹ آرمی کی زندگی میں مزید تباہی پھیلاتے ہیں، جس کے آپ ہیں۔ بماری مرضی کے عمل سے کسی منفی عادت کی بنیاد پر خود کو منسلک کرتے ہیں اور جو انہیں مقناطیس کی طرح مومن کی روح اور جسم کے دائرے میں رہنے کی دعوت دیتی ہے۔ یاد رکھیں، تاریکی تاریکی کو اپنی طرف کھینچتی ہے۔ روشنی اندھیرے کو دور کرتی ہے۔

کوئی بھی چیز جو ہم کرتے ہیں کہ خدا اس سے متفق نہیں ہوگا یا بائبل کی اچھی کتابوں میں نہیں ہے وہ تاریکی ہے۔ گلتیوں 5 کو دیکھیں جہاں پولس نے خاکہ پیش کیا کہ ہم مسیح کی دی گئی آزادی کو کیسے برقرار رکھ سکتے ہیں۔ آزادی سے باہر کی کوئی بھی چیز تاریکی کے دائرے کے لیے کشش ہے۔ یاد رکھیں، وہ بے دلی سے رہائش کی جگہ تلاش کر رہے ہیں اور انسانی جسم اولین ترجیحات میں سے ایک ہے۔

یہ پڑھیں:

گلتیوں 5:13-25
ایمپلیفائیڈ بائبل

13 کیونکہ، میرے بھائیو، آپ کو آزادی کے لیے بلایا گیا تھا۔ صرف اپنی آزادی کو گناہ کی[4]فطرت (دنیا پرستی، خود غرضی) کا موقع نہ بننے دیں ، بلکہ محبت کے ذریعے[5]ایک دوسرے کی خدمت اور بہترین تلاش کریں۔ 14 کیونکہ پوری

4. https://www.biblegateway.com/passage/?search=Galatians+5%3A13-25&version=AMP#fen-AMP-29176a

5. https://www.biblegateway.com/passage/?search=Galatians+5%3A13-25&version=AMP#fen-AMP-29176b

شریعت [انسانی رشتوں سے متعلق] ایک ہی فرمان میں پوری ہوتی ہے، ''تم اپنے پڑوسی سے اپنے جیسی محبت رکھو [یعنی تم دوسروں کے لیے بے لوث فکر رکھو اور اُن کے فائدے کے لیے کام کرو]۔ 15 لیکن اگر تم ایک دوسرے کو کاٹتے اور کھا جاتے ہو تو خبردار رہو کہ تم ایک دوسرے کو کھا نہ جاؤ۔

16 لیکن میں کہتا ہوں کہ عادت کے ساتھ روح میں چلو [اسے تلاش کرو اور اس کی رہنمائی کے لیے جوابدہ بنو]، اور پھر آپ یقیناً گناہ کی فطرت کی خواہش کو پورا نہیں کر پائیں گے [جو[6]خدا اور اس کے احکام کی پرواہ کیے بغیر رغبت سے جواب دیتی ہے] ۔ 17 کیونکہ گناہ کی فطرت کی خواہش ہے جو روح کے خلاف ہے، اور روح کی [خواہش] گناہ کی فطرت[7]کے خلاف ہے۔ کیونکہ یہ [دونوں، گناہ کی فطرت اور روح] ایک دوسرے کے براہ راست مخالف ہیں [مسلسل تنازعہ میں]، تاکہ آپ [ہمیشہ] وہ نہ کریں جو آپ کرنا چاہتے ہیں۔ 18 لیکن اگر آپ روح کی رہنمائی اور رہنمائی کرتے ہیں تو آپ شریعت کے تابع نہیں ہیں۔ 19 اب[8] گناہ کی[9]فطرت کے معمولات واضح طور پر واضح ہیں: وہ جنسی بے حیائی، ناپاکی، شہوت پرستی (مکمل غیر ذمہ داری، خود پر قابو نہ رکھنا)، 20 بت[10]پرستی ، جادو ٹونا، دشمنی، جھگڑا، حسد، جھگڑے، جھگڑے، جھگڑے بدعت]، 21 حسد، شرابی، فسادی رویہ، اور اس جیسی دوسری چیزیں۔ میں آپ کو پہلے ہی خبردار کرتا ہوں، جیسا کہ میں نے پہلے کیا تھا، کہ جو لوگ ایسے کام کرتے ہیں وہ خدا کی بادشاہی کے وارث نہیں ہوں گے۔ 22 لیکن روح کا پھل [ہمارے اندر اس کی موجودگی کا نتیجہ] ہے محبت [دوسروں کے لیے بے لوث فکر]، خوشی، [اندرونی] سکون، صبر [انتظار کرنے کی صلاحیت نہیں، لیکن ہم انتظار کرتے وقت کیسے کام کرتے ہیں]، مہربانی، نیکی، وفاداری، 23 نرمی، خود پر

---

6. https://www.biblegateway.com/passage/?search=Galatians+5%3A13-25&version=AMP#fen-AMP-29179c

7. https://www.biblegateway.com/passage/?search=Galatians+5%3A13-25&version=AMP#fen-AMP-29180d

8. https://www.biblegateway.com/passage/?search=Galatians+5%3A13-25&version=AMP#fen-AMP-29183g

9. https://www.biblegateway.com/passage/?search=Galatians+5%3A13-25&version=AMP#fen-AMP-29182e

10. https://www.biblegateway.com/passage/?search=Galatians+5%3A13-25&version=AMP#fen-AMP-29183f

قابو۔ ایسی چیزوں کے خلاف کوئی قانون نہیں ہے۔ 24 اور جو مسیح یسوع کے ہیں اُنہوں نے گناہ کی فطرت کو[11] اُس کے شوق اور خواہشات سمیت مصلوب کیا ہے ۔

25 اگر ہم روح کے ذریعے زندگی گزارنے کا [دعویٰ کرتے ہیں]، تو ہمیں بھی روح کے مطابق چلنا چاہیے [ذاتی دیانتداری، خدائی کردار، اور اخلاقی جرأت کے ساتھ

شیطانی گروہ بندی

شیاطین کو ان کی فطرت کے مطابق پہچانا جاتا ہے۔ نفرت کے شیطان کو " نفرت" کہا جاتا ہے۔ ہر شیطان ایک ماہر ہے۔ نفرت انگیز شیطان ہوس کو فروغ نہیں دیتا ۔ وہ صرف نفرت کو فروغ دیتا ہے۔ جب بدروحوں کو اپنا نام رکھنے کا حکم دیا جاتا ہے، تو وہ عام طور پر اپنی نوعیت کے مطابق خود کو شناخت کے طور پر نام دیں گے، مثلاً بغاوت ، لعنت، بے حسی ، وغیرہ۔ کبھی غیر ملکی نام بھی دیں گے۔ ڈیلیوری منسٹر کو ان کی اصلیت جاننے سے روکنے کے لیے یہ ایک فریب کارانہ اقدام ہے۔ وزیر کو شیاطین کو اپنی فطرت ظاہر کرنے کا حکم دینا چاہیے، یہ کہتے ہوئے، "تمہاری فطرت کیا ہے، شیطان؟"

رہنے والے شیاطین شاذ و نادر ہی اکیلے پائے جاتے ہیں۔ وہ گروپوں میں ایک ساتھ ہیں۔ اس طرح کے گروہوں کو کالونیوں، قبیلوں یا خاندانوں کے طور پر کہا جا سکتا ہے۔ جب ایک بدروح کا پتہ چل جاتا ہے یا اس کا پتہ چلتا ہے، تو اس کے ساتھیوں کو تلاش کرنے کے لیے فوراً چوکنا ہونا چاہیے۔ کسی شخص کی زندگی کے کسی خاص شعبے کو کنٹرول کرنے کے مقصد کے لیے شیاطین کے ایک گروہ کو ایک ساتھ باندھا جاتا ہے۔ لہٰذا، کسی خاص گروہ میں روحوں کا ایک بہت ہی منطقی نمونہ پایا جاتا ہے۔ کچھ خاص قسم کی روحیں ایک ہی مجموعے میں بار بار پائی جاتی ہیں۔ تاہم، کسی کو یہ خیال نہیں کرنا چاہیے کہ مجموعہ ہمیشہ ایک جیسا رہے گا۔

گروپ بندی کے امکانات لامحدود ہیں۔

ہر گروہ کے اندر ایک "مضبوط آدمی" یا حکمران روح ہو گی۔ اکثر وزارت کے دوران ایک حکمران روح کی خاص طور پر شناخت کی جائے گی۔ یہ ہمیشہ ضروری نہیں ہے کہ نجات کو متاثر کرنے کے لیے اسے ایک حکمران روح کے طور پر پہچانا جائے۔ اس طرح کی شناخت کو عام طور پر وجوہات دی جائیں

11. https://www.biblegateway.com/passage/?search=Galatians+5%3A13-25&version=AMP#fen-AMP-29187h

گی۔ پہلے، روح القدس طریقہ کار کا حکم دے رہا ہو گا۔ نجات دینے والا وزیر جہاں چاہے گا کہ خداوند جنگ کی منصوبہ بندی کرے۔ حکم ہے کہ پہلے اس کے ساتھیوں سے نمٹا جائے اور دوسرے وقتوں میں حکمران روح کو یہ سوال کرنے میں کوئی صداقت نہیں ہے کہ وہ اپنے کمانڈر سے سوال کیے بغیر کسی اور وقت میں اس کے حکم کی تعمیل کرتا ہے۔ روحانی جنگ کی لڑائیوں میں بھی ایسا ہی ہوتا ہے۔

دوسری وجہ جس کی وجہ سے حکمرانی کی روح کی نشاندہی کی جا سکتی ہے وہ یہ ہے کہ یہ نجات پانے والے شخص کے فائدے کے لیے ہے۔ یہ جاننا کافی مددگار ثابت ہو سکتا ہے کہ مستقبل میں کس جذبے کے خلاف خصوصی چوکس رہنا ہے۔ کچھ روحیں خاص طور پر عادت کے نمونوں کے ساتھ جڑی ہوئی ہیں جن کو تبدیل کیا جانا چاہئے اور جسمانی آدمی کے علاقوں کو جن کو مصلوب کیا جانا چاہئے۔ نجات کے بعد اس شخص کو اپنی نجات برقرار رکھنے کے لیے خود ہی کچھ لڑائیاں لڑنی پڑیں گی۔ یہ جاننا بہت مددگار ہے کہ کوئی لڑ رہا ہے، اور گوشت کیا ہے اور شیطانی روح کیا ہے۔ سینکڑوں نجات کے سیشنوں کے ذریعے حاصل کیے گئے تجربے سے اور شیطانی گروہوں سے نمٹنے کے لیے، میں اس بات پر قائل ہوں کہ حکمران روح کسی خاص علاقے پر حملہ کرنے والی پہلی روح ہے۔ کیونکہ وہ داخل ہونے والا پہلا شخص ہے جو اپنے آپ کو حکمران کے طور پر قائم کرسکتا ہے۔ اس کے بعد وہ دوسری روحوں کے داخل ہونے کا راستہ کھولنے کی کلید بن جاتا ہے۔ جب بدروحوں کو نکالا جا رہا ہو تو حکمران روح کو یہ حکم دینا کوئی معمولی بات نہیں ہے، "باہر آؤ اور اپنے تمام ساتھیوں کو اپنے ساتھ لے آؤ!" یا "باہر آؤ اور اپنی تمام جڑیں لاؤ!" اگر کسی گروہ کے کسی حصے کو باہر نہیں نکالا جاتا ہے، تو گروہ کے لیے واپس آنے کا راستہ چھوڑ دیا جاتا ہے۔ اس وجہ سے چھٹکارا ممکن حد تک مکمل ہونا چاہیے۔

ایک مخصوص قسم کی ایک سے زیادہ روح کسی مخصوص گروہ میں پائی جا سکتی ہے۔ مثال کے طور پر، تلخی کالونی ناراضگی کے کئی آسیب پر مشتمل ہو سکتی ہے۔ نیز، ایک خاص قسم کا شیطان ایک سے زیادہ گروہوں میں موجود ہو سکتا ہے۔ مثال کے طور پر، غصے کا ایک آسیب کڑواہٹ کے قبیلے میں اور دوسرا غصے کا شیطان کمال کے قبیلے میں پایا جا سکتا ہے۔ ایک نجات میں روحوں کے کئی گروہوں کو نکال دیا گیا۔ ہر گروہ میں افسردگی کا جذبہ تھا۔ یہ صرف فہم کے مافوق الفطرت تحفہ کے آپریشن سے ہی معلوم ہوسکتا ہے کہ روحوں کے اس طرح کے تمام امتزاج سے نمٹا گیا ہے۔

مثال کے طور پر: تلخی

تلخی

عبرانیوں 12:15 میں ایک تنبیہ کی گئی ہے: "ایسا نہ ہو کہ تلخی کی کوئی جڑ آپ کو پریشان کردے اور اس سے بہت سے لوگ ناپاک ہوجائیں"۔ تلخی کی جڑ بہت زیادہ "پریشانی" کی ذمہ دار ہے۔ کسی بھی لمبے عرصے تک دل میں موجود تلخی شیطانی حملے کا دروازہ کھول دے گی۔ یہ شاید شیطانی سرگرمیوں کے لیے سب سے عام آغاز ہے۔ زیادہ تر معاملات میں تلخی قریبی خاندان کے کسی فرد کے ساتھ ہوتی ہے۔

تلخ روحیں تکلیف دہ واقعات کو زندہ رکھتی ہیں۔ برسوں پہلے ہونے والی باتیں یادوں میں اتنی ہی تازہ اور زندہ ہیں جیسے آج ہی ہوئی ہوں۔ اس طرح، وہ شخص نہ صرف موجودہ مسائل سے نبرد آزما ہوتا ہے بلکہ اسے ہمیشہ تکلیفوں کا سامنا کرنا پڑتا ہے۔ معافی کا جذبہ درد کی ہر تفصیل کو زندہ رکھتا ہے۔ شخص کے ذہن میں ان کا مسلسل جائزہ لیتا ہے۔ سب سے معمولی تکلیف نہ تو معاف کی جاتی ہے اور نہ ہی بھولی جاتی ہے۔ جب بھی کڑواہٹ کا رویہ پایا جاتا ہے تو کسی کو تلخی، ناراضگی اور نفرت کے آسیب مل جانے کی توقع ہوسکتی ہے۔ بعض صورتوں میں روحوں کا سلسلہ گروپ بندی میں دیگر یا تمام روحوں کو شامل کرتا ہے۔

شیطانی گروہوں کی درج ذیل فہرست ان نمونوں کی نمائندگی کرتی ہے جن کا تجربہ حقیقی نجات کے سیشنوں کے ذریعے کیا گیا ہے۔

یہ گروپ بندی صرف اس بات کا اشارہ ہے کہ کیا سامنا کرنا پڑ سکتا ہے۔ فہرست سازی کا کسی بھی طرح سے مکمل ہونے کا ارادہ نہیں ہے، اور نہ ہی گروپ بندیوں کا ناقابل تغیر ہونا ہے۔

مندرجہ ذیل گروپوں میں سے کچھ کی وضاحت دی گئی ہے۔ یہ روحوں کے مخصوص گروہوں کی وجہ سے پیدا ہونے والے مسائل کے بارے میں کچھ بصیرت پیش کرنا ہے۔ زیادہ تر گروہ خود وضاحتی ہیں۔

ہمیں یقین ہے کہ ذیل میں دی گئی معلومات ان لوگوں کے لیے بڑی عملی اہمیت کی حامل ثابت ہوں گی جو نجات کی وزارت میں جا رہے ہیں۔ اس سے کسی کو بھی بہتر طور پر سمجھنے میں مدد ملے گی کہ بدروحیں اپنے آپ کو گروہوں میں کیسے قائم کرتی ہیں۔ برسوں کا مطالعہ اور تجربہ چند صفحات میں سما گیا ہے۔

کامن ڈیمن گروپنگز

1. تلخی
ناراضگی نفرت ناقابل معافی تشدد غصہ غصہ انتقامی قتل
2. بغاوت
خود پسندی کی ضد نافرمانی مخالف تابعداری
3. جھگڑا
جھگڑا جھگڑا جھگڑا جھگڑا۔
4. کنٹرول
possessiveness غلبہ جادوگرنی
5. انتقامی کارروائی
ظلم کو نقصان پہنچاتا ہے۔ sadism تباہی کے باوجود نفرت
6. الزام
تنقید کا فیصلہ کرنا فالٹ فائنڈنگ
7. مسترد کرنا
مسترد ہونے کا خوف خود کو مسترد کرنا
8. عدم تحفظ
کمتری خود ترس تنہائی ڈرپوک شرم شرم ناکافی نااہلی
9. حسد
حسد شک بے اعتمادی خود غرضی۔
10. واپس لینا
پوٹنگ ڈے خواب دیکھنا خیالی دکھاوا غیر حقیقت
11. فرار
Stoicism Passivity Slepiness Alcohol Drugs بے حسی
12 غیر فعالی
Funk Indifference Listlessness سستی
13. ڈپریشن
Despondency حوصلہ شکنی Defeatism مایوسی
مایوسی ناامیدی خودکشی موت بے خوابی کی بیماری
14. بھاری پن
اداسی بوجھ بیزاری۔
15. فکر کرنا
اضطراب خوف خوفناک اندیشہ

16. گھبراہٹ
تناؤ سر درد اعصابی عادتیں بے سکونی جوش بے خوابی گھومنا
17. حساسیت
خود آگاہی انسان کا خوف نامنظور کا خوف
18. ایذا رسانی
بے انصافی فیصلے کا خوف مذمت کا خوف الزام کا خوف
ملامت کا خوف حساسیت
19. ذہنی بیماری
پاگل پن جنون انماد مردہ پن سنیلیٹی شیزوفرینیا
20. شیزوفرینیا
21. پیرانویا
حسد حسد شک بد اعتمادی ظلم و ستم تصادم کا خوف
22. کنفیوژن
مایوسی ناہمواری بھول جانا
23. شک
بے یقین شکوک و شبہات
24. فیصلہ نہ کرنا
تاخیر سمجھوتہ کنفیوژن فراموشی بے حسی۔
25. خود فریبی
خود فریبی خود فریب فخر
26. دماغ کو باندھنا
کنفیوژن انسان کا خوف ناکامی کا خوف مخفی روحیں روح پرور روحیں۔
27. دماغ کی بت پرستی
دانشوری عقلیت پسندی فخر انا
28. خوف (ہر قسم کے)
فوبیاس (ہر قسم کا) ہسٹیریا
29. اتھارٹی کا خوف
جھوٹ فریب
30. فخر
EgoVanity Self-reightousness Hughtiness اہمیت تکبر
31. اثر
تھیٹرکس پلے ایکٹنگ سوفسٹکیشن پریٹینشن
32. لالچ
کلیپٹومینیا میٹریل ہوس لالچ عدم اطمینان چوری کرنا
33. کمال

فخر باطل انا مایوسی تنقید چڑچڑا پن
عدم برداشت غصہ

34. مقابلہ

ڈرائیونگ دلیل پرائیڈ ایگو

35. بے صبری-

اشتعال انگیزی مایوسی عدم برداشت ناراضگی تنقید

36. جھوٹا بوجھ

جھوٹی ذمہ داری جھوٹی ہمدردی

37. غم

غم دل درد دل ٹوٹنا رونا اداسی ظالم

38. تھکاوٹ

تھکاوٹ تھکاوٹ کاہلی

39. کمزوری

(کوئی بیماری یا بیماری)

40. موت

41. وراثت

(جسمانی) (جذباتی) (ذہنی) (لعنتیں)

42. انتہائی سرگرمی

بے سکونی ڈرائیونگ پریشر

43. لعنت کرنا

توہین رسالت کا کورس مذاق اڑانا گپ شپ تنقید غیبت مذاق مذاق اڑانا ریلنگ

44. نشہ آور اور مجبوری نکوٹین الکحل

منشیات کی دوائیں
کیفین گلوٹونی

45. پیٹو

Idleness گھبراہٹ مجبوری کھانے کی ناراضگی مایوسی
خود ترس خود انعام

46. خود الزام

خود سے نفرت خود مذمت

47. جرم

مذمت شرم
نااہلی شرمندگی

48. جنسی ناپاکی

ہوس خیالی ہوس مشت زنی ہم جنس پرستی ہم جنس پرستی ہم جنس پرستی زنا کاری زنا کاری

Frigidity عصمت دری کی نمائش

49. CULTS

یہوواہ کے گواہ

کرسچن سائنس

Rosicrucianism

تھیوسفی

یورانٹیا

سبڈ

لاتیہان

اتحاد

مورمونزم

بہائی ازم

وحدت پسندی (لاجز، معاشرے اور سماجی ایجنسیاں بائبل اور خدا کو ایک بنیاد کے طور پر استعمال کرتی ہیں لیکن یسوع مسیح کے خون کے کفارے کو چھوڑ دیتی ہیں)

50. OCCULT

ESP ،اوئیجا بورڈ پامسٹری، ہینڈ رائٹنگ کا تجزیہ، خودکار لکھاوٹ

ہپناٹزم زائچہ علم نجوم

Levitation Fortune Telling Water Witching Tarot Cards Pendulum Witchcraft Black Magic White Magic Conjuration Incantation Charms Fetishes -وغیرہ

51. مذہبی

رسم پرستی رسمیت نظریاتی جنون لالچ، نظریاتی غلطی، خوف خدا، جہنم کا خوف کھوئی ہوئی نجات کا خوف مذہبیت وغیرہ۔

52. روحانیت

Seance Spirit Necromancy -وغیرہ کی رہنمائی کرتا ہے

53. جھوٹے مذاہب

بدھ مت تاؤ ازم ہندوازم اسلام شنٹو ازم کنفیوشس ازم

وغیرہ

آخری تنازعہ - روحانی خواب

ہم سب جانتے ہیں کہ بائبل کی پوری تاریخ میں، خدا نے کبھی کبھار اپنے بندوں سے خوابوں اور خوابوں کے ذریعے بات کی۔ پینتیکوست کے دن، پیٹر نے جوئیل نبی سے نقل کیا:

اور آخری دنوں میں ایسا ہو گا، خُدا کہتا ہے، میں اپنی روح کو تمام جسموں پر اُنڈیل دوں گا۔ اور تیرے بیٹے اور بیٹیاں نبوّت کریں گے اور تیرے جوان رویا دیکھیں گے اور تیرے بوڑھے خواب دیکھیں گے۔ اعمال 2:17

9 جولائی 1970 کو رب نے ایک روحانی خواب میں مجھ سے بات کی۔ اس نے مجھ پر واضح کیا کہ میں اس خواب کے ذریعے مجھے دکھائے گئے سچ کی خدمت کروں گا۔ میری دعا ہے کہ یہ آپ کے لیے ایک برکت اور الہام ہو جیسا کہ یہ بہت سے دوسرے لوگوں کے لیے رہا ہے جن کے ساتھ اس کا اشتراک کیا گیا ہے۔

خواب

جیسے ہی خواب شروع ہوا میں نے خود کو ایک بڑے اسٹیڈیم میں داخل ہوتے پایا۔

اسٹینڈ مکمل طور پر لوگوں سے بھرے ہوئے تھے، اور جو کچھ ہونے والا تھا اس کے بارے میں جوش و خروش اور امید کی فضا تھی۔ یہ بیس بال کا کھیل ہونا تھا، اور میں کھلاڑیوں میں سے ایک بننا تھا۔ میں پہلے ہی اپنی وردی میں تھا۔ میری ٹیم کی وردی سرخ تھی اور

سفید میں نے مخالف ٹیم کے ارکان کو دیکھا اور وہ سیاہ اور سفید یونیفارم میں ملبوس تھے۔

جیسے ہی میں میدان میں آیا میں نے محسوس کیا کہ میرے تمام ساتھی مخالف ٹیم کے تمام اراکین کے ساتھ ایک گرما گرم تنازعہ میں سائیڈ لائن پر تھے۔ میں روبرب میں کوئی حصہ نہیں لینا چاہتا تھا اور اس امید کے ساتھ میدان میں چلا گیا کہ باقی لوگ بھی جلد ہی وہاں میرے ساتھ شامل ہوں گے۔ جب میں میدان کی طرف بڑھا تو مخالف ٹیم کا ایک رکن میرے ساتھ چلا گیا۔ میرا دماغ مصروفیت کو آگے بڑھانے کی فکر سے بھر گیا تھا۔ سورج کی پوزیشن سے میں جانتا تھا کہ دن کی روشنی کے تقریباً دو گھنٹے باقی ہیں۔ کارروائی جلد شروع ہونی چاہیے۔

آخر کار سائیڈ لائن پر بحث چھڑ گئی، اور ٹیموں نے اپنی پوزیشنیں سنبھالنا شروع کر دیں۔ ہماری ٹیم کو میدان میں اور مخالف ٹیم کو بلے میں ہونا تھا۔ میں یہ محسوس کرتے ہوئے بائیں میدان میں چلا گیا تھا کہ مجھے ابھی تک کوئی اسائنمنٹ نہیں دیا گیا تھا کہ میں کس پوزیشن پر کھیلوں گا۔ میں نے اپنے کوچ کو تلاش کیا اور دیکھا کہ وہ میدان کے بیچ میں تھا۔ اس نے مجھے تیسرے اڈے کا احاطہ کرنے کا اشارہ کیا، اور میں نے فوری طور پر وہاں اپنی پوزیشن سنبھال لی۔

ہماری ٹیم نے "اس پر بات کرنا" شروع کی، جیسا کہ وہ کہتے ہیں۔ ہم سب ایک دوسرے کے لیے حوصلہ افزائی کے الفاظ چلا رہے تھے اور مصروفیت کے

جذبے میں شامل ہو رہے تھے اس کے بعد، ہم نے اپنے بازو پھیلانے، گھٹنوں کو موڑنے اور اپنی کمر کو موڑنے کے لیے اپنی لنگڑانے کی مشقیں کرنا شروع کر دیں۔ اب کھیل شروع کرنے کا وقت تھا۔

گھڑے نے پہلی گیند پلیٹ بھر میں پھینک دی۔ مخالف بلے باز نے اپنی پوری طاقت سے اس پر حملہ کیا۔ اس نے مارا۔

ایک بہت اونچی، فلائی گیند۔ میں نے اسے دیکھا جب یہ میرے سر کے اوپر سے اوپر چلا گیا اور کھیل کے میدان کے باہر پیچھے، پیچھے، پیچھے گر رہا تھا۔ خوف نے میرے دل کو اپنی لپیٹ میں لے لیا۔ میں نے سوچا، "اگر ان کے تمام کھلاڑی اتنے مضبوط ہیں تو ہمارے پاس کیا موقع ہے؟" میں نے محسوس کیا کہ مجھے بہت چوکنا رہنا چاہیے۔ میں نے اپنا وزن پاؤں سے پاؤں میں منتقل کیا۔ اگر اگلی گیند میری سمت میں آنی چاہیے تو مجھے ایک بلی کی طرح چست ہونا چاہیے جو گیند کو پکڑنے اور کھلاڑی کو آؤٹ کرنے کے لیے کسی بھی سمت میں آنے کے لیے تیار ہو۔ اس وقت خواب ختم ہو گیا۔ جب میں بیدار ہوا اور خواب کو یاد کرنے لگا تو میرا ابتدائی ردعمل مایوسی کا تھا۔ مجھے بیس بال پسند ہے اور مایوسی ہوئی کہ مجھے خواب پورا نہیں ہو سکا۔

تشریح

ایک روحانی خواب کا اندازہ نہیں لگایا جا سکتا ۔ اس کی تعبیر ہونی چاہیے۔ جیسے ہی روح القدس نے مجھے اگلی صبح خواب یاد کیا اس نے مجھے تعبیر دینا شروع کی۔ میں نے ایک پنسل اور کاغذ پکڑا اور جتنی جلدی ہو سکا تشریح لکھنے لگا۔ چند لمحوں میں ساری بات واضح ہو گئی۔ یہ بغیر کسی رکاوٹ کے لکھی گئی تھی جس طرح روح مجھے دے رہی تھی۔

کھیل کا میدان پوری دنیا کی نمائندگی کرتا تھا۔ تماشائیوں سے بھرا سٹینڈ وہ تصویر ہے جو عبرانیوں 12:1 میں پیش کی گئی ہے۔

اس لیے ہم بھی گواہوں کے اتنے بڑے بادل کو دیکھ کر گھیرے ہوئے ہیں...

خُداوند نے مجھے بتایا کہ جو کھڑے ہیں وہ گواہوں کا عظیم بادل تھے۔ وہ تمام عیسائی تھے جو کبھی زندہ رہے ہیں اور اب دنیا کو اپنے آسمانی مقام سے نیچے دیکھ رہے تھے۔ عہد نامہ قدیم اور نئے عہد نامے کے تمام بزرگ اور مقدسین اسٹینڈ میں تھے۔ ابراہیم، یعقوب، اسحاق، جوزف، ڈیوڈ، دانیال، یرمیاہ، یسعیاہ، پیٹر، جیمز اور یوحنا اور باقی سب تھے۔ وہ وہی تھے جو پچھلی نسلوں میں "پیننٹ ریس" میں تھے۔ ان میں سے بہت سے لوگوں نے اچھی کارکردگی کا مظاہرہ کیا تھا اور "ہال آف فیم" میں تھے جیسا کہ عبرانیوں کے گیارہویں باب میں درج ہے۔

وہ پوری امید کے ساتھ دیکھ رہے تھے کہ ہم میں سے جو اس نسل میں میدان میں ہیں وہ کیسا کریں گے۔

تب رب نے مجھ سے کہا، "یہ دنیا کا سلسلہ ہے! یہ بدی کی قوتوں اور راستبازی کی قوتوں کے درمیان آخری تصادم ہے۔ یہ عالمی چیمپئن شپ کا تعین کرنا ہے!"

پھر مجھے یونیفارم کا مطلب بتایا گیا۔ ہمارے یونیفارم سرخ اور سفید تھے۔ سرخ رنگ یسوع کے خون کی نمائندگی کرتا ہے۔ یہ ہمیں ان لوگوں کے طور پر نشان زد کرتا ہے جو رب کے ہیں۔ خون مسیح یسوع میں ہماری طاقت کی بات کرتا ہے۔ "اُنہوں نے برّہ کے خون سے اُس (شیطان) پر غالب آ گئے..." (مکاشفہ 12:11)۔ سفید پاکیزگی کی بات کرتا ہے۔ جو لوگ آج لارڈز کی ٹیم میں شامل ہیں، وہ پاکیزگی کے نشان والے ہوں گے۔ روح ذاتی پاکیزگی اور عملی راستبازی پر مضبوط زور دے رہی ہے۔ یہ وقت نہیں ہے کہ ایک پاؤں دنیا میں اور دوسرا خدا کی بادشاہی میں چلیں!

مخالف ٹیم سیاہ اور سفید لباس میں ملبوس تھی۔

سیاہ رنگ برائی کی علامت ہے۔ یہ شیطان اور اس کے برے کاموں کی خصوصیت کرتا ہے۔ مخالف ٹیم کی واضح طور پر شناخت ابلیس اور اس کی شیطانی روحوں کے میزبان کے طور پر کی گئی تھی۔ میں حیران رہ گیا۔ شیطان کی ٹیم کی وردی میں بھی سفید تھا۔ اس کا کیا مطلب ہو سکتا ہے؟ جب میرے ذہن میں یہ سوال پیدا ہو رہا تھا تو روح جواب دے رہی تھی... سیاہ اور سفید برائی اور اچھائی کے مرکب کی نمائندگی کرتا ہے۔ شیطان ہم پر ہر طرح کی سیاہی اور برائی کے ساتھ نہیں آتا۔ وہ سفید رنگ کے ساتھ ہمارے پاس بھی آتا ہے۔ سیاہ اور سفید سچ اور غلطی کے مرکب کی نمائندگی کرتا ہے۔ یہ شیطان کے سب سے بڑے سٹریٹیجک مرکبات میں سے ایک ہے۔ آج، جیسا کہ پہلے کبھی نہیں تھا، اچھائی اور برائی کا مرکب ہے۔ سچ اور غلطی۔

اب روح واضح طور پر کہتی ہے کہ آخری زمانے میں کچھ لوگ ایمان سے ہٹ جائیں گے، بہکانے والی روحوں اور شیطانوں کی تعلیمات پر دھیان دیں گے۔ میں ٹم۔ 4:1

میں اس کشمکش میں کیوں تھا؟ رب نے مجھے دکھایا کہ انکاؤنٹر میں میری موجودگی ایک نمائندہ شخص کی تھی۔ میں ان بہت سے عیسائیوں کا نمائندہ تھا جو جہنم کی قوتوں کے خلاف جارحانہ کارروائی کرنے کے لیے روحانی کشمکش کے میدان میں آگے بڑھ رہے ہیں۔

میں نے استفسار کیا، "لیکن، لارڈ، میرے تمام ساتھی مخالف ٹیم کے ساتھ جھگڑے میں کیوں سائیڈ لائن ہیں؟" رب نے سمجھایا کہ یہ دشمن کا ایک اور حربہ ہے۔ وہ خُدا کے لوگوں کو سائیڈ لائن پر لے جانے کی کوشش کرتا ہے، اور اہم کارروائی سے باہر کرتا ہے اور اُنہیں باندھے رکھتا ہے۔ اس نے مجھے دکھایا کہ

یہ فرقہ پرست عیسائیت کی تقسیم کی نمائندگی کرتا ہے ۔ شیطان کے پاس عیسائی ہیں جو اپنے عقائد اور روایات کا دفاع کرتے ہیں، بہت کم یہ سمجھتے ہیں کہ انہیں شیطان نے دھوکہ دیا ہے۔ یہ خدا کے لوگوں کے لیے ایک اتحاد میں آنے اور کاروبار کو ہاتھ میں لینے کا وقت ہے! درحقیقت یہ وہی ہے جو آج پوری دنیا میں روح القدس کے عظیم نزول کے نتیجے میں ہو رہا ہے۔

میری پریشانی یہ تھی کہ دن ختم ہونے کو تھا۔ دن کی روشنی میں صرف دو گھنٹے باقی تھے۔ واقعی، وہ رات آنے والی ہے جب کوئی آدمی کام نہیں کر سکتا۔ ہم انسانی تاریخ کے آخری لمحات میں جی رہے ہیں۔ ہمیں ہر منٹ کی گنتی کرنی چاہیے۔ ہمیں یہ سمجھنا چاہیے کہ بطور مسیحی ہمیں میدان میں اترنا چاہیے اور شیطان اور اس کے میزبانوں کو شکست دینا چاہیے۔

آخر کار ٹیمیں میدان میں آنے لگیں۔ ایک آدمی ٹیم نہیں بناتا! چرچ کی زندگی کے جس مرحلے میں ہم آگے بڑھ رہے ہیں اس کے لیے ٹیم ورک کی ضرورت ہے... اتحاد! تب رب نے مجھے یاد دلایا کہ بیس بال ٹیم میں نو کھلاڑی تھے۔ نو نمبر روح کے نو تحفے اور روح کے نو پھلوں کی تجویز کرتا ہے۔ شیطان کی قوتوں کے ساتھ اس آخری تصادم میں رب کی ٹیم میں شامل لوگ روح القدس کی ہدایت کے تحت کام کریں گے، روح کے تحفے ۔ حکمت کا کلام، علم کا کلام، ایمان، شفا کے تحفے، معجزات کا کام، پیشن گوئی، روحوں کی تفہیم، زبانوں کی قسمیں اور زبان کی تشریح۔ 12:8-10) - اپنی وزارت میں کام کریں گے۔ روح کا پھل - محبت، خوشی، امن، تحمل، نرمی، نیکی، ایمان، حلیمی، تحمل - ثبوت میں ہوں گے۔ (گل 5:22،23 دیکھیں)۔ رب کی حمد کرو! وہ ہمارے دنوں میں اپنی ٹیم کو میدان میں لا رہا ہے - یہ ایک روح سے بھرپور ٹیم ہے۔ کے تحائف

روح کو چرچ میں بحال کیا جا رہا ہے۔ پھل خدا کے لوگوں کے درمیان ظاہر ہو رہے ہیں جیسا کہ پہلے کبھی نہیں ہوا تھا۔ وہ رکاوٹیں جنہوں نے ہمیں الگ کیا اور اتنے لمبے عرصے تک سائیڈ لائن میں رکھا وہ دور ہو رہی ہیں۔ فرقہ وارانہ رکاوٹیں ٹوٹ رہی ہیں۔ منقسم نظریاتی سوالات کو دفن کیا جا رہا ہے۔ یسوع خداوند ہے! ہم محبت کے بہاؤ کا تجربہ کر رہے ہیں۔ ہم مشترکہ زمین پر ہیں۔ ہم روح القدس کے تحت مل کر عبادت اور خدمت کر سکتے ہیں۔

جب میں میدان میں آیا تو ایک مخالف ٹیم کا رکن میرے ساتھ باہر چلا گیا۔ حقیقی تجربے میں جب میں نے روح القدس کا تجربہ کیا تو میں تنازعہ کے میدان میں چلا گیا۔ یہ تب تھا کہ مجھے طاقت ملی اور میں شیطان کے لیے خطرہ بن گیا۔ یہ اس تجربے کے بعد تھا کہ روح کے تحفے میری وزارت میں کام کرنے لگے، اور اس کے نتیجے میں زیادہ تر طاقت شیطان پر مرکوز تھی۔ روح القدس میں بپتسمہ یقینی طور پر میری پریشانیوں کو ختم نہیں کرتا تھا ۔ حقیقت میں میری مشکلات پہلے سے کہیں زیادہ لگ رہی تھیں۔ راتوں رات میرے اکثر دوست دشمن بن گئے جنہوں نے مجھے مسترد کر دیا اور مجھ پر غرور اور دھوکہ دہی کا الزام

لگ گیا۔ خوف نے میرے دل کو اپنی لپیٹ میں لے لیا اور میں سوچنے لگا کہ میرا کیا بنے گا۔ شیطانی طاقتیں میرا مقابلہ کرنے کے لیے میدان میں آگئیں!

اس وقت میں بائیں میدان میں کھڑا تھا۔ کیا آپ جانتے ہیں کہ بائیں میدان میں ہونے کا کیا مطلب ہے؟ یہ اظہار ایک ایسے شخص کی وضاحت کے لیے استعمال کیا گیا ہے جو الجھن میں ہے اور نہیں جانتا کہ وہ کہاں ہے۔ میں جانتا تھا کہ میں تنازعہ میں ہوں اور میدان میں ہوں لیکن مجھے نہیں معلوم تھا کہ میرا حصہ کیا ہے۔ یہ مناسب اور تصویری طور پر روح القدس میں بپتسمہ لینے کے بعد میرے مخمصے کو بیان کرتا ہے۔ یہ نہیں کرتا

عیسائیوں کی ایک بہت کی وضاحت؟ وہ بائیں میدان میں ہیں۔ انہوں نے اپنی زندگیوں کے لیے کبھی بھی خدا کی مرضی نہیں پائی۔ وہ بے مقصد گھوم رہے ہیں۔ وہ ٹیم کے لیے کوئی حقیقی مددگار نہیں ہیں۔ انہوں نے جو جگہ بھرنی ہے وہ خالی رہ گئی ہے۔ صفوں میں خلیج ہے۔ لیکن کوچ ہدایت دینے کے لیے تیار ہے! کوچ کون ہے؟ وہ روح القدس ہے۔ اور وہ کہاں پایا جائے گا؟ یہ خواب کی عجیب خصوصیت تھی۔ عام طور پر کوچ سائیڈ لائن یا ڈگ آوٹ میں ہوتا ہے۔ لیکن یہاں کوچ میدان کے عین وسط میں تھا۔ روح القدس آج کہاں ہے؟ وہ ہمارے درمیان بالکل ٹھیک ہے۔ جب ہم اس کی طرف دیکھتے ہیں تو وہ ہمیں ہدایت دینے کے لیے موجود ہے۔ اس نے مجھے دکھایا کہ مجھے تیسرے بیس پر ہونا ہے۔ ہم ایک لمحے میں اس کے معنی پر آجائیں گے۔

ٹیم کے مختلف ارکان تیزی سے اپنی پوزیشنیں تلاش کر رہے تھے۔ جلد ہی کھیل شروع ہو جائے گا۔ ہم نے ایک دوسرے کے لیے حوصلہ افزائی کے الفاظ کہنے لگے۔ اوہ، چرچ کی کتنی خوبصورت تصویر ہے۔

اور آئیے ہم ایک دوسرے کو محبت اور اچھے کاموں کے لیے اکسانے کے لیے غور کریں: اپنے آپ کو ایک ساتھ جمع کرنے کو نہیں چھوڑیں، جیسا کہ بعض کا طریقہ ہے۔ لیکن ایک دوسرے کو نصیحت کرتے ہیں: اور اتنا ہی زیادہ، جیسا کہ آپ دیکھتے ہیں کہ دن قریب آتا ہے۔ ہیب 10: 24,25

پھر ہماری مشقیں شروع ہوئیں۔ رب نے مجھے دکھایا کہ گیند کے کھلاڑیوں کی جسمانی مشقیں عیسائیوں کی روحانی مشقوں کے متوازی ہیں۔ اگر ہمیں روحانی کشمکش کے لیے شکل میں رہنا ہے تو ہمیں روحانی مشق کے قواعد و ضوابط پر عمل کرنا چاہیے نماز میں گھٹنوں کو موڑنا، حمد میں بازو اٹھانا، عبادت میں پیٹھ موڑنا! ہیلیلویاہ! عالمی چیمپیئن شپ تنازعہ میں حصہ لینے والے ہمیشہ بہترین حالت میں ہوں گے۔ ہمارے بارے میں یہ نہ کہا جائے کہ...

اس دنیا کے بچے اپنی نسل میں نور کے بچوں سے زیادہ عقلمند ہیں۔ لوقا 16:8b

اگر کھیلوں کے میدان میں مرد اپنی زندگیوں کو نظم و ضبط میں رکھ سکتے ہیں اور زمینی تاج حاصل کرنے کے لیے بہترین حالت میں رہ سکتے ہیں، تو

عیسائیوں کو اس سب سے بڑے تنازعے کے لیے پوری طرح تیار رہنے کی کتنی زیادہ قیمت ادا کرنی چاہیے۔

اب، تنازعہ شروع ہونے کا وقت تھا. خدا نے مجھے دکھایا کہ ہماری ٹیم دفاع پر میدان میں ہے۔ اس نے مجھے بتایا کہ میں اس کے لوگ کافی عرصے سے اس عہدے پر تھے۔ اب وقت آگیا تھا کہ شیطان کا ہاتھ پکڑ لیا جائے اور جارحانہ کارروائی کی جائے۔ ایک اچھا دفاع اہم ہے، لیکن یہ جارحانہ ٹیم ہے جو اسکور کرتی ہے۔ روحانی جنگ کے ذریعے چرچ آج جارحانہ کارروائی کر رہا ہے۔ بدروحوں کو نکالا جا رہا ہے۔ روحانی تاریکی کے اصولوں اور طاقتوں پر حملہ اور شکست ہو رہی ہے۔ حضرت عیسیٰ علیہ السلام نے ایک بار کہا...

اگر مَیں خُدا کی انگلی سے شیطانوں کو نکال دُوں تو بلاشبہ خُدا کی بادشاہی تُم پر آ گئی ہے۔ لوقا 11:20

یہ روحانی جنگ اور روحانی فتح کا دن ہے۔ اس سے پہلے کہ خدا کی بادشاہی آپ کی یا میری زندگی میں کبھی حقیقت بن جائے، جہنم کی قوتوں کا سامنا کرنا چاہیے جو ہمیں گھیرے ہوئے ہیں اور ان پر قابو پانا چاہیے۔ اس سے پہلے کہ کلیسیا اُس بات کو پورا کر سکے جو خُداوند نے اپنی فاتح کلیسیا کے بارے میں پیشین گوئی کی تھی (متّی 16:18)

شیطان کے خلاف جارحانہ. روحانی جنگ کا پیغام اور عمل آج کل پورے چرچ میں تیزی سے پھیل رہا ہے۔ شیطان کی مزاحمت کی جا رہی ہے اور وہ بھاگنے پر مجبور ہے۔ پہلی بار ہم شیطان کی پشت کو دیکھ رہے ہیں۔ یہ ایک خوبصورت نظارہ ہے!

مجھے ان لڑکوں کی کہانی یاد آرہی ہے جو ایک دن میدان میں گیند آؤٹ کھیل رہے تھے۔ ایک آدمی وہاں سے گزر رہا تھا۔ اس نے ایک لڑکے سے پوچھا کہ کھیل کیسا چل رہا ہے۔ لڑکے نے جواب دیا کہ اچھا چل رہا ہے۔ آدمی نے اسکور کے بارے میں پوچھا۔ لڑکے نے کہا کہ یہ 35 سے 0 ہے۔ آدمی جاننا چاہتا تھا کہ کس کے حق میں ہے۔ لڑکے نے کہا کہ یہ دوسری ٹیم کے حق میں ہے۔ پھر اس آدمی نے تبصرہ کیا کہ لڑکے کی ٹیم بہت بری طرح سے ماری جا رہی ہے۔ لڑکے نے حیرانی سے دیکھا اور کہا، "ارے نہیں جناب! ہمیں مار نہیں پڑ رہی۔" اب وہ آدمی پریشان تھا۔ وہ جاننا چاہتا تھا کہ لڑکے نے کیسے سوچا کہ جب وہ 35 سے 0 پیچھے تھے تو وہ شکست نہیں کھا رہے تھے۔

جس پر لڑکے نے وضاحت کی، ”سر، ہم ابھی بیٹنگ کرنے نہیں آئے۔“

چرچ کی کیا تصویر ہے! شیطان اسکور کو چلا رہا ہے۔ لیکن اب وقت آگیا ہے کہ چرچ جارحانہ کارروائی کرے اور شیطان کو شکست دے۔ آمین!

پھر پہلی گیند کو پچ کیا گیا۔ مخالف بلے باز نے گیند کو بہت زور سے مارا۔ گیند بہت اونچی اور دور تک گئی لیکن غلط ہو گئی۔ رب نے کہا، "میں آپ کو دشمن کا کام دکھانا چاہتا ہوں۔ یہ اس گیند کی طرح ہے جو مارا گیا تھا۔ دشمن کے پاس

کچھ طاقت ہوتی ہے۔ اور وہ جو کرتا ہے وہ اکثر بہت زیادہ اور متاثر کن ہوتا ہے، لیکن یہ ہر طرح سے 'فول' ہوتا ہے۔"

وہ خوف جو میرے دل کو چھا جاتا ہے خدا کے بہت سے بندوں کے لیے عام ہے جب وہ سب کچھ دیکھتے ہیں جو شیطان کر رہا ہے۔ وہ حیران ہیں کہ کیا فتح کا کوئی امکان ہے؟ وہ ایک بے خودی میں پکڑے جانے کے معاملے میں سوچنا شروع کر دیتے ہیں۔ لیکن خُدا اِس قسم کی گرجہ گھر کو سامنے نہیں لا رہا ہے! وہ ایک عسکریت پسند چرچ کا لارڈ ہے۔ وہ ہماری جیسی نسل کے میدان میں آنے کا انتظار کر رہا ہے۔ ان کی قیادت میں یہ کام ہو گا۔ دشمن کو شکست ہو گی۔ کیا آپ ٹیم میں ہیں؟ کیا آپ شیطان کے خلاف کارروائی کر رہے ہیں؟

میں نے خواب میں اس مقام پر محسوس کیا کہ مجھے تیار رہنا چاہیے۔ مجھے اپنا بہترین ہونا چاہیے۔ مجھے کسی بھی سمت میں آگے بڑھنے اور مخالف کو باہر کرنے کے قابل ہونا چاہئے۔

پھر دیکھو کہ تم احمقوں کی طرح نہیں بلکہ عقلمندوں کی طرح ہوشیاری سے چلتے ہو، وقت کو چھڑاتے ہو، کیونکہ دن بُرے ہیں۔ ایف۔ 5:15،16

ایسا لگتا تھا کہ خواب وقت سے پہلے ختم ہو گیا ہے۔ میں نے رب سے دریافت کیا کہ مجھے کھیل کا اختتام دیکھنے کی اجازت کیوں نہیں دی گئی۔ رب نے بدلے میں مجھ سے پوچھا کہ میں آخر تک اسے کیوں دیکھنا چاہتا ہوں۔ میں نے وضاحت کی کہ میں نتیجہ جاننا چاہتا ہوں۔ تب رب نے مجھ سے ایک خوبصورت بات کہی، "بیٹا"، اس نے کہا، "تمہیں نتیجہ جاننے کی ضرورت نہیں ہے، تم پہلے ہی جانتے ہو، میرے کلام نے تم سے وعدہ کیا ہے کہ تم جیتنے والی ٹیم میں شامل ہو، جیسا کہ میں نے کہا ہے ویسا ہی ہوگا۔ نہیں، تمہیں نتیجہ جاننے کی ضرورت نہیں ہے، لیکن تمہیں یہ جاننے کی ضرورت ہے کہ فائنل۔

تنازعہ شروع ہو گیا ہے!"

جی ہاں، پیارے مسیحی دوست، ہم عمر کے آخر میں ہیں۔ شیطان کی قوتوں اور خدا کی فوج کے درمیان آخری تصادم پہلے ہی سے جاری ہے۔ ہم ہر طرف اس کے شواہد دیکھتے ہیں۔ یہ جنگ کی دعوت ہے۔ مزید تاخیر کا وقت نہیں ہے۔ جنگ جاری ہے! کیا آپ ملوث ہیں؟

سیکوئل

خواب کی تعبیر ختم نہیں ہوئی تھی۔ مجھے اڈوں کا مطلب دیا گیا تھا۔ پہلی بنیاد سماجی تعلقات کی نمائندگی کرتی تھی ، دوسری بنیاد کاروباری تعلقات تھی ،

تیسری بنیاد چرچ کے تعلقات تھے۔ اس لیے مجھے تیسرے اڈے پر تفویض کیا گیا۔ یہ میرا کام تھا کہ شیطان کو باہر نکال دوں جب اس نے تیسری بنیاد پر جانے کی کوشش کی ۔ چرچ میں۔

گھر کی بنیاد صرف وہی چیز کی نمائندگی کرتی ہے جس کا مطلب ہے ۔ گھریلو تعلقات۔ روح نے مجھے دکھایا کہ سب کچھ ہوم بیس سے شروع ہوا اور ہوم بیس پر ختم ہوا۔ لارڈز کی ٹیم کے کھلاڑی جب بیٹنگ کے لیے آئے تو انہیں گھر سے ہی شروعات کرنی پڑی اور وہیں ہٹ لگنا پڑی۔ اس سے کوئی فرق نہیں پڑتا ہے کہ انہوں نے سماجی، کاروباری یا یہاں تک کہ چرچ کے تعلقات کے اڈوں کو کتنے ہی متاثر کن طریقے سے چلایا، اگر انہوں نے گھر سے شروعات نہیں کی تھی تو وہ منافقوں کے سوا کچھ نہیں تھے!

خدا آج صحیح گھریلو زندگی پر زور دے رہا ہے۔ وہ ہمارے گھروں کو ترتیب دے رہا ہے۔ وہ شوہر اور باپ کو گھر میں اپنے اختیار کی جگہ پر بحال کر رہا ہے۔ گھر روحانی زندگی کا مرکز بن رہا ہے۔ یہ خدا کا حکم ہے۔ ہم زندگی میں کسی دوسرے رشتے میں اس وقت تک صحیح نہیں ہو سکتے جب تک کہ ہماری زندگی ٹھیک نہ ہو۔

گھر شیطان کی ٹیم گھر پر تیز گیندیں اور کریو بالز پھینک رہی ہے۔ شیطان کو ہمارے گھروں کے خلاف حملے میں سب سے پہلے شکست دی جانی چاہیے۔ خاندان کے ہر فرد کو وہ رول فرض کرنا چاہیے جو خدا نے مقرر کیا ہے:

بیویو، اپنے آپ کو اپنے شوہروں کے حوالے کر دو، جیسا کہ خُداوند کے... شوہرو، اپنی بیویوں سے پیار کرو، جیسا کہ مسیح نے بھی کلیسیا سے محبت کی، اور اپنے آپ کو اس کے لیے دے دیا۔ . بچو، خداوند میں اپنے والدین کی اطاعت کرو۔ کیونکہ یہ صحیح ہے. ایف۔ 5:22،25، 6:1

مسیحی زندگی کا پہلا امتحان گھر پر آتا ہے۔ اگر روح القدس کی محبت، خوشی اور سکون ہمارے اپنے گھر کے افراد کے ساتھ تعلقات میں ہماری زندگیوں سے جاری نہیں ہوتا ہے، تو شیطان نے ہم پر فتح حاصل کر لی ہے۔ جب یہ ظاہر ہو جاتا ہے کہ شیطان نے پہلے ہی ہمارے گھر میں اور اپنے آپ کے ذریعے قدم جما لیے ہیں، تو یہ روحانی جنگ کی دعوت ہے۔ اپنی زندگی میں اور اپنے خاندان میں شیطان کو شکست دیں اور پھر آپ جنگ کو زندگی کے دوسرے شعبوں میں لے جانے کے قابل ہو جائیں گے۔

یسوع نے دھنیا اور بیم کی اپنی تمثیل میں ہمیں دکھایا کہ دوسروں کی خدمت کرنے سے پہلے ہمیں اپنی زندگی کو ترتیب دینا چاہیے۔ آئیے اس بات کو یقینی بنائیں کہ ہمارے اپنے پارلرز میں سور نہیں ہیں ۔

خود سے نجات کے لیے مختصر دعا

"خداوند یسوع مسیح، مجھے یقین ہے کہ آپ میرے گناہوں کے لیے صلیب پر مرے اور مُردوں میں سے دوبارہ جی اُٹھے۔ آپ نے مجھے اپنے خون سے نجات دلائی اور میں آپ کا ہوں، اور میں آپ کے لیے جینا چاہتا ہوں۔ میں اپنے تمام معلوم اور نامعلوم گناہوں کا اعتراف کرتا ہوں۔ میں ان سب کے لیے معذرت خواہ ہوں، میں ان سب کو ترک کرتا ہوں۔ میں باقی سب کو معاف کرتا ہوں جیسا کہ میں چاہتا ہوں کہ آپ مجھے معاف کریں اور یسوع کے خون کے لیے مجھے معاف کریں۔ مجھے تمام گناہوں سے پاک کرتا ہے اور آپ میری خاص ضرورتوں کو جانتے ہیں ۔ یسوع کے نام پر اپنے آپ کو آپ سے الگ کرتا ہوں، اور میں آپ کو حکم دیتا ہوں کہ مجھے ابھی عیسیٰ کے نام پر چھوڑ دو!

اسے اپنے دل سے آنے دو اور خداوند کی نجات کو دیکھو!

کیا آپ بیمار ہیں یا بحالی کی ضرورت ہے؟

ان لوگوں کے لیے جو کسی بھی شکل یا شکل میں بیمار یا بیمار ہیں، یا نجات کی ضرورت ہے؟ یا بحالی، براہ کرم ایمان کے ساتھ نیچے کے نقطے کو چھوئیں (ایمان آپ کی موجودہ صورتحال کے عین مطابق مثبت نتائج کو دیکھ رہا ہے، یہ جانتے ہوئے کہ یسوع نے 2000 سال سے زیادہ پہلے آپ کی شفا یابی اور نجات، بحالی کو ڈاؤن پیمنٹ کے طور پر محفوظ کرنے کے لیے اپنا کردار ادا کیا ہے، اس بات پر بھروسہ کرتے ہوئے کہ ڈاؤن پیمنٹ آپ کو حاصل کرنے کے لیے دستیاب ہے، جیسے کہ آپ کے چیکنگ اکاؤنٹ میں مثبت بیلنس ہے، جیسا کہ ہم آپ کے نام سے متفق نہیں ہیں، ہم آپ کے نام سے متفق نہیں ہوں گے یسوع مسیح کا، آمین)

اختیار کے ساتھ، آپ نے مجھے اور ان کو عطا کیا ہے، میں اب اس اختیار کو دشمن کے خلاف غصے اور بھوک کے ساتھ ایمان کے ساتھ استعمال کرتا ہوں کہ جو کچھ آپ نے ان سب کو مفت میں دیا ہے، میں ہر بیماری، ہر بیماری پر لعنت بھیجتا ہوں، چاہے وہ کینسر ہو، کووڈ 19، کمزوری کا جذبہ ہو، شیطانی قبضے کا ہو یا جبر کا، خدا نے پہلے سے ہی طے کر رکھا ہے کہ اس کی روح کو پورا کرنے اور اس کی تعیین کو پورا کرنے کے لیے کیا ہے۔ جاری ہم بے ضابطگی کے خلاف آتے ہیں، میں ان کو پابند کرتا ہوں، ہم ان کی جڑ تک لعنت بھیجتے ہیں اور ہم انہیں یسوع مسیح کے نام پر اختیار سے نکال دیتے ہیں۔ آمین ہم یسوع مسیح کے طاقتور نام پر ان کی زندگیوں میں شفا یابی، نجات اور بحالی کی رہائی کا مطالبہ کرتے ہیں ۔ ان شہادتوں کے لیے خُداوند کا شکر ہے جو آپ کی شان و شوکت اور تعظیم کے لیے قائم ہیں۔ ان روحوں کے لیے آپ کا شکریہ جو اس پیغام کے نتیجے میں آپ کی بادشاہی میں شامل ہو رہے ہیں، وہ معجزات جو ہم ابھی

پہلے ہی دیکھ رہے ہیں اور یسوع کے نام پر آپ کے جلال کے لیے ظاہر ہو رہے ہیں، آمین۔ یہ ہو گیا ہے! خوشیاں منائیں!

رابطے کے نقطہ کے طور پر نمایاں کردہ اس جگہ کو چھوئیں اور اپنے منہ سے اعتراف کریں ۔ میں شفایاب ہوں، میں نجات پا گیا ہوں اور میں اپنی روح، روح، جسم اور اپنے ارد گرد یسوع مسیح کے نام پر بحال ہو گیا ہوں، آمین!!!

وہ کرنا شروع کریں جو آپ پہلے نہیں کر سکتے تھے اور مکمل شفایابی تک اعتراف کرنا شروع کریں، نجات کی بحالی آپ کی زندگی میں یسوع کے نام پر ایک پھل بن جائے، آمین۔ تمام خدا کے لیے بھوکے رہیں، ناراض رہیں اور جو کچھ دشمن نے یسوع کے نام پر روک رکھا ہے اسے واپس لے لیں، آمین

نوٹ:

خدا کے جلال اور دشمن کی شرمندگی کے لئے شفا کی گواہی دیں! اگر آپ کو اب بھی اس مسئلے پر آپ سے اتفاق کرنے کی ضرورت ہے تو ہمیں ای میل یا واٹس ایپ کریں۔ اور اگلے ہفتے جمعرات سے شروع ہونے والی لیس سیریز سے جڑیں۔ ہماری ویب سائٹ پر جلد ہی تفصیل تلاش کریں!

عظیم کارنامے - 1 - باب 8 - حصہ 7 میں عظیم سے کیسے معلوم کریں۔

- آپ میں مقیم ہولی گوسٹ پاور جو الفاظ میں ہوا کے ذریعے پانی اور تیل میں آپ کی زندگی اور دوسروں کی شفا یابی، نجات اور بحالی کے ایجنٹ کے طور پر منتقل ہوتی ہے - نمونہ دعا کا اسکرپٹ پانی اور تیل پر شامل ہے + 2 ایک پادری کی نجات پر کہانیاں اور ایک شیزوفرینیا سے تعلق رکھنے والی 6 سالہ لڑکی اور دوسرے شیطانوں کی میزبان فرینک اور ایڈا ما کے ذریعہ آپ کے لیے سیکھنے کے منحنی خطوط کے طور پر - حصہ 7 + شفا، نجات اور بحالی کے لیے معاہدہ دعا

پیارے دوستو، آج، ہم آپ کے لیے اپنی سیریز کا حصہ 7 لاتے ہیں، اسیری کے لیے کافی ہے اور مسیح میں آزادی کا خیر مقدم ہے۔

ہم نے کہا کہ منفی عادت کے نمونوں یا غیر صحیفائی طرز زندگی کے ذریعے، ہم خدا کے طرز زندگی کی نافرمانی کے جان بوجھ کر انتخاب کے ذریعے اپنے آپ کو تاریکی کی قوتوں کے لیے ایک پرکشش رہائش گاہ بناتے ہیں۔ ہم غلام بن جاتے ہیں جن کی اطاعت کے لیے ہم اپنی مرضی پیش کرتے ہیں۔ اس نقطہ کو دبانے کے لیے، یہاں پال اندر

رومیوں 6:16 ایمپلیفائیڈ بائبل، کلاسک ایڈیشن

16 کیا آپ نہیں جانتے کہ اگر آپ مسلسل اپنے آپ کو کسی کے حوالے کر دیتے ہیں تاکہ آپ اُس کی مرضی پوری کریں تو آپ اُس کے غلام ہیں جس کی آپ فرمانبرداری کرتے ہیں، چاہے وہ گناہ ہو، جو موت کی طرف لے جاتا ہے، یا اُس فرمانبرداری کی جو راستبازی کی طرف لے جاتی ہے (خُدا کے ساتھ راستبازی اور راستبازی)؟

اور یسوع نے اس حقیقت کی طرف اشارہ کیا کہ یہ ماسٹر - شیطان ایک سخت اور تباہ کن ٹاسک ماسٹر ہے۔

یوحنا 10:10
ایمپلیفائیڈ بائبل، کلاسیکی ایڈیشن

10 چور صرف چوری کرنے اور مارنے اور تباہ کرنے کے لیے آتا ہے۔ میں اس لیے آیا ہوں کہ وہ زندگی حاصل کریں اور اس سے لطف اندوز ہوں، اور اسے کثرت سے حاصل کریں (مکمل طور پر، جب تک کہ وہ بہہ نہ[1] جائے)۔

خدا نے ہمیں انتخاب کرنے کے لئے آزاد مرضی کا تحفہ دیا ہے لیکن اس نے ہمیں اپنے انتخاب کے نتائج کو منتخب کرنے کی آزاد مرضی نہیں دی ہے۔ یہاں موسیٰ بنی اسرائیل کو نصیحت کرتے ہوئے اور توسیع کے لحاظ سے ہم جدید دور کے عیسائیوں کو:

استثنا 16:30-20
ایمپلیفائیڈ بائبل، کلاسیکی ایڈیشن

16 اگر تم خداوند اپنے خدا کے حکموں پر عمل کرو جو میں تمہیں آج حکم دیتا ہوں کہ خداوند اپنے خدا سے محبت رکھو، اس کی راہوں پر چلو اور اس کے احکام اور اس کے احکام اور اس کے احکام پر عمل کرو تو تم زندہ رہو گے اور بڑھو گے اور خداوند تمہارا خدا تمہیں اس ملک میں برکت دے گا جس پر تم قبضہ کرنے جاؤ گے۔

17 لیکن اگر آپ کا دل پھر جائے اور آپ نہ سُنیں بلکہ دوسرے دیوتاؤں کی پرستش کرنے اور اُن کی عبادت کرنے کے لیے کھینچے جائیں۔

18 میں آج تم سے اعلان کرتا ہوں کہ تم یقیناً فنا ہو جاؤ گے اور تم اس ملک میں زیادہ دن زندہ نہیں رہو گے جس میں داخل ہونے اور قبضہ کرنے کے لیے تم یردن کے پار گزرے ہو۔

19 میں آج کے دن آسمان اور زمین کو تمہارے خلاف گواہ بناتا ہوں کہ میں نے تمہارے سامنے زندگی اور موت، نعمتیں اور لعنتیں رکھی ہیں۔ اس لیے زندگی کا انتخاب کرو، تاکہ تم اور تمہاری اولاد زندہ رہے۔

20 اور خُداوند اپنے خُدا سے محبّت رکھو، اُس کی بات مانو اور اُس سے چمٹے رہو۔ کیونکہ وہی تمہاری زندگی اور تمہاری عمر کی لمبائی ہے تاکہ تم اس ملک میں رہو جسے خداوند نے تمہارے باپ دادا ابراہیم، اسحاق اور یعقوب کو دینے کی قسم کھائی تھی۔

جان بوجھ کر، ہم میں سے بہت سے عیسائیوں نے اپنے آپ کو زرخیز مٹی اور شیطان کے لیے لانچنگ پیڈ بنایا ہے۔ اس معاملے کی حقیقت یہ ہے کہ ہم میں سے بہت سے لوگ اس سے واقف نہیں ہیں اور یہ بدی کی قوتوں کے ڈیزائن سے ہے جب تک کہ ہم روح القدس کو نجات کے لیے اپنی سرچ لائٹ کو ہم پر ڈالنے کی اجازت نہیں دیتے ہیں۔ ہم جانتے ہیں کہ ہماری زندگی میں بہت سے ایسے شعبے

1. https://www.biblegateway.com/passage/?search=John+10%3A10&version=AMPC#fen-AMPC-26490a

ہیں جو ہم مکمل طور پر اور مکمل طور پر قابو سے باہر ہیں یا قید میں ہیں کہ انتھک دعا نے سالوں میں مدد نہیں کی ہے کیونکہ بنیادی وجہ سے نمٹا نہیں گیا ہے جو ہماری روح، روح اور جسم میں مکمل شفا یابی، نجات اور بحالی پر پریشان ہے۔

آج حصہ 7 میں، ہم آپ کے لیے شیطان کی قید کے لیے کافی ہے اور مسیح میں آزادی میں خوش آمدید کے سلسلے میں آپ کو لے کر آئے ہیں، **آپ اور مجھ میں مقیم روح القدس کی طاقت کو کیسے بلایا جائے اس کے بارے میں بصیرتیں ہوا کے ذریعے پانی اور تیل میں شفا یابی، نجات اور بحالی کے ایجنٹ کے طور پر آپ کی زندگی اور A Stories + پر A Stories + 6 سالہ لڑکی آپ کے لیے سیکھنے کے منحنی خطوط کے طور پر - حصہ 7**

یاد رکھیں، ہم مارک 16:15 میں کمانڈ کو کامیابی کے ساتھ انجام دینے کے لیے تیار ہو رہے ہیں۔

مرقس 16:16-20

ایمپلیفائیڈ بائبل، کلاسیکی ایڈیشن

16 وہ جو ایمان رکھتا ہے [جو اس پر قائم ہے اور اس پر بھروسہ کرتا ہے اور انجیل اور اس پر بھروسہ کرتا ہے جس کو یہ بتاتا ہے] اور بپتسمہ لے گا وہ ابدی موت کی سزا سے بچایا جائے گا [[2]]۔ لیکن وہ جو ایمان نہیں لاتا [جو اس پر عمل نہیں کرتا اور اس پر بھروسہ نہیں کرتا اور انجیل اور اس پر بھروسہ کرتا ہے] اس کی مذمت کی جائے گی۔

17 اور یہ تصدیق کرنے والی نشانیاں ایمان والوں کے ساتھ ہوں گی : وہ میرے نام سے بدروحوں کو نکالیں گے۔ وہ نئی زبانوں میں بات کریں گے۔

18 وہ سانپوں کو اٹھا لیں گے۔ اور اگر وہ کوئی جان لیوا چیز پیتے ہیں تو اس سے انہیں کوئی نقصان نہیں ہوگا۔ وہ بیماروں پر ہاتھ رکھیں گے اور وہ تندرست ہو جائیں گے۔

19 تب خُداوند یِسُوع اُن سے کلام کرنے کے بعد آسمان پر اُٹھایا گیا اور خُدا کے دہنے ہاتھ بیٹھ گیا۔

20 اور اُنہوں نے باہر جا کر ہر جگہ منادی کی، جب کہ خُداوند اُن کے ساتھ کام کرتا رہا اور اُن نشانیوں اور معجزوں سے جو قریب سے [اس کے ساتھ] تھے پیغام کی تصدیق کرتا رہا۔ آمین (ایسا ہی ہو جائے)۔

ہم نے پہلے سلسلہ میں ذکر کیا تھا کہ مسیح میں تمام ماننے والوں کے لیے یسوع کے اس حکم کو کامیابی کے ساتھ نافذ کرنے کے لیے، بھاگنے والے

2. https://www.biblegateway.com/passage/?search=Mark+16%3A16-20&version=AMPC#fen-AMPC-24888a

سپاہیوں یا دوبارہ لڑنے کے لیے بھاگنے کی کوئی گنجائش نہیں ہے کیونکہ یہ جنگ آسمانوں میں جیت چکی ہے۔ ہمارا اپنا اختیار استعمال کرنا ہے اور اس فتح کو نافذ کرنے کے لیے روح القدس کے ذریعے ہمیں طاقت دی گئی ہے کیونکہ دشمن ہمیشہ اپنی حدود میں قدم رکھنا چاہے گا۔ پانی کی جانچ کرنا کہ کیا ہم جاہل ہیں۔ بدقسمتی سے، ہم میں سے بہت سے لوگ شیطان کے آلات سے ناواقف ہیں۔

ہم نے کہا کہ اس قسم کے دشمن کا مقابلہ ایک نظم و ضبط والی فوج کے طور پر کرنے کے لیے، ہمیں A, B, C, D, E, F اور G میں درج ذیل چیزوں کی ضرورت ہے **۔ مجھے اس بات پر زور دینا چاہیے کہ یہ سلسلہ ہر کسی کے لیے نہیں ہے۔ چند منتخب افراد ان 7 صفات کے ذریعے اپنے آپ کو اندراج کے لیے پہلے سے اہل بنائیں گے۔ وہ درج ذیل ہیں :**

A.دستیابی (روح، روح اور جسم)
B.دلیری
C.دوسروں کے لیے ہمدردی
D.عزم
E.بے حد پیار
F.آگ کا غصہ
G.زبردست بھوک

اگر آپ کے پاس یہ صفات کم از کم اجزاء کے طور پر نہیں ہیں، تو کامیاب مہم چلانا ناممکن ہو جائے گا کیونکہ تبدیلی لانے کے لیے سرسوں کے بیج کا ایمان پیدا کرنے کے لیے مندرجہ بالا تمام اجزاء کو آپس میں ملانا ضروری ہے کیونکہ اللہ بھوکے لوگوں کو کھانا کھلاتا ہے، نہ کہ ٹھنڈے یا گنگے بچوں کو شفا، نجات اور بحالی کے اندر اور بغیر۔

غنیمت جمع کرنے کے لیے تیار ہے لیکن انہیں ہمارے تجربے میں جمع کرنے کے لیے رائی کے دانے، مستقل ایمان کی ضرورت ہے۔ ہم روحوں، روحوں، اور مزید روحوں اور ہر وہ چیز کی بات کر رہے ہیں جن کی ہمیں زندہ خدا کی فوج کے طور پر ایک کامیاب مہم چلانے کے لیے ضرورت ہے۔ ہم آپ کو ان لوگوں سے سیکھنے سے آراستہ کرنے کے لیے ہیں جو ہم سے آگے چلے گئے ہیں۔

اب ہماری آج کی پریزنٹیشن کے پہلے حصے کو دیکھیں ۔ **آپ میں مقیم روح القدس کی طاقت کو لفظوں میں ہوا کے ذریعے پانی اور تیل میں معجزاتی کے ایجنٹ کے طور پر منتقل کیا گیا ۔ آپ کی زندگی میں شفا، نجات اور بحالی اور دیگر ۔ ۔ نمونہ دعا کا اسکرپٹ شامل ہے۔**

ہم یسوع سے شروع کرتے ہیں، جو ہمارے ایمان کے مصنف اور مکمل کرنے والے ہیں جن کے اندر روح القدس موجود تھا:

یوحنا 1:9-7

ایمپلیفائیڈ بائبل، کلاسیکی ایڈیشن

9 جب وہ گزر رہا تھا تو اُس نے ایک آدمی کو دیکھا جو اُس کی پیدائش سے ہی اندھا تھا۔

2 اُس کے شاگردوں نے اُس سے پوچھا، اے ربّی، اِس آدمی نے یا اُس کے ماں باپ کا گناہ کس نے کیا کہ وہ اندھا پیدا ہوا؟

3 یِسُوع نے جواب دِیا کہ اِس آدمی یا اُس کے ماں باپ نے گُناہ نہیں کِیا بلکہ وہ اندھا پیدا ہُوا تاکہ خُدا کے کام اُس میں ظاہر ہوں۔

4 ہمیں چاہیے کہ ہم اُس کے کام کریں جس نے مجھے بھیجا ہے اور اُس کے کاموں میں مصروف رہنا چاہیے جب تک کہ دن اُجالا ہو۔ رات آنے والی ہے، جب کوئی آدمی کام نہیں کر سکتا۔

5 جب تک میں دنیا میں ہوں، میں دنیا کی روشنی ہوں۔

6 یہ کہہ کر اُس نے زمین پر تھوکا اور اپنے لعاب سے مٹّی بنائی اور اُسے اُس آدمی کی آنکھوں پر بچھایا۔

7 اور اُس نے اُس سے کہا، جا، سِیلوم کے تالاب میں نہا، جس کا مطلب ہے بھیجا گیا ہے۔ چنانچہ وہ گیا اور نہا، اور دیکھ کر واپس آیا۔

اگر یہ معجزہ ہمارے زمانے میں کسی بھی مومن مسیح کے ذریعہ ہوا ہے، تو ہم فیصلہ کرنے میں جلدی کریں گے اور کہیں گے، "ممکنہ طور پر ہم جوجو استعمال کر رہے ہیں۔ بالکل اسی طرح جیسے اس قابل ذکر معجزے کے بعد ملزم عیسیٰ اگر آپ یوحنا 9 کے آخر تک پڑھیں۔

یسوع ہمیں یہاں ایک اصول دکھا رہا ہے جسے ہم اپنے دن اور عمر میں لاگو کر سکتے ہیں اور کرنا چاہئے کیونکہ ہم روح القدس کو اپنے اندر رکھتے ہیں اور جب ہم روح القدس کی طاقت میں کسی بھی چیز سے بات کرتے ہیں تو ہمارے دل کے ارادے پورے ہو جاتے ہیں۔ میں دوسرے صحیفے لاتا ہوں تاکہ مردہ اور زوال پذیر حالات میں تبدیلی کو متاثر کرنے اور اثر انداز کرنے کے لیے الفاظ کی زبردست طاقت کا مشاہدہ کریں۔ پھر، میں ایک سادہ دعا شامل کروں گا جیسے اسکرپٹ جسے ہم استعمال کر سکتے ہیں اور اپنے حالات اور حالات کے مطابق ڈھال سکتے ہیں:

امثال 20:18-21

ایمپلیفائیڈ بائبل، کلاسیکی ایڈیشن

20 آدمی کا نفس اس کے منہ کے پھل سے بھر جائے گا۔ اور اس کے الفاظ کے نتیجے سے اسے مطمئن ہونا چاہیے [چاہے اچھا ہو یا برا]۔

21 موت اور زندگی زبان کے اختیار میں ہے اور جو لوگ اس میں مبتلا ہیں وہ اس کا پھل کھائیں گے [موت یا زندگی کے لیے]۔

امثال ۱۶،۶،۴:۱۸

ایمپلیفائیڈ بائبل، کلاسیکی ایڈیشن

4 آدمی کے منہ کی باتیں گہرے پانیوں کی مانند ہیں اور ہنر مند اور خدائی حکمت کا چشمہ بہتی ہوئی ندی کی مانند ہے [چمکتی، تازہ، پاکیزہ اور زندگی بخش]۔

6 احمق کے ہونٹوں سے جھگڑا ہوتا ہے اور اس کا منہ مارنے کو دعوت دیتا ہے۔

16 آدمی کا تحفہ اس کے لیے جگہ بناتا ہے اور اسے بڑے آدمیوں کے سامنے لاتا ہے۔

دعا سے پہلے، میں اسے ہمارے الفاظ میں موجود طاقت کے بارے میں یسوع کے حساب سے جمع کرتا ہوں۔

مرقس 26-11:20

ایمپلیفائیڈ بائبل، کلاسیکی ایڈیشن

20 صبح کو جب وہ وہاں سے گزر رہے تھے تو انہوں نے دیکھا کہ انجیر کا درخت اپنی جڑوں تک سوکھ گیا ہے۔

21 پطرس کو یاد آیا اور اُس سے کہا اَے اُستاد! انجیر کا درخت جسے تو نے برباد کیا وہ سوکھ گیا!

22 یِسُوع نے جواب میں اُن سے کہا خُدا پر اِیمان رکھو۔

23 میں تم سے سچ کہتا ہوں کہ جو کوئی اس پہاڑ سے کہے کہ اُٹھا کر سمندر میں پھینک دیا جا۔ اور اپنے دل میں ذرا بھی شک نہیں کرتا بلکہ یقین رکھتا ہے کہ جو کچھ وہ کہے گا وہ اس کے لیے ہو گا۔

24 اسی وجہ سے میں آپ کو بتا رہا ہوں، جو کچھ بھی آپ دعا میں مانگتے ہیں، یقین رکھیں (بھروسہ کریں اور یقین رکھیں) کہ وہ آپ کو دیا گیا ہے، اور آپ کو مل جائے گا۔

25 اور جب بھی تم نماز میں کھڑے ہو، اگر تم میں کسی کے خلاف کوئی بات ہو تو اسے معاف کر دو اور اسے چھوڑ دو[3] (اسے چھوڑ دو)، تاکہ تمہارا آسمانی باپ بھی تمہاری [اپنی] کوتاہیوں اور کوتاہیوں کو معاف کرے اور انہیں چھوڑ دے۔

لیکن اگر تم معاف نہیں کرتے تو 26[4]تمہارا آسمانی باپ بھی تمہاری کوتاہیوں اور کوتاہیوں کو معاف نہیں کرے گا۔

اگر آپ آیت 23 کو دیکھیں تو اس نے کہا "جو بھی کہے"۔ کہ جو تم میں شامل ہو۔ اس میں یہ نہیں کہا گیا، "اگر آپ خُدا کے ممسوح مرد یا عورت ہیں" تو صرف شرط یہ ہے کہ "اور بالکل بھی شک نہ کرے کہ وہ جو کہتا ہے وہ ہو گا، یہ اُس کے لیے ہو جائے گا"

آپ کو یاد رکھیں، یہ روح القدس کے عطا ہونے سے پہلے تھا۔ اب، آپ اور میرے اندر روح القدس موجود ہے۔ ہمیں صرف اتنا کرنے کی ضرورت ہے کہ ہم اُسے ابھاریں۔ عبادت سے، حمد سے، زبانوں میں بات کرنے سے تاکہ ہم ایمان میں مضبوط ہوں تاکہ وہ اعلان کریں جو اثر کرے گا۔

اب شروع کرتے ہیں۔ نمونہ نماز کا اسکرپٹ

اس مقصد کے حصول کے لیے پانی یا تیل کو لگانے یا پینے سے پہلے اس میں بات کرنے کے لیے دعا کا نمونہ۔ یاد رکھیں، آپ کو مطلوبہ نتیجہ واضح طور پر نظر آنا چاہیے جب آپ شفا یابی، نجات اور بحالی کا ایجنٹ بننے کے لیے پانی اور یا تیل میں یہ اعلان کرتے ہیں۔ یہ اس وقت تک جاری رکھیں جب تک کہ حالات یا صورتحال میں کوئی تبدیلی نہ آئے۔

بولنا شروع کریں : پانی یا تیل، میں زندگی کی سانس لیتا ہوں جو میرے اندر بسی ہوئی نجات کے اقرار کے ذریعے یسوع مسیح کے نام پر ایمان کے ذریعے اور اس وقت میرے اندر روح القدس کی طاقت اور موجودگی ہے۔ - (اب ایمان کے ساتھ پانی یا تیل میں ہوا اور پھونک مارو، مطلوبہ نتیجہ دیکھیں جو صحیفے کے مطابق ہے)

پانی یہ تیل، روح القدس کی طاقت سے، شفا یابی کے لیے مسح کر دیں (جس کے لیے آپ شفا چاہتے ہیں وہ نام دیں)، نجات (جس کے لیے آپ نجات چاہتے ہیں)، اور یسوع مسیح کے نام پر بحالی (جس کے لیے آپ بحالی چاہتے ہیں وہ نام) - (اپنے دل کی گہرائی سے، روح القدس کی طاقت سے پانی یا تیل میں بولیں)

جب میں یہ مسح شدہ پانی لیتا ہوں اور پیتا ہوں یا تیل لیتا ہوں اور لگاتا ہوں، روح القدس کی مسح کرنے والی طاقت کی لہریں میرے پورے جسم میں، میرے جسم کے اندر پھیلنے دیں اور یسوع مسیح کے نام پر مکمل شفا، مکمل نجات اور

3. https://www.biblegateway.com/passage/?search=Mark+11%3A20-26&version=AMPC#fen-AMPC-24664a

4. https://www.biblegateway.com/passage/?search=Mark+11%3A20-26&version=AMPC#fen-AMPC-24665b

مکمل بحالی لائیں، آمین (ان علاقوں کے نام جن میں آپ کو شفا، نجات اور بحالی کی ضرورت ہے)

میں یسوع مسیح کے نام پر اپنی روح، روح اور جسم میں الہٰی حکم اور مکمل بحالی کا اعلان کرتا ہوں، آمین۔

میں آپ کا شکریہ ادا کرتا ہوں، باپ، میں آپ کا شکریہ ادا کرتا ہوں، یسوع، میں آپ کا شکریہ ادا کرتا ہوں، پیارے روح القدس، مکمل شفایابی کے لیے (کس چیز سے شفا یابی؟ انہیں نام دیں، شفا کا نتیجہ دیکھیں)، نجات (کس چیز سے؟ ان کا نام رکھیں، نجات کا نتیجہ دیکھیں) اور بحالی (کس چیز کا؟ ان کا نام رکھیں، بحال شدہ نتیجہ دیکھیں) آمین اور آمین۔

PS - نتیجہ دیکھنا شروع کریں - ہمیشہ، نتیجہ کا اعتراف کرنا شروع کریں - ہمیشہ، نتیجہ کا تجربہ کرنا شروع کریں اور یسوع کے نام پر اس کے جلال اور آپ کی برکات کے نتائج کی گواہی دیں، آمین۔ نتیجہ کی تکمیل تک دہرانا جاری رکھیں اور دوسروں تک یہ بات پھیلائیں جنہیں یسوع کے نام میں خدا کے رابطے کی ضرورت ہے آمین

اب، آئیے ایک پادری اور ایک 6 سالہ لڑکی کی نجات پر 2 کہانیوں کو آپ کے لیے سیکھنے کے منحنی خطوط کے طور پر لیتے ہیں۔

کہانی 1 کیا مجھے ڈیلیورینس منسٹر بننا چاہیے؟ میں کس طرح فرینک ہیمنڈ کے ذریعہ نجات کے لئے شروع ہوا - ایک پادری کی نجات۔

"آپ نجات کی وزارت میں کیسے آئے؟" یہ سوال اکثر مجھ پر کیا جاتا ہے۔ یہ یقینی طور پر ایسی چیز نہیں تھی جس کی میں نے خواہش اور تلاش کی تھی۔ میں اکثر لوگوں سے کہتا ہوں، "اگر آپ باہر زمین پر دیکھیں گے تو آپ کو میرے پاؤں کی انگلیوں سے بنی کھالیں نظر آئیں گی جب مجھے اس کاروبار میں گھسیٹا جا رہا تھا۔" خُداوند نے مجھے وزارت کے اس پہلو میں نہیں بلایا - اُس نے مجھے اُس میں ڈالا! میٹ میں. 9:38 یسوع اپنے پیروکاروں سے کہتا ہے کہ وہ دعا کریں کہ فصل کا خُداوند مزدوروں کو "بھجوائے"۔ لفظی تشریح یہ ہے کہ وہ کارکنوں کو "زور" یا "زبردستی" نکالے گا۔ اس طرح میں نے "کال" کا تجربہ کیا۔ رب نے مجھ سے نہیں پوچھا۔ اس نے مجھ سے کہا!

یہ جاننا ایک سنسنی خیز دریافت تھی کہ یسوع "کل اور آج اور ہمیشہ کے لیے ایک جیسا ہے" (عبرانیوں 13:8)۔ جب میں نے روح القدس میں بپتسمہ کا تجربہ کیا تو میں نے دریافت کیا کہ معجزات اس وقت ختم نہیں ہوتے جب بارہ رسولوں کی موت ہو جاتی تھی یا جب صحیفے کا اصول مکمل ہو جاتا تھا۔ معجزے آج کے لیے ہیں۔ میں کیتھرین کوہلمین کو سننے گیا اور اس خدمت میں شفا کے بہت سے

معجزات کا مشاہدہ کیا۔ میرا ایمان تیز ہو گیا، اور میں نے ان دوستوں کے بارے میں سوچنا شروع کر دیا جن کو شفا کی ضرورت تھی۔

ایک ساتھی پادری میرے دل پر بہت زیادہ تھا۔ میں اسے اس سے زیادہ شفایابی دیکھنا چاہتا تھا جس کے بارے میں میں سوچ سکتا تھا۔ سولہ سال سے مسلسل سر درد میں مبتلا تھا۔ یہ سر پر شدید چوٹ کا نتیجہ تھا۔ ڈاکٹروں نے کوئی حل پیش نہیں کیا۔ انہوں نے تحقیقی دماغی سرجری کا مشورہ دیا، لیکن فریڈ مدد کے اتنے کم وعدے کے ساتھ ایسی خطرناک سرجری کے لیے رضامندی نہیں دے گا۔ درد کی وجہ سے وہ سو نہیں پا رہا تھا اور اس کے اعصاب ٹکڑے ٹکڑے ہو رہے تھے۔ وہ اپنے خطبات کا مطالعہ اور مناسب تیاری نہیں کر سکتا تھا۔ مسلسل درد نے اسے کراس اور چڑچڑا بنا دیا تھا۔ اس کا خاندان شدید تناؤ میں تھا۔ بچے کوئی شور نہیں کر سکتے تھے۔ ہر چیز فریڈ کی مصیبت کے گرد گھومتی تھی۔

میں نے فریڈ کو بتایا کہ میں اس کے لیے اس وقت تک دعا کروں گا جب تک کہ میں اسے صحت یاب نہ دیکھوں۔ ایک ہفتے تک ہر روز میں اس کے لیے دعا میں وقت گزارتا تھا۔ پھر ایک صبح جب میں دعا کر رہا تھا، رب نے مجھے بتایا کہ فریڈ کا مسئلہ ایک بد روح کی وجہ سے ہے۔ کیا میں نے واقعی خدا کی آواز سنی تھی؟ میں اپنے دوست کے ساتھ ایسا انکشاف کیسے کر سکتا ہوں؟ وہ کیا سوچے گا؟ آخر میں شیطانوں کے بارے میں کیا جانتا تھا؟ میں نے ان کے حوالے سے چند ایک میٹنگوں میں سنی تھی جن میں میں نے شرکت کی تھی، لیکن میں نے اس موضوع پر کبھی کچھ نہیں پڑھا۔ میں کیسے یقین کر سکتا ہوں؟ میں کیا کروں؟

فریڈ کے ساتھ اپنے انکشافات کا اشتراک کرنے کا تاثر دور نہیں ہوگا۔ یہ مضبوط ہوا. ایک دن جب ہم اکٹھے تھے تو میں نے محتاط انداز میں اس موضوع سے رجوع کیا۔ "فریڈ، میں نے آپ کے لیے دعا کرنے کا وعدہ کیا تھا جب تک کہ خدا آپ کو شفا نہ دے،" میں نے یاد دلایا۔ "میں ہر روز تمہارے لیے دعا کرتا رہا ہوں، دوسرے دن رب نے مجھے بتایا کہ تمہارا مسئلہ کیا ہے۔" میں فریڈ کے ردعمل کے لیے رک گیا۔ میرا دھیان بالکل ٹھیک تھا۔ "اچھا، رب کی حمد کرو،" اس نے کہا، "رب نے تم سے کیا کہا؟" "اب، فریڈ، میں نہیں جانتا کہ آپ اس کے بارے میں کیا سوچیں گے،" میں نے پیشکش کی، الفاظ کا انتخاب اتنی احتیاط سے کیا جیسے میں جانتا تھا کہ کیسے، "لیکن رب نے مجھے بتایا کہ آپ کا سر درد ایک شیطان کی وجہ سے ہوا ہے۔" میں نے اپنی سانس روکی جب میں نے ردعمل کے لیے اس کے چہرے کو دیکھا۔ میں نہیں جانتا تھا کہ فریڈ مجھ سے زیادہ شیطانوں کے بارے میں جانتا تھا۔ اس نے اسے تیز قدموں سے لیا۔ "ٹھیک ہے، رب کی تعریف کرو!" اس نے خوشی کا اظہار کرتے ہوئے کہا۔ "کیا بائبل نہیں کہتی کہ بدروحوں کو نکالا جا سکتا ہے؟ میں چاہتا ہوں کہ تم اسے مجھ سے نکال دو۔"

"اب، ایک منٹ ٹھہرو،" میں نے احتجاج کیا۔ "میں بدروحوں کو نکالنے کے بارے میں کچھ نہیں جانتا ہوں، لیکن مجھے لگتا ہے کہ میں کسی ایسے شخص کو

تلاش کرنے کے قابل ہو سکتا ہوں جو اسے کرنا جانتا ہو۔ مجھے کچھ دن دیں کہ میں دعا کروں کہ کون یہ کام آپ کے لیے کر سکتا ہے۔ میں جیسے ہی کسی کو ڈھونڈتا ہوں آپ کو بتا دوں گا۔"

میں دعا کے لیے دائیں طرف گیا اور خدا سے دعا کی کہ وہ مجھے نجات دینے والے وزیر تک لے جائے۔ رب نے کہا، تم ایسا کرو۔ اس لیے میں نے پھر سے رب کو سمجھا دیا کہ میں جلتی ہوئی جھاڑی سے بھی بدتر تھا کہ وہ اپنے لوگوں کو مصر سے باہر کیوں نہیں لے سکتا۔

میرے ذہن میں کئی خیالات گھومنے لگے۔ اگر میں شیطانی روحوں کے خلاف سامنے سے حملہ کروں تو میرا کیا ہوگا؟ کیا وہ مجھ سے کوئی خاص ہدف نہیں بنائیں گے؟ میں یقینی طور پر مصیبت میں ہو گا. امکانات خوفناک تھے۔

ایک ہفتے بعد میں نے فریڈ سے دوبارہ بات کی۔ میں نے اسے نماز کے نتائج بتائے۔ یہ مناسب نہیں لگتا تھا کہ میں اس کی خدمت کرنے والا بنوں، لیکن وہ اس کے ساتھ جانے کو پوری طرح تیار تھا۔ ہم نے اتفاق کیا کہ ہم ایک اور ہفتہ دعا کریں گے اور مطالعہ کریں گے کہ صحیفے اس موضوع پر کیا کہتے ہیں۔ پھر ہم اور ہماری بیویاں اکٹھے ہوتے اور دیکھتے کہ کیا ہوتا ہے۔

وہ دن آیا جب ہمیں وزارت کی کوشش کرنی تھی۔ فریڈ اور اس کی بیوی کو رات کے کھانے کے لیے ہمارے گھر ملنا تھا، اور پھر ہم دعائیہ میٹنگ کے لیے چرچ کی عمارت پر جائیں گے - یا جو بھی ہو گا۔ مجھے خوشی ہوئی کہ وہ دن ہمارے لیے بہت مصروف تھا۔ شہر سے باہر کاروباری سفر کرنا ضروری تھا۔ ہم فریڈ اور اس کی بیوی کی آمد سے تقریباً دو گھنٹے پہلے گھر واپس پہنچے۔ میری دہلیز پر ایک چھوٹا سا پمفلٹ تھا، جو ایک چٹان سے نیچے تھا۔ ایک دوست شہر سے آیا تھا اور مجھے گھر پر نہ ملنے نے میرے لیے چھوٹا پرچہ چھوڑ دیا تھا۔ میں نے اپنی آنکھوں پر بمشکل یقین کیا جب میں نے عنوان پڑھا - ڈیریک پرنس کا "ڈیمن کو نکالنے کا ایک تعارف" - میرے دوست کو آنے والی وزارت کے بارے میں معلوم نہیں تھا۔ ٹائمنگ بالکل درست تھی۔ یہ خدا ہونا تھا!

چند ہی منٹوں میں میں پمفلٹ کا مواد کھا چکا تھا۔ یہ بہت ہی عملی اور مفید معلومات سے بھرا ہوا تھا۔ جب بدروح نکلے تو ہم کسی قسم کے ظاہر ہونے کا اندازہ لگا سکتے تھے۔ کم از کم میں نے اس سارے معاملے کے بارے میں تھوڑا زیادہ پر اعتماد محسوس کیا۔ جب فریڈ آیا تو میں نے اسے اور اس کی بیوی کو وزارت کی کوشش کرنے سے پہلے کتابچہ پڑھ کر سنایا۔

ہم نے بدروح کو للکارنے سے پہلے کچھ وقت دعا میں گزارا۔ اور میں اس وقت صرف ایک شیطان کے حوالے سے سوچ رہا تھا۔ میری سمجھ اس سے زیادہ نہیں تھی۔ فریڈ ابھی تک اپنے گھٹنوں پر تھا جب میں نے مشورہ دیا کہ ہم شیطان سے خطاب کرنا شروع کریں۔ میں اور میری بیوی نے اس کے سر پر ہاتھ رکھا اور ہم دونوں نے کہا، "میں شیطان کو حکم دیتا ہوں کہ وہ عیسیٰ کے نام پر اس میں

سے نکل آئے۔" جب میں نے یہ حکم دیا اور میری بیوی نے اسے دہرایا تو ہم انتظار کرنے لگے کہ کیا ہوگا۔ آخر میں، میں نے پوچھا، "کیا آپ کو کچھ محسوس ہوا، فریڈ؟ کیا آپ کو لگتا ہے کہ کچھ ہوا ہے؟" فریڈ نے نفی میں سر ہلایا، جھوٹ کو کچھ محسوس نہیں ہوا۔ ہم نے ایک مختصر مشاورت کی اور اسے دوبارہ آزمانے کا فیصلہ کیا۔

مزید کئی بار حکم دیا گیا۔ فریڈ کو کیا ہو رہا تھا؟ اس کا چہرہ تڑپ رہا تھا! وہ بولنے کی کوشش کر رہا تھا لیکن اس سے کوئی لفظ نہیں نکل رہا تھا۔ وہ دم گھٹتا ہوا دکھائی دیا۔ اب سستی کرنے کا وقت نہیں تھا۔ ہم بدروح کو حکم دیتے رہے کہ وہ اس میں سے نکل آئے۔ فریڈ کو شدید کھانسی آنے لگی۔ یہ تقریباً ایک منٹ تک جاری رہا۔ پھر وہ ایک طرف فرش پر گرا اور بے حرکت لیٹ گیا۔ "کیا یہ باہر ہے، فریڈ؟" میں نے استفسار کیا۔ "مجھے ایسا لگتا ہے،" اس نے سرگوشی کی۔ وہ مشکل سے بات کر سکتا تھا۔ "میں اتنا کمزور ہوں کہ اٹھ نہیں سکتا،" اس نے وضاحت کی۔ ہم نے فریڈ کے لیے دعا کی اور اس کی نجات کے لیے خدا کا شکر ادا کیا۔ فریڈ کو اٹھنے میں کم از کم پانچ منٹ گزر چکے تھے۔

فریڈ کی بیوی اس وقت تک بیٹھی دعا کر رہی تھی۔ اب میں نے اسے آہستہ سے گاتے ہوئے سنا۔ میں نے دھن کو ایک مانوس بھجن پہچان لیا... "حیرت انگیز فضل"۔ میں نے سوچا کہ میں اس کے ساتھ بھجن میں شامل ہو جاؤں گا، اور جب میں نے الفاظ کو پکڑتے ہوئے سنا تو مجھے احساس ہوا کہ وہ زبانوں میں گا رہی ہے۔ چند ہفتے پہلے میں نے اس کے لیے روح القدس میں بپتسمہ لینے کے لیے دعا کی تھی، اور وہ زبانوں میں صرف ایک مختصر جملہ بول سکی تھی۔ اب وہ پوری آزادی کے ساتھ گا رہی تھی۔ ہم چاروں خوش تھے۔

یہ ایک ہفتہ بعد تھا جب میں نے فریڈ کو دوبارہ دیکھا۔ میں اس کے سر درد کی رپورٹ لینے کے لیے بے چین تھا۔ مجھے یقین تھا کہ وہ مجھے بتائے گا کہ یہ سب ختم ہو چکا ہے۔ "فرینک، میں نہیں جانتا کہ اس سے کیا بننا ہے،" فریڈ نے شروع کیا، "لیکن مجھے اب بھی سر درد ہے، یہ بہتر نہیں ہے۔" مایوسی کا بیمار احساس مجھ پر چھا گیا۔ ایک وزارت اتنی ڈرامائی کیسے ہو سکتی ہے اور پھر بھی مؤثر نہیں ہو سکتی؟ ہم دونوں حیران رہ گئے۔

فریڈ نے مجھے بتایا کہ اس نے دوسری ریاست میں ایک چرچ کے پادری کی کال قبول کر لی ہے۔ وہ فوراً حرکت کرتا۔ چھ مہینے گزر چکے تھے کہ ہم نے اسے دوبارہ دیکھا۔ ہم ایک سفر پر تھے جو ہمیں اُس کی نئی جگہ کے قریب لے گیا، لہٰذا ہم نے ملنے اور رات گزارنے کے لیے کچھ اضافی میل کا سفر کیا۔ اس شام جب ہم نے دعا کی تو یہ طے پایا کہ ہمیں فریڈ کی دوبارہ خدمت کرنی چاہیے۔ پچھلے مہینوں کے دوران ہم نے بدروحوں کے بارے میں مزید معلومات حاصل کی تھیں۔ ان میں سے ایک سے زیادہ ہو سکتے ہیں۔ شاید ہمیں وہ نہیں ملا جس کی وجہ سے سر درد ہوتا ہے۔ ہم زیادہ ثابت قدم رہیں گے۔

ہم نے فریڈ کو کرسی پر بٹھایا جب ہم اس کے گرد جمع ہو گئے۔ وہ سب سے زیادہ تعاون کرنے والا تھا۔ وہ ہر وہ کام کرنے کو تیار تھا جس سے اُس مسلسل درد سے چھٹکارا پانے کی امید کی کرن ہو جو اسے تباہ کر رہی تھی۔ اس وقت ہم مختلف قسم کی روحوں کا پتہ لگانے کا طریقہ نہیں جانتے تھے اور ہمیں کبھی بھی مخصوص شیاطین کے بارے میں کوئی مافوق الفطرت سمجھ نہیں آئی تھی۔ اس لیے ہم نے ایک عام حکم دیا کہ اس میں جو بھی بدروحیں تھیں وہ نکل آئیں۔ ہر بار جب ہم حکم دیتے، فریڈ کو کھانسی کا جادو ہوتا۔ وہ اپنے گلے میں دباؤ محسوس کر سکتا تھا جو کھانسی کے ذریعے دور ہو جائے گا۔ ایسا تقریباً چھ بار ہوا۔ "کیا آپ کا سر درد ابھی ختم ہوا ہے؟" میں نے استفسار کیا۔ "نہیں، یہ پہلے سے کہیں زیادہ تکلیف دہ ہے،" فریڈ نے وضاحت کی۔ ہم بتا سکتے تھے کہ فریڈ کے اندر ابھی بھی کچھ تھا۔ مجھے یاد آیا کہ میں نے نجات پر ایک ٹیپ سنی تھی جس میں وزیر نے شیطانوں کو اپنے نام لینے کا حکم دیا تھا۔ یہ طے ہوا کہ ہمیں اس کی کوشش کرنی چاہیے۔

"تمہارا نام کیا ہے؟" میں نے شیطان کا مطالبہ کیا جس کا مجھے یقین تھا کہ وہ ابھی بھی فریڈ میں ہے۔ "یسوع کے نام پر میں آپ کو حکم دیتا ہوں کہ مجھے اپنا نام بتائیں۔" اُس کا چہرہ بالکل اُسی طرح اُلجھنا شروع ہو گیا جیسا کہ ابتدائی وزارت کے دوران ہوا تھا۔ ہم اس چیز کو اپنے نام کرنے کا حکم دیتے رہے۔ فریڈ کے ہونٹ باہر نکلے اور اس کا منہ پھٹ گیا۔ بہت آہستہ اور ایسی آواز میں جو شاید ہی سنائی دے رہی تھی ایک لفظ بولا گیا - "P..a.i..n"-

یہ بہت سادہ لگ رہا تھا. ہم نے اسے پہلے کیوں نہیں سمجھا تھا؟ "درد کا شیطان، فریڈ سے باہر آؤ!" ہماری باتوں پر اصرار تھا۔ "یسوع کے نام پر، اُس میں سے باہر آؤ!" فریڈ کی بیوی نے اپنی روح میں محسوس کیا ہوگا کہ کیا ہونے والا ہے۔ اس نے کافی ٹیبل سے ایک اخبار پکڑا اور اسے فریڈ کے پیروں کے درمیان فرش پر پھینک دیا۔ فوراً ہی فریڈ کھانسا اور بلغم کے دو بڑے بلب کاغذ پر پھینکے۔ شیطان باہر تھا! اور درد ختم ہو گیا! تقریباً پانچ سال گزر چکے ہیں اور فریڈ ابھی تک صحت یاب ہے۔ خدا نے ہماری دعاؤں کا جواب دیا تھا!

کہانی 2

سب سے زیادہ گرافک چائلڈ ڈلیورینس میں نے (ایڈا مارے) کو چھ سال کی بچی کی تھی۔ ہم اسے مریم کہہ کر پکاریں گے۔ مریم کے والد نجات کے لیے ہمارے پاس آئے۔ انٹرویو کے دوران، انہوں نے اپنی بیٹی کو سنبھالنے میں ہونے والی مشکلات کے بارے میں بتایا۔ اس کی اور اس کی بیوی کی طلاق ہو چکی تھی اور وہ لڑکی کی پرورش کر رہا تھا۔ اس نے کہا کہ وہ بہت ہی ضدی، خود پسند

اور باغی ہونے کے ناطے اسے سنبھالنا مشکل ترین بچہ تھا۔ وہ کافی پریشان تھا کیونکہ اس کی طبیعت نے اسے اتنا غصہ دلایا تھا کہ وہ اسے بہت سخت سزا دے گا۔ ہم نے اسے بتایا کہ لڑکی کو اس سے زیادہ نجات کی ضرورت ہے، اگر زیادہ نہیں، اور اصرار کیا کہ وہ اسے ہمارے پاس لے آئے۔

مریم کچھ دنوں بعد اسکول سے سیدھی ہمارے پاس آئی۔ مجھے یہ بتانا ضروری ہے کہ جب میں اس سے واقف ہو رہا تھا اور اسے سمجھا رہا تھا کہ میں اس کے لیے دعا کرنا چاہتا ہوں؛ اس نے تقریباً ڈیڑھ تھرموس اورنج جوس پیا۔ وہ بہت زیادہ متحرک تھی، چرچ کے پیو پر چھلانگ لگا رہی تھی، بے چینی کی وجہ سے، جب ہم گپ شپ کر رہے تھے، بیٹھنے میں بالکل بھی قاصر تھی۔

میں نے کہا، "مریم، آپ کے والد مجھے بتاتے ہیں کہ آپ کو معلوم ہے کہ وہاں بری روحیں ہوتی ہیں۔" اس کی آنکھیں پھیل گئیں اور اس نے مجھے بہت سنجیدگی سے بتانا شروع کیا کہ ہر رات اسے سونے سے پہلے تمام دروازے بند ہونے کو یقینی بنانا پڑتا ہے۔ جب وہ رات کو شراب پینے یا باتھ روم جانے کے لیے اٹھتی تھی تو وہ ڈر جاتی تھی اور اسے ذاتی طور پر جاننا پڑتا تھا کہ تمام دروازے محفوظ طریقے سے بند تھے۔ میں نے کہا، "ہاں، یہ ڈر ہے، مریم، آپ کے جسم میں خوف کے شیاطین ہیں، وہ آپ کو خوفزدہ کرتے ہیں اور میں آپ کے لیے دعا کرنا چاہتا ہوں اور انہیں آپ کے جسم سے نکلنے پر مجبور کرنا چاہتا ہوں، وہ آپ کے اندر داخل ہو چکے ہیں اور جب میں دعا کروں گا تو وہ آپ کے منہ سے نکلیں گے اور نکل جائیں گے۔" اس نے میری باتوں کو سادہ، بچوں جیسے ایمان کے ساتھ قبول کیا۔

میں نے اس سے کہا کہ وہ نماز پڑھتے ہوئے میرے ساتھ والی بنچ پر بیٹھ جائے۔ اس نے کیا، لیکن وہ اتنی بے چین تھی کہ مجھے اسے اپنے قریب رکھنے کے لیے اسے اپنی گود میں اٹھانا پڑا۔ وہ میری طرف پیٹھ کے ساتھ میری گود میں بیٹھ گئی۔ میں نے ایمان اور بھروسے کی دعا مانگنی شروع کی کہ یسوع اسے آزاد کرنے والا ہے۔ روح القدس نے مجھے بہت واضح طور پر کہا کہ میں اپنی آواز کو بہت خاموش رکھوں... بات چیت کے لہجے سے کم۔ اس کے علاوہ، مریم کے منہ سے نکلنے والے ہر لفظ کو بدروح بولنا یا بدروح سے متاثر سمجھنا۔

پھر میں نے بدروحوں کو مخاطب کرنا شروع کیا۔ میں نے کہا، "اب تم شیطانوں میں بسی ہو، مریم کے جسم میں، میں چاہتا ہوں کہ تم جان لو کہ مریم عیسیٰ کے خون سے ڈھکی ہوئی ہے، اس کے باپ کے عیسیٰ کے رشتے کی وجہ سے، جس طرح موسیٰ کے زمانے میں باپ نے پورے خاندان کی حفاظت کے لیے دروازے کی چوکھٹ پر خون چھڑکا تھا، اسی طرح مریم بھی خون کی پردہ پوشی کے نیچے ہے۔ شیطان، میں بھی چاہتا ہوں کہ تم جان لو کہ مریم کے باپ نے سچائی کو سنا ہے اور خدا نے مریم کے کلام کو قبول کیا ہے۔ وہ اب جانتا ہے کہ وہ آپ کے خلاف جدوجہد کر رہا ہے نہ کہ مریم۔"

مجھے معلوم ہوا کہ مریم سرگوشی کر رہی تھی اور یہ دیکھنے کے لیے ادھر ادھر جھک گئی کہ کیا میں اسے سمجھ سکتا ہوں کہ وہ کیا کہہ رہی ہے۔ وہ سرگوشی کر رہی تھی، "تم جو کہہ رہے ہو مجھے وہ پسند نہیں ہے۔" میں نے جواب دیا، "میں جانتا ہوں کہ تم اسے پسند نہیں کرتے، شیاطین، کیونکہ میں تمہیں بے نقاب کر رہا ہوں اور مجھے تمہارے بارے میں علم ہے، مریم کی پیدائش سے پہلے ہی تم نے اسے اذیت دی ہے، جب وہ ماں کے پیٹ میں ہی تھی، تم میں سے کچھ اس میں داخل ہوئے، لیکن خدا نے کہا ہے کہ تم اس کے جسم میں مزید نہیں رہ سکتے۔" مریم میں بدروح دوبارہ سرگوشی کرنے لگا۔ اس بار انتہائی سخت جبڑے والے منحرف الفاظ میں انہوں نے احتجاج کیا، "میں ... نہیں ... پسند ... کیا ... کیا ... آپ... کہہ رہے ہیں!" میں نے اپنی آواز کو بہت خاموش رکھنے میں احتیاط کی جب میں نے جواب دیا، "یہ تمہارے لیے بہتر نہیں ہوگا، شیطان، بلکہ اس سے بھی بدتر ہو گا کیونکہ تم آج اس سے نکالے جا رہے ہو۔ تم اپنا گھر کھو رہے ہو۔" اس پر بدروح چیخ اٹھی اور پھر سے جواب دیا، "تم جو کہہ رہے ہو مجھے وہ پسند نہیں ہے، اب چپ رہو!" میں نے جواب دیا، "نہیں، میں چپ نہیں رہوں گا، بلکہ اس وقت تک بات کرتا رہوں گا جب تک تم اس کے جسم سے باہر نہیں ہو جاتے۔"

میں نے بدروحوں سے نرمی سے بات جاری رکھی۔ "اب، ایک ایک کر کے آپ شیطانوں نے یسوع کے نام پر اپنے آپ کو ظاہر کرنا شروع کر دیا ہے۔" فوراً ہی مریم سرگوشی میں کہنے لگی، "تم مجھ سے محبت نہیں کرتے، اگر تم نے ایسا کیا تو تم مجھے پکڑے نہیں رہو گے۔" میں نے جواب دیا، "یہ ٹھیک ہے، رد کرنے والا شیطان، آپ نے اسے محبت کے رشتوں سے دور کر دیا ہے۔ آپ اسے یہ سوچنے پر مجبور کر دیتے ہیں کہ کوئی بھی اس سے محبت نہیں کرتا ہے۔ آپ اسے یہ بھی سوچنے پر مجبور کر دیتے ہیں کہ خدا اس سے محبت نہیں کرتا ہے۔ آپ اس سے، مسترد ہو کر، یسوع کے نام پر نکلنے والے ہیں۔" ایک ایک کر کے شیاطین اپنی فطرت کو ظاہر کرنے لگے۔ وہ اتنی جلدی آئے کہ میرے پاس اکثر صرف ایک کا نام لینے کا وقت ہوتا تھا اور دوسرا سطح پر ہوتا تھا۔

شیاطین مریم کو میری گود سے نکلنے کے لیے جدوجہد کر رہے تھے حالانکہ میں اب بھی اسے اپنے بازوؤں میں ڈھیلے سے پکڑنے کے قابل تھا۔ آخر کار مجھے اس کی ایک ٹانگ اپنے درمیان رکھنے کا سہارا لینا پڑا، اس طرح اسے پکڑ کر اندر رکھا۔

ایک vise اور جسمانی اسے روکنا. نفرت کے عفریت نے ہماری ناک کو چھوتے ہوئے اپنا چہرہ بالکل میرے چہرے پر رکھ دیا اور چیخا، "میں تم سے نفرت کرتا ہوں۔" پھر بھی خاموشی سے بولتے ہوئے 1 شیطان سے مخاطب ہوا، "نفرت کے شیطان باہر آؤ۔" وہ چیخنے لگی، "مجھے ایک چاقو چاہیے، مجھے ایک چاہیے۔

چاقو۔" میں نے دریافت کیا کہ آپ چاقو سے کیا چاہتے ہیں؟ بدروح نے مریم کے دانت پیس کر کہا، "تو میں تمہیں مار سکتا ہوں۔" ' ٹھیک ہے، تم قتل کے شیطان،' میں نے حکم دیا، "تم یسوع کے نام پر نکلو۔"

اس کے بعد، مریم کھڑی ہوئی، اپنے کندھے پیچھے پھینکے، اپنے ہاتھ اپنے کولہوں پر رکھے اور جواب دیا، "کوئی بھی مجھے نہیں بتاتا کہ کیا کروں!" میں نے کہا، "عذاب، تم باہر آؤ!"

جب اگلا شیطان بولا تو آواز میں ایک واضح تبدیلی آئی۔ اس نے کہا، "میں صرف وہی کرتا ہوں جو میں کرنا چاہتا ہوں۔" میں نے کہا، "خود باہر آجائے گا۔" پھر آواز میں ایک اور تبدیلی آئی۔ "تم مجھے کبھی باہر نہیں آنے دو گے"، نئی آواز نے کہا۔ "ضد، تمہیں بھی باہر آنا ہوگا"، میں نے اصرار کیا۔ مریم نے پھر اپنے ہاتھ پنجوں کی طرح اٹھائے اور میرے چہرے کی طرف لپکا۔ اس کی آنکھیں پھیلی ہوئی تھیں اور وہ چیخ رہی تھی۔ میں نے کہا، "پاگل، تم مریم سے عیسیٰ کے نام پر نکل آئے ہو۔" وہ اپنے بالوں کو پنجے مارنے لگی اور زور سے سر ہلانے لگی۔ میں نے کہا، "ذہنی بیماری اور پاگل پن، باہر آؤ۔" اگلا میں نے شیزوفرینیا کی روح کو بلایا۔ "اے شیزوفرینیا کے شیاطین، میں آپ کا ہاتھ بلاتا ہوں۔ آپ اپنی دو مخالف شخصیتوں کو باہر لاتے ہیں جو آپ اس میں قائم کر رہے ہیں۔ آپ میں سے ایک کی جڑیں رد اور خودپسندی میں ہیں اور دوسری کی جڑ بغاوت اور تلخی میں ہے۔ ان میں سے کوئی بھی شخصیت حقیقی مریم نہیں ہے۔ میں اصلی مریم کو رہا کرتا ہوں اور کھو دیتا ہوں جو عیسیٰ چاہتا ہے۔" اس کے ساتھ اس نے مجھ پر پُرتشدد پنجے مارے، میرے بازو نوچتے ہوئے، اور میرے لیے پھیپھڑے مار کر میرے بلاؤز میں سوراخ کر دیا۔ جب وہ اپنے دانتوں میں میرے بلاؤز کا کچھ حصہ لے کر آئی تو وہ بہت چونکا جیسے اسے توقع تھی کہ میں اس کے چہرے پر تھپڑ ماروں گا۔ میں بتا سکتا تھا کہ یہ اصلی مریم تھی جو چونک گئی تھی۔ میں نے بدروحوں سے مخاطب ہو کر کہا، "نہیں، شیاطین، میں مریم کو اپنے بلاؤز کو خراب کرنے پر کوئی نقصان نہیں پہنچاؤں گا کیونکہ میں اسے تم سے الگ کر سکتا ہوں۔ بہت لمبے عرصے سے مریم کو اس کے جسم میں تمہارے ان کاموں کی سزا ملی ہے جو تم نے اس کے ذریعے کی ہے۔

یہ آج مختلف ہے؛ تم بدروح سزا لے رہے ہو اور مریم آزاد ہو جاتی ہے۔" مریم ایک لمحے کے لیے راحت بخش نظر آئی، پھر دوسرے شیاطین خود کو ظاہر کرنے لگے۔

آخرکار، نجات کے اس طریقہ کار کے تقریباً بیس یا تیس منٹ کے بعد مریم ایک کے بعد ایک لمبی چیخیں مارنے لگی اور ڈھیلے ہونے کی التجا کرنے لگی۔ وہ کہتی، "میری ٹانگ مت پکڑو، میری ٹانگ مت پکڑو! روح القدس نے مجھے سمجھا کہ اس کا گوشت اب ہلچل مچا ہوا ہے اور میں اسے چھوڑ دوں اور اسے

اپنے ساتھ والی بنچ پر بٹھا دوں۔ میں نے ہدایت کی، "مریم، میں تمہیں بینچ پر بیٹھنے دوں گی۔
ٹھیک ہے؟" وہ آہستگی سے روتے ہوئے بولی "مجھے پسند نہیں کہ تم مجھے اس طرح پکڑو۔" میں نے کہا، "ٹھیک ہے، مجھے افسوس ہے کہ مجھے آپ کو اتنا مضبوطی سے پکڑنا پڑا، لیکن بری روحیں آپ کو مجھ سے لڑنے پر مجبور کر رہی تھیں۔" میں ہمیشہ اس کا الزام بدروحوں پر ڈالنے میں محتاط رہتی تھی وہ اپنے بچکانہ انداز میں اس بات کی تعریف کرتی تھی کہ آخر کار وہ خود کی بجائے الزام لگا رہے ہیں۔

مریم تھوڑی دیر میرے پاس بیٹھی اور بہت پرسکون اور پر سکون تھی۔ روح القدس نے مجھ سے کہا کہ اب مجھے بقیہ بدروحوں کے باہر آنے کے لیے جلدی سے حکم دینا چاہیے۔ میں نے کہا، "اب، یسوع کے نام پر، میں مریم میں باقی تمام شیطانی روحوں کو باہر آنے کا حکم دیتا ہوں۔ اب یسوع کے نام پر باہر آؤ!"

فوراً ہی مریم اپنے پیٹ میں بیمار ہو گئی اور اس سے پہلے کہ میں کاغذ کے تولیے تک پہنچ پاتا اس نے کیچڑ کی ایک بڑی گیند پھینک دی۔ اس سے اس کے چھوٹے ہاتھ بھر گئے اور میرے۔ اس نے اوپر دیکھا اور ہلکا سا مسکرایا اور پھر بس ہر طرف سکون کی طرف مڑتا دکھائی دیا۔

یاد رکھیں، اس اکاؤنٹ کے آغاز میں میں نے کہا تھا کہ مریم جب منسٹری کے لیے آئی تھی تو وہ اورنج جوس کا تھرموس پی رہی تھی۔ اس نے جو کچھ پھینکا اس میں رس کا کوئی نشان نہیں تھا۔ اس کے پیٹ سے کوئی کیچڑ نہیں نکلی۔

خیر، ہم وہاں بیٹھے اور تقریباً پندرہ منٹ باتیں کرتے رہے۔ مریم خاموشی اور آرام سے بیٹھی تھی، اس کے برعکس جو اس نے پہلے دکھائی تھی۔

اس کا باپ حیران رہ گیا۔ اس نے ملے جلے اور الجھے ہوئے جذبات کے ساتھ طوفانی نجات کو دیکھا تھا۔ شیطانی مظاہر سے ناواقف، اور شیاطین کی مختلف آوازوں کی تمیز کرنے سے قاصر جیسا کہ میرے تربیت یافتہ کان نے کیا تھا، مریم کے والد نے سوچا کہ اصلی مریم کے ساتھ بہت ہی ناروا سلوک کیا جا رہا ہے اور کہا کہ ایک بار وہ مداخلت کرنے سے بچنے کے لیے صرف اتنا کر سکتا تھا۔

اگرچہ میں نے ذاتی طور پر مریم کو اس کی رہائی کے بعد سے نہیں دیکھا ہے مجھے کئی اچھی رپورٹیں موصول ہوئی ہیں۔ زیادہ تر کہتے ہیں، "وہ بہت مختلف ہے۔" "وہ ایک جیسی نہیں ہے۔" "میں اسے پکڑ سکتا ہوں اور وہ محبت کا جواب دیتی ہے۔" "آپ ایسا نہیں کریں گے۔

یقین کریں کہ وہ وہی لڑکی ہے۔"

یہ لکھتے ہوئے بھی میری آنکھیں نم ہو جاتی ہیں۔ وہ واحد نجات ہے جس کی وجہ سے مجھے رونا پڑا۔ جنگ بہت ہنگامہ خیز تھی اور اس کے بعد امن بہت خوبصورت تھا۔ میں آنسو روک نہ سکا۔ خدا کی شان ہو!

خود سے نجات کے لیے مختصر دعا۔

"خداوند یسوع مسیح، مجھے یقین ہے کہ آپ میرے گناہوں کے لیے صلیب پر مرے اور مُردوں میں سے دوبارہ جی اُٹھے۔ آپ نے مجھے اپنے خون سے چھڑایا اور میں آپ کا ہوں، اور میں آپ کے لیے زندہ رہنا چاہتا ہوں۔ میں اپنے تمام معلوم اور نامعلوم گناہوں کا اعتراف کرتا ہوں۔ میں ان سب کے لیے معذرت خواہ ہوں، میں ان سب کو ترک کرتا ہوں۔ میں باقی سب کو معاف کرتا ہوں جیسا کہ میں چاہتا ہوں کہ آپ مجھے معاف کریں اور یسوع کے خون کے لیے مجھے معاف کریں۔ مجھے اب تمام گناہوں سے پاک کرتا ہے اور میں اب آپ کے پاس آیا ہوں کہ آپ میری خاص ضرورتوں کو جانتے ہیں ۔ وہ چیز جو باندھتی ہے، وہ بد روح، وہ ناپاک روح ۔ میں آپ کے وعدے کا دعویٰ کرتا ہوں، "جو بھی رب کا نام لے گا وہ نجات پائے گا۔" میں اب آپ کو خداوند یسوع مسیح کے نام پر پکارتا ہوں، مجھے نجات دیتا ہوں، میں آپ کو اور آپ کے تمام کاموں کو چھوڑتا ہوں، اور میں آپ کو یسوع کے نام پر چھوڑنے کا حکم دیتا ہوں۔

اسے اپنے دل سے آنے دو اور خداوند کی نجات کو دیکھو!

کیا آپ بیمار ہیں یا بحالی کی ضرورت ہے؟

ان لوگوں کے لیے جو کسی بھی شکل یا شکل میں بیمار یا بیمار ہیں، یا نجات کی ضرورت ہے؟ یا بحالی، برائے مہربانی ایمان کے ساتھ نیچے دیے گئے نقطے کو چھوئے (ایمان آپ کی موجودہ صورتحال کے عین مطابق مثبت نتائج کو دیکھ رہا ہے، یہ جانتے ہوئے کہ یسوع نے 2000 سال سے زیادہ پہلے آپ کی شفا یابی اور نجات، بحالی کو ڈاؤن پیمنٹ کے طور پر محفوظ کرنے کے لیے اپنا کردار ادا کیا ہے، یہ بھروسہ کرتے ہوئے کہ ڈاؤن پیمنٹ آپ کے لیے دستیاب ہے، جیسا کہ آپ کے چیکنگ اکاؤنٹ میں مثبت بیلنس ہے، جیسا کہ ہم آپ کے نام کے ساتھ بینک کے ساتھ پوچھے گئے سوالات سے متفق نہیں ہوں گے۔ یسوع مسیح کا، آمین)

اختیار کے ساتھ، آپ نے مجھے اور ان کو عطا کیا ہے، میں اب اس اختیار کو دشمن کے خلاف غصے اور بھوک کے ساتھ ایمان کے ساتھ استعمال کرتا ہوں کہ جو کچھ آپ نے ان سب کو مفت میں دیا ہے، میں ہر بیماری، ہر بیماری پر لعنت بھیجتا ہوں، چاہے وہ کینسر ہو، کووڈ 19، کمزوری کا جذبہ ہو، شیطانی قبضے کا ہو یا جبر کا، خدا نے پہلے سے ہی طے کر رکھا ہے کہ اس کی روح کو پورا کرنے اور اس کی تعیین کو پورا کرنے کے لیے کیا ہے۔ جاری ہم بے ضابطگی کے خلاف آتے ہیں، میں ان کو پابند کرتا ہوں، ہم ان کی جڑ تک لعنت بھیجتے ہیں اور ہم انہیں یسوع مسیح کے نام پر اختیار سے نکال دیتے ہیں۔ آمین ہم یسوع مسیح کے طاقتور نام میں ان کی زندگیوں میں شفا یابی، نجات اور بحالی کی رہائی کا مطالبہ کرتے ہیں۔ ان شہادتوں کے لیے خُداوند کا شکر ہے جو آپ کی شان و

شوکت اور تعظیم کے لیے قائم ہیں۔ ان روحوں کے لیے آپ کا شکریہ جو اس پیغام کے نتیجے میں آپ کی بادشاہی میں شامل ہو رہے ہیں، وہ معجزات جو ہم ابھی پہلے ہی دیکھ رہے ہیں اور یسوع کے نام پر آپ کے جلال کے لیے ظاہر ہو رہے ہیں، آمین۔ یہ ہو گیا ہے! خوشیاں منائیں!

رابطے کے نقطہ کے طور پر نمایاں کردہ اس جگہ کو چھوئیں اور اپنے منہ سے اعتراف کریں ۔ میں شفایاب ہوں، میں نجات پا گیا ہوں اور میں اپنی روح، روح، جسم، اور اپنے ارد گرد یسوع مسیح کے نام پر بحال ہو گیا ہوں، آمین!!!

وہ کرنا شروع کریں جو آپ پہلے نہیں کر سکتے تھے اور مکمل شفایابی تک اعتراف کرنا شروع کریں، نجات کی بحالی آپ کی زندگی میں یسوع کے نام پر ایک پھل بن جائے، آمین۔ تمام خدا کے لیے بھوکے رہیں، ناراض رہیں اور جو کچھ دشمن نے یسوع کے نام پر روک رکھا ہے اسے واپس لے لیں، آمین

:نوٹ

خدا کے جلال اور دشمن کی شرمندگی کے لئے شفا کی گواہی دیں! اگر آپ کو اب بھی اس مسئلے پر آپ سے اتفاق کرنے کی ضرورت ہے تو ہمیں ای میل یا واٹس ایپ کریں۔ اور اگلے ہفتے جمعرات سے شروع ہونے والی لیس سیریز سے جڑیں۔ ہماری ویب سائٹ پر جلد ہی تفصیل تلاش کریں!

عظیم کارنامے - 1 - باب 9 - حصہ 8 میں عظیم سے کیسے معلوم کریں۔

آزادی پر اس ساری گفتگو میں زمین پر خدا کی مرضی اور حاکمیت کہاں ہے؟ ایسا کیوں نہیں ہے کہ ہر وہ شخص جس کے لیے ہم دعا کرتے ہیں شفا یابی یا بحالی نہیں ہوتی؟ کچھ تدریجی یا جزوی کیوں ہیں؟ شفا یابی، نجات اور بحالی میں کیا رکاوٹیں ہیں؟ اور کچھ کرنا اور کیا نہیں کرنا + ایک (1) اس عنوان کو ثابت کرنے اور خوف کے جذبے کی گرفت کو توڑنے کے لیے بھائی رابرٹ شیمباچ - حصہ 8 + خود سے نجات کا اسکرپٹ اور شفا، نجات اور بحالی کے معاہدے کی دعا

پیارے دوستو، آج ہم آپ کے لیے اپنی سیریز کا حصہ 8 لاتے ہیں اسیری کے لیے کفی ہے اور مسیح میں آزادی میں خوش آمدید. ایمان خدا کے کلام سے سننے اور سننے سے آتا ہے - رومیوں 10:17- یہ آٹھویں سیریز کسی ایسے شخص کے لیے آخری رکاوٹ ہو سکتی ہے جو آج اپنے اور دوسروں کے لیے شفا یابی حاصل کر رہا ہے۔ یہ آزادی کی ایک نئی شروعات کا دن ہے۔ تو زندہ خدا کے لشکر میرے ساتھ رہو۔ یہ ایک لیس سیریز ہے۔

یسوع نے اس حقیقت کی طرف اشارہ کیا کہ شیطان ایک چور، ایک مشکل اور تباہ کن کام کا مالک ہے۔

یوحنا 10:10
ایمپلیفائیڈ بائبل، کلاسیکی ایڈیشن

10 چور صرف چوری کرنے اور مارنے اور تباہ کرنے کے لیے آتا ہے۔ میں اس لیے آیا ہوں کہ وہ زندگی حاصل کریں اور اس سے لطف اندوز ہوں، اور اسے کثرت سے حاصل کریں (مکمل طور پر، جب تک کہ وہ بہہ نہ[1] جائے)۔

اس دشمن سے نمٹنے کے لیے، یسوع نے اپنے میں تمام ماننے والوں کو اس طرح حکم دیا:

---

1. https://www.biblegateway.com/passage/?search=John+10%3A10&version=AMPC#fen-AMPC-26490a

مرقس 16:16-20
ایمپلیفائیڈ بائبل، کلاسیکی ایڈیشن

16 وہ جو ایمان رکھتا ہے [جو اس پر قائم ہے اور اس پر بھروسہ کرتا ہے اور
انجیل اور اس پر بھروسہ کرتا ہے جس کو یہ بتاتا ہے] اور بپتسمہ لے گا وہ ابدی
موت کی سزا سے بچایا جائے گا [[2]]۔ لیکن وہ جو ایمان نہیں لاتا [جو اس پر
عمل نہیں کرتا اور اس پر بھروسہ نہیں کرتا اور انجیل اور اس پر بھروسہ کرتا
ہے] اس کی مذمت کی جائے گی۔

17 اور یہ تصدیق کرنے والی نشانیاں ایمان والوں کے ساتھ ہوں گی : وہ
میرے نام سے بدروحوں کو نکالیں گے۔ وہ نئی زبانوں میں بات کریں گے۔

18 وہ سانپوں کو اٹھا لیں گے۔ اور اگر وہ کوئی جان لیوا چیز پیتے ہیں تو اس
سے انہیں کوئی نقصان نہیں ہوگا۔ وہ بیماروں پر ہاتھ رکھیں گے اور وہ تندرست
ہو جائیں گے۔

19 تب خُداوند یسُوع اُن سے کلام کرنے کے بعد آسمان پر اُٹھایا گیا اور خُدا
کے دہنے ہاتھ بیٹھ گیا۔

20 اور اُنہوں نے باہر جا کر ہر جگہ منادی کی، جب کہ خُداوند اُن کے ساتھ
کام کرتا رہا اور اُن نشانیوں اور معجزوں سے جو قریب سے [اس کے ساتھ] تھے
پیغام کی تصدیق کرتا رہا۔ آمین (ایسا ہی ہو جائے)۔

ہم نے پہلے کی سیریز میں ذکر کیا تھا کہ تمام مومنین کے لیے عیسیٰ کے اس حکم کو کامیابی کے ساتھ انجام دینے کے لیے، ایک نظم و ضبط فوج کے طور پر اس قسم کے دشمن کا مقابلہ کرنے کے لیے، اپنے کمانڈر ان چیف کی کمان کے آگے سر تسلیم خم کرنے کے لیے، ہمیں مندرجہ ذیل کی ضرورت ہے جیسا کہ A, B, C, D, E, F اور G میں ہے۔ میں اس بات پر زور دوں گا کہ یہ سلسلہ ہر ایک کے لیے نہیں ہے۔ چند منتخب افراد ان 7 صفات کے ذریعے اپنے آپ کو اندراج کے لیے پہلے سے اہل بنائیں گے۔ وہ درج ذیل ہیں :

A.دستیابی (روح، روح اور جسم)
B.دلیری
C.دوسروں کے لیے ہمدردی
D.عزم
E.بے حد پیار
F.آگ کا غصہ

2. https://www.biblegateway.com/passage/?search=Mark+16%3A16-20&version=AMPC#fen-AMPC-24888a

G.زبردست بھوک

اگر آپ کے پاس یہ صفات کم از کم اجزاء کے طور پر نہیں ہیں، تو کامیاب مہم چلانا ناممکن ہو جائے گا کیونکہ تبدیلی لانے کے لیے سرسوں کے بیج کا ایمان پیدا کرنے کے لیے مندرجہ بالا تمام اجزاء کو آپس میں ملانا ضروری ہے کیونکہ اللہ بھوکے لوگوں کو کھانا کھلاتا ہے، نہ کہ ٹھنڈے یا گنگے بچوں کو شفا، نجات اور بحالی کے اندر اور بغیر۔

غنیمت جمع کرنے کے لیے تیار ہے لیکن انہیں ہمارے تجربے میں جمع کرنے کے لیے رائی کے دانے، مستقل ایمان کی ضرورت ہے۔ ہم روحوں، روحوں اور مزید روحوں اور ہر وہ چیز کی بات کر رہے ہیں جن کی ہمیں ایک کامیاب مہم چلانے کے لیے زندہ خدا کی فوج کے طور پر ضرورت ہے۔ ہم آپ کو ان لوگوں سے سیکھنے سے آراستہ کرنے کے لیے ہیں جو ہم سے آگے چلے گئے ہیں۔

اب، آج کے حصہ 8 میں، ہم کچھ ایسے اہم سوالات کو تلاش کرنا چاہتے ہیں جو مومنین کے ذہنوں میں ابھرتے رہتے ہیں جو خدا کی طرف سے وہ چیز حاصل کرنے میں رکاوٹ بنتے ہیں جو اس نے ہمیں آزادانہ طور پر دیا ہے۔ خاص طور پر جب ہم سب کچھ کر چکے ہیں اور آزادی ایک طاعون کی طرح ہم سے دور ہو گئی ہے۔

یہ سوالات کیا ہیں؟

آزادی پر اس ساری گفتگو میں زمین پر خدا کی مرضی اور حاکمیت کہاں ہے؟ ایسا کیوں نہیں ہے کہ ہر وہ شخص جس کے لیے ہم دعا کرتے ہیں شفا یابی یا بحالی نہیں ہوتی؟ کچھ تدریجی یا جزوی کیوں ہیں؟ شفا یابی، نجات اور بحالی میں کیا رکاوٹیں ہیں؟ اور کچھ کرنا اور کیا نہیں کرنا + ایک (1) کہانی اس عنوان کو ثابت کرنے اور خوف کی روح کی گرفت کو توڑنے کے لئے

آئیے یکے بعد دیگرے ان سے خطاب شروع کرتے ہیں۔

1) کیا شفا یابی اور نجات کی خدمت کرتے وقت "اگر یہ تیری مرضی ہو" دعا کرنا درست ہے؟

اس حقیقت کو قائم کرنے کے بعد کہ یہ خدا کی مرضی ہے کہ ہر اس شخص کے لیے جو ایمان کے ساتھ اس کے پاس آتا ہے شفا پاتا ہے، جیسا کہ ہم نے اس سلسلے کے حصہ 1 تا 7 کے ذریعے مکمل طور پر ثابت کیا ہے کہ اسیری اور آزادی کو خوش آمدید کہنے کے لیے کافی ہے، اس لیے، شفا اور نجات کی خدمت کرتے وقت ہمارے لیے **"اگر تیری مرضی ہو" دعا کرنے کی کوئی جگہ نہیں ہے۔** ہم اس

معاملے میں خدا کی مرضی پہلے ہی جانتے ہیں۔ ہم جانتے ہیں کہ خُدا کی مرضی یہ ہے کہ ہر ایک کو شفا دی جائے اور نجات ملے اگر وہ یقین کرنا چاہتے ہیں۔

یسوع ہمارا نمونہ ہے اور ہم شفا یابی اور نجات کی خدمت کرتے وقت یسوع کو "اگر یہ تیری مرضی ہو" دعا کرتے ہوئے نہیں دیکھتے ہیں۔ ایک بار بھی نہیں! پھر کیوں ہم ایک الہیات تخلیق کرتے ہیں اور ایسی چیزیں کرتے ہیں جو خود کلام سے متصادم ہیں؟ کیونکہ یسوع لفظ یوحنا 1:14 ہے - زندگی اور خدمت میں ہماری کامل، زندہ، سانس لینے والی مثال۔

اُس نے صرف اُس وقت کہا "جیسے میں چاہوں گا نہیں، بلکہ جیسا تم چاہو گے" (متی 26:39،42) گیتسمنی کے باغ میں تھا جب وہ صلیب پر جانے کی تیاری کر رہا تھا۔ یہ باپ کے منصوبے کے سامنے ہتھیار ڈالنے کی دعا تھی۔ جب بھی لوگوں نے شفا کے لیے کہا، اس نے کہا، "میں تیار ہوں۔" سوائے اس سائروفونیشین عورت کے جو یسوع کو راضی کرتی ہے کہ وہ شیطان کی اپنی بیٹی کو ٹھیک کرے۔ اس کی وجہ صرف یہ تھی کہ اس وقت سے پہلے حضرت عیسیٰ علیہ السلام نے یہودیوں کے ساتھ کیے گئے عہد کی بنیاد پر آپریشن کیا تھا لیکن اس کے ایمان اور استقامت کی وجہ سے اس نے اس کی درخواست قبول کرلی۔ کئی دوسرے لوگ جن کے پاس عہد نہیں تھا وہ بھی محض اپنے ایمان کی وجہ سے شفا پا گئے۔ مرقس 16:14-19 کے ذریعے، ہمیں اب ان کافروں کے لیے بھی ایسا کرنے کا اختیار دیا گیا ہے جو روح القدس میں بپتسمہ کے ذریعے یقین رکھتے ہیں - اعمال 1:4-8-

اسے فرمانبرداری میں چلنے اور نجات کے لیے باپ کے منصوبے کو قبول کرنے کا انتخاب کرنا تھا جو صرف صلیب پر اس کی موت کے ذریعے ہی ممکن ہو سکتا تھا۔

کیا ہم کبھی اس گنہگار کے لیے دعا کریں گے جو ہمارے پاس معافی حاصل کرنے کے لیے آیا ہو۔ یسوع پر ایمان کے ذریعے گناہوں کا ، **"خداوند، اگر یہ آپ کی مرضی ہے، براہ مہربانی اس کے گناہوں کو معاف فرما اور عطا فرما اسے ابدی زندگی۔ دوسری صورت میں، اگر یہ آپ کی مرضی نہیں ہے اسے جانے دیں جہنم میں چلے جاؤ۔"**

کبھی نہیں! ہم ایسی دعا کبھی نہیں مانگے گا، کیونکہ ہم جانتے ہیں کہ خُدا نے وعدہ کیا ہے کہ "جو اُس کے نام کے ذریعے سے اُس پر ایمان لائے گا گناہوں کی معافی ملے گی" (اعمال 10:43) اور یہ کہ "خُدا نے دنیا سے ایسی محبت کی کہ اُس نے اپنا اکلوتا بیٹا بخش دیا، تاکہ جو کوئی اُس پر ایمان لائے ہلاک نہ ہو بلکہ ہمیشہ کی زندگی پائے" (یوحنا 3:16)۔

شفا یابی اور نجات کی خدمت کا صحیح طریقہ یہ ہے کہ یہ اچھی طرح جانتے ہوئے کہ خدا چاہتا ہے کہ بیمار کو شفا اور نجات ملے۔ ہم یہاں اس کی مرضی کو زمین پر نافذ کرنے کے لیے ہیں، جیسا کہ یہ آسمان پر ہے۔ شفا یابی اور نجات

حاصل کرنے کے لیے کسی کا خیر مقدم کرنے کے لیے ہمارا نقطہ نظر وہی ہونا چاہیے جیسا کہ جب وہ گناہوں کی معافی حاصل کرنے کے لیے آتے ہیں۔ صرف یقین! - ایک ہی پیکیج!

2) چونکہ خدا خود مختار ہے کیا وہ صرف لوگوں کو شفا نہیں دے گا اگر اور جب وہ چاہے؟

یہ ایک مخلصانہ سوال ہے جو بہت سے لوگ پوچھتے ہیں اور اس کا جواب دینا کافی مشکل بھی ہے۔ اس میں کوئی شک نہیں کہ اللہ ہر چیز پر قادر ہے، وہ کچھ بھی کر سکتا ہے۔ وہ کسی بھی شخص کو ایک لمحے میں شفا اور نجات دے سکتا ہے۔ ہم یہ بھی جانتے ہیں کہ خُدا خود مختار ہے اور اپنی مرضی سے کام کرتا ہے اور جب چاہے۔ اسے کوئی نہیں روک سکتا۔ تو ایک اچھا، طاقتور، پیار کرنے والا خدا، شفا دینے والا اور نجات دینے والا خدا ہر بیمار کو شفا اور ہر مظلوم کو نجات کیوں نہیں دیتا؟ ہم اب بھی اپنے کچھ بھائیوں کو کیوں دیکھتے ہیں، یہاں تک کہ جنہوں نے خدا کی وفاداری سے خدمت کی ہے اور جو اس سے بہت پیار کرتے ہیں، طویل بیماری کے نتیجے میں درد، بیماری اور مرتے ہیں؟ خُدا اپنی حاکمیت میں کیوں نہیں صرف اُن کو شفا بخشتا ہے اور اُنہیں ٹھیک کرتا ہے؟

ہم اسے تین حصوں میں بیان کریں گے:

الف، خدا کی حاکمیت اور انسان کی ذمہ داری

ب، خدا کی حاکمیت اور ایمان کی مشق

ج، ہم اس سچائی پر چلتے ہیں جو نازل ہوئی ہے اور اس کی تلاش کرتے ہیں۔ نامعلوم ہے

الف، خدا کی حاکمیت اور انسان کی ذمہ داری

زبور 115:3،16 3 لیکن ہمارا خدا آسمان پر ہے۔ وہ جو چاہے کرتا ہے۔ 16 آسمان اور آسمان بھی خداوند کا ہے۔ لیکن زمین اس نے بنی آدم کو دی ہے۔

خدا خود مختار ہے اور وہ جو چاہتا ہے کرتا ہے جیسا کہ کلام پاک کہتا ہے۔ تاہم، اپنی حاکمیت میں اس نے زمین کو بنی نوع انسان کے سپرد کرنے کا فیصلہ کیا ہے اور یہ طے کیا ہے کہ عام حالات میں وہ انسان کی ذمہ داری اور انسان کے فیصلوں کو زیر نہیں کرے گا۔ خدا نے اس حد تک ایسا کرنے کا فیصلہ کیا ہے کہ یہاں تک کہ باغ عدن میں، جب آدم اور حوا نافرمانی اور گناہ کرنے والے تھے، خدا نے مداخلت نہیں کی، حالانکہ وہ کر سکتا تھا۔ درحقیقت، خُدا یہ سب کچھ وقت

سے پہلے جانتا تھا اور پھر بھی وہ انسان کو پیدا کرنے اور اسے باغِ عدن میں رکھنے کے لیے آگے بڑھا۔

اس پر غور کریں، خدا نے اپنی حاکمیت میں سب کے لیے نجات کا مفت تحفہ فراہم کیا ہے۔ صرف اس لیے کہ نجات ہر فرد کے لیے فراہم کی گئی ہے اس کا مطلب یہ نہیں ہے کہ ہر فرد خود بخود نجات پا جاتا ہے۔ ہر فرد کو نجات کی اس فراہمی کو حاصل کرنے کی ذمہ داری قبول کرنی ہوگی۔ بائبل اب بھی بیان کرتی ہے، ”جو بیٹے پر ایمان لاتا ہے اُس کی ہمیشہ کی زندگی ہے؛ اور جو بیٹے پر یقین نہیں کرتا وہ زندگی نہیں دیکھے گا، لیکن خُدا کا غضب اُس پر رہتا ہے“ (یوحنا 3:36)۔

اسی طرح، علاج معالجے اور نجات کے شعبے میں ہمارے لیے عام حالات میں ذمہ داری کے کئی شعبے ہیں:

(ا) یہ خدمت کرنے والوں کی ذمہ داری ہے کہ وہ فضل میں بڑھیں (2 پطرس 3:18)، روحانی طاقت میں بڑھیں (افسیوں 3:16) اور ایمان میں بڑھیں اور خُدا کے مسح اور طاقت کو چلانے کی ہماری صلاحیت۔ ہر جوئے کو توڑنے، ہر بوجھ کو ہٹانے اور ہر حالت کو ٹھیک کرنے کے لیے ایک مسح دستیاب ہے۔ کیا یہ ممکن ہے کہ ہم بحیثیت وزیر، اپنی ذمہ داری میں ناکام ہو رہے ہیں اور اس درجے کے مسح میں قدم رکھ رہے ہیں؟ شاید ہم اس دائرے میں زیادہ مستقل مزاجی سے کام کرنے کے بجائے کبھی کبھار ہی ایسا کرتے ہیں۔

(ب) ہر فرد کی ذمہ داری ہے کہ وہ اپنے جسم کی دیکھ بھال کرے، خدا کے کلام پر یقین رکھے اور شیطان اور اس کے کاموں کا مقابلہ کرے۔ خدا ہمارے لیے ایسا نہیں کرے گا۔

اس تفہیم کو دیکھتے ہوئے، ہم عام طور پر خدا کو انسان کی ذمہ داری کے ان شعبوں سے آزاد نہیں دیکھتے ہیں۔ اس نے خود مختاری سے ایسا نہ کرنے کا فیصلہ کیا ہے۔ یہ خدا کی حاکمیت کا ایک رخ ہے۔

تاہم ایسے مواقع آتے ہیں، جب خدا انسان کی دو شعبوں (a) اور (b) میں ناکامی کے باوجود حرکت کرتا ہے جیسا کہ ذکر کیا گیا ہے، اور پھر بھی شفا اور نجات کا سبب بنتا ہے۔ یہ مستثنیات ہوں گے جو ہم دیکھتے ہیں نہ کہ معمول۔ دو شعبوں (a) اور (b) میں انسان کی ناکامی کے باوجود خدا کا حرکت اور شفا دینا خدا کی حاکمیت کا دوسرا رخ ہے۔ خدا کی حاکمیت کو سمجھنے میں ایک ہی سکے کے دو رخ۔

ب، خدا کی حاکمیت اور ایمان کی مشق

میتھیو 13:58 58 اب اُس نے اُن کی بے اعتقادی کی وجہ سے وہاں بہت سے عظیم کام نہیں کئے۔

مرقس 6:5،6 5 اب وہ وہاں کوئی بڑا کام نہیں کر سکتا تھا، سوائے اس کے کہ اُس نے چند بیماروں پر ہاتھ رکھ کر اُن کو شفا دی۔ 6 اور اُس نے اُن کی بے اعتقادی کے سبب سے تعجب کیا۔ پھر وہ گائوں میں چکر لگا کر پڑھاتا رہا۔

یسوع اپنے ہی ملک ناصرت میں گھر واپس آ گیا تھا، جہاں وہ 30 سال کی عمر تک بڑھئی کے بیٹے کے طور پر پلا بڑھا تھا۔ بدقسمتی سے، اس کے اپنے ملک کے لوگ اس کا استقبال کرنے سے قاصر تھے کہ وہ کون تھا۔ اُنہوں نے اُسے ایک بڑھئی کے بیٹے کے طور پر دیکھا، بجائے اس کے کہ وہ خُدا کی طرف سے بھیجے گئے، شفا اور نجات کے لیے مسح کیا گیا ہو۔ ایسے ماحول میں، یسوع نے ان کے بے اعتقادی کی وجہ سے بہت سے عظیم کام نہیں کیے تھے۔

اگر خدا خود مختار ہے (تمام طاقتور، دوسروں سے بالاتر اور سب سے آزاد) اور جسے کوئی نہیں روک سکتا، تو پھر بھی وہ اپنے لوگوں سے ذاتی ایمان کا استعمال کیوں کرتا ہے اگر وہ اپنی زندگی میں اس کے زبردست کاموں کا تجربہ کرنا چاہتے ہیں؟

یہ متضاد معلوم ہو سکتا ہے، کہ ہمارا خدا قادر مطلق اور خود مختار ہے اور پھر بھی خدا ہمارے بے اعتقادی سے محدود ہو سکتا ہے۔ وہ عام طور پر کام نہیں کرتا اور اگر ایمان نہ ہو تو کام نہیں کر سکتا۔

اگر سب کچھ فضل کا مفت تحفہ ہے، تو یہ کیسے ہے کہ ہم انہیں صرف ایمان کے ذریعے حاصل کر سکتے ہیں؟ کیونکہ جیسا کہ ہم اسے سمجھتے ہیں، فضل خدا کے کردار کا ایک اظہار ہے جو ہم نے جو کچھ بھی کیا ہے اس سے آزاد ہے، جبکہ ایمان خدا پر ہمارے اعتماد اور بھروسے کا اظہار ہے۔

یہاں غور کرنے کے لئے کچھ چیزیں ہیں:

1) خدا نے اپنی حکمت میں یہ مناسب سمجھا کہ یہ دونوں بظاہر متضاد صفات ایک ساتھ رہیں۔ وہاں خدا کی ناقابل تردید حاکمیت کا دائرہ ہے اور یقینی طور پر اس کے متحرک نتائج کے ساتھ ذاتی ایمان کا لازمی اور لازمی عنصر موجود ہے۔

2) کچھ چیزیں ایسی ہیں جو مکمل طور پر خدا کی حاکمیت پر منحصر ہیں جیسے خدا کا ابدی مقصد اور زمانوں کے لئے اس کا منصوبہ۔ یہ کسی فرد کے عقیدے کے استعمال سے آزاد ہوں گے۔ اور پھر خدا کے انفرادی مقاصد ہیں جن کی تکمیل خدا کے ساتھ فرد کے تعاون پر منحصر ہے۔

3) اپنے تمام تحفوں کو آزادانہ طور پر اپنے فضل سے ہم تک پہنچاتے ہوئے اور پھر بھی ہر ایک کے لیے ایمان کے ساتھ ان کو حاصل کرنا ضروری بناتے

ہوئے، خُدا ہر شخص کو اپنی طرف سے حاصل کرنے کا "برابر موقع" دے رہا ہے۔ نسل، رنگ، سماجی یا معاشی حیثیت، اور ماضی کے تجربات سے قطع نظر، ہر شخص کے پاس یکساں موقع ہے کہ وہ اسے حاصل کرے جو خدا نے اپنے فضل سے ہمیں آزادانہ طور پر دیا ہے۔

4) ایمان کا دائرہ خدا کی مرضی اور مقصد سے متعین ہوتا ہے۔ اس سے باہر کام کرنا خدا کی خود مختار مرضی کے خلاف "کھٹکھٹانا" ہے، اور کوئی بھی ایسا کرنے میں کامیاب نہیں ہو سکتا۔

لہٰذا ہر مومن کے لیے یہ سیکھنا بالکل ضروری ہے کہ ایمان کے ساتھ زندگی کیسے گزاری جائے۔

پھر بھی خدا پر ایمان کے اس سکے کے دو رخ ہیں۔ عام طور پر، خدا نے خود مختاری سے یہ طے کیا ہے کہ وہ ہمیشہ ایمان کے جواب میں کام کرے گا۔ **"تمہارے ایمان کے مطابق، یہ تمہارے لیے ہو" (متی 9:29)** ایمان کے لیے اس کا ردعمل ہے۔ اس نے عام طور پر کام کرنے کا عزم کیا ہے۔ دوسری طرف، ایسے اوقات ہوتے ہیں جب خدا خود مختاری سے شفا اور نجات کے لیے حرکت کرتا ہے، یہاں تک کہ جب بظاہر کوئی ایمان نہ ہو۔ یہ ہوتے ہیں، لیکن یہ مستثنیات ہیں نہ کہ معمول۔

ج، ہم اس سچائی پر چلتے ہیں جو ظاہر ہو چکا ہے اور اس کی تلاش کرتے ہیں جو نامعلوم ہے۔

استثنا 29:29 پوشیدہ باتیں خداوند ہمارے خدا کی ہیں لیکن جو چیزیں ظاہر ہوتی ہیں وہ ہم پر اور ہماری اولاد کی ہیں تا کہ ہم اس شریعت کی تمام باتوں پر عمل کریں۔

امثال 25:2 بات کو چھپانا خدا کی شان ہے، لیکن بادشاہوں کی شان یہ ہے کہ کسی بات کو تلاش کریں۔

واعظ 1:13 اور میں نے اپنے دل کو حکمت سے تلاش کرنے اور تلاش کرنے کا ارادہ کیا جو آسمان کے نیچے ہو رہا ہے۔ یہ بوجھل کام خدا نے بنی آدم کو دیا ہے، جس کے ذریعے وہ استعمال کر سکتے ہیں۔

ہماری طرف سے یہ دعویٰ کرنا بالکل بے وقوفی ہو گی کہ ہمارے پاس تمام جوابات موجود ہیں۔ حقیقت یہ ہے کہ ہم ایسا نہیں کرتے۔ کسی ایسے شخص کی طرف اشارہ کرنا بہت غلط ہوگا جسے ہم جانتے ہیں کہ وہ خدا کا وفادار ہے، وہ جو خدا سے بہت پیار کرتا ہے اور یہاں تک کہ مسیح کی وجہ سے مر جائے گا، اور یہ کہے کہ وہ ایمان نہیں رکھتے۔ جب ہم اپنے کچھ بھائیوں کو دیکھتے ہیں، یہاں تک کہ جنہوں نے وفاداری کے ساتھ خدا کی خدمت کی ہے اور جو اس سے بہت پیار کرتے ہیں وہ درد، بیماری اور طویل بیماری کے نتیجے میں مرتے ہیں، اور ہم پوچھتے ہیں کہ "کیوں؟" پھر ہم صرف اتنا کہہ سکتے ہیں کہ "ہم نہیں جانتے"۔

ہم جو فیصلہ کرتے ہیں وہ یہ ہے کہ ہم اس سچائی کے مطابق زندگی گزاریں جو ہم جانتے ہیں۔ ہم اس پر قائم رہتے ہیں جو کلام ہمیں سکھاتا ہے۔ ہم اس سچائی سے سمجھوتہ نہیں کرتے جو واضح طور پر سامنے آ چکا ہے۔ اور پھر ہم تلاش کرتے رہتے ہیں کہ نامعلوم کیا ہے۔ اس کا مطلب یہ نہیں کہ ہم

ہر کیوں کا جواب ملے گا۔ ہم جس چیز کی تلاش کرتے ہیں وہ یہ ہے کہ ہم کیسے بن سکتے ہیں اور تجربہ کر سکتے ہیں جو خدا نے ہمارے لیے مقرر کیا ہے۔ وہ چاہتا ہے کہ ہم اپنے آقا اور خادم کی طرح بنیں جیسا کہ خداوند یسوع نے کیا تھا۔ ہم اُس میں بڑھنے کے طریقے کے جوابات تلاش کرتے ہیں۔

یہاں تک کہ تجربات کے درمیان جہاں ہمارے پاس فوری جوابات نہیں ہیں، ہم "دیکھنے سے نہیں بلکہ ایمان سے چلتے ہیں" (2 کرنتھیوں 5:7)۔

ایمان راضی ہے۔ جو نازل ہوا ہے اس کے مطابق زندگی گزارنا اور خدا کے بارے میں کیا معلوم ہے، باوجود اس کے تمام وسیع نامعلوم میں سے۔ ایمان کرتا ہے۔ اس بات کی اجازت نہ دیں جو نا معلوم ہو۔ جو معلوم ہے اس کو ختم کر دیں۔ ایمان اندھیرے کی اجازت نہیں دیتا روشنی ہم پر غالب کرنے سے باہر ہے. بلکہ ایمان اس روشنی کو سمجھتا ہے جو ہمارے پاس اس وقت موجود ہے اگلے قدم اٹھانے کے لیے کافی ہے، اگرچہ اندھیرے کی دنیا اس سے آگے کی ہو۔

ہم ان جوابات کی تلاش جاری رکھتے ہیں کہ ہمیں اپنے آخر میں کیا کرنے کی ضرورت ہے، شفا یابی اور نجات کی زیادہ مؤثر طریقے سے خدمت کرنے کے لیے جس طرح یسوع نے کیا تھا۔ ہم ان چیزوں کے لیے خُدا کے سامنے دباؤ ڈالتے رہتے ہیں جو ہم نہیں جانتے۔ اس نے وعدہ کیا ہے، ""مجھے پکارو، اور میں تمہیں جواب دوں گا، اور تمہیں وہ عظیم اور زبردست چیزیں دکھاؤں گا، جنہیں تم نہیں جانتے" (یرمیاہ 33:3)۔ سلیمان نے کہا، "میں نے اپنے دل کو جاننے کے لیے، حکمت اور چیزوں کی وجہ تلاش کرنے اور تلاش کرنے کے لیے..." (واعظ 7:25)۔ ہم مطالعہ جاری رکھتے ہیں، صحیفوں کو تلاش کرتے ہیں، روح کو سنتے ہیں، تاکہ ہم وہ بصیرت حاصل کریں جن کی ہمارے پاس اس وقت کمی ہے جو ہمیں زیادہ طاقت اور اختیار کے ساتھ خدمت کرنے میں مدد دے گی۔ خُداوند یسوع نے وعدہ کیا کہ اگر ہم اُس کے کلام پر قائم رہیں گے تو ہم "سچائی کو جان لیں گے، اور سچائی آپ کو آزاد کرے گی" (یوحنا 8:31،32)۔

ہم خُدا کے لیے مزید دباؤ ڈالتے رہتے ہیں۔

آخرکار، ہم خُداوند کے لیے محبت سے تحریک پاتے ہیں۔ ہم اُس سے پیار کرتے ہیں کیونکہ اُس نے پہلے ہم سے محبت کی تھی (1 یوحنا 4:19)۔ کوئی چیز اس کے لیے ہماری محبت کو کم نہیں کرتی۔ ہم اس سے محبت کرتے ہیں یہاں تک کہ جب ایمان کا امتحان لیا جاتا ہے اور امید کچلتی نظر آتی ہے۔ ہم جانتے ہیں کہ ایک دن ہمارا ایمان بینائی میں بدل جائے گا۔ ہماری امید پوری ہو جائے گی۔ اور

محبت جاری رہے گی۔ "اور اب ایمان، امید، محبت، ان تینوں پر قائم رہو؛ لیکن ان میں سب سے بڑی محبت ہے" (1 کرنتھیوں 13:13)۔

ہر ایک کو شفا کیوں نہیں ملتی؟

ہم آسانی سے تسلیم کرتے ہیں کہ ہر وہ شخص جس کی ہم خدمت کرتے ہیں وہ شفا یاب نہیں ہوتا۔ مجھے یقین ہے کہ ہر عظیم شفا بخش مبشر اور خدا کے مرد یا عورت نے اس کا سامنا کیا ہے اور اس سوال کا جواب دینے کے لئے بھی جدوجہد کی ہے کہ ہم ہر اس شخص کو کیوں نہیں دیکھتے ہیں جس کی ہم خدمت کرتے ہیں شفا یابی کرتے ہیں۔

اس طرح کے سوال کا جواب بہت ساپیکش ہے کیونکہ اصل حالات فرد سے فرد میں مختلف ہو سکتے ہیں۔ ہم تسلیم کرتے ہیں کہ ایسی کئی چیزیں ہو سکتی ہیں جو کسی شخص کو شفا یابی حاصل کرنے میں رکاوٹ بنتی ہیں۔ اس کی مختلف وجوہات ہو سکتی ہیں، کچھ ہمیں معلوم ہیں اور کچھ نامعلوم وجوہات۔

تاہم، ہم ان "ناکامیوں" پر کیسے رد عمل ظاہر کرتے ہیں یہ اہم ہے۔ ہمیں ہمیشہ یاد رکھنا چاہیے کہ کوئی بھی ناکامی ہماری طرف سے ہے، خدا کی طرف سے نہیں۔ خدا اپنے کلام پر سچا ہے۔ ہم خدا کی بادشاہی اور خدا کے کام کرنے کے طریقوں کے بارے میں سچائی کو سیکھنے اور دریافت کرنے کے مسلسل عمل میں ہیں۔ ہم میں سے کوئی بھی اپنے علم میں کامل نہیں ہے۔ ہمیں اُس کے کلام اور اُس کی روح کے ذریعے چھپی سچائی کو دریافت کرنے کے لیے دباؤ جاری رکھنے کی ضرورت ہے، تاکہ ہم اُس کی زیادہ درست نمائندگی کر سکیں اور اُن کاموں کو کر سکیں جو اُس نے ہمارے لیے مقرر کیے ہیں۔

یہ ہیں۔

کچھ ایسا کریں/نہ کریں جب ہمیں ایسے حالات کا سامنا کرنا پڑتا ہے جہاں ہم جن لوگوں کی خدمت کرتے ہیں وہ شفا یاب نہیں ہوتے:

سچائی پر سمجھوتہ نہ کریں۔

ہمیں سچائی پر سمجھوتہ نہیں کرنا چاہیے۔ ہم خُدا کی فطرت، خُدا کے کلام اور صلیب پر مسیح کے مکمل کام کے بارے میں اپنی سمجھ کو تبدیل نہیں کرتے ہیں۔ یہ مطلق ہیں۔ خدا کون ہے، اس نے کیا وعدہ کیا ہے اور جو مسیح پہلے ہی صلیب پر پورا کر چکا ہے وہ تبدیل نہیں ہوگا۔ ہمیں اپنے تجربے کو ایڈجسٹ کرنے کے لیے اپنے الہیات میں ترمیم کرنے کے لالچ سے انکار کرنا چاہیے۔ بلکہ ہمیں اپنے

تجربے کی سطح کو خدا کے کلام کے معیار کے مطابق کرنے کے لیے دباؤ ڈالنا چاہیے۔

قیاس آرائی نہ کریں، بس تسلیم کریں "میں نہیں جانتا"

چونکہ ہمارے پاس تمام جوابات نہیں ہیں، اس لیے ہمیں قیاس آرائی اور جاننے کا بہانہ نہیں کرنا چاہیے۔ جب ہمیں یقین نہ ہو، تو ہمیں ایسے بیانات دینے سے گریز کرنا چاہیے جیسے کہ "آپ کے پاس کافی ایمان نہیں ہے،" "کچھ پوشیدہ گناہ ہے،" "کچھ نسلی لعنتیں ہیں،" وغیرہ۔ لاعلمی کی بات کرتے ہوئے ہم لوگوں کو تکلیف پہنچا سکتے ہیں۔ یہ کہنا کافی ہے، "میں نہیں جانتا کہ آپ کو شفا کیوں نہیں ملی لیکن آپ کے لئے خدا کی محبت یقینی ہے اور اس کی مرضی یہ ہے کہ وہ آپ کی بھلائی چاہتا ہے۔"

خدا سے بصیرت مانگیں اور فرد کی خدمت کرتے رہیں

یہ سچ ہے کہ ہر وہ شخص شفا نہیں پاتا جس کے لیے ہم دعا کرتے ہیں۔ لیکن اس سے ہمیں ہر ممکن شخص کو شفا اور نجات دلانے کے لیے دباؤ ڈالنے اور اپنی پوری کوشش کرنے سے نہیں روکنا چاہیے۔ ہم دعا کرتے رہتے ہیں اور جب بھی ممکن ہو اس فرد کی خدمت کے لیے مختلف طریقوں کی کوشش کرتے ہیں۔ ہم فرد کی حوصلہ افزائی کرتے ہیں کہ وہ خُدا کی طرف دباؤ جاری رکھیں، دعا کرتے رہیں، یقین رکھتے رہیں، اپنی شفایابی کے لیے خُدا کی حمد کرتے رہیں اور خُدا کے کلام کو مضبوطی سے تھامے رکھیں۔ خُدا سے بصیرت مانگیں، روح کے اُن تحفوں کے لیے جو اُن چیزوں کو ظاہر کرے گی جو شفا یابی اور نجات میں رکاوٹ ہیں۔ بعض اوقات فرد کو کسی گناہ سے توبہ کرنے، یا کسی دوسرے شخص کو معافی جاری کرنے کی ضرورت پڑسکتی ہے۔ روح القدس کے بارے میں حساس بنیں اور اس کے ساتھ بہہ جائیں جو خدا کا روح ظاہر کرتا ہے۔

خدا کی تسبیح کرو، شرط نہیں۔

ہمیں خدا کی تسبیح کرنی ہے اور شرط نہیں۔ کبھی بھی بیماری یا شیطان کے جابرانہ کام کی بڑائی نہ کریں۔ کوئی بیماری کوئی شیطانی کام ہمارے خدا سے بڑا نہیں ہے۔ صرف اس وجہ سے کہ ہم نے شفا یا نجات نہیں دیکھی، ہمیں یہ محسوس

نہ ہونے دیں کہ یہ ہمارے خدا کے لیے بہت مشکل تھے۔ ہمارے خدا کے لیے کچھ بھی مشکل نہیں ہے۔ ہمیں صرف یہ سیکھنے کی ضرورت ہے کہ اس کی طاقت کو زیادہ مؤثر طریقے سے کیسے جاری کیا جائے۔ حالت کے باوجود، ہم خوش ہوتے ہیں، ہم ہمیشہ دعا کرتے ہیں اور ہر چیز میں شکر ادا کرتے ہیں (1 تھیسالونیکیوں 18-5:16) کیونکہ ہم جانتے ہیں کہ وہ کون ہے۔

"کے باوجود" نہیں "کی وجہ سے"

خدا کسی شخص کو بیماری، جسمانی بیماریوں، کسی بھی جسمانی پریشانی کے باوجود استعمال کر سکتا ہے۔ تاہم، اس کا خود بخود یہ مطلب نہیں ہے کہ وہ جس حالت میں ہیں وہی خدا ان کے لیے بہترین ہے۔ خُدا اُنہیں اُن کی بیماری یا بیماری کی وجہ سے استعمال نہیں کر رہا ہے۔ خدا حالات کے باوجود کام کرتا ہے۔ وہ بیماری حدود سے محدود نہیں ہے۔ وہ اپنے مقصد اور یسوع مسیح میں ہمیں دیئے گئے فضل کی وجہ سے کام کرتا ہے (2 تیمتھیس 1:9)، بیماری یا کوئی بیماری نہیں! اس لیے وہ خدا ہے! لہٰذا جب خدا کسی شخص کو اس کی بیماری یا بیماری کے باوجود استعمال کرتا ہے، تو ہم خدا کی تسبیح کرتے ہیں نہ کہ بیماری کی۔ وہ بیماری اب بھی ایسی چیز ہے جس سے ہمیں لڑنے اور مزاحمت کرنے کی ضرورت ہے۔

مزید کے لیے دباتے رہیں!

کوئی بھی ناکامی ہماری طرف ہے، خدا کی نہیں۔ اس کے مسح اور مکاشفہ کے مزید کے لیے دباؤ ڈالتے رہیں کہ کس طرح "سب" اور "جتنے لوگوں" کو شفا دی جائے، بالکل اسی طرح جیسے یسوع نے کیا تھا۔ وہ ہمارا معیار ہے۔ ہمیں اس کے کاموں اور اس سے بھی بڑے کام کرنے کے لیے دباؤ ڈالنا چاہیے۔

کم از کم دو دیگر متعلقہ سوالات ہیں جنہیں ہم یہاں حل کر سکتے ہیں: کچھ شفایابی بتدریج کیوں ہوتی ہے؟ اور کچھ شفایابی جزوی اور مکمل کیوں نہیں ہوتی؟

کچھ شفایابی بتدریج کیوں ہوتی ہے؟

یسوع کی وزارت میں، ایک واقعہ کے علاوہ جہاں اس نے ایک نابینا آدمی کو دو بار چھوا، ہم دیکھتے ہیں کہ دیگر تمام شفا یابی اور نجات فوری طور پر ہوتی ہے۔ تاہم، جب ہم خدمت کرتے ہیں، تو کئی بار ایسے ہوتے ہیں، جب وقت کے ساتھ ساتھ شفا یابی ہوتی ہے۔ ایک بار پھر اس سوال کا جواب واقعی ایک ساپیکش ہے اور انفرادی حالات پر منحصر ہے۔ بہت سے معاملات میں، ہم نہیں جانتے کہ چیزیں فوری طور پر ہونے کی بجائے آہستہ آہستہ کیوں ہوتی ہیں۔ تاہم، ہمارا جواب یہ ہونا چاہیے کہ کام مکمل ہوا، چاہے اس میں کتنا وقت لگے۔ ہم بہتری کے ہر مرحلے کا جشن مناتے ہیں جو ہم راستے میں دیکھتے ہیں۔ ہمیں بحالی میں ہر چھوٹی پیش رفت کے لیے خُداوند کا شکر گزار ہونا چاہیے جو ہم دیکھتے ہیں، خُدا کی حمد کرتے رہیں اور مکمل شفا یابی اور نجات کو دیکھنے کے لیے دباؤ ڈالتے رہیں۔

مرقس 8:22-26 22 پھر وہ بیت صیدا آیا۔ اور وہ ایک اندھے کو اس کے پاس لائے اور اس سے منت کی کہ اسے چھوئے۔ 23 سو وہ اندھے کا ہاتھ پکڑ کر شہر سے باہر لے گیا۔ اور جب اُس نے اُس کی آنکھوں پر تھوکا اور اُس پر ہاتھ رکھا تو اُس نے اُس سے پوچھا کہ کیا اُس نے کچھ دیکھا؟ 24 اور اُس نے نظر اُٹھا کر کہا، میں آدمیوں کو درختوں کی طرح چلتے ہوئے دیکھتا ہوں۔ 25 پھر اُس نے دوبارہ اُس کی آنکھوں پر ہاتھ رکھ کر اُسے اوپر دیکھا۔ اور وہ بحال ہوا اور سب کو صاف دیکھا۔ 26 تب اُس نے اُسے اُس کے گھر بھیج دیا اور کہا کہ نہ تو شہر میں جانا اور نہ شہر میں کسی کو بتانا۔

یسوع اس اندھے آدمی کو اس کی خدمت کے لیے شہر سے باہر کیوں لے گیا؟ اور، کیوں یسوع کو اس کی بینائی مکمل طور پر بحال ہونے سے پہلے اسے دو بار چھونا پڑا؟ یسوع نے اسے کیوں کہا کہ وہ شہر میں واپس نہ جائے یا شہر میں کسی کو نہ بتائے؟ تمام بہت دلچسپ سوالات۔

یسوع کے کم از کم چار شاگرد بیت صیدا سے آئے تھے۔ اینڈریو، شمعون پطرس، فلپ اور نتن ایل بیت صیدا کے شہر سے تھے (یوحنا 1:44)۔ بیت صیدا اُن شہروں میں سے ایک تھا جسے خُداوند یسوع نے اُن کے اُن عظیم معجزات کا جواب دینے کے لیے تیار نہ ہونے پر ملامت کی تھی جو اُنہوں نے دیکھے تھے (متی 11:21-26)۔ یہ ظاہر ہے کہ یہ شہر یسوع کے معجزات کے لیے بے اعتقاد اور ناقابل قبول تھا، ممکنہ طور پر ان کے "عقلمند اور ہوشیار" (متی 11:25) لوگوں کی وجہ سے جنہوں نے پھر شہر کے باقی رہائشیوں کو خراب کیا۔ کم از کم ایک اور موقع پر، جیرس کے گھر میں، ہم خُداوند یسوع کو اُن تمام لوگوں کو نکالتے ہوئے دیکھتے ہیں جنہوں نے تمسخر اُڑایا، جو اُس کی خدمت کے لیے بے اعتقاد اور ناقابل قبول تھے (مرقس 5:40)۔

اگرچہ حوالہ یہ بیان نہیں کرتا ہے، لیکن یہ بہت ممکن ہے کہ خداوند یسوع نے اس آدمی کو شہر سے باہر لے جایا اور پھر اس کی خدمت کی، اور اسے شہر میں واپس نہ جانے یا شہر کے لوگوں کو بتانے کی ہدایات بھی دی، اس کو الگ کرنا تھا اور اسے شہر میں موجود بے ایمانی اور قبولیت کی کمی سے محفوظ رکھنا تھا۔ بالکل اسی وجہ سے کہ خداوند یسوع نے پطرس، جیمز اور یوحنا اور لڑکی کے والدین کے علاوہ کسی کو اجازت نہیں دی کہ وہ جیرس کی بیٹی کو دوبارہ زندہ کرنے کے وقت آس پاس ہوں۔ نابینا افراد کے شفا یابی کے دیگر معاملات میں، خداوند یسوع نے آزادانہ طور پر خدمت کی، ان کے ایمان کے جواب میں ان کی بینائی بحال کی۔ جبکہ مرقس 8 کا حوالہ بیت صیدا کے اس نابینا آدمی میں ایمان (یا اس کی کمی) کا کوئی ذکر نہیں کرتا، لیکن یہ ممکن ہے کہ وہ شہر میں موجود بے اعتقادی سے متاثر ہوئے ہوں۔ اس کے ایمان کی حوصلہ افزائی ہوئی جب اس نے اپنی آنکھوں کی جزوی بہتری دیکھی اور وہ مکمل بحالی کے لیے یقین کرنے کے قابل ہوگیا۔

بیت صیدا کے نابینا شخص کے ساتھ اس واقعے سے شاید کچھ سبق حاصل ہو جائیں، وہ یہ ہے کہ ہم لوگوں کو شک اور کفر کے ماحول سے الگ کرنا سیکھتے ہیں تاکہ ان کے ایمان کی مدد کی جا سکے۔ ہم لوگوں کے ایمان کی حوصلہ افزائی بھی کرتے ہیں حتیٰ کہ ان کی جسمانی حالت میں بتدریج بہتری آتی ہے اور شفاء مکمل ہونے تک دباؤ ڈالتے ہیں۔

کچھ شفایابی جزوی اور مکمل کیوں نہیں ہوتی؟

ایک اور چیز جو ہم شفا یابی کی خدمت کرتے وقت دیکھ سکتے ہیں وہ یہ ہے کہ بعض اوقات متعدد مسائل میں مبتلا افراد بعض حالات سے شفا پاتے ہیں اور ان کے جسم میں دیگر بیماریاں برقرار رہتی ہیں۔ یہاں ایک بار پھر ہمارے پاس وہ تمام وجوہات نہیں ہوں گی جن کی وجہ سے مکمل شفا یابی نہیں ہوئی۔ ہمیں بحالی میں ہر چھوٹی پیش رفت کے لیے خُداوند کا شکر ادا کرنا چاہیے جو ہم دیکھتے ہیں، خُدا کی حمد کرتے رہیں اور مکمل شفا اور نجات کو دیکھنے کے لیے دباؤ ڈالتے رہیں۔ فرد کی حوصلہ افزائی کرنا جاری رکھیں اور کسی بھی طرح سے کسی کو شرمندہ یا مذمت نہ کریں۔ خدا سے پوچھنا جاری رکھیں کہ وہ ظاہر کرے کہ فرد کی خدمت کیسے کی جائے اور یہ ظاہر کریں کہ مکمل شفایابی کو دیکھنے کے لیے کیا کرنے کی ضرورت ہے۔

یہ ممکن ہے کہ مختلف حالات کی وجوہات مختلف ہوں۔ ایک مکمل طور پر جسمانی بیماری ہو سکتی ہے جس کے علاج کی ضرورت تھی اور وہ فوراً ٹھیک

ہو گئی تھی۔ ایک اور حالت کمزوری کی ضدی روح کے ساتھ شیطانی ہو سکتی ہے جسے باہر نکالنے کی ضرورت ہے تاکہ شفاء آسکے۔

شاید ایک شرط کو کمزوری کے جذبے سے نکال کر نمٹا جا سکتا ہے، جب کہ دوسری حالت کے ٹھیک ہونے کے لیے، یہ ممکن ہے کہ ہمیں صرف ان کے دلوں میں ایمان کی حوصلہ افزائی کرنے کی ضرورت ہو تاکہ وہ حاصل کر سکیں۔

ہمیں روح القدس کی رہنمائی اور ہدایت کے بارے میں حساس ہونے کی ضرورت ہے کہ کس طرح فرد کو خدا کی طاقت کی بہترین خدمت کی جائے۔

تین دل کے رویے جو خدا کو معجزات کرنے کی اجازت دیتے ہیں۔

ABCDE اور F کے علاوہ جس کا ہم نے پہلے ذکر کیا ہے، شفا یابی اور نجات دونوں کے وزیر کے ساتھ ساتھ لوگوں کو شفا اور نجات حاصل کرنے کے لیے تیار رہنے کی ترغیب دینے کے لیے، دل کے تین اہم رویے ہیں: ایمان، توقع اور شدید خواہش۔

لوگوں کی خدمت کرتے وقت، ہمیں ایمان، توقع اور شدید خواہش کے ساتھ چلنا چاہیے۔ ہم اپنے دلوں میں ایمان کے ساتھ شفا یابی اور نجات کی خدمت کرتے ہیں۔ ہمارا بے اعتقادی خدا کی قدرت کی راہ میں رکاوٹ بن سکتا ہے جو ہم میں سے بہتی ہے۔ ہمیں لوگوں کے ٹھیک ہونے کی امید رکھنی چاہیے۔ توقع ہے کہ لوگوں کو پہنچایا جائے گا اور مکمل کیا جائے گا۔ لوگوں کو تندرست، تندرست اور خُدا کے جلال کے لیے آزاد ہوتے دیکھنے کی شدید خواہش رکھیں۔

جیسا کہ ہم لوگوں کی خدمت کرتے ہیں، ہمیں ان کی مدد کرنے کی ضرورت ہے کہ وہ ایمان، توقعات اور مکمل ہونے کی شدید خواہش رکھتے ہوں۔ ہم کلام، دعا اور عبادت کے ذریعے ان کی حوصلہ افزائی کرتے ہیں۔ خون کے مسئلے والی عورت کی طرح، ہمیں لوگوں کی حوصلہ افزائی کرنی چاہیے کہ وہ ایمان کے ساتھ کچھ ہونے کی توقع رکھیں۔ کنعانی عورت کی طرح ہمیں لوگوں کو ان کی شفا یابی اور نجات حاصل کرنے کے لیے پرعزم ہونے کی ترغیب دینی چاہیے۔

شفا یابی حاصل کرنے میں رکاوٹیں

اگرچہ یہ "روڈ بلاکس" یا شفا یابی اور نجات حاصل کرنے میں رکاوٹوں کی مکمل فہرست نہیں ہے، ہمیں ان سے آگاہ ہونے کی ضرورت ہے، جیسا کہ ہم لوگوں کی خدمت کرتے ہیں۔ اگر ہم تسلیم کرتے ہیں کہ ان میں سے ایک یا زیادہ رکاوٹیں موجود ہیں، تو ہمیں ان سے محبت اور حوصلہ افزا انداز میں حل کرنا چاہیے۔ خدمت کرتے وقت کبھی بھی فرد پر تنقید، مذمت، الزام یا شرمندگی نہ کریں۔ ہمیں

لوگوں کی زندگیوں میں "خدا" کی جگہ لینے کی کوشش نہیں کرنی چاہیے۔ ہم صرف مٹی کے برتن ہیں جو اپنے آپ کو خدا کے ہاتھوں میں اس کے مقاصد کے لیے استعمال کرنے کے لیے مہیا کرتے ہیں۔

- **علم کی کمی (ہوسیع 4:6، یسعیاہ 5:13)**
- **ایمان کی کمی (مرقس 6:5،6)**

بیماری کو خدا کی مرضی سمجھنا۔

- **صحت یاب ہونے کی مستقل خواہش کی کمی۔ واقعی اچھا نہیں ہونا چاہتا۔ شاید لوگوں کی ہمدردی اور توجہ سے لطف اندوز ہوں۔ شاید ایک بار جب وہ ٹھیک ہو جائیں تو معمول کی ذمہ داریوں کے ساتھ زندگی گزارنے کا خوف۔**
- **بیماری کے خلاف مزاحمت میں غیر فعال ہونا (غلط کرنسی جو ایک غیر فعال عقیدے کی طرف لے جاتی ہے: "اگر یہ خدا کی مرضی ہے، تو وہ مجھے شفا دے گا،" "خدا اپنے وقت پر شفا دے گا،" "جو کچھ بھی ہوتا ہے خدا کی مرضی ہے،" وغیرہ)۔**
- **دل کے غلط رویے: غصہ، ناراضگی، حسد، معافی، تلخی وغیرہ۔ امثال 14:30 صحت مند دل جسم کے لیے زندگی ہے، لیکن حسد ہڈیوں کے لیے بوسیدہ ہے۔ امثال 17:22 خوش مزاج دل دوا کی طرح اچھا کرتا ہے، لیکن ٹوٹا ہوا دل ہڈیوں کو خشک کر دیتا ہے۔**
- **تباہ کن طرز زندگی: اگر کوئی شخص ایسی چیزیں کرتا رہتا ہے جو اس کی صحت کے لیے خود تباہ کن ہیں، جیسے شراب، تمباکو نوشی، منشیات وغیرہ۔**
- **دیگر نامعلوم: ہم ہر اس وجہ کو نہیں جانتے جو کسی شخص کو شفا یابی اور نجات حاصل کرنے میں رکاوٹ بن سکتی ہے۔ لہذا ہم روح القدس کو سننا سیکھتے ہیں اور وہ ہمیں دکھائے گا کہ مخصوص حالات میں کیا کرنا ہے۔**

ایک کہانی _ خوف کے جذبے کی گرفت کو توڑنا از برو شیمباچ۔

جنوبی فلاڈیلفیا کی سڑکوں پر چلنا

بائبل کہتی ہے، ”خدا نے ہمیں خوف کی روح نہیں دی ہے...“ (2 تیمتھیس 1:7)۔ یہ یہ بھی کہتا ہے، "...خوف میں عذاب شامل ہے..." (1 جان 4:18)۔ لہذا، میں یہ نتیجہ اخذ کر سکتا ہوں کہ خوف ایک اذیت ناک روح ہے۔ خدا کے بہت سے لوگ خوف کی اس اذیت ناک روح سے جکڑے ہوئے ہیں، یہاں تک کہ جب وہ کلام کی منادی سنتے ہیں۔

خوف ایمان کے خلاف ہے۔ یہ آپ کو ایک مسیحی کے طور پر فعال ہونے سے روک سکتا ہے۔ اگر آپ خوف کے جذبے سے جکڑے ہوئے ہیں، تو مجھے

آپ کو بتانے کی ضرورت نہیں ہے۔ آپ کو نجات کے معجزے کی ضرورت ہے۔ اور میرے پاس اچھی خبر ہے — خدا چاہتا ہے کہ آپ اپنی زندگی میں خوف سے چھٹکارا پائیں اور آپ کو آزاد کرنے کے لیے تیار اور تیار ہے۔

ایک بار، جب میں فلاڈیلفیا میں تھا، میری ملاقات ایک عورت سے ہوئی جسے **خوف کا مسئلہ تھا۔**

میں پرائیویٹ انٹرویو لیتا تھا جہاں لوگ آکر مجھ سے ایک دوسرے سے مل سکتے تھے۔ یہ خاتون تاثر دینے کی کوشش میں آئی۔ وہ تھوڑی سی زبان سے بولی اور پھر بیٹھ گئی۔

میں نے کہا، "میں آپ کے لیے کیا کر سکتا ہوں؟"

اس نے کہا، "میں آپ کے لیے دعا کرنے آئی ہوں۔"

میں نے کہا، "میں دن میں نماز نہیں پڑھتا، میں رات کو نماز پڑھتا ہوں، تم دیکھو، ہم دن کے وقت تبلیغ کرتے ہیں تاکہ تمہارے ایمان کو ابھاریں، پھر جب ایمان زندہ ہو تو ہم رات کی خدمت میں تم پر ہاتھ ڈالتے ہیں۔"

اس نے کہا، "ٹھیک ہے، میں رات کو نہیں آ سکتی۔"

میں نے کہا، "کیا آپ کام کر رہے ہیں؟"

"نہیں۔"

"کیا آپ کے پاس کوئی ملاقات ہے؟"

"نہیں۔"

"تو پھر آج رات واپس آجاؤ،" میں نے اسے بتایا۔

"میں واپس نہیں آ رہا ہوں۔"

میں نے کہا، "ٹھیک ہے، میں نماز نہیں پڑھ رہا ہوں۔"

یہ سخت معلوم ہو سکتا ہے، لیکن میں جانتا تھا کہ وہ مجھ سے کچھ چھپا رہی ہے۔ میں نے اسے اپنی روح سے سمجھا۔ تو میں نے اس سے پوچھا، "تمہارا مسئلہ کیا ہے؟ میں جاننا چاہتا ہوں۔"

اس نے کہا، "ٹھیک ہے، مجھے ہائی بلڈ پریشر ہے، اور مجھے شوگر کی بیماری ہے۔" "کیا یہ سب ہے؟" میں نے کہا۔

"ہاں، یہ ہے،" اس نے جواب دیا۔

میں نے کہا، "نہیں، آپ مجھ سے جھوٹ بول رہے ہیں، آپ مجھے کہہ رہے ہیں کہ آپ آج رات نہیں آ سکتے، آپ کے نہ آنے کی وجہ یہ ہے کہ آپ خوف کے جذبے سے جکڑے ہوئے ہیں۔"

اس نے کہا، "تمہیں کیسے معلوم ہوا؟"

سنو وہ خدا کی اولاد تھی۔ وہ رب سے پیار کرتی تھی۔ لیکن وہ پھر بھی خوف کے جذبے سے جکڑی ہوئی تھی۔

اس نے کہا، "میں پچھلے بارہ سال سے رات کو گھر سے باہر نہیں نکلتی۔ اوہ، شمباچ بھائی، یہ روح مجھے ستاتی ہے۔"

میں نے کہا، "دیکھو، آج رات تک ٹھہرو۔ ساتھ ہی جاؤ اور ایک سینڈوچ خریدو، یہیں رہو، اور میں آج رات تمہارے لیے دعا کروں گا، میں اس خوف کی روح سے چھٹکارا حاصل کروں گا، خدا نے مجھے شیطانوں کو نکالنے کی طاقت دی ہے، اور میں تمہیں اس بد روح سے آزاد کروں گا جو تمہارے دماغ کو اذیت دے رہی ہے۔ اگر تم ٹھہرو گے، اور خدا تمہیں ذاتی طور پر گھر نہیں لے جائے گا اور میں اپنی بیوی کو نہیں پہنچاؤں گا۔"

اس نے کہا، "کیا تم ایسا کرو گے؟"

میں نے کہا، "میں یہ کروں گا۔ پہلے آپ کے گھر بھی جاؤں گا۔ آپ گاڑی میں اپنی بیوی کے ساتھ رہ سکتے ہیں۔ میں ہر لائٹ آن کر دوں گا، صوفے اور کرسیوں کے پیچھے دیکھوں گا، اپنی الماری کھولوں گا، اور اس بات کو یقینی بناؤں گا کہ آس پاس کوئی نہیں ہے۔"

وہ قائل تھی۔ اس نے کہا، "ٹھیک ہے، اگر تم ایسا کرو گے تو میں رہوں گی۔"

اس رات منادی کرنے کے بعد، میں نے اسے سب سے پہلے دعا کے لیے بلایا۔ میں نے اس پر ہاتھ رکھا اور خدا کی قدرت نے اسے مارا اور اس کی پیٹھ پر اس کا فلیٹ گرا دیا۔ میں نے اس رات تقریباً 500 لوگوں پر ہاتھ ڈالے۔

یہ سب ختم ہونے کے بعد، میں اور میری بیوی اس عورت کو ڈھونڈ رہے تھے کیونکہ میں نے اسے گھر پر سواری دینے کا وعدہ کیا تھا۔ لیکن میں اسے کہیں نہیں مل سکا! میں باہر بھاگا اور ساری جگہ دیکھتا رہا۔ میں نے کہا، "اوہ، رب، مجھے اس عورت کو ڈھونڈنا ہے۔" میں نے کبھی نہیں کیا۔

اگلی رات وہ چیختے چلاتے اور خوش ہوتے ہوئے میٹنگ میں واپس آئی۔ رات کو!

میں نے کہا، "یہاں اوپر آو، مجھے معلوم ہے کہ تمہارے پاس گواہی ہے۔"

اس نے لوگوں کو وہ کہانی سنائی جو میں نے تمہیں سنائی تھی۔ اس نے کہا، "میں جانتی ہوں کہ برادر شیمباچ نے مجھے بتایا تھا کہ وہ اور اس کی بیوی مجھے کل رات گھر لے جائیں گے۔ لیکن مجھے انہیں مجھے گھر لے جانے کی ضرورت نہیں تھی کیونکہ جب اس نے مجھ پر ہاتھ رکھا تو وہ خوف کا شیطان وہاں سے چلا گیا۔ خدا نے مجھے چھڑایا اور مجھے آزاد کر دیا! میں گھر کا پورا راستہ پیدل چلی گئی۔"

میں نے کہا، "تم چل رہے ہو؟ فلاڈیلفیا میں؟"

اب میں گھبرا رہا تھا! وہ جنوبی فلاڈیلفیا میں تیس بلاکس کے فاصلے پر رہتی تھی۔ اس کا مطلب تھا کہ وہ شہر کے بدترین حصے سے گزر چکی تھی! یہ وہی عورت تھی جو رات کو باہر نکلنے سے ڈرتی تھی!

اس نے کہا، "میں صبح تقریباً تین بجے وہاں پہنچی۔ میں نے چابی کو کنڈی میں ڈال دیا، لیکن مجھے اتنا اچھا لگا کہ میں نے اسے واپس نکالا اور رات بھر

یہ کہتے ہوئے گلیوں میں پھرتی رہی، 'شیطان، تم جھوٹے ہو، میں اب تم سے نہیں ڈرتی!'

خدا نے اسے خوف سے نجات دلائی! اگر آپ خوف کی روح سے جکڑے ہوئے ہیں، تو وہ آپ کے لیے بھی ایسا ہی کرنا چاہتا ہے۔ تمہیں اب ڈرنے کی ضرورت نہیں ہے۔ آپ پلٹ سکتے ہیں اور اعتماد کے ساتھ دشمن کا سامنا کر سکتے ہیں کیونکہ خدا آپ کے ساتھ ہے!

مجھے آپ کے لیے دعا کرنے دو:

باپ، یسوع کے نام پر، میں آپ کے پاس اس قاری کی طرف سے آیا ہوں جو خوف سے جکڑا ہوا ہے۔ اس اختیار کے لیے آپ کا شکریہ جو آپ نے مجھے شیطانوں پر دیا ہے۔ خوفزدہ، تڑپنے والی روح، میں آپ کو یسوع کے ذریعے حلف دیتا ہوں۔ اس شخص کی زندگی پر اپنی گرفت کو کھو دیں۔ میں اسے یسوع کے نام پر حکم دیتا ہوں۔ خُداوند، اُسے نجات کا معجزہ دے، اور اُسے دشمن کے خلاف کھڑے ہونے کی طاقت عطا فرما۔ یسوع کے نام پر، میں اسے ہو گیا کہتا ہوں۔ آمین ثم آمین۔

خود سے نجات کے لیے مختصر دعا۔

"خداوند یسوع مسیح، مجھے یقین ہے کہ آپ میرے گناہوں کے لیے صلیب پر مرے اور مُردوں میں سے دوبارہ جی اُٹھے۔ آپ نے مجھے اپنے خون سے چھڑایا اور میں آپ کا ہوں، اور میں آپ کے لیے زندہ رہنا چاہتا ہوں۔ میں اپنے تمام معلوم اور نامعلوم گناہوں کا اعتراف کرتا ہوں۔ میں ان سب کے لیے معذرت خواہ ہوں، میں ان سب کو ترک کرتا ہوں۔ میں باقی سب کو معاف کرتا ہوں جیسا کہ میں چاہتا ہوں کہ آپ مجھے معاف کریں اور یسوع کے خون کے لیے مجھے معاف کریں۔ مجھے اب تمام گناہوں سے پاک کرتا ہے اور میں اب آپ کے پاس آیا ہوں کہ آپ میری خاص ضرورتوں کو جانتے ہیں ۔ وہ چیز جو باندھتی ہے، وہ بد روح، وہ ناپاک روح ۔ میں آپ کے وعدے کا دعویٰ کرتا ہوں، "جو بھی رب کا نام لے گا وہ نجات پائے گا۔" میں اب آپ کو خداوند یسوع مسیح کے نام پر پکارتا ہوں، مجھے نجات دیتا ہوں، میں آپ کو اور آپ کے تمام کاموں کو چھوڑتا ہوں، اور میں آپ کو یسوع کے نام پر چھوڑنے کا حکم دیتا ہوں۔

اسے اپنے دل سے آنے دو اور خداوند کی نجات کو دیکھو!

کیا آپ بیمار ہیں یا بحالی کی ضرورت ہے؟

ان لوگوں کے لیے جو کسی بھی شکل یا شکل میں بیمار یا بیمار ہیں، یا نجات کی ضرورت ہے؟ یا بحالی، برائے مہربانی ایمان کے ساتھ نیچے کے نقطے کو چھوئے (ایمان آپ کی موجودہ صورتحال کا صحیح مثبت نتیجہ دیکھ رہا ہے، یہ جانتے ہوئے کہ یسوع نے 2000 سال سے زیادہ پہلے آپ کی شفا یابی اور نجات، بحالی کو ڈاؤن پیمنٹ کے طور پر محفوظ کرنے کے لیے اپنا کردار ادا کیا ہے، یہ بھروسہ کرتے ہوئے کہ ڈاؤن پیمنٹ آپ کے لیے دستیاب ہے، جیسا کہ آپ کے چیکنگ اکاؤنٹ میں مثبت بیلنس ہے، جیسا کہ ہم نے آپ کے نام سے کوئی سوال نہیں پوچھا، ہم آپ کے نام سے متفق نہیں ہوں گے۔ یسوع مسیح، آمین)

اختیار کے ساتھ، آپ نے مجھے اور ان کو عطا کیا ہے، میں اب اس اختیار کو دشمن کے خلاف غصے اور بھوک کے ساتھ ایمان کے ساتھ استعمال کرتا ہوں کہ جو کچھ آپ نے ان سب کو مفت میں دیا ہے، میں ہر بیماری، ہر بیماری پر لعنت بھیجتا ہوں، چاہے وہ کینسر ہو، کووڈ 19، کمزوری کا جذبہ ہو، شیطانی قبضے کا ہو یا جبر کا، خدا نے پہلے سے ہی طے کر رکھا ہے کہ اس کی روح کو پورا کرنے اور اس کی تعیین کو پورا کرنے کے لیے کیا ہے۔ جاری ہم بے ضابطگی کے خلاف آتے ہیں، میں ان کو پابند کرتا ہوں، ہم ان کی جڑ تک لعنت بھیجتے ہیں اور ہم انہیں یسوع مسیح کے نام پر اختیار سے نکال دیتے ہیں۔ آمین ہم یسوع مسیح کے طاقتور نام پر ان کی زندگیوں میں شفا یابی، نجات اور بحالی کی رہائی کا مطالبہ کرتے ہیں۔ ان شہادتوں کے لیے خُداوند کا شکر ہے جو آپ کی شان و شوکت اور تعظیم کے لیے قائم ہیں۔ ان روحوں کے لیے آپ کا شکریہ جو اس پیغام کے نتیجے میں آپ کی بادشاہی میں شامل ہو رہے ہیں، وہ معجزات جو ہم ابھی پہلے ہی دیکھ رہے ہیں اور یسوع کے نام پر آپ کے جلال کے لیے ظاہر ہو رہے ہیں، آمین۔ یہ ہو گیا ہے! خوشیاں منائیں!

رابطے کے نقطہ کے طور پر نمایاں کردہ اس جگہ کو چھوئیں اور اپنے منہ سے اعتراف کریں - میں شفایاب ہوں، میں نجات پا گیا ہوں اور میں اپنی روح، روح، جسم اور اپنے ارد گرد یسوع مسیح کے نام پر بحال ہو گیا ہوں، آمین!!!

وہ کرنا شروع کریں جو آپ پہلے نہیں کر سکتے تھے اور مکمل شفایابی تک اعتراف کرنا شروع کریں، نجات کی بحالی آپ کی زندگی میں یسوع کے نام پر ایک پھل بن جائے، آمین۔ تمام خدا کے لیے بھوکے رہیں، ناراض رہیں اور جو کچھ دشمن نے یسوع کے نام پر روک رکھا ہے اسے واپس لے لیں، آمین

نوٹ:

خدا کے جلال اور دشمن کی شرمندگی کے لئے شفا کی گواہی دیں! اگر آپ کو اب بھی اس مسئلے پر آپ سے اتفاق کرنے کی ضرورت ہے تو ہمیں ای میل یا

واٹس ایپ کریں۔ اور اگلے ہفتے جمعرات سے شروع ہونے والی لیس سیریز سے جڑیں۔ ہماری ویب سائٹ پر جلد ہی تفصیل تلاش کریں!

عظیم کارنامے - 1 -باب 10 - شفا یابی، نجات اور بحالی سے متعلق عام سوالات کے جوابات حاصل کریں + شفا یابی، نجات اور بحالی کے لیے عملی رہنما خطوط + شیزوفرینیا کی ترکیب جیسا کہ روح القدس کے ذریعہ آئیڈا مے ہیمنڈ پر نازل ہوا ہے اور روح کے حصے سے کیسے نمٹا جائے

پیارے دوستو، آج، ہم آپ کے لیے اپنی سیریز کا حصہ 9 لا رہے ہیں، اسیری کے لیے کافی ہے اور مسیح میں آزادی کا خیر مقدم ہے۔ ایمان خدا کے کلام سے سننے اور سننے سے آتا ہے - رومیوں 10:17- خدا نے **ہوسیع 6:4-7 میں نبی ہوسیع کو بتایا**

ایمپلیفائیڈ بائبل، کلاسیکی ایڈیشن

6 میرے لوگ علم کی کمی کے باعث تباہ ہو گئے ہیں. کیونکہ تم [پادری قوم] نے علم کو رد کیا ہے، اس لیے میں بھی تمہیں رد کروں گا کہ تم میرے لیے کوئی پادری نہیں رہو گے۔ تم اپنے خدا کے قانون کو بھول گئے ہو، میں تمہارے بچوں کو بھی بھول جاؤں گا۔

7 وہ جتنا زیادہ بڑھے اور بڑھتے گئے [خوشحالی اور طاقت میں]، اتنا ہی انہوں نے میرے خلاف گناہ کیا. میں ان کے جلال کو شرمندگی میں بدل دوں گا۔

آئیے ایک لمحے کے لیے اوپر کے الفاظ پر غور کریں۔ خدا کہتا ہے جیسا کہ ہم علم کو رد کرتے ہیں۔ اُس کا علم جیسا کہ صحیفہ میں نازل ہوا ہے، وہ ہمیں اُس کے پادری کے طور پر خدمت کرنے سے بھی رد کر دے گا۔ وہ کہتا ہے چونکہ ہم خدا کے قانون کو بھول چکے ہیں، وہ کہتا ہے کہ وہ ہمارے بچوں کو بھی بھول جائے گا۔ مختصراً، وہ ہمیں اور ہمارے بچوں کو بھول جائے گا۔ اس طرح وہ لفظ معنی خیز ہے اور جو کچھ خدا کہتا ہے وہ خدا کے کاموں کی ناواقفیت یا ناواقفیت کے نتیجہ میں کرے گا۔ خدا نے آیت 6 کے پہلے حصے کے ساتھ ایک لفظ بھی جوڑا۔ اس نے کہا کہ ہم اپنی خوشحالی کے حساب سے اس کے خلاف گناہ کر رہے ہیں۔ ہم جتنا زیادہ ترقی کرتے ہیں، اتنا ہی زیادہ ہم خود انحصار ہوتے جاتے ہیں اور اتنا ہی ہم خدا کو بھول جاتے ہیں۔

کیا یہ آپ کے لیے عجیب ہے کہ جب ہم حل کے لیے خدا کی تلاش میں سنجیدہ ہوتے ہیں تو وہ وقت ہوتا ہے جب ہمارے پاس اختیارات ختم ہو جاتے ہیں؟ جب ہم بیمار ہوتے ہیں، سب سے پہلے جو شخص ذہن میں آتا ہے وہ متبادل پیشکش ہے جب گیلاد کا بام ہمارے اندر رہتا ہے۔ جب باقی سب ناکام ہو جاتا ہے تو ہم خدا کو فالتو ٹائر کے طور پر استعمال کرتے ہیں۔

جب ہمیں خدا کا کلام یا کوئی بھی چیز پیش کی جاتی ہے جو ہمارے خدشات کو دور کرنے میں ہماری مدد کے لیے روشن خیالی (علم) لاتی ہے، تو ہم کہتے ہیں کہ ہمارے پاس وقت نہیں ہے۔ لیکن ہمیں کسی بھی چیز کے استعمال میں کوئی اعتراض نہیں ہے جو ہمیں تفریح فراہم کرتی ہے یا ایسی کوئی بھی چیز جو ہمیں دنیاوی فائدہ دیتی ہے۔

ہم اپنے مالی معاملات کو دیکھنے میں گھنٹوں اور گھنٹے لگ سکتے ہیں لیکن جب بادشاہی سے متعلق چیزوں کی بات آتی ہے تو ہم اپنی گھڑیوں کو دیکھتے ہیں یا اس سے پہلے کہ ہم اس پیغام کو سمجھنے لگیں کہ وہ ہم تک پہنچنے کی کوشش کر رہا ہے جو ہماری نجات ہے۔ ہم ڈاکٹر سے ملنے کے انتظار میں گھنٹوں اور گھنٹے گزار سکتے ہیں لیکن ہمارے پاس اس سامان کے لیے ایک گھنٹہ بھی نہیں ہے جو ہمیں اپنے کام میں مکمل طور پر لانے اور رب کے ساتھ چلنے کے لیے درکار ہے۔

پھر ہم کس کو بے وقوف بنا رہے ہیں؟ خدا یا ہم خود؟ اور ہم حیران ہیں کہ ہماری دعائیں آسمان کی توجہ کیوں نہیں دلاتی ہیں ۔ جس دن ہم خدا کو سنجیدگی سے لینا شروع کر دیں گے، وہ ہمیں سنجیدگی سے لینا شروع کر دے گا۔

خداوند اب بھی آپ سے اور مجھ سے کہہ رہا ہے - **یرمیاہ 29:13**

ایمپلیفائیڈ بائبل، کلاسیکی ایڈیشن

13 تب آپ مجھے ڈھونڈیں گے، تلاش کریں گے، اور مجھ سے [ایک اہم ضرورت کے طور پر] طلب کریں گے اور جب آپ پورے دل سے مجھے تلاش کریں گے تو مجھے پائیں گے۔

یہی وجہ ہے کہ یہ سلسلہ ہر کسی کے لیے نہیں ہے۔ یہ سلسلہ ان لوگوں کے لیے ہے جو خدا کے لیے سب کے بھوکے ہیں۔ ہمیں اپنے آپ کو درج ذیل کے ساتھ پہلے سے اہل بنانا چاہیے:

A: دستیابی - روح، روح اور جسم؛

ب: اختیار اور طاقت کا استعمال کرنے کی دلیری؛

ج: جہاں لوگوں کو تکلیف ہو وہاں بیٹھنے کے لیے ہمدردی؛

D: فتح تک آگے بڑھنے کا عزم؛

ای: بے حد محبت جو سطحی بنیاد پر نہ ہو۔

F: شیطان کے ساتھ شدید غصہ اور

جی: ہمارے اندر اور ارد گرد خدا کی مکمل بھوک ہے تاکہ ہم اس کے لیے دنیا کو چھو سکیں

میں چاہتا ہوں کہ ہم یسوع کے اس لفظ پر غور کریں - **لوقا 18:7-8**
ایمپلیفائیڈ بائبل، کلاسیکی ایڈیشن

7 اور کیا خُدا اپنے چُنے ہوئے لوگوں کا دفاع اور حفاظت نہیں کرے گا اور اُس کا بدلہ نہیں لے گا، جو دن رات اُس سے فریاد کرتے ہیں؟ کیا وہ ان کو ٹال دے گا اور ؟[1] ان کی طرف سے مدد میں تاخیر ؟[2]

8 میں تم سے کہتا ہوں کہ وہ ان کی حفاظت کرے گا اور ان کی حفاظت کرے گا اور تیزی سے بدلہ لے گا۔ تاہم ، جب ابنِ آدم آئے گا، کیا وہ زمین پر ایمان پر قائم پائے گا ؟[3]

خُداوند آپ کو اور مجھے ایمان کے ساتھ پائے جب وہ آئے۔ ایمان کی وہ قسم جو خُدا کے کلام کے ذریعے سننے اور سننے سے آتی ہے، اسی طرح کی کارروائی کرتے ہوئے - رومیوں 10:17- آمین آمین

بیماری اور شفا سے متعلق عام سوالات کے جوابات

مثالیں: **پال کا کانٹا؛ ملازمت کی مشکلات؛ شیطان کے حوالے کرنا؛ کرنتھین چرچ—بہت سے کمزور، بہت سے بیمار، اور بہت سے وقت سے پہلے مر جاتے ہیں۔ تیمتھیس کا پیٹ؛ حزقیاہ کی بیماری؛ ٹرافیمس بائیں بیمار؛ Epaphroditus - مسیح کے کام کے لیے وہ موت کے قریب پہنچا۔ کیا بیماری رب کی سزا ہے؟ کیا ایمان اور دوا کو ملانا درست ہے؟ کیا اپنی صحت کا خیال رکھنا کفر کی علامت ہے؟**

بائبل میں کئی حوالے ایسے ہیں جنہیں اکثر غلط سمجھا جاتا ہے اور بیماری اور دیگر شیطانی کاموں کو برداشت کرنے کی بنیاد کے طور پر استعمال کیا جاتا ہے۔ آج کے پیغام میں، ہم ان میں سے کچھ پر ایک نظر ڈالتے ہیں اور ان کو سمجھنے کے لیے بصیرت فراہم کرتے ہیں۔ ہمیں یہ بات ذہن میں رکھنی چاہیے کہ تمام صحیفوں کی تشریح بقیہ کلام کی روشنی میں اور یسوع مسیح کی شخصیت کی روشنی میں کی جانی چاہیے۔

---

1. https://www.biblegateway.com/passage/?search=Luke+18%3A7-8&version=AMPC#fen-AMPC-25694a
2. https://www.biblegateway.com/passage/?search=Luke+18%3A7-8&version=AMPC#fen-AMPC-25694b
3. https://www.biblegateway.com/passage/?search=Luke+18%3A7-8&version=AMPC#fen-AMPC-25695c

خدا کے بارے میں ہم جو کچھ بھی جانتے ہیں وہ خود کو اس کے مطابق ہونا چاہئے جو خدا کے ذریعہ دیکھا اور سنا جاتا ہے جو جسم بن گیا، یسوع مسیح۔ کوئی بھی چیز جس کے بارے میں ہم خدا کے بارے میں سمجھنے کا دعویٰ کرتے ہیں جو یسوع کے کہے اور کیے کے مطابق نہیں ہے، اس سے سوال کیا جا سکتا ہے اور اسے رد کیا جا سکتا ہے۔ یسوع مسیح کامل الٰہیات ہے، وہ کلام جو جسم بنا۔

پال کا کانٹا

2 کرنتھیوں 12:7-10 7 اور ایسا نہ ہو کہ مکاشفات کی کثرت سے میں ناپ تول سے بلند ہو جاؤں، مجھے جسم میں ایک کانٹا دیا گیا، شیطان کا ایک قاصد مجھے مارنے کے لیے، ایسا نہ ہو کہ میں پیمائش سے بلند ہو جاؤں۔ 8 اِس بات کے بارے میں میں نے تین بار خُداوند سے التجا کی کہ یہ مجھ سے دور ہو جائے۔ 9 اور اُس نے مجھ سے کہا، "میرا فضل تیرے لیے کافی ہے، کیونکہ میری طاقت کمزوری میں کامل ہوتی ہے۔" اس لیے بہت خوشی سے میں اپنی کمزوریوں پر فخر کروں گا، تاکہ مسیح کی طاقت مجھ پر قائم رہے۔ 10 اِس لیے مَیں مسیح کی خاطر کمزوریوں، ملامتوں، ضرورتوں، اذیتوں، مصیبتوں میں خوشی محسوس کرتا ہوں۔ کیونکہ جب میں کمزور ہوں، تب میں مضبوط ہوں۔

پولس رسول کو واقعی بہت سارے انکشافات ملے۔ اپنے بہت سے ذاتی تجربات، ملاقاتوں اور تیسرے آسمان تک لے جانے کے علاوہ، پال نے نئے عہد نامے کے بہت سے مکاشفہ کو سمجھا اور لکھا۔ ایسا نہ ہو کہ پولس فخر سے پھول جائے، خدا نے "جسم میں کانٹا" رہنے دیا۔ اب بہت سے لوگ قیاس کرتے ہیں کہ یہ "جسم کا کنٹا" کیا تھا۔ کچھ کہتے ہیں کہ یہ بیماری تھی، آنکھ کا مسئلہ تھا، ہاتھ کا مسئلہ تھا۔

تاہم، رسول بیان کرتا ہے کہ یہ "شیطان کا ایک رسول (یونانی فرشتہ = فرشتہ)" تھا۔ پولس واضح طور پر بیان کرتا ہے کہ جسم میں کانٹا شیطان کا پیغامبر تھا۔ یونانی زبان میں لفظ میسنجر، وہی لفظ ہے جو فرشتہ کے لیے استعمال ہوتا ہے، اور مثال کے طور پر مکاشفہ کی کتاب، باب 2 اور 3 میں "چرچ کا فرشتہ" میں استعمال ہوتا ہے، جب رب نے ہر گرجہ گھر سے خطاب کیا۔ اس لیے شیطان کا قاصد ایک روحانی وجود تھا جس نے اپنی وزارت میں پولس کی مسلسل مخالفت کی تھی۔ پچھلے باب میں، پولس نے ان بہت سی مشکلات، مصیبتوں، کمزوریوں کو بیان کیں۔ یہاں وہ ہے جو اس نے کہا، "کیا وہ مسیح کے خادم ہیں؟—میں ایک احمق کے طور پر بولتا ہوں—میں زیادہ ہوں: محنتوں میں زیادہ، زیادہ دھاریوں میں، زیادہ کثرت سے جیلوں میں، اکثر موتوں میں۔

یہودیوں کی طرف سے پانچ بار مجھے چالیس ضربیں منفی ایک ملی۔ تین بار مجھے سلاخوں سے مارا گیا۔ ایک بار مجھے سنگسار کیا گیا تھا۔ تین بار میری کشتی تباہ ہوئی۔ ایک رات اور ایک دن میں گہرائی میں رہا ہوں۔ اکثر سفر میں، پانی کے خطرات میں، ڈاکوؤں کے خطرات میں، اپنے ہی ہم وطنوں کے خطرات میں، غیر قوموں کے خطرات میں، شہر کے خطرات میں، بیابان کے خطرات میں، سمندر کے خطرات میں، جھوٹے بھائیوں کے خطرات میں؛ تھکاوٹ اور مشقت میں، اکثر نیند کی حالت میں، بھوک اور پیاس میں، اکثر روزہ رکھنے میں، سردی اور برہنہ حالت میں۔" (2 کرنتھیوں 23:11-27) جب کہ ان میں سے کچھ مشکلات اس نے اپنے اوپر اٹھائیں، ان میں سے بہت سے اس کام کے خلاف آئے جو وہ کر رہا تھا۔

ان تمام چیزوں نے "اس کے پاؤں کو زمین پر رکھنے" کی خدمت کی، یہ جانتے ہوئے کہ اسے خُداوند پر انحصار کرنا ہے، عاجزی سے چلنے میں مدد کی۔ پال نے اس شیطانی وجود کے ختم ہونے کے لیے تین بار دعا کی۔ اس صورت حال میں، خدا نے محض شیطان کے رسول کو راستے سے نہیں ہٹایا۔ اس کے بجائے، اس نے پولس کو اپنے فضل پر بھروسہ کرنے کے لیے بلایا کہ وہ آگے بڑھتے رہیں اور جو کچھ یہ شیطانی وجود کر رہا تھا اس پر قابو پا سکے۔ اس لیے پولس سمجھ گیا کہ اس کے کمزور ترین لمحات میں بھی، خدا کا فضل اسے مضبوط رکھنے کے لیے کافی تھا۔

آج مومنین کے طور پر، ہم میں سے کسی کو بھی اتنی کثرت سے وحی نہیں ملی۔ ہمیں پولس کی طرح استعمال نہیں کیا گیا ہے کہ ہمیں "جسم میں کانٹا" دیا جانے کا اعزاز حاصل کیا گیا ہے، ہمیں عاجز رکھنے کے لیے شیطان کا ایک قاصد۔ مزید یہ کہ، ہمارے لیے یہ دعویٰ کرنا کہ ہماری بیماری ایک "جسم کا کانٹا" ہے جو ہمیں ایک عظیم روحانی مقصد کے لیے دیا گیا ہے، بلکہ غیر صحیفائی اور خود کو بلند کرنے والا ہے۔ ہمیں شیطان کے کام کے طور پر بیماری سے لڑنا چاہیے جس کا ہمارے جسموں میں کوئی حق نہیں ہے۔

ملازمت کی پریشانیاں

ایوب 1:12 تب شیطان خداوند کے حضور سے نکل گیا۔

ایوب 2:6،7 6 اور خُداوند نے شیطان سے کہا دیکھ وہ تیرے ہاتھ میں ہے لیکن اُس کی جان بچا۔ 7 تب شیطان خداوند کے حضور سے نکل گیا اور ایوب کے پاؤں کے تلوے سے لے کر سر کے تاج تک دردناک پھوڑے مارے۔

ایوب 2:10 اس سب میں ایوب نے اپنے ہونٹوں سے گناہ نہیں کیا۔

ایوب 3:25 کیونکہ جس چیز سے میں بہت ڈرتا تھا وہ مجھ پر آ گیا اور جس چیز سے میں ڈرتا تھا وہ میرے ساتھ ہو گیا۔

ایوب 42:10 اور خداوند نے ایوب کے نقصانات کو بحال کیا جب اس نے اپنے دوستوں کے لئے دعا کی۔ یقیناً خداوند نے ایوب کو پہلے سے دوگنا دیا تھا۔

جیمز 5:11 بے شک ہم ان کو بابرکت شمار کرتے ہیں جو صبر کرتے ہیں۔ آپ نے ایوب کی استقامت کے بارے میں سنا ہے اور خُداوند کے ارادے کے انجام کو دیکھا ہے ۔ کہ خُداوند بہت مہربان اور رحم کرنے والا ہے۔

یہ شیطان تھا جس نے ایوب اور اس کے خاندان کو ہر قسم کی آفات اور بیماری کا سبب بنایا (ایوب 1:12؛ 2:7)۔ ہم شیطان کے کاموں کے لیے خُدا کو موردِ الزام نہیں ٹھہرا سکتے۔ یہ سچ ہے کہ خُدا نے شیطان کو ایوب کو چھونے کی اجازت دی تھی، جو بصورتِ دیگر الٰہی تحفظ میں تھا کیونکہ خُدا نے "اس کے گرد ایک باڑا بنا رکھا تھا" (ایوب 1:10)۔ لیکن پھر بھی یہ شیطان ہی تھا جس نے موسم اور فطرت کے عناصر کو بھی استعمال کرتے ہوئے تمام آفات کو جنم دیا۔

ہماری آج کی دنیا میں، شیطان اور اس کے شیاطین کو اپنے شیطانی کام کرنے کی اجازت ہے۔ عام طور پر، خدا شیطان اور شیاطین کو کسی مومن کے خلاف آزمائشوں، رکاوٹوں اور دیگر رکاوٹوں کے ساتھ آنے سے نہیں روکتا ہے۔ ہم سب کو اس قسم کی چیزوں کا سامنا ہے۔ خدا ان چیزوں کو ان لوگوں کے خلاف بھی جانے دیتا ہے جو اس پر ایمان رکھتے ہیں۔ خُدا اِن کو ہماری تربیت کے حصے کے طور پر استعمال کرتا ہے اور مسیح کی شکل میں پختگی کرتا ہے۔ وہ ہمیں اچھی لڑائی لڑنے، شیطان کا مقابلہ کرنے، تاریکی کی طاقتوں کے خلاف کشتی لڑنے، ہر آگ کے شعلے کو بجھانے، اور زندگی پر قابو پانے کے لیے کہتا ہے۔ مومنوں کے طور پر ہم الٰہی تحفظ کو مناسب بنا سکتے ہیں (زبور 34:7؛ زبور 91؛ یسعیاہ 54:17؛ 1 یوحنا 5:18) یا خوف، شک یا نافرمانی کے ذریعے اپنے آپ کو شیطانی حملوں کا شکار بنا سکتے ہیں جو دوسری صورت میں ہم پر غالب نہیں آسکتے ہیں۔ خُدا نے ہمیں دشمن پر قابو پانے کے لیے ہر ہتھیار دیا ہے (افسیوں 6:10-18)، ایسی چیز جسے ایوب ضروری طور پر نہیں سمجھتا تھا۔ نئے عہد نامے میں جو کچھ ہمارے پاس ہے اس کی روشنی میں، ایوب کے برعکس، واقعی ہمیں دشمن سے مغلوب ہونے کی کوئی ضرورت نہیں ہے، یہاں تک کہ جب اس کی فوجیں ہمارے خلاف آئیں۔

جو کچھ ہوا اس کے درمیان، ایوب نے خُداوند میں اپنی دیانت اور ایمان کو برقرار رکھا۔ وہ خُدا کے لیے اپنی عقیدت میں ثابت قدم رہا۔ ایوب کی یہ برداشت وہی ہے جس کی ہمیں تقلید کرنی ہے، یہ جانتے ہوئے کہ خُداوند بے شک مہربان اور رحم کرنے والا ہے، اور وہ آخرکار ہماری بھلائی کے لیے چیزوں کو بدل دے گا۔ ایوب کے بارے میں ایک اور پہلو یہ ہے کہ وہ ایسا آدمی لگ رہا تھا جسے بہت ڈر تھا کہ اس پر ایسی آفتیں آئیں گی اور انہوں نے ایسا کیا۔ خوف غلط سمت میں

ایمان ہے۔ یہ ہماری زندگی میں غلط چیزوں کو اپنی طرف متوجہ کرتا ہے۔ خُدا کے بچوں کے طور پر، ہم ایسے خوف کے بغیر جینا سیکھ سکتے ہیں، اور یقین کے ساتھ آرام کر سکتے ہیں۔

ایک کو شیطان کے حوالے کرنا

1 کرنتھیوں 1:5-5 1 درحقیقت یہ اطلاع دی گئی ہے کہ تم میں بے حیائی ہے اور ایسی بدکاری جس کا نام غیر قوموں میں بھی نہیں ہے کہ ایک آدمی اپنے باپ کی بیوی رکھتا ہے۔ 2 اور تم پھولے ہوئے ہو اور ماتم نہیں کیا کہ جس نے یہ کام کیا ہے وہ تم میں سے چھین لیا جائے۔ 3کیونکہ مَیں جسم میں غیر حاضر ہوں لیکن روح میں موجود ہوں، اُس کا فیصلہ کر چکا ہوں جس نے یہ کام کیا ہے۔ 4 ہمارے خداوند یسوع مسیح کے نام پر، جب تم میری روح کے ساتھ، ہمارے خداوند یسوع مسیح کی طاقت کے ساتھ اکٹھے ہو، 5 ایسے شخص کو شیطان کے حوالے کرو تاکہ جسم کی تباہی ہو، تاکہ اس کی روح خداوند یسوع کے دن بچ جائے۔

1 تیمتھیس 1:20 جن میں سے ہیمینیئس اور الیگزینڈر ہیں، جن کو میں نے شیطان کے حوالے کیا تاکہ وہ کفر بکنا نہ سیکھیں۔

2 تیمتھیس 2:17-18 17 اور ان کا پیغام کینسر کی طرح پھیل جائے گا۔ Hymenaeus اور Philetus اس قسم کے ہیں، 18 جو سچائی کے بارے میں بھٹک گئے ہیں، اور کہتے ہیں کہ قیامت گزر چکی ہے۔ اور وہ بعض کے ایمان کو ختم کر دیتے ہیں۔

2 تیمتھیس 4:14-15 14 سکندر نے مجھے بہت نقصان پہنچایا۔ خُداوند اُسے اُس کے کاموں کے مطابق بدلہ دے۔ 15 تمہیں بھی اُس سے ہوشیار رہنا چاہیے کیونکہ اُس نے ہماری باتوں کی سخت مخالفت کی ہے۔

صرف دو ہی مثالیں تھیں جب پولس رسول نے کسی کو شیطان کے حوالے کرنے کا ذکر کیا۔ کرنتھیوں کے چرچ میں، اس کا تعلق بداخلاقی میں رہنے والے ایک آدمی کے نظم و ضبط کے ساتھ تھا، جو شروع میں توبہ کرتا دکھائی نہیں دیتا تھا۔ پولس چاہتا تھا کہ اس آدمی کو کچھ عرصے کے لیے مقامی کلیسیا سے باہر کر دیا جائے (1 کرنتھیوں 5:13) اور جسم کی تباہی کے لیے شیطان کے حوالے کر دیا جائے، تاکہ اس کی روح بچ جائے۔ ہم تسلیم کرتے ہیں کہ پولس اپنے رسولی اختیار کو بروئے کار لا رہا ہے اور بے توبہ گناہانہ رویے کے لیے نظم و ضبط کا انتظام کر رہا ہے۔ اس آدمی کو مقامی گرجہ گھر سے دور رکھا جا رہا تھا، ایک لحاظ سے، جسمانی اور روحانی طور پر۔ اس کا مطلب یہ تھا کہ وہ تحفظ جو اسے عام طور پر حاصل ہوتا تھا واپس لے لیا گیا تھا اور اب وہ اپنے گناہ کی وجہ سے شیطان کے لیے کمزور تھا۔ اس کے بعد شیطان جسمانی دائرے میں نقصان

پہنچانے کے لیے کچھ بھی کر سکتا تھا، لیکن اس کی اجازت اس لیے دی گئی تھی کہ وہ آدمی توبہ کرے۔

ہمارے پاس بعد میں 2 کرنتھیوں میں ایک ریکارڈ موجود ہے، جہاں ایک مختصر مدت کے بعد، کلیسیا کے لیے پولس کا حکم یہ ہے: "یہ سزا جو اکثریت کی طرف سے دی گئی ہے، ایسے آدمی کے لیے کافی ہے، اس کے برعکس، آپ کو اسے معاف کرنا اور تسلی دینا چاہیے، ایسا نہ ہو کہ ایسا شخص آپ کو بہت زیادہ غصہ میں ڈالے گا۔ اُس سے اپنی محبت کی تصدیق کرو" (2 کرنتھیوں 2:6-8)۔ اس بات کا کوئی ریکارڈ نہیں ہے کہ یہ شخص درحقیقت کسی جسمانی نقصان سے گزرا ہو۔ بہر حال، یہ ظاہر ہوتا ہے کہ بہت زیادہ دکھ اور سچی توبہ تھی، اس لیے پولس خود لکھتا ہے: "کیونکہ اگر واقعی میں نے کچھ معاف کیا ہے، تو میں نے اسے مسیح کی موجودگی میں تمہاری خاطر معاف کیا ہے" (2 کرنتھیوں 2:10)۔

دوسرا معاملہ ایفیسیا کے کلیسیا کے دو باغی مردوں، ہیمینیئس اور الیگزینڈر کے ساتھ تھا۔ Hymenaeus وہ تھا جو کفر بک رہا تھا (برائی بول رہا تھا)، شاید پولس اور مسیح کے بارے میں سچائی، اور جھوٹے نظریے کی تبلیغ کر رہا تھا کہ قیامت پہلے ہی ختم ہو چکی تھی، جس کی وجہ سے کچھ ایمان سے دور ہو گئے۔ الیگزینڈر ایسا لگتا تھا جس نے پولس کی مخالفت کی، ایسی باتیں کیں جس سے پولس کو بہت نقصان پہنچا۔ دونوں ہی صورتوں میں، پولس ان آدمیوں کو کلیسیا سے رہا کرنے اور شیطان کے حوالے کرنے کے لیے رسولی اختیار استعمال کرتا ہے۔ رسول کے دل کا حال جانتے ہوئے، یہ اس نیت سے کیا گیا ہو گا کہ یہ لوگ توبہ کر کے حق کی طرف صف آرا ہو جائیں۔ لیکن ہمارے پاس اس کیس کے نتائج کا کوئی ریکارڈ نہیں ہے۔

یہ سچ ہے کہ جب کوئی نافرمانی، سرکشی اور خدا کی حدود سے باہر چلتا ہے تو شیطان کا شکار ہو جاتا ہے۔ تاہم، بحیثیت مومن، ہمیں شیطان کے حوالے کیے جانے سے ڈرنے کی کوئی ضرورت نہیں ہے، کیونکہ ہم خُدا کے پاس جا رہے ہیں، اُس سے دور نہیں۔

کورنتھین چرچ—بہت سے کمزور، بہت سے بیمار، اور بہت سے وقت سے پہلے مر جاتے ہیں۔

1 کرنتھیوں 11:17-34 17 اب یہ ہدایات دیتے ہوئے میں آپ کی تعریف نہیں کرتا، کیونکہ آپ بہتر کے لیے نہیں بلکہ بدتر کے لیے اکٹھے ہوتے ہیں۔ 18 سب سے پہلے، جب آپ ایک کلیسیا کے طور پر اکٹھے ہوتے ہیں، میں نے سنا ہے کہ آپ کے درمیان اختلافات ہیں، اور کچھ حد تک میں اس پر یقین کرتا ہوں۔ 19 کِیُونکہ تُمہارے درمیان بھی دھڑے ہونے چاہییں تاکہ وہ لوگ جو تُمہارے درمیان پہچانے جائیں۔ 20 اس لیے جب تم ایک جگہ اکٹھے ہوتے ہو تو عشائے ربانی نہیں کھانا۔

21 کیونکہ کھانے میں ہر ایک اپنا کھانا دوسروں سے آگے لے جاتا ہے۔ اور ایک بھوکا ہے اور دوسرا نشے میں ہے۔ 22 کیا! کیا تمہارے پاس کھانے پینے کے لیے گھر نہیں ہیں؟ یا کیا آپ خُدا کی کلیسیا کو حقیر جانتے ہیں اور اُن کو شرمندہ کرتے ہیں جن کے پاس کچھ نہیں ہے؟ میں تم سے کیا کہوں؟ کیا میں اس میں آپ کی تعریف کروں؟ میں تیری تعریف نہیں کرتا۔ 23 کیونکہ مجھے خُداوند کی طرف سے وہ چیز ملی جو مَیں نے تُم کو بھی دی تھی کہ خُداوند یِسُوع نے اُسی رات جس میں اُسے پکڑوایا گیا تھا روٹی لی۔ 24 اور جب اُس نے شکر ادا کیا تو اُسے توڑا اور کہا، "لو، کھاؤ، یہ میرا بدن ہے جو تمہارے لیے ٹوٹا ہے، یہ میری یاد میں کرو۔ 25 اِسی طرح اُس نے کھانے کے بعد پیالہ بھی لیا اور کہا، "یہ پیالہ میرے خون میں نیا عہد ہے۔ جتنی بار تم اسے پیو میری یاد میں یہ کرو۔ 26 کیونکہ جتنی بار تم یہ روٹی کھاتے ہو اور یہ پیالہ پیتے ہو، تم خداوند کی موت کا اعلان کرتے ہو جب تک کہ وہ نہ آئے۔ 27 پس جو کوئی یہ روٹی کھائے یا خُداوند کے اِس پیالہ کو نامعقول طریقے سے پیے وہ خُداوند کے بدن اور خُون کا مجرم ٹھہرے گا۔ 28 لیکن آدمی اپنے آپ کو جانچے اور اسی طرح روٹی کھائے اور پیالے میں سے پیئے۔ 29 کِیُونکہ جو ناحق کھاتا اور پیتا ہے وہ خُداوند کے بدن کو نہ پہچانتے ہوئے اپنے تئیں فیصلہ کرتا ہے۔ 30 اسی وجہ سے تم میں سے بہت سے کمزور اور بیمار ہیں اور بہت سے سوتے ہیں۔ 31 کِیُونکہ اگر ہم اپنے آپ کو پرکھتے تو ہمارا فیصلہ نہ کیا جاتا۔ 32 لیکن جب ہمارا فیصلہ کیا جاتا ہے تو ہمیں خداوند کی طرف سے تادیب ملتی ہے تاکہ ہم دنیا کے ساتھ مجرم نہ ٹھہریں۔ 33 پس اے میرے بھائیو، جب تم کھانے کے لیے اکٹھے ہو تو ایک دوسرے کا انتظار کرو۔

34 لیکن اگر کوئی بھوکا ہو تو گھر میں کھائے، ایسا نہ ہو کہ تم عدالت کے لیے اکٹھے ہو جاؤ۔ اور باقی میں آکر ترتیب دوں گا۔

کورنتھیائی کلیسیا، لوگوں کا ایک بہت ہی روحانی گروہ ہونے کے ساتھ ساتھ، بہت سے مسائل کا سامنا بھی کرنا پڑا جن کو حل کرنا تھا، اخلاقی معیارات، چرچ کے اجتماعات میں برتاؤ اور ایک متحد کمیونٹی کے طور پر مل جل کر رہنا۔ اس کا ایک حصہ رب کی میز پر جشن منانے میں ان کا طرز عمل تھا۔ اس کے ساتھ تعظیم کے ساتھ سلوک کرنے اور اسے روحانی معنی کے ساتھ کرنے کے بجائے، یہ چرچ کے اجتماع میں دعوت، کھانے اور پینے کا وقت بن گیا۔ انہوں نے اسے ایک ساتھ عید منانے کے وقت میں بدل دیا، جو پولس کا کہنا ہے کہ وہ گھر پر کر سکتے ہیں۔ جو خُداوند نے اُس کی موت، جی اُٹھنے اور جلد ہی واپس آنے کے بارے میں بڑی تعظیم اور روحانی اعلان کا وقت بنانا تھا، وہ دوپہر کے کھانے کی دعوت کی طرح بن گیا!

نتیجتاً، مسیح کی صلیب کے فوائد، برکتوں اور طاقت سے لطف اندوز ہونے کے بجائے، اس کے برعکس یہ کرنتھیس مقدس میز کی بے عزتی کر کے، اپنے آپ کو خدا کے فیصلے کے لیے ایک جگہ پر ڈال رہے تھے۔ نتیجے کے طور پر،

بہت سے لوگ شفا یابی، نجات اور تندرستی کی صلیب کے فوائد سے لطف اندوز ہونے کے بجائے، بیمار، کمزور اور قبل از وقت مر رہے تھے۔

جس مقصد کے ساتھ خُداوند کا دسترخوان دیا گیا تھا، وہ یہ تھا کہ ہم اِس مقدس جشن میں خُداوند کی موت کا اعلان کریں اور یوں یسوع مسیح کی صلیب کی مکمل برکات کا تجربہ کریں۔ یہ خدا کا منصوبہ اور خواہش ہے۔ یہ خدا کی مرضی ہے۔ یہ اس کا ارادہ نہیں ہے کہ اس کے لوگ کمزور ہو جائیں، بیمار ہو جائیں اور وقت سے پہلے مر جائیں۔

تاہم، جو چیز مقدس تھی اس کی کھلم کھلا بے عزتی کرکے اور اسے اپنی زندگی کا جائزہ لینے اور رب کے جسم کو سمجھنے پر توجہ نہ دینے کے ساتھ دعوت کا وقت بنا کر، ہم خدا کی مطلوبہ نعمت حاصل کرنے میں ناکام رہتے ہیں اور اس کے بجائے خدا کی حفاظت سے باہر نکل جاتے ہیں اور خود کو کمزوری، بیماری اور قبل از وقت موت کا شکار بناتے ہیں۔ ہم خدا کے فیصلے کو دونوں کے طور پر سمجھتے ہیں (A) الٰہی تحفظ سے دستبرداری اور (B) خدا ان عناصر (کمزوری، بیماری اور قبل از وقت موت) کو لوگوں کی توجہ حاصل کرنے کی اجازت دیتا ہے یا اس میں ملوث ہوتا ہے، تاکہ ہمیں صحیح راستے پر واپس لایا جا سکے۔ یہ خدا کی مرضی نہیں ہے، لیکن کیا ہوتا ہے جب ہم خدا کے ڈیزائن سے باہر نکلتے ہیں اور نافرمانی میں چلتے ہیں۔ اگر ہم خود فیصلہ کریں اور فرمانبرداری میں چلیں تو ہم ان سے بچ سکتے ہیں۔

آج کے مومن ہونے کے ناطے، ہمیں رب کے دسترخوان میں "غلط طریقے سے" شرکت کرنے کی وجہ سے کمزوری، بیماری اور قبل از وقت موت سے ڈرنے کی ضرورت نہیں ہے، صرف اس لیے کہ ہمیں سکھایا گیا ہے کہ اسے صحیح طریقے سے کیسے کرنا ہے۔ ہم جانتے ہیں کہ جب بھی ہم خُداوند کی میز سے حصہ لیتے ہیں ہمیں کیا کرنا ہے۔ ایسا نہیں ہے کہ خدا ہماری چھوٹی سی غلطی کا انتظار کر رہا ہے کہ وہ ہم پر فیصلہ نازل کرے! بلکہ ہر بار جب ہم خُداوند کے دسترخوان پر جشن مناتے ہیں، ہم اُس کے دل میں خوشی اور دشمن کے کیمپ میں خوف لاتے ہیں!

ٹموتھی کا پیٹ

1 تیمتھیس 5:23 اب صرف پانی ہی نہ پئیں بلکہ اپنے معدے اور بار بار کی بیماریوں کے لیے تھوڑی سی شراب استعمال کریں۔

اس آیت سے ظاہر ہوتا ہے کہ تیمتھیس کو پیٹ کی بار بار آنے والی کسی قسم کی تکلیف تھی اور شاید دوسری بار بار جسمانی بیماریاں تھیں۔ آیا یہ کوئی ایسی چیز تھی جو اس کے ساتھ افیسس آنے کے بعد ہی ہونے لگی تھی یا یہ مسائل بہت

پہلے سے موجود تھے، معلوم نہیں۔ نیز، یہ بھی معلوم نہیں ہے کہ آیا تیمتھیس کو یہ مسائل صرف تھوڑے عرصے کے لیے تھے یا یہ مسلسل مسائل تھے۔ لہذا ان خطوط پر کوئی بھی تبصرہ خالص قیاس ہوگا۔ ہم کیا جانتے ہیں کہ تیمتھیس نے افسس میں کلیسیا کی قیادت کی اور اس کی وزارت ان بیماریوں کی وجہ سے نہیں رکی۔

پولس رسول نے تیمتھیس کے معدے کی پریشانی کے لیے شراب کے استعمال کی سفارش کی۔ اس لیے ہم یہ نتیجہ اخذ کر سکتے ہیں کہ اپنے دلوں کو خُدا کے لیے وقف کرتے ہوئے قدرتی اور طبی علاج استعمال کرنا ٹھیک ہے۔

حزقیاہ کی بیماری

2 کنگز 1:20-7 1 ان دنوں میں حزقیاہ بیمار تھا اور موت کے قریب تھا۔ اور آموز کا بیٹا یسعیاہ نبی اُس کے پاس گیا اور اُس سے کہا، "رب یوں فرماتا ہے کہ اپنے گھر کو ٹھیک کر، کیونکہ تُو مرے گا، زندہ نہیں رہے گا۔ " 2 تب اُس نے اپنا چہرہ دیوار کی طرف کر کے رب سے دعا کی، 3 " اے رب، میری دعا یاد کر کہ مَیں نے تیرے حضور سچائی اور وفادار دل کے ساتھ کیسے چلایا اور وہ کیا جو تیری نظر میں اچھا تھا۔ اور حزقیاہ پھوٹ پھوٹ کر رونے لگا۔ 4 اور ایسا ہوا کہ یسعیاہ بیچ کے صحن میں جانے سے پہلے ہی خداوند کا کلام اس پر نازل ہوا، 5 واپس آکر میرے لوگوں کے قائد حزقیاہ سے کہو، 'خداوند تیرے باپ داؤد کا خدا یوں فرماتا ہے کہ میں نے تیری دعا سنی، میں نے تیرے آنسو دیکھے ہیں۔ یقیناً میں تمہیں شفا دوں گا۔ تیسرے دن تم خداوند کے گھر کو جانا۔ 6 اور میں تیرے دنوں میں پندرہ برس کا اضافہ کروں گا۔ میں تمہیں اور اس شہر کو اسور کے بادشاہ کے ہاتھ سے چھڑاؤں گا۔ اور میں اپنی خاطر اور اپنے خادم داؤد کی خاطر اس شہر کا دفاع کروں گا۔ ' 7 تب یسعیاہ نے کہا، "انجیروں کا ایک گانٹھ لے لو۔" پس اُنہوں نے اُسے لے کر پھوڑے پر رکھ دیا اور وہ صحت یاب ہو گیا۔

یسعیاہ 38:21 اب یسعیاہ نے کہا تھا، "وہ انجیر کا ایک گانٹھ لیں اور اسے پھوڑے پر مرغی کی طرح لگائیں تو وہ صحت یاب ہو جائے گا۔

بادشاہ حزقیاہ بیمار تھا اور موت کے قریب تھا۔ نبی کی تنبیہ سننے کے بعد، حزقیاہ رب کی طرف متوجہ ہوا اور دعا کی۔ خدا بادشاہ کی دعا سنتا ہے اور نبی نے لوگوں کو انجیر کے ایک گانٹھ سے پیسٹ بنانے اور اسے پھوڑے پر رکھنے کی ہدایت کی ہے (کچھ ورژن 'السر' یا 'ٹیومر' پڑھتے ہیں)۔ حزقیاہ صحت یاب ہو گیا اور مزید 15 سال زندہ رہا۔

ظاہر ہے کہ خدا انجیر سے بنے پیسٹ کے استعمال کے بغیر حزقیاہ کو شفا دے سکتا تھا۔ انجیر سے بنے پیسٹ میں پھوڑے کے لیے کوئی شفا یابی یا دواؤں

کی خصوصیات تھیں، یہ یقینی نہیں ہے۔ چاہے اس کی دواؤں کی قیمت تھی یا نہیں، ہم اس بات کی تصدیق کر سکتے ہیں کہ خدا قدرتی عناصر کے استعمال کے خلاف نہیں ہے جس کے ذریعے (یا اس کے ساتھ) اس کی شفا یابی کسی فرد کو دی جاتی ہے۔

ٹرافیمس بیمار رہ گیا۔

2 تیمتھیس 4:20 ایراستس کرنتھس میں رہا، لیکن تروفیمس میں نے بیمار میلیتس میں چھوڑ دیا ہے۔

پولوس رسول ایک ایسا آدمی تھا جس نے روح کی طاقت سے خدمت کی اور بہت سی جگہوں پر جہاں اس نے خدمت کی وہاں زبردست شفا، معجزے، نشانات اور عجائبات ہوتے دیکھے۔ تاہم، وہ اب بھی یہ بتاتے ہوئے لکھتا ہے کہ روم جانے سے پہلے اس نے اپنی ٹیم کے ایک رکن، ٹروفیمس کو ملیٹس (اعمال 20:4،15) میں بیمار چھوڑ دیا۔

اگرچہ پولس نے خود کامل نتائج نہیں دیکھے، لیکن وہ روح کے کام، شفا یابی، معجزات، روح کے تحفے، نشانات اور عجائبات کو بدنام نہیں کرتا ہے۔ درحقیقت وہ اپنے خطوط میں ان پر زور سے لکھتے ہیں۔

ہم نہیں جانتے کہ ٹرافیمس کے ساتھ اصل میں کیا ہوا تھا۔ ہم نہیں جانتے کہ یہ کوئی عارضی بیماری تھی جس سے وہ جلد صحت یاب ہو گئے۔ کسی بھی صورت میں، ہم تسلیم کرتے ہیں کہ ہمارے پاس ہمیشہ تمام جوابات نہیں ہوتے۔ لیکن ہم اب بھی رب کے کام میں دباؤ ڈالتے رہتے ہیں، روح کی طاقت سے خدمت کرتے ہیں، جیسا کہ پولس نے کیا تھا۔

Epaphroditus—مسیح کے کام کے لیے وہ موت کے قریب آیا

فلپیوں 2:25-30 25 پھر بھی مَیں نے ضروری سمجھا کہ اِپافرودِیتُس کو آپ کے پاس بھیجوں، اپنے بھائی، ساتھی کارکن اور ساتھی سپاہی کو، لیکن آپ کے قاصد اور میری ضرورت کو پورا کرنے والے کو۔ 26 کیونکہ وہ تم سب کے لئے ترستا تھا اور پریشان تھا کیونکہ تم نے سنا تھا کہ وہ بیمار ہے۔ 27 کیونکہ وہ تقریباً مرنے کے قریب بیمار تھا۔ لیکن خدا نے اس پر رحم کیا، اور نہ صرف اس پر بلکہ مجھ پر بھی، ایسا نہ ہو کہ مجھے غم پر غم نہ ہو۔ 28 اِس لِئے مَیں نے اُسے اور زیادہ بے تابی سے بھیجا تاکہ جب تُم اُسے دوبارہ دیکھو تو خُوش ہو اور مَیں کم غمگین ہو۔ 29 پس خُداوند میں اُسے پوری خُوشی کے ساتھ قبول کرو اور ایسے آدمیوں کی قدر کرو۔ 30 کیونکہ وہ مسیح کے کام کے لئے موت کے قریب آیا، اپنی زندگی کے

بارے میں نہیں، میری طرف تمہاری خدمت میں جو کمی تھی اسے پورا کرنے کے لئے۔

فلپیوں 4:18 بے شک میرے پاس سب کچھ ہے اور بہت ہے۔ اپفرودِتُس کی طرف سے آپ کی طرف سے بھیجی گئی چیزیں حاصل کر کے میں معمور ہوں، ایک خوشبودار خوشبو، ایک قابل قبول قربانی، جو خدا کو پسند ہے۔

فلپیوں 1:22-24 22 لیکن اگر میں جسم میں زندہ ہوں تو اس کا مطلب میری محنت کا پھل ہو گا۔ پھر بھی میں کیا چنوں گا میں نہیں بتا سکتا۔ 23 کیونکہ مَیں اُن دونوں کے درمیان سخت دباؤ میں ہوں، اور مسیح کے ساتھ رہنے کی خواہش رکھتا ہوں، جو کہیں بہتر ہے۔ 24 پھر بھی جسم میں رہنا تمہارے لیے زیادہ ضروری ہے۔

پولس روم میں قید تھا۔ Epaphroditus کو فلپی کی کلیسیا نے رسول کی خدمت کے لیے بھیجا تھا جب وہ جیل میں تھا۔ پولس رسول کی خدمت کرتے ہوئے، اپیفروڈیتس نے اپنے آپ کو اتنا پھیلا دیا ہے کہ وہ موت کے قریب آ گیا تھا، اپنی زندگی کے بارے میں نہیں۔ ہم نہیں جانتے کہ اس نے کیا خدمت کی اور کتنی محنت کی۔ لیکن یہ نوٹ کرنا کافی ہے کہ خداوند کی خدمت کے دوران وہ بیمار ہو گیا اور تقریباً مر گیا۔ خدا کی رحمت سے اس کی جان بچ گئی اور اپیفروڈیتس زندہ رہا۔

صرف اس لیے کہ ہم مسیحی وزارت میں خُداوند اور اُس کے لوگوں کی خدمت کر رہے ہیں، ہمیں خود بخود اچھی صحت اور طاقت کی ضمانت نہیں دی جاتی ہے۔ ہمیں اپنی صحت کا خیال رکھنے کے لیے اپنی ذمہ داری کے حصے کے طور پر وہ کام کرنے کی بھی ضرورت ہے۔ یہ ممکن ہے کہ ہم زیادہ کام کر سکتے ہیں اور اس عمل میں مرنے کا خطرہ مول لے سکتے ہیں۔

اگرچہ یہ کام کرنا اچھا لگتا ہے جب تک کہ ہم مسیح کی وجہ سے مر نہ جائیں، یہ غیر ضروری اور غیر فائدہ مند ہے۔ ہم یہاں زمین پر خدا، اس کی بادشاہی اور اس کے لوگوں کے لیے زیادہ مفید ہیں، اگر ہم مردہ ہوتے۔ یقیناً رخصت ہونا اور مسیح کے ساتھ رہنا کہیں بہتر ہے۔ تاہم، اس کے چرچ اور اس کی بادشاہی کے مقصد کی خاطر، بہتر ہے کہ ہم اپنی صحت کا خیال رکھیں، لمبی، صحت مند اور نتیجہ خیز زندگی گزاریں۔

کیا بیماری رب کی سزا ہے؟

1 کرنتھیوں 11:28-32 28 لیکن آدمی اپنے آپ کو جانچے اور اسی طرح روٹی کھائے اور پیالے میں سے پیئے۔ 29 کِیُونکہ جو ناحق کھاتا اور پیتا ہے وہ خُداوند کے بدن کو نہ پہچانتے ہوئے اپنے تئیں فیصلہ کرتا ہے۔ 30 اسی وجہ سے تم میں سے بہت سے کمزور اور بیمار ہیں اور بہت سے سوتے ہیں۔ 31 کِیُونکہ اگر ہم

اپنے آپ کو پرکھتے تو ہمارا فیصلہ نہ کیا جاتا۔ 32 لیکن جب ہمارا فیصلہ کیا جاتا ہے تو ہمیں خداوند کی طرف سے تادیب ملتی ہے تاکہ ہم دنیا کے ساتھ مجرم نہ ٹھہریں۔

عبرانیوں 5:12-11 5 اور تُو اُس نصیحت کو بھول گیا جو تُجھ سے بیٹوں کے بارے میں کہتا تھا: "میرے بیٹے، خُداوند کی سزا کو حقیر نہ جان، اور جب تُو اُس کی طرف سے ملامت کرے تو ہمت نہ ہار۔ جسے وہ حاصل کرتا ہے۔" 7 اگر تم تادیب برداشت کرو گے تو خدا تمہارے ساتھ بیٹوں کی طرح پیش آئے گا۔ کیوں کہ کون سا بیٹا ہے جسے باپ نہیں سکھاتا؟ 8 لیکن اگر تم بغیر تادیب کے ہو جس میں سب شریک ہو گئے ہیں تو تم ناجائز ہو بیٹے نہیں۔ 9 اس کے علاوہ، ہمارے انسانی باپ تھے جنھوں نے ہمیں درست کیا، اور ہم نے ان کا احترام کیا۔ کیا ہم زیادہ آسانی سے روحوں کے باپ کے تابع ہو کر زندہ نہیں رہیں گے؟ 10 کِیُونکہ اُنہوں نے چند دِنوں کے لِئے ہمیں اُس طرح تعزِیت دی جو اُن کو اچھی لگتی تھی لیکن اُس نے ہمارے فائدے کے لِئے تاکہ ہم اُس کی پاکیزگی میں شریک ہوں۔ 11 اب کوئی تادیب حال کے لیے خوشی کی نہیں بلکہ تکلیف دہ معلوم ہوتی ہے۔ بہر حال، بعد میں یہ راستبازی کا پرامن پھل ان لوگوں کو دیتا ہے جو اس سے تربیت یافتہ ہیں۔

مکاشفہ 3:19 میں جتنے پیار کرتا ہوں، میں ڈانٹتا ہوں اور سزا دیتا ہوں۔ اس لیے جوش میں آؤ اور توبہ کرو۔

زبور 10:103-13 10 اُس نے ہمارے گُناہوں کے مُطابِق ہم سے پیش نہیں آیا اور نہ ہی ہماری بدکاریوں کے مُطابِق ہمیں سزا دی۔ 11 کیونکہ جس طرح آسمان زمین سے اونچا ہے، اُسی طرح اُس کی مہربانی اُن پر ہے جو اُس سے ڈرتے ہیں۔ 12 جہاں تک مشرق مغرب سے دور ہے، اُس نے ہماری خطاؤں کو ہم سے دور کر دیا ہے۔ 13 جس طرح باپ اپنے بچوں پر ترس کھاتا ہے اسی طرح خداوند اپنے ڈرنے والوں پر ترس کھاتا ہے۔

والدین ہونے کے ناطے ہم میں سے کون ہے کہ اگر ہمارے بچے کوئی غلط کام کرتے ہیں تو ان کو درست کرنا چاہتے ہیں اور ان کو کوئی بیماری لاکر، انہیں کسی حادثے میں مبتلا کر کے، انہیں بیمار بستر پر لٹا کر، یا ان کو کینسر یا کوئی اور کمزور یا خطرناک بیماری لاحق کر کے انہیں درست اور صحیح سکھانا چاہتے ہیں؟ میرے خیال میں یہ کہنا محفوظ ہوگا کہ ہم میں سے کوئی بھی ایسا کام نہیں کرے گا! ہم میں سے اکثر بچے کے ساتھ سختی سے بات کرتے ہوئے شروع کرتے ہیں، کبھی کبھی اسے ایک یا دو مارنے کے لیے آگے بڑھتے ہیں اور پھر شاید ان کے کچھ مراعات کو ختم کر دیتے ہیں۔ اگر بچے بڑے ہوتے ہیں، جہاں پیٹنا اب مناسب نہیں ہے، ہم ان کے ساتھ بیٹھ کر بحث کرتے ہیں اور انہیں سمجھانے کی کوشش کرتے ہیں کہ انہیں صحیح کیا سکھایا جائے۔ اگر ہم برے ہیں، تو جانتے ہیں کہ ہمارے اپنے بچوں کے ساتھ اس طرح کا سلوک کیا ہے، ہمارا آسمانی باپ

اپنے بچوں کے ساتھ اس سے بھی زیادہ بہتر سلوک کرتا ہے، تاکہ ان کی زندگیوں کے لیے بہتر طریقے سے اصلاح، ہدایت، تعلیم اور رہنمائی کرے۔

خُداوند کی تعظیم کے معاملے کو اکثر غلط فہمی اور غلط طریقے سے پیش کیا جاتا ہے۔ لوگ بیمار پڑتے ہیں، اور پھر دعویٰ کرتے ہیں کہ خدا نے انہیں ایک گہرا روحانی سبق سکھانے کے لیے بیمار کیا ہے۔ ہم اس بات سے متفق ہیں کہ زمینی والدین بھی اپنے بچوں کے ساتھ ایسا کچھ نہیں کریں گے، جب ہم خدا پر ایسا کرنے کا الزام لگاتے ہیں تو ہم اسے اپنے زمینی والدین سے بدتر بنا دیتے ہیں۔ مثال کے طور پر ایک مومن کو لے لیجئے جو بیمار ہو جاتا ہے اور اس وجہ سے اسے کچھ دن (یا ہفتے) بستر پر گزارنے پڑتے ہیں۔ بستر پر لیٹے، اور کچھ نہیں کرنا، مومن اچھی عیسائی کتابیں پڑھنا یا بہت سے واعظ سننا شروع کر دیتا ہے اور اس طرح ان کے ذریعے روحانی سمجھ حاصل ہوتی ہے اور روحانی طور پر مضبوط محسوس ہوتا ہے۔ وقت کے ساتھ، مومن صحت مند ہو جاتا ہے. سب سے عام وضاحت جو ہم سنیں گے وہ یہ ہے کہ خدا نے اس شخص کو روحانی طور پر مضبوط کرنے اور انہیں وہ خاص روحانی اسباق سکھانے کے لیے بیمار کیا۔ میرا استدلال یہ ہے کہ، سب سے پہلے ہم خدا پر الزام لگا رہے ہیں کہ ہم وہ کام کر رہے ہیں جو ہم بطور والدین خود نہیں کریں گے کہ خدا کو ہم سے بدتر بنایا جائے۔ دوسرا، اگر وہ مومن جب صحت مند ہو، وہی کتابیں پڑھتا اور وہی واعظ سنتا، تو وہ وہی روحانی اسباق سیکھ سکتا تھا!

لفظ "تسبیح" ہے۔ یونانی 'paideuo' جو سیدھا مطلب ہے "تربیت دینا ایک بچہ، یعنی تعلیم، یا (بذریعہ) نظم و ضبط (سزا کے ذریعے)،" سے "ہدایت کریں، سیکھیں، سکھائیں" (Strong's Concordance)۔ اس لفظ کا ترجمہ "سیکھا ہوا" بھی کیا گیا ہے (اعمال 7:22) "موسیٰ مصریوں کی تمام حکمتوں میں سیکھا ہوا تھا، اور قول و فعل میں زبردست تھا۔" اس لفظ کا ترجمہ "تعلیم یافتہ" (اعمال 22:3) بھی کیا گیا ہے جیسا کہ پولس گملی ایل کے ذریعہ سکھائے جانے والے اس کی اپنی پرورش کا حوالہ دیتا ہے۔ ”میں واقعی ایک یہودی ہوں، کلیسیا کے ترسس میں پیدا ہوا، لیکن اس شہر میں گملی ایل کے قدموں میں پرورش پائی، اپنے باپ دادا کے قانون کی سختی کے مطابق تعلیم دی، اور آپ سب کی طرح خدا کے لیے پرجوش تھا۔“ یہ لفظ جسمانی ضربوں کے لیے بھی استعمال ہوتا ہے (لوقا 23:16،22)، جسے پیلاطس نے یسوع میں کوئی غلطی نہ پا کر کرنے کی پیشکش کی اور اسے جانے دیا، اس امید پر کہ یہ یہودیوں کو مطمئن کر دے گا. تب تعلیم کا تعلق تعلیم (سیکھنے، تربیت، ہدایت)، اصلاح اور بعض اوقات سزا سے ہے۔ سزا دینے کا بنیادی مقصد انسان کو کچھ سیکھنے میں مدد کرنا ہے۔ ہدایت تباہی نہیں، مقصد ہے۔

معمول کے مطابق تعلیم دینے کا تعلق تعلیم، اصلاح اور سزا کے ساتھ ہے جیسا کہ ایک بچے کو پیار سے کیا جاتا ہے، اور صرف انتہائی حالات میں فیصلے کا تعلق ہے۔

عام طور پر، تنبیہ کا تعلق بچے کی تربیت کے ساتھ ہوتا ہے اور اس لیے اس سے مراد محبت سے کیا جاتا ہے، غصہ نہیں۔ معمول کے مطابق تعلیم دینے کا تعلق تعلیم، اصلاح اور سزا کے ساتھ ہے جیسا کہ ایک بچے کو پیار سے کیا جاتا ہے، اور صرف انتہائی حالات میں فیصلے کا تعلق ہے۔

عبرانیوں 12 میں رب کی سزا کے مقصد کو بیان کیا گیا ہے جو ہمیں پاکیزگی اور راستبازی میں تربیت دینا ہے۔ تو اب، ہمارے ابتدائی سوال کی طرف واپس: کیا زمینی والدین اپنے بچوں کو صحیح کام کرنے کا طریقہ سیکھنے کے لیے بیماری اور بیماری کا استعمال کریں گے؟ نہیں! اس کے باوجود، ہمارا خُدا جو لامحدود طور پر ایک عظیم باپ ہے، ابدی محبت کرنے والا آسمانی باپ، اپنے بچوں کو روزمرہ کی معمول کی زندگی میں سزا دینے کے لیے بیمار نہیں کرے گا۔ اس کے ساتھ روزمرہ کے چلنے کے معمول میں، خُدا اپنے کلام، اپنی روح اور دوسرے مومنوں کی رفاقت کو ہماری زندگیوں میں اپنے نظم و ضبط کو کام کرنے کے لیے استعمال کرے گا۔

ہم نے پہلے اس باب میں کرنتھیوں کی کلیسیا کے بارے میں بات کی ہے، جہاں وہ مکمل طور پر بے ترتیب تھے اور رب کی میز کی بے عزتی کرتے تھے، اسے ایک مقدس شرکت کی بجائے ایک دعوت بنا کر۔ ان کے معاملے میں جو ہوا وہ یہ ہے کہ نافرمانی کی وجہ سے وہ شفاء، صحت اور تندرستی کی مطلوبہ نعمت سے محروم ہو گئے اور بجائے خود کمزوری، بیماری اور موت کا شکار ہو گئے۔ خُدا نے اِن چیزوں کو اپنے الٰہی تادیبی معاملات کے ایک حصے کے طور پر اجازت دی تاکہ اُنہیں خُداوند کے دسترخوان پر عمل کرنے کے صحیح طریقے پر واپس لایا جا سکے۔ تاہم، یہ خُداوند کی طرف سے اُن کے لیے بطور مومنانہ معمول کا نظم و ضبط نہیں تھا، بلکہ الٰہی فیصلے کا معاملہ تھا۔ ان تمام چیزوں کی روشنی میں جو صحیفہ خُدا کی فطرت اور خُدا کے کام کے بارے میں ظاہر کرتا ہے جیسا کہ یسوع مسیح کی شخصیت میں ظاہر ہوتا ہے، ایک مومن کے لیے جو خُداوند کے ساتھ چل رہا ہے، یہ کہنا غلط ہو گا کہ خُداوند اُس کو کسی بیماری میں مبتلا کر رہا ہے۔

کیا ایمان اور دوا کو ملانا درست ہے؟

بادشاہ حزقیاہ اور تیمتھیس کی مثالوں پر نظر ڈالنے کے بعد، ہم سمجھتے ہیں کہ ایمان اور دوا کو ملانے میں کوئی حرج نہیں ہے۔ خدا نے ہمیں علم، ٹیکنالوجی اور

قدرتی وسائل کے وسائل سونپے ہیں جنہیں ہم نے اس کے مقاصد اور اس کی شان کے لیے استعمال کرنا ہے۔ ہم جانتے ہیں کہ یہ خدا کا مقصد ہے کہ وہ لوگوں کو شفا بخشیں ہم جانتے ہیں کہ جب لوگ شفا پاتے ہیں تو خدا کو جلال ملتا ہے۔ لہٰذا ہم ان وسائل کو استعمال کرنے میں ہچکچاہٹ محسوس نہیں کرتے جو خدا نے ہمیں شفا بخشنے کے لیے دیے ہیں۔

یہاں تک کہ جب ہم دوا دیتے ہیں یا طبی مدد حاصل کرتے ہیں، تب بھی ہماری نظریں رب کی طرف ہوتی ہیں کہ وہ شفا اور علاج لائے۔ ہمارا ایمان اُس کے کلام میں ہے اور اُس کی شفایابی کی طاقت میں بالآخر اُس کی طرف سے آتا ہے۔

کیا اپنی صحت کا خیال رکھنا کفر کی علامت ہے؟

EPAPHRODITUS سے جو سبق ہم سیکھ سکتے ہیں ان میں سے ایک یہ ہے کہ جب ہم مسیحی خدمت میں اپنا کام خُداوند اور اُس کے لوگوں کی خدمت کرتے ہیں تو ہمیں ذمہ دار رہنے اور اپنی صحت کا خیال رکھنے کی بھی ضرورت ہے۔ بصورت دیگر ہمارے اپنے جسموں کو نظرانداز کرنے کا امکان ہے اور ہمیں تفویض کردہ کام مکمل کیے بغیر وقت سے پہلے موت کا خطرہ ہے۔ جب کہ ہم اپنی ذمہ داری کے حصے کے طور پر شفا، تندرستی اور صحت کے لیے رب کی طرف دیکھتے ہیں، ہمارے لیے اپنی صحت کا خیال رکھنا ضروری ہے۔ ہمیں اچھی صحت کو برقرار رکھنے کے لیے جو کچھ ہمارے لیے دستیاب ہے اور اپنے ذرائع کے مطابق کرنے کی ضرورت ہے۔ مثال کے طور پر، ہم میں سے کچھ باقاعدگی سے (مثلاً سالانہ) ہیلتھ چیک اپ کا استعمال کر سکتے ہیں، اپنی خوراک دیکھ سکتے ہیں، ورزش کر سکتے ہیں، وغیرہ۔ جہاں ضروری ہو، ڈاکٹروں کی تجویز کے مطابق احتیاطی تدابیر اختیار کریں۔ یہ کفر کی علامت نہیں ہوں گی بلکہ اچھی سرپرستی کا اظہار ہوں گی۔ شفا اور صحت کے لیے ہمارا ایمان رب پر قائم ہے۔

شفا یابی کی وزارت کے بارے میں عملی رہنما خطوط

وزیر شفایابی کے طریقے

بہت سے طریقے ہیں جن سے ہم بیمار شخص کی خدمت کر سکتے ہیں۔ کوئی مقررہ طریقہ یا عمل نہیں ہے جو ہمیں ہر بار استعمال کرنے کی ضرورت ہے۔ ہم جو کچھ کرنے کی کوشش کرتے ہیں وہ یہ ہے کہ کلام میں بیان کردہ شفا یابی کے مختلف طریقوں سے واقف ہوں۔ ان طریقوں سے خدمت کرنے کا طریقہ سیکھیں

جو پہلے ہی کلام میں دیکھے گئے ہیں۔ کسی بھی وقت کسی بھی طرح سے وزیر کرنے کے لیے تیار رہیں۔ پھر خُداوند کے تئیں حساس بنیں اور جو بھی طریقہ آپ اپنے دل میں محسوس کرتے ہیں اُس کو استعمال کریں، شفا یابی کی خدمت میں۔

یاد رکھیں کہ شفاء طریقہ میں نہیں بلکہ شخص میں ہے۔ یسوع شفا دینے والا ہے۔ شفا یابی ہوتی ہے اس لیے نہیں کہ ہم نے سب کچھ ٹھیک کیا۔ شفا یابی اس کی طاقت کی وجہ سے ہوتی ہے جو بیمار شخص میں بہہ کر انہیں صحت یاب کرتی ہے۔

ذہن میں رکھیں کہ ان پر خالصتاً ایک سازوسامان کے نقطہ نظر سے بحث کی گئی ہے، ان کو اس طرح تقسیم یا الگ نہیں کیا جانا چاہیے کہ اگر ہم ایک طریقہ استعمال کر رہے ہیں، تو ہمیں اسے دوسرے طریقوں کے ساتھ نہیں ملانا چاہیے۔ درحقیقت، وزارت کے دوران ہم عام طور پر شفا یابی کی خدمت کے لیے ان طریقوں کا ایک مجموعہ استعمال کریں گے۔

یہ بھی ذہن میں رکھیں کہ اگرچہ ہم یہاں خاص طور پر جسمانی شفایابی پر بات کر رہے ہیں، لیکن حقیقت میں، ایسے حالات ہوں گے جب ہم جسمانی شفا، نجات اور اندرونی شفا کی خدمت کریں گے، یہ سب ایک ساتھ بہہ رہے ہیں۔ یہاں پھر کوئی خاص ترتیب نہیں ہے جس میں ہر ایک کا انتظام کیا جائے۔ کبھی کبھی، ہم نجات کے ساتھ شروع کر سکتے ہیں، پھر جسمانی شفا یابی اور پھر اندرونی شفا کے ساتھ دوسری بار خدا ہماری رہنمائی مختلف طریقے سے کر سکتا ہے۔ یہ بھی ذہن میں رکھیں کہ جب ہم جسمانی شفا یابی کی خدمت کر رہے ہیں، اسی وقت خدا کسی فرد کی زندگی میں نجات اور اندرونی شفا کا کام کر رہا ہے۔ ہو سکتا ہے کہ ہم ہمیشہ ان تمام چیزوں سے واقف نہ ہوں جو کسی شخص میں ہو رہا ہے جب وہ خدا کے رابطے کا تجربہ کر رہے ہوں۔

ہم یہاں مختصراً کئی طریقوں سے پیش کرتے ہیں جن کی خدمت/ شفایابی حاصل کرنے کے لیے جیسا کہ کلام پاک میں دیکھا گیا ہے۔

خدا میں ذاتی ایمان کے ذریعے

خدا نے اعلان کیا ہے کہ اس کا کلام ہمارے پورے جسم کے لیے دوا ہے (امثال 22-4:20)۔ لہٰذا کوئی بھی شخص خُدا کے کلام میں غور کرنے اور اُس کے کلام سے پیدا ہونے والے ایمان کو استعمال کر کے شفا حاصل کر سکتا ہے (رومیوں 10:17)۔ جب ایمان کو اُس کلام کے ساتھ ملایا جاتا ہے جو ہمیں موصول ہوتا ہے، تو خُدا کی طاقت شفا یابی کا معجزہ کرنے کے لیے جاری کی جاتی ہے۔

ایمان کے قانون کو محض اس طرح بیان کیا گیا ہے کہ "تمہارے ایمان کے مطابق، یہ تمہارے لیے ہو" (متی 9:29)۔ جب ہم اپنے دلوں میں موجود ایمان کو

جاری کریں گے تو ہم ہمیشہ حاصل کریں گے۔ یہ ایک قانون ہے جو خدا نے قائم کیا ہے۔

آپ اپنے علاج کے لیے خدا پر یقین رکھ سکتے ہیں۔ مثالیں: خون کے مسئلے والی عورت (متی 9:22)، دو اندھے آدمی (متی 9:22-30)، دس کوڑھیوں میں سے ایک (لوقا 17:11-19)، یریحو سے باہر کا اندھا آدمی (لوقا 18:35-42)۔

خدا پر ایمان کا اظہار مختلف طریقوں سے کیا جا سکتا ہے:

1. یقین کرنا اور بولنا (متی 17:20، مرقس 11:23، رومیوں 10:9،10)۔ ہم دل سے مانتے ہیں اور منہ سے اقرار کرتے ہیں۔ یہ ایمان کے اظہار کا ایک طریقہ ہے۔
2. اپنے ایمان پر یقین اور عمل کرنا۔ دوسروں کے لیے ایمان کا استعمال ہم کسی اور کے شفا یاب ہونے کے لیے خدا پر یقین رکھ سکتے ہیں۔ مثالیں: اپنے خادم کے لیے رومی صدر (متی 8:10-13)، کنعانی عورت اپنی بیٹی کے لیے (متی 15:28)، ہیکل کے دروازے پر لنگڑے آدمی کے لیے پیٹر اور جان (اعمال 3:16)۔ خدا پر باہمی اعتماد ہو سکتا ہے جہاں دو یا زیادہ ایک ساتھ یقین رکھتے ہیں۔ مثال: چار دوست اور ان کا مفلوج دوست (متی 9:2)، بزرگوں کا ایک گروپ جو ایمان کی دعا مانگ رہا ہے (جیمز 5:14-15)۔ ہم کسی اور کے لیے بھی خدا پر کارپوریٹ ایمان رکھ سکتے ہیں، جہاں لوگوں کی ایک بڑی تعداد ایک معجزے کے لیے ایک ساتھ یقین کرتی ہے۔ مثال: شاگرد پولس کے گرد جمع ہوئے جب اسے سنگسار کیا گیا اور اسے مردہ حالت میں چھوڑ دیا گیا (اعمال 14:19-20)۔ معاہدے کی دعا کے ذریعے میتھیو 18:18-20 18 "میں تم سے سچ کہتا ہوں کہ جو کچھ تم زمین پر باندھو گے وہ آسمان پر بندھے گا، اور جو کچھ تم زمین پر کھولو گے وہ آسمان پر کھول دیا جائے گا۔ 19" میں تم سے پھر کہتا ہوں کہ اگر تم میں سے دو زمین پر کسی بھی چیز کے بارے میں متفق ہو جائیں جو وہ مانگیں گے تو وہ میرے آسمانی باپ کی طرف سے ان کے لیے کیا جائے گا۔ 20 کیونکہ جہاں دو یا تین میرے نام پر اکٹھے ہوتے ہیں، میں وہاں ان کے درمیان ہوں۔" ایسے اوقات ہوتے ہیں، جب ہم کسی گروہ میں خدمت کر رہے ہوتے ہیں، ہم دعا کر سکتے ہیں اور/یا اختیار کا استعمال کر سکتے ہیں کہ شیطان کیا کر رہا ہے اور اس شخص کو اس سے آزاد کرو جو دشمن نے ان پر ڈالا ہے۔ ہم اپنے عقیدے کو جاری کرتے ہوئے اور اپنے خدا کے عطا کردہ اختیار کو استعمال کرتے ہوئے، اتفاق کے ساتھ ایسا کرتے ہیں۔ معاہدے میں طاقت ہے اور یہ طاقتور اثر میں آتا ہے۔

ایمان کی دعا کے ذریعے

جیمز 5:14،15 14 کیا تم میں سے کوئی بیمار ہے؟ وہ کلیسیا کے بزرگوں کو بُلائے، اور وہ خُداوند کے نام پر تیل سے مسح کر کے اُس کے لیے دعا کریں۔ 15 اور ایمان کی دعا بیمار کو بچائے گی اور خداوند اُسے اٹھائے گا۔ اور اگر اس نے گناہ کیے ہوں تو اسے معاف کر دیا جائے گا۔

میتھیو 21:22 اور ایمان کے ساتھ جو کچھ بھی تم دعا میں مانگو گے وہ تمہیں مل جائے گی۔"

یوحنا 14:14 اگر تم میرے نام سے کچھ مانگو گے تو میں کروں گا۔

ایکٹ 28:8 اور ایسا ہوا کہ پبلیئس کا باپ بخار اور پیچش سے بیمار پڑا تھا۔ پولُس اُس کے پاس گیا اور دعا کی اور اُس نے اُس پر ہاتھ رکھ کر اُسے شفا دی۔

جیمز میں کلام پاک کا حوالہ گرجہ گھر کے بزرگوں (روحانی پیشوا) سے مطالبہ کرتا ہے کہ وہ بیمار شخص پر ایمان کی دعا کریں۔ یہ خداوند یسوع کے نام پر اور تیل کے مسح کے ساتھ کیا جاتا ہے۔

تمام مومنین کسی کے صحت یاب ہونے کے لیے ایمان کی دعا مانگ سکتے ہیں۔ اس لیے ہمیں ایمان کی دعا کو صرف بزرگوں تک محدود نہیں رکھنا چاہیے۔ شفا اس لیے ہوتی ہے کیونکہ ہم خُداوند یسوع مسیح کے نام پر ایمان کی دعا مانگتے ہیں۔

حکم کے ایک لفظ کے ذریعے

میتھیو 8:16 جب شام ہوئی تو وہ بہت سے لوگوں کو جو بدروحوں میں مبتلا تھے اس کے پس لائے۔ اور اُس نے ایک لفظ کے ساتھ رُوحوں کو نِکالا اور سب بیماروں کو شفا بخشی۔

لوقا 4:38،39 38 اب وہ عبادت خانہ سے اُٹھ کر شمعون کے گھر میں داخل ہوا۔ لیکن شمعون کی بیوی کی ماں تیز بخار سے بیمار تھی اور اُنہوں نے اُس کے بارے میں اُس سے درخواست کی۔ 39 پس اُس نے اُس کے پاس کھڑے ہو کر بخار کو ڈانٹا اور اُس سے اُتر گیا۔ اور فوراً اُٹھ کر اُن کی خدمت کی۔

میتھیو 17:20 پس یسوع نے اُن سے کہا، "تمہاری بے اعتقادی کی وجہ سے، کیونکہ میں تم سے سچ کہتا ہوں کہ اگر تم میں رائی کے دانے کے برابر ایمان ہے تو تم اس پہاڑ سے کہو گے کہ یہاں سے وہاں چلے جاؤ، اور وہ حرکت کرے گا، اور تمہارے لیے کچھ بھی ناممکن نہیں ہوگا۔

جیسا کہ ہم یسوع کو کرتے ہوئے دیکھتے ہیں، ہم بیماری یا بد روح کے لیے حکم کا ایک لفظ بولتے ہیں جو اسے جانے کا حکم دیتے ہیں۔ یسوع نے بخار کو

ڈانٹا اور وہ چلا گیا۔ اسی طرح، ہم بیماری یا بیماری کو ملامت کرتے ہیں اور اسے یسوع کے طاقتور نام پر چھوڑنے کا حکم دیتے ہیں۔ ہم یہ کام اپنے دل میں ایمان کے ساتھ کرتے ہیں۔ یسوع نے کہا کہ اگر ہم ایمان رکھتے ہیں اور پہاڑ سے بات کرتے ہیں کہ وہ اسے حرکت دے تو وہ حرکت کرے گا، اور کچھ بھی ناممکن نہیں ہوگا۔ جب وہ شخص ہماری موجودگی میں ہوتا ہے یا اس وقت بھی جب وہ شخص جغرافیائی طور پر کسی دوسرے مقام پر ہوتا ہے تو ہم بیماری اور بیماری کی سرزنش کرتے ہوئے حکم کا ایک لفظ بول سکتے ہیں۔ روح کے دائرے میں واقعی کوئی "فاصلہ" نہیں ہے۔

ہاتھ ڈالنے کے ذریعے (تیل کے مسح کے ساتھ، حکم کے ایک لفظ کے ساتھ)

میتھیو 8:3 تب یسوع نے اپنا ہاتھ بڑھا کر اسے چھوا اور کہا، میں چاہتا ہوں، پاک ہو جا۔ فوراً اس کا کوڑھ صاف ہوگیا۔

میتھیو 8:15 چنانچہ اُس نے اُس کا ہاتھ چھوا تو بخار اُس سے نکل گیا۔ اور وہ اٹھ کر ان کی خدمت کرنے لگی۔

میتھیو 9:29 پھر اُس نے اُن کی آنکھوں کو چھوتے ہوئے کہا، "تمہارے ایمان کے مطابق ہو"۔

میتھیو 20:34 اس لیے یسوع کو ترس آیا اور اس نے ان کی آنکھوں کو چھوا۔ اور فوراً ان کی آنکھوں کو بینائی ملی اور وہ اس کے پیچھے ہو لیے۔

مرقس 12-6:13 12 چنانچہ وہ باہر گئے اور منادی کرنے لگے کہ لوگوں کو توبہ کرنی چاہیے۔ 13 اور اُنہوں نے بہت سے بدروحوں کو نکالا اور بہت سے بیماروں کو تیل سے مسح کر کے شفا دی۔

مرقس 32-7:35 32 پھر وہ اس کے پاس ایک بہرے کو لائے اور اس کے بولنے میں رکاوٹ تھی اور اس کی منت کی کہ اپنا ہاتھ اس پر رکھے۔ 33 اور اُس نے اُسے بِھیڑ میں سے ایک طرف لے جا کر اُس کے کانوں میں انگلیاں ڈالیں اور اُس نے تھوکا اور اُس کی زبان کو چھوا۔ 34 پھر آسمان کی طرف دیکھ کر اُس نے آہ بھری اور اُس سے کہا، "افّفتھا" یعنی کھل جا۔ 35 فوراً ہی اُس کے کان کھل گئے اور اُس کی زبان کی رکاوٹ کھل گئی اور وہ صاف صاف بولنے لگا۔

لوقا 4:40 جب سورج غروب ہو رہا تھا تو وہ تمام لوگ جو مختلف بیماریوں میں مبتلا تھے اُن کو اُس کے پاس لے آئے۔ اور اُس نے اُن میں سے ہر ایک پر ہاتھ رکھ کر اُنہیں شفا دی۔

لوقا 13:13 اور اُس نے اُس پر ہاتھ رکھا اور وہ فوراً سیدھی ہو گئی اور خُدا کی تمجید کی۔

مرقس 18،16:17 17 اور یہ نشانیاں ان لوگوں کی پیروی کریں گی جو ایمان لاتے ہیں: وہ میرے نام سے بدروحوں کو نکالیں گے۔ وہ نئی زبانوں سے بات کریں گے۔ 18 وہ سانپوں کو اٹھا لیں گے۔ اور اگر وہ کوئی جان لیوا چیز پیتے ہیں تو اس سے انہیں کوئی نقصان نہیں ہوگا۔ وہ بیماروں پر ہاتھ رکھیں گے، اور وہ صحت یاب ہو جائیں گے۔"

بیماروں کو ہاتھ پر ہاتھ رکھ کر شفا دینا خدمت گزاری کا ایک عام طریقہ ہے۔ ہم بیمار شخص پر ہاتھ ڈالتے ہیں اور بیماری کو حکم دیتے ہیں کہ وہ یسوع کے طاقتور نام پر چلے جائیں۔ ہم امید کرتے ہیں کہ روح القدس کی طاقت ہاتھ پر رکھنے کے ذریعے چلائی جائے گی۔

ہاتھ باندھنے سے شفا یابی کا عمل کئی طریقوں سے کیا جا سکتا ہے، جیسے:

1.یسوع کے نام پر ایمان کی دعا کے ساتھ ہاتھ پر رکھنا
2.ہاتھ پر رکھنا اور یسوع کے نام پر حکم جاری کرنا
3.ایمان کی دعا کے ساتھ ہاتھ پر رکھنا اور تیل سے مسح کرنا
4.ہاتھ پر رکھنا اور رب کے نام پر تیل کا مسح کرنا (ضروری طور پر زبانی دعا نہیں کی جاسکتی ہے) جب لوگوں کی خدمت ہاتھ پر رکھ کر کی جاتی ہے، تو وہ روح میں "قتل" ہو سکتے ہیں یا نہیں ہو سکتے۔ یہ ضروری نہیں ہے کہ جب لوگ ان پر ہاتھ رکھے جائیں تو وہ "طاقت کے نیچے گریں"۔ اگر ایسا ہو جائے تو ٹھیک ہے۔ اگر ایسا نہیں ہوتا ہے تو ہمیں زیادہ فکر نہیں ہے۔ عام طور پر، ہم جسم کے اس حصے پر ہاتھ رکھیں گے جہاں شفا یابی کا انتظام کرنے کی ضرورت ہے۔ یہ عام ہے، اگرچہ ضرورت نہیں ہے۔ بعض اوقات، جب کوئی مرد کسی عورت کی خدمت کر رہا ہوتا ہے، تو ہم عورت سے کہہ سکتے ہیں کہ وہ اپنے جسم کے اس حصے پر ہاتھ رکھے جو متاثر ہوا ہے، جب کہ مرد عورت کے سر پر ہاتھ رکھتا ہے۔
5.جب بیمار آپ کو چھوئے۔ میتھیو 9:20 اور اچانک ایک عورت جو بارہ سال سے خون بہہ رہی تھی پیچھے سے آئی اور اُس کے کپڑے کے سر کو چھوا۔

میتھیو 14:36 اور اس سے التجا کی کہ وہ صرف اس کے لباس کے ہیم کو چھوئے۔ اور جتنے لوگ چھوئے وہ بالکل ٹھیک ہو گئے۔

ایسے اوقات ہوتے ہیں جب لوگ ایمان کے ساتھ ہم تک پہنچ سکتے ہیں اور چھو سکتے ہیں۔ ان کا لمس ان کا ایمان کا عمل اور خدا کی قدرت سے ان کا رابطہ ہے۔ خدا ایسا کرنے میں ان کے ایمان کی عزت کرتا ہے اور وہ اپنی شفا پاتے ہیں۔

ایمان کے اعلان کے ذریعے

میتھیو 8:13 تب یسوع نے صُوبہ دار سے کہا، "اپنا راستہ جا، اور جیسا کہ تم نے ایمان لایا ہے ویسا ہی تمہارے لیے ہو۔" اور اُس کے نوکر کو اُسی گھڑی شفا ملی۔

میتھیو 15:28 تب یسوع نے جواب دیا اور اُس سے کہا اے عورت تیرا ایمان عظیم ہے جیسا تو چاہتی ہے تیرے ساتھ ہو۔ اور اُس کی بیٹی اُسی گھڑی سے شفا پائی۔

یوحنا 4:50 یسوع نے اُس سے کہا، "جا، تیرا بیٹا زندہ ہے۔" پس اس آدمی نے اس بات پر یقین کیا جو یسوع نے اس سے کہی تھی اور وہ اپنے راستے پر چلا گیا۔

یوحنا 5:8، 9 8 عیسیٰ نے اُس سے کہا، "اُٹھ، اپنا بستر اُٹھا کر چل۔ 9 اور وہ آدمی فوراً تندرست ہو گیا اور اپنا بستر اُٹھا کر چلنے لگا۔ اور وہ دن سبت کا دن تھا۔

ایسے اوقات ہوتے ہیں جب خُداوند ہماری رہنمائی کر سکتا ہے کہ وہ صرف اس شخص کو یہ اعلان کرے کہ شفا ہو چکی ہے۔ ضروری نہیں کہ کوئی دعا یا حکم کا لفظ ہو، یا ان کا کوئی مجموعہ ہو سکتا ہے۔ ہم ایمان اور اختیار کے ساتھ اعلان کرتے ہیں کہ کام ہو گیا ہے۔ خدا کام کرتا ہے۔ وہ شخص دیکھتا ہے کہ شفا ہو گئی ہے۔

ایمان میں اداکاری کے ذریعے

میتھیو 9:6،7 6 لیکن اس لیے کہ تم جان لو کہ ابن آدم زمین پر گناہوں کو معاف کرنے کی طاقت رکھتا ہے"۔ پھر اس نے مفلوج سے کہا، "اُٹھ، اپنا بستر اٹھا اور اپنے گھر چلا جا۔" 7 اور وہ اُٹھ کر اپنے گھر کو چلا گیا۔

میتھیو 12:13 پھر اُس نے آدمی سے کہا، "اپنا ہاتھ بڑھا۔ اور اُس نے اُسے بڑھایا اور اُسے دوسرے کی طرح بحال کر دیا گیا۔

یوحنا 9:7 اور اُس نے اُس سے کہا، "جا، سلوام کے تالاب میں نہا" (جس کا ترجمہ، بھیجا گیا ہے)۔ چنانچہ وہ گیا اور نہا، اور دیکھ کر واپس آیا۔

اعمال 3:6-8 6 تب پطرس نے کہا، میرے پاس چاندی اور سونا نہیں ہے لیکن جو کچھ میرے پاس ہے میں تمہیں دیتا ہوں: یسوع مسیح ناصری کے نام پر، اٹھ اور چل۔ 7 اور اُس نے اُس کا داہنا ہاتھ پکڑ کر اُٹھایا اور فوراً اُس کے پاؤں اور ٹخنوں کی ہڈیاں مضبوط ہو گئیں۔ 8 پس وہ اُٹھ کر کھڑا ہوا اور چل کر اُن کے ساتھ ہیکل میں داخل ہوا یعنی چلتے ہوئے، اچھلتے ہوئے اور خُدا کی حمد کرتے ہوئے۔

اعمال 14:8-10 8 اور لِسترہ میں ایک آدمی بیٹھا تھا جس کے پاؤں میں طاقت نہیں تھی، وہ اپنی ماں کے پیٹ سے ایک لنگڑا تھا جو کبھی نہیں چلتا تھا۔ 9 اس آدمی نے پولس کو بولتے ہوئے سنا۔ پولُس نے اُسے غور سے دیکھا اور یہ دیکھ کر کہ اُسے شفا پانے کا یقین ہے، 10 نے بلند آواز سے کہا، "اپنے پیروں پر سیدھے کھڑے ہو جاؤ۔" اور وہ چھلانگ لگا کر چل پڑا۔

ایسے اوقات ہوتے ہیں جب روح القدس ہمیں بیمار شخص کو ان کے عقیدے پر عمل کرنے کو کہنے کے لیے رہنمائی کر سکتا ہے۔ یہ عام طور پر انہیں کچھ ایسا کرنے کی ہدایت کر رہا ہو گا جو وہ اپنی بیماری کی وجہ سے کرنے سے قاصر ہیں۔ بعض اوقات ہم ابتدائی طور پر ان کی مدد کر سکتے ہیں جب وہ ایسا کرنے کی کوشش کرتے ہیں۔ جیسے ہی لوگ اپنے ایمان پر عمل کرنا شروع کر دیتے ہیں، خُدا کی قدرت اُن کو تندرست کر دیتی ہے۔ وہ اپنی شفایابی کی طرف سیدھے قدم رکھتے ہیں۔

جب لوگ ایمان پر عمل کرتے ہیں۔

میتھیو 9:20-22 20 اور اچانک ایک عورت جو بارہ برس سے خون بہہ رہی تھی پیچھے سے آئی اور اُس کے کپڑے کے سر کو چھوا۔ 21 کیونکہ اُس نے اپنے آپ سے کہا، "اگر میں اُس کے کپڑے کو چھو لوں تو ٹھیک ہو جاؤں گی۔" 22 لیکن یسوع نے مُڑ کر اُسے دیکھا اور کہا، "بیٹی خوش رہ، تیرے ایمان نے تجھے ٹھیک کیا ہے۔ اور عورت اُسی گھڑی سے اچھی ہو گئی۔

مرقس 2:3-5 3 پھر وہ ایک مفلوج کو لے کر اُس کے پاس آئے جسے چار آدمی اٹھائے ہوئے تھے۔ 4 اور جب وہ ہجوم کی وجہ سے اُس کے قریب نہ آ سکے تو اُنہوں نے اُس چھت کو کھولا جہاں وہ تھا۔ پس جب اُنہوں نے توڑا تو اُس پلنگ کو جس پر فالج کا مریض پڑا تھا اُسے اُتار دیا۔ 5 جب یسوع نے اُن کا ایمان دیکھا تو اُس نے مفلوج سے کہا، "بیٹا، تیرے گناہ معاف ہو گئے ہیں۔

اسی طرح، لوگ ایمان کے ساتھ کام کر سکتے ہیں بغیر ایسا کرنے کے لیے کہا جائے۔ بالکل اُس عورت کی طرح جس میں خون کا مسئلہ تھا جس نے ہجوم میں سے اپنا راستہ نکالا اور یسوع کے لباس کے ہیم کو چھوا۔ یہ اس کا ایمانی عمل تھا۔ خدا نے اس کی عزت کی۔ وہ چار آدمی جو اپنے مفلوج دوست کو یسوع کے پاس لائے تھے وہ اپنے ایمان پر عمل کر رہے تھے۔ وہ چھت پر جانے اور اپنے دوست کو چھت سے نیچے اتارنے کی حد تک چلے گئے۔ یسوع نے ان کے ایمان کو دیکھا۔ ان کا دوست ٹھیک ہو گیا۔ ان کا ایمان کا عمل ان کے اور خدا کے درمیان ایک چیز ہے۔ خدا ان کے دل کو دیکھتا ہے اور جواب دیتا ہے۔

روح کے تحفوں کے ذریعے

1 کرنتھیوں 12:7-11 7 لیکن روح کا ظہور ہر ایک کو سب کے فائدے کے لئے دیا گیا ہے: 8 کیونکہ ایک کو روح کے ذریعہ حکمت کا کلام دیا گیا ہے، دوسرے کو ایک ہی روح کے ذریعہ علم کا کلام دیا گیا ہے، 9 کسی کو ایک ہی روح سے ایمان، کسی کو ایک ہی روح کے ذریعہ شفا کی نعمتیں، 10 کسی کو معجزات کا کام، کسی کو معجزات کا کام، کسی کو مختلف قسم کے معجزات۔ زبانوں کی قسمیں، دوسری زبانوں کی تشریح۔ 11 لیکن ایک ہی رُوح اِن سب کاموں کو انجام دیتا ہے اور ہر ایک کو جس طرح چاہے تقسیم کرتا ہے۔

عبرانیوں 2:3، 4 3 ہم کیسے بچیں گے اگر ہم اتنی بڑی نجات کو نظر انداز کر دیں، جو پہلے خُداوند کی طرف سے کہی جانے لگی، اور اُس کی تصدیق اُن لوگوں سے ہوئی جنہوں نے اُسے سنا، 4 خُدا بھی اپنی مرضی کے مطابق نشانوں اور عجائبات، مختلف معجزوں اور روح القدس کے تحفوں کے ساتھ گواہی دیتا ہے؟

خُدا روح کے تحفوں کے ذریعے شفا کا کام کرتا ہے۔ عام طور پر یہ شفا یابی کے تحائف، اور علم کے الفاظ کا آپریشن ہوگا، بعض اوقات معجزات کے کام اور ایمان کے تحفے کے ساتھ روح کے دوسرے تحفے بھی اسی وقت کام میں ہو سکتے ہیں۔ شفا یابی اور نجات کی خدمت کے وقت حکمت کا ایک لفظ، روح کی تفہیم یا پیشن گوئی جاری کی جا سکتی ہے۔

لوگوں کی خدمت کرتے وقت ہمیں یہ کام کرنے کی خواہش کرنی چاہیے۔ ان تحائف کو جاری کرنے کے لیے ہمیں ایمان کے ساتھ باہر نکلنا چاہیے۔ یہ ہمارا حصہ ہے۔ خُدا عام طور پر ہماری خواہش اور ایمان سے باہر نکلنے کی خواہش کا جواب دیتا ہے، روح کے ان تحفوں کے کسی بھی امتزاج کی رہائی کا سبب بن کر۔

ایسے اوقات ہوتے ہیں جب یہ تحائف جاری کیے جاتے ہیں جب کوئی بھی واقعی بڑے ایمان میں نہیں ہوتا ہے یا کچھ ہونے کی توقع نہیں کرتا ہے۔ نہ تو جس کی خدمت کی جاتی ہے اور نہ ہی وہ شخص جس کی خدمت کی جاتی ہے وہ بڑے ایمان میں ہوتا ہے، پھر بھی تحائف کے عمل کی وجہ سے شفا، نجات اور معجزے ہوتے ہیں۔ مثال کے طور پر، ایک بے اعتقاد شخص جو خالصتاً ایک تماشائی کے طور پر میٹنگ میں ہوتا ہے، جس میں خداوند یسوع مسیح میں کوئی علم یا ایمان نہیں ہوتا ہے، خدمت کے دوران شفا یابی کا ایک حیرت انگیز معجزہ حاصل کر سکتا ہے اور کوئی بھی اس شخص کی درحقیقت دعا یا خدمت نہیں کرتا۔ یہ خُدا کا ایک خود مختار کام ہو گا جو اُس شخص کی توجہ حاصل کرے اور اُنہیں مسیح میں ایمان کی طرف راغب کرے۔

شفا یابی کے مسح کے ذریعے

لوقا 5:17 ایک خاص دن ایسا ہوا کہ وہ تعلیم دے رہا تھا کہ وہاں فریسی اور شریعت کے علمبردار بیٹھے تھے جو گلیل، یہودیہ اور یروشلم کے ہر شہر سے نکلے تھے۔ اور خُداوند کی قدرت اُن کو شفا دینے کے لیے موجود تھی۔

لوقا 6:19 اور ساری بھیڑ اُس کو چھونے کی کوشش کرنے لگی کیونکہ اُس میں سے قُدرت نکلی اور اُن سب کو شفا بخشی۔

لوقا 8:46-47 46 لیکن یسوع نے کہا، "کسی نے مجھے چھوا ہے، کیونکہ میں نے محسوس کیا کہ مجھ سے طاقت نکلتی ہے." 47 جب عورت نے دیکھا کہ وہ چھپی نہیں ہے تو وہ کانپتی ہوئی آئی۔ اور اس کے سامنے گر کر، اس نے تمام لوگوں کے سامنے اسے بتایا کہ اس نے اسے چھونے کی وجہ بتائی اور وہ کیسے ٹھیک ہو گئی۔

مسح کرنا روح القدس کی موجودگی اور طاقت ہے۔ مسح کرنا کسی فرد کو بااختیار بنا سکتا ہے یا مومنوں کی جماعت (اجتماع) میں موجود ہو سکتا ہے تاکہ خدا کی طاقت کو ظاہر کر سکے۔ خداوند یسوع نے روح القدس کی طاقت سے خدمت کی (اعمال 10:38)۔ یہی طاقت تمام ایمانداروں کے لیے دستیاب ہے (اعمال 1:8) اور اس لیے ہم میں سے نکل سکتی ہے، جیسے یہ یسوع سے نکلی تھی۔ شفا یابی کا مسح روح القدس کی موجودگی اور طاقت ہے جو شفا یابی کا سبب بنتا ہے۔ جب یسوع نے خدمت کی، تو خُداوند کی طاقت لوگوں کو شفا دینے کے لیے موجود تھی۔ شفا یابی کی طاقت (شفا کی خوبی یا شفا بخش مسح) اس میں سے نکلی اور بہت سے لوگوں کو شفا بخشی جنہوں نے اسے چھوا۔

جب ہم شفا یابی کی خدمت کرتے ہیں، تو ہمیں روح القدس کی اسی شفا بخش طاقت کی خواہش اور توقع کرنی چاہیے کہ وہ ہمارے ذریعے بہے اور بیماروں کو شفا دے۔ بعض اوقات ہم اس شفا بخش طاقت کے بہاؤ کو پہچان سکتے ہیں (مطلوبہ طور پر محسوس کرتے ہیں)۔ دوسرے اوقات میں ہمیں کچھ محسوس نہیں ہوتا، اور پھر بھی ہم ایمان کے ساتھ خدمت کرتے ہیں یہ جانتے ہوئے کہ روح القدس کی طاقت ہمارے ذریعے جاری ہو رہی ہے۔

خصوصی مسح کے ذریعے

اعمال 5:12-16 12 اور رسولوں کے ہاتھ سے لوگوں میں بہت سے نشان اور معجزے ہوئے۔ اور وہ سب سلیمان کے برآمدے میں ایک ساتھ تھے۔ 13 پھر بھی باقیوں میں سے کسی نے ان کے ساتھ شامل ہونے کی ہمت نہیں کی لیکن لوگ ان کی بہت عزت کرتے تھے۔ 14 اور مومنوں کو خداوند کے ساتھ زیادہ سے

زیادہ مردوں اور عورتوں دونوں کے ہجوم میں شامل کیا گیا، 15 تاکہ وہ بیماروں کو باہر گلیوں میں لے آئے اور انہیں بستروں اور پلنگوں پر لٹا دیا، تاکہ کم از کم پطرس کا سایہ ان میں سے بعض پر پڑے۔ 16 اور ارد گرد کے شہروں سے ایک بھیڑ یروشلم میں جمع ہوئی جو بیماروں اور ناپاک روحوں کے ستائے ہوئے لوگوں کو لاتے تھے اور وہ سب شفا پا گئے۔

ایسے اوقات ہوتے ہیں جب شفا یابی کے لیے ایک خاص مسح ہم پر انفرادی طور پر یا پورے اجتماع پر آتا ہے۔ جب ایسا ہوتا ہے تو بہت سے غیر معمولی اور بے شمار معجزات بے ساختہ ہونے لگتے ہیں۔ ہمیں حساس ہونا چاہیے اور اس کو پہچاننا چاہیے اور اس کے ساتھ بہنا چاہیے جو روح القدس اس وقت پورا کرنا چاہتا ہے، تاکہ لوگ چھو سکیں۔ ہمیں ایسے وقت میں روح کے کام کو نہیں بجھانا چاہیے کیونکہ خُدا جان بوجھ کر اس خاص مسح کو کسی وجہ سے جاری کر رہا ہے۔

ایک "شفا یابی کا ماحول"، جہاں شفا یابی کا مسح ایک اجتماع میں روحانی ماحول کو بھر دیتا ہے، دعا، عبادت، ایمان کی اعلیٰ سطح اور توقعات کے ذریعے تخلیق کیا جا سکتا ہے۔ اگرچہ شفا یابی کے لیے ماحول بنانا مفید اور مطلوبہ ہے، لیکن یہ ہمیشہ ممکن نہیں ہوتا، کیونکہ یسوع کی طرح، ہمیں مخالف ماحول میں خدمت کرنی پڑ سکتی ہے۔ خدا ماحول سے قطع نظر طاقت کے ساتھ حرکت کرسکتا ہے اور اس لئے ہمیں ہمیشہ خدا کی روح کے لئے کھلا اور حساس رہنا چاہئے۔

توبہ اور گناہ سے دستبردار ہونے کے ذریعے

یوحنا 5:14 اس کے بعد یسوع نے اسے ہیکل میں پایا اور اس سے کہا، "دیکھو، تم ٹھیک ہو گئے ہو، اب گناہ نہ کرو، ایسا نہ ہو کہ تم پر کوئی بدتر چیز آئے۔"

یوحنا 9:1-3 1 اب جب یسوع وہاں سے گزر رہے تھے تو اس نے ایک آدمی کو دیکھا جو پیدائش سے اندھا تھا۔ 2 اور اُس کے شاگِردوں نے اُس سے پُوچھا، اَے ربّی، کِس نے گُناہ کِیا، اِس آدمی نے یا اُس کے ماں باپ نے کہ یہ اندھا پیدا ہوا؟ 3 یسوع نے جواب دیا، "نہ اس آدمی نے اور نہ ہی اس کے والدین نے گناہ کیا بلکہ یہ کہ خدا کے کام اس پر ظاہر ہوں۔

تمام بیماریاں فرد میں ذاتی گناہ کی نشاندہی نہیں کرتی ہیں، جیسا کہ یوحنا 9 میں اندھے پیدا ہونے والے آدمی کے معاملے میں دیکھا گیا ہے۔ تاہم، یہ ممکن ہے کہ فرد کی زندگی میں گناہ ہو جس نے جسمانی بیماری کا دروازہ کھول دیا ہو۔ یہ ممکن ہے کہ یوحنا 5 میں معذور آدمی، کسی خاص گناہ کی وجہ سے اس معذور حالت میں آیا ہو۔ جب خُداوند نے اُسے شفا دی اور پھر اُسے نصیحت کی، "اور گناہ نہ کرنا ورنہ تجھ پر کوئی بُری چیز آجائے،" وہ سمجھ گیا کہ اس کا کیا مطلب ہے۔

ایسا نہیں تھا کہ وہ کبھی "گناہ" نہیں کرے گا لیکن یسوع اس گناہ (یا گناہوں) کی طرف اشارہ کر رہا تھا جس نے اسے پہلی جگہ اس معذور حالت میں لایا۔ غور کریں کہ کیا ہوتا اگر وہ معذور آدمی جو جان 5 میں شفا پا چکا ہے، جا کر گناہ کرتا۔ جیسا کہ یسوع نے کہا کہ "ایک بدتر چیز" نے اسے تکلیف دی ہو گی۔ اُسے توبہ کرنے اور اُس گناہ کو ترک کرنے کی ضرورت ہوگی تاکہ وہ شفا یاب ہو جائے اور دوبارہ صحت یاب ہو جائے۔

شفا یابی کی خدمت کرتے وقت، خُداوند ہمیں ہدایت دے سکتا ہے کہ پہلے اس فرد کی زندگی میں گناہ سے نمٹنے کے لیے جس کی خدمت کی جا رہی ہو۔ اس کے بعد ہم اس فرد کے ساتھ پیار سے مخاطب ہوتے ہیں اور توبہ اور اس گناہ سے وابستہ چیزوں کو ترک کرنے کے ذریعے ان کی رہنمائی کرتے ہیں۔ معافی، نفرت، غصہ اور دل کے دوسرے غلط رویے ہو سکتے ہیں جو فرد کو پناہ دے سکتا ہے، جنہیں ترک کرنے کی ضرورت ہے۔ عام طور پر ہم اس شخص کو طرز زندگی کے نمونوں، گنہگار عادات، ناپاک روحوں کے لیے لگن، شیطانی طاقتوں کے ساتھ تعلقات کو منسوخ کرنے اور دروازے/داخلے کے مقامات کو بند کرنے کی رہنمائی کرتے ہیں۔

نجات کے ذریعے

میتھیو 9:32،33 32 جب وہ باہر نکلے تو دیکھو وہ ایک گونگے اور بدروحوں سے بھرے آدمی کو اُس کے پاس لائے۔ 33 اور جب بدروح نکالی گئی تو گونگا بولا۔ اور لوگوں نے تعجب کیا اور کہا، "اسرائیل میں ایسا کبھی نہیں دیکھا گیا۔"

میتھیو 12:22 پھر ایک کو اُس کے پاس لایا گیا جو بدروح، اندھا اور گونگا تھا۔ اور اُس نے اُسے اِس طرح شفا بخشی کہ اندھا اور گونگا دونوں بولتے اور دیکھتے۔

لوقا 13:11-13 11 اور دیکھو ایک عورت تھی جو اٹھارہ برس سے کمزوری کی روح میں تھی اور جھکی ہوئی تھی اور کسی طرح سے اپنے آپ کو اٹھا نہیں سکتی تھی۔ 12 لیکن جب یسوع نے اُسے دیکھا تو اُس نے اُسے اپنے پاس بلایا اور اُس سے کہا، "اے عورت، تُو اپنی کمزوری سے چھوٹ گئی ہے۔ 13 اور اُس نے اُس پر ہاتھ رکھا اور وہ فوراً سیدھی ہو گئی اور خُدا کی تمجید کی۔

شیاطین کی موجودگی کی وجہ سے ہوتی ہے ۔ اس کا مطلب یہ نہیں ہے کہ ہر اندھا پن، بہرا پن، گونگا پن یا کمر کا مسئلہ کمزوری کی وجہ سے ہے۔ کچھ اندھا پن حادثات یا دیگر وجوہات کی وجہ سے ہو سکتا ہے۔ ہم خُدا کی روح کو سننے اور اُس کی رہنمائی کی پیروی کرنے کی کوشش کرتے ہیں۔ جب ہمیں یقین نہیں ہوتا ہے، تو ہم شفا یابی کے لیے آگے بڑھتے ہیں اور کسی بھی کمزوری کے جذبے کو

بھی حل کرتے ہیں جو موجود ہو سکتی ہے۔ بہت سی لاعلاج بیماریاں اور دوسری جسمانی حالتیں جن کی وجہ ناقابل شناخت ہے عام طور پر کمزوری کے جذبے کی نشاندہی کرتی ہے جسے نکالنے کی ضرورت ہے۔

تینوں انجیلیں اس نوجوان لڑکے کا معاملہ بھی درج کرتی ہیں جس کو مرگی اور دورے لگتے تھے (متی 17:14-18 مرقس 9:17- 27 لوقا 9:37-43)۔ یہ واقعی شیطانی قبضے کا معاملہ تھا جس کی وجہ سے بہرے پن، گونگے پن، پاگل پن اور خودکشی کے رجحانات پیدا ہوئے۔

چنانچہ جب یسوع نے روح کو نکالا تو لڑکا ٹھیک ہو گیا۔ ہم طبی طور پر جانتے ہیں کہ مرگی کیمیائی عدم توازن کی وجہ سے ہوتی ہے جس کے لیے معجزات کی ضرورت ہوتی ہے۔ لیکن بعض صورتوں میں کمزوری کی ایک بنیادی روح بھی ہو سکتی ہے جس سے نمٹنے کی بھی ضرورت ہے۔

رب کے دسترخوان کو مناتے وقت ایمان کی مشق کے ذریعے

1 کرنتھیوں 11:26 کیونکہ جتنی بار تم یہ روٹی کھاتے ہو اور اس پیالہ کو پیتے ہو، تم خداوند کی موت کا اعلان کرتے ہو جب تک کہ وہ نہ آئے۔

ہمارے خداوند یسوع مسیح کی صلیب ہماری "آزادی کا اعلان" ہے۔ یہ وہ جگہ ہے جہاں گناہوں کی معافی، جسم اور دماغ کے لیے شفا اور تندرستی، اور ہر وہ چیز جو زوال کو پلٹانے کے لیے درکار تھی، مہیا کی گئی تھی۔ خُداوند یسوع نے اُس کو قائم کیا جسے ہم "عشائے ربانی" یا "رب کی میز" کہتے ہیں تاکہ ہم اُس کی یاد میں اکثر ایسا کریں۔ ہر بار جب ہم خُداوند کے دسترخوان سے حصہ لیتے ہیں، ہم ''خُداوند کی موت کا اعلان کرتے ہیں۔'' ہم خُداوند کے دسترخوان میں حصہ لیتے ہیں "خُداوند کے بدن کو پہچانتے ہوئے"۔ ہم تسلیم کرتے ہیں کہ مسیح نے صلیب پر اپنے جسم میں ہمارے لیے کیا مکمل کیا۔ خُداوند کی میز صلیب پر مسیح کے مکمل کام میں ہمارے ایمان کا اعلان یا اعلان ہے اور یہ حقیقت کہ وہ جی اُٹھا ہے اور دوبارہ آئے گا۔ یہ وہ وقت ہے جہاں ہم اپنی زندگیوں میں حقیقی اور موثر بنانے کے لیے صلیب کی مکمل برکات حاصل کرنے کی خواہش اور امید کے ساتھ اپنے ایمان کو جوڑتے ہیں۔ ہم امید کرتے ہیں کہ روح القدس ہماری زندگی کے ہر حصے میں نافذ کرے، مسیح کی صلیب کی مکمل برکات۔ ہم اپنی زندگیوں میں صلیب کی طاقت کو موثر بنانے کے لیے خُدا کی روح کو دعوت دیتے ہیں۔ صلیب پر مسیح کا کام روح القدس کی طاقت سے مکمل ہوا (عبرانیوں 9:14)۔ یہی روح ہماری زندگیوں میں صلیب کی طاقت اور برکتوں کو موثر بنانے کے لیے یہاں موجود ہے۔ ہر بار جب ہم خُداوند کے دسترخوان میں حصہ لیتے ہیں تو ہمیں

اس توقع کے ساتھ ایسا کرنا چاہیے۔ خُدا ہمارے ایمان کو طاقت کے کاموں سے پورا کرے گا (2 تھسلنیکیوں 1:11)۔

کرنتھیوں کے لوگ اس نعمت سے محروم تھے کیونکہ انہوں نے خُداوند کے دسترخوان کو مناسب طریقے سے نہیں کھایا تھا۔ وہ اسے دعوت اور شرابی کا وقت سمجھ رہے تھے۔ خدا کی نعمت کا تجربہ کرنے کے بجائے، انہوں نے اپنے آپ پر فیصلہ لایا اور کمزوری، بیماری اور قبل از وقت موت کا خاتمہ کیا۔ "کیونکہ جو شخص نا اہل طریقے سے کھاتا پیتا ہے وہ خُداوند کے بدن کی تمیز نہ کرتے ہوئے اپنے لیے فیصلہ کرتا ہے۔ اِسی وجہ سے تم میں سے بہت سے کمزور اور بیمار ہیں اور بہت سے سوتے ہیں" (1 کرنتھیوں 11:29،30)۔ خُداوند کے دسترخوان میں اس طرح شرکت کر کے کمزوری، بیماری اور موت سے بچا جا سکتا تھا جس طرح کرنا چاہیے۔

نمازی کپڑوں کے استعمال کے ذریعے

اعمال 19:11،12 11 اب خُدا نے پولُس کے ہاتھ سے غیرمعمولی معجزے دکھائے، 12 تاکہ اُس کے جسم سے بیماروں کے لیے رومال یا تہبند بھی لایا جائے، اور بیماریاں اُن سے نکل گئیں اور اُن میں سے بد روحیں نکل گئیں۔

ہم پولس کے ذریعے خدا کو معجزات کرتے ہوئے دیکھتے ہیں جہاں رومال اور تہبند جو پولس سے بیماروں اور بدروحوں کے لیے لیے گئے تھے شفا اور نجات لاتے تھے۔ خدا اب بھی اس طریقہ سے کام کرتا ہے۔ لہٰذا ایسے معاملات میں جہاں خداوند ہماری رہنمائی کرتا ہے، ہم کپڑے کے ٹکڑوں پر دعا کر سکتے ہیں اور انہیں بیماروں کے پاس لے جا سکتے ہیں۔ جب یہ ایمان کے ساتھ بیماروں پر ڈالے جاتے ہیں، تو شفا اور نجات ان کی خدمت کی جاتی ہے۔ خدا دیگر مادی چیزوں کو بھی استعمال کر سکتا ہے جیسے تیل، پانی وغیرہ۔

کپڑے / اشیاء کا استعمال کرتے وقت یہاں احتیاط کا صرف ایک لفظ بعض اوقات اگر لوگوں کو صحیح طریقے سے ہدایت نہیں دی جاتی ہے، تو وہ اس چیز کو ختم کر سکتے ہیں جو ان کو شفا یاب ہونے کے لیے استعمال کیا جاتا تھا، بطور عبادت، ایک دلکش یا کوئی اور مافوق الفطرت چیز جو ان کی توجہ حاصل کرتی ہے۔ یہ ضروری ہے کہ ہم یہ واضح کر دیں کہ یہ خُداوند یسوع ہی ہے جو شفا بخشتا ہے اور اس شے کو بذات خود صرف ایک رابطہ کے طور پر استعمال کیا جاتا ہے۔ رب اس چیز کے استعمال کے بغیر بھی شفا لا سکتا ہے۔

دوسرے غیر معمولی طریقوں کے ذریعے

جب کہ ہم نے کچھ طریقوں کی فہرست بنانے کی کوشش کی ہے جن میں شفا یابی کا انتظام کیا جاتا ہے، براہ کرم ذہن میں رکھیں کہ یہ مکمل فہرست نہیں ہے۔ خُداوند دوسرے غیر معمولی، غیر معمولی طریقے استعمال کر سکتا ہے اور ہمیں اُس کے لیے کھلا رہنا چاہیے۔ اس حقیقت پر غور کریں کہ خُداوند یسوع نے بھی بعض مثالوں میں کچھ غیر معمولی طریقوں سے خدمت کی۔ ایک بار جب ایک گونگے اور بہرے کی خدمت کر رہے تھے، تو خُداوند یسوع نے اُس شخص کے کانوں میں اپنی انگلیاں پھنسائیں، پھر تھوکا اور اُس آدمی کی زبان کو اپنے تھوک سے چھوا اور اُس آدمی نے سنا اور بولا (مرقس 7:32-25)۔ ایک اور اندھے کے لیے، یسوع نے اس کی آنکھوں پر تھوکا اور اپنے ہاتھ اس پر رکھے، اور اندھے نے دیکھا (مرقس 8:22-26)۔ ایک اور نابینا آدمی کے لیے، یسوع نے زمین پر تھوک دیا اور اپنے تھوک سے مٹی بنائی، مٹی کو اندھے کی آنکھوں پر ڈالا اور اس سے کہا کہ "جا، سلوام کے تالاب میں نہا" اور یہ اندھا شفا پا گیا (یوحنا 9:6،7)۔ اعمال کی کتاب میں، ہم نے پطرس کے سائے کو شفا بخشنے کے لیے استعمال کرتے ہوئے خُدا کے بارے میں پڑھا۔

لہٰذا ہمیں خُداوند کی ہدایت کے لیے کھلا رہنا چاہیے اور غیر معمولی طریقوں سے خدمت کرنی چاہیے، اگر وہ ہماری رہنمائی کرتا ہے۔ تاہم، کسی ایسی چیز کا معمول نہ بنائیں جسے رب نے آپ کو خاص حالات میں استعمال کرنے کے لیے کہا ہے۔ اس کی رہنمائی کی پیروی جاری رکھیں۔ یہاں ہمارا مقصد کسی نئے طریقہ کو فروغ دینا یا اپنی شناخت کو کسی غیر معمولی طریقے سے شفا یابی کی خدمت کرنا نہیں ہے۔ ہمارا مقصد لوگوں کو شفا دینا اور ہر چیز میں خداوند کی تسبیح کرنا ہے۔

شفا یابی کی خدمت کرنا—ایک پر ایک

کسی فرد کی ذاتی طور پر شفا یابی کی خدمت کرتے وقت، اگر ممکن ہو تو کلام کی وزارت کے ذریعے فرد کے ایمان کی تعمیر کے لیے وقت نکالیں۔ ہماری شفا یابی اور نجات کی بنیاد شیئر کریں۔ اس کے بعد ہم اوپر زیر بحث طریقوں میں سے کسی کو بھی استعمال کرتے ہیں، جیسا کہ مناسب ہے۔ ہم شفا یابی کے تحائف اور معجزات کے کام کے بہاؤ کی خواہش اور تلاش کرتے ہیں۔ اگلے باب میں، ہم ایک سادہ اور آسان طریقہ سیکھیں گے کہ ایک کے بعد ایک شفا یابی کی خدمت کریں۔

ایک بڑے اجتماع میں شفا یابی کی خدمت کرنا

اگرچہ کسی بڑے اجتماع میں شفا یابی کی خدمت کرتے وقت کوئی مقررہ شکل یا بہاؤ نہیں ہے جس کی پیروی کی جانی چاہئے، یہاں ایک بڑے ماحول میں خدمت کرنے کے کچھ عمومی طریقے ہیں۔ ہمارا معمول کا طریقہ یہ ہے کہ جب بھی ممکن ہو، لوگوں کے دلوں میں ایمان پیدا کرنے کے لیے کلام کی تبلیغ کی جائے۔ اس کے بعد ہم خدمت کرنے کے طریقہ کے بارے میں خداوند کی رہنمائی کی پیروی کرنے کی کوشش کرتے ہیں۔ بعض اوقات خداوند ہمیں شفا یابی کی دعا کی لائن یا قربان گاہ کی کال کے لئے کال کرنے کی ہدایت کر سکتا ہے جہاں لوگ خدمت حاصل کرنے کے لئے سامنے آتے ہیں۔ بعض اوقات، علم کے الفاظ کے ذریعے ہم شفا یابی کے لیے مخصوص معاملات کو پکارتے ہیں، اور پھر بعد میں دوسروں کو شفا دینے کے لیے اجتماعی طور پر وزیر کرتے ہیں۔ کوئی سیٹ فارمولہ نہیں ہے۔ کلید یہ ہے کہ خُداوند کے تئیں حساس ہو اور اُس کی رہنمائی کی پیروی کریں۔ ذیل میں کچھ عمومی چیزیں ہیں جو ہم کلام کی وزارت کے بعد اجتماعی شفا یابی کی خدمت کرتے وقت کرتے ہیں۔

ہم لوگوں سے کہہ سکتے ہیں کہ وہ اپنا ہاتھ جسم کے اس حصے پر رکھیں جسے ممکن ہو تو شفا کی ضرورت ہے۔ یہ ان کے ایمان کو استعمال کرنے اور ایک خاص معجزے کے لیے رب کی طرف دیکھنے میں ان کی مدد کرنے کا ایک آسان مرحلہ ہے۔

عام طور پر بڑے پیمانے پر شفا یابی کی خدمت کرتے وقت، ہم ناپاک روحوں اور کمزوری کی روحوں کو نکال کر شروع کریں گے۔ یہ شیطان ہیں جو لوگوں کو اپنی بیماری میں رکھتے ہیں اور شفاء کو آنے سے روکتے ہیں۔ لہذا ہم بڑے پیمانے پر نجات کے وقت سے گزرتے ہیں۔ ہم خُداوند کے تئیں حساس ہونے کی کوشش کرتے ہیں جیسا کہ وہ روحوں کی تفہیم کے ذریعے ظاہر کرتا ہے، مخصوص قسم کی روحیں جن کو ملامت کرنے کی ضرورت ہے۔

پھر ہم لوگوں کو شفا دینے کے لیے حکم کے الفاظ جاری کرتے ہیں۔ اس وقت کے دوران ہم علم کے الفاظ کے لیے رب کے لیے حساس رہتے ہیں اور مخصوص حالات کو پکارتے ہیں جن سے شفا یابی ہو رہی ہے یا مخصوص حالات کی وضاحت کرتے ہیں جن کی وجہ سے بیماری یا مسئلہ ہو سکتا ہے۔ علم کے یہ مخصوص الفاظ یا حالات کی تفصیل لوگوں کے دلوں میں ایمان پیدا کرتے ہیں اور انہیں شفا بخش معجزہ حاصل کرنے کی طرف راغب کرتے ہیں۔

ہم روح القدس کی طاقت کو مدعو کرتے ہیں کہ وہ ان پر اپنی شفا بخش طاقت (شفا بخشا مسح) کے ساتھ آگے بڑھے اور شفا یابی اور معجزات کے تحفے جاری

کیے جائیں۔ ایک بار پھر روح القدس شفا یابی کی مخصوص حالتوں کو ظاہر کر سکتا ہے اور ہم ان کو پکارتے ہیں۔

اس کے بعد ہم لوگوں کی حوصلہ افزائی کرتے ہیں کہ وہ اپنی شفایابی کی جانچ کریں اور اپنے ایمان پر عمل کریں۔ اکثر جب لوگ اپنے جسم کی جانچ کرنا اور اپنے عقیدے پر عمل کرنا شروع کر دیتے ہیں، شفا بخش معجزے ہوتے ہیں۔ وہ دریافت کرتے ہیں کہ وہ مکمل طور پر ٹھیک ہو گئے ہیں یا پہلے سے بہتر ہو گئے ہیں۔ جو لوگ کچھ بہتری دیکھتے ہیں، ان کی حوصلہ افزائی کریں کہ وہ شکر ادا کریں اور مکمل صحت یابی کی توقع کریں۔

شہادتیں ایمان پیدا کرتی ہیں۔ لہٰذا اگر ممکن ہو تو، ہم لوگوں کی حوصلہ افزائی کرتے ہیں کہ وہ آئیں اور شفا یابی کی شہادتیں بانٹیں جو اس وقت ہوئی ہیں اور قابل تصدیق ہیں۔ ایسے حالات میں جہاں انفرادی شہادتیں لینا ممکن نہیں ہوتا، ہم لوگوں کی حوصلہ افزائی کرتے ہیں کہ وہ ہاتھ اٹھا کر یا کسی اور طریقے سے ان کے اچھے ہونے کی نشاندہی کریں۔ یہ سچ ہے کہ کچھ شرائط ایسی ہو سکتی ہیں جن کی تصدیق صرف طبی ٹیسٹوں اور معائنے کے ذریعے کی جا سکتی ہے۔ ایسے معاملات میں، لوگوں کو پہلے اپنے ڈاکٹر کے پاس جانے، چیزوں کی تصدیق کرنے اور پھر بعد میں گواہی دینے کی ترغیب دیں۔

جب کسی بڑے اجتماع میں خدمت کرتے ہو تو عام طور پر ناقابلِ اقرار گناہ، کھلے دروازے وغیرہ کے ذاتی انفرادی مسائل سے نمٹنا ممکن نہیں ہوتا ہے۔ اسے روح القدس پر چھوڑ دیں کہ وہ فرد کے ساتھ جیسا وہ چاہتا ہے معاملہ کرے۔ اگر روح القدس کچھ گناہوں یا ماضی کی سرگرمیوں کو ظاہر کرتا ہے جن کو توبہ کرنے اور ترک کرنے کی ضرورت ہے، تو ان کو پکاریں اور ایسے معاملات پر لوگوں کی نماز کی طرف رہنمائی کریں۔ تاہم، یہ کسی خاص فرد کی تذلیل یا بے نقاب کیے بغیر کریں۔ ہمارا مقصد لوگوں کی تعمیر کرنا ہے انہیں تباہ کرنا نہیں۔

شفا یابی کی ٹیمیں

لوقا 10:1،9 1 اِن باتوں کے بعد خُداوند نے اَور ستّر کو بھی مُقرّر کِیا اور اُن کو دو دو کر کے ہر اُس شہر اور جگہ میں جہاں وہ خود جانے والا تھا۔ 9 اور وہاں کے بیماروں کو شفا دو اور اُن سے کہو کہ خدا کی بادشاہی تمہارے نزدیک آ گئی ہے۔

جب خُداوند یسوع نے اپنے شاگردوں کو باہر بھیجا تو اُس نے اُنہیں دو ٹیموں میں خدا کی بادشاہی کی منادی کرنے، بیماروں کو شفا دینے اور بدروحوں کو نکالنے کے لیے بھیجا۔ اس تصور کو ہمارے دور تک بڑھاتے ہوئے، ہم جانتے ہیں کہ ایک ٹیم کے طور پر شفا یابی اور نجات کی خدمت کرنا طاقتور ہے۔ ہم خدمات کے دوران خدمت کرنے کے لیے مقامی چرچ کے اندر وزارت کے لیے

شفا یابی کی ٹیمیں رکھ سکتے ہیں یا شفا یابی کی ٹیمیں جو مالز، گلیوں، اسکولوں/ کالجوں اور انجیلی بشارت کے لیے دوسرے علاقوں میں جاتی ہیں۔ شفا یابی کی ٹیمیں ہسپتالوں میں بھی خدمات انجام دے سکتی ہیں یا بیماروں کی خدمت کے لیے گھر کا دورہ کر سکتی ہیں۔ شفا یابی کی ٹیمیں مقامی چرچ کے ذریعہ باضابطہ طور پر منظم ہو سکتی ہیں یا چند ہم خیال، پرجوش لوگوں کا خود بخود اکٹھا ہونا ہو سکتا ہے جو خود کو رب کے لیے دستیاب کراتے ہیں۔

شفا یابی کی ٹیم کے طور پر کامیابی سے کام کرنے کے لیے یہاں کچھ اہم عناصر ہیں:

- بنیادی طور پر، شفا یابی کی ٹیمیں دو یا دو سے زیادہ لوگوں پر مشتمل ہوتی ہیں جنہیں تربیت دی گئی ہے کہ شفا یابی اور نجات کی خدمت کیسے کی جائے۔
- وہ اتحاد اور اتفاق کے ساتھ ہر بار وزارت کرتے ہیں۔
- خدمت کرتے وقت کوئی بھی اہمیت یا اہمیت نہیں ڈھونڈتا۔
- وہ ایک دوسرے کے مددگار اور حوصلہ افزا ہیں۔ وہ ایمان کے عنصر اور خطرے کو سمجھتے ہیں جو ٹیم کا ہر رکن وزیر کے لیے نکلتے وقت لے رہا ہے، اور اسی لیے خاموشی سے ایک دوسرے کا ساتھ دیتے ہیں۔
- کوئی بھی شفا یابی کے معجزے یا کام کا ذاتی کریڈٹ نہیں لیتا جو خدا کرتا ہے۔ سارا جلال رب کو دیا گیا ہے۔
- ٹیم کے اراکین ایک دوسرے کے ساتھ اور دیگر شفا یابی ٹیموں کے ساتھ اپنی کہانیوں اور سیکھنے (کامیابیوں اور غلطیوں) پر تبادلہ خیال کرتے ہیں، تاکہ ہر شخص شفا یابی اور نجات کی خدمت کرنے کے بارے میں سیکھنے میں فائدہ اٹھا سکے اور ترقی کر سکے۔
- ٹیم کے ارکان نماز، عبادت اور رفاقت کے لیے باقاعدگی سے ملتے ہیں جس سے اتحاد اور باہمی مفاہمت کا احساس پیدا ہوتا ہے۔ اس سے ٹیم کے ارکان کو ایک دوسرے کو سمجھنے میں مدد ملتی ہے اور جب وہ وزیر کے پاس جاتے ہیں تو ایک دوسرے کے ساتھ بہنے میں مدد کرتے ہیں۔ لوگوں کو ان کے عقیدے پر عمل کرنے کے لئے حاصل کرنا لوگوں کو باہر نکلنے اور اپنے عقیدے کا استعمال کرنے کی ترغیب دیتے وقت یہاں کچھ آسان رہنما اصول ہیں:
- روح سے کرو۔ اس بات کو یقینی بنائیں کہ روح القدس آپ کو ان سے یہ بات کرنے کی ترغیب دے رہا ہے۔ بصورت دیگر، مثبت حوصلہ افزائی کریں تاکہ وہ اپنے عقیدے کا استعمال کرتے ہوئے وہ کام کریں جو وہ آرام سے کرتے ہیں۔
- متکبر مت بنو۔ مثال کے طور پر — اگر کوئی شخص بصری امداد (شیشے یا کانٹیکٹ لینس) کا استعمال کرتا ہے کہتا ہے کہ وہ اپنے ایمان پر عمل کر رہا ہے اور گستاخی کے ساتھ اپنی بصری امداد سے چھٹکارا پاتا ہے، تو اس کے سنگین نتائج ہو سکتے ہیں! دوسری طرف، جب ان کی آنکھیں ٹھیک ہو جاتی ہیں، تو عینک

پہننا ان کے لیے بہت تکلیف دہ ہوتا ہے۔ یہ ان کی بصری امداد کو اتارنے کا صحیح وقت ہے۔

- اس لمحے کا جوش آپ کو بے وقوفانہ کام کرنے کا سبب نہ بننے دیں۔ حکمت کی مشق کریں۔
- ڈاکٹر کی جگہ نہ لیں۔ طبی مشورہ نہ دیں۔ لوگوں کو اپنی دوائیں یا طبی علاج بند کرنے کو نہ کہیں۔ انہیں اپنے ڈاکٹر کے مشورے کی بنیاد پر ایسا کرنے دیں۔
- لوگوں کو سکھانا کہ ان کی شفایابی کو کیسے برقرار رکھا جائے۔ اگر کسی شخص کو کسی خاص علاقے میں شفا یابی کا لمس ملتا ہے، تو اس کا مطلب یہ نہیں ہے کہ اسے کبھی کوئی دوسری بیماری نہیں ہوگی یا یہ بیماری دوبارہ نہیں آئے گی۔ لوگوں کو یہ سکھانے کی ضرورت ہے کہ کس طرح عملی طریقوں سے اور خدا پر ایمان کے ذریعے شفا یابی کو برقرار رکھا جائے۔ لوگوں کو یہ سیکھنے کی ضرورت ہے کہ کس طرح کلام میں مراقبہ کرنا ہے، اپنی شفایابی کو برقرار رکھنے اور صحت میں چلنے کے لیے خدا پر اپنا ایمان پیدا کرنا ہے۔ لوگوں کو کلمہ بولنا سیکھنے کی ضرورت ہے، ایمان کی اچھی لڑائی لڑنا ہے اور خدا پر یقین کرنے کی ضرورت ہے کہ وہ اپنی شفا یابی کو حاصل کرے اور اسے برقرار رکھے۔ اس لیے اگر ممکن ہو تو لوگوں کو اس کے لیے وسائل (کتابیں، واعظ، تدریس) اور ہدایت فراہم کریں۔

اس کے علاوہ، کچھ بنیادی چیزیں ہیں جو ہم سب کر سکتے ہیں جیسے کہ مناسب خوراک، آرام اور ورزش جو مسلسل صحت کے لیے اہم ہیں۔

وزیر شفا کے لیے ذاتی تیاری

جب کہ خُدا شفا دینے والا ہے اور یہ اُس کی طاقت ہے جو لوگوں کو شفا بخشتی ہے اور نجات دیتی ہے، ایسی چیزیں ہیں جو ہم لوگوں کو اُس کی شفا بخش طاقت کی خدمت میں خُدا کے ساتھ اچھے ساتھی بننے کے لیے کر سکتے ہیں۔ یہاں چند چیزیں سادہ یاد دہانی کے طور پر درج ہیں:

کلام میں بڑھنا

شفا یابی، مسح، معجزات، نجات، اختیار پر کلام کو مسلسل مراقبہ کے ذریعے ہم میں بھرپور طریقے سے قائم ہونے دیں۔ خدا پر ہمارا ایمان مضبوط ہونا چاہیے اور ایمان کی نشوونما کا ایک طریقہ کلام کے ذریعے ہے۔ ہمیں اس بیماری یا شیطانی جبر کی مشکل سے گھبرانا نہیں چاہیے جس کا ہم سامنا کرتے ہیں۔

مسح میں بڑھنا

ہمیں روح القدس کے لیے گہرا تعلق اور حساسیت پیدا کرنی چاہیے۔ زبانوں میں دعا مانگنا اس کی نشوونما کا ایک لازمی حصہ ہے۔ ہم خُدا کے دوسرے وزراء کے ذریعے صحبت کرنے، دیکھنے، سیکھنے اور حاصل کرنے کے ذریعے بھی مسح میں بڑھتے ہیں۔ اُس کی موجودگی اور طاقت کی مزید خواہش کریں۔ روح کے تحائف کے مزید آپریشن کی خواہش۔

اطاعت، نمز، عبادت اور روزے کے ذریعے قربت میں اضافہ

اطاعت کے ذریعے رب کے ساتھ ہمارے تعلقات میں اضافہ، نماز، عبادت اور روزہ میں اس کے ساتھ تنہا وقت گزارنا۔

دل کی پاکیزگی کو برقرار رکھنا

ہمیں صاف دل رکھنا چاہیے۔ ہمیں اپنے دلوں کو مسابقت، حسد، غرور اور نفس کے غلط محرکات سے بچانا چاہیے۔ ہمیں اپنے دلوں کو شہرت، دولت اور ہر اس چیز کی غلط خواہشات سے بچانا چاہیے جو خدا کو پسند نہ ہو۔

باہر نکلنے کے ذریعے ایمان میں اضافہ

پانی پر چلنے کا واحد راستہ کشتی سے باہر نکلنا ہے۔ چونکہ اس نے بولا ہے اور ہمیں لفظ 'آؤ' دیا ہے اب ہماری باری ہے باہر نکلنے کی۔ یہ ایمان کا ایک قدم ہے۔ ہمیں ماضی کے تجربات سے بھی ناکامی کے خوف پر قابو پانا چاہیے۔ اکثر یہ سوچ "گر کچھ نہیں ہوا تو کیا ہوگا" ہمارے ذہنوں سے گزر جاتا ہے۔ تاہم، ہم اسے "اگر کچھ ہوتا ہے تو کیا" سے بدل سکتے ہیں۔ جب شکوک و شبہات ہمارے ذہن میں ڈوبنے لگتے ہیں، تو ہم خود کو یہ کہتے ہوئے حوصلہ دیتے ہیں کہ "میں کچھ ہونے کی توقع کر رہا ہوں۔"

ہمیشہ خُدا کو سب جلال دینا

خدا ہمارے دل کو دیکھتا ہے۔ کیا ہم واقعی اُس کی تعریف کرتے ہیں اور اُسے تمام جلال دیتے ہیں یا ہم کچھ جلال اپنے لیے رکھتے ہیں۔ ہمارے پاس ہر وقت ایک ایسا دل ہونا چاہیے جو ہر چیز کے لیے اس کی تعریف، جلال، عزت اور عبادت پیش کرے۔

سے بچنے کے لئے کچھ نقصانات

جھوٹے وعدے نہ کریں۔

ہم سب جو خدمت کرتے ہیں وہ اس جگہ تک پہنچنا چاہتے ہیں جہاں ہر کوئی جس کی ہم خدمت کرتے ہیں، شفا پاتے ہیں۔ اس مقصد کے حصول کے لیے اور اس مقصد تک پہنچنے کے لیے اپنے جوش میں ہم ایسے بیانات دیتے ہیں جو بجائے خود گستاخانہ ہوتے ہیں۔ مثال کے طور پر، اگر ہم لوگوں کے مجمع سے پہلے کھڑے ہو کر کہتے ہیں کہ "آج رات ہر کوئی صحت یاب ہونے والا ہے"، تو یہ ایک اچھا بیان ہو سکتا ہے، لیکن اصل امتحان میٹنگ کے اختتام پر ہوتا ہے، جب ہم یہ چیک کرتے ہیں کہ آیا سب ٹھیک ہو گئے ہیں۔ وہ نہیں تو کوئی جھوٹ بول رہا تھا! بنانے کے لیے ایک زیادہ مناسب بیان ہے "ہر کوئی آج رات شفا پا سکتا ہے" جو کہ خدا کے کلام پر مبنی ایک حقیقی اور درست بیان ہے۔ جب ہم کامل معیار پر دباؤ ڈال رہے ہیں، تو آئیے اس بات سے محتاط رہیں کہ ہم کیا کہتے ہیں اور راستے میں چیزیں کیسے کرتے ہیں۔ صرف وہی کہو جو خدا نے کہا ہے۔

گرنا یا ٹھیک ہونا—زیادہ اہم کیا ہے؟

ہماری توجہ لوگوں کو زمین پر "گرنے" کے بجائے شفا بخشنا ہے۔ بدقسمتی سے، ہمارے کچھ مسیحی حلقوں میں، ہم وزیروں کو لوگوں کو دھکیلنے یا "بھاری ہاتھ" کے ساتھ نیچے آنے کے رجحان کے ساتھ دیکھتے ہیں تاکہ انہیں زمین پر گرا دیا جائے۔ اگرچہ یہ دیکھنے والوں کے سامنے اچھا لگتا ہے، گویا لوگ "طاقت کے نیچے گرنے" کے "روح میں مارے جا رہے ہیں"، یہ واقعی کوئی مددگار عمل نہیں ہے۔ آئیے ہم لوگوں کی شفا یابی کی خدمت پر توجہ مرکوز کریں، نہ کہ اچھے شو پر۔ اگر لوگ نیچے جاتے ہیں کیونکہ وہ روح القدس کی موجودگی سے مغلوب ہوتے ہیں تو یہ ٹھیک ہے۔ لیکن اصل امتحان یہ ہے کہ جب وہ زمین سے اوپر آتے ہیں، کیا وہ شفا پاتے ہیں اور نجات پاتے ہیں؟

آخر میں، آئیے ہم اپنے آپ کو یسوع کی وزارت کے مطابق بنائیں، جب ہم شفا یابی اور نجات کی خدمت کرتے ہوئے لوگوں کی خدمت کے لیے پہنچتے ہیں۔

شیزوفرینیا کی ترکیب جیسا کہ روح القدس کے ذریعہ آئیڈا مے پر ظاہر ہوا اور روح سے کیسے نمٹا جائے

ش‌یزوفرینیا ایک بہت عام مسئلہ ہے۔ دماغی امراض کے شعبے میں کچھ حکام کا اندازہ ہے کہ ریاستہائے متحدہ میں پچاس ملین سے زیادہ افراد ایسے ہوسکتے ہیں جو کسی حد تک شیزوفرینیا میں مبتلا ہیں، "... ہر سال 300,000 نئے کیسز کے ساتھ، سرکاری نفسیاتی ہسپتالوں میں داخلوں کا تقریباً 50% حصہ شیزوفرینکس کا ہے۔" کچھ معاملات شدید ہوتے ہیں جبکہ دیگر کافی ہلکے ہوتے ہیں، جن میں پیشہ ورانہ علاج کی ضرورت نہیں ہوتی ہے۔ دماغی صحت کے پیشہ ور افراد کے لیے شیزوفرینیا ایک بہت ہی پریشان کن مسئلہ رہا ہے۔ وجہ اور علاج غیر یقینی صورتحال میں گھرا ہوا ہے۔

شیزوفرینیا یا ڈیمینشیا پراککس کے نام سے مشہور شخصیت کی خلل، تحریف اور ٹوٹ پھوٹ کا اکثر وزیر نجات کو سامنا ہوتا ہے۔ تقریباً ہر وہ شخص جو ہمارے پاس نجات کے لیے آتا ہے اس میں شیطانی روحوں کے نیٹ ورک کی مختلف ڈگری پائی جاتی ہے جو شیزوفرینیا کا سبب بنتی ہے۔ رب نے فضل سے ہمیں **اس مسئلے پر ایک خاص وحی عطا کی ہے، جو** ہمیں بہت سے لوگوں کو مکمل شخصیت کی طرف لوٹانے کے قابل بناتی ہے۔ چونکہ یہ وحی میری بیوی ایڈا مای پر آئی ہے، اس لیے میں نے ان سے کہا ہے کہ اس کا بقیہ حصہ لکھ دیں۔

شیزوفرینک انکشاف ایڈا مے ہیمنڈ

ہم ایک ایسے شخص کے ساتھ نجات میں بہت قریب سے کام کر رہے تھے جس نے بار بار وزارتوں کے بعد زیادہ بہتری نہیں دکھائی۔ یہ شخص نجات کے خواہاں کے بارے میں بہت سنجیدہ تھا۔ وہ خُداوند سے بہت پیار کرتی تھی، اُسے اپنے پورے دل سے یقین تھا کہ نجات اُس کے مسائل کا جواب ہے، اور اُس نے مایوسی میں خُداوند سے فریاد کی۔ وہ وزارت کے ساتھ مکمل تعاون کرتی تھیں۔ تاہم، مجموعی طور پر نتائج مایوس کن تھے۔

وقت کے ساتھ ساتھ ہم نے محسوس کیا کہ فتح حاصل ہو گئی ہے۔ کچھ دنوں تک اس کی شخصیت میں استحکام کے آثار نظر آتے، پھر اچانک سب کچھ اتھل پتھل کا شکار ہو جاتا۔ ہم وہیں واپس آ جائیں گے جہاں سے ہم نے شروع کیا تھا۔

پھر ایک رات خاص طور پر پرتشدد ہلچل کے بعد میں نیند سے بیدار ہوا۔ خُداوند میری روح کے اندر بول رہا تھا۔ رب نے کہا، "میں آپ کو بتانا چاہتا ہوں کہ سارہ کا مسئلہ کیا ہے؟ مسئلہ شیزوفرینیا ہے، اب، میں اس موضوع سے واقف نہیں تھا، کالج میں میں نے کچھ نفسیات کا مطالعہ کیا تھا ۔ مینک ڈپریشن، شیزوفرینیا، پیرانویا، سائیکوسس اور دماغی کمزوری جیسے عام اصطلاحات سے واقف ہونے کے لیے کافی تھا کہ کبھی کبھی میری یادداشت میں ریفرینیا تک پہنچ جاتا ہے۔ جسے "منقسم شخصیت" کہا جاتا ہے رب نے مجھے یہ تعریف دی: "شیزوفرینیا شخصیت کی نشوونما میں خلل، بگاڑ یا ٹوٹ پھوٹ ہے۔ اب آپ اسے سارہ نہیں بلکہ 'سارہ ون' اور 'سارہ ٹو' کہیں گے کیونکہ اس میں ایک سے زیادہ شخصیتیں ہیں۔

میں ابھی بستر پر ہی تھا ۔ اب بھی میری آنکھوں میں نیند تھی ۔ جیسا کہ رب وحی دے رہا تھا۔ اس نے مجھے اپنے ہاتھ جوڑ کر، ہتھیلیوں کی طرف اور انگلیوں کو مضبوطی سے باندھنے کی ہدایت کی۔ انہوں نے کہا کہ یہ اس بات کی نمائندگی کرتا ہے کہ شیزوفرینک نوعیت کیسی تھی۔ ہر ہاتھ شیزوفرینک کے اندر دوہری شخصیتوں میں سے ایک کی نمائندگی کرتا تھا، جن میں سے کوئی بھی حقیقی خودی نہیں تھا۔ وہ مضبوطی سے جڑے ہوئے تھے۔ رب نے کہا، "آپ کے ہاتھ شیطانی روحوں کے گھونسلے کی نمائندگی کرتے ہیں جو شیزوفرینیا بناتے ہیں۔ میں آپ کو جاننا چاہتا ہوں کہ یہ شیطانی ہے، یہ شیطانی روحوں کا گھونسلہ ہے، اور وہ اس شخص کی زندگی میں اس وقت آئے جب وہ بہت چھوٹی تھی۔ میں آپ کو دکھاؤں گا کہ یہ کیسے کام کرتی ہے۔"

نئے خُداوند نے مجھے اپنے ہاتھ بہت آہستہ سے الگ کرنے کی ہدایت کی۔ جب میری انگلیاں دھیرے دھیرے منقطع ہو رہی تھیں تو رب نے مجھے دکھایا کہ شیزوفرینک میں ان شیطانی روحوں کو الگ ہونا چاہیے، باہر نکالنا اور ترک کرنا چاہیے۔ عمل وقت کی ضرورت ہے۔ اس شخص کے لیے یہ جان کر صدمہ ہوتا ہے کہ اس کی شخصیت کا اتنا بڑا حصہ اصل نفس نہیں ہے۔ وہ یہ دریافت کرنے سے ڈر سکتا ہے کہ اس کی اصل شخصیت کیا ہے۔ اسے ایڈجسٹ کرنے اور جھوٹی شیطانی شخصیات کے ساتھ معاہدے سے باہر ہونے کے لیے وقت درکار ہے۔ اسے شیزوفرینک شخصیت سے نفرت کرنا چاہیے، اور اس کے ساتھ معاہدے سے باہر ہو جانا چاہیے۔ خُداوند نے میری یاد میں آموس 3:3 کو یاد کیا۔ "دونوں کیسے اکٹھے چل سکتے ہیں سوائے اس کے کہ ان کا اتفاق ہو۔"

ایک ایک کر کے میری انگلیاں منقطع ہو رہی تھیں، جو شیطانی ہستیوں کو الگ کرنے کی مثال دیتی تھیں۔ (بعد میں، ہر انگلی کو شیطانی عہدہ دیا گیا)۔ الگ ہونے والی آخری دو انگلیاں ہر ہاتھ کی درمیانی انگلیاں تھیں۔ رب نے ظاہر کیا کہ یہ انگلیاں شیزوفرینک R انجیکشن اور بغاوت کے مرکز کی نمائندگی کرتی ہیں۔

جب یہ آخر کار الگ ہو جاتے ہیں تو وہ شخص اپنے آپ کو شفایابی سمجھ سکتا ہے - نجات یافتہ اور یہ جان سکتا ہے کہ اصل نفس کون ہے۔

قابو پانے والے شیطان کو "Schizophrenia" یا "Duble Mindedness" کہا جاتا ہے۔ بائبل کہتی ہے، ''دوگنا آدمی اپنی تمام راہوں میں غیر مستحکم ہوتا ہے'' (جیمز 1:8)۔ یہ شیزوفرینک کا صحیفاتی عہدہ ہے۔ بڑھا ہوا ترجمہ کہتا ہے:

[وہ جیسا کہ ہے] دو ذہنوں کا آدمی - ہچکچاہٹ، مشکوک، بے فکر - [وہ] غیر مستحکم اور ناقابل اعتبار اور ہر چیز کے بارے میں غیر یقینی ہے (وہ سوچتا ہے، محسوس کرتا ہے، فیصلہ کرتا ہے)۔

"دو دماغ" کا ترجمہ ایک مرکب یونانی لفظ سے آیا ہے جس کا لفظی معنی "دو روح" ہے۔ وحی کا اگلا مرحلہ چند ہفتوں بعد آیا۔ خُداوند نے مجھے اپنے ہاتھوں کا خاکہ کاغذ پر کھینچنے کی ہدایت کی۔ پھر اس نے انگلیوں کو مختلف شیطانی روحوں کے نام سے موسوم کیا اور مجھے دکھایا کہ کس طرح ہر شیطان اپنے آپ کو شیزوفرینک میں قائم کرتا ہے۔ شیزوفرینیا کا کنٹرول شیطان دوسرے شیاطین کو دعوت دیتا ہے، تاکہ شخصیت کو بگاڑ سکے۔ شیزوفرینیا ہمیشہ "مسترد" سے شروع ہوتا ہے۔ یہ عام طور پر بچپن یا بچپن میں شروع ہوتا ہے اور بعض اوقات جب بچہ ابھی ماں کے پیٹ میں ہوتا ہے۔ مسترد ہونے کی بہت سی وجوہات ہیں۔ شاید بچہ مطلوب نہیں تھا۔ یا ہوسکتا ہے کہ ایک یا دونوں والدین کی طرف سے مطلوبہ غلط جنسی تعلق ہو۔ ہو سکتا ہے گھر کی حالت غیر مستحکم ہو گئی ہو۔ 'بہت سے "دروازے" ہیں جو مسترد کرنے کا باعث بنتے ہیں۔

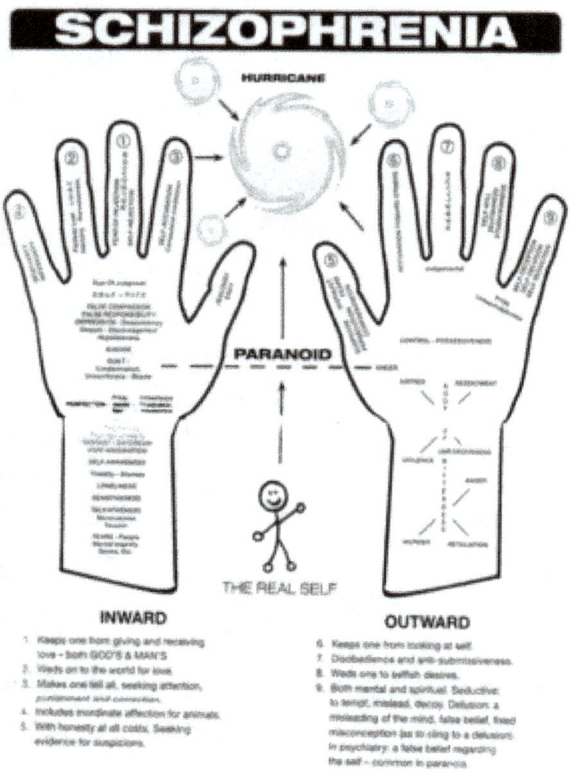

شیزوفرینیا شیطانی طور پر وراثت میں ہوسکتا ہے۔ غور کریں میں نے "شیطانی طور پر" کہا۔ اس سے میرا مطلب ہے کہ یہ خون کے نظام میں نہیں ہے، جینز میں نہیں ہے - یہ شیاطین میں ہے! دوسرے لفظوں میں، شیاطین اپنی اسی قسم کو برقرار رکھنے کی کوشش کرتے ہیں۔ خاندان میں ایسا کرنا ان کے لیے سب سے آسان ہے۔ مثال کے طور پر فرض کریں کہ شیزوفرینیا کی نوعیت ماں میں ہے۔ شیاطین اس کے ایک یا زیادہ بچوں کو کھانے کے لیے چن لیں گے۔ شیزوفرینک ماں کو مسترد ہونے کا احساس ہوتا ہے۔ وہ وہی ہے جو بنیادی طور پر خاندان میں محبت پیدا کرنے کی ذمہ دار ہے۔ وہ وہ ہے جو بچے کو چھوتی ہے، سنبھالتی ہے اور پیار کرتی ہے۔ اپنے اندر ردّ اس کے بچے کے ساتھ تعلقات میں مسائل پیدا کرتا ہے۔ لہذا، بچے کو ماں کی عدم استحکام کی طرف سے مسترد کرنے کے لئے کھول دیا جاتا ہے. میں دہراتا ہوں، شیزوفرینیا ہمیشہ مسترد ہونے سے شروع ہوتا ہے۔

اب، کسی کو رد کرنے کا جذبہ ہو سکتا ہے اور شیزوفرینک نہیں ہو سکتا۔ دوسرے لفظوں میں، یہ سب ایک شخصیت کی تشکیل کے معاملے میں ہے۔ آپ کو مسترد کرنے کا جذبہ ہو سکتا ہے اور پھر بھی آپ اپنی شخصیت بنانے اور اپنے آپ میں محفوظ رہنے کا انتظام کر سکتے ہیں۔ اس کے برعکس، شیزوفرینک ہمیشہ اڑتا رہتا ہے... "میں کون ہوں؟" حقیقی خودی کی شناخت الجھن میں پڑ جاتی ہے یا کھو جاتی ہے۔

R انجیکشن (تمثال میں بائیں ہاتھ پر دکھایا گیا ہے) شیزوفرینک کے اندر قائم ہونے والی شخصیات میں سے ایک میں کنٹرول شیطان ہے۔ مسترد ایک واپس لی گئی قسم کی شخصیت کو ظاہر کرتا ہے۔ (یہ اندر کا احساس ہے - یہ اندر ہی اندر اذیت ہے... یہ محبت کی بھوک ہے... یہ عدم تحفظ ہے... یہ کمتری ہے... یہ خیالی ہے... یہ حقیقت ہے - یہ سب کچھ اندر ہے - "میں اس میں شریک نہیں ہوں۔") یہ ایک شخصیت ہے جسے شیطانوں نے ترتیب دیا ہے۔

شیاطین کی طرف سے قائم کردہ دوسری شخصیت "بغاوت" ہے۔ (تمثال میں دائیں ہاتھ کی درمیانی انگلی دیکھیں)۔ جب ایک بچہ زندگی میں تسلی بخش محبت کے رشتے نہیں رکھتا ہے تو وہ بڑا ہو کر محبت کے رشتوں کو محسوس کرنے اور بانٹنے سے قاصر ہوتا ہے۔ ایک بغاوت شروع ہو جاتی ہے۔ وہ محبت کے لیے لڑنا شروع کر دیتا ہے۔ یا وہ اُن پر کوڑے مارتا ہے جنہوں نے اُسے محبت کا بھوکا رکھا ہے۔ بغاوت خود کو ضد، خود پسندی اور خود غرضی میں ظاہر کرتی ہے۔ یہاں ایک اور شخصیت ہے۔ یہ ایک باطنی اور واپس نہیں ہے. یہ غصے، تلخی، ناراضگی، نفرت اور انتقام میں جارحانہ اور کوڑے مارنے والا ہے۔ شیزوفرینک لفظی طور پر ان دو مخالف قوتوں کے تحت ہے۔ وہ ایک لمحے میں ایک قسم کی شخصیت سے دوسری شخصیت میں تبدیل ہو سکتا ہے۔

رب نے مجھے دکھایا کہ میں شیزوفرینک شخص کو "سارہ ون" اور "سارہ ٹو" کے طور پر حوالہ دینا تھا - "سارہ ایک" حقیقی شخص ہے، اور "سارہ ٹو" شیزوفرینک شخصیت جس کے دو رخ ہیں۔ لہذا، واقعی تین شخصیات شامل ہیں - حقیقی شخصیت، مسترد شخصیت اور باغی شخصیت۔ تیس منٹ کے وقت میں تینوں شخصیات کو ظاہر ہو سکتا ہے۔ فطری طور پر، یہ شخص خود کے ساتھ ساتھ اپنے آس پاس کے دوسروں کے لیے بھی بہت زیادہ الجھن کا باعث بنتا ہے۔

حقیقی شخص "ہاتھوں" میں سے نہیں ہے۔ "حقیقی نفس" کو بازوؤں کے درمیان، نیچے کی مثال میں دکھایا گیا ہے۔ شیاطین نے حقیقی نفس کو ترقی کرنے کی اجازت نہیں دی ہے۔ شیزوفرینک اپنے اصلی نفس کو نہیں جانتا۔ جب شیزوفرینک ڈیلیور ہونا شروع ہوتا ہے، حقیقی نفس کے پاس یسوع ہونا ضروری ہے۔ یسوع کو چاہیے کہ وہ شخص میں بڑھنا شروع کرے، اس شخصیت کی نشوونما کرے، اور اسے وہ بنا دے جو وہ چاہتا ہے۔ یہی وجہ ہے کہ شیزوفرینک نجات کے لیے وقت درکار ہوتا ہے - بعض اوقات کئی مہینے یا یہاں تک کہ ایک

سال، یا اس سے زیادہ۔ نجات کو "حقیقی نفس" کی ترقی کے ساتھ توازن میں کام کرنا چاہیے۔ اس میں جلدی نہیں کی جا سکتی، کیونکہ اس شخص کے پاس پیچھے گرنے کے لیے کچھ نہیں ہے۔ اگر شیزوفرینک شخص میں موجود ہر شیطان کو اچانک نکال دیا جائے تو وہ خود کو مکمل طور پر کھویا ہوا محسوس کرے گا۔ "حقیقی نفس" کے ساتھ شناخت وقت کی ضرورت ہے۔ جیسے جیسے شیزوفرینک فطرت ختم ہو جاتی ہے اس کی جگہ لینے کے لیے حقیقی شخصیت کو سامنے آنا چاہیے۔

مجھے یہ بتانے دو کہ جب شیزوفرینک نجات کے عمل میں ہو تو کیا ہو سکتا ہے۔ ہو سکتا ہے کہ وہ اتھارٹی کے سامنے سر تسلیم خم کرنا سیکھ رہا ہو۔ اسے ایک امتحان کا سامنا ہے۔ ایک ایسی صورت حال ہے جہاں اسے مطیع ہونا ضروری ہے۔ اسے تابعداری کی عادت نہیں ہے۔ وہ کیا کرے گا؟ کیا وہ واپس مسترد ہو جائے گا... اپنے کمرے میں جائے گا؟ ... اس کا چہرہ ڈھانپنا؟ ...کسی سے بات کرنے سے انکار؟ یا، وہ بغاوت میں واپس آجائے گا... اظہار کرتے ہوئے۔ غصہ ... منحرف ہو رہے ہیں؟ ... ضد دکھا رہے ہیں؟

یا، کیا وہ یسوع کی فطرت کو آگے آنے کی اجازت دے گا ... تعاون کرنا؟ ... اتھارٹی کے سامنے جھکنا؟ ... فرمانبردار بننا؟ فیصلہ اس کا ہے۔ اسے شیاطین کے ساتھ معاہدے سے باہر ہونے اور پرانی عادتوں کو توڑنے کے لیے تیار ہونا چاہیے۔ "حقیقی نفس" مسیح میں اتنا مضبوط ہو چکا ہو گا کہ وہ صحیح فیصلہ کر سکے۔

مثال پر آپ کو دونوں ہاتھوں کے درمیان سب سے اوپر ایک چکر نظر آئے گا۔ یہ ایک "طوفان" کی نمائندگی کرتا ہے۔ شیزوفرینک شخص اپنے اردگرد مسلسل "طوفان" بناتا رہتا ہے۔ وہ ان طوفانوں میں پھنس گیا ہے، اور دوسرے، جو کچھ ہو رہا ہے اس سے متعلق ہونا چاہیے۔ غور کریں کہ کچھ تیروں میں گھومتے پھرتے یا "طوفان" بھی ہوتے ہیں۔ اگر رشتہ کرنے کی کوشش کرنے والا شخص بھی غیر مستحکم ہے تو وہ اپنے طوفان کو شیزوفرینک کے طوفان میں لے آتا ہے۔ اس کے بعد آپ کو ایک طوفان کے اندر ایک طوفان ہے. دوسرے تیر سیدھے ہیں۔ یہ ایسے افراد کی تصویر کشی کرتے ہیں جو مستحکم ہیں اور "طوفان" سے مستحکم طریقے سے تعلق رکھ سکتے ہیں۔ ایسا شخص طوفان کو نقصان یا نشان زدہ کیے بغیر مشغول کر سکتا ہے۔ وہ ہنگامہ آرائی کا اسیر نہیں ہے۔ نجات کے وزیر کو سیدھا تیر کی طرح اندر آنے کے قابل ہونا چاہئے۔

طوفان کے یہ اوقات تلخی کی جڑ کو تشکیل دینے کا سبب بنتے ہیں (دائیں ہاتھ دیکھیں) اور گہرا اور گہرائی تک چلا جاتا ہے۔

اب دیکھتے ہیں کہ بائیں ہاتھ کی دوسری انگلیاں کس چیز کی نمائندگی کرتی ہیں۔ "رنگ انگلی" کو ہوس کا نام دیا گیا ہے۔ خُداوند نے مجھے دکھایا کہ یہ شیطان ایک شخص کو دنیا سے محبت کے لیے "شادی" کرتا ہے۔ ہوس کی جڑیں رد میں

ہے۔ اگر کسی کو زندگی کے عام راستوں سے اطمینان بخش محبت نہیں ملتی ہے تو جسمانی فطرت اپنی طرح کی محبت کی تلاش شروع کر دے گی۔ اس طرح ہوس کے آسیب کے داخل ہونے کا دروازہ کھل جاتا ہے۔ اس گروپ میں ایک ساتھی جذبہ خیالی ہوس ہے جس کی وجہ سے شخص یہ تصور کر سکتا ہے کہ وہ موشن پکچر کی دنیا کا کوئی بڑا عاشق ہے یا غیر حقیقی کاموں کے تمہید کے طور پر خیالی جنسی تجربات کرتا ہے۔ عورتوں میں بدکاری کا جذبہ پہلے لباس اور اشتعال انگیزی میں ظاہر ہو سکتا ہے۔ جنسی خرابیاں مسترد ہونے پر قابو پانے کی انتہائی کوششوں کی نمائندگی کرتی ہیں۔

جنسی تجربات، حقیقی یا خیالی، کبھی بھی حقیقی محبت کی ضرورت کو پورا نہیں کر سکتے۔ وہ حقیقی محبت کے لیے شیطان کے متبادل ہیں اور ایک شخص کو مایوسی اور جرم میں مبتلا چھوڑ دیتے ہیں۔

بائیں ہاتھ کی چھوٹی انگلی عدم تحفظ اور کمتری کی نمائندگی کرتی ہے۔ یہ انکار کا ایک اور مظہر ہے۔ رد کرنے کا گہرا احساس رکھنے والا شخص خود کو غیر محفوظ اور کمتر محسوس کرتا ہے۔

بائیں ہاتھ کی شہادت کی انگلی " خود پر الزام" ہے۔ یہ شیطان ایک شخص کو اپنے خلاف کرنے کا سبب بنتا ہے اور اس کی ذاتی قدر کے احساس کو ختم کر دیتا ہے۔ زیادہ تر معاملات میں ہمیں "خود پر الزام" کے ساتھ " اعتراف کرنے کی مجبوری " کے ساتھ ملا ہے ۔ مثال کے طور پر، اگر کوئی شخص بداخلاقی میں پڑ گیا ہے تو وہ اس وقت تک آرام نہیں کر سکتا جب تک کہ وہ اپنی غلطی کا اعتراف نہ کر لے۔ وہ عام طور پر ان لوگوں کے سامنے اعتراف کرتا ہے جنہیں اسے سب سے زیادہ پیار دکھانا چاہیے۔ اسے ایسا کرنے پر مجبور کیا جاتا ہے تاکہ وہ دوسروں کو "جھٹکا" دے کر اسے زبردستی توجہ دلانے اور اس کے بدلے محبت کی جگہ لے لے۔

اب، آئیے مثال میں دائیں ہاتھ کی طرف چلتے ہیں۔ مثال میں درمیانی انگلی کو "بغاوت" کا نام دیا گیا ہے۔ جیسا کہ ہم نے دیکھا، بغاوت شیاطین کی طرف سے قائم کردہ جھوٹی شخصیتوں میں سے ایک کی نشاندہی کرتی ہے۔ شیاطین کے اس گروہ کو "مسترد" کے لیے معاوضہ دینے والی روحیں سمجھا جا سکتا ہے۔ بغاوت رد کے برعکس ہے۔ ایک اظہار خیال اور ہنگامہ خیز ہے، دوسرا دستبردار اور غیر محفوظ ہے۔

دائیں ہتھ کی انگوٹھی اپنی مرضی کی نمائندگی کرتی ہے۔ یہ شیطان ایک شخص کو خودغرض خواہشات سے "شادی" کرتا ہے۔ اس سے ضد ، خود غرضی اور غیر تعلیم یافتہ ہونے کا راستہ کھلتا ہے ۔ ایک بار پھر، ہم مسترد ہونے کا معاوضہ دیکھتے ہیں ۔ چونکہ اس شخص کو مسترد کر دیا گیا ہے یا اسے مسترد ہونے کا خدشہ ہے وہ خود کو لاڈ کرنے کے لیے... خود کو دھکیلنے کے لیے چلا جاتا ہے۔ اس طرح وہ مسترد ہونے کے جذبات پر قابو پانے کی کوشش کر رہا ہے۔

شہادت کی انگلی کو الزام کہتے ہیں۔ یہ بھی ایک معاوضہ دینے والا شیطان ہے۔ یہ مسترد سے توجہ ہٹاتا ہے۔ یہ دوسروں کی طرف توجہ مبذول کرکے خود پر ارتکاز کو ختم کرنے کی کوشش کرتا ہے۔ بائیں شہادت کی انگلی اپنی طرف اشارہ کرتی ہے - "میں قصوروار ہوں"، جبکہ دائیں شہادت کی انگلی دوسروں کی طرف اشارہ کرتی ہے - "آپ قصوروار ہیں۔" الزام کا شیطان فیصلہ پرستی کی ساتھی روحوں کے لیے دروازہ کھولتا ہے۔

دائیں ہاتھ کی چھوٹی انگلی خود فریبی ہے۔ اس کے ساتھی فریب ، خود فریبی اور غرور ہیں۔ "خود" کی یہ تین روحیں فخر کو بڑھاتی ہیں۔ فخر مسترد کرنے کا ایک اور معاوضہ ہے۔ جو شخص مسترد محسوس کرتا ہے وہ اہم محسوس کرنا چاہتا ہے۔ فریب کی روح ساتھ آتی ہے اور کہتی ہے، "تم واقعی کوئی ہو"؛ 'تم ایک روحانی دیو ہو!"، یا کوئی اور قسم کا دیو۔ لگتا ہے کہ جس انا کو زخمی کیا گیا ہے اسے بڑھاوا دیا گیا ہے۔ لیکن یہ سب شیطانی ہے۔ یہ صرف زیادہ مایوسی اور مایوسی کا باعث بنتا ہے۔

وزارت کے ایک معاملے میں، خود فریبی کے جذبے نے ایک تیرہ سال کی لڑکی کو قائل کر لیا تھا کہ وہ انیس سال کی ہے۔ اس نے اپنے دوسرے شخص کے ساتھ جانے کے لیے دوسرا نام لیا۔ اس نے بڑی عمر کی لڑکی کی طرح سوچنے، بات کرنے اور کام کرنے کی کوشش کی۔ اسے اس کی صلاحیتوں اور اس کی عام پختگی سے باہر دھکیل دیا گیا تھا۔ اس نے اس کے جبر میں بہت اضافہ کیا۔

مکاشفہ کے ذریعے خُداوند نے دکھایا کہ انگوٹھے کس طرح شیزوفرینیا کے "پیرانوئڈ" مرحلے کی نمائندگی کرتے ہیں۔ اس کا کچھ حصہ بائیں انگوٹھے میں ظاہر ہوتا ہے کیونکہ اس کی جڑ مسترد ہونے میں ہوتی ہے۔ رد کرنے کی طرف حسد اور حسد کی روحیں ہیں۔ جو لوگ باہمی محبت کے رشتوں میں کمی رکھتے ہیں وہ ان لوگوں سے حسد اور حسد کرنے لگتے ہیں جو اطمینان بخش محبت کا تجربہ کرتے ہیں۔ بغاوت کی طرف عدم اعتماد ، شک، خوف اور ظلم و ستم کی روحیں ہیں۔ اس بعد کے گروہ میں ایک اور شیطان ہے اور اسے کہا جاتا ہے "ہر قیمت پر ایمانداری کے ساتھ تصادم"۔ ایک شخص میں شک اور بد اعتمادی اس وقت تک پیدا ہو جاتی ہے جب تک کہ وہ دوسرے شخص کا سامنا کرنے پر مجبور نہ ہو جائے۔ تصادم کے بعد اس کے اندر کا دباؤ تھوڑی دیر کے لیے ختم ہو جاتا ہے۔ لیکن یہ حملہ آور کو اپنے زخموں کو سنبھالنے کے لیے چھوڑ دیتا ہے - یہ شخص بہت سے لوگوں کے اثر و رسوخ کے تحت کام کرتا ہے۔ وہ زخم لگاتا ہے، پھر بھی وہ اپنے تئیں ہر جرم کے لیے انتہائی حساس ہے۔

انگلیوں اور انگوٹھوں میں پیش کردہ وحی غلط ثابت ہوئی ہے، جیسا کہ شیزوفرینکس کے ساتھ متعدد وزارتوں نے فیصلہ کیا ہے۔ اس میں کوئی عیب نہیں۔

بائیں ہاتھ کے نیچے درج شیطان دوسری روحوں کے نمائندے ہیں جو عام طور پر شیزوفرینیا پیٹرن کے رد کرنے والے حصے میں پائے جاتے ہیں۔ ان میں

فرد سے دوسرے شخص میں کچھ تغیرات ہوں گے۔ لسٹنگ مکمل ہونے کی بجائے تجویز کن ہے۔ زیادہ تر مثالوں میں یہ ظاہر ہوتا ہے کہ بائیں ہاتھ پر درج بدروحیں کسی نہ کسی طرح سے مسترد قسم کی روحوں کی سہ رخی سے وابستہ ہیں ... مسترد، مسترد ہونے کا خوف اور خود کو مسترد کرنا۔

دائیں ہاتھ پر شیاطین کی فہرست میں کنٹرول اور ملکیت شامل ہیں۔ ان کا براہ راست تعلق بغاوت سے ہے۔

کیونکہ سرکشی جادو ٹونے کا گناہ ہے اور ضد بدکاری اور بت پرستی کے برابر ہے۔ میں سیم۔ 15:23a

اس آیت کی دو طرح سے تشریح کی جا سکتی ہے۔ سب سے پہلے، میں اس کا مطلب یہ بتاتا ہوں کہ خدا کے نزدیک بغاوت خود جادوگرنی کی طرح مکروہ ہے۔ میں اس کا مطلب یہ بھی کرتا ہوں کہ جو باغی فطرت رکھتا ہے اس کی فطرت ڈائن ہوتی ہے۔ جادو ٹونے کا مقصد کنٹرول کرنا ہے۔ یہ جان بوجھ کر یا نادانستہ طور پر بری روحوں کی طاقت کو استعمال کرکے دوسرے شخص کو کنٹرول کرنا ہے۔ بغاوت اکثر کنٹرول کی طرف جاتا ہے۔

اب، ہد دائیں ہاتھ سے نیچے کی طرف جاری رکھیں۔ ایک "تلخی کی جڑ" ہے۔ ساری زندگی میں تنازعات ہوتے رہتے ہیں۔ چیزیں ہوتی ہیں اور ایسے الفاظ بولے جاتے ہیں جن کے لیے معافی کا رویہ درکار ہوتا ہے۔ یہاں شیزوفرینک کا مسئلہ ہے۔ وہ معاف کرنے سے قاصر ہے۔ اس کے پاس ناقابل معافی روح ہے۔ تیس سال پہلے جو چیزیں ہوئیں وہ اتنی ہی زندہ ہیں جتنی کہ وہ واقعہ کے لمحے میں تھیں۔ تلخی کی جڑ کو زندہ رکھا جاتا ہے اور اس سے ناراضگی، نفرت، غصہ، انتقامی کارروائی، تشدد اور قتل و غارت نکلتی ہے۔ ایسی تلخی کی جڑ سے بہت سے دوسرے شیاطین جڑے ہو سکتے ہیں۔

شیزوفرینک اس الجھی ہوئی گندگی سے کیسے نکلتا ہے؟ فتح کرنے کے لیے تین اہم علاقوں میں رد، بغاوت اور تلخی کی جڑ ہیں۔ جیسے ہی یہ علاقے فتح ہو جاتے ہیں " گھر " (زندگی) کو محبت کے دینے اور وصول کرنے سے، ہر جائز اتھارٹی کے سامنے سر تسلیم خم کرنے اور حالات سے قطع نظر تمام افراد کی معافی سے بھرنا چاہیے۔ میں شیطانوں کو اپنی زندگی پر حکمرانی نہیں کرنے دوں گا!" آخرکار فتح دیکھیں گے۔

مثال کے نچلے حصے میں ہاتھوں کے درمیان ایک چھوٹی سی چھڑی کی شکل ہے جسے "حقیقی نفس" کہا جاتا ہے۔ جیسا کہ نجات ایک مدت کے ساتھ ہوتی ہے، "حقیقی نفس" کو اُٹھنا چاہیے (تیر کے ذریعے دکھایا گیا ہے) اور جھوٹی شیزوفرینک شخصیات کو ان کے تمام اثر و رسوخ اور ان کی نمائندگی کرنے والے تمام لوگوں کے ساتھ معاہدے سے باہر ہو کر الگ کر دینا چاہیے۔ "حقیقی نفس" کو خود یسوع کی فطرت کو اپنانا چاہیے۔ روحانی مشقیں جیسے بائبل کا مطالعہ، نمز، روزہ، تعریف اور دوسرے مومنین کے ساتھ رفاقت کامیاب نجات

کے لیے ضروری ہے۔ یہ روحانی مشقیں نجات کے عمل کو بھی تیز کریں گی کیونکہ اس شخص کی زندگی مسیح یسوع کی مثبت چیزوں سے بھری ہوئی ہے۔

شیزوفرینک مریض اور نجات کے وزیر دونوں کے لیے یہ مشکل کام ہے۔ میں شیزوفرینکس کی بہت تعریف کرتا ہوں جو فتح تک لڑتے ہیں۔ میں ان فتوحات کو دیگر تمام نجاتوں سے بڑھ کر سراہتا ہوں۔ شیزوفرینیا سے نجات سب سے گہری، سب سے زیادہ ملوث اور انتہائی پرعزم نجات ہے جس کا ہم نے سامنا کیا ہے۔

شیزوفرینیا سے نجات کی دعا

"تم شیزوفرینیا کے شیطانو، میں تمہارا ہاتھ پکارتا ہوں۔ آپ اپنی دو مخالف شخصیات کو سامنے لاتے ہیں جو آپ اس میں یا اس میں قائم کر رہے ہیں۔ تم میں سے ایک کی جڑ انکار اور خودپسندی میں ہے اور دوسرے کی جڑ بغاوت اور تلخی میں ہے۔ ان شخصیات میں سے کوئی بھی حقیقی وہ یا وہ نہیں ہے۔ میں اصلی وہ یا وہ وہی بننا چاہتا ہوں جو یسوع اسے بننا چاہتا ہے چھوڑتا اور کھو دیتا ہوں۔" یسوع کے نام میں، آمین

خود سے نجات کے لیے مختصر دعا۔

"خداوند یسوع مسیح، مجھے یقین ہے کہ آپ میرے گناہوں کے لیے صلیب پر مرے اور مُردوں میں سے دوبارہ جی اُٹھے۔ آپ نے مجھے اپنے خون سے نجات دلائی اور میں آپ کا ہوں، اور میں آپ کے لیے جینا چاہتا ہوں۔ میں اپنے تمام معلوم اور نامعلوم گناہوں کا اعتراف کرتا ہوں۔ میں ان سب کے لیے معذرت خواہ ہوں، میں ان سب کو ترک کرتا ہوں۔ میں باقی سب کو معاف کرتا ہوں جیسا کہ میں چاہتا ہوں کہ آپ مجھے معاف کریں اور یسوع کے خون کے لیے مجھے معاف کریں۔ مجھے تمام گناہوں سے پاک کرتا ہے اور آپ میری خاص ضرورتوں کو جانتے ہیں۔ یسوع کے نام پر اپنے آپ کو آپ سے الگ کرتا ہوں، اور میں آپ کو حکم دیتا ہوں کہ مجھے ابھی عیسیٰ کے نام پر چھوڑ دو!

اسے اپنے دل سے آنے دو اور خداوند کی نجات کو دیکھو!

کیا آپ بیمار ہیں یا بحالی کی ضرورت ہے؟

ان لوگوں کے لیے جو کسی بھی شکل یا شکل میں بیمار یا بیمار ہیں، یا نجات کی ضرورت ہے؟ یا بحالی، براہ کرم ایمان کے ساتھ نیچے کے نقطے کو چھوئیں (ایمان آپ کی موجودہ صورتحال کے عین مطابق مثبت نتائج کو دیکھ رہا ہے، یہ جانتے ہوئے کہ یسوع نے 2000 سال سے زیادہ پہلے آپ کی شفا یابی اور نجات،

بحالی کو ڈاؤن پیمنٹ کے طور پر محفوظ کرنے کے لیے اپنا کردار ادا کیا ہے، اس بات پر بھروسہ کرتے ہوئے کہ ڈاؤن پیمنٹ آپ کو حاصل کرنے کے لیے دستیاب ہے، جیسے کہ آپ کے چیکنگ اکاؤنٹ میں مثبت بیلنس ہے، جیسا کہ ہم آپ کے نام سے متفق نہیں ہیں، ہم آپ کے نام سے متفق نہیں ہوں گے یسوع مسیح کا، آمین)

اختیار کے ساتھ، آپ نے مجھے اور ان کو عطا کیا ہے، میں اب اس اختیار کو دشمن کے خلاف غصے اور بھوک کے ساتھ ایمان کے ساتھ استعمال کرتا ہوں کہ جو کچھ آپ نے ان سب کو مفت میں دیا ہے، میں ہر بیماری، ہر بیماری پر لعنت بھیجتا ہوں، چاہے وہ کینسر ہو، کووڈ 19، کمزوری کا جذبہ ہو، شیطانی قبضے کا ہو یا جبر کا، خدا نے پہلے سے ہی طے کر رکھا ہے کہ اس کی روح کو پورا کرنے اور اس کی تعیین کو پورا کرنے کے لیے کیا ہے۔ جاری ہم بے ضابطگی کے خلاف آتے ہیں، میں ان کو پابند کرتا ہوں، ہم ان کی جڑ تک لعنت بھیجتے ہیں اور ہم انہیں یسوع مسیح کے نام پر اختیار سے نکال دیتے ہیں۔ آمین ہم یسوع مسیح کے طاقتور نام پر ان کی زندگیوں میں شفا یابی، نجات اور بحالی کی رہائی کا مطالبہ کرتے ہیں۔ ان شہادتوں کے لیے خُداوند کا شکر ہے جو آپ کی شان و شوکت اور تعظیم کے لیے قائم ہیں۔ ان روحوں کے لیے آپ کا شکریہ جو اس پیغام کے نتیجے میں آپ کی بادشاہی میں شامل ہو رہے ہیں، وہ معجزات جو ہم ابھی پہلے ہی دیکھ رہے ہیں اور یسوع کے نام پر آپ کے جلال کے لیے ظاہر ہو رہے ہیں، آمین۔ یہ ہو گیا ہے! خوشیاں منائیں!

رابطے کے نقطہ کے طور پر نمایاں کردہ اس جگہ کو چھوئیں اور اپنے منہ سے اعتراف کریں - میں شفایاب ہوں، میں نجات پا گیا ہوں اور میں اپنی روح، روح، جسم اور اپنے ارد گرد یسوع مسیح کے نام پر بحال ہو گیا ہوں، آمین!!!

وہ کرنا شروع کریں جو آپ پہلے نہیں کر سکتے تھے اور مکمل شفایابی تک اعتراف کرنا شروع کریں، نجات کی بحالی آپ کی زندگی میں یسوع کے نام پر ایک پھل بن جائے، آمین۔ تمام خدا کے لیے بھوکے رہیں، ناراض رہیں اور جو کچھ دشمن نے یسوع کے نام پر روک رکھا ہے اسے واپس لے لیں، آمین

نوٹ:

خدا کے جلال اور دشمن کی شرمندگی کے لئے شفا کی گواہی دیں! اگر آپ کو اب بھی اس مسئلے پر آپ سے اتفاق کرنے کی ضرورت ہے تو ہمیں ای میل یا واٹس ایپ کریں۔ اور اگلے ہفتے جمعرات سے شروع ہونے والی لیس سیریز سے جڑیں۔ ہماری ویب سائٹ پر جلد ہی تفصیل تلاش کریں!

عظیم کارنامے - 1 - نتیجہ

دوستو، میں امید کرتا ہوں اور دعا کرتا ہوں کہ یہ کتاب آپ کے لیے وہ سب کچھ لے آئی ہے جو آپ آرڈر کرنے سے پہلے چاہتے تھے اور بہت کچھ، یسوع کے نام میں، آمین۔
اس سے پہلے کہ میں اپنی بات ختم کروں، میں آپ کے لیے بڑے کارناموں کا ایک بڑا موقع لانا چاہوں گا۔ آئیے مل کر اس موقع کو تلاش کریں۔

عظیم موقع

ہم اس عنوان کو بارڈر لیس پر ختم نہیں کریں گے جب تک کہ ہم ان لوگوں کو موقع فراہم نہیں کریں گے جنہوں نے آج یسوع سے ملاقات نہیں کی ہے کہ وہ اپنی صلح کر لیں

نجات کی دعا

نجات کی دعا - خدا کے ساتھ ہماری پہلی حقیقی بات چیت
نجات کی دعا" وہ سب سے اہم دعا ہے جو ہم کبھی بھی مانگیں گے۔ جب ہم" مسیحی بننے کے لیے تیار ہوتے ہیں، تو ہم خُدا کے ساتھ اپنی پہلی حقیقی گفتگو کرنے کے لیے تیار ہوتے ہیں، اور یہ اس کے اجزاء ہیں:

- ہم تسلیم کرتے ہیں کہ یسوع مسیح خدا ہے؛ کہ وہ ایک انسان کے طور پر زمین پر آیا تاکہ وہ بے گناہ زندگی گزارے جسے ہم نہیں جی سکتے۔ کہ وہ ہماری جگہ مر گیا، تاکہ ہمیں وہ جرمانہ ادا نہ کرنا پڑے جس کے ہم مستحق ہیں۔
- ہم گناہ کی اپنی پچھلی زندگی کا اعتراف کرتے ہیں—اپنے لیے جینا اور خُدا کی اطاعت نہیں کرنا۔
- ہم تسلیم کرتے ہیں کہ ہم اپنے نجات دہندہ اور خداوند کے طور پر یسوع مسیح پر بھروسہ کرنے کے لیے تیار ہیں۔
- ہم یسوع سے ہمارے دل میں آنے، وہاں رہائش اختیار کرنے، اور

ہمارے ذریعے زندگی گزارنے کے لیے کہتے ہیں۔

نجات کی دعا - یہ خُدا پر ایمان کے ساتھ شروع ہوتی ہے

جب ہم نجات کی دعا مانگتے ہیں، تو ہم خُدا کو بتاتے ہیں کہ ہم اُس کا کلام سچا مانتے ہیں۔ اس نے جو ایمان ہمیں دیا ہے اس سے ہم اس پر ایمان لانے کا انتخاب کرتے ہیں۔ بائبل ہمیں بتاتی ہے کہ " ایمان کے بغیر اُس کو خوش کرنا ناممکن ہے، کیونکہ جو خُدا کے پاس آتا ہے اُسے یقین کرنا چاہیے کہ وہ ہے، اور یہ کہ وہ اُن لوگوں کا اجر دیتا ہے جو اُس کے طالب ہیں " (عبرانیوں 11:6)۔

لہذا، جب ہم دعا کرتے ہیں، خدا سے نجات کا تحفہ مانگتے ہیں، تو ہم یہ تسلیم کرنے کے لیے اپنی آزاد مرضی کا استعمال کرتے ہیں کہ ہم اس پر یقین رکھتے ہیں۔ ایمان کا یہ مظاہرہ خُدا کو خوش کرتا ہے، کیونکہ ہم نے آزادانہ طور پر اُسے جاننے کا انتخاب کیا ہے۔

نجات کی دعا - اپنے گناہ کا اعتراف کرنا

جب ہم نجات کی دعا مانگتے ہیں، تو ہم تسلیم کرتے ہیں کہ ہم نے گناہ کیا ہے۔ جیسا کہ بائبل ہر ایک کے بارے میں کہتی ہے، صرف مسیح کو بچائیں: "کیونکہ سب نے گناہ کیا ہے، اور خدا کے جلال سے محروم ہیں" (رومیوں 3:23)۔

گناہ کرنا محض نشان سے کم ہونا ہے، جیسا کہ ایک تیر جو بیل کی آنکھ میں بالکل نہیں لگا۔ خُدا کا جلال جس سے ہم محروم ہیں وہ صرف یسوع مسیح میں پایا جاتا ہے: " کیونکہ وہی خُدا ہے جس نے تاریکی سے روشنی کو چمکانے کا حکم دیا، جس نے ہمارے دلوں میں یسوع مسیح کے چہرے پر خُدا کے جلال کی پہچان کی روشنی کو چمکایا " (2 کرنتھیوں 4:6)۔

نجات کی دعا، پھر، تسلیم کرتی ہے کہ یسوع مسیح واحد انسان ہے جو کبھی بھی گناہ کے بغیر زندہ رہا۔ " کیونکہ اُس نے اُسے جو گناہ نہیں جانتا تھا ہمارے لیے گناہ بنایا تاکہ ہم اُس میں خدا کی راستبازی بنیں " (2 کرنتھیوں 5:21)۔

نجات کی دعا - مسیح میں نجات دہندہ اور خُداوند کے طور پر ایمان کا دعویٰ کرتے ہوئے

مسیح کے ساتھ ہمارے معیارِ کمال کے طور پر، ہم اب اُس پر ایمان کو خُدا کے طور پر تسلیم کر رہے ہیں، یوحنا رسول سے اتفاق کرتے ہوئے کہ: " ابتدا میں کلام (مسیح) تھا، اور کلام خُدا کے ساتھ تھا، اور کلام خُدا تھا۔ وہ ابتدا میں خُدا کے ساتھ تھا۔ سب چیزیں اُس کے بغیر بنائی گئی تھیں، اور جو کچھ بھی اُس کے بغیر نہیں بنایا گیا تھا :"-3-

کیونکہ خُدا صرف ایک کامل، بے گناہ قربانی کو قبول کر سکتا ہے، اور چونکہ وہ جانتا تھا کہ ہم اسے پورا نہیں کر سکتے، اُس نے اپنے بیٹے کو ہمارے لیے مرنے اور ابدی قیمت ادا کرنے کے لیے بھیجا ہے۔ " کیونکہ خُدا نے دنیا سے

اتنی محبت کی کہ اُس نے اپنا اکلوتا بیٹا بخش دیا، تاکہ جو کوئی اُس پر ایمان لائے ہلاک نہ ہو بلکہ ہمیشہ کی زندگی پائے ۔" (یوحنا 3:16)۔

نجات کی دعا ۔ اسے کہیں اور اب اس کا مطلب ہے!

کیا آپ اب تک جو کچھ بھی پڑھ چکے ہیں اس سے اتفاق کرتے ہیں؟ اگر آپ ایسا کرتے ہیں، تو یسوع مسیح میں اپنی نئی زندگی شروع کرنے کے لیے ایک لمحہ زیادہ انتظار نہ کریں۔ یاد رکھیں، یہ دعا کوئی جادوئی فارمولا نہیں ہے۔ آپ صرف اپنے دل کا خدا سے اظہار کر رہے ہیں۔ ہمارے ساتھ یہ دعا کریں:

"ابا، میں جانتا ہوں کہ میں نے آپ کے قوانین کو توڑا ہے اور میرے گناہوں نے مجھے آپ سے جدا کر دیا ہے۔ مجھے سچ میں افسوس ہے، اور اب میں اپنی پچھلی گناہ کی زندگی سے آپ کی طرف منہ موڑنا چاہتا ہوں۔ براہِ کرم مجھے معاف کر دیں، اور مجھے دوبارہ گناہ کرنے سے بچنے میں مدد کریں۔ مجھے یقین ہے کہ آپ کا بیٹا، یسوع مسیح میرے گناہوں کے لیے مر گیا، مُردوں میں سے جی اُٹھا، اور میں اپنے رب کی دعا میں زندہ ہوں، اور یسوع میری زندگی میں زندہ ہوں۔ آج کے دن سے میرے دل پر حکومت کرنے کے لیے، براہِ کرم مجھے آپ کی فرمانبرداری کرنے میں مدد کرنے کے لیے، اور میری باقی زندگی کے لیے آپ کی مرضی پر عمل کرنے کے لیے میں دعا کرتا ہوں، آمین۔"

نجات کی دعا ۔ میں نے یہ دعا کی ہے؛ اب کیا؟

اگر آپ نے نجات کی یہ دعا سچے یقین اور دل کے ساتھ مانگی ہے، تو اب آپ یسوع کے پیروکار ہیں۔ یہ ایک حقیقت ہے، چاہے آپ کوئی مختلف محسوس کریں یا نہ کریں۔ مذہبی نظاموں نے آپ کو یہ یقین دلایا ہو گا کہ آپ کو کچھ محسوس کرنا چاہیے ۔ ایک گرم چمک، ایک جھنجھلاہٹ، یا کوئی اور صوفیانہ تجربہ۔ حقیقت یہ ہے کہ، آپ کر سکتے ہیں، یا آپ نہیں کر سکتے ہیں۔ اگر آپ نے نجات کی دعا مانگی ہے اور اس کا مطلب ہے، تو اب آپ یسوع کے پیروکار ہیں۔ بائبل ہمیں بتاتی ہے کہ آپ کی ابدی نجات محفوظ ہے! " کہ اگر تم اپنے منہ سے خداوند یسوع کا اقرار کرو اور اپنے دل میں یقین کرو کہ خدا نے اسے مردوں میں سے زندہ کیا ہے تو تم نجات پاؤ گے " (رومیوں 10:9)۔

خدا کے خاندان میں خوش آمدید! ہم اب آپ کو ایک مقامی گرجا گھر تلاش کرنے کی ترغیب دیتے ہیں جہاں آپ بپتسمہ لے سکتے ہیں اور اس کے کلام، بائبل کے ذریعے خدا کے علم میں بڑھ سکتے ہیں۔

پر بھی جا سکتے ہیں جو آپ کو www.otakada.org آپ ہماری ویب سائٹ مسیح میں نشوونما اور بڑھنے میں مدد دے گی دریافت بائبل کے مطالعہ میں اس لنک کو استعمال کرتے ہوئے اپنے لیے یسوع کو دریافت کریں۔

/https://www.otakada.org/dbs-dmm

شاگردی کا 40 دن کا سفر

یا آپ اس لنک کے ذریعے آن لائن اپنی رفتار سے 40 دن کا سفر شروع کر سکتے ہیں https://www.otakada.org/get-free-40-days-online-discipleship-course-in-a-journey-with-jesus/

اگر آپ کو رہنمائی کی ضرورت ہو تو info@otakada.org پر ای میل بھیجیں-

رب آپ کی زندگی کو وسعت دے اور آپ کو خوشی، امن، محبت اور ہم آہنگی سے بھر دے جو صرف وہی دے سکتا ہے، آمین

السلام علیکم!

حوالہ جاتی مواد کے تعاون کنندگان:

Otakada.org.1
2.گواہیاں - healingrevival.com/testimonies
3.پارلر میں سور بذریعہ فرینک ہیمنڈ
4.منگنی کے اصول - سنڈی ٹرم
5.معجزات کے لیے مسح کرنا - رابرٹ شیمباچ اور ڈونا
6.شیطانوں کو نکالے گا - ڈیریک پرنس
7.آشیش رائچور کے ذریعہ شفا یابی اور نجات کی خدمت
8.پیر اوگبے تک مافوق الفطرت خدا سے مشغول ہونا
Endued with Power - Norvel hayes.9

تجویز کردہ کتابیں اور وسائل

میں نے آسمان سے آگ دیکھی: جہاد سے عیسیٰ تک - آگ کے نیچے بیعت (زندہ خط - 40 دن کی عقیدتی سیریز بک)

پیپر بیک - - https://www.amazon.com/Saw-Fire-Heaven-Allegiance-Devotional/dp/B0GPK6C8VX

ای بک - - https://www.amazon.com/Saw-Fire-Heaven-Allegiance-Devotional-ebook/dp/B0GP9TGL2D

سی ایس لیوس (1898-1963) -میری عیسائیت، مکمل طور پر زندہ: ایک ہچکچاہٹ کا شکار دماغ سے ایک تبدیل شدہ زندگی تک (زندہ خط - 40 دن کی عقیدتی سیریز | کتاب کی کتاب 2)

ای بک

https://www.amazon.com/Lewis-1898-1963-Mere-Christianity-Fully-ebook/dp/B0GKQ27F9N

پیپر بیک

https://www.amazon.com/Lewis-1898-1963-Mere-Christianity-Fully/dp/B0GM8YMXC3

ہارڈ کور

https://www.amazon.com/Lewis-1898-1963-Mere-Christianity-Fully/dp/B0GM8WHXJL

ایس ٹی ہپو کا اگست (354-430 عیسوی)

بے چین دل سے تحریری زندگی تک - زندہ خطوط - 40 دن کی عقیدتی سیریز - 1

ایمیزون ای بک لنک - -https://www.amazon.com/ST-AUGUSTINE-
HIPPO-354-430-Devotional-ebook/dp/B0GJN8N9XS
ایمیزون پیپر بیک آرڈر لنک - -https://www.amazon.com/St-Augustine-
Hippo-354-430-Devotional/dp/B0GJWTVLR6

Ingramspark پیپر بیک لنک - https://shop.ingramspark.com/b/
084?params=BZOOW3dj93aGEtBL2Fv1VY8wV1OQvA10dtZRDgk7Z9Z
مجھے اسکین کریں۔

تجدید 7
اپنے گھر کے دل کو 7 دنوں میں ٹھیک کریں
تجدید سیریز - فیملی یونٹی ایڈیشن

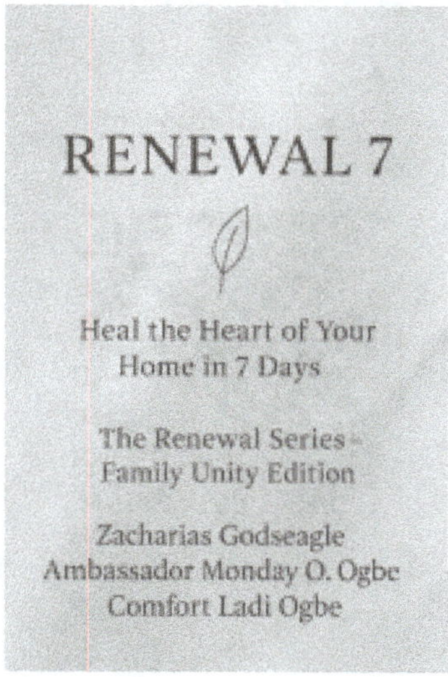

بک پیپر بیک کا لنک - https://shop.ingramspark.com/b/084?params=htyfL002e1JzyEpZWkKtaXWF5FJ1jZFOjgiQKEfcbnw
ایمیزون پیج پیپر بیک کا لنک - https://www.amazon.com/RENEWAL-Heal-Heart-Your-Renewal/dp/B0GD92153W

ایمیزون ای بک سے لنک۔

https://www.amazon.com/RENEWAL-Heal-Heart-Your-Renewal-ebook/dp/B0G91BMFND

مجھے اسکین کریں۔

تجدید 7: اپنے گھر کے دل کو 7 دنوں میں ٹھیک کریں۔
تجدید سیریز - فیملی یونٹی ایڈیشن

پیپر بیک کا لنک - https://shop.ingramspark.com/b/
084?params=nSEElv9oUsItOu5akVZlg4ycGbbmvlBOtSiqeOZr5yQ

ایمیزون پیپر بیک سے لنک - https://www.amazon.com/RENEWAL-
MARRIAGE-Heart-Marriage-Renewal/dp/B0GDC1YZJ7

ایمیزون ای بک سے لنک - https://www.amazon.com/RENEWAL-MARRIAGE-Heart-Marriage-Renewal-ebook/dp/B0G6JXJWJL

دل کا عرش - 12 لڑائیاں ہمیں جیتنی ہیں۔

ایمیزون ای بک - https://www.amazon.com/THRONE-HEART-COVETOUSNESS-Counterfeit-CONTENTMENT-ebook/dp/B0G4SPFRY7

ایمیزون پیپر بیک - https://www.amazon.com/THRONE-HEART-COVETOUSNESS-Counterfeit-CONTENTMENT/dp/B0G4TKW1ND

Ingramspark سے پیپر بیک - https://shop.ingramspark.com/b/084?params=a75LJXtvvI63VnzeQPleQTkAJWfu8CPQV6l5Oe31D80

GREATER EXPLOITS 1 URDU EDITION - عظیم تر کارنامے - 1

آڈیو لنک کے ساتھ زکریا گوڈسیگل کے 4 میں 1 خطبات -

ایمیزون ای بک لنک - - https://www.amazon.com/Sermons-Zacharias-
Godseagle-Audio-links-ebook/dp/B0G4XCH4TW

https://www.amazon.com/Sermons-Zacharias- - ایمیزون پیپر بیک
Godseagle-Audio-links/dp/B0G4TK4XGT
https://shop.ingramspark.com/b/ - پیپر بیک انگرام اسپارک لنک
084?params=nK2JERskkbhdAOSNseTUNRhaCFqUPZuhB4uYfqrXvGb

PILGRIM CODE: AI بیداری

https://www.amazon.com/Logos-Protocol-Awakening-artificial- - ای بک
intelligence-ebook/dp/B0FXNQFSWZ
https://www.amazon.com/Logos-Protocol-Awakening- - پیپر بیک
artificial-intelligence/dp/B0FXNGR66D
https://www.amazon.com/Logos-Protocol-Awakening- - ہارڈ بیک
artificial-intelligence/dp/B0FZNTQR6Y
Ingramspark - https://shop.ingramspark.com/b/ پیپر بیک
084?params=QkK4aNYTYO9U5z9uOkdHgc7Ue1eGDLqbb1tz9WRPaSk

1 - عظیم تر کارنامے - GREATER EXPLOITS 1 URDU EDITION

نجات کیوں ناکام ہوتی ہے - اور خدا کی آگ روح کو کیسے بحال کرتی ہے: ہمہ گیر نجات کے لیے 40 روزانہ اعلانات

ای بک - - https://www.amazon.com/Why-Deliverance-Fails-
Declarations-All-Round-ebook/dp/B0FW74L4G4

پیپر بیک - - https://www.amazon.com/Why-Deliverance-Fails-
Declarations-All-Round/dp/B0FWB3LXRM

محفوظ کیا گیا لیکن کھویا گیا – دی غیر شاگردی تبدیل – 25 زبانوں میں ترجمہ کیا گیا۔

پیپر بیک

https://shop.ingramspark.com/b/
084?params=iYNB6S3PLMfREpm0jMM15bMe3BvWlkjcYyLYnHVGAds

ای بک - - https://www.amazon.com/SAVED-BUT-LOST-
UNDISCIPLED-heartbreak-ebook/dp/B0FVJ29DF7

روحانی جنگ اور بحالی کے 7 دن - یہ حصہ 1 ہے
دشمن کو باندھنا، تیروں کو سات گنا لوٹانا، اور اپنی تقدیر کو بحال کرنا

https://shop.ingramspark.com/b/084?params=8mPzqUl73Ex7uPyeO7ydyt8EGkkB6u2gX1jZvWU8j1C

ای بک لنک - - https://www.amazon.com/DAYS-SPIRITUAL-WARFARE-RECOVERY-Returning-ebook/dp/B0FMPJM5KZ

روحانی جنگ اور بحالی کے 7 دن - حصہ 2 - فتح پر مہر لگانا، گھریلو برائیوں کو توڑنا، اور اپنی بحال شدہ تقدیر کو محفوظ رکھنا

https://shop.ingramspark.com/b/ - پیپر بیک
084?params=LkpNmGSsApHhWhiSO7bW3wFmcXQKIO4ZEBeSbP5rL1S
https://www.amazon.com/DAYS-SPIRITUAL-WARFARE- - ای بک
RECOVERY-Wickedness-ebook/dp/B0FR9YCMY8

اندھیرے سے غلبہ تک: اندھیرے کی چھپی ہوئی گرفت سے آزاد ہونے کے لیے 40 دن

بیداری، نجات اور طاقت کی عالمی عقیدت - افراد، خاندانوں، اور قوموں کے لیے جو آزاد ہونے کے لیے تیار ہیں

پیپر بیک

https://shop.ingramspark.com/b/084?params=aVgp21QfwJxNANkfMxIQ0yejuFCVY12KFr978SRkZUD

ایمیزون لنک - https://www.amazon.com/DARKNESS-DOMINION-Devotional-Awareness-Deliverance-ebook/dp/B0FLDH2Y67

•**اندھیرے کی طاقت سے نجات** (پیپر بیک) - یہاں خریدیں[1] | ایمیزون پر ای بک[2]

•:**ریاستہائے متحدہ سے سرفہرست جائزے**

◦**کنڈل کسٹمر** : "اب تک کا بہترین عیسائی پڑھا گیا!" (5 ستارے)

اس گواہی کے لیے یسوع کی تعریف کریں۔ مجھے بہت برکت ملی ہے اور میں ہر ایک کو اس کتاب کو پڑھنے کی سفارش کروں گا... کیونکہ گناہ کی اجرت موت ہے لیکن خدا کا تحفہ ابدی زندگی ہے۔ السلام علیکم! السلام علیکم!

•**Da Gster** : "یہ ایک بہت ہی دلچسپ اور بلکہ عجیب کتاب ہے۔" (5 ستارے)

اگر کتاب میں جو کہا گیا ہے وہ سچ ہے تو ہم واقعی اس سے بہت پیچھے ہیں جو دشمن کرنے کی صلاحیت رکھتا ہے! ... روحانی جنگ کے بارے میں سیکھنے کے خواہشمند ہر فرد کے لیے ضروری ہے۔

•**ویزا** : "اس کتاب سے پیار کریں" (5 ستارے)

---

1. https://shop.ingramspark.com/b/084?params=oeYbAkVTC5ao8PfdVdzwko7wi6IQimgJY2779NaqG4e

2. https://www.amazon.com/Delivered-Power-Darkness-AFRICAN-DELIVERED-ebook/dp/B0CC5MM4MV

یہ آنکھ کھولنے والا ہے... ایک سچا اعتراف... حال ہی میں میں اسے خریدنے کے لیے ہر جگہ تلاش کر رہا ہوں۔ اسے ایمیزون سے حاصل کرکے بہت خوشی ہوئی۔

•FrankJM : "کافی مختلف" (4 ستارے)

یہ کتاب مجھے یاد دلاتی ہے کہ حقیقی روحانی جنگ کتنی ہے۔ یہ "خدا کا مکمل ہتھیار" پہننے کی وجہ بھی ذہن میں لاتا ہے۔

•**جین جین** : "ہر کوئی جو جنت میں جانا چاہتا ہے۔ اسے پڑھیں!" (5 ستارے)

اس کتاب نے میری زندگی کو بہت بدل دیا۔ جان رامیرز کی گواہی کے ساتھ، یہ آپ کو اپنے ایمان کو مختلف انداز میں دیکھنے پر مجبور کرے گا۔ میں نے اسے 6 بار پڑھا ہے!

•سابق شیطانی: جیمز ایکسچینج (پیپر بیک) - یہاں خریدیں [3] | ایمیزون پر ای بک[4]

https://shop.ingramspark.com/b/ .3

084?params=I2HNGtbqJRbal8OxU3RMTApQsLLxcUCTC8zUdzDy0W1

https://www.amazon.com/JAMESES-Exchange-Testimony-High-Ranking-Encounters-ebook/dp/ .4

B0DJP14JLH

• **ایک افریقی سابق شیطان کی گواہی** - پادری جوناس لوکنٹو ایمپالا (پیپر بیک) - یہاں خریدیں[5]| ایمیزون پر ای بک[6]

• گریٹر ایکسپلائٹس 14 (پیپر بیک) - یہاں خریدیں[7]| ایمیزون پر ای بک[8]

5. https://shop.ingramspark.com/b/084?params=0Aj9Sze4cYoLM5OqWrD20kgknXQQqO5AZYXcWtoMqWN

6. https://www.amazon.com/TESTIMONY-African-EX-SATANIST-Pastor-Jonas-ebook/dp/B0DJDLFKNR

7. https://shop.ingramspark.com/b/084?params=772LXinQn9nCWcgq572PDsqPjkTJmpgSqrp88b0qzKb

8. https://www.amazon.com/Greater-Exploits-MYSTERIOUS-Strategies-Countermeasures-ebook/dp/B0CGHYPZ8V

- — جان رامیرز کی طرف سے شیطان کے کولڈرن سے باہر ایمیزون پر دستیاب ہے۔[9]
- ۔ ریبیکا براؤن کے ذریعہ قیدیوں کو آزاد کرنے آیا تھاایمیزون پر تلاش کریں۔[10]

مصنف کی طرف سے شائع کردہ دیگر کتابیں - 1000 سے زیادہ عنوانات

پیار، چنا اور مکمل : مسترد ہونے سے بحالی تک 30 دن کا سفر دنیا کی 40 زبانوں میں ترجمہ کیا گیا

https://www.amazon.com/Loved-Chosen-Whole-Rejection-Restoration-ebook/dp/B0F9VSD8WL

https://shop.ingramspark.com/b/084?params=xga0WR16muFUwCoeMUBHQ6HwYjddLGpugQHb3DVa5hE

9. https://www.amazon.com/Out-Devils-Cauldron-John-Ramirez/dp/0985604306

10. https://www.amazon.com/He-Came-Set-Captives-Free/dp/0883683239

Loved, Chosen and Whole
A 30-Day Journey from Rejection to Restoration

ان کے قدموں میں — ایک 40 دن کا WWJD چیلنج:
دنیا بھر میں حقیقی زندگی کی کہانیوں میں یسوع کی طرح زندگی گزارنا
https://www.amazon.com/His-Steps-Challenge-Real-Life-Stories-ebook/dp/B0FCYTL5MG
https://shop.ingramspark.com/b/084?params=DuNTWS59IbkvSKtGFbCbEFdv3Zg0FaITUEvlK49yLzB

یسوع دروازے پر:
40 دل دہلا دینے والی کہانیاں اور آج کے گرجا گھروں کو جنت کی آخری وارننگ
https://www.amazon.com/dp/B0FDX31L9F
https://shop.ingramspark.com/b/084?params=TpdA5j8WPvw83glJ12N1B3nf8LQte2a1lIEy32bHcGg

عہد کی زندگی: استثنا 28 کی برکت میں چلنے کے 40 دن
https://www.amazon.com/dp/B0FFJCLDB5 -
حقیقی لوگوں، حقیقی فرمانبرداری اور حقیقی کی کہانیاں
https://shop.ingramspark.com/b/084?params=bH3pzfz1zdCOLpbs7tZYJNYgGcYfU32VMz3J3a4e2Qt

20 سے زیادہ زبانوں میں تبدیلی

اسے جاننا اور اسے جاننا:

شفا یابی، تفہیم، اور دیرپا محبت کے 40 دن

https://www.amazon.com/KNOWING-HER-HIM-Healing-Understanding-ebook/dp/B0FGC4V3D9
https://shop.ingramspark.com/b/084?params=vC6KCLoI7Nnum24BVmBtSme9i6k59p3oynaZOY4B9Rd

مکمل، مقابلہ نہیں:
مقصد، اتحاد اور تعاون کا 40 دن کا سفر

https://shop.ingramspark.com/b/084?params=5E4v1tHgeTqOOuEtfTYUzZDzLyXLee30cqYo0Ov9941
https://www.amazon.com/COMPLETE-NOT-COMPETE-Journey-/Collaboration-ebook/dp/B0FGGL1XSQ

الہی صحت کا کوڈ - خدا کے کلام اور تخلیق کے ذریعے شفا یابی کو فعال کرنے کے لیے روزانہ کی 40 کلیدیں پودوں، دعا اور نبوی عمل کی شفا بخش طاقت کو کھولتی ہیں۔

https://shop.ingramspark.com/b/084?params=xkZMrYcEHnrJDhe1wuHHYixZDViiArCeJ6PbNMTbTux
https://www.amazon.com/dp/B0FHJT42TK

دیگر کتابیں مصنف کے صفحے پر مل سکتی ہیں https://www.amazon.com/stores/Ambassador-Monday-O.-Ogbe/author/B07MSBPFNX

www.ingramcontent.com/pod-product-compliance
Lightning Source LLC
LaVergne TN
LVHW010648051026
849532LV00001B/220
9798295663154